Analecta Gregoriana
Cura Pontificiae Universitatis Gregorianae edita

VOL. LXXVI
SERIES FACULTATIS MISSIOLOGICAE
Sectio B (n. 1)

DIE AKKOMMODATIONSMETHODE
DES
P. MATTEO RICCI S. I. IN CHINA

von

P. JOHANNES BETTRAY S. V. D.

ROMAE
APUD AEDES UNIVERSITATIS GREGORIANAE
1955

IMPRIMI POTEST

Romae, e Collegio ad Verbum Divinum,
die 4 Octobris 1954

P. A. GROSSE KAPPENBERG
Superior Generalis S. V. D.

IMPRIMI POTEST

Romae, die 3 Ianuarii 1955.

P. PETRUS M. ABELLÁN, S. I.
Rector Universitatis

IMPRIMATUR

Ex Vicariatu Urbis, die 16 Aprilis 1955.

† A. TRAGLIA
Archiep. Caesarien. Vic. ger.

TYPIS PONTIFICIAE UNIVERSITATIS GREGORIANAE — ROMAE

VORWORT

Wenn man sich in der Literatur, die Leben und Methode des P. Matteo Ricci betrifft, umschaut, ist man nicht wenig überrascht, wie selten beides im Laufe der Jahrhunderte bearbeitet worden ist. Jeder weiß, daß Ricci der Begründer der neuen Chinamission ist. Man weiß und schreibt auch, daß er für die Akkommodationsmethode wenn nicht neue, so doch ungewohnte Wege ging. Man bewundert und kritisiert-je nach dem Lager des Schreibers. Man sucht aber in all dem nach einer vollständigen Darstellung von Leben und Methode und findet das Gesuchte nicht. Abgesehen von kleineren Arbeiten, die meist nur Teilaspekte bringen, finden wir keine an Hand der Quellen durchgeführte Darstellung dieser Themen.

Der Verfasser hat nun versucht, die Missionsmethode Riccis darzustellen. Diese ist wesentlich Akkommodationsmethode, sodaß wir mit der Schilderung der Akkommodationsmethode Riccis zugleich einen vollgültigen Einblick haben in seine gesamte Missionsmethodik.

Das umfangreiche Material für die Arbeit lieferten an erster Stelle die von P. Pasquale D'Elia S. I. herausgegebenen « Fonti Ricciane ». Hinzu kam der 2. Band der « Opere Storiche » des P. Pietro Tacchi Venturi S. I. Infolge eines großen Entgegenkommens war es möglich, auch nicht edierte Quellen, soweit sie für die Missionsmethode Riccis aufschlußreich waren, einzusehen und nach freiem Belieben zu benützen.

Für diese großzügige Unterstützung sowie für die unzähligen Winke, die dem Verfasser während der Arbeit zukamen, sei an dieser Stelle der herzlichste Dank ausgesprochen.

Neben diesen wichtigsten Texten leisteten zahlreiche Publikationen vortreffliche Dienste.

In der Arbeit wurde die darstellende, systematisch-historische Methode befolgt. Die wesentlich historisch ausgerichtete Arbeit ist als solche in der Inhaltsübersicht nicht zu erkennen. Diese bietet die systematische Gliederung des gesamten Fragenkomplexes der Methode. Die einzelnen Kapitel sind jedoch, je nach ihrer Materie, streng historisch geordnet. Auf diese Weise wurde es möglich, das ganze in Frage kommende umfangreiche Material auf einem verhältnismäßig kleinen Raum zu verarbeiten.

Daß der Verfasser die darstellende Methode braucht und die einzelnen in Frage stehenden Probleme einer kritischen, möglicherweise vergleichenden Würdigung nicht unterzieht, hat seine guten Gründe. Die Methode als solche soll in der Arbeit zur Geltung kommen.

Die Einteilung der Arbeit in die 6 Abschnitte der äußeren, sprachlichen, aesthetischen, sozialrechtlichen, intellektuellen und religiösen Akkommodation hat der verst. P. Dr. Joh. Thauren SVD in seiner Arbeit « Die Akkommodation im katholischen Heidenapostolat » vorgelegt. Sie entspricht in ungezwungener Weise der Sache in sich. Der Verfasser glaubte daher, sich dieser trefflichen Einteilung auch seinerseits bedienen zu sollen.

Möge die Arbeit ein bescheidener Beitrag dazu sein, das Ansehen des P. Matteo Ricci, des tatsächlichen Begründers der neuen Chinamission, dadurch, daß seine Methode allen Missionsfreunden, besonders den Freunden der Chinamission, mehr und mehr bekannt wird, zu heben und ihm den Platz zu sichern, der ihm innerhalb der stolzen Reihe großer katholischer Missionare in China zukommt.

Der Verfasser

INHALTSVERZEICHNIS

	Pag.
Vorwort	V
Inhaltsverzeichnis	VII
Literaturverzeichnis	XI
Einleitung	XVII

I. ABSCHNITT

Die äußere Akkommodation

1. Kapitel: *Die Akkommodation in der Kleidung* 1
2. Kapitel: *Die Akkommodation an chinesische Namensgebung* . 10
3. Kapitel: *Ricci und die chinesische Höflichkeit* 16
4. Kapitel: *Die Geschenkmethode Riccis* 25

II. ABSCHNITT

Die sprachliche Akkommodation . . . 33

III. ABSCHNITT

Die aesthetische Akkommodation

1. Kapitel: *Zur architektonischen Form und Gestaltung christlicher Kulträume und profaner Bauten der chinesischen Mission zur Zeit Riccis* 43
2. Kapitel: *Gebrauch chinesisch-christlicher Malerei zur Zeit Riccis* 51

IV. ABSCHNITT

Sozial rechtliche Akkommodation

1. Kapitel: *Die soziale Stellung der ersten Missionare der Neuzeit in China* 67
2. Kapitel: *Ricci und die führenden Klassen Chinas* 79

	PAG.
3. Kapitel: *Das Streben der ersten Jesuiten in China zum Kaisenhofe*	110
4. Kapitel: *Das soziale Milieu und die Zahl der ersten Christen der Neuzeit in China*	121
5. Kapitel: *Polygamie als Hindernis der Mission*	139
6. Kapitel: *Riccis Stellung zu Ehe, Eheschließung und Sklaverei in China*	146
7. 7. Kapitel: *Riccis Stellung zum chinesischen Volkscharakter*	151

V. ABSCHNITT

Die intellektuelle Akkommodation

1. Kapitel: *Die durch Ricci eingeleitete Befruchtung asiatischen Geistesgutes durch die europäische Geisteswelt*	161
2. Kapitel: *Riccis Apostolat der Presse*	181
3. Kapitel: *Der einheimische Klerus in China zur Zeit Riccis*	214

VI. ABSCHNITT

Die religiöse Akkommodation

Sektion 1: P. MATTEO RICCI UND SEINE STELLUNGNAHME ZU DEN RELIGIONEN CHINAS

1. Kapitel: *Die Stellung Riccis zu Konfuzius und zum Konfuzianismus*	235
2. Kapitel: *Ricci und der Buddhismus*	256
3. Kapitel: *Ricci und der Taoismus*	267

Sektion 2: DIE BERÜHRUNG DES CHRISTENTUMS MIT DEM HEIDENTUM

1. Kapitel: *Riccis Stellungnahme zu den Gottesnamen Chinas in der Anwendung dieser Namen auf den Christlichen Gottesbegriff*	274
2. Kapitel: *Ricci und bestimmte chinesische Bräuche*	
1. Teil: Allgemeine Grundauffassungen Riccis in dieser Frage	290
2. Teil: Können wir bei Ricci schon von einer Ritenfrage sprechen? Wie stellte er sich zu den Riten und welche Entscheidungen traf er?	
A. Die sich aus den chinesischen Totenbräuchen ergeben Fragen und deren Lösung	296
B. Die sich aus der chinesischen Ahnenverehrung ergebenden Fragen und deren Lösung	320

	Pag.
C. Riccis Stellungnahme zum Konfuziuskult	326

Sektion 3: DIE VERCHRISTLICHUNG CHINAS

1. Kapitel: *Die Taufpraxis Riccis und seiner Untergebenen*	328
2. Kapitel: *Die Praxis Riccis und seiner Mitarbeiter bezüglich Buße, Eucharistie und hl. Ölung*	346
3. Kapitel: *Sonn-und Feiertage, Fasten und Bruderschaften*	354
4. Kapitel: *Das Kreuz in der Jesuitenmission der Zeit Riccis in China*	365
Zusammenfassung	383

LITERATURVERZEICHNIS

I. Verarbeitete Literatur:

I; II; III = *Storia dell'introduzione del cristianesimo in Cina scritta da* Matteo Ricci S. I., *nuovamente edita e ampiamente commentata da* Pasquale M. D'Elia S. I., Roma 1942, 1949.

AHSI = D'Elia S. I. P. Pasquale — *La passione di Gesù Cristo in un'opera cinese del 1608-1610,* in « Arch. Hist. Soc. Jes. », vol. XXII, 1953, pp. 276-307.

Alves = Alves S. I. P. A. M. — *Congregações Marianas na China e en Macau, Notizia historica,* Macau 1904.

Amicizia = D'Elia S. I. P. Pasquale — *Il Trattato sull'Amicizia, primo libro scritto in cinese da Matteo Ricci S. I. (1595),* in « Studia Missionalia », vol. VII, pp. 425-515, Romae 1952.

Bartoli = Bartoli S. I. P. Daniele — *Dell'istoria della Compagnia di Gesù — La Cina,* Firenze 1832.

Beckmann Johannes — *Die katholische Missionsmethode in China in neuester Zeit (1842-1912),* Bethlehem 1931.

Bernard S. I. P. Henri — *L'apport scientifique du Père Matthieu Ricci à la Chine,* Tientsin 1935.

ders. — *Un dossier bibliographique de la fin du XVII siècle sur la question des Termes chinois,* in « Les recherches de Science religieuse », vol. XXXVI, pp. 25-79, Paris 1949.

ders. — *« Chinois », « Rites »,* in « Dictionnaire d'Histoire et de Géographie Ecclésiastique », Paris 1951.

ders. — *Die ersten Missionare in China im XVI. Jahrhundert — Das verschlossene Tor (1516-1580); Die Morgenröte der katholischen Kirche in China im XVI. Jahrhundert — Das Tor öffnet sich (1580-1610),* in « Die katholischen Missionen » 1928, pp. 357-361; ebd. 1929, pp. 33-38.

Biermann O. P. P. Benno — *Chinesische Sprachstudien in Manila,* in « Neue Zeitschrift für Missionswissenschaft » 1951, pp. 18-23.

Biermann = Biermann O. P. P. Benno — *Die Ehrung des Konfuzius und der Ahnen in China,* in « Missionswissenschaft und Religionswissenschaft » 1940, pp. 171-175.

Breve = Ricci S. I. P. Matteo — *Breve (supposto) di Sisto V. all'imperatore di Cina,* Shiuhing 1588-1590 (noch nicht ediertes Ms.).

Briefwechsel = Ricci S. I. P. Matteo — *Briefwechsel mit dem Bonzen Shen Lien-chih,* Peking nach 1607 (noch nicht ed. Ms.).

BRIEFWECHSEL [1] = RICCI S. I. P. MATTEO — *Briefwechsel mit dem Bonzen Yu Tê yüan*, Peking 1608 (noch nicht ed. Ms.).

BRUCKER S. I. P. JOSEF — *La Compagnie de Jésus*, Paris 1919.

8 CANZONI = RICCI S. I. P. MATTEO — *Otto Canzoni per clavicembalo occidentale*, Peking 1601 (noch nicht ed. Ms.).

CAT. RI. = RICCI S. I. P. MATTEO — *Solido trattato su Dio* (*Catechismo*), Peking 1603 (noch nicht ed. Übersetzung).

CAT. RU. = RUGGIERI S. I. P. MICHELE — *Vero testo della solida esposizione su Dio* (*Catechismo*), Shiuhing 1584 (noch nicht ed Übersetzung).

D. CHARLES-MARTIAL DE WITTE O. S. B. — *Polémiques autour de la « Vierge chinoise »*, in « Le Bulletin des Missions » 1946, pp. 23-29.

CLERO INDIGENO = D'ELIA S. I. P. PASQUALE — *E' proprio vero che non vi sono tracce di clero indigeno nei primi cinquanta anni delle missioni cinesi?*, in « Il Pensiero Missionario » 1936, pp. 16-30.

D'ELIA S. I. P. PASQUALE — *La recente istruzione della S. C. di Propaganda Fide sui riti cinesi*, in « La Civiltà Cattolica » 1940, I, pp. 123-137, 191-202.

ders. — *Importanti scoperte archeologiche in Cina*, in « Civiltà Cattolica » 1944, III, pp. 214-255; IV, pp. 15-20, 289-300; 1945, I, pp. 302-310; II, pp. 179-191.

ders. — *Galileo in Cina, Relazioni attraverso il Collegio Romano tra Galileo e i gesuiti scienziati missionari in Cina (1610-1640)*, in « Analecta Gregoriana », vol. XXXVII, Series Facultatis Missiologicae — Sectio A (N. 1), Romae 1947.

ders. — *L'arte cristiana nelle missioni*, in « La Civiltà Cattolica » 1940, IV, pp. 364-374.

ders. — *Missionari artisti in Cina*, in « La Civiltà Cattolica » 1939, I, pp. 61-72.

ders. — *Ermeneutica Ricciana*, in « Gregorianum », vol. XXXIV, 4, pp. 669-679, Romae 1953.

ders. — *La prima diffusione nel mondo dell'imagine di Maria « Salus Populi Romani »*, in « Fede e arte », Roma, Okt. 1954, pp. 301-311.

D'ELIA = D'ELIA S. I. P. PASQUALE — *La lingua cinese nella liturgia e i gesuiti del sec. XVII*, in « La Civiltà Cattolica » 1953, II, pp. 3-8.

DE URSIS = DE URSIS P. SABATINO — *P. Matthäus Ricci S. J., Relação escripta pelo seu companheiro P. Sabatino de Ursis S. J.*, Roma 1910.

ENSHOFF = ENSHOFF O. S. B. P. D. — *P. Riccis Uhren*, in « Die katholischen Missionen » 1937, pp. 190-194.

FENOLLOSA ERNEST F. — *Ursprung und Entwicklung der chinesischen und japanischen Kunst*, voll. 2, Leipzig 1923.

FRANKE OTTO — *Geschichte des chinesischen Reiches*, voll. 3, Berlin 1930-1937.

FRANKE = FRANKE OTTO — *Aus Kultur und Geschichte Chinas*, Peking 1945.

Huonder S. I. P. Anton — *Der hl. Ignatius von Loyola und der Missionsberuf der Gesellschaft Jesu*, Aachen 1922.
Huonder [1] = Huonder S. I. P. Anton — *Der chinesische Ritenstreit*, Aachen 1921.
Huonder [2] = Huonder S. I. P. Anton — *Der einheimische Klerus in den Heidenländern*, Freiburg i. B. 1909.
Il Domma cattolico = D'Elia S. I. P. Pasquale — *Il domma cattolico integralmente presentato da Matteo Ricci ai letterati della Cina*, in « La Civiltà Cattolica » 1935, II, pp. 35-53.
Lettera inedita = D'Elia S. I. P. Pasquale — *I primordi delle missioni cattoliche in Cina secondo una lettera inedita del P. Matteo Ricci S. I.*, in « La Civiltà Cattolica » 1935, IV, pp. 29-37.
Kilger O. S. B. P. Laurenz — Besprechung von P. Otto Maas O. F. M. — *Die Wiedereinführung der Franziskanermission in China in der Neuzeit*, in « Zeitschrift für Missionswissenschaft » 1927, pp. 313-315.
Kösters S. V. D. P. Dr. J. — *Das chinesische Schulwesen*, in « Zeitschrift für Missionswissenschaft » 1912, pp. 201-213.
Latourette Kenneth Scott — *The Chinese, their History and Culture*, voll. 2, New York 1934.
Maas = Maas O. F. M. P. Otto — *Die Wiedereinführung der Franziskanermission in China in der Neuzeit*, Münster 1926.
Mappamondo = D'Elia S. I. P. Pasquale — *Il mappamondo cinese del P. Matteo Ricci S. I.*, Città del Vaticano 1938.
Metodi = D'Elia S. I. P. Pasquale — *I metodi dei grandi missionari della Compagnia di Gesù alla luce dei recenti documenti pontifici*, in « Analecta Gregoriana », Series Theologica, vol. XXIX, Sectio A, pp. 203-264.
Origini = D'Elia S. I. P. Pasquale — *Le origini dell'arte cristiana cinese (1583-1640)*, Roma 1939.
Münsterberg Oskar — *Chinesische Kunstgeschichte*, Esslingen a. N. 1910-1912.
25 Paragraphen = Ricci S. I. P. Matteo — *I venticinque paragrafi* Peking 1605 (noch nicht ed. Übersetzung).
Prologe und Epiloge — *Verschiedene Verfasser von Prologen und Epilogen zu den Werken Riccis* (z. T. nicht ed. Ms.).
Roma presentata = D'Elia S. I. P. Pasquale — *Roma presentata ai letterati cinesi da Matteo Ricci S. I.*, in « T'oung Pao », vol. XLI, 1952, livr. 1-3, pp. 149-190.
Schmidlin = Schmidlin D. Dr. Joseph — *Katholische Missionslehre im Grundriß*, Münster 1923.
Schmidlin [1] = Schmidlin D. Dr. J. — *Katholische Missionsgeschichte, schichte*, Steyl 1925.
Schmitt Dr. Erich — *Die Grundlagen der chinesischen Ehe*, Leipzig Steyl 1925.
Schüller Sepp — *Die Geschichte der christlichen Kunst in China*, Berlin 1940.
 ders. — *Christliche Kunst aus fernen Ländern*, Düsseldorf 1939.

ders. — *Marienbilder aus aller Welt*, Kevelaer 1936.
ders. — *P. Matteo Ricci und die christliche Kunst in China*, in « Die katholischen Missionen » 1936, pp. 3-8.
SCHÜTTE = SCHÜTTE S. J. P. JOSEPH FRANZ — *Valignanos Missionsgrundsätze für Japan*, 1. Band, 1. Teil, Rom 1951.
STUD. OR. = D'ELIA S. I. P. PASQUALE — *Cina politeista o Cina monoteista?* in « Rivista degli studi orientali », vol. XXII, pp. 99-138.
STUD. OR.[1] = D'ELIA S. I. P. PASQUALE — *Le generalità sulle Scienze Occidentali di Giulio Aleni*, in « Rivista degli studi orientali », vol. XXV, pp. 58-76.
STUD. OR.[2] = D'ELIA S. I. P. PASQUALE — *Contributo alla storia del monoteismo dell'antica Cina*, in « Rivista degli studi orientali », vol. XXVI, pp. 128-149.
STUD. OR.[3] = D'ELIA S. I. P. PASQUALE — *Sunto poetico ritmico di I Dieci Paradossi di Matteo Ricci S. I.*, in « Rivista degli studi orientali », vol. XXVII, pp. 111-138.
TV = TACCHI VENTURI S. I. P. PIETRO — *Opere storiche del P. Matteo Ricci S. I.*, vol. II., *Le lettere dalla Cina*, Macerata 1913.
THAUREN = THAUREN S. V. D. P. DR. JOHANNES — *Die Akkommodation im katholischen Heidenapostolat*, Münster 1927.
(PSEUDO) THOMAS A. — *Histoire de la Mission de Pékin*, Paris 1923.
TIEN TCHÉU-KANG A. — *L'idée de Dieu dans les huit premiers classiques chinois*, Fribourg 1942.
VAN DEN VALK MARC — *An Outline of modern Chinese Family Law*, in « Monumenta Serica », Monograph II, Peking 1939.
VAN STRAELEN S. V. D. P. HENRI — *Levate capita vestra*, in « China Missionary Bulletin » 1950, 1. Jan., pp. 22-25.
ders. — *New Diplomacy in the Far East*, London 1944.
ders. — *Through Eastern Eyes*, Ohio 1951.
VÄTH S. J. P. ALFONS — *Johann Adam Schall von Bell S. J.*, Köln 1933.
WEIG = WEIG S. V. D. P. JOHANN — *Die chinesischen Familiennamen*, Tsingtao 1931.
YING = YING PROF. IGNATIUS — *A proposed new Translation of christian names*, in « Collectanea Commissionis Synodalis » 1939, Nr. 2/3, pp. 191-207.

II. Sonstige zu Rate gezogene Literatur:

BERNARD S. J. P. HENRI — *Whence the philosophic Movement at the Close of the Ming (1580-1640)?*, Peking, in « Cath. Univ. Bulletin » Nr. 8 (Dez. 1931).
ders. — *Le Père Matthieu Ricci et la Société Chinoise de son temps (1552-1610)*, voll. 2, Tientsin 1937.
BIALLAS S. V. D. P. FRANZ XAVER — *Konfuzius und sein Kult*, Peking/Leipzig 1928.
BORNEMANN S. V. D. P. FRITZ — *Ars Sacra Pekinensis*, Mödling/Wien 1950.

COSTANTINI MSGR. CELSO — *L'Arte cristiana nelle Missioni*, Roma 1940.
CORDIER R. — *Histoire générale de la Chine*, voll. 3, Paris 1920.
D'ELIA S. I. P. PASQUALE — *Il contributo dei Missionari cattolici alla scambievole conoscenza della Cina e dell'Europa*, in « Le Missioni cattoliche e la Cultura dell'Oriente », pp. 27-110, Roma 1943.
    ders. — *Sonate e canzoni italiane alla corte di Pechino 1601*, in « La Civiltà Cattolica » 1945, III, pp. 158-165.
    ders. — *De primigenia Forma baptismatis signis Sinensibus expressa*, in « Periodica de re morali, canonica, liturgica, vol. XXVII, Fasc. IV., 1938, pp. 340-348.
    ders. — *Alessandro Valignano e l'introduzione definitiva del cristianesimo in Cina*, in « La Civiltà Cattolica » 1941, I, pp. 124-135.
    ders. — *Carovane di mercanti ambasciatori della Siria alla Cina attraverso l'Asia centrale nel 1627*, in « Studia Missionalia », vol. I., pp. 303-379.
    ders. — *Quadro storico-sinologico del primo libro di dottrina cristiana in cinese*, in « Archivium Historicum Societatis Iesu », vol. III., 1934, pp. 193-222.
    ders. — *Due amici del P. Matteo Ricci S. I. ridotti all'unità*, in « Archivium Historicum Societatis Iesu », vol. VI., 1937, pp. 303-310.
    ders. — *Catholic native Episcopacy in China*, Shanghai 1927.
    ders. — *The triple Demisme of Sun Yat-sen*, Wuchang 1941.
DEVARANNE THEODOR — *Konfuzius in aller Welt*, Leipzig 1929.
EBERHARD W. — *Lokalkulturen im alten China*, Leiden. 1942.
EDGAR THOMAS WILLIAMS — *China yesterday and to-day*, London 1932.
GRENTRUP S. V. D. P. THEODOR — *Die kirchenrechtlichen Bestimmungen über die chinesischen Riten*, in « Zeitschrift für Missionswissenschaft » 1925, pp. 100-110.
HENNINGHAUS S. V. D. MSGR. AUGUSTINUS — *Die schriftstellerische Tätigkeit der katholischen Mission in China*, in « Zeitschrift für Missionswissenschaft » 1911, pp. 201-213.
KRAUSE DR. FR. E. A. — *Geschichte Ostasiens*, voll. 2, Göttingen 1925.
KRAUSE DR. FR. E. A. — *Ju-Tao-Fo, Die religiösen und philosopischen Systeme Ostasiens*, München 1924.
LANGE O. F. M. P. VITALIS — *Das Apostolische Vikariat Tsinanfu*, Werl i. W. 1929.
LOKUANG STANISLAUS — *La sapienza dei Cinesi (Il Confucianesimo)* Roma 1945.
LOKUANG STANISLAUS — *Una concezione filosofica cinese (Il Taoismo)*, Roma 1946.
LOU TSENG - TSIANG P. C. — *Konfuzianer und Christ*, Luzern 1947.
PFISTER S. J. P. LOUIS — *Notices biographiques et bibliographiques sur les Jésuites de l'ancienne mission de Chine (1552-1773)*, voll. 2, Shanghai 1932-34.
PIEPER KARL — *Neue Aufschlüsse über die ersten Anfänge des chinesischen Ritenstreites*, in « Zeitschrift für Missionswissenschaft » 1924, pp. 1-11.

RODRIGUEZ FRANCISCO — *Jesuitas Portugueses Astronomos na China (1583-1805)*, Porto 1925.
SCHMIDLIN JOSEF — *Nachträge zur ostasiatischen Missionsmethode*, in « Zeitschrift für Missionswissenschaft » 1923, pp. 70-73.
SCHORER EDGAR — *L'influence de la Chine sur la genèse et développment de la doctrine physiocratique*, Paris 1938.
SOOTHILL W. R. — *The three Religions of China*, Oxford 1929.
STENZ S. V. D. P. GEORG — *Zur Missionsmethode und Missionslage in China*, in « Zeitschrift für Missionswissenschaft » 1925, pp. 196-206.
SYKES SIR PERCY — *The Quest of Cathay*, London 1936.
WÄTH S. J. P. ALFONS — *Das Bild der Weltkirche*, Hannover 1932.
ZI S. J. P. ÉTIENNE — *Pratiques des examens littéraires en Chine*, Shanghai 1894.

EINLEITUNG:

LEBEN UND TUGENDEN DES P. MATTEO RICCI S. J.

Während der leuchtendste Stern am missionarischen Himmel der Gesellschaft Jesu — Franz Xaver — vor dem Erlöschen stand, dessen große und weitreichende Pläne mit dem allzu frühen Tod am 3. Dez. 1552 zusammenbrachen, herrschte in der jungen Familie des Patriziers Johann Baptist Ricci zu Macerata, der Hauptstadt der gleichnamigen Provinz in den Marken an der blauen Adria große Freude über die am 6. Okt. desselben Jahres erfolgte glückliche Geburt des ersten Kindes der Familie — Matteo Ricci. Niemand konnte ahnen, daß dieses Kind fast genau 31 Jahre später die Arbeit des großen Xaver dort aufnehmen würde, wo dieser sie, gezwungen von der harten Faust des Todes, aus der erkaltenden Hand hatte sinken lassen müssen [1].

Matteo wurde der Stolz und die Hoffnung seines Vaters, der mit ihm große Pläne hatte, die in ganz anderer Richtung als die Wege Gottes mit dem Kinde und dem Manne Matteo Ricci gingen. Matteo sollte einmal eine angesehene Stelle im Kirchenstaate bekleiden. Dazu brauchte er von Jugend auf eine sorgfältige und gediegene Bildung.

Sein erster Lehrer war der edle Priester Bencivegni. Aber schon in ihm tritt Matteo die Gesellschaft Jesu in den Lebensweg. Bencivegni trat 1559 in die Gesellschaft Jesu ein [2]. 1561 begann Matteo den Besuch des kurz vorher errichteten Kollegs der Gesellschaft Jesu in Macerata [3]. Er war einer der besten Schüler der jungen Anstalt. Humaniora und Rhetorik: In diese beiden Begriffe fassen die Quellen das Schulsystem, dem Ricci und alle seine Zeit-

---

[1] *Storia dell'introduzione del Cristianesimo in Cina, scritta da* MATTEO RICCI S. I., *nuovamente edita e ampiamente commentata da* PASQUALE M. D'ELIA S. I., voll. 3, Roma 1942, 1949 (Zitation im Text I, II, III) II Nr. 968; I p. 193 n. 1.
[2] II p. 550 n. 3.
[3] II p. 550 n. 4; II p. 551 n. 1.

genossen, soweit sie gebildet waren, sich unterwarfen und dem sie ein gutes materielles und formelles Wissen verdankten.

Nach 7 Jahren, also im Jahre 1568, schickte der Vater den jungen, hoffnungsvollen Matteo nach Rom. Dort sollte er sich durch das Studium der Rechte auf seine Lebenslaufbahn vorbereiten. 3 Jahre oblag er diesen Studien [4]. Dann trat er in das Noviziat der Gesellschaft Jesu in San Andrea [5] auf dem Quirinal ein. Es war der Tag der Himmelfahrt der Mutter Gottes 1571. Noch nicht ein Jahr später, am 25.5.1572, legte er seine Gelübde ab [6] und verbrachte dann kurze Zeit in einem Kolleg in der Toscana. Im Herbste des gleichen Jahres noch begann er seine Studien im « römischen Kolleg » zu Rom [7]. Er hörte Rhetorik, Philosophie, Physik, Metaphysik und Mathematik. In der Mathematik und damit auch in den Anfangsgründen der Astronomie hatte er als Lehrer den berühmten P. Christophorus Klau (Clavius - Clavio) aus Bamberg [8]. Er ahnte wohl nicht, daß gerade der Unterricht dieses berühmten und fähigen Gelehrten, der mit den bedeutendsten Gelehrten seiner Zeit in Verbindung stand, der Freund der Päpste Gregors XIII. und Sixtus V., des geistigen Urhebers der Kalenderreform Gregors XIII., ihm in seinem späteren Leben von so unschätzbarem Nutzen sein sollte. Clavio befähigte ihn, die weite Welt moderner Wissenschaft auf breiter Ebene in das Apostolat einzubauen. Damit erscheint Ricci als direkter Vorläufer des modernen Apostolates, das gerade in der Pflege eines breit angelegten Schulwesens eines der vorzüglichsten Mittel für die Christianisierung eines Landes erblickt. 3 Jahre hatte Ricci das Glück, zu den Füßen Clavios zu sitzen [9].

Riccis Studien in Rom dauerten insgesamt volle 5 Jahre. Er studierte hier bis 1577. Er hatte also bis dahin nach gutem Privatunterricht 7 Jahre Gymnasium, 3 Jahre formelles Rechtsstudium und 5 Jahre höhere Studien hinter sich gebracht. Von diesen 5 Jahren waren zwei der Rhetorik und drei der Philosophie gewidmet [10]. Eine Zeit, die bei dem Charakter Riccis und der Gründlichkeit der Bildung, wie sie die Jesuiten vermittelten, an sich schon für ein gediegenes Wissen bürgt. Er war 1577 25 Jahre alt geworden, als sein Wanderleben begann, hatte damit das Alter,

---

[4] II p. 552 n. 1.
[5] II p. 552 nn. 2. 4.
[6] II p. 556 n. b.
[7] II p. 556 n. 1.
[8] I p. 207 n. 3.
[9] Cfr. *Mon. Hist. Soc. Jesu, Mon. Paedagogica*, pp. 141-515.
[10] II p. 556 n. 1.

das ein Missionar heute im allgemeinen hat, wenn er in die Missionen zieht.

Am 18. Mai 1577 verließ er die ewige Stadt, schiffte sich in Genua nach Lissabon ein und hielt sich bis zum März 1578 zur Erlernung der portugiesischen Sprache in Coimbra auf. Am 24. März 1578 verließ er mit anderen 13 Missionaren Lissabon und kam am 13. Sept. des gleichen Jahres, also nach einer rasch verlaufenen Fahrt, in Goa an [11].

Jetzt interessiert uns vor allem seine weitere Bildung. Ricci schreibt am 29. November 1580: « Ich las im vergangenen Jahre die erste (Klasse der Humaniora) zu Goa und dieses Jahr 4 oder 5 Monate die (Klasse der Humaniora) von Cochin ..., dann ließ man mich weihen » [12]. Es wäre möglich, aber sehr unwahrscheinlich, daß dieser wiederkehrende Ausdruck für das Jahr 1579 « anno passato » sehr ungenau wäre. Die Gegenüberstellung dieses Ausdruckes mit dem anderen « quattro o cinque mesi » in Cochin deutet wohl einwandfrei darauf hin, daß mit diesem Wort « anno passato » ein längerer Zeitraum als der von 4 oder 5 Monaten gemeint ist.

Daraus aber ergibt sich die Frage: Wo liegt das erste theologische Jahr Riccis?

Ricci begann, wie aus einem Briefe des damaligen P. Minister in Goa vom 28. Okt. 1578 hervorgeht, gleich nach seiner Ankunft Theologie zu studieren [13]. Wenn dieses Theologiestudium ein ganzes Jahr dauerte, dann wäre Ricci im Herbst 1579 mit dem ersten Jahre der Theologie fertig gewesen. Damit könnte aber seine eben zitierte Ausführung über den Unterricht, den er gegeben hat, nur in einem ganz bestimmten Sinn übereinstimmen. Über diesen von ihm gegebenen Unterricht drückt er sich auch an anderer Stelle aus. Im Briefe vom 30. Jan. 1580 schreibt er: « Ich war das ganze vergangene Jahr in Goa. Ich las das wenige, was Euer Hochwürden mich lehrten. Jetzt bin ich in Cochin gesund und tue dasselbe » [14]. In beiden zitierten Stellen Riccis liegt trotz allgemeiner Genauigkeit insoferne eine Ungenauigkeit vor, da er bereits Anfang November 1579 von einem bösen Übel befallen wurde, das ihn außer Gefecht setzte [15], sodaß er nicht das volle bürgerliche Jahr

---

[11] II p. 558 nn. 1, 2; II p. 560 nn. 1, 3.
[12] TV = TACCHI VENTURI S. I. P. PIETRO — *Opere storiche del P. Matteo Ricci S. I.*, vol. II., *Le lettere dalla Cina*, Macerata 1913, pp. 13-14.
[13] II p. 560 n. 4.
[14] TV p. 11.
[15] II p. 561 n. a.

in Goa las. Das ändert aber an unserer Frage an sich nichts, verschärft sie nur.

Die Unterbringung des ersten theologischen Jahres wird dadurch noch schwieriger. Ricci kam im September 1578 nach Goa, begann bald die Theologie und muß bereits im November 1579 den Unterricht in der Rhetorik aufgeben, die er dieses Jahr = « anno passato » vortrug. Es ergibt sich die Frage: Hat er Theologie *und* Rhetorik betrieben? Oder hat er nur Rhetorik betrieben? Die andere Möglichkeit scheidet aus, daß er nur Theologie betrieben hätte. Da wir ein klares Zeugnis haben, daß er tatsächlich Theologie studiert hat, andererseits nicht daran vorbeizukommen ist, daß er zur gleichen Zeit auch Rhetorik doziert hat, so müssen wir eben annehmen, daß er beides zur gleichen Zeit betrieb. Das können wir auch daraus ableiten, daß er Anfang November nach Cochin geschickt wurde, wo er sicher nicht mehr Theologie studierte, aber die Humaniora dozierte. Da diese Zeit für ihn eine Erholung sein sollte, ist anzunehmen, daß er eben in Goa schwerer ins Geschirr mußte, wo er Theologie studierte und Humaniora dozierte.

Aber versuchen wir noch eine zweite Lösung der Frage. An sich könnte man ja denken, daß Ricci im Herbst des Jahres 1579 das erste theologische Jahr absolvierte, ohne mit der Dozentur der Rhetorik belastet gewesen zu sein. Er hätte ja nach den Ferien, also im Oktober [16], mit der Rhetorik beginnen können. Doch haben wir damit wieder eine Schwierigkeit. Wenn es tatsächlich Oktober war, als er begann, die Rhetorik zu dozieren, so läßt sich sein Bericht über die Tatsache, daß er in weniger als drei Monaten seine Schüler in der griechischen Sprache soweit brachte, daß sie die erste Philippika lesen konnten, unmöglich vereinigen. In einem Monat kann man in der griechischen Sprache nicht so weit sein, besonders, da er gleich ein Dutzend Schüler hatte [17]. Wir müssen also wohl an unserer oben vorgeschlagenen Lösung festhalten.

Ricci wurde wahrscheinlich am Feste des hl. Jakobus, am 25. Juli 1580 zum Priester geweiht. Er feierte sicher am folgenden Tage, dem Feste der hl. Mutter Anna, sein erstes hl. Meßopfer. Anfang Dezember 1580 rief der indische Provinzial P. Rodrigo Vicente ihn zur Vollendung seiner theologischen Studien nach Goa zurück [18]. Am 25. Nov. 1581 kann Ricci an den General Aquaviva

---

[16] III p. 22.
[17] TV p. 17, Brief Riccis vom 30. Nov. 1580 an P. Maffei.
[18] TV pp. 13-14.

schreiben, daß er das ganze Jahr studiert habe, « denn der P. Provinzial wollte, daß ich (nach Goa) zurückkehre und die Theologie wieder aufnehme. Und so habe ich dieses ganze Jahr studiert und in dem, welches kommt, habe ich dasselbe zu tun, welches das dritte Jahr der Theologie sein wird » [19]. Er kann seine Theologie « estudar muito formalmente », weil er fast keine andere *Nebenbeschäftigung* hat [20]. Ricci konnte also von Dezember 1580 an in Goa ungestört Theologie studieren. Das Schuljahr ging bis zum Herbst 1581, wonach das dritte Jahr der Theologie begann. Dieses wurde allerdings abgebrochen. Ricci erhielt um den 15. April 1582 seine Bestimmung für China. Er unterbrach sofort seine Studien und reiste am 26. April des gleichen Jahres ab. In Makao kam er am 7. August desselben Jahres an [21]. Demnach hat er das vierte Jahr der Theologie nicht studiert. Als Valignano ihm zu Beginn des Jahres 1595 die Erlaubnis gab, die Profeß der vier Gelübde abzulegen, dispensierte er ihn von dem hierfür an sich erforderlichen 4. Jahre der Theologie. Sein Name ist allerdings nicht ausdrücklich in dem hierfür an P. Aquaviva gerichteten Briefe Valignanos vom 6. Dez 1595 [22] erwähnt. Es kann aber keinem Zweifel unterliegen, daß die Sache sich wirklich so verhält, da Ricci tatsächlich diese Gelübde abgelegt hat.

Damit hätten wir die wichtigsten Daten zur Lösung der Frage nach der theologischen Bildung Riccis zusammengetragen. Die Frage kann beantwortet werden: Wie ist die Theologie Riccis einzuschätzen? Das Zitat, das P. Maas [23] aus (Pseudo)Thomas bringt, ist außerordentlich oberflächlich und ohne jede exakte Nachprüfung. Es ist erst einmal nicht richtig, daß Ricci schon in Rom theologischen Studien oblag [24]. Weder de Ursis [25] noch Bartoli [26] sind

---

[19] TV p. 19.
[20] TV pp. 25-26, Brief Riccis vom 1. Dez. 1581 an P. G. P. Maffei.
[21] II p. 562 n. 1.
[22] II p. 561 n b - p. 562 n a.
[23] MAAS = MAAS OFM P. OTTO — *Die Wiedereinführung der Franziskanermission in China in der Neuzeit,* Münster 1926, p. 104, n. 128.
[24] Cfr. II p. 560 n. 5.
[25] DE URSIS = DE URSIS S. I. P. SABATINO — *P. Matthäus Ricci S. J., Relaçao escripta pelo seu companheiro P. Sabatino de Ursis S. J.,* Roma 1910, p. 12.
[26] BARTOLI = BARTOLI S. I. P. DANIELE — *Dell'istoria della Compagnia di Gesù — La Cina,* Firenze 1832, II c. 267. Was den Wert der Schriften Bartolis angeht, so können wir sagen: Er hat alle Dokumente in Händen gehabt, also können seine Schriften schon deswegen objektiv sein. Außerdem können wir aus Vergleichen feststellen, daß er tatsächlich objektiv ist. Daraus darf man schließen, daß er auch dann objektiv ist, wenn Vergleichsquellen fehlen.

in dieser Frage genau. — Wenn Ricci weiterhin der Vorwurf gemacht wird, daß er mit 25 Jahren in die indischen Missionen reiste, und festgestellt wird, daß man mit 25 Jahren noch kein Gelehrter ist, so mag das richtig sein, trifft aber Ricci nicht. — Die Feststellung, daß Ricci weder die Zeit noch die Mittel hatte, ein Gelehrter zu werden, ist wiederum nicht richtig, wie wir klar genug dargetan haben. Er wollte übrigens nie ein Gelehrter sein, auch später in China nicht. Wenn er auch kein Dogmatiker war, in dem Sinne, daß er Professor der Glaubenslehre gewesen wäre, so hatte er doch ein gutes und ausreichendes theologisches Wissen, das ihn ohne weiteres fähig machte, die « folgenschweren Entscheidungen » in China zu treffen. — Wenn dann weiter gesagt wird, daß er mit 30 Jahren nach China kam, wo er alsbald die « folgenschweren Entscheidungen » wegen der chinesischen Riten treffen mußte, so ist das wiederum nicht richtig. Ricci, und letztlich nicht einmal er selber, sondern sein Vorgesetzter Valignano, fällte diese Entscheidungen durchaus nicht zu Beginn seiner Missionsarbeit, sondern erst nach langem Zusehen, Beobachten und Fragen. Sie liegen fast am Ende seines Lebens, gegen 1603 [27], als er mithin nicht mehr 30 Jahre alt war, sondern schon das reife Alter von über 50 Jahren erworben hatte. Man kann Ricci jedenfalls nicht einen schlechten Theologen nennen. Es scheint sogar, daß man ihn nicht einmal einen mittelmäßigen Theologen nennen darf trotz seiner anerkannt verkürzten theologischen Studien. P. Sanchez [28] lobt seinen Charakter außerordentlich, legt ihm « grande ingenio y memoria » bei und sagt, daß er « un muy buen theologo y grande astrologo (Astronom) » sei [29].

Was aber vollends in dieser Frage überzeugt, ist ein Einblick in die literarischen Arbeiten Riccis, vor allem in seinen Katechismus. Wenn wir auch das Urteil des ehemaligen Jesuiten P. Franz Bourgeois in den Lettres édifiantes et curieuses [30] nicht ohne weiteres unterschreiben können, insoferne er von der Theologie Riccis sagt, daß er diese gemacht habe « en voyageant », so können wir doch umso freudiger Ja sagen zu dem glänzenden Urteil über den Katechismus: « Das ist ein Meisterwerk. Es gibt Literaten, die es ohne Unterlaß lesen, um sich den Stil zu formen. Man begreift nicht, wie ein Mann, der seine Theologie nur so « en voya-

---

[27] Cfr. VI. Abschn., Sektion 2.
[28] Cfr. I p. 214 n. 5.
[29] I p. 163 n. 8.
[30] XXIV p. 481.

geant » gemacht hat, eine solche Kraft des Beweises, soviel Klugheit und Eleganz in ein Buch hineinbringen konnte ». Halten wir daneben noch das Urteil des P. Sarpetri O. P., so dürfte damit die Frage nach der theologischen Bildung Riccis entschieden sein:

> « Ich bezeuge, daß besagter P. Ricci die von ihm behandelten Gegenstände in diesem Buche so gelehrt und so glücklich erschöpft hat, daß den Glaubenspredigern in diesem Fache wenig oder gar nichts mehr beizusetzen übrig bleibt, was dieser Mann nicht bereits entweder ausdrücklich oder eingehend oder doch andeutungsweise und kurz dargelegt hätte. Ich kann beteuern, daß mir bei der Lesung dieses Buches wiederholt der Gedanke kam, sein Verfasser habe es ohne besondere göttliche Offenbarung oder einen besonderen Beistand des Himmels nicht zustande bringen können » [31].

In Makao beschäftigen sich die beiden für China bestimmten Missionare P. Michele Ruggieri und P. Matteo Ricci eifrig mit dem Erlernen der chinesischen Sprache. Sie lernen das Mandarin, um auf diese Weise ein Verständigungsmittel für alle Provinzen des weiten chinesischen Reiches zu haben. Aus dieser Vorbereitungszeit hat Ricci einige wichtige Bemerkungen, die wir hier anfügen wollen. Ruggieri war schon länger in Makao. Über diese Zeit schreibt Ricci: « In diesen drei Jahren, die P. Michel Rugeri hier verbrachte, wurde er ein halber Martyrer durch die Patres hier, die alle sehr heilig sind, aber die Dinge der Christenheit verstehen jene nicht, die sich nicht mit ihnen befassen ». Er fügt eine bittere Klage über das Unverständnis eines Paters bei, der nur die Kollegien kennt und keine Liebe zu den Christen hat, und sagt dann:

> « Meine Intention ist keine andere als die, daß dieses Unternehmen (die Chinamission) gut vorangeht, welches, wie ich meine, eines der wichtigsten und für den Dienst Gottes ersprießlichsten in der Christenheit ist. Überlegen wir doch das viele Gute, das man für soviele Seelen vor sich hat, die in dieser anderen Welt Chinas sind » [32].

Wahrlich ein herrlicher Text, der treffend seinen echten Missionsgeist offenbart und der zeigt, wie er mit geradezu seherischer Klarheit die Bedeutung Chinas erfaßt hat.

---

[31] HUONDER 1 = HUONDER S. J. P. ANTON — *Der chinesische Ritenstreit*, Aachen 1921, p. 24; cfr. BRUCKER S. I. P. JOSEPH — *La Compagnie de Jésus*, Paris 1919, p. 357.

[32] TV p. 35, Brief Riccis vom 13. Febr. 1583 an P. Aquaviva.

Endlich, am 10. Sept. 1583 konnte die erste Residenz in Shiuhing eröffnet werden [33], nicht ohne besondere Weisungen des P. Valignano, des Visitators der Jesuitenmissionen im Fernen Osten. Es wäre einer eigenen Studie wert, Riccis Verhältnis zu Valignano genau zu untersuchen. Ohne Frage hat dieser Mann einen bedeutenden Einfluß auf die Mission des Fernen Ostens gehabt.

Indessen ist sein Einfluß in China nicht so stark nachweisbar wie in Japan. Er hat das große Verdienst, daß er die neue Chinamission anfangen ließ. Was ihre Weiterentwicklung und vor allem die Festlegung der Methode betrifft, kommt allerdings Matteo Ricci das Hauptverdienst zu, wenngleich er alle seine Verfügungen in wichtigen Dingen dem Visitator unterbreitete. Glücklicherweise trafen sich in diesen beiden Männern zwei Charaktere, die sich ergänzten. Valignano verfolgte ähnliche Anpassungsziele in Japan wie Ricci in China. So haben wir die Formung der Methode durch Ricci, die aber durch Valignano bestätigt und durch seine von Japan her gewonnenen Erfahrungen ergänzt wurde. Bevor unsere beiden Missionare nach Shiuhing reisten, gab ihnen Valignano seine Mahnungen mit. Sie brauchten vor allem « Geduld, Klugheit y buen modo de proceder, fundado en espiritu ». Es sei ganz falsch und zeuge von unklugem Eifer, zu Beginn gleich viele Leute bekehren zu wollen. Ferner dürfe man auf keinen Fall mit den Portugiesen von Makao Umgang pflegen und noch viel weniger mit den Kastilianern (Spaniern), die von Luzon (Philippinen) manchmal nach China gehen [34].

Wir müssen hier aber noch auf ein anderes Fundament aufmerksam machen, dem die Missionsmethode der ersten Jesuiten, besonders in China, sicher viel verdankt, nämlich die Geistesrichtung, wie sie der hl. Ignatius in den Exerzitien gibt. P. Hounder schreibt dazu: « Was weiter die missionsmethodischen Anschauungen des Heiligen (Ignatius) im einzelnen betrifft, so wäre hier sehr vieles zu wiederholen, worauf bereits im Laufe unserer Darstellung hingewiesen wurde. Deutlich ist überall zu erkennen, daß die sogenannte Jesuitische Akkommodationsmethode tatsächlich auf Ignatius zurückgeht. Er ist ein überzeugter Anhänger derselben, freilich in seinem Sinne. Bei ihm ergab sie sich folgerichtig aus dem großen Grundgedanken, den er an die Spitze seiner Exerzitien stellt. Danach gibt es nur einen absoluten Wert: Die größere Ehre Gottes. Alles andere, es mag sein, was es will, hat nur re-

---

[33] I Nr. 232.
[34] I p. 187 n. 8.

lativen Wert. Es ist gut, wenn es zur Ehre Gottes dient, es ist umso besser, je mehr es dieselbe fördert. Von allen geschöpflichen Dingen, Werkzeugen, Mitteln, Wegen gilt der Grundsatz: tantum quantum. Sie sind zu gebrauchen, inwiefern und soweit sie zum Ziele, d. h. zur Verherrlichung Gottes und zum Heil der Seelen dienen » [35].

Die Folge dieser mehr allgemeinen Schulung durch Ignatius und der besonderen Weisung des Visitators zeigte sich sofort im Beginn der Mission. Man beschäftigte sich nicht so sehr mit Predigen und Bekehrungsarbeit, als vielmehr mit dem Sprachstudium, mit dem Empfang und der Abstattung von Besuchen, mit der Erlernung der Höflichkeitsformen der chinesischen Gesellschaft [36]. Riccis Prinzip war von Anfang bis Ende: Nicht die große Zahl, sondern die immer mit Rücksicht auf die vorerst unsichere Lage vorsichtig ausgesuchte Qualität. Hinblickend auf diese unsichere Stellung in China schreibt er am 30. Nov. 1584 an Aquaviva, daß es viele gibt, die Christen werden wollen, daß man aber auf Rat des Pater Cabral und der Patres in Makao und weil es ihnen selber auch so besser vorkommt, erst einmal an nichts anderes denkt als an die Festigung der Position [37]. Und noch 1605 schreibt Ricci an P. Costa in Rom: « Gott zeigte uns klar, daß es nicht sehr schwer wäre, Christen zu gewinnen und (zwar) in großer Zahl. Die ganze Gefahr lag darin, eine Volksbewegung hervorzurufen und weil die Patres nicht sehr fest in China standen, da sie dem König desselben nicht bekannt waren » [38].

Hier lag nach außen hin gesehen einer der Hauptgründe, weshalb Ricci sich von Anfang an ganz und gar an die chinesische Lebensweise, Kleidung, Speise, Höflichkeit etc. anzupassen suchte, weshalb er im Anfang das Bonzengewand anlegte und weshalb er dieses bedenkenlos ablegte und sich das Literatengewand anzog, als er sah, daß dieses ihm besser nützte. Mit letzterem Wechsel tat er einen bedeutenden Schritt. Hier liegt zugleich auch auch seine

---

[35] HUONDER S. J. P. ANTON — *Der heilige Ignatius von Loyola und der Missionsberuf der Gesellschaft Jesu*, Aachen 1922, p. 117; cfr. HUONDER 1, p. 18 f.; METODI = D'ELIA S. I. P. PASQUALE — *I metodi dei grandi missionari della Compagnia di Gesù alla luce dei recenti documenti pontifici*, in « Analecta Gregoriana », Ser. Theol., vol. XXIX, Sectio A., p., 217.

[36] I Nr. 245; cfr. I Nr. 225.

[37] TV p. 52; cfr. TV p. 71, 433.

[38] TV pp. 273-274, Brief Riccis vom 10. Mai 1605. Ricci unterscheidet in seiner Ausdrucksweise nicht zwischen König und Kaiser. Er meint immer den Kaiser von China, wenn er diese Persönlichkeit mit « König » bezeichnet. Cfr. TV p. 281

große und wirkliche Bedeutung: Daß er es verstand, sich in die obere chinesische Gesellschaft hineinzuarbeiten und sich in ihr Rang und Namen zu verschaffen. Wir sehen dieses Bemühen bereits in der zweiten Residenz, in Shiuchow, beginnen [39]. Sein Streben geht dahin, sich und seiner Eigenschaft als Missionar eine möglichst große Autorität zu verschaffen. In der Stadt selber kann er das noch nicht. Dort gilt er noch als Bonze. Bei einem Besuch in der Stadt Namyung versucht er die neue Methode mit dem besten Erfolg. Er geht nicht zu Fuß durch die Straßen der Stadt, sondern läßt sich in einer Sänfte tragen, wie es die vornehmen Leute zu tun pflegen. Er bemüht sich, immer mehr Abstand zu nehmen von den Bonzen, mit denen er bis dahin gleichgesetzt wurde [40].

Der endgültige Wechsel der Methode fällt zusammen mit dem Verlassen der Provinz Kwangtung und dem Beginn der Mission in Nanchang [41]. Hatte er sich auch schon früher um die Freundschaft der oberen Klassen bemüht, so wird er jetzt Mitglied dieser oberen Klasse der Literaten. Er schreibt: « Man muß sich bei diesem Volke allmählich Ansehen zu verschaffen trachten, ihnen jeden Verdacht nehmen und so mit ihnen an die Bekehrung gehen » [42]. Daher wird er sich hüten, sich in Gegensatz zu einflußreichen Persönlichkeiten zu stellen [43]. Er wird sogar Männer, die hart und ungerecht mit ihm verfahren, trotzdem freundlich, ja geradezu liebenswürdig anfassen [44]. Er wird gegen einflußreiche Männer, Literaten, nicht in einen unmittelbaren Federstreit treten. Als Fremder wird er sich überhaupt nicht ohne den nötigen Rückhalt bei Freunden in einen religiösen Streit einlassen. Wohl wird er später, wenn die Leidenschaften schon etwas verraucht sind und die Sache mehr oder weniger vergessen ist, ohne Namensnennung freilich auch dann, die Lehre des Gegners in seinen Schriften verurteilen [45]. Er wird vor allem die eigentlichen christlichen Wahrheiten nicht jedem, der kommt, gleich als erstes vorhalten. Man konnte doch nicht von Christus sprechen, ohne vorher den Gottesbegriff geklärt zu haben. Man mußte das Denken der Menschen erst einmal in christliche Bahnen lenken, bevor man das Ziel, die

---

[39] I p. 283 n. 6: Die Arbeit dort begann am 26. Aug. 1589.
[40] TV p. 105, Brief Riccis vom 15. Nov. 1592 an P. Aquaviva; Cfr. I Nr. 457.
[41] I Nr. 464: Die Mission in Nanchang begann am 28. Juni 1595.
[42] TV p. 247, Brief Riccis vom 14. Aug. 1599.
[43] II Nr. 558.
[44] II Nr. 583.
[45] II Nr. 633.

Verchristlichung, in ihrer ganzen Fülle anstreben konnte [46]. Vor allem mußte das religiöse Gefühl möglichst geschont bleiben. Man mußte dem Volke ein gewisses Selbstvertrauen geben: Nicht alles, was Ihr habt, muß abgeschafft werden. Vieles ist in Euren alten Auffassungen sehr gut, vieles können wir Missionare direkt bejahen: Eure Pietät gegen die lebenden und verstorbenen Eltern, Eure Dankbarkeit gegen die Großen Eures Volkes; die Lehren dieser Großen des Volkes selber sind so, daß wir sie leicht übernehmen können, sie reinigen und getauft Euch zurückgeben. — So galt es in allem, mit Maß, vorsichtig und feinfühlig an die Arbeit zu gehen. Es war ja durchaus nicht so evident, daß Gott sogleich im Anfang von den jungen Missionaren große Zahlenerfolge forderte. Ricci meint:

> « Es scheint mir, daß wir in diesem Anfang die Aufgabe haben zu säen und zu hoffen, daß diejenigen, die nach uns kommen, ernten werden, wenngleich die menschliche Unzulänglichkeit sich mehr trösten würde, wenn sie die Frucht ihrer Arbeiten sehen könnte » [47]. Ja, « die Zeit, seit der wir in China sind, ist noch nicht eine Zeit der Ernte, nicht einmal des Säens, sondern (eine Zeit), die wilden Wälder zu öffnen und mit den wilden Tieren und giftigen Schlangen zu kämpfen, die drinnen sind. Andere werden mit der Gnade des Herrn kommen, die von Bekehrungen und vom Eifer der Christen berichten werden: Aber Euer Hochwürden mögen wissen, daß zuerst notwendig war, das zu tun, was wir tun, und daher hat man uns den größeren Teil des Verdienstes zu geben » [48].

Wenn Riccis Worte auch nicht ganz so zu werten sind, wie sie lauten, so müssen wir doch grundsätzlich in seinem Arbeiten immer Pionierdienst sehen. Er sagt es selber klar:

> « Und was wird sein, wenn unsere jungen Mitbrüder vor die offene Türe kommen werden und den Weg dahinter schon gemacht finden? Es ist kein Zweifel, daß die Ernte überreich sein wird » [49].

Wenn wir die Worte des Altmeisters der Missionswissenschaft, Josef Schmidlin, hierhin stellen, so erscheinen sie uns als eine klassische Formulierung der Missionsmethode Riccis: « Die heutige Mission, vor der die ganze nichtchristliche Welt mit ihren zahlreichen Nuancen, Abarten und Schattierungen offen liegt,

---

[46] II Nr. 709.
[47] TV p. 120, Brief Riccis vom 12. Okt. 1594 an P. Costa.
[48] TV p. 246, Brief Riccis vom 14. Aug. 1599 an P. Costa.
[49] TV p. 337, Brief Riccis vom 6. März 1608 an P. Costa.

(muß) all diese Verschiedenheiten kennen und mit ihnen rechnen. Um wieviel mehr muß sie sich weise und diskret ihnen fügen und danach richten, zumal sie nicht mehr die Stütze des weltlichen Arms, mitunter nicht einmal mehr die kulturelle Überlegenheit hinter sich hat, sondern einzig und allein mit den Mitteln freier Beeinflussung, geistiger Überzeugung und Entschließung vor ihren Gegenstand hintreten und auf ihn einwirken kann » [50]!

Kurz darauf sagt Schmidlin — und wir dürfen dieses Wort getrost als eine Zusammenfassung der Missionsmethode Riccis brauchen, daß der Missionar in « Volksanschauungen und Volksgewohnheiten alles bekämpfen und eliminieren (muß), was aus dem eigentlichen Heidentum stammend dem Christentum direkt entgegengesetzt ist, allerdings ebenfalls mit möglichstem Maßhalten und klugem Takt unter Berücksichtigung aller erlaubten Volksgebräuche » [51].

Was Ricci im Zuge seines Apostolates besonders auch durch Einführung europäischen Geistesgutes in China geleistet hat, wäre wohl einer eigenen und langen Arbeit Stoff genug. Bereits in Nanchang gilt er den Großen der chinesischen Gesellschaft soviel wie ein zweiter Ptolemäus [52]. Ja, er ist ein « Sheng-jen », ein Mensch, der ein « Heiliger » und Gelehrter ist, wie er alle paar hundert Jahre einmal auf Erden erscheint [53]. Sein Ansehen als Wissenschaftler ist während seines ganzen Chinaaufenthaltes stets im Steigen begriffen. Und was in Nanchang methodisch begonnen wurde, setzte sich von da an in allen Stationen fort. In Nanking [54] « stehen wir mit unserer Religion bei allen in hoher Achtung, und einige, das sei zur Ehre Gottes erwähnt, halten uns für die größten Heiligen, die nach China kamen » [55]. Nach seinem Tode nennen ihn die Christen « einen heiligen Mann und den Apostel Chinas » [56]. Die Heiden setzten ihn vielfach sogar unmittelbar hinter Konfuzius [57].

Zu der verstandesmäßigen Tüchtigkeit Riccis kommt eine für seinen Stand und seine Aufgabe absolut notwendige tiefe Frömmigkeit. Jeder Missionar, der in der Arbeit am Heile der Heidenseelen

---

[50] SCHMIDLIN = SCHMIDLIN D. Dr. JOSEF — *Katholische Missionslehre im Grundriß*, Münster 1923, p. 218.
[51] L. c. p. 220.
[52] TV p. 175, Brief Riccis vom 28. Okt. 1595 an P. N. N.
[53] I p. 118 n. 7.
[54] Ricci kam am 6. Febr. 1599 endgültig nach Nanking (II Nr. 532, 537).
[55] TV p. 247, Brief Riccis vom 14. Aug. 1599 an P. Costa.
[56] II Nr. 964.
[57] II p. 630 n. 1.

etwas Tüchtiges leisten will, muß davon haben. Meist ist es aber so, daß eine geformte Methode vorliegt, an die man sich halten kann und die auch über tote Punkte im eigenen Seelenleben in ihrer Auswirkung auf das Apostolat hinwegzuhelfen vermag. Wo aber die Methode nicht festliegt, wo sie erst geformt werden muß, ist nicht nur der Verstand zu fragen, sondern in ganz besonderer Weise die Frömmigkeit, das Denken mit der Kirche. Ein Pionier der Missionsarbeit muß mehr als andere eine « katholische Nase » haben, er muß mit geradezu katholischem Instinkt auch inmitten der schwierigsten methodischen Fragen den rechten Weg treffen, ohne nach links und rechts abzuweichen, wenigstens, soferne es sich um wesentliche Punkte handelt, wie in unserm Fall um die Formung der neuen chinesischen Missionsmethode. Mit Genugtuung läßt sich im Leben Riccis diese tiefe Frömmigkeit nachweisen, wenn sie auch, leider, nicht immer mit der wünschenswerten Klarheit sichtbar wird. Sein ganzes Schrifttum verrät in dieser wie in anderen Fragen sehr die Absicht, durch kurze, treffende Züge das Werden der Missionsarbeit an sich herauszustellen, sodaß auch das wenige, was sich über das persönlichste Frömmigkeitsleben Riccis in diesen Schriften aufweisen läßt, sehr oft, ja meistens im Blickwinkel des Apostolates steht und damit einen beispielgebenden, typischen Charakter erhält, hinter dem die Persönlichkeit oft nicht leicht entdeckt werden kann.

Ricci war schon in Macerata im Kolleg der Jesuiten ein Schüler, der weit über dem Durchschnitt stand. Er fiel auf durch seine Tüchtigkeit in den Studien, in denen er seine Altersgenossen überflügelte. Er liebte die Tugend so, daß er ihr auf jeden Fall folgen wollte, wenn er sich auch noch im Anfang nicht ganz klar war, auf welchem Wege das geschehen sollte [58]. Während seiner Rechtsstudien in Rom schloß er sich bezüglich seines geistlichen Lebens der Gesellschaft Jesu an. Bei den Jesuiten pflegte er die hl. Sakramente zu empfangen, und in der marianischen Kongregation war er Mitglied [59]. Über sein Noviziat und seine übrige römische Studienzeit erfahren wir nichts Näheres. Nach dem Abschluß seiner römischen Studien begab er sich direkt [60], ohne die Heimat vorher zu besuchen, nach Genua [61], um sich nach Lissabon einzuschiffen [62].

---

[58] DE URSIS p. 11.
[59] II p. 552 n. 2.
[60] II Nr. 969, p. 557.
[61] II p. 558 n. 1.
[62] Cfr. I p. CIV.

In unbefangener Weise berichtet er uns selber über den Eindruck der Tugenden der Missionare bei den Chinesen: « Groß (war) der Begriff von der Wahrheit und Heiligkeit derselben (der katholischen Religion), welche sie dargestellt sahen in der Tugend der Patres, die sie im Verkehr mit diesen feststellten » [63]. Daß dieses Lob nicht nur auf Konto der etwas übertriebenen chinesischen Höflichkeit zu buchen ist, bezeugt uns ein schönes Zeugnis des P. Sanchez über seinen Mitbruder Ricci: « Matteo Riçio, Italiener, so ähnlich in allem den Chinesen, daß er einer von ihnen zu sein scheint in der Schönheit des Gesichtes und im Zartgefühl, und in der Sanftmut und Milde, welche jene so schätzen » [64].

In diesen von Sanchez in kurzen Worten wiedergegebenen Tugenden Riccis glauben wir überhaupt das Charakteristische im Wesen Riccis gefunden zu haben. Vergleicht man mit diesen Worten die Bilder, die wir von Ricci kennen [65], so wird uns das noch klarer. Sie zeigen uns Ricci als einen ruhigen, abgeklärten, weisen Menschen. Sie erklären schon vieles in der ganzen entgegenkommenden Art seiner Methode. Ja, man hat manchmal den Eindruck, als wenn er einen gewissen rührend hilflosen Zug in seinem Wesen gehabt habe, der ihn aber in den Augen vieler Menschen umso liebenswürdiger machen mußte, ein Zug, der entwaffnete und versöhnte. So weist er die Räuber, die seine Residenz in Shiuhing belagern, nicht durch Gewalt ab. Er bittet sie, daß sie nicht noch mehr Böses tun und daß sie nehmen mögen, was ihnen gut dünkt. Da er sich ihrer schließlich nicht mehr erwehren kann, macht er sich ein Bündel aus dem, was an Strauchwerk aus dem zerstörten Garten noch übrig geblieben war, nimmt es auf die Schulter, trägt es zu den Räubern und bittet sie, daß sie dieses nehmen möchten und was sie sonst noch wollten, daß sie aber nicht das ganze Haus zerstören möchten. « Dadurch wurden diese Barbaren so gerührt, daß sie sofort aufhörten, weiterhin Steine zu werfen » und zogen unter Siegesgeschrei von dannen. Ricci hatte durch seine rührend kindliche Sanftmut einen schönen Sieg davongetragen [66]. Einen ähnlichen Fall hat er in Shiuchow. Er und seine Hausgenossen haben wieder einen Angriff nächtlicherweile zu ertragen [67]. Von sich aus macht er nichts daraus, er will das Übel in Geduld ertragen. Hier haben wir einen jener typischen Fälle, wo sich echte Tu-

---

[63] I Nr. 311.
[64] I p. 163 n. 3.
[65] I Tav. I; TV nach p. 172.
[66] I Nr. 302.
[67] I Nr. 377.

gend mit Klugheit mischt, die nicht direkt aus der Wurzel der Tugend der Geduld stammt. Er hat nämlich einen bestimmten Grund zu schweigen. Er will den Gouverneur der Stadt nicht gegen sich verstimmen, weil er von ihm die Erlaubnis braucht, einen weiteren Missionar kommen lassen zu können [68]. Es ist aber kein Zweifel, daß hier die friedfertige, ruhige Natur Riccis mithilft, die Sache in dieser Weise zu regeln. Sie kommt später doch vor den Gouverneur, aber dann hilft Ricci den Verwandten der Opfer. Er meint, es sei das eine Pflicht, die er als Religiose habe. Er will den Heiden zu verstehen geben, was die christliche Religion ist, die sich nicht nur nicht rächt, sondern sogar Gutes für Böses vergilt. Sein Bemühen hatte Erfolg [69].

Ein schönes Zeugnis des apostolischen Eifers, seiner unbestechlichen Wahrheitsliebe und einer stets freundlichen Geduld ist die Tatsache, daß Ricci in Nanchang trotz schwersten Andranges des Volkes, wovon er, wie er berichtet, halb krank wurde wegen des Fehlens der Zeit auch nur für die geringste Ruhe am Tage, es nicht duldet, daß man den Leuten an der Türe des Hauses sagt, er sei nicht daheim. Das wäre doch eine Lüge. Er machte damit großen Eindruck auf seinen Freund Chang Tou-chin, der ihm diesen Rat gegeben, um sich aus der Verlegenheit zu helfen [70].

Auch später, als die ganze Last der Mission auf seinen Schultern lag, kam diese Geduld und dieses milde, niemand kränkende Wesen in schöner Weise zum Ausdruck. Obwohl er außerordentlich beschäftigt war, hatte er immer Zeit, sich auch um das einfachste seiner geistlichen Kinder anzunehmen:

> « Man beobachtete an ihm, daß er in der Fülle der Arbeit diese mit derselben Rücksicht aufnahm wie die großen Herren, wenn diese ihn zu besuchen pflegten. Das war auch seine ständige Gewohnheit. Je geringer der Stand des Neuchristen war, der ihm Besuch machte, umso länger wurde ein solcher von ihm in der Unterhaltung festgehalten » [71].

De Ursis fügt noch das schöne Urteil hinzu, daß Ricci sich keinem versagte. Er sagt, daß es unter den Christen ganz bekannt war, daß, je ärmer ein solcher war, umso mehr Zeit er ihm widmete [72].

---

[68] I Nr. 378.
[69] I Nr. 378-382.
[70] I Nr. 485; cfr. TV p. 212, Brief Riccis vom 4. Nov. 1595 an P. Aquaviva.
[71] II Nr. 956.
[72] DE URSIS pp. 50-51.

Dieser sein Gleichmut wurde ihm allerdings nicht leicht gemacht. Ein weniger starker Charakter hätte sich den Chinesen gegenüber leicht in eine Atmosphäre des Mißtrauens und einer gewissen Abneigung hineinleben können. Wir haben es hier mit Äußerungen jenes für das China der damaligen Zeit so eigentümlichen Fremdenhasses zu tun, eines Hasses, der einerseits aus einer gewissen Furcht vor der Macht fremder Völker, andererseits aus einem überaus stark entwickelten Selbstbewußtsein sich erklärt, dem alle fremden Völker Barbaren und Ignoranten sind. Aus diesen Gründen hatte Ricci von Anfang an gegen Verdächtigungen zu kämpfen. Gewisse Kreise des Volkes suchten, diesem Furcht und damit Haß gegenüber dem Fremden einzuflößen [73]. Schwere Verdächtigungen werden gegen ihn ausgestreut [74], seine Werke werden angegriffen, besonders auch sein Katechismus [75], ja, er wird für das Haupt einer Rebellion gehalten [76]. Er wird sogar als Zauberer angesehen, der Seiner Majestät, dem Kaiser, nach dem Leben trachtet [77]. Diese kleinen Einzelheiten ließen sich beliebig vermehren, und zwar nach den verschiedensten Seiten hin. Wie stellte er sich dazu?

Alle diese Dinge konnten ihn nicht davon abhalten, das Volk, dessen gute und weniger gute Seiten er klar sah, zu lieben und ihm gut zu sein. Wenn er über Mißstände in China berichtet, so entschuldigt er sich gleichsam. Eine solche Schilderung ist für ihn eine Gelegenheit, den Leser zu bitten, sich vom Mitleid bewegen zu lassen und Gott zu bitten wegen der Krankheit dieses Volkes. Man möge nicht unwillig sein, man möge keinen Ekel aufkommen lassen den Chinesen gegenüber [78]. In dieser Bitte offenbart sich seine eigene Haltung diesem Volke gegenüber. Es mag ihm nicht leicht gewesen sein, alle diese Mißstände sehen zu müssen. Kauf und Verkauf von Kindern, von Mädchen und Frauen sind Dinge, die ihm zuwider sein mußten, aber er sucht zu verstehen und nach Möglichkeit zu entschuldigen. Die Härte gegen die Kinder muß in Beziehung gesetzt werden zur großen Zahl der Bewohner des Landes, zu ihrer Armut, zu der großen daraus erwachsenden Mühe der Kindererziehung. Wenn das Sklaventum grundsätzlich auch nicht zu billigen ist, so wird es doch weit-

---

[73] I Nr. 471.
[74] I Nr. 413.
[75] II Nr. 620.
[76] II Nr. 782.
[77] II Nr. 588.
[78] I Nr. 149.

gehend entschuldigt durch die große Freiheit, die den Sklaven zukommt [79].

Damit man uns nun nicht der Unsachlichkeit zeiht, wollen wir nicht verschweigen, daß er auch die Schwächen des Volkes kennt, unter dem er arbeitet. Ricci ist nicht blind, und darum schildert er die Dinge so, wie sie liegen. Er kann gelegentlich auch recht scharfe Töne anschlagen, besonders wenn er über bestimmte Klassen des Volkes spricht.

Die große Grundidee des Tuns Riccis ist in allem das Heil der Seelen. Dieses Ziel verlor er niemals aus dem Auge. Ja, man darf sagen, daß man in seinem Leben als Missionar nichts findet, was nicht auf dieses Ziel ausgerichtet wäre. Ricci war immer und überall Missionar. Man kennt keine Privatneigungen an ihm, die außerhalb dieser Ordnung lagen. Er war niemals der Privatmensch, der sich sagte: Jetzt will ich einmal von allem frei sein. Bei ihm findet man auch nicht das, was man ein Ventil nennen könnte für trübe Stunden, eine Liebhaberei oder dergleichen. Er war immer und allezeit der streng auf sein Ziel ausgerichtete Mensch, der klar und planmäßig arbeitete und seine Arbeit soweit wie möglich faßte. Ob es sich handelte um die Übersetzung des Euklid oder um die Herausgabe der Weltkarten, um Gedichte für ein dem Kaiser zugeeignetes Musikinstrument oder um die Herausgabe von Worten über die Freundschaft, um die Herstellung astronomischer Instrumente oder die sorgfältig zu feilende Herausgabe seiner religiösen Schriften, um die Herstellung von Uhren oder das Versehenken venezianischer Gläser, alles und alles diente ihm zu seinem Zwecke [80]. Noch in seiner letzten Krankheit zeigt sich sein apostolisches Herz. Er äußert sich über seine Arbeit und weiß nicht, ob er Gott um Leben oder Tod bitten soll: « Ich bin unschlüssig zwischen zwei Dingen und weiß nicht, welches wählen: Ob die ewigen Belohnungen, die mir jetzt so nahe sind oder noch weitere Mühen in dieser Mission » [81]. Im Delirium gehen seine Phantasien um Wohl und Wehe der Mission: « Einen ganzen Tag und eine ganze Nacht sprach er oft von den Neugetauften, von der Kirche, von der Bekehrung der Chinesen und sogar von der des Königs » [82].

---

[79] I Nr. 157.
[80] Cfr. die Nummern I Nr. 311, 313, 316, 366. II Nr. 539, 567, 578, 580, 611, 760, 873, 900.
[81] II Nr. 958.
[82] II Nr. 961: Man war gerade damals beim Bau der neuen Kirche in Peking.

Man sollte sagen, daß ein so zielstrebiges Leben ohne viel menschliches Fühlen gewesen sei. Dem ist aber nicht so. Schon, daß er uns als ein feinfühlender Mensch beschrieben wird, läßt erahnen, daß in seinem Herzen starke Gefühlswerte wohnten. Hinzu kommt die Tatsache, daß er als Italiener die Aufgabe der Familienbande, das Fehlen des Zusammenseins mit lieben Menschen und Freunden stark empfinden mußte. So wundert es uns nicht, daß er die Opfer, die er in dieser Hinsicht zu bringen hatte, empfand und spürte. Er schreibt am 10. Nov. 1585:

« Wenngleich ich sehr zufrieden bin mit diesem Platz, an den mich der Gehorsam gestellt hat, kann ich es doch nicht unterlassen, viele Tränen zu vergießen, wenn ich mich an Euer Hochwürden [83] und an die goldene Zeit erinnere, als ich bei Ihnen war. Sie werden es gut verstehen, wie verschieden es mir jetzt geht mitten unter den Heiden, den Feinden Gottes (verglichen mit der Zeit), als ich inmitten der Liebenswürdigkeiten (vezzi - Liebkosungen) Euer Hochwürden und meiner anderen lieben Patres und Fratres war. Ich tröste mich mit der Hoffnung, daß Gott, der mich aus dem mütterlichen Nest zog und mich so weit fliegen hieß, mir entweder Flügel geben wird, um nicht in einen Abgrund zu stürzen, oder mir die Hilfe seiner Schultern bieten wird » [84].

An anderer Stelle spricht er von der Wüste, in der er sich befindet, fern von seinen geistlichen Vätern [85]. Und wiederum:

« Jedesmal, wenn ich mich meiner lieben Freunde und Mitbrüder in Europa erinnere, was ich sehr oft zu meiner Erbauung tue, fühle ich, daß mir große Hoffnung kommt, daß mir der Herrgott einen großen Trost im andern Leben geben wird, denn er wollte, daß ich mich in diesem Leben der süßen Gegenwart sovieler Heiligen beraube » [86].

Er hofft, daß Gott mit ihm Barmherzigkeit hat über seine Sünden wegen mancher Dinge, die er in China erlitten hat. Unter diesen Leiden ist nicht das kleinste die Tatsache, daß er der öfteren Gegenwart und der Briefe des P. Costa sowie anderer Mitbrüder beraubt ist, die ihm besonders nahe stehen [87]. Noch 1605

---

[83] P. Maselli, der Adressat, war Rektor des römischen Kollegs zur Zeit Riccis (II p. 557 n. a).
[84] TV p. 65.
[85] TV p. 90, Brief Riccis vom 12. Nov. 1592 an P. Fabio de Fabii.
[86] TV p. 119, Brief Riccis vom 12. Okt. 1594 an P. Costa.
[87] TV p. 178, Brief Riccis vom 28. Dez. 1595 an P. Costa.

schreibt er an P. Maselli, daß er Briefe an ihn nicht trockenen Auges schreiben könne. Immer spürt er dabei einen gewissen Schmerz, da er sich fern von ihm sieht, fern von seinen guten Weisungen und Ratschlägen [88].

Ricci ist auch seiner eigenen Familie gegenüber stets ein zartfühlender Sohn, Bruder und Verwandter gewesen, der es nicht unterließ, sich angelegentlichst um die einzelnen Mitglieder der Familie zu kümmern. Er will genau Nachricht haben über seine Brüder. Er erinnert sich vieler Bekannter aus der Heimat und grüßt sie. Für seine verstorbene Großmutter, die ihn in Kindesjahren mütterlich betreute, feiert er dreimal die hl. Messe [89]. Seinem Bruder gegenüber beklagt er sich, daß dieser lange Jahre nicht mehr geschrieben habe. Er schreibt:

> « Wenn Sie dieses in Händen haben, bitte ich Sie, mir ausführlich von allen unseren Brüdern, Vettern und Schwestern zu berichten, von dem, was jeder tut, wie es ihm geht und wer gut lebt und wer nicht, um mich damit zu trösten und ihnen zu helfen in meinen armen Gebeten » [90].

Im ganzen aber sind die Briefe Riccis an seine Verwandten, auch an seinen Vater, immer bedeutend kürzer und nicht so inhaltsreich wie die Briefe an seine Ordensbrüder in Rom und anderswo. Jedenfalls ist das eine aus diesen Stellen zu ersehen, daß er ein zartes Herz besaß, das die Opfer, die es zu bringen gab, empfindlich genug spürte. Er meisterte aber all das aus einem ganz und gar übernatürlichen Geist heraus.

Den äußeren Härten und den inneren Prüfungen des Missionslebens wußte Ricci mit einem festen Fundament des inneren Lebens zu begegnen. Wir können die festen Anker seines Missionslebens einen rechten Gebets- und Opfergeist nennen.

In den Verfolgungen zu Shiuhing « hatte der Pater kein anderes Heilmittel, um solcher Wut zu widerstehen, als sich Gott zu empfehlen » [91]. In der gleichen Zeit « war der Pater (Ricci) sehr betrübt und ängstlich ... Er nahm zu Gott und der Madonna seine Zuflucht » [92].

Dem Minister Wang gegenüber beruft er sich auf das Gottvertrauen, als es darum geht, daß seine Genossen, vor allem Cattaneo,

---

[88] TV p. 252, Brief Riccis vom Febr. (?) 12. (?) Mai (!) 1605 an P. Maselli.
[89] TV pp. 96-97, Brief Riccis vom 12. Nov. 1592 an seinen Vater.
[90] TV p. 219, Brief Riccis an seinen Bruder A. M. Ricci vom 13. Okt. 1596.
[91] I Nr. 259.
[92] I Nr. 260.

aus den Händen eines berüchtigten Eunuchen befreit werden auf der Rückreise vom ersten gescheiterten Versuch, sich in Peking niederzulassen. Man müsse sich auf unsern Herrn verlassen, der die Genossen und die heiligen Bilder aus den Händen jener Ungläubigen befreien werde [93].

Sein Diurnale trägt er immer mit sich [94], und vor einem Bilde des Erlösers verrichtet er sein Brevier und empfiehlt sich Gott [95]. In der verzweifelten Situation mit dem Eunuchen Ma-T'ang verrichten die Missionare Gebete, feiern die hl. Messe in dieser Meinung, nehmen besondere Bußen auf sich und erbitten so von Gott seine Barmherzigkeit mit so vielen Seelen, deren Heil sehr vom guten Ausgang abhing [96]. Riccis besonderes Gebet gilt dem « Sohne des Himmels » und seiner Bekehrung sowie dessen Familie [97]. In allen Gefahren ist sein Grundsatz: Wenn Gott für uns ist, wer ist dann wider uns [98]? Aus seinen Briefen wären zahlreiche Stellen anzuführen, in denen immer wieder der Gedanke in dieser oder jener Form auftaucht: Möge es Gott so gefallen, oder: Es geschehe der Wille Gottes in allem, und ähnliche in einem tiefen religiösen Innenleben begründete Wendungen, die Riccis Rechnen mit der übernatürlichen Welt in allen Situationen des Lebens zeigen.

Hinzu kam ein betonter und stark gepflegter Geist der Buße und Abtötung. Zu den an sich vorgeschriebenen kirchlichen Fasten, die er in ihrer ganzen Strenge befolgt, nimmt er sich noch besondere Fastenübungen an den Freitagen und Samstagen vor. Er paßt sich in seiner Fastenpraxis auch willig an die hierin gebräuchlichen Anschauungen der Chinesen an, die ihm als Europäer nicht leicht fallen mochten. Er schreibt darüber an P. Costa:

« Weil sie (die Chinesen) lachen über das Fasten mit Fischen, entschloß ich mich zu fasten mit Grünzeug und Gemüse (foglie e legumi), wie ich es auch freitags und samstags halte. Aber es wird das Mittagessen und Abendessen nach dem Gebrauch des Landes eingenommen. Die Schwierigkeit liegt in den Tagen kirchlichen Fastens, an welchen sehr oft bei Beginn der Nacht ein Mahl anhebt. Und daher geziemt es sich, daß ich den ganzen Tag nüchtern blei-

---

[93] II Nr. 560.
[94] I Nr. 344.
[95] II Nr. 513.
[96] II Nr. 589.
[97] II Nr. 972; II p. 571 n. 2; III p. 5.
[98] TV p. 64, Brief Riccis vom 10. Nov. 1585 an P. Maselli.

be. Aber es kommt mir zustatten, daß ich einen guten Magen habe und wenn man etwas leiden muß: Geduld »[99].

Seine Fastenpraxis wird von den Chinesen nicht abgelehnt. Sie wissen schon, daß Mönche zu fasten haben. Als er eines Tages wegen eines Fasttages die Einladung zu einem Gastmahle ablehnen will — er wollte allerdings auch einem Bonzen ausweichen, um nicht mit ihm in Streit zu geraten —, macht man ihm eigene Fastenspeisen zurecht [100].

Das strenge Fasten scheint ihm schließlich den Tod gebracht zu haben, denn gerade während der Fastenzeit 1610 war die Zeit der Examina, in der ungeheuer viele Studenten und Mandarinen nach Peking kamen, von denen sehr viele ihn sehen wollten. Immer wieder wurde er genötigt, das Mittagessen zu unterbrechen. Er beobachtete die kirchlichen Fasten so genau, daß er sich nicht entschließen konnte, das einmal unterbrochene Mahl fortzusetzen oder es sich zu einer anderen Zeit bringen zu lassen oder auch sonst sich irgendeine Erleichterung zu gewähren [101].

Diese Strenge mit sich selber muß uns überzeugen von dem hohen Ernst des Strebens Riccis nach möglichst hoher Heiligkeit. Sie ist uns zugleich ein fester Halt in der ganzen Beurteilung seiner Methode. Ein solcher Mann konnte unmöglich etwas unternehmen, was nicht in vollstem Einklang mit seiner religiösen Überzeugung stand.

Fassen wir zum Schlusse das Charakterbild Riccis in einigen treffenden Schilderungen seiner Zeitgenossen und Freunde zusammen:

Ricci gilt vielen derselben als « Heiliger », d. h. als eine Persönlichkeit, die ohne weiteres mit den größten Chinesen des Altertums, speziell mit Konfuzius verglichen werden darf. Er ist der Konfuzius seiner Zeit [102]. Schon der Anblick seines Gesichtes und seiner ganzen Person verrät vielen die Güte dieses seltenen Mannes [103].

Dr. Li Chih-tsao beschreibt ihn in seiner Vorrede zu den « 10 Paradoxa » Riccis als einen « seltenen Menschen »:

> « Man sieht, daß er nicht verheiratet ist und keine Ämter anstrebt. Er spricht wenig und ist geordnet in seinem Handeln. Er

---

[99] TV p. 186, Brief Riccis vom 28 Okt. 1585; TV p. 177, 212.
[100] II Nr. 558.
[101] II Nr. 957.
[102] I. p. 118 n. 7.
[103] I Nr. 473.

bemüht sich, alle Tage sich zu sammeln, um die Tugend zu üben und um offen dem 'Höchsten Gebieter' (Shang-Ti) zu dienen: Das gibt den Gedanken ein, daß er ein 'einzigartiger Mensch' ist. Noch mehr: Nach und nach habe ich ihm Fragen gestellt. Die Absicht, die er mit sich trägt, ist, das Wahre zu verehren und das Böse zu verwerfen. Er hat dauernd Bücher zur Hand. Wenn er sie einmal durchgegangen ist, ist er in der Lage, sie in ihrer Ordnung oder umgekehrt zu wiederholen. Er ist versiert in den Naturwissenschaften, gebildet in der Astronomie und Geographie und überaus in der Trigonometrie und Mathematik. Was die chinesischen Literaten während sovieler Jahrhunderte nicht finden konnten, zählt er ihnen eins ums andere auf, wie wenn er einen Sack ausschüttet. Daher meine ich, daß er ein Gelehrter ist, der seine Wissenschaft zu verwirklichen weiß. In diesen letzten 10 Jahren hat er noch Fortschritte gemacht in den Dingen, die er gelernt hat.

Die drei negativen von ihm gelehrten Vorschriften sind: Nicht aufs Geratewohl reden, nicht aufs Geratewohl handeln, nicht aufs Geratewohl denken. (In seiner Person) sind diese vollständig verschwunden (als Untugenden), während die drei Tugenden, die er übt 'Im Frieden mit dem Himmel sein', 'Im Frieden mit den andern sein', 'Im Frieden mit sich selbst sein' immer mehr vervollkommnet werden.

Das, wonach er trachtet, ist, der Welt Gutes zu tun, und doch hat sein Handeln nichts Außerordentliches. Seine Absicht ist, der Welt Gutes zu tun. In der Praxis kennt er keine Grenzen, und in den Worten beleidigt er niemanden. Jene, die ihn nicht kennen, erreichen es nicht, diese Gestalt zu verstehen. Jene aber, die ihn kennen, freuen sich an ihm und erklären sich alles. Wenn sich manchmal einer mit ihm über Angelegenheiten berät, so geht die Sache oft gut aus, wenn man seinen Ratschlägen folgt, und wenn man das Gegenteil tut, hat man Reue darüber. So kam es, daß man ihn kennt als 'vollkommenen Menschen'. (Der vollkommene Mensch) aber gleicht dem 'Himmel', nicht den Menschen » [104].

Ähnlich spricht Dr. Paul Hsü in seinem Epilog zu den « 25 Paragraphen ». Er spricht von dem Wissen Riccis und sagt:

« Im allgemeinen erstreckte sich dieses auf folgenden Hauptpunkt: Glauben an den 'Höchsten Gebieter', ihm jeden Tag in großzügiger Weise dienen, so, daß vom Morgen bis zum Abend nicht ein Gedanken da wäre, der nicht hierhin paßte. Was die unordentlichen Affekte und Leidenschaften angeht, können wir nicht nur sagen, daß sie seine Person nicht berührten und nicht an seinen Lip-

---

[104] PROLOGE UND EPILOGE = *Verschiedene Verfasser von Prologen und Epilogen zu den Werken Riccis.*

pen hafteten, sie regten sich geradezu nicht einmal in seinem Herzen. Er mühte sich, dieses zu reinigen und zu schmücken, um so das zu erstreben, was man ' die Rückkehr zum Stande der Unschuld nennt '. Wenn ich Zeit dafür hatte, machte ich Schwierigkeiten auf Schlag und Antwort, bis wir zu einer nützlichen Unterhaltung kamen. Nun hättet ihr in einem Geplauder von 100, 1.000, 10.000 Worten nicht ein einziges finden können, das nicht den Prinzipien der Treue, der kindlichen Pietät ergeben gewesen wäre, ein einziges, das dem menschlichen Herzen nicht nützlich gewesen wäre oder der Moral der Welt, ihr hättet es nicht gefunden. Tatsächlich findet man das nicht in seinen Büchern. Und das ist streng vom Gesetze seiner Religion verboten » [105].

Wir wollen diese echt chinesischen Lobsprüche, die aber aus ehrlicher Überzeugung stammten, kurz in mehr nüchterner Weise zusammenfassen.

Wir sahen, daß die Bildung Riccis, begünstigt durch eine sehr gute Begabung, als recht gediegen bezeichnet werden muß. Besonders der Unterricht in den Naturwissenschaften, wie er ihn am römischen Kolleg von hervorragenden Wissenschaftlern empfing, sollte ihm in der Darbietung europäischen Geistesgutes innerhalb seiner Missionsmethode sehr zustatten kommen. Wenn Ricci auch kein Genie war oder gar ein Erfinder auf wissenschaftlichem Gebiet, was er übrigens auch nie sein wollte, noch zu sein vorgab, so wirkte er doch auf seine Chinesen außerordentlich stark. Dieser Einfluß begreift sich aus der Neuheit der von Ricci vorgetragenen Erkenntnisse, die aber über die allgemeine Ausbildung des Collegio Romano der damaligen Zeit nicht hinausgingen. Ricci war kein Spezialist auf irgendeinem Gebiete der Naturwissenschaften wie seine späteren berühmten Nachfolger.

Die Missionsmethode Riccis ist geformt worden einerseits von der in der Schule seines Ordensvaters Ignatius gebildeten Weite der Persönlichkeit und andererseits von den Verhältnissen, wie er sie in China vorfand. So selbstverständlich letzteres heute klingt, so wenig selbstverständlich ist es im damaligen Kolonialzeitalter.

Die ersten Jahre gleichen in vielen Dingen (Kleidung: Bonzen- oder Literatenkleidung, Wohnung, Methode der Glaubensverkündigung) dem suchenden Nachspüren der Seele des Volkes, das zu bekehren ist. Mit dem Eintritt in den Literatenstand ist Ricci auf den Weg zur endgültigen Formung der Methode gesetzt. Diese ist gefordert von der sozialen Gliederung des Volkes und der schwie-

---

[105] Cfr. I pp. CXXXII-CXXXV.

rigen Lage des Fremden im Lande. Ricci ist sich darüber klar, daß die Methode nicht eine sofortige große Ernte ermöglicht. Er hat mehr die Aufgabe, Wegbereiter für andere zu sein. Dem dienen seine Bemühungen bis hinauf zum Kaiserhof, in der chinesischen höheren Gesellschaft eine möglichst unerschütterliche Position zu schaffen. Der Geist der Abtötung, seine tiefe Frömmigkeit, sein klares theologisches Wissen bewahren ihn davor, den Chinesen weiter entgegenzukommen als möglich und erlaubt. Er ist ihnen praktisch in allen möglichen Bereichen entgegengekommen. Zwar ist es wahr, daß er chinesischen Stil beim Kirchenbau in Peking nicht zuließ. Aber das geschah aus methodischen Gründen. Chinesische Malerei hat er allerdings nicht verstanden. Aber darüber hinaus ist er ihnen gut, wenn er auch ihre Schwächen nicht verschweigt. Er wird sie in allem zu verstehen trachten und ihr wertvolles eigenes Volkstum nicht antasten. Bei aller Elastizität der Methode werden unverrückbare Grenzen nicht überschritten.

Ob dieser Mann persönliche Schwächen hatte? Vielleicht, wahrscheinlich sogar. Es ist aber nicht möglich, aus den vorliegenden Quellen diese herauszuarbeiten. Ob seine manchmal scharfe Stellungnahme zu bestimmten Volksgruppen in dieser Richtung gedeutet werden darf, kann man schwerlich beweisen.

Alles in allem steht hier ein Mann vor uns, der aus der Kraft seiner vom Glauben geformten maßvollen Persönlichkeit und aus den Verhältnissen, an die ihn die Vorsehung heranführte, eine Missionsmethode geformt hat, die Achtung und Bewunderung fordert.

I. ABSCHNITT
DIE ÄUSSERE AKKOMMODATION

1. KAPITEL

DIE AKKOMMODATION IN DER KLEIDUNG

Getreu dem Grundsatz des hl. Paulus, allen alles zu werden [1], hat die Kirche Gottes es immer verstanden, in der äußeren Anpassung an Volksgewohnheiten und Gebräuche den Verkündigern des hl. Glaubens große Freiheiten zu gewähren. Aus der für die Rettung der ganzen Welt gespürten Verantwortung ist daher auch die neue Regelung des Kirchenrechtes zu verstehen, die sagt: « Alle Kleriker sollen ein für ihren Stand passendes klerikales Gewand tragen, wie es den rechtmäßigen partikulären Gewohnheiten und den Vorschriften des Ortsordinarius entspricht » [2].

Wenige Länder der Erde machten eine Anpassung gerade in diesem anscheinend so äußerlichen Punkte der Kleidung dringender erforderlich als China.

Die Missionare des dritten christlichen Beginnes in China folgten von Anfang an der Weite dieses Princips, das ja ganz der Schule entsprach, die sie in der Gesellschaft Jesu genossen hatten.

Für sie handelt es sich um die Frage: Welche Kleidung tragen wir im Reiche der Mitte? Die europäische Kleidung der Mitglieder Gesellschaft Jesu konnte man nicht tragen. Man wäre als Fremder mit einer ja nicht auswechselbaren Physiognomie noch viel stärker aufgefallen, hätte man nicht die Kleidung des Landes und die Art und Weise, sie zu tragen, angenommen.

Man entschloß sich daher anfänglich, die Bonzenkleidung in Anlehnung an die Kleidung der buddhistischen Mönche zu tragen. Als sich diese Methode aber als verfehlt erwies, ging man ohne

---

[1] I Kor 9, 22.
[2] CJC Can. 136 § 1; JONE, *Gesetzbuch des kanonischen Rechtes*, p. 145; THAUREN = THAUREN S.V.D. P. DR. JOHANNES — *Die Akkomodationsmethode im katholischen Heidenapostolat*, Münster 1927, p. 37.

1 J. BETTRAY, S. V. D.

Bedenken dazu über, bei erster Gelegenheit diese Kleidung abzulegen und sie mit der Kleidung der Literaten zu vertauschen. Man trat auf diese Weise in die Schicht der Literaten ein.

Die ersten Missionare der Neuzeit, die sich in China niederlassen konnten, wenn sie auch nicht in der Mission verblieben, waren die beiden Patres Michele Ruggieri S. I. und Francesco Pasio S. I. Nach mehreren erfolglosen Versuchen, in das verschlossene « Reich der Mitte » einzudringen, konnte Ruggieri mit Pasio endlich für die Zeit vom 27. Dez. 1582 bis Anfang März 1583 [3] in Shiuhing [4] verweilen. Ruggieri begriff sofort die Wichtigkeit einer Anpassung in der Kleidung. Er und sein Begleiter fragen beim Vizekönige der Provinz Kwangtung [5], der in Shiuhing residierte, an, ob sie ihre Kleidung der der Bonzen anpassen dürfen. Sie erhalten die erbetene Erlaubnis und kleiden sich als Bonzen nach **buddhistischem Stil. Neben der Änderung der Kleidung an sich mußten sie analog auch Bart und Kopfhaare kürzen. Sie waren damit nach außen Bonzen geworden** oder, wie Ruggieri darüber am 7. Febr. 1583 schreibt: « So sind wir binnen kurzem zu Chinesen geworden, um Christo China zu gewinnen » [6].

Wir werden es später noch besser verstehen, können es aber hier schon feststellen, daß diese Methode geformt ist ohne die erforderliche Kenntnis der wirklichen Lage. Wenn der Buddhismus auch einen großen Einfluß ausübte, so hätte Ruggieri einige Jahre später sicher nicht mehr so geschrieben. Ob die Methode überhaupt eingeführt worden wäre, wenn Ricci von Anfang an bei der Gründung hätte mitwirken können, ist eine theoretische Frage, die aber in diesem Zusammenhange gestellt werden kann, da man schon sehr bald das Abrücken Riccis von dieser Methode feststellen kann. Man möchte fast meinen, Ricci schreibe mit einer gewissen Ironie dieser anfänglichen Unerfahrenheit gegenüber, wenn er über den Eindruck dieser Kleidung auf die Chinesen berichtet, daß sich alle

---

[3] I p. 167 n. 3.
[4] I p. 161 n. 2.
[5] I Nr. 214.
[6] I p. 167 n. 3; cfr. I Nr. 137; I p. 89 n. 2; « Die Minister dieser Sekte werden Bonzen genannt, sie gehen alle glattgeschorenen Hauptes und ohne Bart gegen die Gewohnheit Chinas (I Nr. 187) ».

TV p. 416, Brief Ruggieris an P. Aquaviva; cfr. TV pp. 432-433, Brief des P. Cabral vom 5. Dez. 1584 an P. Valignano: Er gibt noch einen wichtigen Grund neben dem eigentlichen methodischen Grund für den Kleiderwechsel an: Er verlangt, daß die Patres sich möglichst wenig mit den Portugiesen in Makao abgeben sollen, weshalb sie auch die Bonzenkleidung angelegt haben, um möglichst von den Portugiesen verschieden zu sein.

sehr damit zufrieden zeigten, daß die Patres sich und alle, die sie im Hause bei sich hatten, nach der Weise der «ehrenhaftesten Leute dieser Nation» kleideten. Was er sonst über den Buddhismus sagt, ist nicht gerade eine Bestätigung dieser Ehrenhaftigkeit [7].

Für den Anfang aber war dieser Weg eingeschlagen. Die Gewandung war einfach. Die Ärmel derselben lang und weit. Im ganzen war alles nicht sehr verschieden von der eigenen Ordenstracht [8]. Zur Vervollständigung der Neueinkleidung gehörte auch eine Änderung der Form des Birettes. Man wollte es nicht aufgeben und suchte es daher anzupassen. Am 10. Febr. 1583 entstand der Entwurf eines quadratischen Birettes. Man wählte diese Form im Gedanken an das Kreuz des Herrn. Die neue Kopfbedeckung war ein Quart, das sind etwa 21 cm, hoch [9].

Noch war der Aufenthalt der Missionare nicht endgültig. Erst am 10. Sept. 1583 beginnt die eigentliche Mission mit dem Einzug der beiden Patres Ruggieri und Matteo Ricci in Shiuhing. Leider mußte man bald feststellen, daß das Bemühen, bezüglich der Kleider sich um eine bestmögliche Anpassung an die Eigenarten Chinas zu kümmern, in eine Sackgasse hineingeraten war. Was voranbringen sollte, erwies sich als Hindernis der übelsten Art. Man hatte beim ersten Versuch nicht gewußt, daß die Bonzen Chinas, besonders in den Kreisen der Literaten, nicht sehr hoch in der Achtung standen. Die Folge davon für die Mission war, daß die Missionare, die sich gerade der Oberschicht der Literaten zu nähern suchten, sich selber durch ihre Methode den Zugang zu dieser Oberschicht versperrt hatten. Sie waren ja in den Augen der Leute Bonzen geworden. Sie hatten in Leben und Betätigung viele Ähnlichkeiten mit diesen. Sie lebten wie die Bonzen ehelos. Sie versammelten sich in einer Kirche, ähnlich dem Zusammenkommen der Bonzen in ihren Pagoden. Sie waren nun auch gekleidet wie diese. Was wunder, wenn das gewöhnliche Volk sie sogar für eine Art Götzendiener hielt, wenig verschieden von den Kollegen der anderen Schule [10]. Eine derartige Verwechslung war dem Ziele der Glaubensboten direkt entgegengesetzt. Wir verstehen daher, wenn Ricci es später beim Umzug nach Nanchang ablehnt, in einer Pagode der Bonzen vor den Toren der Stadt seine Wohnung zu beziehen. Er will auf keinen Fall wieder zu ihnen gezählt werden [11].

---

[7] Cfr. VI. Abschnitt, Sekt. 1, 2. Kap.
[8] I Nr. 245.
[9] I p. 167 n. 3; TV p. 433, oben zitierter Brief des P. Pasio.
[10] BARTOLI II c. 62; I Nr. 429.
[11] I Nr. 489.

Wie stark die Hindernisse aus dieser Verwechslung mit den Bonzen waren, beleuchtet uns klar das Bemühen um die Bekehrung des alten P'eng in Shiuchow [12]. Er war ein Literat und hatte sich schon mit dem Christentum befaßt. Er sah sehr gut die Echtheit und Vortrefflichkeit der christlichen Lehre ein, wollte sich aber nicht bekehren, obwohl die Patres ihn gerne wegen seines starken Einflusses in der Stadt gewonnen hätten, galt er doch wegen seiner Sittenstrenge als der « Cato » von Shiuchow. Der gute Alte, der sich schließlich doch bekehrte, wäre sich wie entehrt vorgekommen, wenn er sich zum Schüler eines fremden Bonzen gemacht hätte. Der Ton liegt auf beiden Worten. Schon das Wort « Fremder » war einem echten Chinesen, der von der alles überragenden Herrlichkeit seines Vaterlandes überzeugt war, unerträglich [13]. Nun war dieser Fremde noch ein Bonze, die Missionare konnten nämlich in der 2. Residenz Shiuchow nicht gleich Stand und Kleidung der Bonzen nach außen aufgeben. Alles das war Grund genug, sich von ihnen, da man selber doch Literat war, fernzuhalten. In der gleichen Stadt werden die Patres sogar später direkt als « fremde Bonzen » bekämpft [14].

Dieses schlechte Ansehen der Bonzen ist dem eigentlichen Gründer der neuen Chinamission, P. Matteo Ricci, Ursache, alles dieses eingehend mit seinem höheren Oberen, dem P. Visitator Valignano zu besprechen. Während des Aufenthaltes desselben in Makao von 1592-1594 sucht Ricci ihn auf und macht mit ihm aus, daß diese Art und Weise, sich als Bonzen zu geben und zu kleiden, aufzugeben sei [15]. Damit war der Weg nach rückwärts abgeschnitten.

Über Riccis erste tastende Versuche der Anpassung an chinesisches Wesen schreibt sein berühmter Schüler Dr. Leo Li Chihtsao: « Auch Ricci hatte während mehrerer Jahre nach seiner Ankunft in China keine klare Vorstellung von der zu befolgenden Methode. Später begegnete er indessen dem Ch'ü T'ai-su [16], der es (für Ricci) nicht passend ansieht, die Bonzen nachzuahmen » [17].

---

[12] II Nr. 653.
[13] Cfr. IV. Abschn., 1. Kap.
[14] II Nr. 660, p. 222; II Nr. 668, p. 235; II Nr. 670, p. 237.
[15] I p. 145 n. b; I Nr. 429; I p. 335 n. 1; I p. 336 n. 1.
[16] I p. 295 n. 1: Wir werden diesem bedeutenden Literaten und Freund Riccis noch sehr oft begegnen. Er spielt in der Einführung desselben in die chinesischen vornehmen Gesellschaften eine maßgebliche Rolle.
[17] I p. 336 n. 1: Die Worte stehen im « Kommentar zur nestorianischen Säule » des Dr. Leo Li Chih-tsao.

Welcher Methode aber sollten die Missionare folgen? Sie mußten bemerken, daß die eigentlich maßgebenden Leute in China dem Stande der Literaten angehörten. Sie waren es, die die Verwaltungsposten besetzt hielten. Sie führten auf Grund der nach den chinesischen Klassikern geformten Bildung den ganzen Staatsapparat. Sie waren auch in geistiger, wissenschaftlicher, literarischer Hinsicht die Führer der Nation. Was lag näher als zu versuchen, mit dieser Klasse Kontakt zu bekommen? Daran konnte man aber nicht denken, solange man Bonze war. Um die Ehren, das Ansehen und die Vorrechte dieser Klasse zu genießen, mußte man in diese eindringen. Man mußte selber Literat werden. Daher schreibt Dr. Leo Li Chih-tsao an der eben zitierten Stelle, daß Ricci « sich die Haare wachsen ließ und sich als Literat gab, der nach China gekommen sei, um dessen Zivilisation zu bewundern ».

Die Änderung bildete das positive Ergebnis der wichtigen methodischen Besprechungen Riccis mit Valignano in Makao. Der große Visitator zeigte sich den Plänen seines großen Untergebenen gewogen und billigte seine Vorschläge bezüglich dieser äußeren Änderungen.

Die große Umstellung begann bereits in Shiuchow, wenigstens soweit es sich um den Austausch der Höflichkeitsformeln handelte. Wenn nämlich die Missionare in der Folge zu den Audienzen bei den Mandarinen gingen, begannen sie mit den Zeremonien, wie die Baccalaurei (der unterste Grad der Literaten) sie vor den Beamten zu machen pflegten. Diese waren sehr viel würdevoller als diejenigen, die die Bonzen zu machen hatten. Die Mandarine antworteten ihnen darauf in der gleichen Weise und benahmen sich gegen die Missionare wie gegen die Baccalaurei [18].

Damit war man einen wichtigen Schritt vorangekommen. Man war in das chinesische Zeremoniell eingetreten, das für Literaten vorgeschrieben war. Aber das genügte nicht. Hinzu mußte die äußere Änderung der Kleidung kommen. Hören wir, was unser Autor über diese schreibt und wie er sie beschreibt. Er bietet eine ziemlich genaue Schilderung in einem Briefe an seinen Ordensgeneral Aquaviva:

> « Ich gehe (wir greifen der historischen Darstellung etwas vor) genau so gekleidet wie die Literaten. Das Kleid hat violettbraune Farbe mit sehr breiten und offenen Ärmeln. Vom Rande desselben bis zu den Füßen geht ein Streifen ringsherum, mehr als eine halbe Palme (8 cm) breit von heller Turchinfarbe. Derselbe schließt

---

[18] I Nr. 430.

auch den Saum der Ärmel sowie das Mäntelchen ab, das bis zu den Lenden reicht. Der glatte Gürtel ist teilweise an das Gewand angenäht und ist von der gleichen Materie und Farbe wie die Säume, nur, mir nicht begreiflich, anders gerändert. Ebenso sind auch noch zwei Streifen vorhanden, die von einem Knoten (in der Mitte des Leibes) herunterhängen und bis zu den Füßen hinuntergehen. Die Fußbekleidung ist aus Seide mit gewissen Stickereien und Wappen, entsprechend dem Grade (der Literaten). Das Birett ist höher als unser europäisches, hat verschiedene Farben und ähnelt eigenartigerweise der Mitra der Bischöfe » [19].

Es ist begreiflich, daß Ricci sehnsüchtig auf die Gelegenheit wartete, nicht nur die Zeremonien der Literaten, sondern auch ihre Kleidung sich zuzueignen.

Die Gelegenheit für ein erstmaliges Auftreten im zeremoniellen Seidenkleid sollte sich nicht so rasch bieten. Erst auf der im Mai 1595, also gut 12 Jahre nach dem Beginn der Mission, erfolgenden Reise nach Nanking, kann Ricci dazu übergehen, seine Kleidung zu wechseln. In Kishui geht er an Land, um dem Unterpräfekten von Shiuchow, der sich damals gerade dort aufhielt, einen Besuch zu machen. Er stellt sich dem hohen Herrn erstmalig in der Gewandung der Literaten vor. Bart und Haupthaare waren inzwischen gewachsen. Ricci erklärt dem Beamten, der wohl ein wenig über diese plötzliche Metamorphose vom Bonzen zum Literaten verduzt gewesen sein mag, daß er und sein Gefährte anfänglich unerfahren gewesen seien in den Gebräuchen Chinas und daß sie getäuscht worden seien. Damals hätten sie sich als Bonzen gekleidet, obwohl ihr Beruf derjenige der Literaten sei, welche das Gesetz Gottes lehren [20].

Die Vorzugsstellung gebildeter Menschen in China war den Missionaren ja längst aufgegangen. Schon aus den Jahren 1583-1584 berichtet Ricci uns, daß die vielen Besucher in der Residenz von Shiuhing bemerkten, daß die Patres sehr viele Bücher besäßen, was doch ein Zeichen sei, daß sie wissenschaftlich interessierte Leute sein müßten. Ricci erklärt ihnen darauf, daß sie in ihrem eigenen Lande tatsächlich Literaten seien, « worin, wie wir erklärt haben, der einzige Adel Chinas begründet ist » [21].

---

[19] BARTOLI II c. 63: Bartoli bringt Riccis wörtliches Zitat. Cfr. I Tav. I: Das Bild Riccis von Br. Emmanuel Pereira. — Über Kleidung und Material derselben im allgemeinen cfr. I Nr. 18, 19, 20, 21.

[20] I p. 346 n. 7: Die Reise wird am 18. April 1595 (I p. 337 n. 4) in Shiuchow begonnen.

[21] I Nr. 252.

Man fragt sich, warum Ricci diese Änderung nicht schon längst vorgenommen hat? Er kannte doch die Verhältnisse inzwischen. Er selber klärt uns über die Ursache dieses Wartens auf. Solange die Missionare nämlich noch in der Provinz Kwangtung waren, konnten sie nicht an eine völlige Änderung der Methode in dieser Hinsicht denken. In dieser Provinz waren alle, « Weltpriester wie Religiosen und alle Frati von Makao » bei den Chinesen als Bonzen bekannt [22]. Da man aber auch die Missionare des Inlandes als Priester-Bonzen kannte, wäre es völlig sinnlos gewesen, hätte sogar unter Umständen zu Verwicklungen und zu Verdächtigungen führen können, wenn eine derartig radikale Änderung in jener Provinz vorgenommen worden wäre. Daher wurde das Verlassen der Provinz Kwangtung der willkommene Anlaß, auch die Kleidung und das äußere Auftreten endgültig zu ändern.

Von jetzt an ging Ricci im vornehmen, für Besuche vorgeschriebenen Seidenkleide zu den Behörden und vornehmen Privatpersonen. Er tat das in Übereinstimmung mit der großzügigen Weisung seines Visitators [23] und im Streben nach der größeren Ehre Gottes in der Arbeit am Heile der Seelen. Wir dürfen wohl sagen, daß durch diese Änderung eine wesentliche Tat gesetzt wurde. Wir werden nämlich im ganzen späteren Wirken Riccis sehen, daß er eifersüchtig darauf bedacht ist, seinen Ruf als Literat zu festigen. Sein Erfolg hat ihm rechtgegeben.

Der Beginn der Residenz von Nanchang ist zugleich auch der eigentliche Anfang der neuen Methode. Die Versuche in Shiuchow sind nicht von größerer Bedeutung. Die Episode in Kishui ist eine Generalprobe. Die kurze erste Zeit in Nanking, bevor er nach Nanchang kam, ist von geringer Bedeutung für den Ausbau der Methode, wenngleich sie auch dort schon angewandt wurde. Der eigentliche ruhige Aus- und Aufbau derselben liegt in Nanchang. Von dort aus schreibt Ricci über seinen Einzug in die Stadt. Nachdem er zunächst einige Tage in aller Stille in ihr zugebracht hat, um erst einmal die Lage zu erkunden, entschließt er sich, den ihm befreundeten Arzt des Vizekönigs der Provinz aufzusuchen. Zu diesem Zwecke zieht er mit der größtmöglichsten Autorität durch die Stadt. Er hat nämlich bemerkt, daß man bei den Chinesen nichts ausrichtet, wenn man sich vor ihnen erniedrigt. Die Diener legen lange Gewänder an. Er selber wird in einer Sänfte zu dem Arzt getragen. Im Schmucke des Besuchskleides und des Literatenbirettes

---

[22] I Nr. 431.
[23] I Nr. 429.

macht er ihm die Aufwartung und gibt sich ganz als Literat. Als solcher wird er auch behandelt, « ohne daß es einem in den Sinn gekommen wäre, daß er ein Bonze war. Von diesem Namen suchte er die Unsrigen reinzuwaschen » [24].

Eben von Nanchang aus schreibt er über seine Kleidung:

> « Wir sind hier gekleidet ganz nach Art und Weise der Chinesen (Literaten). Wir hatten nur das viereckige Birett (aus der Bonzenkleidung) zum Andenken an das Kreuz zurückbehalten. Dieses Jahr habe ich mich auch dessen entäußert. Ich brauche jetzt ein ziemlich extravagantes Birett, spitz wie das der Bischöfe (Mitra), um mich so ganz zum Chinesen zu machen » [25].

Die Änderung in der Methode bezog sich natürlich nicht nur auf die Kleidung. Damit zusammen hing eine gewisse Änderung im äußeren Auftreten im allgemeinen. Ricci bemerkt darüber in einem Schreiben an P. Aquaviva: « Wir lassen uns von den Hausgenossen nicht mehr « Reverentia » nennen, sondern « Signoria ». Wir haben es bekannt gemacht, daß wir Theologen sind und « Predigerliteraten », die es auch bei ihnen gibt ». Um das Streben nach Würde und Ansehen in der chinesischen Gesellschaft noch zu erhöhen, läßt er die Diener des Hauses bei besonderen Anlässen immer lange Kleider tragen. Er selber läßt sich mit einer Sänfte aus dem Hause tragen zu seinen Besuchen, wie es vornehme Leute zu tun pflegen. Als Literat hat er auch immer zwei oder drei Diener mit sich, die ihm das Ehrenkleid tragen, das vor Beginn des eigentlichen Besuchszeremoniells angelegt werden mußte. Als Literat wird ihm ferner ein Schreibgerät nachgetragen [26]. Wir sehen, die Methode wird in Nanchang bis in die kleinsten Einzelheiten dem chinesischen Vorbild nachgemacht. Ricci will ein Chinese unter Chinesen sein.

Bei dem einige Jahre später versuchten zweiten Angriff auf Nanking, der leider erfolglos blieb, beobachtete er die gleiche Methode. Er berichtet uns, daß die Kleidung, die er bei seinem Einzug in Nanking anlegte, die der « Predigerliteraten » gewesen sei [27].

---

[24] I Nr. 466; cfr. I Nr. 465.
[25] TV p. 163, Brief von 7. Okt. 1595 an P. Benci; cfr. TV p. 230, Brief Riccis vom 15.Okt. 1596 an P. Costa: Er spricht dort von der geringen Achtung, die den Missionaren zuteil wurde von den Literaten, solange sie Bonzen waren.
Cfr. TV p. 136, Brief Riccis vom 29. Aug. 1595 an P. de Sande.
TV p. 215, Brief Riccis vom 12. Okt. 1596 an P. Fuligatti.
[26] TV p. 200, Brief Riccis vom 4. Nov. 1595.
[27] II Nr. 555; I Nr. 431; I p. 338 n. 3: Die Missionare nahmen die Bezeichnung « Tao Jen » an, was soviel heißt wie: Homo religiosus, homo religionis, Prediger, oder wie Ricci es versteht: Predigerliterat.

Aus der Zeit des dritten und endgültigen Beginnes in Nanking lesen wir in einem Briefe an seinen Freund P. Costa eine schöne allgemeingültige Erklärung seiner Methode:

> « Mögen Sie wissen, daß ich mit allen anderen, die hier sind, nichts anderes Tag und Nacht sinne als dieses (die Bekehrung Chinas). Und darum sind wir hier, verließen das Vaterland und teure Freunde und tragen schon Kleider und Schuhe Chinas. Wir reden, essen, trinken und wohnen nicht im Hause als nur nach der Gewohnheit Chinas .... » [28].

Als Ricci nach Peking kam, wandte er seine bereits erprobte Methode auch dort an [29]. Und erst recht mußte er in der Hauptstadt des Reiches auf sie bedacht sein, da Tausende und Abertausende von Literaten und Mandarinen bei Gelegenheit der großen Examina und zu den Feierlichkeiten für den Kaiser hier zusammenströmten. Es handelte sich faktisch um die Begegnung mit der Elite des Reiches. Ja, der kaiserliche Palast selber war den Missionaren nicht mehr verschlossen. Ricci schreibt, daß die Patres in Peking in all den vergangenen Jahren (1601-1608) oft in den Palast des Kaisers hineinkamen. Auch hierbei trugen sie Kleidung und Schuhwerk der Literaten und nicht die Kleidung des gewöhnlichen Volkes, das keinen Mandarinenrang hatte und nicht graduiert war [30].

Machte Ricci in der Stadt seine Besuche, so tat er es nicht wie die gewöhnlichen Leute zu Fuß. Er benützte entweder die Sänfte, diese aber nicht so häufig, weil sie teuer war, oder ein Pferd. Auf diese Weise kam er billiger davon, da das Leihen eines Pferdes für einen Tag sehr billig kam. Er mußte aus verschiedenen Gründen zu dieser Art Verkehrsmittel greifen. Einmal waren die Straßen der Stadt sehr staubig, da es selten regnete und nur wenige Straßen mit Ziegelsteinen gepflastert waren. Zum anderen aber mußte er den Besuchern Ehre antun, indem er zu Pferde kam, denn man hätte einen vornehmen Gastherrn entehrt, wäre man zu Fuß gekommen. Nicht zuletzt war die Entfernung in den langen Straßen der Stadt oft sehr groß, sodaß die Benützung eines Pferdes auch kräftesparend wirkte [31].

Eine Gewohnheit, die für Peking eigentümlich war, kam ihm bei seinem ersten mißglückten Versuch dort recht zustatten. Wegen

---

[28] TV p. 246, Brief Riccis vom 14. August 1599.
[29] II Nr. 555.
[30] II Nr. 887. Die Ursachen für dieses häufige Gehen zum Kaiserpalast cfr. V. Abschn., 3. Kap.
[31] TV p. 297, Brief Riccis vom 26. Juli 1605 an P. Aquaviva.

des Staubes in den Straßen legten die Leute gerne ein Netz über das Gesicht, was nebenbei auch den Vorteil hatte, daß man nicht so leicht erkannt werden konnte. Auf diese Weise konnten die Patres einige Zeit in der Stadt beliebig herumgehen, ohne erkannt zu werden als Fremde [32].

Wir sahen, daß Ricci in allen Stationen, wohin er kam, diese Methode einführte. Seine Nachfolger blieben im großen und ganzen dabei. Sogar in Makao beginnt P. Cattaneo, bei der Pastoration und Evangelisation der dortigen Chinesen sich als Literat zu geben. Kleider, Birett, Haupthaare und Bart trägt er lang wie die Literaten [33].

Schauen wir nach dieser kurzen Zusammenstellung der Tatsachen zurück, so können wir Riccis Elastizität nur bewundern. So äußerlich an sich die Änderung der Kleidung erscheinen mochte, so folgenschwere Wirkungen hatte sie. Sie bedeutete einfachhin das Aufrücken in die chinesische Oberschicht. Sehen wir zu, wie Ricci sich in dieser Klasse zurechtfindet.

2. KAPITEL

DIE AKKOMMODATION AN CHINESISCHE NAMENSGEBUNG

Trotz aller Beeinflussung durch westliches Wesen, hat China bis heute Fremde, die auf Einflußnahme in der chinesischen Gesellschaft bedacht waren, gewissermaßen gezwungen, sich irgendwie an chinesische Eigenart anzupassen, um überhaupt innerhalb des Volkes einen Platz zu haben. Insbesondere war der Missionar, der mehr als andere im Volksleben stand, von altersher genötigt, sich intensiv mit den Gebräuchen der chinesischen Gesellschaft zu befassen und sie anzunehmen.

Unter den vom Westen verschiedenen Eigenarten Chinas hat das sinnreiche, uns Europäer ein wenig kompliziert anmutende System der Namen für den Fremden, der sich in China heimisch machen will, eine besondere Bedeutung. Der Europäer kann nicht beanspruchen, wenigstens nicht in der Zeit, über die wir handeln, bei seinem europäischen Namen genannt zu werden. Man würde diesen gar nicht verstehen. Er würde als etwas Barbarisches angesehen werden und würde sofort den an sich schon verhaßten Frem-

---

[32] II Nr. 522.
[33] I Nr. 402.

den verraten. Eine intime Fühlungnahme gar mit den höheren Kreisen wäre ohne einen chinesischen Namen für einen Europäer auf die Dauer unmöglich, da der Name eine große Bedeutung im Zeremoniell des Besuches hat.

Der Missionar, in unserem Falle Ricci, mußte also seinen Namen irgendwie ändern und sich einen chinesischen Namen zulegen. Wollte er ihn ganz aufgeben, was dem Europäer wegen des Heiligennamens, den er trug, schwer genug werden mußte, so war er doch gezwungen, ihn so zu ändern, daß der europäische Charakter des Namens, der ja praktisch immer mehrsilbig war, in das Einsilbensystem chinesischer Charaktere hineinpaßte. Und zwar nicht irgendwie, sondern in möglichster Harmonie mit den Lautwerten der chinesischen Sprache.

Bevor wir uns die von Ricci und seinen Mitarbeitern angenommene und eingeführte Änderung etwas näher ansehen, wollen wir uns die wesentlichen Elemente der chinesischen Namensgebung vorführen, wie Ricci sie uns aufzählt.

Der chinesische Name setzt sich aus verschiedenen Teilen, eigentlich verschiedenen Namen, zusammen. Der erste Teil des Namens ist der Familienname [1] (Hsing). Wir müssen uns aber bewußt sein, wenn wir diesen Namen « Familiennamen » nennen, daß wir damit nicht die gleichen Ideen verbinden dürfen wie mit unserm europäischen Familiennamen. Er ist ganz anderen Ursprungs. Die Zahl dieser « Familiennamen » ist sehr gering. Das Werkchen « Die Familiennamen der 100 Familien », das im 10. Jh. nach Christus entstand, enthält trotz seines Titels 438 solcher Familiennamen. Alle diese sind außer 30 Namen einsilbig. Diese 30 Namen sind zweisilbig [2]. Wenn Ricci von diesem Familiennamen spricht, sagt er immer « cognome ».

Diese Namen müssen sich klarerweise wegen ihrer geringen Zahl und wegen der großen Bevölkerung des chinesischen Reiches sehr oft wiederfinden, können also unmöglich als eine genaue Bezeichnung des Individuums gelten.

Zum Familiennamen wird als zweiter Name der « Name » hinzugestellt. Man stellt ihn hinter den ersten. Das ist der eigentliche Name des Individuums, sein « Ming ». Er ist im Gegensatz zum Familiennamen meist zweisilbig [3]. Ricci nennt diesen « Ming » ent-

---

[1] I Nr. 139.
[2] I p. 86 n. 4; cfr. WEIG = WEIG SVD P. JOHANN — *Die chinesischen Familiennamen*, Tsingtao 1931, pp. V-X; YING = YING PROF. IGNATIUS — *A proposed new translation of christian names*, in « Coll. Comm. Syn. » 1939, Nr. 2/3, pp. 191-207.
[3] p. 90 n. 2.

weder « nome », « piccolo nome » oder « proprio nome ». Ein Gleichgestellter oder Niedrigerstehender dürfte diesen Namen nicht ohne Beleidigung des Angesprochenen gebrauchen.

Wenn der junge Mensch, wie Ricci sagt, das Netz (Haarnetz) abgelegt hat und ein Barett zu tragen beginnt, wenn er mit andern Worten großjährig geworden ist und heiratet [4], gibt ihm ein hochstehender Mann einen weiteren Namen, den « Charakter », oder, wie Ricci sich ausdrückt « nome mezzano, che chiamano la lettera » (Tsu).

Ist der junge Mensch endlich ins volle Mannesalter getreten, so bekommt er einen « großen Namen », den « Hao ». Ricci nennt ihn « nome grande » oder auch « nome del segnale ».

Ein Mann darf von allen bei seinem «Tsu» gerufen werden, außer von den Dienern und solchen, die unter ihm stehen, seinen Untergebenen. Diese müssen den « großen Namen », den « Hao » gebrauchen. Mit letzterem kann er von allen gerufen werden. Höherstehende allerdings und Ältere, die ihn nicht so sehr ehren wollen, können sich immer mit dem « Tsu » begnügen.

Schließlich gibt es noch einen posthumen Namen, dessen Ricci aber keine Erwähnung tut, den « Shih », den der Kaiser andern Kaisern und berühmten Männern nach dem Tode zu geben pflegte [5].

Neben dieser offiziellen Reihe von Namen, wie sie in der Literatur aufscheinen, gibt es noch einige andere Namen, die eine jeweils begrenzte Bedeutung haben.

Der erste Name dieser Art wird dem Kinde vom Vater gleich nach der Geburt zugelegt. Es ist der sogenannte « Milchname » [6] oder nach Ricci « il primo nome ». Nach ihm empfängt einen solchen Namen nur ein Knabe. Ein Mädchen wird einfach mit dem Familiennamen des Vaters und nach der Reihenfolge innerhalb der weiblichen Geschwister gerufen. Ein solcher Milchname, soferne er nicht einfach eine Zahl ist, hat meist eine Beziehung zu irgendeinem Fest, das gerade in der Zeit der Geburt gefeiert wurde, oder er drückt eine Hoffnung der Eltern aus etc. Bekommt ein Mädchen einen solchen Milchnamen, was nach Ricci nicht möglich ist, aber in neuerer Zeit häufig sich findet, so wählt man möglichst poetische Namen wie « Edelstein und Perle », « Magnolienduft », « Frühlingsgesicht » und ähnliche [7].

---

[4] I p. 90 n. 5.
[5] I p. 91 n. 1.
[6] I p. 90 n. 3.
[7] WEIG p. VIII: P. Weig sagt, daß auch Knaben derartige Namen der Zahl nach bekommen können.

Der Schüler bekommt in der Schule einen eigenen Schulnamen, mit dem ihn nur der Lehrer und seine Schulkollegen anreden.

Tritt man einer Religionsgemeinschaft bei, besser gesagt einer Sekte, so bekommt man auch in dieser einen eigenen Namen. Ricci nennt ihn « nome della religione » [8].

Wenn nun, was bei Ricci sehr oft der Fall ist, eine Einladung erfolgt, so werden diejenigen, die zu Besuch kommen, in dem eigens für diese Gelegenheiten vorgeschriebenen Visitenbüchlein nicht alle ihre Namen aufführen. Das wäre gegen die Regeln der Bescheidenheit. Sie werden nur ihren Familiennamen und ihren Eigennamen einschreiben. Der Gastgeber muß aber für das Besuchszeremoniell den « großen Namen » (Hao) des Gastes wissen. Daher wird er den Gast nach seiner Ankunft einfach nach diesem fragen. Ricci schrieb in das Visitenbüchlein also zunächst seinen Familiennamen (Hsing) « Li » ein. Diesem folgte sein Eigenname (Ming) « Ma-tou ». Wurde er nach Ankunft im Hause des Gastgebers nach seinem großen Namen (Hao) gefragt, so nannte er sich « Hsi-t'ai » [9].

Riccis « Ming » oder Eigenname ist eine Chinesierung seines europäischen Namens Matthäus und enthält demnach nicht das, was in den chinesischen Namen dieser Art enthalten ist [10].

Wie dringend Ricci es empfand, sich chinesische Namen mit allen für diese vorgeschriebenen Regeln zuzulegen, sehen wir aus folgender Stelle, wo er schreibt: « So sind wir denn gezwungen, neben dem Taufnamen (Ming), den wir für die Besuche brauchen (also für das Visitenbüchlein), einen großen Namen (Hao) zu nehmen, womit sie uns für gewöhnlich zu rufen haben » [11].

Diese Ordnung der Dinge war aber nicht von allem Anfang an da. Bis zur Abreise der Patres Ruggieri und Almeida von Shiuhing in Kwangtung nach Shaohing in Chekiang, die am 20. Nov. 1585 stattfand [12], hatten sich die Missionare nur beim Taufnamen (Ming) nennen lassen. Ricci hatte aus seinem Namen Ma-tou gemacht, und Ruggieri hatte seinen Namen Michele in Ming-chien umgeformt. Der Name Ricci wurde verkürzt zum Einsilber Li *Ri*(cci) und Ruggieri verkürzte seinen Familiennamen zu Lu *Ru*(ggieri) [13]. Unter dem Namen Li Ma-tou ist Ricci heute noch

---

[8] I Nr. 139.
[9] I p. 90 n. 8.
[10] YING p. 204.
[11] I Nr. 139.
[12] I p. 228 n. 3.
[13] I p. 228 n. 1.

in China gut bekannt. Er schreibt, daß es eine große Unordnung war mit den Namen der Patres, daß diese nicht schon früher geändert wurden.

> « Es ist nämlich eine gewöhnliche (vile) Sache in China, einen mit seinem Namen (Ming) zu nennen, den niemand anders sagt, als nur er selber oder einer, der sehr weit über ihm steht. Die anderen nennen ihn mit einem anderen Namen, den sie « Nome del segnale » (= Großer Name-Hao) nennen. Bisheran aber waren sie (die Missionare) sogar von den Dienern des Hauses mit ihrem Namen (Ming) gerufen worden, was den Chinesen als etwas sehr Barbarisches vorkam. Darum nahmen alle Patres ihr Merkwort (segnale) als Namen, mit dem die übrigen ihn zu rufen haben. Und man gab Auftrag, daß alle Patres, die von jetzt an kommen würden, sofort diesen Ehrennamen nehmen sollten, weil das notwendig ist für das Ansehen, in dem sie stehen müssen. Damit waren ihre Freunde auch sehr einverstanden » [14].

Ricci legte sich also den « großen Namen » « Hsi-t'ai » zu, während Ruggieri « Fou-ch'u » hieß. Riccis Name bedeutet « Äußerster Westen », Ruggieris Name bedeutet « Restaurator » (der Mission?). De Sande nannte sich mit seinem Familiennamen Meng, mit seinem Eigennamen San-teh (Sande) und mit seinem « großen Namen » « Ning-huan ». Almeida ähnlich: Mei (Al*mei*da) An-tung (Antonio) Lihsiu.

Bei dieser Lösung konnte es natürlich dem Visitator Valignano nicht schwer sein, seine Untertanen von der Anschuldigung in Rom reinzuwaschen, sie hätten heidnische Namen angenommen. Im Sinne dieser Lösung ist die Stellungnahme Valignanos überhaupt zu verstehen, daß er nämlich gestattete, daß die Patres ihre phonetisierten christlichen Namen beibehielten [15].

Ricci hat die Formung des Namens im obenbeschriebenen Sinne betrieben, daß er nämlich grundsätzlich den christlichen Namen beibehielt. Diese seine Verfügung wurde später allgemeingültig für die Mission und geschah in Übereinstimmung mit Valignano, mithin noch vor dessen Tode, der im Jahre 1606 erfolgte. Riccis Lösung ist also die Phonetisierung. Eine andere Ansicht vertrat Longobardo. Er meinte, es sei besser, die europäischen Namen dem Sinne nach zu übersetzen, um sie dann mit genuinen chinesischen Begriffen wiederzugeben [16]. Letztere Methode hätte damals

---

[14] I Nr. 283.
[15] BARTOLI II c. 14; I p. 228 n. 1.
[16] I p. 228 n. 1.

wohl eingeführt werden können. Heute läßt sich das bei der immer weiter um sich greifenden Europäisierung und der inzwischen längst erfolgten Einwurzelung christlich-europäischer Namen in China vielleicht nicht mehr oder doch nur mehr sehr schwer durchführen [17]. Jedenfalls würden einige europäische Namen immer bleiben. Auf die Namen Jesu und Mariä wird man nicht mehr verzichten können und wollen. Andere Namen haben inzwischen einen solchen historischen Klang bekommen, daß sie von dort aus nicht mehr abgeschafft werden können, etwa die Namen der beiden Chinapioniere Matteo Ricci und Johann Schall: Ma-tou und Jo-wang [18].

Es mag hier der geeignete Ort im Rahmen der Arbeit sein, einiges zu sagen über die Benennung der Patres als Minister der katholischen Religion. Viele Ähnlichkeiten, zum Teil gewollt, zum Teil unbeabsichtigt, hatten das Volk der Provinz Kwangtung von Anfang an dazu veranlaßt, die Patres « Ho Shan » zu nennen. Im Schrifttum wurde der gleiche Begriff mit Seng-Bonze wiedergegeben [19]. Die volkstümliche Bezeichnung « Ho Shan » stammt vielleicht von dem Sanskrit-Wort « Upadhyaya », in dem Sinne von « Unterlehrer » der Veden [20].

Theoretisch wurde die Bezeichnung « Ho Shan », « Seng » von den Missionaren schon vor Oktober 1592 in Shiuchow unterdrückt. Praktisch blieb es bei diesem Namen bis 1595. Dann aber verschwand er und machte allmählich einem anderen Platz.

Es ist nicht sicher, wann die Bezeichnung « Shen-fu » für Missionare erstmalig gebraucht wurde. Der Name bedeutet « Vater dem Geiste nach ». Das erste schriftliche Dokument darüber haben wir in der 1605 gedruckten « Dottrina cristiana » Riccis. Da dieses Kompendium der christlichen Lehre aber längst handschriftlich vorher in Gebrauch war, muß man mit der Entstehung und dem Gebrauche des Wortes sicher weiter zurückgehen. Möglicherweise war es schon vor dem Jahre 1600 in Gebrauch.

Die Bezeichnung der Missionare mit « Szu to » = Priester, einer Ableitung von « Sacerdos », die heute der Schriftsprache ganz allgemein ist, hat in der gleichen Arbeit ihren ersten schriftlichen Niederschlag gefunden [21].

---

[17] Weig p. VIII, nota: P. Weig berichtet auch von Chinesen, die, ohne Christ zu sein, sich europäische Zunamen geben. — Das Streben nach genuinen christlichen und zugleich chinesischen Namen ist aber noch längst nicht zugunsten der Phonetisierung allein beendet (Ying pp. 155-207).

[18] Ying p. 202.
[19] I p. 335 n. 2.
[20] I p. 125 n. 3.
[21] I p. 335 n. 2.

Im Verkehr mit den Heiden wurden die Missionare natürlich nicht mit diesen spezifisch christlichen Begriffen angeredet. Diese nannten sie einfachhin « Lehrer » [22].

3. KAPITEL

RICCI UND DIE CHINESISCHE HOEFLICHKEIT

China ist nach einem alten Namen, den das Volk sich selber gegeben hat, das « Reich der Höflichkeit und der schönen Dinge ». Unter den 5 Kardinaltugenden Chinas, deren Behandlung in den Klassikern einen breiten Raum einnimmt, befindet sich auch die Tugend der Höflichkeit. Die Höflichkeit nimmt im Leben der Vornehmen einen solchen Raum ein, daß viele von ihnen den ganzen Tag nichts anderes tun, als Höflichkeitsbesuche zu machen und zu erwidern mit ihren entsprechend umständlichen Zeremonien [1].

Diese Zeremonien sind außerordentlich mannigfaltig, sodaß es nicht leicht ist, sie alle im Kopfe zu haben und sie bei der richtigen Gelegenheit richtig anzuwenden. Die Missionare konnten diese Zeremonien unmöglich ignorieren. Gerade weil sie Fremde waren, mußten sie dieselben gut beherrschen, um so von vornherein den Chinesen auch in dieser Hinsicht entgegenzukommen. Wenn diese schon untereinander den größten Wert auf die Pflege dieser Zeremonien legten, so konnten erst recht Fremde nicht auf ihre Pflege verzichten. Damit verband sich ein praktischer Grund, insoferne nämlich die Vornehmen gerade durch ihre gesprochenen und geschriebenen Höflichkeitsformen manches ausdrückten, was man ohne Kenntnis derselben unmöglich verstehen konnte [2].

Wir sehen bei den Missionaren auch hier eine Entwicklung. Mit der Anlegung des Bonzengewandes waren sie dazu verurteilt, vor den Mandarinen die Zeremonien gewöhnlicher Leute zu machen. Und diese waren nicht dazu angetan, bei den Großen Einfluß zu erwerben. Da ihnen aber daran gelegen war, besonders auf die höheren Klassen Einfluß zu nehmen, war auch von dieser Rücksicht aus ein Wechsel der Kleidung und damit der Methode dringend erfordert.

Wir lesen, daß sie sich während einer Audienz beim Präfekten Wang P'an in Shiuhing als Bonzen niederknien mußten wie

---

[22] II p. 349 n. 7; cfr. II Nr. 984, p. 602.
[1] I Nr. 119; cfr. I p. 71 n. 2.
[2] I Nr. 122.

alle anderen [3]. Derselbe Mandarin gibt ihnen die Erlaubnis zum Bau des Hauses. Wiederum müssen die Missionare vor ihm knien. Sie berühren mit der Stirne dreimal den Boden, um so ihren Dank zum Ausdruck zu bringen [4]. Wenn wir bedenken, daß Ricci selber diese Zeremonie als eine solche beschreibt, die von den Dienern des Hauses und vom niederen Volk gemacht werden muß, so ermessen wir, daß er und Ruggieri sich sehr verdemütigt vorkommen mußten in dieser Situation [5]. Man sieht daran, daß die Bonzen jedenfalls zum gemeinen Volk zählten. Und weil die Missionare als solche angesehen wurden, konnten sie eine Sitte der Literaten nicht umgehen. Diese hielten nämlich in den Räumen der Bonzenklöster gerne ihre Gelage. Zum gleichen Zweck und mit der gleichen Begründung wurde auch das Haus der Missionare von den Literaten benützt [6].

Der Wechsel in der Methode der Missionare brachte auch einen Wechsel auf dem Gebiete der Höflichkeitszeremonien mit sich. Man stieg auf das höhere Niveau der Oberschicht und übernahm damit den ganzen auf einem gewissen Höhepunkt stehenden Formalismus der ausgehenden Mingzeit.

Das erste, was man sich nach außen zulegen mußte, waren die Visitenbüchlein. Wollte man also einen Besuch oder Gegenbesuch machen, so war man genötigt, ein solches Büchlein zu präsentieren. Man mußte seinen Namen zusammen mit verschiedenen Formeln einer gewissen Selbstverdemütigung, aber doch konform dem Besucher, darin eintragen. Aus diesem Grunde mußte man eine ganze Reihe von Formularen zur Hand haben, sodaß Ricci von 20 und mehr Kästchen berichtet, die je verschieden ausgestattete Büchlein enthielten. Ja, man muß einen eigenen Torhüter haben, der praktisch nichts anderes zu tun hat, als von Tag zu Tag alle Besucher einzuschreiben, bezw. sich einschreiben zu lassen, damit auf diese Weise das Mißgeschick verhütet wird, einen gemachten Besuch innerhalb dreier Tage nicht zu erwidern. Die chinesische Sitte war darin praktisch. Schon an der Größe der eingetragenen Namen konnte man die Bedeutung des Besuches ablesen. Je größer die Charaktere, umso vornehmer der Besuch [7].

Wollte man einen Besuch machen, so konnte man natürlich nicht im Werktagskleid erscheinen. Man mußte sich eigene Höflich-

---

[3] I Nr. 234.
[4] I Nr. 237.
[5] I Nr. 121.
[6] I Nr. 280.
[7] I Nr. 123.

2 J. Bettray, S. V. D.

keitskleider zulegen, die sich bei Graduierten und Beamten nach Grad und Rang unterschieden. Aber auch solche, die nicht zu diesen Gruppen gehörten, sich aber doch zu den Vornehmen rechneten, wie die Missionare selber, hatten bei Besuchen ein eigenes Besuchskleid anzulegen [8].

Aus der ganzen Beschreibung, wie Ricci die Zeremonien der verschiedensten Art wiedergibt, können wir gut erkennen, wie sehr er in ihnen zu Hause war. Er berichtet über die kleineren Zeremonien, über die große Höflichkeitszeremonie mit K'o-t'ou, über die Stellung des einen zum anderen dabei, über das Verhalten des Höheren zum Niedrigeren [9]. Auf das genaueste wird die Ordnung der Praezedenz wiedererzählt, die sich nach Alter, Würde oder Entfernung des Landes des Besuchers richtet. « Daher sehen sie nur an wenigen Orten davon ab, uns anderen (Fremden) den Platz über alle zu geben, und es hilft uns nichts, diesen abzulehnen ». Diese Bemerkung ist wichtig für das Verständnis der Tatsache, daß Ricci oft den ersten Platz angeboten bekam. Es handelte sich also ganz einfach um eine Rücksichtnahme gegen das eigene Zeremoniell, das die Chinesen zu dieser Ehrung zwang, wozu allerdings auch oft eine beabsichtigte Ehrung des Missionars trat [10].

Die Empfänge selber unterschieden sich wieder sehr. Ein kurzer Empfang, bei dem man Tee mit Früchten bot, dauerte nicht so lange und war nicht von der gleichen zeremoniösen Feierlichkeit wie ein großes Symposion. Die Einladung zu einem solchen pflegte in drei Abständen zu erfolgen. Einen oder mehrere Tage vorher wurde das Einladungsbüchlein geschickt. Man schrieb etwa folgendes hinein: « Man habe ein kleines Essen aus Gemüse (foglia-Laub) bereitet, die Becher seien gewaschen. Man lade an dem Tage, zu der Stunde und an dem Orte Ihre Herrlichkeit ein, um deren schöne Lehren zu hören und etwas zu lernen. Man bittet, diese Gunst gewähren zu wollen ». Auf dem Büchlein, das der Gastgeber schickt, steht dessen « Hao » mit vielen Titeln, je nach der Stellung desselben. Am Morgen des Tages selber schickt man das zweite Büchlein, in dem man bittet, sich beeilen zu wollen. Zur Stunde des Mahles endlich kommt das dritte Büchlein, das den Titel führt: « Dem Gast entgegengehen ».

Ricci beschreibt darauf genau eine solche Mahlzeit. Man beginnt mit Tee, geht zum Ort des Gastmahles und komplimentiert

---

[8] I Nr. 124.
[9] I Nr. 121.
[10] I Nr. 126.

sich auf den jedem zukommenden Sitz. Der Gastgeber opfert eine Tasse Wein dem « Herrn des Himmels ». Dann beginnt das Mahl, das mehr aus Trinken als aus Essen besteht. Man ergötzt sich an einer Komödie, unterhält sich in geistvoller Art, kurz, das Gastmahl war der Ort, an dem man über alle aktuellen Dinge zu reden pflegte. Man sprach auch davon, wie man gut leben könne, wie man die Tugend und die Religion üben könne [11].

Ein schönes Beispiel eines solchen Gastmahles haben wir in der Storia während des Aufenthaltes Riccis in Nanking. Ricci begegnet hier dem « berühmten Prediger der Sekte der Götzen (Buddhisten) » Huang San-hui [12]. Als Fremder hat der Missionar den ersten Platz beim Gastmahl. Während desselben disputiert er mit dem Bonzen über eine Reihe religiöser Wahrheiten, die den Gegensatz zwischen Katholizismus und Buddhismus betreffen.

Es mag für Ricci nicht immer leicht gewesen sein, solchen Einladungen Folge zu leisten, zumal diese Gastmähler oft die ganze Nacht hindurch dauerten. Aber wie anders sollte er in den Kreis dieser hohen Herren eindringen? Wie konnte er besser die Seele dieser Menschen belauschen und kennenlernen [13]?

Ricci hat sich aber trotz der zahlreichen Einladungen nie verleiten lassen, sich von seinen Pflichten als Christ, Priester und Ordensmann zu dispensieren. Er hielt die Fasten- und Abstinenzordnung treu ein. Er will an sich gar nicht das soeben erwähnte Gastmahl besuchen, denn es ist gerade Fastenzeit. Weil man ihn aber drängt und nach der Versicherung, daß man eigene Fastenspeisen für ihn bereitet habe, geht er. Man sieht, daß das Auftreten als Katholik ihm in dieser Hinsicht nicht die geringste Schwierigkeit macht. Man war ja in China an die religiösen Praktiken bezl. des Fastens bei den bis dahin eingeführten Religionen gewöhnt. Man achtete diese Einstellung.

Gerade das Fasten bot ihm sogar einmal den Grund zu einer Auseinandersetzung über wahres und falsches Fasten. Er war wieder einmal zu einem Symposion eingeladen worden. Weil es aber gerade die Quatembertage waren (September 1601 in Peking), beobachtete er das kirchliche Fastengebot, indem er sich mit Gemüsespeisen begnügte. Die Auseinandersetzung, die sich dabei mit

---

[11] I Nr. 126-129.
[12] II Nr. 558; I p. 75 n. 5: Dieser Bonze war im Gegensatz zu vielen seiner Kollegen ein sehr gebildeter Mann, ja, im Verständnis und im Wissen buddhistischer Wahrheiten und Dichtungen war er einer der berühmtesten Männer seiner Zeit.
[13] I Nr. 372.

dem Literaten Dr. Li Chih-tsao über das Fasten entspann, fand ihren literarischen Niederschlag in dem 6. Kapitel der « 10 Paradoxa ». Das Kapitel beginnt so: « Herr Li vom hydraulischen Amt lud mich zum Essen ein. Da es aber ein Tag der (4) Zeiten war in (meiner) Religion, nahm ich nur Gemüse » [14].

Wir können sagen, daß Ricci allen Menschen, die mit ihm oder mit denen er zu tun hatte, höflich begegnet ist. Nur den Eunuchen gegenüber gibt er sich, sofern er kann, anders. Diese perverse Hofkamarilla findet in seinen Augen keine Gnade. Manchmal möchte man direkt sagen, daß er unklug ihnen gegenüber ist. Der Eunuche Feng Pao aus Nanking behandelt ihn nicht sehr höflich. Er verlangt aber von allen anderen die größte Höflichkeit. Seine Hofleute verlangen von Ricci, daß er den Herrn mit dem Titel « Tausend Jahre » anredet, ein Titel, der nach Ricci etwa unserm « Hoheit » oder « Exzellenz » entspricht. Dieser stand ihm aber durchaus nicht zu. Der Kaiser führte den Titel « 10.000 Jahre », während die kaiserlichen Verwandten mit « 1000 Jahre » angeredet werden mußten. Wegen der großen Macht der Eunuchen legten sich diese aber einfach letzteren Titel bei. Feng Pao verlangt beim Besuche Riccis auch, daß dieser vor ihm niederknie. Ricci lehnt das ab, er hat sogar die Absicht, nach Hause zu gehen, ohne ihn besucht zu haben. Er beruft sich darauf, daß er von den Ministern und großen Mandarinen gut und höflich behandelt worden sei. Man muß ihn fast mit Gewalt festhalten. Er macht dann dem Eunuchen nur die gewöhnlichen Zeremonien. Zum Glück war der Eunuche taub und verstand nicht, daß der Pater ihn nicht mit « 1000 Jahre » anredete, was ihm aber doch mit lauter Stimme von einem der Höflinge ins Ohr geschrieen wurde, worüber sich der Alte freute [15]. Ein ähnliches festes Auftreten zeigen die Missionare in Peking nach dem Tode Riccis vor dem « ersten Eunuchen » Ch'ang Yün-tu. Dieser behandelt die Missionare nicht als Literaten bei der Übergabe einiger Geschenke. Er dachte, daß sie vor ihm knien würden, aber sie blieben stehen und der Eunuch sah sich genötigt, sich von seinem Sitze zu erheben und sich mit ihnen wie gleich und gleich zu unterhalten [16].

Von besonderer Bedeutung war im alten China das Verhältnis zwischen Lehrer und Schüler. Die Tatsache, daß der Lehrer seinen

---

[14] II Nr. 623; II p. 161 n. 1.
[15] II Nr. 549.
[16] II Nr. 988; Ch'ang Yün-tu wohl nur interimistisch « erster Eunuch » (II p. 608 n. 2).

Schüler gewissermaßen durch die neuen Erkenntnisse zu einem anderen Menschen machte, bewog den Schüler, zu seinem Lehrer in ein Verhältnis der Achtung und Ehrfurcht zu treten, wie man es nur vergleichen kann mit dem Verhältnis zwischen Eltern und Kindern. Lehrer und Schüler sind wie Vater und Sohn zueinander und lieben sich in der gleichen Weise, sodaß die volle Kindesliebe, diese vielgerühmte Pietät Chinas, nicht nur die Eltern, sondern auch den Lehrer trifft [17]. Uns klingt es merkwürdig, wenn wir erfahren, daß sogar aus den Examina ein solches Verhältnis erwuchs. Lehrer und Examensleiter waren nicht, wie bei uns vielfach, ein unvermeidliches Übel. Vielmehr blieb man dem Examensleiter nachher das ganze Leben lang zu Dank verpflichtet, ein Verhältnis, das in besonderen Ehrungen und Diensten seinen Ausdruck fand [18]. Ja, wenn man auch nur einen Tag jemanden als Lehrer in was immer für einer Sache gehabt hatte, so war man gehalten, ihn das ganze Leben lang Lehrer zu nennen. Man konnte sich also nicht zusammen mit ihm setzen, man konnte nur an seiner Seite stehen, wo immer man sich begegnen mochte. Man redete mit größtem Respekt und Höflichkeit zu ihm [19].

Wenn sich jemand einen Lehrer wählte, so saß dieser in einem Zimmer, und zwar im Norden desselben. Er hatte das Gesicht nach Süden gewandt und erwartete so seinen Schüler. Dieser kam von Süden herein, warf sich auf die Knie und machte 4 Prostrationen oder K'o-t'ou. Damit nahm er das Lehrer-Schülerverhältnis an und ehrte den Lehrer, auch wenn der Schüler späterhin zu einer höheren Würde aufsteigen sollte.

Wir wissen nun von Ricci, daß er im Laufe seiner Arbeit in China eine ganze Reihe von Schülern hatte. Wie hat er es mit diesen Bräuchen gehalten? Wir hören von Trigault in der Annua von 1610 [20], daß die Jesuiten diese Ehren allgemein ablehnten. Die Begründung liegt nach ihm darin, daß diese Ehrung Gott allein gebühre, dessen Schüler sie sein wollten. Diese summarische Erklärung stimmt im großen und ganzen, obwohl klar zu sehen ist, daß Ricci auch hier nach der endgültigen Methode gesucht hat.

Wir können in einem Falle sicher, in anderen Fällen mit Wahrscheinlichkeit sagen, daß Ricci diese Zeremonien zeitweilig angenommen hat. Die Begründung ist einfach in seinem Streben nach größtmöglicher Anpassung zu suchen und in nichts anderem. Daß

---

[17] I Nr. 73.
[18] I Nr. 100.
[19] I Nr. 144.
[20] II p. 165 n. 2.

ihm dabei ein gewisser Vorteil aufgeleuchtet ist, verwundert uns weiter nicht. Die Aussicht, sich durch eine Reihe von Schülern sozusagen eine Elite zu schaffen, auf die er sich wegen des Lehrer-Schülerverhältnisses verlassen konnte, war lockend genug. Trotzdem weist er sehr bald diese Zeremonien ab.

Sicher hat der große Riccifreund Ch'ü T'ai-su Ricci auf die obenbeschriebene Art zum Lehrer genommen. Er war noch nicht lange in Shiuchow (in der Zeit von Ende 1590 - Sept. 1591), als dieser Lizentiat, dessen Vater Minister und Doktor mit dem ersten Platz des Jahrganges war, eines Tages unter Aufbietung des ganzen feierlichen chinesischen Zeremoniells zu Ricci kam. Er brachte ein großes Geschenk an Seide und anderen Kostbarkeiten mit, warf sich in der obenerwähnten Weise zu Boden, bat ihn, sein Lehrer zu sein und lud ihn für den folgenden Tag zu einem großen Gastmahl ein. Ricci konnte nichts davon zurückweisen. Er durfte an diesem Schüler viele Freuden erleben. Ch'ü wurde eine der stärksten Stützen der jungen Mission [21].

Nicht ganz so klar wie in diesem Falle ist die Sache bei dem alten Josef Kuo aus Namyung. Dieser reiche Kaufmann war außerordentlich besorgt um das Heil seiner Seele. Von Ch'ü erfuhr er über Ricci. Er besuchte ihn bald in Shiuchow und sprach mit ihm. Jedesmal nun, wenn der Pater ihm eine Wahrheit sagte und erklärte, die ihm besonders treffend erschien, warf er sich auf die Knie nieder, berührte mit der Stirne den Boden und dankte Ricci für seine Unterweisung. Ricci sagt nicht, ob ihn der 70jährige Mann zum Lehrer nahm, womit er naturgemäß die Zeremonien verbunden hätte. Bartoli aber bemerkt, dass Josef von Ricci die Einführung in die geistlichen Übungen des hl. Ignatius der ersten Woche erbat und schreibt: « Er bat den Pater, daß er ihm *Lehrer* sei in jener geistlichen Kunst ». Ebenso bemerkt er, daß Josef von Zeit zu Zeit nach Shiuchow zurückkehrte, um neue Unterweisungen « von seinem Lehrer » zu bekommen [22]. Diese beiden Stellen könnten für die Leistung der Zeremonien durch Josef sprechen. Die oben beschriebene Zeremonie der Zustimmung zu einer Wahrheit braucht allerdings nicht eine anfänglich geleistete Zeremonie wie zwischen Lehrer und Schüler vorauszusetzen. Es könnte sich einfach um eine Höflichkeitszeremonie handeln, wie sie Ricci selber beschreibt [23]. Eine solche Deutung läge auch in folgender Stelle eines

---

[21] I Nr. 361.
[22] I Nr. 397-398; BARTOLI II c. 54.
[23] I Nr. 121.

Briefes Riccis an Aquaviva: « Fast alle, die uns besuchen, kommen in sein Haus (es handelt sich um das Haus des Christen Josef in Namyung), grüßen uns auf den Knien und mit dem Kopf am Boden und mit großer Ehrfurcht »[24]. Es handelt sich hier um eine dreimalige Prostratio, während wir oben eine viermalige für diese Zeremonie vorfanden[25].

Wie wenig oder gar nicht diese Zeremonie einen anstößigen Charakter hatte, sieht man klar daran, daß sie bis in die jüngste Zeit hinein in China von den Christen gegenüber den Missionaren geübt wurde[26].

Wir finden eine ähnliche, aber auch nicht ganz klare Notiz bei Beginn der Mission in Nanchang. Viele sind es, die zu Ricci kommen, um die Wahrheiten des Heiles zu vernehmen. Sie werfen sich vor dem Missionar auf die Knie und bitten ihn, daß er sie die Wahrheit lehre. Es könnte sich um die beschriebene Lehrerzeremonie handeln[27]. Ungefähr ein Jahr später berichtet Ricci uns, daß viele ihn zum Lehrer in der Mathematik und in der Technik der Schulung des Gedächtnisses genommen haben. Er tat dieses aber ohne Bezahlung sowie unter Ablehnung der Zeremonien, die man ihm machen wollte « come a maestro », worüber man sich sehr wunderte, « weil man hier keine Sache lehrt ohne diese Zeremonie ». Wenngleich er das ablehnt, so « wollen einige doch auf gar keinen Fall mit mir später umgehen als nur wie der Schüler mit seinem Lehrer »[28]. Ungefähr ein Jahr später schreibt er an P. Passionei, daß er diese Formen immer ablehnt, daß er ihre Anwendung aber nicht immer verhindern kann[29].

Es scheint also, daß er in der ersten Zeit in Nanchang den Brauch noch zuließ, dann aber mehr und mehr davon abrückte und schließlich zur absoluten Ablehnung dieser Ehrung kam. Die Begründung dieser Änderung scheint nicht eine methodische zu sein. Handelte es sich doch durchaus um einen neutralen Brauch, der freilich dem Gefühl eines Europäers etwas konträr laufen konnte, aber im ganzen gesehen keine Schwierigkeiten bot. Er schreibt im Katechismus über diese Sache:

> « Unsere Absicht besteht nicht darin, uns als Lehrer anderer zu geben, sondern, getrieben vom Mitleid mit den Irrtümern der

---

[24] TV p. 105, Brief Riccis vom 15. Nov. 1592.
[25] I Nr. 401; II p. 165 n. 2.
[26] I p. 317 n. 4.
[27] TV p. 175, Brief vom 28. Okt. 1595 an P. N. N.
[28] TV pp. 224-225, Brief vom 13. Okt. 1596 an P. Aquaviva.
[29] TV p. 235, Brief vom 9. Sept. 1597.

Welt, (zu lehren) den Weg der Rückkehr zum Prinzip und so sie zur heiligen katholischen Religion zu führen. (Dann wird unsere Absicht) ihren Zweck erreichen. *Da wir alle Brüder sind, Söhne des gleichen Vaters,* wie sollten wir es da jemals wagen, uns dreist mit Ehrentiteln zu umgeben und die Höflichkeit herabzudrücken, die man gegenüber einem Lehrer zu haben pflegt »[30]?

Man sieht klar das rein religiöse Motiv, das allerdings zugleich methodisch gesehen hervorragend wirken konnte, da eine solche **Brüderlichkeit die klassenbewußte Welt Chinas sehr beeindrukken mußte.**

Im ganzen ist zu sagen, daß von Nanchang ab diese Zeremonie abgelehnt wurde. Daher sehen wir in der Folge immer eine klare Linie. Ein Schüler des Dr. Feng Ying-ching wählt Ricci kurz nach der zweiten Ankunft in Peking zum Lehrer. Die dabei versuchten Zeremonien werden allem Anschein nach abgelehnt, denn es heißt im Texte Riccis zu diesem Faktum: « Er *wollte* den Pater als Lehrer der Mathematik nehmen mit den Höflichkeiten und Zeremonien Chinas »[31]. Er wollte mithin, aber Ricci wollte anscheinend nicht. Man stellt überhaupt in der Mission eine bestimmte Regelung in dieser Frage fest. Auf Grund derselben wird es dem alten P'eng in Shiuchow bedeutend leichter, den Unterricht des « fremden Bonzen » Longobardo anzunehmen[32]. Longobardo verfuhr in der gleichen Weise bei der Bekehrung des Mandarins Chung in derselben Stadt. Auf den Punkt genau wollte dieser die ganze Zeremonie aufziehen, aber Longobardo läßt nur das zu, was man übriggelassen hatte von Seiten der Missionare, um nicht unhöflich zu erscheinen[33].

P. Diaz d. Ält. verfährt in Nanchang ebenso. Der jüngere Bruder des « don Gioseppe », des ersten Gestauften aus königlichem Blut, wollte Diaz die übliche Zeremonie erweisen, als er ihn zum Lehrer in der Religion nahm. Diaz lehnte das ab, « weil das schon unter den Patres abgemacht war, daß es für die Unsrigen besser sei, in diesen ersten Anfängen diesen Platz (den erhöhten Platz des Lehrers) nicht anzunehmen außerhalb der Kirche ». Man setzt sich bei diesem Unterricht vielmehr so, wie wenn man sich auf gleicher Stufe befände[34].

---

[30] II p. 300 n. a; Cat. Ri = Ricci S. I. P. Matteo — *Solido trattato su Dio (Catechismo),* Peking 1603, Cap. VIII.
[31] II Nr. 625.
[32] II Nr. 653, p. 211.
[33] II Nr. 663, p. 226.
[34] II Nr. 749.

In gleicher Weise sehen wir im Falle des Johannes Hsü Hsü-ch'en die Ablehnung dieser Etikette. Man möchte auf diese Weise die Bekehrung erleichtern. Man möchte die Leute nicht zwingen, einen Fremden als Lehrer anzunehmen. Hier scheint dann noch ein weiterer Grund auf: Es sei gegen die Konstitutionen der Gesellschaft und den Brauch des Ordens, so zu verfahren [35].

Daß diese Art und Weise positiv anerkannt wurde, d. h. daß man in der chinesischen Sitte das weniger Gute sah, geht klar aus dem Staunen hervor, das wir in fast allen diesen Fällen bemerken können. Der oben erwähnte Johannes Hsü Hsü-ch'en versucht sogar noch ein zweites Mal, seine Geschenke als Schüler der Patres anzubringen, wieder mit dem nämlichen Mißerfolg. Die Wirkung ist die beabsichtigte: Er lobte diese Methode des Vorgehens der Patres [36].

4. KAPITEL

DIE GESCHENKMETHODE RICCIS

Aus den bisherigen Ausführungen, noch mehr aber aus denen des V. Abschnittes ist deutlich zu ersehen, daß Ricci voll und ganz in den Rhythmus der höheren chinesischen Gesellschaft eingetaucht war. Diese Methode, unter den höheren Kreisen Chinas zu arbeiten, mußte daher auch bald von ihm eine Klärung der Frage fordern: Wie stelle ich mich zu der selbstverständlichen Sitte dieses Volkes, zu schenken und Geschenke anzunehmen, auch in Lagen, in denen scheinbar nur mehr durch dieses kräftige Unterstützungsmittel ein guter Ausgang möglich erscheint? Wir werden sehen, daß Ricci im Rahmen des Guten, Erlaubten und Klugen alle ihm in dieser Hinsicht zu Gebote stehenden Mittel für seine Arbeit einsetzt.

Hören wir, wie er selber den gewöhnlichen Modus, ein Geschenk zu überreichen, beschreibt:

> «Bei der Übergabe von Geschenken bedient man sich, wenn jemand die Dinge in persona überreicht ..., desselben Büchleins (Besuchsbüchlein) [1]. Man schreibt neben dem eigenen Namen ... alle Dinge auf, die man als Geschenk gibt ..., ein jedes in eigener Zeile in sehr eleganter Weise. Weil man aber solche Geschenke sehr häu-

---

[35] II Nr. 922.
[36] II Nr. 923.
[1] Cfr. I. Abschn., 3. Kap.

fig macht und man verpflichtet ist, auf dieselben mit einem anderen Geschenke von gleichem Werte zu antworten, so besteht bei ihnen keine Unhöflichkeit darin, das Geschenk, das man schickt oder das einer selber uns bringt, nicht anzunehmen ... Oft schickt man alles oder einen Teil des Geschenkes zurück, ohne den Schenker zu beleidigen, wobei man ein anderes Büchlein von der gleichen Form schickt. Darin dankt man für das Geschenk, das man empfängt und das man zurückschickt und zwar mit vielen Zeremonien. Für die Unsrigen ist es auch etwas Neues, daß man in diesen Geschenken sehr häufig Geld schickt, einmal 10 Scudi, einmal 5 und manchmal 2 oder 3 Julier. (Das geschieht von) hohen Personen an niedrige und von niedrigen Personen an höhere »[2].

Die Gründe des Gebrauches dieser Methode sind allerdings nicht nur im chinesischen Zeremoniell allein fundiert. Sie sind recht vielgestaltig. Ricci meint, daß die Chinesen erst einmal auf diese Weise gewonnen werden müßten, weil sie auf andere Weise « weder uns noch unsern Dingen (Glaubenswahrheiten) Vertrauen entgegenbringen »[3].

Die Gegenstände, die die Missionare für Geschenke aussuchen, sind von besonderer Art. Man kann nicht Sachen des Landes schenken. Diese wären zu teuer, wollten sie eindrucksvoll sein, da sie, in kleinen Mengen geboten, viel zu alltäglich sind. Man mußte also Geschenke machen, die einen gewissen, aber für Missionare erschwinglichen Wert hatten, die unbekannt waren und zugleich Eindruck machten. In diesem Sinne schreibt Ruggieri an P. Aquaviva, daß der Papst doch nur solche Sachen nach China schicken möge für den König des Landes, die dort unbekannt sind[4].

Riccis Methode der Aufschließung der Herzen durch Geschenke war allerdings nicht unbestritten. Longobardo äußert sich in einem Briefe, wenn wir recht verstehen, recht mißbilligend über seine Art und Weise des Vorgehens, wenn er in dem betreffenden Passus auch nicht direkt Ricci erwähnt. Er meint, daß es nicht genüge, den Chinesen eine Uhr zu zeigen, ein Dreieckglas oder ähnliche Dinge. Vielmehr müssen die Chinesen von den Missionaren den Begriff der « Taugini » haben. Sie müssen also wissen, daß die Missionare « Prediger der Religion und Reformer des Geistes

---

[2] I Nr. 124.
[3] LETTERA INEDITA = D'ELIA S. I. P. PASQUALE — *I primordi delle missioni cattoliche in Cina secondo una lettera inedita del P. Matteo Ricci S. I.*, in « La Civiltà Cattolica » 1935, IV, p. 36.
[4] TV p. 449, Brief vom 8. Nov. 1586.

sind » [5]. Die Stelle zeigt klar, daß Longobardo bei ihrer Abfassung die Methode Riccis und die Situation noch nicht verstanden hat. Er verlangt eine rein geistige Beeinflussung der Chinesen der damaligen Zeit und bedenkt nicht, daß diese so sehr an das Materielle gefesselten Menschen gerade auf diese Weise zu einer höheren Schätzung des Christentums geführt wurden, dessen materielle Kultur zunächst lebhafteren Eindruck machen mußte als die rein geistigen Wahrheiten desselben. Wir brauchen diese Stelle aber nicht besonders tragisch zu nehmen. Bedenken wir, daß Longobardo am 28. Dez. 1597 in Shiuchow ankam [6], daß er Ricci persönlich gar nicht kannte, daß er bei Abfassung dieses Briefes noch nicht ein Jahr in der Mission war (geschrieben am 28. Okt. 1598), so wissen wir, daß hier ein junger, begeisterter, aber unerfahrener Missionar schreibt, der die Verhältnisse zu wenig kannte, um sich ein Urteil bilden zu können. Wir müssen zudem bemerken, daß dieses « aut-aut » Urteil der Wirklichkeit in der Methode Riccis nicht entspricht, wie wir noch sehen werden.

Wir müssen uns in der Beurteilung dieser Methode andererseits vor einem zweiten Extrem hüten. Wenn gesagt wird, daß die Uhren den Erfolg Riccis in China gesichert hätten, so ist das eine Übertreibung, die sich im Laufe unserer Darlegung von selber widerlegen wird [7].

Bevor wir zur Behandlung der Methode im einzelnen übergehen, wollen wir uns Riccis persönliche Stellungnahme zu ihr vorführen. In seinem Briefwechsel mit dem Bonzen Yü Tê-yüan [8] sagt er:

> « Diejenigen, welche die mechanischen Instrumente so überaus gelobt haben, kennen mich noch nicht richtig in der Tiefe ... Wie hätte ich denn auf eine Entfernung von 80.000 Li wissen können, daß Ihr erhabenes Reich solche Dinge nicht hat? Und warum denn eine Seereise von 3 Jahren unternehmen unter solchen Todesgefahren, um etwa zum Kaiserpalaste zu kommen (und diese Dinge hinzubringen)? Der eigentliche Grund, (weshalb ich nach China gekommen bin,) ist, daß ich, im Besitze der erhabenen katholischen Religion, diese zu verbreiten wünsche, damit alle Menschen weise seien und ein wenig ihre Dankbarkeit beweisen gegen diesen großen 'Vater-Mutter' ».

---

[5] I p. 338 n. 3.
[6] I p. 385 n. b.
[7] ENSHOFF = ENSHOFF OSB P. D. — *P. Riccis Uhren,* in « Die katholischen Missionen », 1937, p. 190.
[8] BRIEFWECHSEL = RICCI S. I. P. MATTEO — *Briefwechsel mit dem Bonzen Yü Tê-yüan, Peking nach* 1607 (Ms.), f 3a - f 3b.

Diese Sprache ist klar und unmißverständlich. Sie läßt keine andere Deutung zu, wie Ricci überhaupt für seine Arbeit niemals eine andere Deutung zuließ als diese, daß ihr erster und letzter Zweck die Verbreitung des Glaubens ist.

Versuchen wir jetzt, der Art und Weise nachzugehen, wie es die Missionare mit dem Geben und Nehmen von Geschenken machten. Wir werden feststellen, um das vorwegzunehmen, daß von den Missionaren kein einziges Mal etwas gegeben wurde zum Zwecke einer « Bekehrung ». Ricci und seine Mitarbeiter kennen die sogenannte « Reismethode » nicht. Für derartig kostspielige Unternehmungen war die damalige Mission zu arm. Die Methode hätte aber auch nicht den Gegebenheiten des alten China entsprochen, war man doch daran gewöhnt, daß die Diener einer Religion von den Anhängern dieser Religion auch erhalten wurden und nicht umgekehrt.

In seiner Art, Geschenke anzunehmen, war Ricci äußerst vorsichtig. Gleich zu Beginn der Mission hätte er aus dem Ertrag der Güter der Tempel von Shiuhing leicht einen Betrag zum Unterhalt der eigenen Station haben können. « Aber es erschien den Patres besser, dieses Einkommen nicht anzunehmen, um nicht von den Mandarinen abhängig zu sein, wie es die Priester ihrer Götzen (Buddhisten) sind ». Diese kluge Zurückhaltung hatte den methodischen Vorteil, daß die Missionare sich den Ruf erwarben, nicht für die eigene Tasche zu arbeiten. Die Mandarinen wiederum hatten nicht zu befürchten, von ihnen irgendwie belästigt zu werden wegen dieser Renten. Sie konnten also ganz unbefangen und frei bei ihnen verkehren [9].

Aus dieser ersten Zeit lesen wir mehrmals, daß Ricci den Stadtobersten von Shiuhing und dem Vizekönig der Provinz Kwangtung Geschenke gemacht hat. Immer aber ist gleich die Rede von **einem Gegengeschenk der Mandarinen** [10]. Man sieht darin, daß die Beamten sich an den chinesischen Brauch halten, wobei sie sich zugleich von dem Verdacht der Bestechlichkeit reinhalten. Ricci sieht die Vorteile dieser Rückendeckung sehr gut und wendet sie sogar gegen solche an, die Christen werden wollen oder die ihn **zum Lehrer der Wahrheit wählen**. Riccis Freund Ch'ü T'ai-su macht ein großes Geschenk an Seide und anderen Kostbarkeiten, als er Ricci zum Lehrer wählt. Der Missionar kann es

---

[9] I Nr. 249.
[10] I Nr. 263.

nicht ablehnen. Durch ein Gegengeschenk, das kostbarer ist als das des Ch'ü, hält er sich aber von jeder Verpflichtung frei. Es soll auf keinen Verdacht irgendwelcher Art hinauslaufen [11].

Als armer Missionar kann er nur wenig schenken. Aber selbst wenn seine Mittel reichlicher flössen, würde er doch sparsam im Schenken sein, wenn nicht die Notwendigkeit es einmal anders will. So besucht er nach dem Kauf des Hauses in Nanchang die Mandarine der Stadt, um sich ihnen vorzustellen. Bei dieser Gelegenheit war er verpflichtet, Geschenke zu machen, « aber nur sehr wenige Dinge, um nicht eine Gewohnheit aufkommen zu lassen, Geschenke von großem Wert zu geben, was man später nicht fortsetzen könnte » [12]. Um überhaupt zum Hauskauf zu kommen, hatte er schon vorher Geschenke machen müssen, um den Vizekönig von Kiangsi, dessen Hauptstadt Nanchang war, günstig zu stimmen, der aber durch ein Gegengeschenk seine Hände sauber hielt [13]. Hier und in ähnlichen Fällen, z. B. beim Abschied Riccis von Nanking [14], beim Kauf der Villa von Shala nach dem Tode Riccis [15] und bei vielen anderen Gelegenheiten sehen wir das System von Geschenk und Gegengeschenk in Aktion treten, um einen Dank auszudrücken, um ein Ziel zu erreichen, oder auch um eine drohende Gefahr abzuwenden.

Zu letzterem Zwecke beschließt die Stadtverwaltung von Makao (noch vor Gründung der Mission), um mögliche Gefahren von den Chinesen her abzuhalten, durch P. Ruggieri und den Uditore am Gericht von Makao, Matthias Panela, dem Vizekönige der Provinz Kwangtung ein großes Geschenk im Werte von 1000 Dukaten auf Kosten aller Portugiesen der Stadt zu machen. Das Geschenk bestand aus Webwaren wie Samt und Kamelhaar, aus Kristallspiegeln und anderen in China geschätzten Dingen. Der Mandarin empfängt die Dinge in öffentlicher Audienz, bezahlt sie sofort, gibt dann aber den beiden Gesandten den geheimen Auftrag, für das bezahlte Geld weitere Sachen zu beschaffen [16].

In einem anderen Falle suchen sich die Missionare in einer schwierigen Lage durch Geld zu helfen. Sie versprechen dem Ratgeber des Vizekönigs von Kwangtung 20 Dukaten und andere Dinge, wenn er ihnen in der Angelegenheit der beabsichtigten Ver-

---

[11] I Nr. 361.
[12] I Nr. 492.
[13] I Nr. 488.
[14] II Nr. 575.
[15] II Nr. 977.
[16] I Nr. 214-215.

treibung aus Shiuhing beisteht. Tatsächlich bekommt der Mann das Geld, wenn auch der endgültige Erfolg nicht zustandekommt [17]. Für den gleichen Zweck schenken die Missionare dem «Sachverständigen für die westlichen Gebiete» der Provinz Kwangtung ein venezianisches Glas. Die Aufmerksamkeit hatte zur Folge, daß P. Almeida die Aufenthaltsbewilligung im Reiche der Mitte erhielt und daß die Anschläge des «Rates der Alten» der Stadt Canton zur Vertreibung der Missionare vorläufig vereitelt werden konnten [18].

Mit einem ähnlichen venezianischen Glas suchte Ricci den ängstlichen Mut des Beamten, der ihn von Shiuchow nach Nanking und Peking bringen sollte, wieder aufzurichten, mit dem Erfolg, daß er ihn wenigstens bis Nanking mit sich nahm [19].

Wie an anderen Orten, man kann sagen in allen Missionsstationen, verdankt Ricci seinen Uhren besonders in Peking sehr viel. Zwei Uhren in europäischer Machart hat er dem Kaiser geschenkt. Aber weder dieser noch die Eunuchen noch sonst jemand am Hofe versteht es, mit diesen komplizierten Geräten umzugehen. Daher konnten die Eunuchen, denen die Sorge für die Uhren anvertraut war, es unmöglich wollen, daß die Missionare die Hauptstadt verließen, weil nur sie in der Lage waren, die Uhren bei irgendwelcher Beschädigung wieder instandzusetzen [20].

Bei alledem hatte Ricci sein apostolisches Ziel immer im Auge. Nicht nur, daß er sich durch seine Geschenke leichter gewisse Türen öffnen ließ, nein, das Geschenk selber sollte apostolisch wirken. Hierhin gehört seine ganze Tätigkeit im Presseapostolat. Seine zahlreichen Bücher waren ihm ein hervorragendes Mittel, sich billig und sicher Ansehen zu erwerben [21]. Freund und Feind, Bekannte und Unbekannte wurden auf diese Weise erstmalig mit dem Christentum vertraut gemacht. Hier hatte die Geschenkfreudigkeit der Missionare den weitesten und unbefangendsten Spielraum. Aber auch sonstige Geschenke dienten zur Propagierung christlichen Gedankengutes. Auf seine Uhren schrieb Ricci mit Vorliebe irgendwelche moralische Sentenzen, die in Zusammenhang standen mit dem Zweck einer Uhr, etwa in folgendem Sinne: «Stein und Stilus (der Stab zur Bildung des Schattens auf der Sonnenuhr) und Linien nützen nichts, wenn die Sonne nicht scheint. So nützen gute Gesetze und Ratschläge

---

[17] I Nr. 293.
[18] I Nr. 305; I Nr. 307.
[19] I Nr. 446-447.
[20] II Nr. 614.
[21] Cfr. V. Abschn., 2. Kap.

nichts, wenn nicht die göttliche Hilfe ihnen Wirksamkeit verleiht ».
Ähnlich folgendes: Die Zeit vergeht, man kann die Vergangenheit
nicht zurückrufen noch die Zukunft voraussagen. Tun wir also in
der Gegenwart Gutes und beschäftigen wir uns nicht mit unnützen
Dingen [22].

Fragen wir uns zum Schlusse nach den Gegenständen, welche
in der Hauptsache für Geschenke in Frage kamen.

Der Vizekönig von Kwangtung bekommt Samt, Kamelhaar-
waren, Kristallspiegel und andere Sachen geschenkt [23]. Der Präfekt von Shiuhing bekommt ein venezianisches Prisma und ein
Bild der Madonna von S. Maria Maggiore. Für eine seiner Frauen
gaben die Patres feine Taschentücher mit Fransen und schönen
Innenarbeiten [24]. Der « König » Ch'ien-ch'ai von Kienan erhält einen Weltatlas als Geschenk. Es handelt sich um einen europäischen
Atlas, der aber mit chinesischen Schriftzeichen entsprechend erklärt worden war. Zugleich damit bekommt er das Manuskript der
« Freundschaft » Riccis überreicht [25]. Der gleiche « König » erhält
auch eine Uhr, einen Erdglobus, eine « Sphera », Bilder, Glaswa-
ren und andere europäische Sachen [26]. Der Vizekönig von Kiangsi
bekommt eine Sonnenuhr, auf die Ricci einige schöne Moralsentenzen in chinesischer Schrift angebracht hatte [27]. Auch ein Astrolabium wird diesem Manne verehrt [28]. — Den beiden Ministern
Hsiao Ta-heng und Feng Ch'i in Peking schenkt Ricci Erdgloben
und Sonnenuhren [29]. In ähnlicher Weise werden zwei Unterstaatssekretäre im Innenministerium bedacht. Solche und ähnliche Dinge, meist in Verbindung mit religiösen Büchern, waren die Ge-
schenkartikel Riccis.

Von besonderer Auswahl mußten natürlich die Geschenke an
den Kaiser sein. Schon Ruggieri hatte in dieser Hinsicht Pläne
gehabt. Er meint 1581 in einem Briefe an P. Ev. Merkurian, daß
das schönste und beste Geschenk nach Ansicht der Mandarinen
von Canton eine reich ausgestattete große Uhr sei, die die Stunden anschlägt, die man also gut hören könne. Diese sollte dann

---

[22] ENSHOFF p. 190; TV p. 224, Brief Riccis vom 13. Okt. 1596 an P. Aquaviva; TV p. 241, Brief Riccis vom 25. Dez. 1597 an P. Clavio.
[23] I Nr. 214.
[24] I Nr. 239; TV pp. 64-65, Brief Riccis vom 10. Nov. 1585 an P. Maselli.
[25] I Nr. 481; I p. 367 n. 2.
[26] I Nr. 480; I p. 366 nn. 4. 5.
[27] I p. 363 n. 2; I Nr. 475: Manche von den hier aufgeführten Sachen nahm
der hohe Herr aber nicht an, um nicht in Verdacht zu kommen.
[28] TV p. 174, Brief Riccis vom 28. Okt. 1595 an P. N. N.
[29] II Nr. 619; II Nr. 620.

für den Palast bestimmt sein. Man müßte aber noch eine zweite Uhr schenken, die kleiner sei. Es soll eine Uhr sein, wie Kardinal Orsini sie an Seine Heiligkeit im Jahre der Abfahrt Ruggieris geschenkt habe. Sie sei in einen Ring eingeschlossen, sodaß man die Stunden an der Hand ablesen könne [30].

Ricci erweitert diese Pläne. Es kommt ihm vor allem darauf an, daß auch, nicht aufdringlich zwar, einige religiöse Gegenstände dabei sind. Er will religiöse Bilder zufügen, um auf diese Weise eine kleine Möglichkeit zu haben, in religiöser Weise auf den König einwirken zu können [31]. Die endgültige Liste mit den Geschenken an den König zählt folgende Gegenstände auf: Ein modernes Bild des Erlösers und der Madonna, ferner das alte Bild von S. Maria Maggiore in Reproduktion. Ein kostbar gearbeitetes Brevier, ein Kreuz mit Einlegearbeit, mehrfarbigem Glas und Reliquien der Heiligen. Ein europäischer Atlas, gut gebunden und mit vergoldeter Einbanddecke. Zwei Uhren, eine größere und eine kleinere. Die größere bestand aus Eisen und ging mit Gewichten. Die kleinere ging mit einer Feder und war aus vergoldetem Metall. Zwei Prismen für die Brechung des Lichtes. Ein europäisches Clavicymbalum, 8 Teile Spiegel und europäische Flaschen verschiedener Größen, das Horn eines Nashorns, zwei Sanduhren, ein Evangelium. Vier europäische Gürtel von verschiedenen Farben, 5 Stück europäischer Stoff, 4 europäische Silbermünzen, die man damals in Europa im Umlauf hatte [32]. Man sieht an dieser Zusammenstellung, daß die Gegenstände für einen « Sohn des Himmels » mit seinen geradezu sagenhaften Schätzen nicht von besonderem materiellen Wert sein konnten. Ricci hatte auch nicht die Absicht, durch besonderen Reichtum zu imponieren. Er wollte nur eine wohlwollende Aufmerksamkeit als Ergebnis dieser Geschenke. Und das gelang ihm sowohl in diesem Falle wie in vielen anderen Fällen, in denen er durch Geschenke Verbindungen anbahnte.

---

[30] TV p. 404, Brief Ruggieris vom 12. Nov. 1581 an P. Everard Merkurian.
[31] II Nr. 501; cfr. II Nr. 524, p. 29.
[32] II p. 123 n. 5.

II. ABSCHNITT

DIE SPRACHLICHE AKKOMMODATION RICCIS

Bedeutend wichtiger als die rein äußere Akkommodation an Kleidung und Umgang ist die sprachliche Akkommodation. In der Sprache berührt der Missionar die Seele des Volkes, zu dem er gesandt ist.

Wir möchten an dieser Stelle nicht untersuchen, wie diese Anpassung in der Prägung christlich-chinesischer Begriffe vonstatten ging. Wir möchten einfach zeigen, wie Ricci die chinesische Sprache lernte, beherrschte und gebrauchte.

Wir können feststellen, daß Ricci (man bedenke die damals nahezu unüberwindlichen Schwierigkeiten des Erlernens der chinesischen Sprache) die Sprache verhältnismäßig rasch lernte. Er vervollkommnete sich durch fortgesetzte Studien, besonders auch der chinesischen Klassiker, so sehr darin, daß er schließlich fähig war, selber die Korrespondenz zu erledigen, die sich im Laufe der Jahre mehrte. Literarische Arbeiten aber schuf er meist nicht allein. Er diktierte sie, und seine Freunde, tüchtige Literaten, gaben ihnen den wünschenswerten gepflegten klassischen Stil der hohen Sprache.

Untersuchen wir die historische Entwicklung jetzt im einzelnen.

Dem Europäer fallen in der chinesischen Sprache einige Sonderheiten stark ins Auge. China hat eine Schriftsprache, die im ganzen Lande die gleiche ist. Sie kann trotz der verschiedenen Dialekte von allen gelesen werden. Sogar die Randvölker, wie Japaner, Koreaner, die Bewohner von Cochinchina und Formosa (Ricci sagt Ryukyu für letzteres)[1] können die chinesische Sprache lesen. Die gesprochenen Sprachen des Landes weichen untereinander

---

[1] I Nr. 52; I p. 37 n. 3.

aber beträchtlich ab. Ein Mann aus dem Süden Chinas kann einen solchen aus dem Norden nicht verstehen, wenn beide den Dialekt ihrer Heimat sprechen. Eine dieser gesprochenen Sprachen ist das « Mandarin », eine Sprache, die ursprünglich nur von den Mandarinen in ihren Ämtern gebraucht wurde. Die Beamten, die oft aus den entferntesten Teilen des Reiches in eine Provinz kamen, die eine ganz andere Sprache hatte, mußten ein Verständigungsmittel haben. Dieses Mittel war das « Mandarin », das von allen Chinesen verstanden wurde. Sogar Frauen und Kinder verstanden davon soviel, daß sie sich auf diese Weise mit solchen verständigen konnten, die ihre Heimatsprache nicht kannten [2]. Aus diesem Grunde lag es nahe, daß Ricci und seine Mitbrüder diese Sprache erlernten, die ihnen überall die Möglichkeit bot, sofort missionieren zu können.

Ricci macht einige feinsinnige Bemerkungen über die Sprache. Man merkt, wie sehr er den erzieherischen Wert des Sprachstudiums auf die jungen Chinesen schätzt. Er sagt, daß die Schwierigkeit, die eigene Sprache gut und gründlich zu lernen, die Chinesen daran hindert, sich den Lüsten hinzugeben, zu denen die menschliche Natur geneigt ist. Dieselbe Schwierigkeit sei auch die Ursache dafür, daß dieses Volk einen schönen und eleganten Stil in der Komposition entwickelt habe. Man sei auf Grund dieser hochentwickelten Stilkunst in der Lage, nicht nur in wenigen Worten, sondern sogar in wenigen Silben soviel auszudrücken, wie man bei uns in einer langen Rede nicht sagen könne [3].

Die chinesische Sprache kennt kein Alphabet in unserem Sinne. In ihr ist jeder Begriff durch ein eigenes Zeichen ausgedrückt, das von jedem anderen verschieden ist. Viele Charaktere sind von gleichem Klang, wenn auch verschieden im Bild. Das macht die Sache aber nicht einfacher, sondern bedeutend komplizierter. Um einer Verwechslung zu entgehen, muß man öfter zu einer Erklärung greifen, die manchmal sogar schriftlich gemacht wird. Um derartige Umständlichkeiten zu meiden, ist das System der 5 Töne eingerichtet. Eine auf die gleiche Weise gesprochene Silbe kann je nach den Tönen eine ganz verschiedene Bedeutung haben. Ricci glaubt, daß wegen dieser Verwechslungsmöglichkeiten in China mehr Wert gelegt wird auf die schöne Schrift und die elegante Komposition als auf die Rede [4].

---

[2] I Nr. 53; I p. 38 n. 1.
[3] I Nr. 54.
[4] Zum Ganzen I Nr. 50-51.

Es ist erfreulich zu sehen, wie von Anfang der Chinamission an der größte Wert auf die Pflege der Sprache gelegt wurde.

P. Valignano, der große Initiator der Chinamission, zog während seines ersten Aufenthaltes in Makao (6. Sept. 1578 - 7. Juli 1579) verschiedene Erkundigungen über das Reich der Mitte ein und überzeugte sich von der Notwendigkeit der Missionierung desselben. Als Grundbedingung zur Erfüllung dieser Aufgabe sah er die Erlernung der Sprache an [5]. Daher gab er dem Provinzial von Indien, P. Rodrigo Vicente, den Auftrag, von Indien einen Pater zum Studium der chinesischen Sprache nach Makao zu schicken. Er gab diesen Befehl gegen den Rat einiger alten und « erfahrenen » Patres, die das ganze Missionsunternehmen in China für eine Unmöglichkeit hielten [6]. 1598 schreibt der Visitator in der Rückerinnerung an diesen Beginn — wir sehen darin, wie großzügig er dachte und wie klar er die Schwierigkeiten sah —, daß er zwei (Ricci kam bald nach Ruggieri) Patres für China bestimmt habe, die vollkommen frei sein sollten von jedem Negotium und jedem Ministerium, um sich ganz und gar dem Sprachenstudium widmen zu können [7]. Er schloß also streng jede Beschäftigung etwa mit Unterricht oder Verwaltung und Seelsorge während dieser Vorbereitungszeit aus.

Der erste Missionar der Jesuitenmission, der sich dem Studium der chinesischen Sprache widmet, ist P. Michele Ruggieri. Er entfaltet einen großen Eifer in der Sache [8]. Trotzdem scheint es für den Anfang fast unmöglich, die Sprache zu erlernen. Man beachte doch die Schwierigkeit des Unternehmens. Ruggieri wollte das Mandarin erlernen, aber die Chinesen, die aus dem Innern kamen, waren keine Literaten, sodaß sie nicht viel von den Charakteren verstanden. Auch die Christen in Makao verstanden nichts oder doch nicht viel von dieser Sprache und sehr wenig auch von der portugiesischen Sprache. Schließlich bekam er einen Maler als Lehrer, eine Lösung, die unter diesen Umständen noch als die beste erscheinen mußte, denn wenn es gar kein anderes Verständigungsmittel mehr gab, war dieser Mann in der Lage, die Begriffe in Bildern darzustellen [9]. Man kann sich vorstellen, daß es auf diese Weise nicht sonderlich schnell voranging.

Dieser erste Sprachunterricht in Makao erwies sich also in

---

[5] I Nr. 203, pp. 142-143.
[6] I Nr. 204.
[7] I p. 147 n. 1.
[8] I p. 154 n. 4.
[9] I Nr. 207.

jeder Hinsicht als ungeeignet. Man mußte ins Land hinein, um dort die Sprache zu lernen.

In Shiuhing tritt ein Literat — Baccalaureus — als Lehrer der beiden Missionare Ruggieri und Ricci auf [10]. Ricci berichtet uns am 30. Nov. 1584 (am 10. Sept. 1583 begann die Mission in Shiuhing), daß er in der Sprache gut vorankomme. Er glaubt, daß er auch schon beichthören und predigen kann [11]. Fast ein Jahr später, am 24. Nov. 1585 berichtet er uns, daß er sowohl im Schreiben wie im Sprechen in dem vergangenen Jahre gut vorangekommen sei und daß er das eine wie das andere mittelmäßig verstehe [12]. Diese Selbstbeurteilungen der sprachlichen Fortschritte sind nicht ganz einheitlich, denn wenige Tage vor diesem letzten Briefe schreibt Ricci, daß er schon fließend sprechen könne und daß er begonnen habe, den Christen zu predigen [13]. Am 29. Okt. 1586 schreibt er, daß er kaum mehr oder gar nicht einen Dolmetscher nötig hat [14].

Wir stellen aber fest, daß er sich bei den Verhandlungen, die der Vertreibung aus Shiuhing vorausgehen, noch eines Dolmetschers bedient (Aug.-Okt. 1589). Bei der gleichen Gelegenheit wird deutlich, daß er selber die Verhandlungen mit dem Vizekönig weiterführt. Man sieht gut, daß die Beibehaltung eines Dolmetsch nicht eigentlich aus sprachlichen Gründen erfolgt, sondern um sich mehr Ansehen zu verschaffen [15].

Das klägliche Ende der ersten Station ist bekannt. Kurz darauf erfahren wir aus Shiuchow, daß es ihm dort besser geht als in Shiuhing, nicht zuletzt deswegen, weil er die Höflichkeitsformen Chinas besser beherrscht und weil er die Sprache besser spricht [16].

---

[10] I p. 197 n. 1.

[11] TV p. 52, Brief Riccis an P. Aquaviva. Er muß in dieser Zeit noch einen Dolmetscher brauchen. Dieser ist ein «Putto indiano», der ein wenig besser als er selbst die chinesische Sprache verstand (I Nr. 259). Er bekommt aber schon den Auftrag, eine Weltkarte mit chinesischen Erklärungen herauszugeben. Ricci bemerkt dazu, daß er damals schon etwas von chinesischen Charakteren verstand. Er wurde bei der Arbeit unterstützt von einem Freunde, dem Beamten für die Fremden (I Nr. 262; I p. 208 n. 1).

[12] TV p. 72, Brief an P. Fuligatti.

[13] TV p. 65, Brief vom 10. Nov. 1585 an P. Maselli.

[14] ORIGINI = D'ELIA S. I. P. PASQUALE — *Le origini dell'arte cristiana cinese (1583-1640)*, Roma 1939, pp. 25. 37. Es handelt sich bei dieser Selbstbeurteilung der sprachlichen Fähigkeiten im Chinesischen sicher nicht um Widersprüche. Die verschiedenartigen Darstellungen erklären sich wohl aus verschiedenen Situationen, in denen sie geschrieben wurden.

[15] I Nr. 333.

[16] I Nr. 345.

Doch treten auch hier noch Dolmetscher auf (Sept. 1589 - Juni 1590). Endlich aber gibt man diese auf. Sie sind unzuverlässig [17]. Auch waren inzwischen die beiden Brüdernovizen Sebastian und Ferdinand (November 1589) [18] eingetroffen, wodurch die Dolmetscher noch mehr überflüssig waren, da die Brüder die Sprache sehr gut verstanden und im Notfalle immer aushelfen konnten [19]. Da Ricci selber jetzt in der Sprache immer besser daheim ist, kann er die Laiendolmetscher leicht entbehren, zumal diese ein unehrliches Doppelspiel treiben: Sie helfen scheinbar den Patres, tragen aber alles auf die Straße, was sie in ihrem Hause sehen und hören und unterstützen so die Feinde der Mission [20].

So wie in Shiuhing, nahmen sich auch in Shiuchow Literaten des Unterrichtes neuangekommener Missionare in der Sprache an. Die beiden Missionare Antonius de Almeida (gestorben 17. Okt. 1591) [21] und Franz de Petris (gestorben 5. Nov. 1593) [22] wurden von den Literaten in die « 4 Bücher » und in die « 5 Lehren » eingeführt. Auch Ricci schaltete sich in den Sprachunterricht aktiv ein [23]. Er bringt P. de Petris das Verständnis der « 4 Bücher » nahe. Zugleich damit bereitet er die eigene lateinische Übersetzung dieser Bücher vor. Er ist auch der Sprachlehrer des P. Soeiro (1596) [24]. Ricci muß also schon zu einer beachtlichen Beherrschung der Sprache gelangt sein. Wieweit diese gediehen war, werden wir bald in anderem Zusammenhange sehen. Der Wert dieses Sprachunterrichtes Riccis muß sehr hoch angeschlagen werden, wenn es sich auch nur um einem solchen Kurs handelte, der als Vorbereitung auf die eigentliche Vervollkommnung in der Sprache gedacht war, damit die Jungmissionare keine Schwierigkeiten mehr hatten, einen chinesischen Lehrer zu hören. Dieser führte sie dann tiefer ein, wobei die Missionare *zugleich* Charaktere und Sprache lernten [25].

---

[17] I Nr. 357.
[18] I p. 289 n. 2.
[19] I p. 289 n. 3; I p. 290 n. 1.
[20] BARTOLI II c. 50. Er schreibt: « Egli era già spertissimo nella lingua corrente ».
[21] I Nr. 385.
[22] I p. 328 n. 1.
[23] I Nr. 424.
[24] I p. 330 n. 4; cfr. TV p. 125, Brief Riccis vom 15. Nov. 1594 an P. Fabio de Fabii. Ricci berichtet über die Übersetzung des « principale libro morale di questi regni ». Drei von den « 4 Büchern » hat er schon bis 10. Dez. 1593 (II p. 33 n. 5) übersetzt. Im zitierten Briefe ist die ganze Übersetzung als beendet anzunehmen wegen des Sinnes des Briefes.
[25] I Nr. 494.

Ricci unterrichtete also schließlich im Mandarin und erklärte die « 4 Bücher » und die « 5 Lehren ». Der chinesische Lehrer verbesserte die Aussprache und führte die Schüler in die Kunst der Komposition ein [26].

Wir dürfen aber nicht glauben, daß er selber sich nicht weitergebildet hätte. Ricci schreibt am 12. Okt. 1594: « Ich entschloß mich dieses Jahr, einen Lehrer (der Sprache) zu nehmen, sind es doch 6-8 Jahre her, daß ich nicht mehr einen solchen hatte, da ich mit anderen Aufgaben beschäftigt war. Ich wollte auf diese Weise zusehen, daß ich einiges schreiben könne, und ich hatte sehr guten Erfolg » [27].

Riccis sprachliche Erfolge waren nicht zuletzt durch sein hervorragendes Ortsgedächtnis bedingt. Man schreibt ihm Charaktere ohne jeden Zusammenhang auf und zwar nicht einige wenige, sondern gleich 400-500 Stück. Er liest sie einmal und wiederholt sie dann von vorne nach hinten oder von hinten nach vorne, ganz nach Belieben. Diese Tatsache macht ihn schlagartig berühmt. Den ersten Beweis dieser seiner Fähigkeit lieferte er 1595 bei Gelegenheit eines Gastmahles der Baccalaurei von Nanchang. Ferner berichtet uns Dr. Li Chih-tsao in seiner Vorrede zu den « 10 Paradoxa », daß Ricci nach der Lektüre eines Buches fähig sei, es auswendig zu wiederholen, auch von rückwärts [28].

Neben den direkten missionarischen Vorteilen wirkte sich dieses Gedächtnis besonders gut aus in der Zusammenstellung des ersten portugiesisch-chinesisch-italienischen Lexikons. Der Anfang desselben war schon in Shiuhing gemacht worden [29]. Auf der Rückreise von Peking nach Nanking, nach dem ersten mißglückten Versuch einer Niederlassung in der Reichshauptstadt, nützte man die Zeit für Sprachstudien aus. Diese wurden erleichtert durch die Gegenwart des chinesischen Bruders Sebastian Chung Ming-jen, der nach dem Urteile Riccis die Sprache Chinas sehr gut beherrschte. Vor allem legte man Gewicht auf die richtige Akzentuierung und die gute Erlernung der Aspiration [30]. Bartoli beschreibt genauer als Ricci selber die Arbeit desselben und seines priesterlichen Begleiters Cattaneo. Die beiden legten nach ihm das System der 5 Akzente und Aspirata des in Romanisation wiederzu-

---

[26] I p. 380 n. 4.
[27] TV p. 122, Brief an P. Costa.
[28] I Nr. 469; I p. 360 n. 1; cfr. TV p. 155, Brief Riccis vom 29. Aug. 1595 an P. de Sande.
[29] II p. 32 n. 1.
[30] II Nr. 526.

gebenden chinesischen Wortschatzes fest. Ricci gab als Oberer der Mission das Verbot heraus, daß keiner der Missionare, die in Zukunft nach China kämen, sich nach eigenem Gutdünken Zeichen machen dürfe [31].

Als Frucht dieser Bemühungen dürfen wir auch die Verfügung ansehen, die über die Erlernung der Sprache in der Zeit von Sept.-Okt. 1599, also etwas über ein halbes Jahr nach der Rückkehr Riccis und Cattaneos aus Peking, in Makao getroffen wurde bei Gelegenheit des Aufenthaltes Cattaneos dort. Man verfügte, daß die Missionare von jetzt an zuerst die gesprochene Sprache (Mandarin) lernen sollten. Dann erst sollten sie in die Schriftsprache eingeführt werden [32]. Aus der Schilderung Bartolis geht hervor, daß Ricci selber Autor dieser Verfügung ist. Die Missionare sollen zuerst die « Communal »-Sprache (das Mandarin) erlernen, die weniger dunkel und leichter ist. Dann erst sollen sie in die Sprache der Literaten eingeführt werden, die weniger notwendig und schwerer ist [33]. Im ganzen muß auf Seiten Riccis eine hervorragende Sprachbegabung angenommen werden. Folgende Episode zeigt das deutlich. Ricci hatte, wie bekannt, dem Kaiser zwei Uhren geschenkt, die aber von den Eunuchen des Palastes besorgt werdem mußten und über die der Kaiser allem Anschein nach auch selber instruiert zu werden wünschte. Wie sollte aber eine Erklärung der Uhren möglich sein ohne die entsprechenden Begriffe? Ricci wird in dieser Schwierigkeit geradezu zum Sprachschöpfer. Er muß den 4 Mathematikern, die ihm zum Erlernen der Technik der Uhren geschickt worden waren, genau erklären, was ein Rad ist, wie man eine Kette benennt, wie man einen Schlüssel am besten in Chinesisch wiedergibt. Drei Tage dauerten die fieberhaften Bemühungen der 4 Herren im Vereine mit Ricci, bis die Technik einigermaßen verständlich und die Bezeichnungen entsprechend festgelegt waren [34].

Trotz aller Fortschritte in der Sprache ist aber doch festzuhalten, daß Ricci größere eigene Kompositionen ohne die besondere Hilfe der Literaten in chinesischer Sprache nicht unternommen hat. Wie schwer ein solches Unternehmen ist, weiß jeder, der sich mit Fremdsprachen abgeben muß. Was es aber für einen Europäer heißt, in klassischen chinesischen Formen zu schrei-

---

[31] BARTOLI II c. 98.
[32] II p. 92 n. 3.
[33] BARTOLI II c. 99.
[34] II Nr. 594.

ben, wird man sofort einsehen, wenn man bedenkt, daß es für einen jungen Chinesen von heute etwa 10 Jahre dauert, bis er die klassischen chinesischen Bücher lesen kann, von der Komposition ganz zu schweigen. Es wundert uns daher nicht, wenn wir erfahren, daß Ricci seinen Katechismus mit Hilfe «eines Mandarins, eines großen Literaten und unseres Freundes» verfaßt hat [35]. Allerdings ist hier nicht die Rede von Dr. Paul Hsü, wie P. Tacchi Venturi meint [36], sondern ohne allen Zweifel von Dr. Feng Ying-ching, wie sich klar ergibt aus einem Briefe des P. Ant. Rodrigues an den General aus Goa vom 2. Dez. 1607. Außerdem arbeitete auch Dr. Li Chih-tsao mit, während ein gewisser Yen Yi-t'ang den Druck besorgte [37]. In der großen Mehrzahl der Fälle pflegten die Bücher der alten Missionare Chinas zwei Namen zu tragen: Den Namen des europäischen Missionars und den des chinesischen Korrektors. Während man von dem ersten sagte, daß er das Werk diktiert habe, wurde dem Namen des zweiten hinzugefügt, daß er es in die schriftliche Form gegossen habe oder wenigstens, daß er den Entwurf verbessert habe [38].

Ricci ist bis zu seinem Lebensende ein eifriger Schüler der chinesischen Sprache geblieben. Er schreibt 1605 an seinen Vater, daß er immer damit beschäftigt sei, einiges in chinesischer Sprache zu schreiben [39]. Ja, er ist so sehr in die chinesische Sprache eingedrungen, daß es ihm vielleicht leichter erscheint, in Chinesisch als in Italienisch, seiner Muttersprache, zu schreiben [40]. Seine chinesische Korrespondenz scheint er selber erledigt zu haben, schreibt er doch am 8. März 1608: «Eine meiner größten Arbeiten in diesem Lande ist die Beantwortung der aus den verschiedensten Gegenden zu mir kommenden Briefe in chinesischen Charakteren». Man muß hier sicher an eine persönliche Erledigung denken, sonst hätte Ricci nicht von: «una delle magiori occupationi» gesprochen [41]. Die Annahme findet ihre Bestätigung in einem Briefe des P. de Ursis, der Ricci lange Jahre aus der Nähe kannte. Er sagt klar, daß Ricci seine Briefe selber in chinesischen Charakteren und in (chinesischer) Komposition beantwortete und daß er selber alle seine Briefe schrieb, sowohl an die Mitglieder

---

[35] TV p. 251, Brief Riccis vom 2. Sept. 1602 an P. Longobardo.
[36] TV p. 251 n. 3.
[37] II p. 292 n. b - p. 293 n. a.
[38] II p. 230 n. 1.
[39] TV p. 271, Brief Riccis vom 10. Mai.
[40] TV p. 295, Brief Riccis vom 26. Juli 1605 an P. Alaleoni.
[41] II p. 532 n. 1.

der Gesellschaft wie an die Laien innerhalb Chinas, die mit ihm in Verbindung standen. Wenn wir bedenken, daß Ricci in Peking außerordentlich beschäftigt war mit Besuchen und Gegenbesuchen, so verstehen wir, was derselbe de Ursis uns mitteilt, daß er seine Briefe nicht während des Tages, sondern während der Nacht fertigstellte, eine Tatsache, die sein großes apostolisches Herz erahnen läßt, die aber leider sicher auch zu seinem verhältnismäßig frühen Tode beigetragen hat [42].

---

[42] II p. 532 n. b.

III. ABSCHNITT

AESTHETISCHE AKKOMMODATION

1. KAPITEL

ZUR ARCHITEKTONISCHEN FORM UND GESTALTUNG CHRISTLICHER KULTRÄUME UND PROFANER BAUTEN DER CHINESISCHEN MISSION ZUR ZEIT RICCIS

In der Untersuchung über die Anpassungsbestrebungen nimmt die Frage nach der Ausbildung einer christlich-einheimischen Bauweise im allgemeinen und in China im besonderen einen hervorragenden Platz ein.

Wenn die Kunst « Ausdrucksmittel sittlich religiöser und nationaler Ideale » ist [1], darf man annehmen, daß Ricci die architektonischen Formen Chinas für fähig gehalten hat, Ausdrucksmittel christlich-religiöser Ideale zu werden. Die in der chinesischen Architektur vorliegenden Möglichkeiten dürfen aber nicht vergessen lassen, daß Ricci als Mensch seiner Zeit sich erst einmal mit den Gegebenheiten einer chinesischen Kunst auseinandersetzen mußte, daß er damit lernen und umlernen mußte. Er, der für alles Gute offene Mensch, hat nicht blind geurteilt und verurteilt, er hat sich nicht grundsätzlich nur europäischem oder nur chinesischem Kunstempfinden zugewandt. Trotzdem bleibt wahr, daß er tatsächlich, d. h. soweit wir von realisierten architektonischen Versuchen sprechen können, nicht zur Anwendung einer Synthese chinesischer Kunstelemente und christlicher Bedürfnisse in der Gestaltung der architektonischen Elemente des neuen Kultraumes gekommen ist. Die Gründe dafür liegen aber nicht in einer Ablehnung chinesischer Bauformen an sich. Sie liegen vielmehr in der ihm eigenen charakteristischen Form des Apostolates und zeigen deshalb rein methodischen Charakter. Es ging ihm nicht um die Kunst als solche. Die erste Norm war die Verchristlichung des Reiches der Mitte.

---

[1] THAUREN, p. 56.

Kann die Kunst nach seinem Dafürhalten dieses Bemühen unterstützen? Wenn ja, wird er sie bedenkenlos übernehmen, sobald es an der Zeit ist. Erweist sie sich jedoch in irgendeiner Weise als Hindernis, muß ihre Pflege zurücktreten. Mit dieser grundsätzlich offenen und doch klugen Einstellung war die Gefahr einer Überfremdung chinesischer Eigenart durch den westlichen Stil vermieden, auch wenn dieser zunächst zur Anwendung kam. Es wurde aber auch die Gefahr der Verwischung ferngehalten.

Wir wollen den wenigen Berichten über christliche Kulträume und profane Gebäulichkeiten der jungen Mission nachzugehen trachten. Wir möchten, soweit möglich, die Anwendung oder Nichtanwendung chinesischer Elemente aufweisen.

Die erste Andachtsstätte der Jesuiten in China wurde von P. Ruggieri in der Stadt Canton eingerichtet. Sie war der allerseligsten Jungfrau geweiht [2] und wurde während des zweiten Aufenthaltes Ruggieris in Canton in Gebrauch genommen. Sie befand sich zusammen mit der Wohnung des Missionars im Palaste der Gesandten von Siam [3]. Ruggieri formte am Tage seiner Ankunft dort die Pagode des Palastes in eine Kapelle mit Altar « nach unserer Weise » um. Worin diese Umwandlung im einzelnen bestand, wissen wir nicht. Sicher hat der Missionar die Götzen entfernt, hat seinen Altar aufgestellt und wird sich, so gut es ging, beholfen haben. Hervorgehoben zu werden verdient die Aufstellung einer Statue der Madonna, die in Canton selber hergestellt war. Das Material war Bronze, die Künstler waren Chinesen. P. D'Elia nimmt an, daß das Werk « secondo il loro gusto » geschaffen worden sei [4].

Natürlich kann man bei diesem Beginn nicht von größeren und systematischen Versuchen der Anpassung an die chinesische Kunst sprechen, da der Aufenthalt Ruggieris in Canton nicht viel länger als zweimal zwei Monate dauerte [5].

Mit vollem Ernst tritt uns die Frage nach Anpassung in dieser Hinsicht aber gleich bei der Gründung der ersten Residenz in Shiuhing entgegen. Die Missionare, Ruggieri und Ricci, beschlossen, ein Haus « al nostro modo » zu bauen. Es soll den *Bedürfnissen* angepaßt sein und soll ein Stockwerk haben. Es soll also nicht, wie die Häuser in China gewöhnlich sind, nur ebenerdig

---

[2] TV p. 405, Brief Ruggieris vom 12. Nov. 1581 an P. Ev. Merkurian.
[3] I p. 156 n. 3.
[4] METODI, pp. 223-224.
[5] I p. 141 n. b - 142 n. a.

sein [6]. Das Haus, das dann zustande kam, war zwar klein, aber
« ganz nach europäischen Muster » [7]. P. Cabral erzählt uns die
Sache ein wenig anders. Er sagt, daß das Haus aus Ziegeln und
Kalk gebaut wurde, daß es 10 Arme im Quadrat groß sei und
dann, abweichend von der summarischen Angabe Riccis, daß es
« parte ... al modo china y parte al nuestro » gebaut wurde [8].

Halten wir die Aussage Riccis fest, so sehen wir jedenfalls
das eine, daß man sich beim Bau von praktischen Motiven leiten
ließ. Die chinesische Bauweise erschien den Missionaren für die
Zwecke einer Missionsstation oder Residenz nicht entsprechend.
Mir scheint, daß man von diesem Gesichtspunkte
Riccis über chinesische Architektur am besten versteht, wenn er
sagt: « In der Architektur sind sie uns unterlegen, sowohl in der
Schönheit, als auch in der Stärke der Gebäude » [9]. In diesem Urteil ist die Frage nach der Vereinigung westlicher Ideen mit chinesischen Bauelementen auch gar nicht gestellt, wenngleich wir
zugeben müssen, daß aus ihm nicht gerade ein hohes Verständnis
für die Eigenart chinesischer Kunst spricht.

Die erste Residenz wurde vom Präfekten der Stadt selber eröffnet. Er ließ eine Inschrift für die Eingangstür des Hauses, die
zugleich in die Kapelle führte, herstellen mit den Worten: « Kirche der Blume der Heiligen ». Die Vorübergehenden sahen demnach klar den Zweck der Station und der Kirche, die zu Ehren
der Mutter des Herrn errichtet worden war [10].

Bemerkenswert ist, daß die christlichen Kirchen in Makao
bei den Chinesen alle den Namen « Szu » oder « Miao » trugen [11].
Die Bezeichnung « Szu » wurde von den Missionaren im Laufe der
Änderung der Methode fallengelassen. Man konnte diesen buddhistischen Ausdruck nicht beibehalten und nannte die Kirche später
« T'ang ». Das ist die Bezeichnung für die konfuzianischen Heiligtümer, wo die Zeremonien zu Ehren des Konfuzius und der Ahnen
gefeiert wurden. Die Kirche hieß demnach: « T'ien Chu T'ang » =
Halle des Herrn des Himmels [12].

Wir dürfen in dieser Namensänderung auch einen bedeutsa-

---

[6] I Nr. 241 p. 190.
[7] I Nr. 265.
[8] TV p. 431, Brief vom 5. Dez. 1584 an P. Valignano.
[9] I Nr. 38.
[10] I Nr. 254; I p. 199 n. 4.
[11] I p. 338 n. 2; cfr. CAT. RU. = RUGGIERI S. I. P. MICHELE — *Vero testo della solida esposizione su Dio* (*Catechismo*), Shiuhing 1584, Cap. XIII u. XV.
[12] METODI, p. 222.

men Zug für die architektonische Anpassung erblicken. Während die buddhistische Pagode als solche für größere christliche Versammlungen nicht geeignet erscheint [13], könnte die Versammlungshalle der Konfuzianer als Ausgangspunkt für die Gestaltung des christlichen Kultraumes dienen.

Die neue Residenz von Shiuhing machte großen Eindruck auf alle Besucher. Ricci schreibt darüber: « Unser Haus wurde auch fertig, aber da es in europäischer Art gebaut worden ist, ist es wie ein Wunder in diesem Lande » [14].

Nicht lange sollten die Missionare sich ihres Heimes erfreuen. Der neue Vizekönig von Kwangtung Liu Chieh-chai [15] gedenkt, sich auf Kosten der Missionare billig einen Ehrentempel zu erwerben. Er dekretiert die Vertreibung der Patres [16]. Trotz aller Gegenbestrebungen erreicht man nichts. Man muß diesen ersten Kampfplatz räumen.

Die nächste Station ist Shiuchow [17]. Ein Gutes hatte die Niederlage: Man hatte gelernt. Ricci schreibt: « Sie (die Patres) stellten das neue Haus und die Kirche, die an dasselbe Haus angefügt war, in sehr kurzer Zeit her. Sie hatten bemerkt, daß der Bau eines hohen, nach unserer Weise aufgestockten Hauses dem Volke Gerede bot und den Mandarinen die Möglichkeit gab, in unser Haus zu kommen, um für ihre Freunde Gastmähler zu veranstalten, getreu der Eigenart aller Tempel Chinas. Sie bauten (also) dieses Haus « a piè piano, quasi al modo della Cina ». Nur die Kirche bauten sie *viel besser* und geräumig für die Christen, die sie zu gewinnen hofften » [18]. Trotzdem blieben die Gastmähler in der Kirche weiter in Übung. Man behauptete einfach von Seiten der Mandarinen und Literaten, daß es sich um einen Tempel handele und es sei Brauch in China, diese vor niemandem zu verschließen. Um diesen Unannehmlichkeiten schließlich aus dem Wege zu gehen, entschloß sich späterhin P. Cattaneo (in der Zeit von Sept. 1596-Dez. 1597), das kleine Gotteshaus zu zerstören. Nicht zuletzt auch aus dem Grunde, sich den Namen eines Bonzen vom Leibe zu schaffen [19].

Es erscheint nicht ausgeschlossen, daß, neben anderen Grün-

---

[13] THAUREN, p. 59.
[14] TV p. 72, Brief Riccis vom 24. Nov. 1585 an P. Fuligatti.
[15] I p. 263 n. 4.
[16] I Nr. 319.
[17] I p. 284 nn. 6. 7.
[18] I Nr. 356.
[19] I Nr. 497.

den, auch die Rücksicht auf diese nachteilige Sitte bei der Einrichtung von Privatkapellen eine Rolle gespielt hat.

Solche Privatkapellen finden wir erstmalig in Shiuchow. Die ausgezeichnete und überaus eifrige Christin Anna Chung ließ in ihrem Hause eine solche einrichten. P. Longobardo, der nachmalige Missionar von Shiuchow, ging von Zeit zu Zeit dorthin zur Feier des hl. Meßopfers. Die Kapelle war nach dem frommen Sinn der Christin ausgeschmückt. Die « Storia » bemerkt, daß es der Christin ungeziemend erschien, daß neben der Kapelle sich die Küche befand. Sie ließ daher die Küche in einen anderen Teil des Hauses verlegen [20].

In Nanchang, der nächsten von Ricci gegründeten Station, wurde die Einrichtung einer Kapelle noch weniger öffentlich betrieben als in Shiuchow. Wahrscheinlich wurde sie in der Wohnung der Missionare selber eingerichtet. Sie dürfte nur aus einem Raum bestanden haben und war nichts anderes als ein gewöhnliches Zimmer. Sicher dachte man nicht gleich an eine öffentliche Kapelle oder gar Kirche [21]. Erst 1609 wurden in feierlicher Weise unter starkem Zustrom von Heiden und Christen, also öffentlich, zwei Kapellen eröffnet. Die eine wurde mit dem Bilde des Erlösers, die andere mit dem Bilde der Madonna geschmückt [22]. Warum hat man wohl die Doppelform gewählt? Der rein äußere Grund lag darin, kein Aufsehen zu machen, was durch den Bau einer größeren Kirche oder Kapelle geschehen wäre. Die beiden Jahre unmittelbar vorher hatten schwere Unannehmlichkeiten mit den Literaten der Stadt gebracht [23]. Diese Beschränkung, die eine finanzielle Mehrausgabe und Belastung bedeuten mußte, dürfte auch unter der Erwägung erleichtert worden sein, daß durch die Schaffung von zwei Kapellen jedes mögliche Ärgernis von Seiten der Heiden abgeschnitten wurde, war doch gerade das Zusammensein von Männern und Frauen in einem Raume ein sehr beliebter Vorwurf gegen die jungen Christengemeinden.

P. D'Elia meint, daß alle diese Oratorien, auch später die in Nanking und Peking, in chinesischem Stile errichtet worden seien. Das mag zutreffen bezüglich des Schmuckes der Wände, der Zierarten der Altäre, der Gestaltung der Kredenz etc. Die Altarbilder waren aber nicht in chinesischem Stile gemalt, sondern

---

[20] II Nr. 651.
[21] II p. 535 n. 4.
[22] II Nr. 886.
[23] II Nr. 853-884.

stammten entweder direkt aus Europa oder von europäischen Künstlern oder von solchen, die sich ausschließlich der europäischen Malweise bedienten [24].

Auch hier in Nanchang existierte ein Privatoratorium, wo die hl. Messe gefeiert werden konnte. Neben bereits erwähnten Gründen für die Einrichtung solcher Kapellen dürfte auch das in China in sich schon bekannte Familienheiligtum Vorbild gewesen sein, womit sich der Grund der allzu starken Abschließung der chinesischen Frau verband. Dieses Oratorium wurde nach der Taufe der Frauen aus dem Hause « don Gioseppe » eingerichtet [25].

Wie in Nanchang begnügte man sich auch in Nanking mit einer kleinen Hauskapelle im Hause der Missionare [26]. Im Jahre 1602 wurde aber in der Stadt eine regelrechte öffentliche Kapelle für die Christen der Stadt errichtet. Der Schmuck der Kapelle bestand aus einem Muttergottesbild, das P. Cattaneo aus Makao mitgebracht hatte [27]. Über die weitere Einrichtung der Kapelle ist wenig zu sagen. Es liegt aber nahe anzunehmen, daß Cattaneo sie nach dem Vorbild der Privatkapelle der Familie Ch'in, an die die Christen gewöhnt waren, in chinesischer Art eingerichtet hat.

Zu einem Kirchenbau in Nanking kam es erst nach dem Tode Riccis, obwohl die Pläne schon vor seinem Tode vorlagen. Trigault berichtet uns über denselben. Der Mandarin Hsü Hsü-ch'en hatte sich 1609 zum Christentum bekehrt [28]. Bald nach seiner Bekehrung starb seine Mutter. Bevor er sich wegen der in einem solchen Falle notwendigen Niederlegung seines Amtes in seine Heimat Tsientang bei Hangchow in Chekiang [29] zurückzog, vermachte er der Mission von Nanking eine schöne Summe Geldes für den geplanten Kirchenbau [30]. 1611 wurde die Kirche unter der Leitung des P. Vagnoni errichtet [31]. Über den Stil des Baues berichtet uns Bartoli. Er sagt, daß die Kirche dem Material nach zwar aus dem vorliegenden chinesischen Material aufgeführt wurde, sie war teilweise gemauert und teilweise aus Holz errichtet, « ma nel disegno in istile d'architettura europea » [32].

---

[24] Cfr. II p. 535 n. 4.
[25] II Nr. 750.
[26] II p. 535 n. 4.
[27] II Nr. 676.
[28] II Nr. 918.
[29] II p. 494 n. 2.
[30] II Nr. 924.
[31] II p. 499 n. 4.
[32] BARTOLI III c. 12.

In Nanking finden wir ebenso wie in den anderen Stationen die Einrichtung von Privatkapellen. Der alte Paul Ch'in hatte für die Frauen seines Hauses, für die Knaben und Mädchen desselben, die nicht so gut zur hl. Messe im Hause der Jesuiten gehen konnten (man denke an die verkrüppelten Füße der Frauen und Mädchen), zusammen mit seinem Sohne Martin eine sehr schöne Kapelle eingerichtet, an deren Seite ein Haus (Zimmer) für die Patres angebaut war, die zur Feier der hl.. Messe dorthin gingen [33]. Über dem Altare der Kapelle, wo früher die Götzen gestanden hatten, prangte ein Erlöserbild. Man hatte alle heidnischen Elemente entfernt [34]. Wir können annehmen, daß der Schmuck der Kapelle, der der Familie überlassen blieb, abgesehen vom Erlöserbild, ganz und gar in chinesischem Geschmack erfolgte. Die Kapelle diente der ganzen Gemeinde von Nanking zeitweilig als Gottesdienstraum, bis die obenerwähnte Kapelle in der Stadt geschaffen wurde. Auf die Dauer war es für die Christen zu mühsam, diese Privatkapelle zu besuchen, die außerhalb der Stadt lag [35].

Wir finden eine zweite Privatkapelle in einem der Nachbardörfer der Stadt Nanking. Sie wurde von der Christin Martha instandgehalten, der sie auch gehörte [36]. Positives läßt sich über ihre Einrichtung nicht sagen, aber es ist anzunehmen, daß sie in Stil und Schmuck chinesisch gehalten war.

In Peking endlich hielten die Missionare den Gottesdienst zunächst im eigenen Hause ab [37]. Aber auch hier kommt bald die Privatkapelle in Gebrauch. Ricci schreibt über die Einrichtung einer solchen Kapelle im Hause des Paul Li Ying-Shih: « Er richtete im Hause ein Oratorium mit schönen Bildern ein, wohin die Patres oftmals zur Feier der hl. Messe für die Bewohner gingen » [38]. Auch im Hause des Christen Lukas, eines Klienten des Dr. Li Chih-stao, wurde eine solche Kapelle eingerichtet. Der Raum wurde zunächst von allen Götzenbildern gesäubert, an deren Stelle im gleichen Raume, wo früher die Götzen standen, ein von Ricci geschenktes Altarbild zu stehen kam. Es wurde im « Tabernakel », in der Nische, die früher für die Götzen diente, aufgestellt, nachdem man die Stelle erneuert und ausgebessert hatte. Der Vater des Lukas betete mit der ganzen Familie die christlichen Gebete vor dem jetzt in

---

[33] II Nr. 675.
[34] II Nr. 569.
[35] II p. 94 n. 3.
[36] II Nr. 679.
[37] II Nr. 691, 694, p. 262.
[38] II Nr. 694, p. 263.

4 J. Bettray, S. V. D.

der Nische stehenden Erlöserbild. Man entzündete Kerzen und Rauchwerk und ließ Tag und Nacht eine Lampe vor dem Bilde brennen [39]. Über weiteren Schmuck der Kapelle fehlen die Nachrichten.

Wir können aber in allen diesen Fällen kaum von einem bewußten Streben Riccis und seiner Mitbrüder nach Verwendung heimischer Kunstelemente sprechen. Viel weniger von einer bewußten und systematischen Pflege derselben. Das konnte erst anders werden, als man durch den Zuwachs der Gemeinden zum Bau größerer öffentlicher Kirchen genötigt wurde. Diese hatten die Aufgabe, das Christentum inmitten der zahllosen heidnischen Tempel zu repräsentieren. Sie mußten aus diesem Grunde in gewisser Hinsicht von den Tempeln verschieden sein. Sie mußten ein eigenes Gesicht haben, das sie sofort als christliche Kirche kennzeichnete. Wie man in Nanking diese Frage löste, sahen wir bereits. Da uns in unserer Abhandlung aber mehr die Auffassung Riccis interessiert, ist der Kirchenbau von Peking, der auch zeitlich dem von Nanking vorausgeht, von größerem Interesse.

Das letzte Lebensjahr des Gründers der neuen Chinamission sah den Plan, eine größere Kirche in Peking zu bauen. Sie würde zwar nach europäischen Begriffen noch recht klein sein, war aber nicht unwert des Namens einer Kirche. Die Frage nach dem Stil, den man für diese Kirche verwenden wollte, wurde von dem für die Anpassung so aufgeschlossenen Ricci zusammen mit seinen Mitarbeitern in Peking gestellt. Daß sie überhaupt gestellt wurde, daß man nicht einfach grundsätzlich in europäischen Formen bauen wollte, ist ein klarer Beweis für die grundsätzliche Aufgeschlossenheit der Missionare in diesem Punkte.

Sollte man also in chinesischen Formen bauen? Diese Bauweise wäre sicherlich ökonomischer gewesen. Dem stand aber eine andere Erwägung gegenüber: Mußte man den Christen nicht erst einmal eine große und klare Idee geben von dem, was eine katholische Kirche ist, wie sie eingerichtet ist, welchen Eindruck ihr Inneres macht? Mußte man sich nicht auch noch davor hüten, durch den Bau einer « Szu » oder « Miao » oder « T'ang » mit der einen oder der anderen Religion Chinas direkt verwechselt zu werden?

Ricci entschloß sich, die erste Kirche der Neuzeit in China in europäischen Formen zu bauen. P. de Ursis war Architekt. Fassade, Gewölbe, Gesimse und Dach wurden in europäischen Formen aufgeführt. Das Ganze hatte eine Länge von 70 Palmen oder 16 an

---

[39] II Nr. 902, p. 480.

und eine Breite von 35 Palmen oder 8 m [40]. Ausgemalt war die Kirche mit europäischer Malerei [41].

2. KAPITEL

GEBRAUCH CHINESISCH-CHRISTLICHER MALEREI ZUR ZEIT RICCIS

Wir müssen, um einen einigermaßen vollständigen Einblick zu geben, dieses Thema soweit spannen, weil es nicht möglich ist, genau im einzelnen zu bestimmen, ob und welche Anpassungsbestrebungen auf diesem Gebiete von Ricci allein unternommen worden sind.

Wir stellen uns die Frage: Haben Ricci und seine Mitarbeiter die Kunst Chinas benützt, christliche Motive darzustellen? Wir werden feststellen, daß die europäische Malerei wesentlich in den Dienst der Mission gestellt worden ist. Wie weit man hier von einer Direktive des Gründers und Oberen der Mission sprechen kann, ist schwer zu sagen. Jedenfalls zog er die europäische Malerei der chinesischen vor. Und das einfach aus dem Grunde, weil er für die chinesische Malerei wenig Verständnis hatte. Dennoch können wir aus dieser Zeit auf einige, wenige, aber nicht ganz unbedeutende Versuche christlich- chinesischer Malerei hinweisen.

Wie überall, standen Ricci und seine Mitarbeiter auch in dieser Frage der Anwendung chinesischer Malerei für christliche Motive vor Neuland. Aus der Zeit des Johannes von Monte Corvino existierten keine Bildwerke mehr. Aber selbst dann, wenn solche vorhanden gewesen wären, hätte es sich wohl kaum um christliche Kunstwerke in chinesischem Stile gehandelt. Johannes v. M. Corvino baute in Kambalik (Peking) eine Kirche und schmückte sie mit Darstellungen aus dem Alten und Neuen Testament: « Sex picturas feci fieri Veteris et Novi Testamenti ad doctrinam rudium, et scripta sunt litteris latinis, tursicis et persicis » [1]. In diesem Texte scheint die chinesische Sprache nicht auf [2]. Da es überhaupt zweifelhaft ist,

---

[40] II p. 535 n. 4 - p. 536 n. a.
[41] ORIGINI, p. 42.
[1] I p. LXXVIII n. 3; cfr. MAAS, p. 11.
[2] Cfr. KILGER O.S.B. P. LAURENZ - Besprechung P. OTTO MAAS O.F.M. - *Die Wiedereinführung der Franziskanermission in China in der Neuzeit*, in « Zeitschrift für Missionswissenschaft » 1927, pp. 313-315; D'ELIA S. I. P. PASQUALE - *Missionari artisti in Cina*, in « La Civiltà Cattolica » 1939, I, pp. 61-72. 130-139.

daß zur Zeit, als Johannes diese Werke schaffen ließ, Chinesen zu seiner Gemeinde gehört haben [3], — man hätte in diesem Falle ohne Zweifel auch die chinesische Sprache den Bildern beigefügt [4] — kann es auch billig bezweifelt werden, daß diese Bilder chinesischen Stil zeigten. Zudem ist es sicher, daß Johannes die chinesische Sprache nicht verstand, daß er aber auch keine Dolmetscher hatte, was sehr eigenartig gewesen wäre, wenn er eine chinesische Gemeinde gehabt hätte. Das gilt sicher bis 1306 [5], zu einer Zeit, als Kirche und Bilder längst fertig waren (1299).

Andererseits behauptete aber die Malerei von Anfang an in der neuen Chinamission ihren Platz. Sie wurde reichlich in den Dienst des Apostolates gestellt [6]. In allen Missionsstationen finden wir eine starke Bilderverehrung. In Nanchang brennt, nach einem Briefe Riccis von 1607 in den Häusern aller Christen vor dem Bilde des Erlösers Tag und Nacht ein Lämpchen [7] und eine Reihe von Briefen belehrt uns über das dringende Bedürfnis der Mission an solchen Bildern [8]. Longobardo schreibt 1598 in diesem Sinne: « Zusammen mit den weiteren (Missionaren) wird es höchst notwendig sein, uns eine gute Anzahl Bücher und Bilder zu schicken » [9].

Welche künstlerischen Motive sind es nun in der Hauptsache, die den Missionaren in ihren apostolischen Arbeiten dienten?

Der Bedeutung und der Verbreitung nach steht das Bild des Erlösers an erster Stelle. Wir finden es in allen Missionsstationen. Es bildet einen Teil der Geschenke an den Kaiser [10] und hat weitgehend Eingang in die Familien gefunden.

---

[3] P. Maas selbst weist darauf hin, daß Montecorvino die Mongolensprache beherrschte und daß er von Johannes von Marignolli Opostel der Alanen genannt wurde (MAAS, p. 10).

[4] I p. LXXVIII.

[5] I p. LXXIX.

[6] II p. 193 n. 9.

[7] TV p. 316, Brief vom 18. Okt. 1607 an P. Aquaviva.

[8] ORIGINI, p. 81 f.

[9] TV p. 475, Brief vom 4. Nov. 1598 an P. Alvarez. Ähnlich P. Ruggieri. Schon 1580 bittet er P. Merkurian um ein Buch mit den Bildern der Geheimnisse Christi und einiger Geschichten des Alten Testamentes, eine (bildliche) Beschreibung der Länder der Christen, um eine große bebilderte Bibel. (TV p. 398, Brief vom 8. Nov. 1580). Ähnlich Ruggieri am 25. Jan. 1584: Er bittet um Bilder, besonders um Ölgemälde des Erlösers und der Madonna sowie um Bilder auf Papier (gedruckte Stiche) (TV p. 421). Auch Ricci schreibt um Bilder. Er bittet P. Costa « um ein recht künstlerisches und schönes Bild in Öl » und « um ein anderes in Druck, ebenso künstlerisch ». (TV p. 249, Brief vom 18. Aug. 1599).

[10] II p. 123 n. 5; II p. 90 n. 1.

Die Verehrung des Bildes der Madonna von S. Maria Maggiore dürfte der des Erlöserbildes kaum nachstehen. Die Jesuiten des **16.-17. Jh., besonders der hl. Franz Borgias**, verehrten dieses Bild sehr und förderten seinen Kult [11]. Gleich in der ersten Residenz der Missionare in Shiuhing tritt es uns entgegen. Eine Reproduktion des Bildes wurde dem Präfekten der Stadt geschenkt, der es seinem alten Vater in Shaohing in Chekiang zusandte [12]. Das Bild ist auch unter den Geschenken, die dem Kaiser bestimmt waren [13]. Derselbe ist von der Lebhaftigkeit des Blickes der Madonna äußerst betroffen und fürchtet sich davor. Auch die Kaiserinmutter kann es wegen des gleichen Eindrucks nicht ertragen und gibt es in den kaiserlichen Schatz [14]. Neben diesen Daten ist uns die mehrfache Reproduktion des Bildes bezeugt [15]. Sogar einige Christen haben es im Besitz [16]. Es bildet den Schmuck der kleinen Kapelle der Villa der Jesuiten in Shala [17]. In Nanking war es mindestens durch die dort stattfindende Vorbereitung der Expedition Riccis nach Peking bekannt geworden. Sicher wurde es in Nanchang verehrt [18]. In **Shiuchow muß das Bild mindestens bekannt, wahrscheinlich auch vorhanden sein**, da es bei Riccis Vertreibung von Shiuhing nach Shiuchow mitwanderte. In Shiuhing hatte man nach den ersten Erfahrungen das Bild der Madonna vom Altare der Kirche hinweggenommen, um nicht einer falschen Meinung Spielraum zu geben, als ob die Christen als Hauptgottheit ein weibliches Wesen hätten, oder, wie ein chinesischer Autor sagt: « Eine Frau, die in ihrem Arme ein Kind hält » [19]. So können wir annehmen, daß auch dieses Bild zum festen Zubehör einer jeden Missionsstation gehörte.

Ähnliches ist zu sagen von dem Bilde der Madonna mit dem Kind und dem hl. Johannes. Von Spanien kam es über Mexiko zu den Philippinen [20]. Eine Kopie desselben finden wir 1591 in Shiuchow [21]. Ricci gedachte, mit seiner Hilfe der religiösen Kälte des

---

[11] II p. 125 n. 2.
[12] I Nr. 239; I. p. 188 n. 2.
[13] II p. 123 n. 5.
[14] II Nr. 593.
[15] II p. 258 n. 1.
[16] II Nr. 930.
[17] II p. 628 n. 3 - p. 629 n. a.
[18] II Nr. 743; II p. 334 n. 1.
[19] I Nr. 247; I p. 194 n. 2.
[20] Nr. 286, p. 232.
[21] I p. 232 n. 1; cfr. II p. 105 n. 5; Longobardo findet in den Jahren 1603-05

Volkes dieser Stadt entgegenzutreten, indem er an chinesisch Neujahr 1591 das Bild zur öffentlichen Besichtigung ausstellte, erfuhr aber eine böse Abfuhr, als ihm in der Nacht darauf die Nachbarn die Dachziegel zum großen Teil zerstörten [22]. — In Nanchang wurde das Bild zusammen mit dem von S. M. Maggiore verehrt [23]. — Mit Ricci wanderte es nach Peking. Valignano hatte das Werk 1597 nach Nanchang geschickt, damit Ricci es seinen Geschenken für den Kaiser beigeselle [24]. Auf der Reise nach Peking bekam die Gattin des Vizekönigs Liu Tung-hsing [25] eine Kopie desselben geschenkt. Eine weitere Kopie schmückte die Kapelle Riccis in Peking [26].

Neben diesen Hauptmotiven der Kunst, die immer wieder aufscheinen, sei noch hingewiesen auf eine Darstellung des hl. Laurentius, die aus der Hand des P. Nicolao stammte und ihren Weg in die chinesische Mission fand [27]. Sie scheint aber nicht von besonderer Bedeutung gewesen zu sein.

Diese Bilder dienten mehr der Frömmigkeit und dem Kult. Andere werden für die Erklärung christlicher Geheimnisse gebraucht. Zu diesen gehören die beiden Serien, die Laufer ediert hat, sowie Bildererklärungen zu den 15 Gesetzen des Rosenkranzes. Letztere werden uns in besonderer Weise beschäftigen müssen [28].

Bevor wir an die Einzeluntersuchung der verschiedenen Anpassungsversuche gehen, wollen wir uns den Eindruck vorführen, den europäische Malerei auf die Chinesen und umgekehrt machte.

Die Chinesen empfinden unsere europäischen Bildwerke zunächst als etwas Fremdes. Sie erkennen indessen die Vortrefflichkeit europäischer Malerei an. Über das Bild von S. Maria Maggiore schreibt im Jahre 1739 Chang Keng in seiner « Sammlung der Malerei der Dynastie Ch'ing »: « Der Ausdruck derselben (Madonna mit dem Kind) war vollkommen, die Farben lebhaft und bezaubernd » [29]. Vor diesem Bilde machen die Bewohner von Shiuhing ihre tiefste Reverenz und « alle bewunderten die Kunstfertigkeit unserer Malerei » [30]. Der Vizekönig Chao K'o-huai bewundert

---

das Bild im Hause eines Heiden in Hsiaping, einem Ort der Umgebung von Shiuchow, wieder.

[22] I Nr. 376-377.
[23] II Nr. 743; II p. 334 n. 1.
[24] I p. 232 n. 2; II Nr. 579.
[25] II Nr. 577; II p. 103 n. 3.
[26] II Nr. 722.
[27] I p. 232 n. a; I p. 366 nn. 3. 9.
[28] ORIGINI, pp. 51-52.
[29] II p. 85 n. a.
[30] ORIGINI, p. 22.

das Erlöserbild aufs höchste, das ihm Ricci auf seiner Reise nach Peking in seiner Residenz Kiüyung zeigt. Ricci sagt ihm: « Hoher Herr, das ist nichts anderes als das Bild Gottes, des Herrn des Himmels und der Erde! » Darauf erwiderte der Vizekönig: « Ihr braucht mir das gar nicht zu erklären, denn das Bild zeigt von sich aus, daß es nicht das eines sterblichen Menschen ist. Aber es ist hier nicht der geziemende Ort, dieses Bild zu sehen », worauf das Werk auf einem eigens errichteten hohen Altar in seiner Hauskapelle aufgestellt wurde, wo der Beamte seine Andacht und Reverenz dem Himmel zu machen pflegte [31]. — Was den Chinesen besonders auffiel gegenüber ihren eigenen Bildern, war die Perspektivmalerei der europäischen Kunst. Nicht als ob man die Perspektive in China nicht gekannt hätte. Sie war bekannt, aber nicht als auf einen Punkt hingerichtet, sondern als Parallelperspektive. Ricci schreibt über den Eindruck dieser Verschiedenheit: « Sie (die Chinesen) sind ganz verwundert über unsere bebilderten Bücher. Sie glauben, daß diese skulpiert sind und können nicht glauben, daß sie gemalt sind » [32]. — Wir können annehmen, daß in sehr vielen Fällen die Äußerung des Eindruckes einem echten Erleben entsprach, wie ja das Fremde oft fasziniert. Das ist aber nicht immer so gewesen. Ricci selber berichtet uns über gegenteilige Äußerungen. Die Kapelle der Missionare in Peking sei sehr besucht gewesen, da ein Erlöserbild und ein Bild der Madonna dieselbe schmückten. Das rühre aber mehr von der Neugierde der Chinesen her, die Kunstfertigkeit unserer Malerei zu sehen [33]. Man merkt in dieser Schilderung gut heraus, daß die europäische Kunst längst nicht in allen Fällen dem Geschmack des chinesischen Publikums entsprach.

Und Ricci? Wie denkt er über chinesische Kunst? Wie äußert er sich darüber? Hielt er sie für geeignet, christlichen Idealen ihr farbiges Gewand zu geben? Es ist sicher, daß Riccis Ideal die europäische Malerei ist. Es scheint auch, daß er die chinesische Malerei in ihrer Eigenart, in ihrem Eigenwert im letzten Grunde nicht verstanden hat. Er schreibt nämlich: « Die Chinesen sind große Liebhaber der Malerei, sie erreichen indessen nicht die Unsrigen (Maler) ». Wohl hat er die Eigenart dieser Kunst gesehen, denn er schreibt: « Sie verstehen es nicht, mit Öl zu malen, noch schattieren sie die Dinge, die sie malen und daher sind alle ihre Malereien blaß und ohne das geringste Leben (senza nessuna vivezza) » [34]. Wenn

---

[31] II Nr. 513; ORIGINI, p. 28.
[32] TV p. 272, Brief Riccis vom 10. Mai 1595 an seinen Vater.
[33] TV p. 367, Brief Riccis vom 22. Aug. 1608 an P. Aquaviva.
[34] I Nr. 41.

letzteres Urteil auch an sich noch kein Werturteil einschließt, so merkt man doch klar heraus, daß dahinter Riccis Ideal der europäischen Kunst steht, welche für sein Kunstideal Norm ist. Allerdings dürfen wir nicht vergessen, daß um die Wende des 16. Jahrhunderts die chinesische Kunst in Verfall geraten war, sodaß auch von daher die Stellungnahme zu verstehen ist [35]. Dieses scheint sich in der folgenden Episode noch mehr zu erhärten. Die Gemahlin des obenerwähnten Liu Tung-hsing will nämlich das Bild der Madonna mit dem Jesuskind und dem kleinen Johannes kopieren lassen. Ricci läßt das aber nicht zu, weil es ihm schien, daß der Maler das nicht gut hätte machen können. Es handelt sich nach dem Text klar um einen Maler der Stadt, also nicht etwa um einen Begleiter Riccis [36]. Wenn wir Bartoli als Gewährsmann heranziehen dürfen, so verschärft sich dieses ablehnende Urteil Riccis noch. Bartoli weist auf die « Schwächen » der chinesischen Malerei hin: Sie arbeiten nicht mit Öl, sondern nur mit einer gewissen Tempera. Sie verstehen nicht die regelmäßige Schattierung, sie nehmen kein bestimmtes Licht für das Bild. Von Abschattung und Vereinigung von Farben verstehen sie ebenfalls nichts. Daher klecksen sie eher plump etwas daher, als daß sie malen (così rozzo tingere, più che dipingere) [37]. Wir sehen, daß der erste Teil dieses Urteils mit dem Riccis übereinstimmt, wenngleich der zweite Teil bedeutend schärfer ist und nicht von tiefem Verständnis zeugt!

Wer waren nun die Maler, die durch ihre Kunst der Missionsarbeit der Jesuiten voranhalfen?

Gewissermaßen der Vater der Schule ist der Jesuitenpater Johannes Nicolao [38]. In der Zeit von 1582-1583 arbeitet er einige Zeit in Makao. Am 25. Juli 1583 ist er aber bereits in Nagasaki und wird später Leher an der Malschule der Jesuiten in Shiki (Amakusa) (1592-1600). In den Jahren darauf finden wir ihn im Seminar von Arima und Nagasaki, immer in der Eigenschaft als Maler, bis er 1614 mit dem Seminar nach Makao übersiedelt, wo er 1626 im Alter von 66 Jahren stirbt.

Während seines ersten kurzen Aufenthaltes in Makao hatte er den jungen Chinesen Yu Wen-hui, mit seinem portugiesischen Namen Emanuele Pereira, als Schüler in der Malkunst [39]. Es ist verständlich, daß dieser in so kurzer Zeit nicht sonderlich tief in

---

[35] I p. 32 n. 2.
[36] II Nr. 579.
[37] BARTOLI I c. 43.
[38] I p. 231 n. 3.
[39] II p. 9 n. 7; II p. 466 n. a; I p. 231 n. 3.

die Geheimnisse der Malerei eindringen konnte, zumal ihm auch später im Inneren des Landes absolut keine Möglichkeit offen stand, sich weiter in der europäischen Malerei auszubilden, in der er seine Werke schuf. Er war darum als Maler nicht sonderlich geschätzt. In der ersten Hälfte des Jahres 1600 finden wir ihn in Nanking, wo er eine Kopie des Bildes der Madonna mit dem Kinde und dem hl. Johannes herstellt, und zwar in europäischem Stile [40]. Das Bild wurde dem obenerwähnten Vizekönige von Shantung und seiner Gemahlin geschenkt. Pereira begleitete Ricci auf seiner Reise nach Peking. Ihm verdanken wir das Porträt Riccis, das er nach dem Tode des Stifters der Mission auf Drängen der Hauptstadt herstellte, natürlich ganz in europäischen Formen [41]. — Nach einem **Zeugnis des P. Emanuel Diaz d. Jüng. vom 1. Nov. 1633 war er während der ganzen folgenden Zeit der Mission sehr nützlich, weil er ein mittelmäßig begabter Maler war** [42].

Ungleich tüchtiger, aber auch viel besser unterrichtet, war der andere Schüler des P. Nicolao, Jakobus Niva, oder mit seinem chinesischen Namen Ni Yi-ch'eng [43]. Er erhält seine Ausbildung in Shiki. Er beschäftigt sich von Kind an mit der europäischen Malerei. Valignano schickt ihn, wahrscheinlich auf Bitten Riccis, nach China, wo er zunächst in Makao arbeitet. Seit 9. August 1602 ist er in Peking tätig. 1604 malt er zum Entzücken der Christen und aller Besucher ein Bild der Madonna von S. Maria Maggiore. Seine Werke bringen die Chinesen in höchste Verwunderung. Bis dahin hatten sie nämlich immer die Meinung gehabt, daß ihre Malerei **schlechthin unübertrefflich sei. In der 1609 errichteten Doppelkapelle in Nanchang stellt sein Pinsel das Bild des Erlösers und der Madonna in europäischem Stile her** [44]. Sein Werk ist auch das Gemälde der Friedhofskapelle der Jesuiten in Shala: Christus auf dem Throne, umgeben von Engeln und Aposteln. Auch dieses Bild ist sicher in europäischem Stile gemalt worden [45]. Wenn das Erlöserbild in der Kirche von Peking aus der Zeit Riccis stammt, hätten wir es mit einem Werke des Ni Yi-ch'eng zu tun. Es war (wie alle anderen Werke dieses Malers) in europäischem Stile gehalten [46].

Obwohl diese beiden Maler Asiaten waren, hatten sie es doch

---

[40] II p. 10 n. a.
[41] I Tav. I; II Nr. 964.
[42] II p. 10 n. b.
[43] II p. 258 n. 1.
[44] II Nr. 886.
[45] II Nr. 997; II p. 625 n. 2.
[46] ORIGINI, p. 42.

nicht gelernt, in dem Stile ihrer Heimat zu malen. Es bleibt also die Frage: Gab es zur Zeit Riccis in China einheimische Maler, die christliche Motive in chinesischer Malweise wiedergaben?

P. D'Elia nimmt an [47], daß Arbeiten dieser Art auf die Schule des berühmten chinesischen Malers Tung Ch'i-ch'ang (1555-1636) zurückgehen. Ja, vielleicht war dieser selber an diesen Arbeiten maßgeblich beteiligt. Dafür spricht die Tatsache, daß er aus der Nähe von Shanghai stammte, wo er Verbindung mit Dr. Paul Hsü Kuang-ch'i haben konnte. Sicher kannte dieser Mann Ricci. Wenn nicht persönlich, dann doch aus einem seiner Werke. Die « 10 Paradoxa », die er wahrscheinlich durch den Lizentiaten Ling Shih-sheng kannte, brachten ihn Ricci nahe. Er selber oder einer seiner Schüler dürfte in Kontakt mit dem großen Europäer gekommen sein. Jedenfalls ist es erwiesen, daß er sich von europäischen Motiven in seiner Malerei beeinflussen ließ, und so spricht vieles dafür, daß wir hier auf die ersten authentischen Spuren einer beginnenden chinesisch-christlichen Kunst gestoßen sind [48].

---

[47] I p. 384 n. b; II p. 125 n. 2.

[48] Cfr. ORIGINI, p. 45; FENOLLOSA ERNEST F. - *Ursprung und Entwicklung der chinesischen und japanischen Kunst,* voll. 2, Leipzig 1923, II, pp. 59-62; II, pp. 147-156: Schilderung des Niederganges der Malerei in der Mingzeit. Er spricht besonders über den im Text erwähnten Tung Ch'i-ch'ang. Von diesem stammt die Einteilung in eine südliche und nördliche Schule der Malerei. Von ihm stammt aber besonders auch die Prägung des Begriffes der « Literatenmalerei ». Darunter versteht man Bilder, welche die konfuzianischen Gelehrten der späteren Mingzeit gutgeheißen hatten. Fenollosa schreibt: « Ihm (Tung Ch'i-ch'ang) war die Malerei mehr ein Erzeugnis des Denkens und der Entwicklung als der seherischen Phantasie. Dem reinen Literaten sind Gemälde « Zeichen » von Ideen, d. h. eine andere Art « Worte » oder « Schrift ». Um alles das, was die künstlerische Linienschöpfung in sich schließt, kümmern sie sich nicht. Alles das ist für sie, wie man es in manchen modernen Vorlesungen über Kunst hören kann, « bloße Technik ».

Zu ähnlichen Ergebnissen wie Fenollosa kommt OSKAR MÜNSTERBERG in seiner *Chinesischen Kunstgeschichte* (Esslingen a. N. 1910-1912), wenngleich er die ausgehende Mingzeit nicht so hart beurteilt wie ersterer. Im allgemeinen spricht er vom Mangel an Einheitlichkeit der Komposition (vol. I p. 299), tadelt besonders die Massenware der religiösen Malerei, die nach einem feststehenden Kanon hergestellt ist und meist handwerksmäßigen Ursprung hat (vol. I p. 311), und meint, daß das Äußere zu sehr betont und der Geist vernachlässigt wird (vol. I p. 317; cfr. vol. II p. 489: Ein zusammenfassendes Urteil über die Kunst der Mingzeit an ihrem Ende).

Münsterberg anerkennt aber doch auch das Gute dieser Malerei. Er lobt besonders die Landschaftsdekoration des 16. und 17. Jahrhunderts, die sogar die klassische Zeit (Sung-Dynastie) in der zierlichen Ausarbeitung übertrifft. Leider ist alles ein wenig kulissenhaft in zu komplizierter Komposition (vol. I p. 304).

Bevor wir aber diese ersten Spuren näher beleuchten, möchten wir uns einige Fälle vorführen, in denen vielleicht von christlich-chinesischer Malerei die Rede ist.

Aus Nanchang erfahren wir, daß dort das Bild des Erlösers, Christus, der mit der Rechten segnet und mit der Linken die Weltkugel hält, auf der ein Kreuz steht [49], sehr verehrt wurde. Da man es aber nicht allen (gemalt) geben konnte, schnitten die Christen sich selber eine Drucktafel mit dem Bilde des Erlösers, dem eine kurze Erklärung der Menschwerdung Christi und der Religion, die er in die Welt gesandt hatte, beigefügt war. Auf diese Weise waren die Christen in der Lage, sich soviel Bilder herzustellen, als sie wollten [50]. Es ist anzunehmen, daß das Originalbild auf Jakob Niva zurückgeht [51]. Stellen wir diese Tatsache jedoch in das Licht heutiger Methoden dieser Art, so wird die Wahrscheinlichkeit sehr gering, daß es sich hier um eine selbständige chinesische Verarbeitung eines europäischen Motivs handelt. Man kann diese Möglichkeit aber auch nicht ganz ausschlagen.

Ähnliches dürfte gelten von der Einrichtung des Privatoratoriums des Paul Li in Peking. An Stelle der Götzenbilder traten « schöne Bilder », über deren Ursprung Ricci leider nichts berichtet. Wenn sie in chinesischem Stile geschaffen waren, hätten wir hier auch ein günstiges Urteil Riccis über die chinesische Malerei zu suchen. Es wäre aber immerhin möglich, daß wir hier Pereira am Werke sehen könnten, womit die Annahme einer christlich-chinesischen Kunst für diesen Fall viel an Sicherheit einbüßt [52]. Jedenfalls läßt sich nichts Sicheres darüber sagen.

Sehr interessieren würde uns, ob das Familienbild des Christen Lukas in Peking in chinesischem oder europäischem Stile gemalt war. Lukas ließ nämlich nach seiner Bekehrung ein Bild des Erlösers malen, das auf beiden Seiten Mitglieder seiner Familie zeigte, die einen Rosenkranz in Händen trugen und ein Kreuzchen mit einem Reliquiar am Halse hatten [53]. Da Pereira aber in der Zeit der Bekehrung der Familie des Lukas in Peking war (in der Zeit von 1608-09), können wir per viam exclusionis nichts aussagen [54]. Wir wären aber auch sonst lediglich auf Vermutungen angewiesen.

---

[49] II p. 339 n. 2.
[50] II Nr. 751.
[51] II p. 258 n. b.
[52] II Nr. 694.
[53] II Nr. 905.
[54] II p. 9 n. 7.

Klare Züge chinesisch-christlicher Malerei finden wir in der Reproduktion des Bildes von S. Maria Maggiore. Berthold Laufer, der das Bild wiederentdeckte (1910)[55], stützt sich in der Festlegung des Alters des Bildes auf die Webart der Seide, auf die es gemalt ist, und schließt, daß es um 1600 gemalt sein müßte. Daß es sich wirklich um eine Reproduktion der Madonna des hl. Lukas handelt, zeigt ein Vergleich auf den ersten Blick. Während man in der Originalvorlage, die der hl. Franz Borgias herstellen ließ, die Madonna nur von der Leibesmitte aus dargestellt sieht, ist die Reproduktion körperganz hergestellt. Die Madonna trägt ein weites, helles, faltenreiches Gewand, an dem nach außen keine Schattierung zu sehen ist. Die Füße sind nackt dargestellt. Der Heiligenschein der Madonna ist rot, ebenso das Brustkleid. Das Gesicht ist, getreu dem Original, im oberen Teil schattiert dargestellt. Auch der innere Teil des Kopfschleiers zeigt Schattierung. Die Gesichtszüge sind versucht angepaßt. Die lange Nase und die Darstellung der Augen weisen aber klar auf das Original zurück. Das Kind, das Maria auf dem Arm trägt, ist ein echter Chinesenbub. Er trägt einen Schopf, hat rote, dunkle Kleidung. Das Buch in seiner Linken ist auf dem Rücken mit Charakteren beschrieben[56]. Trotz der klaren Abhängigkeit vom Original und der nicht vermiedenen Verwischung europäischer und chinesischer Kunstelemente können wir von einem ernsten, allerdings sehr dürf-

---

[55] ORIGINI, p. 48.
[56] ORIGINI, pp. 49 ff.; II p. 128, Tav. XV.
Man fragt sich, warum hat der chinesische Künstler die Madonna weiß gezeichnet? Das Original war dunkel gehalten. Es könnte hier ein Zusammenhang mit einer merkwürdigen Tatsache vorliegen, die sich am 10. Mai 1605 (II p. 349 n. 6) in Peking zutrug. Ein Christ erkrankte schwer, Ricci hörte ihm die Beichte. Ihm vertraute der Christ an, daß ihm eine Frau erschienen sei mit einem Kinde im Arm. Der Christ glaubte, daß es die Madonna gewesen sei mit dem Jesuskinde. Sie habe zu jemand, der bei ihr war, gesagt: « Lasset doch diesen Mann schwitzen, ich will ihn heilen ».
Eigenartig ist, daß Ricci expresse beifügt, daß ein Bild der Madonna in weißem Kleide sich nicht in Peking befände. Es konnte also von dieser Seite her keine Täuschung des Mannes vorliegen.
Andererseits schließt Laufer aus der Webart der Seide des wiedergefundenen Bildes, daß es um 1600 entstanden sein müsse. Es scheint sehr wohl möglich, daß die Erscheinung, die der Christ hatte, sich herumsprach und daß man in der Gemeinde ein Bild dieser Madonna haben wollte. Aber wie sollte man es darstellen? Jedenfalls hatte der Künstler die Madonna nicht gesehen. Da es sich aber um eine Madonna mit dem Kinde im Arm handelte, wird man sich an dem bekannten Bilde der Madonna von S. Maria Maggiore orientiert haben. Aus dieser Erscheinung würde sich dann auch der vom Originale verschiedene Charakter der Malerei erklären: Die Ganzdarstellung der Madonna.

tigen Versuch der Anpassung in diesem Werke sprechen. P. D'Elia meint, daß es möglich sei, das Bild dem Tung Ch'i-Ch'ang oder einem seiner Schüler zuzusprechen [57].

In ähnlicher Weise sind die 6 Bilder zu betrachten, die derselbe Laufer veröffentlichte und die seiner Ansicht nach aus der gleichen Zeit stammen. Die Bilder stellen dar: Den hl. Matthäus, der auf einer Bank sitzt. Er hat in der Linken ein Buch, in der Rechten den Schreibgriffel. Neben ihm steht ein Bub, möglicherweise sein Symbol. Das zweite Bild zeigt einen holländischen General, gefolgt von zwei Soldaten. Das dritte Bild ist eine Teilwiedergabe des Druckes aus einem Werke des P. Nadal zum 3. Sonntag nach Pfingsten und stellt Jesus zwischen dem Pharisäer und Zöllner dar. Das 4. Bild will vielleicht den hl. Johannes den Evangelisten zeigen. Im 5. Bild sehen wir den hl. Lukas mit Buch und Griffel. Er sitzt auf seinem Symbol. Hinter ihm erhebt sich ein Baum. Im 6. Bild sind vielleicht allegorische Figuren wiedergegeben. Es trägt in der linken Ecke das Agnomen des Tung Ch'i-ch'ang: Hsüan Tsai.

Die Eigenart der Bilder wird durch ihre chinesisch-europäische Mischung bestimmt. Uns interessieren hier besonders die religiösen Motive. Matthäus, Jesus, Pharisäer und Zöllner, Johannes und Lukas haben zwar eine chinesische Physiognomie, verraten aber klar das Vorbild. Daher sind die Gewandfalten stark schattiert. Die Gesichter sind modelliert. Die Kleidung verrät den europäischen Ursprung. **Der Schreibgriffel ist nicht chinesisch.** Die Buchform könnte chinesisch sein. Bart und Haare der Personen sind zwar dem chinesischen Vorbild in natura abgesehen, werden aber in der chinesischen Kunst nicht auf diese Weise dargestellt. Chinesische Kunsteinflüsse verraten sich lediglich in der Parallelperspektive der Bank des Matthäus, des Sitzes des hl. Johannes und, wenn man von einer etwas zu starken Schattierung absieht, in der Darstellung der Bäume bei Matthäus und Lukas [58].

Neben diesen Bildern hat Laufer weitere 4 Bilder veröffent-

— Wir wollen gerne zugeben, daß diese Kombination sehr hypothetisch ist. Man wird ihre Haltbarkeit nur schwer nachweisen können. (II Nr. 763; TV p. 256, Brief Riccis vom Mai 1605 an P. Maselli.

[57] ORIGINI, p. 45; II p. 125 n. 2.

[58] ORIGINI, pp. 52-57; cfr. SCHÜLLER SEPP - *Die Geschichte der christlichen Kunst in China*, Berlin 1940; ders. - *Christliche Kunst aus fernen Ländern*, Düsseldorf 1939; ders. - *Marienbilder aus aller Welt*, Kevelaer 1936; ders. - *P. Matteo Ricci und die christliche Kunst in China*, in « Die katholischen Missionen » 1936, pp. 3-8.

licht, die Ricci Ende 1605 oder Anfang 1606 dem Ch'eng Ta-yo, einem Fabrikanten für Blocktusche, der aus der Nähe von Hweichow in Anhwei stammte, schenkte. Dieser Geschäftsmann liebte es, Autogramme von berühmten Männern zu sammeln, die er dann gerne als Propagandamittel auf seiner Blocktusche reproduzierte. Auch an Ricci trat er mit der Bitte um ein solches Autogramm heran. Es sollte aber in europäischer Sprache geschrieben sein. Ricci nahm die Gelegenheit wahr und schenkte dem Manne obendrein 4 Bilder, denen er in Chinesisch und in Romanisation die Erklärung hinzufügte. Es handelte sich um folgende Bilder: Petrus auf den Wellen des Meeres, Jesus und die Jünger von Emmaus, die Sodomiten vor der Türe Lots und die Madonna von Sevilla [59].

In dem Bilde des hl. Petrus sind geringfügige Änderungen zugunsten des chinesischen Stiles vorgenommen worden gegenüber dem Original. Das Gesicht des Heilandes, der zum großen Teil unbekleidet dargestellt ist, trägt vielleicht Spuren chinesischer Züge, ebenso das Gesicht des versinkenden Petrus. Die Landschaft ist ganz europäisch, die Wolken und Wogen sind chinesiert. Ähnliches gilt von dem Bilde der Jünger von Emmaus. Hier ist neben einer schwachen Andeutung der Gesichtszüge, einigen Bäumen links und der Parallelperspektive in einigen Teilen nichts, was chinesisch wäre. Das dritte Bild ist geschenkt worden im Gedanken, gegen die Sodomie zu wirken. Es stellt die Männer von Sodoma vor der Türe Lots dar und zeigt keinen chinesischen Stileinfluß. Das vierte Bild ist wahrscheinlich nach einer der Kopien gemacht, die bei Gelegenheit der Übertragung von « Nuestra Señora de la Antigua » im Jahre 1575 beim Bau der Kathedrale von Sevilla gemacht wurden. Es kam von Spanien zu den Philippinen und von dort wohl über Japan, wo es kopiert wurde, nach China. Wenn dieses Bild dem von P. D'Elia reproduzierten Bild gleicht, kann man nicht von Anpassung sprechen, außer vielleicht von einer schwachen Änderung der Gesichtszüge von Mutter und Kind zugunsten der gelben Rasse.

Von ungleich größerer Bedeutung sind aber andere Bilder. P. da Rocha [60] verfaßte als Missionar in China eine Übersetzung des Katechismus des P. Marco Jorge S. J., die 1619 gedruckt wurde. Er schrieb auch eine Methode des Rosenkranzgebetes, die wahrscheinlich kurz nach dem Katechismus in Druck gegeben wurde. Letztere Arbeit wurde mit 15 Holzschnitten, entsprechend den 15 Ge-

---

[59] ORIGINI, pp. 57-66.
[60] I p. 383 n. 6.

heimnissen des Rosenkranzes, bebildert. Heute besitzen wir davon leider nur mehr 14 Bilder, eines ist verlorengegangen [61].

Woher stammen diese Holzschnitte? Wir finden in der Literatur der Missionare der damaligen Zeit mehrfach den Hinweis auf ein Werk des P. NADAL: *Adnotationes et Meditationes in Evangelia, quae in Sacrosancto Missae sacrificio toto anno leguntur*, Antwerpen 1595. P. Cattaneo schreibt um dieses Werk am 11. Okt. 1599 an den General Aquaviva von Makao aus. P. Longobardo bittet von Shiuchow aus dringend um dieses Buch. Ricci selber bestätigt uns später das Dasein des Werkes in den Stationen des Südens. In einem Briefe an P. Maselli schreibt er, daß das Buch für den Moment noch nützlicher sei als die polyglotte Bibel aus Antwerpen, die man nach Peking geschickt hat. In den Südstationen ist das Buch aber nur in einem Exemplar, in Peking ist es noch nicht. Ricci bittet um ein Exemplar des Buches [62] und schreibt an denselben P. Maselli: « Das Buch mit den Bildern von P. Nadal kam hierher in einem Exemplar. Aber es ist ein Buch, das so notwendig ist für diese Christenheit, daß ich mehr davon wünsche » [63]. Er bittet dann, daß der Assistent für Portugal, P. Alvarez, noch ein oder zwei Exemplare schicken möge, damit man es auch in Peking habe.

Aus diesem Werke nahm der chinesische Künstler die Vorlagen zu den 15 Illustrationen des Rosenkranzes und gab sie mehr oder weniger selbständig verarbeitet wieder.

Auch diesem Werke gegenüber neigt P. D'Elia zu der Ansicht, daß Tung Ch'i-Ch'ang oder einer seiner Schüler für die Herstellung der Bilder in Frage kommen könnte. Es könnte sein, daß das Exemplar der Südstationen mit da Rocha von Nanchang nach Nanking wanderte, wo da Rocha lange Jahre arbeitete und wo der berühmte chinesische Künstler das Werk kennenlernen konnte, der es dann möglicherweise gegen 1620 für den Bedarf der Rosenkranzerklärung auszog und wiedergab[64].

Wie weit ging der Künstler in der selbständigen Verarbeitung des Stoffes? Die Betrachtung einiger typischer Bilder soll uns das sagen. Beginnen wir gleich mit dem gutgelungenen Bilde der Verkündigung. Das Bild zeigt im Vordergrunde das beliebte Stiegenmotiv. Die links von der Stiege gezeichneten Pflanzen sind echt chinesisch stilisiert. Die Wolken, auf denen der Engel kommt, finden wir auch heute noch so bei den chinesischen Künstlern ge-

---

[61] I p. 384 n. b.
[62] ORIGINI, pp. 81-82.
[63] TV p. 260, Brief vom 12.(?) Mai 1605.
[64] ORIGINI, pp. 82-83.

zeichnet. Das Gewand des Engels ist zwar stark an das Vorbild angelehnt, zeigt aber nur Linien und keine Schattierung. Die Türe zum Gemach, das Gebälk des Daches, das Dach selber zeigen edle chinesische Hausformen. Die Madonna ist einigermaßen **selbständig gegenüber dem Original durchgeführt.** Das Tischchen, vor dem Maria kniet, ist ein echtes chinesisches Stück. Das niedrige Ruhebett dahinter ist stilrein wiedergegeben. Eine kleine Landschaft im Hintergrunde ist typisch für die chinesische Kunst. Berge, Palmen, Wolken sind getreu nach chinesischem Geschmack gebildet. Die Parallelperspektive findet sich in allen diesbezüglichen Teilen. Es handelt sich um eine fast selbständige Komposition gegenüber dem Original, von dem nur das Thema an sich stammt. **Kaum weniger gut und selbständig ist das zweite Bild komponiert, nur daß hier die Kleidung der Frauen und Männer zu stark das Original verrät.** An dem dritten Bilde ist gleichfalls kaum etwas auszusetzen. Leider ist eine rein europäische Landschaft in einen Teil desselben hineingeraten. Die Darstellung der Krippe zeigt aber die für China charakteristischen Rohrgeflechte. Besonders gut ist auch die Szene des Leidens am Ölberge dargestellt. Bäume, Felsen, Pflanzen und Wolken sind echt chinesisch. Die Personen zeigen Versuche der Anpassung. Zwei kleine Landschaftsteile zeigen aber einen Mischcharakter: Eine Mauer mit einem Tor ist rein chinesisch, während die Stadt Jerusalem im Hintergrund europäische Eigenart hat, aber mit chinesischer Mauer. Im Bilde vom Grabe des Herrn haben wir eine nette Probe selbständiger Arbeit. Ein Felsengrab hätte kein Chinese verstanden. Daher hat der Maler ein chinesisches Grab gezeichnet, über dem Christus als der Erstandene dargestellt ist. Das Grab ist im unteren Teile aus Ziegeln gebaut und ist oben mit Erde zugedeckt nach Art eines kleinen Hügels, so, wie man allenthalben in China die Gräber macht. Hier zeigt sich allerdings schon eine gewisse Problematik. Der evangelische Bericht spricht ja ganz klar von einem Felsengrab. Infolgedessen muß dieses auch in etwa zum Ausdruck gebracht werden, wenn man eine Erklärung der Auferstehung nach den Bibeltexten geben will. Hier hätten wir eines jener vielen kleinen Dinge, die ein Asiate nicht versteht, die ihm erst erklärt werden müssen, wo also die Frage nach der Anpassung aus dem Rahmen des volkseigenen Kulturgutes herauszufallen droht.

Wenn wir etwas Allgemeines über diese Bilder sagen wollen, so ist es dieses: **Wo es um die Darstellung von Personen geht, weicht man stärker von einer Anpassung ab und nähert sich immer stärker dem Original** als bei der Darstellung der mehr neutralen Landschaften. Desgleichen kommt in der Darstellung der von den Europäern geformten Dinge, wie Städte, Rüstungen, Säulen etc. leichter das Original zum Vorschein. Wenn diese Bilder auch nicht in allem dem Vorbild und Ideal entsprechen, sie haben als Erstlinge ein gewisses Recht darauf, so dürfen und müssen wir doch sagen, daß es in ihnen gelungen ist, das westliche Gedankengut durch östliche Kunstformen auszudrücken, womit die alten Jesuitenmissionare erstmalig die Wege der Anpassung in China auf dem wichtigen Gebiete der Malerei beschritten [65].

[65] ORIGINI, pp. 86 ff.: Die Darstellung der Bilder und ihrer Vorbilder. Hinsichtlich der Streitfrage um das Bild der Madonna von S. Maria Maggiore wird man die Meinung SCHÜLLERS (*Christliche Kunst aus fernen Ländern*, p. 13 u. 62) schwer halten können, als ob das Bild schon von dem Zeitgenossen Albrecht Dürers T'ang Yin gemalt worden sei. Abgesehen davon, daß das auf der Rückseite des Bildes angebrachte Siegel des Malers eine Fälschung ist, sowie daß kein geschichtlicher Text über dieses Bild spricht, gibt es auch andere schwerwiegende Gründe gegen diese Annahme. Es gab in der Zeit Kopien ähnlicher byzantinischer Bilder, die mehr oder weniger den Typ der Madonna des hl. Lukas von S. Maria Maggiore darstellten. Wohl lebte in der von Schüller angenommenen Zeit zu Rom ein Maler Antoniazzo Romano, der kraft seiner Stellung Zugang hatte zum Bilde des hl. Lukas und der dieses auch ohne jede offizielle Autorisierung kopierte. Er stellte aber seine Kopien in beschränkter Zahl her und zwar in durchaus privater Form. Es wäre sonst schwer zu erklären, warum Franz Borgias in seinem späteren Bemühen um eine echte Kopie solche Schwierigkeiten gehabt hätte, wenn das Bild schon in größerer Zahl bekannt gewesen wäre. Es ist daher kaum möglich anzunehmen, daß eines der Werke des Antoniazzo zwischen 1475-1524 nach China kam.

(ROMA PRESENTATA = D'ELIA S. I. P. PASQUALE - *Roma presentata ai letterati cinesi da Matteo Ricci S. I.*, in « T'oung Pao », vol. XLI, 1952, livr. 1-3, pp. 149-190, pp. 166-169).

Daß Ricci das Bild in China stark propagierte, haben wir zu Beginn des Kapitels klar gezeigt. Die andere Möglichkeit, die chinesische Darstellung des Bildes in das 19. Jh. zu verlegen, dürfte durch die sorgfältigen Materialuntersuchungen Laufers hinfällig geworden sein (l. c. p. 166 n. 1). Damit bleibt für uns nur die Möglichkeit, den ersten Jesuitenmissionaren in China die Einführung des Bildes dort zuzuschreiben und die erste chinesische Kopie auf die Jahrhundertwende zum 17. Jh. festzusetzen.

Cfr. D. CHARLES-MARTIAL DE WITTE OSB - *Polémiques autour de la « Vierge chinoise »*, in « Le Bulletin des Missions » 1946, pp. 23-29, p. 25; D'ELIA S. I. P. PASQUALE - *L'arte cristiana nelle missioni*, in « La Civiltà Cattolica », 1940, IV, p. 368. Eine zusammenfassende und erschöpfende Darstellung des gesamten Fragekomplexes bietet neuerdings P. Pasquale D'Elia S. I. in « Fede e arte » vom Okt. 1954, pp. 301-311.

IV. ABSCHNITT

SOZIALRECHTLICHE AKKOMMODATION

1. KAPITEL

DIE SOZIALE STELLUNG DER ERSTEN MISSIONARE DER NEUZEIT IN CHINA

Um diese Problemstellung innerhalb der Akkommodationsmethode Riccis vollständig und erschöpfend zu erfassen und zu behandeln, müßte man in der Geschichte Chinas weiter ausholen. Man müßte sich auch mit dem chinesischen Weltbilde näher befassen. Es mag für unsere Zwecke aber genügen, daran zu erinnern, daß China von seinen Bewohnern das «Reich der Mitte» genannt wird oder auch die «Blume der Mitte». Man möge daran denken, daß für die Chinesen alle fremden Völker irgendwie Vasallenvölker waren. Jedenfalls wurden sie in keiner Weise als dem chinesischen Volke ebenbürtige Völker angesehen. Hinzu kommt, daß China bis zur Zeit Riccis praktisch nur einmal für kurze Zeit von einer fremden Macht erobert wurde, nämlich von der Tartarendynastie Yüan, deren Dauer aber, gemessen am Gesamtrahmen der chinesischen Geschichte, einen verhältnismäßig kleinen Raum beansprucht (1260-1368) [1].

---

[1] I Nr. 77-78; I p. 52 n. 1 - n. 2; cfr. FRANKE = FRANKE OTTO - *Aus Kultur und Geschichte Chinas,* Peking 1945, pp. 271-312: *Der kosmische Gedanke in Philosophie und Staat der Chinesen.* Um uns diese Auffassung von der Welt und ihrer Gestaltung klarer zu machen, sei hingewiesen auf eine chinesische Weltkarte von 1555 (MAPPAMONDO = D'ELIA S. I. P. PASQUALE - *Il mappamondo cinese del P. Matteo Ricci S. I.,* Città del Vaticano 1938, p. 90, Fig. 5). Auf dieser Karte bildet China den größten Teil der Erde. Das Land wird vom Meere umspült, in dem sich einige Inselchen finden. Danach ist China wirklich die «Blume der Mitte», auch in Hinsicht auf die übrige Welt. Ähnlich auch Mappamondo p. 124, Fig. 6: China inmitten der Meere, in denen im Süden und Osten einige Inselchen schwimmen. Hier haben wir China als Insel vor uns. Die Karte stammt von ca. 1600. An sich ist der Name «Reich der Mitte» geschichtlich anders begründet. In der Vorgeschichte und im Anfang der chinesischen Geschichte trugen diesen Namen nur die Zentralprovinzen Honan, Shensi, Shansi,

Die bedeutende geschichtliche Vergangenheit des Reiches, die Höhe der zu Riccis Zeit schon über 3000 Jahre alten Kultur, die relativ vortreffliche Organisation des Reiches im Innern konnten das Herz eines vaterlandliebenden Chinesen der Zeit Riccis schon höher schlagen lassen. Andererseits bedingte die Größe des Reiches, aus der sich ein geringes Wissen um andere Völker ergeben mußte - man war ja in nichts von anderen Nationen abhängig - vielleicht doch ein ungesundes Wachsen dieses an sich so berechtigten Stolzes [2]. Hinzu kommt, daß sich im chinesischen Volkscharakter Mißtrauen und Furchtsamkeit aufweisen lassen, hervorgerufen durch die trotz der Größe des Landes so beängstigende Enge des Raumes infolge der überaus zahlreichen Bevölkerung und durch die an sich schon geringere Wehrhaftigkeit ackerbautreibender Völker. Obschon sie kulturell ihren Gegnern bedeutend überlegen sind, so sind sie doch nicht in der Lage, bezüglich der Wehrhaftigkeit sich mit ihnen zu messen, besonders, wenn, wie in diesem Falle, Hirtenvölker die Angreifer sind! Wir finden jedenfalls zur Zeit Riccis eine geradezu krankhafte Abneigung gegen Fremde, in einer Zeit, in der auf keinen Fall mit Grund von einer ernsthaften Bedrohung Chinas durch die Kolonialmächte gesprochen werden kann. Wie hätte schon ein Häuflein Portugiesen oder Spanier dieses vermocht, selbst wenn man die Absicht gehabt hätte, China zu erobern? [3] Aber der Fremde ist nun einmal ein Fremder und damit ein Barbar und Ignorant. Die Königreiche, die es etwa noch außerhalb Chinas gibt, sind nach Vorstellung der Chinesen bewohnt von Menschen, die unter den Tieren stehen. Die Charaktere, mit denen die Schrift Chinas, wenigstens in einzelnen Fällen, Fremde bezeichnet, sind keineswegs schmeichelhaft für diese: Hund, Barbar, Wilder und das wenigste ist die Bezeichnung «Teufel» [4]. Daraus ist leicht zu begreifen, daß es eine Schande ist, in China zu leben und nicht Chinese zu sein. Man will unter keinen Umständen von Fremden abstammen. Wenn das schon bei anderen Nationen weniger ehrenhaft ist, so ist es bei den Chinesen eine geradezu schändliche Sache [5].

Shantung und Hupeh. Dieses «Reich der Mitte» war umgeben von den Ländern der Barbaren und von den 4 Meeren (MAPPAMONO p. 123 ff.).

[2] I Nr. 80.

[3] Tatsächlich hatten die Chinesen großen Respekt vor den kriegslustigen Portugiesen und ihren Schiffen und Kanonen (I Nr. 206, 226); desleichen vor den Japanern (II Nr. 524).

[4] I Nr. 166; I p. 103 nn. 1. 2. 3.

[5] II Nr. 728.

An sich gibt es kein Gesetz, daß die Fremden etwa ausgeschlossen seien vom Reiche [6], wenigstens hat Ricci ein solches Gesetz nicht gefunden und man hat ihm nie mit einem solchen gedroht [7]. Die gewöhnlichen Gründe zum Vorgehen gegen Fremde ruhen meist auf irgendwelchen von den Mandarinen selber ausgestreuten Verdächtigungen [8]. Es ist aber ein alter Brauch, schlechter als ein Gesetz, daß man keinen Fremden in China einläßt, besonders dann nicht, wenn er in sein Vaterland zurückkehren muß. Und das aus der Furcht, daß er in der Heimat von China berichten könnte und wegen seiner Kenntnis von Land und Volk gegen das Reich vorgehen könnte [9]. Hinzu kommt, wie Ricci uns berichtet, daß für den Chinesen alle Fremden aus dem gleichen Reiche stammen. Wenn China also mit Japan Krieg führte, mußten notwendigerweise alle Fremden zu Spionen werden [10], ein Grund, der es Ricci nicht möglich macht, bei seinem ersten Besuch in Nanking und in Peking und wiederum bei seinem zweiten Besuch in Nanking festen Fuß zu fassen. Aus dieser eigenartigen Vorstellung von der Welt und ihren gleichsam in zwei Klassen eingeteilten Bewohnern, Chinesen und Barbaren, ergibt sich dann auch die merkwürdige Behandlung von Gesandten. Während anderswo der Gesandte besondere Rechte hat, scheint er in dem China der Zeit Riccis nur dazu gedient zu haben, dem Reiche, woher er stammte, die Macht Chinas zu demonstrieren. Auf dem Wege in die Hauptstadt werden die Gesandten wie Gefangene behandelt. Man gibt ihnen nichts zu sehen. In der Haputstadt werden sie in einem großen Hause mit vielen Toren und Schlössern eingesperrt, ohne daß sie mit Chinesen oder daß diese mit ihnen sprechen könnten. Ja, sie werden sogar manchesmal wie das liebe Vieh in Hütten eingesperrt. Der König spricht natürlich nicht mit ihnen, sieht sie auch nicht, noch sehen sie den König. Die Geschäfte, weswegen sie kamen, werden mit einem kleinen Mandarin abgewickelt, mit dem sie auf den Knien sprechen müssen, obwohl es sich oft um sehr hohe Beamte der Nachbarländer handelt, die da als Gesandte geschickt werden. Danach werden sie alle zurückgeschickt, und keiner kann wegen dieser leeren Furcht der Chinesen in China bleiben [11]. Ricci selber mußte mit seinen Genossen das Schicksal dieser « Gesandten » teilen. Er wur-

---

[6] II p. 574 n. 1.
[7] I Nr. 116; I p. 69 n. 1.
[8] I Nr. 471; I p. 360 n. 6.
[9] II p. 574 n. 1.
[10] II Nr. 524.
[11] I Nr. 167.

de in diesem « Kastell für die Fremden » längere Zeit festgehalten [12], und man hatte vor, mit ihm auf dieselbe Weise wie mit allen anderen Fremden zu verfahren. Nun hatte Ricci nicht einmal den Instanzenweg bei seinem Kommen zum Kaiserhofe eingehalten. Er hatte kein Gesuch durch den Vizekönig der Provinz, durch die er das Reich betrat, nach Peking gehen lassen zwecks Erlaubnis für die Gesandtschaft. Er hatte, nach Ansicht der Beamten, sogar seine Geschenke durch den allseits bestverhaßten Eunuchen Ma T'ang übergeben wollen, Dinge, die nicht nach dem Reglement waren und eine geeignete Möglichkeit boten, auf dem unschuldigen Haupte dieses Fremden eine Attacke gegen Ma T'ang zu starten. Es mußte also noch wie eine Gnade erscheinen, wenn man diese seine Vergehen seiner Unwissenheit zugute hielt und ihn nach Auszeichnung mit einem Mandarinenhut und den gewöhnlichen Gegengeschenken an die Grenzen des Reiches bringen ließ, natürlich unter soldatischer Bewachung, um ihn dann auszuweisen [13]. Es kam dann aber, nicht zuletzt durch die inzwischen aufgenommenen Beziehungen Riccis in Peking, anders, als man dachte.

Die Furcht vor den fremden Missionaren ist von Anfang an überaus groß. In Shiuhing können nicht einmal 4 Patres in der Residenz bleiben, man muß sich teilen, um nur ja kein Mißtrauen zu erregen [14]. Daß dieses Hindernis aber geradezu verzweifelt stark vor den Missionaren stand, läßt ein Brief Riccis aus der gleichen Stadt vom 29. Okt. 1586 erahnen: « Die Patres hier werden für so niedrig und gewöhnlich angesehen, daß sie .. zum « Auswurf aller geworden sind bis auf diese Stunde ». Die Gemeinheiten, die man uns antut, sind soviele, daß wir sie uns nicht merken können, noch sie in Briefen niederzuschreiben vermögen » [15]. Man hat eben vor ihnen Furcht. Man denkt, daß von diesen Fremden irgendein großes Übel dem Reiche drohen könnte, und darum glauben sich viele genötigt, die Behörden immer wieder zu warnen vor den Fremden [16]. Daß es durch solche Beunruhigungen zu einer Animosität

---

[12] II Nr. 605, 878; cfr. II Nr. 603, 608, 830, 838, 840; II p. 136 n. 1, p. 138 n. 3, p. 425 n. 5, p. 435 n. 3.
[13] II Nr. 611.
[14] TV p. 62, Brief Riccis vom 10. Nov. 1585 an P. Maselli.
[15] LETTERA INEDITA, p. 25 ff.; cfr. BERNARD S. J. P. HENRI - *Die ersten Missionare in China im XVI. Jahhundert - Das verschlossene Tor (1516-1518)*; - *Die Morgenröte der katholischen Kirche in China im XVI. Jahrhundert - Das Tor öffnet sich (1580-1610)*, in « Die katholischen Missionen » 1928, pp. 357-361; 1929, pp. 33-38.
[16] I Nr. 305-306.

und Nervosität gegenüber jedem Fremden kommen mußte, wird uns nicht weiter verwunderlich vorkommen. Ein flagrantes Beispiel der Behandlung von Fremden in China, auch wenn sie schon lange in China sind, erzählt Ricci aus Suchow im heutigen Shensi. Die Stadt ist in zwei Teile geteilt. Der eine Teil ist von Chinesen bewohnt, der andere von Moslem, die von Kashgar und Persien gekommen sind, um mit China Handel zu treiben. Viele haben sich mit Frau und Kind dort niedergelassen und wurden naturalisiert wie in der Stadt Makao die Portugiesen. Sie sind aber viel stärker unterdrückt als diese. Sie werden nämlich während der Nacht eingeschlossen, sodaß sie die eigenen Mauern nicht verlassen können. Sie werden regiert und bestraft von chinesischen Mandarinen wie jeder andere Chinese. Sind sie aber bereits 9 Jahre am Ort, so dürfen sie China nicht mehr verlassen, um etwa in die Heimat zurückzukehren [17].

Die Gründe dieser Furcht und dieser drakonischen Maßnahmen liegen in einem tiefeingefleischten Mißtrauen gegen alles Fremde. Der Grund, weswegen man immer wieder gegen die Missionare vorzugehen sucht, ist der Verdacht, daß sie unter dem Vorwande der Glaubensverkündigung gekommen sind, daß sie aber in Wirklichkeit die Chinesen dem eigenen Lande unterjochen wollen [18].

Hier liegt die Ursache des Verbotes an die Missionare in Shiuhing, weitere Patres aus Makao kommen zu lassen [19]. Tatsächlich kann man es den Beamten dieser südlichen Residenzen nicht recht verübeln, daß sie sich zu sichern suchen. Seeräuber hatten die Provinz Kwangtung durch ihre Einfälle öfters empfindlich heimgesucht. Der Aufenthalt der Portugiesen in Makao, handelstechnisch ein großer Vorteil für das Reich, mußte das Mißtrauen in politischer Hinsicht mehren [20]. Der handgreifliche Ausdruck dieses Mißtrauens ist der Wirrwar, der auf Grund einiger wilder und grundloser Gerüchte in der Provinz Kwangtung und deren Hauptstadt Canton entsteht. Diese Gerüchte besagen völlig ohne Grund, daß man sich in Makao unter der Leitung des P. Cattaneo zum Einfall in China rüste. Die Wirkung dieses Märchens war verhängnisvoll. Ein Bruder der Gesellschaft mußte deswegen das Leben lassen, und mehrere tausend Menschen verloren durch die Niederreißung

---

[17] II Nr. 836.
[18] II Nr. 719; cfr. I Nr. 226, 238.
[19] I Nr. 238.
[20] I Nr. 257.

von tausend Häusern der Vorstädte Cantons ihr Heim. Fast wäre die ganze Mission in Gefahr gekommen [21].

Das Übel blieb aber nicht bei den politischen Verdachtmomenten stehen. Das Mißtrauen erweiterte sich auf die Religion und war ein schweres Hemmnis für die gedeihliche Entfaltung der Mission. Man fragte sich bei den Behörden ja nicht an erster Stelle nach der Wahrheit der von Ricci verkündigten Religion. Diese Religion konnte ja nicht einmal die wahre sein, und zwar ganz a priori nicht, weil es eben eine Religion von Fremden war, eine Religion der fremden Teufel! Daher muß Ricci unendlich vorsichtig sein in der Gewinnung der Chinesen für das Christentum. Man sah in solchem Bemühen zunächst ja gar nicht den Eifer für das Gute, sondern den Versuch, auf religiöser Grundlage eine Rebellion anzuzetteln. Jede große Anzahl von Christen würde, wenigstens in jenen ersten Zeiten, in China Verdacht erregt haben [22].

An dieser Stelle müssen wir eigens die bedeutende Schwierigkeit ins Auge fassen, welche den Patres erwuchs aus dem Verkehr mit Makao. P. Cabral rät schon 1584 [23] in einem Schreiben an den Visitator P. Valignano [24], daß die Missionare in China möglichst keine Almosen beziehen von den Portugiesen aus Makao. Man sollte überhaupt möglichst wenig Verkehr von Personen dieser Stadt mit den Missionaren zulassen. Wie begründet diese Mahnung war, wenn sie auch wegen des Mangels jeder finanziellen Grundlage im Lande selber nicht durchgeführt werden konnte, beweist die Tatsache, daß P. Longobardo die Aufhebung der Residenz in Shiuchow zurückführt auf den Verkehr der Missionare mit Makao: « Ich habe vergessen zu schreiben, daß die Mandarinen uns in diesem Jahre unser Haus in Shiuchow wegnahmen und außerhalb der Provinz (Kwangtung) verbannten, alles wegen der Verbindung mit Ma-

---

[21] II Nr. 781-782, 788; dasselbe Mißtrauen finden auch Ruggieri und de Almeida in Shaohing (I Nr. 289) und in Kweilin (I Nr. 291; I p. 235 n. 3).

[22] TV p. 247, Brief Riccis vom 14. Aug. 1599 an P. Costa. Zur Überwindung der Schwierigkeiten hatte Ricci bereits in dem geplanten Breve des Papstes an den Kaiser von China einen entsprechenden Passus eingefügt: « Was die Unterweisung Eurer Untertanen (in der christlichen Religion) angeht, so hoffen Wir, daß (Eure Majestät) sich erleuchten lassen von der (alten) Sanktion der Chinesen, die einschärft: ' Auszudehnen die Güte und freundlich zu behandeln jeden, der von ferne kommt ', ohne zu sagen: ' Es ist genug ' (BREVE = RICCI S. I. P. MATTEO — *Breve (supposto) di Sisto V, all'imperatore di Cina,* Shiuhing 1588-1590).

[23] Der Pater war damals Rektor des Hauses in Makao und zugleich Oberer der Chinamission (I Nr. 273; I p. 219 n. 1).

[24] TV p. 432, Brief Cabrals vom 5. Dez. 1584 an P. Valignano; cfr. TV p. 473, Brief Longobardos vom 4. Nov. 1598 an P. Alvarez.

kao »[25]. Ricci selber kommt in seinen Briefen mehrfach auf diese leidige Schwierigkeit zurück. 1605 schreibt er [26]:

«Wenn auch Makao innerhalb der Grenze Chinas liegt, so hält man die Bewohner dieser Stadt doch für Fremde und für Menschen, die China Böses tun können, und man (sieht sie) schließlich für verdächtig an». «Wenn sie (die Chinesen) in Anklagen untereinander vom Gegner etwas Böses sagen wollen, behaupten sie, daß dieser ein Mann ist, der nach Makao zu gehen pflegt, wie ich selber gesehen habe. Wir sorgen dafür, so gut wir können, den Verkehr mit dort zu verheimlichen. Und wenn unserem Unternehmen hier irgendwie Gefahr droht, so ist die größte Gefahr die von Makao her, worüber alle Gegner reden».

In einem Briefe an P. Pasio von 1609, Pasio war damals Vizeprovinzial für Japan und China, lesen wir ähnliches:

«Die Gefahr irgendeiner Verordnung des Königs gegen uns liegt in zwei Dingen: Das eine ist der Umgang mit Fremden und daß er weiß, daß wir von außen her (Makao) unterhalten werden, Nachrichten geben und solche empfangen. Das andere ist die Predigt einer neuen Religion in China. Dieser zweiten können wir nicht anders begegnen, da sie ja gerade unsere Aufgabe ist, als mit dem Vertrauen auf die göttliche Vorsehung, die uns auch wohl wunderbar helfen wird, wie sie gegenwärtig zu tun scheint. Von unserer Seite aus müssen wir unsere Aufgabe klug, mit wenig Lärm, mit guten Büchern und Gründen anfassen, indem wir den Literaten die Wahrheit unserer Lehre beweisen, die nicht nur nicht Böses tut, sondern dem Staate und dem Frieden des Reiches dienlich ist» [27].

Wir wollen die Schwierigkeiten Riccis und seiner Gefährten aus der Tatsache, daß sie Fremde waren, noch von einer anderen Seite zu beleuchten suchen. Das Weltbild Chinas, die geographische Ausdehnung des Reiches, die politische und kulturelle Vormachtstellung desselben in Ostasien brachten naturgemäß einen starken Nationalstolz mit sich. Konnte ein Fremder, ein Barbar, ein Wilder überhaupt etwas wissen oder haben, was in China nicht längst daheim war? Die Unterhaltung Riccis mit Shih Hsing, dem Unterstaatssekretär im Kriegsministerium, der damals gerade ohne Amt war, aber bereits vorgesehen war als Führer des Expeditions-

---

[25] Die Residenz Shiuchow wurde am 25. April 1612 aufgehoben und nach Namyung verlegt um den 15. Mai 1612. Von dort schreibt Longobardo an P. Alvarez am 6. Nov. 1612 (II p. 521 n. 2).
[26] TV p. 287, Brief Riccis vom 28. Juli 1605 an P. Aquaviva.
[27] TV p. 381, Brief vom 15. Febr. 1609 an P. Pasio.

korps von 80.000 Mann gegen Japan in Korea, in Nanchang im Jahre 1595 über die Religion zeigt uns diese Mentalität. Ricci schreibt darüber an P. N. N., daß der hohe Herr sich sehr gewundert habe, daß sogar aus dem fernen Westen, aus der Fremde ein Mensch da ist, der vieles weiß. Er sagte voll Verwunderung: « Wie ist es möglich, daß ein Fremder mehr als wir anderen weiß » [28]?

Wie stark dieses Selbstbewußtsein war, beleuchtet folgende Tatsache noch besser. P. Diaz war in Nanchang [29] in schwere Bedrängnis gekommen und verfaßte eine Verteidigungsschrift, in welcher die Rede davon ging, daß die Patres schon 12 Jahre in Nanchang seien, um die Bücher (die Klassiker Chinas) zu studieren, um die Menschen zu ermahnen, Gott zu dienen, um die Religion Gottes zu verbreiten. Diesen Passus wollten die heidnischen Schreiber der Verteidigungsschrift nicht hineinnehmen, weil die Chinesen es nicht ertragen können, daß Fremde ihre Lehrer sind in Sachen der Religion.

1605 schreibt Ricci an P. Alaleoni über den Vizekönig Kuo Ch'ing-luo, der seinen Weltatlas auf eigene Kosten neu ediert. Dieser Mann fragt sich am Schlusse des Werkes, wie Dr. Matthäus Ricci solche Dinge wissen könne, da er doch ein Fremder sei. Er findet dann die Lösung in der Tatsache, daß Ricci ja schon 20 Jahre in China ist und daher nicht mehr als Fremder betrachtet werden kann. So groß ist die Vorstellung dieser Männer von ihrem Land und ihrem Volk, fügt Ricci bei [30]. Immerhin ist die Herausgabe dieser Weltkarte von nicht geringem Nutzen gewesen für die Zerstreuung dieser Wahngebilde gegenüber den Fremden. Denn wenn die Chinesen auf der Karte die Größe der Welt sahen und damit die weite Entfernung der doch sehr kleinen Länder Spanien und Portugal und andererseits die Größe Chinas damit verglichen, so mag in nicht wenigen ein befreiendes Gefühl aufgestanden sein [31].

---

[28] I Nr. 432; I p. 339 n. 1: Ricci nennt diesen Shih Hsing « Scielou ». Cfr. TV p. 167, Brief Riccis vom 28. Okt. 1595 an P. N. N.

[29] In der Zeit von 1607-1608; II Nr. 861; II p. 453 n. 2.

[30] TV p. 296, Brief Riccis vom 26. Juli 1605 von Peking aus. In der Vorrede zu dieser verkleinerten und in Buchform herausgegebenen Ausgabe von Riccis Atlas von 1603 findet sich folgende Stelle: « Es mag nun solche geben, die sagen: Aber der Dr. Ricci ist ein Fremder und daher ist es nicht sicher, daß seine Karte und seine Theorien übereinstimmen mit der Wirklichkeit des Himmels und der Erde. Wie kann man darüber soviel Aufhebens machen? Darauf erwidere ich: 'Im übrigen ist Ricci schon seit langer Zeit in China. Dieser Fremde: China hat ihn chinesiert' (MAPPAMONDO, p. 79) ».

[31] TV p. 364, Brief Riccis vom 22. Aug. 1608 von Peking aus. Cfr. BARTOLI II c. 6: Hier wird geschildert, wie Ricci in aller Ausführlichkeit den Weg von Portugal nach China beschreibt, Gefahren der Seereise etc.

Aber nicht nur diese mehr unpersönlichen Mittel sind es, die Ricci in seinem Ringen mit den zähen Vorurteilen dieses Volkes zustatten kommen. Wohl darf man sagen, daß diese Mittel, vor allem die Presse, auf die Dauer den größeren Erfolg versprachen, da sie eine größere Reichweite hatten und auch auf Menschen einwirkten, die Ricci persönlich nicht kannten. Es ist aber auch sicher, daß Riccis ganze Art hierfür erst einmal die Grundlage legen mußte. Angezogen von der Weisheit und den klugen Gesetzen Chinas bot er aus Dankbarkeit die Güter europäischen Wissens, was dann dazu führte, daß alles ins Gegenteil sich verkehrte. Die Chinesen begriffen, was ihnen schwer genug geworden sein mag, daß sie ihr Urteil über die Europäer ändern mußten. Sie kamen mindestens in einigen Fällen dazu, daß sie sich geradezu für dumm und plump ansahen im Vergleich mit dem westlichen Wissen. Riccis sanfte und ruhige Art des Auftretens führte allmählich zu allgemeiner Achtung und hat der Härte der Demütigung viel von ihrer Spitze genommen [32].

Dieser Nationalstolz und diese Abneigung gegenüber den Fremden sind unserer Ansicht nach mit die stärksten negativen Triebkräfte gewesen, die Riccis Methode geformt haben. Der obige Brief an P. Pasio, Fremdenhaß und Nationalismus läßt uns vieles verstehen. Bedenkt man, daß Ricci damals doch schon 26 Jahre in China war, daß er das Menschenmöglichste getan hatte, um jeden Verdacht zu beseitigen, vor allem durch die außerordentlich stark gepflegten Beziehungen zu den Mandarinen und den Großen des Reiches, bedenkt man weiter, einen wie großen Einfluß Ricci bereits in den Reihen der Gebildeten ausübte, daß sein Name längst in tausenden und abertausenden Exemplaren seiner Bücher über das ganze Land verbreitet war, so wundert man sich, daß trotzdem solche Äußerungen zustande kommen konnten. Und es scheint durchaus nicht, daß sie zweckbestimmt waren. Ebenso kann man nicht sagen, daß Ricci zu schwarz gesehen hat, daß er zu ängstlich gewesen ist. Die tatsächlichen Verhältnisse waren nun einmal so und man mußte sich so gut wie möglich mit ihnen abfinden; das heißt aber, man mußte alles tun, um jedem Verdacht zuvorzukommen. Die Situation war zudem vollkommen neu. Man kann sie nicht einmal mit der Japans vergleichen. Während in Japan die Gewinnung eines Lokalfürsten eine ziemlich genügende Sicherheit den Missionaren seines Gebietes bot, war das in China durchaus nicht der Fall. Der chinesische Beamtenstaat zeigt sich uns als ein gut durchorganisiertes System von oben nach unten, in dem

---

[32] BARTOLI II c. 268.

jeder Beamte von andern Beamten entweder nach oben oder nach unten abhängig war. Damit war aber nicht an erster Stelle die persönliche Entscheidung maßgebend, sondern die Frage: Was sagt mein Vorgesetzter dazu? Halten wir an dieses System die Tatsache des Fremdenhasses, so begreifen wir, wie schwer es einem chinesischen Beamten sein mußte, einem Fremden Protektion zu gewähren! — Die Situation in China war aber auch eine ganz andere wie etwa in Indien, auf den Philippinen, den Molukken, in Afrika und in Amerika. In allen diesen Missions-Kolonialgebieten stand die starke Hand der weltlichen Macht der Heimat hinter den Missionaren, eine Tatsache, welche in China bekannt war und welche nicht wenig zur Diffamierung der Missionare beitrug. Die Missionare Chinas aber waren auf sich allein angewiesen und konnten sich unter keinen Umständen irgendwie den weltlichen Arm der Heimat zur Hilfe erbitten. Daraus geht wohl sehr klar hervor, in eine wie komplizierte Lage die junge Mission gestellt war. Daß sie es trotzdem in 27 Jahren (bis zum Tode Riccis) soweit brachte, daß man sogar mit Bewunderung auf die Missionare blickte, liegt fraglos an der fast ängstlich anmutenden Klugheit ihres Gründers. Er schuf ein ganz neues Werk, einen selbständigen Typ der Mission. Neu nicht in dem Sinne, als wenn die Methode als solche nie dagewesen wäre. Das alte Christentum hatte sich ja auch nur durch geistige Einflußnahme ausbreiten müssen, wobei es sich selber auch beeinflussen ließ. Neu ist diese Methode aber in dieser Zeit. Umso höher muß das Verdienst Riccis bewertet werden. Er war ja auch ein Kind seiner Zeit und darum erfüllte auch ihn die Vorstellung der Größe und überragenden Bedeutung nicht nur der christlichen Religion, sondern auch des europäischen Wissens und Wesens. Trotzdem brachte er es fertig, die Gegebenheiten klar und nüchtern zu sehen und nach ihnen und mit ihnen zu handeln, das heißt, die offene Tür zu sehen und durch sie einzudringen.

Wenn es nun auch sehr schwer war, in China einzudringen, so gab es doch gewissermaßen einen offiziellen Titel, der Fremde dazu befähigte, nach China zu kommen und sich dort aufzuhalten. Er tritt uns öfter entgegen. Er mußte diesem wahrhaft hochstehenden Kulturvolke angenehm in den Ohren klingen. Die Patres sind aus ihrer Heimat gekommen, angelockt von der vortrefflichen Regierung Chinas, um in China zu verweilen und dort zu sterben! Damit leiteten die Patres Ruggieri und Ricci ihre Versuche in Kwangtung Juli 1583 ein. Das war der Grund, den man dem Präfekten Wang P'an in Shiuhing am 10. Sept. des gleichen Jahres für das Kommen vorlegte [33]. Die Bittschrift Pantojas an den Kaiser um einen Begräbnisplatz Riccis enthält die gleiche Begründung [34]. Daß es sich wirklich um einen gewissen rechtmäßigen Titel zum Eintritt in China handelte, legt sich dadurch nahe, daß die « Storia » [35] hier von drei Kategorien von Fremden spricht, denen der Eintritt in China möglich ist. Die erste Kategorie umfaßt die, welche aus den umliegenden Reichen den jährlichen [36] Tribut bringen. Die Chinesen kümmern sich nicht um diese, weil sie (die Chinesen) eine Ausdehnung ihres Reiches nicht beabsichtigen. Die zweite Kategorie umfaßt die, welche nicht tributpflichtig sind, aber dennoch kommen, um dem Kaiser Geschenke zu machen, beeindruckt von der Größe des chinesischen Reiches. Diese zweite Kategorie ging auch unter dem Titel Gesandtschaft, war aber weiter nichts als Handel. Die dritte Kategorie umfaßt jene, die vom Ruhme Chinas bewegt und vom Dufte seiner Tugenden angezogen sind, wie die Chinesen glauben, um sich für immer im Reiche niederzulassen ...! « Wir müssen uns in diese Kategorie begeben, um nicht verjagt zu werden » [37]. So gab es also doch eine gesetzmäßige Möglichkeit, sich in China als Fremder niederzulassen. Diese war aber in der Mentalität des Volkes allem Fremden gegenüber so stark zurückgetreten, daß das Gesetzmäßige darin fast seinen Charakter verloren hatte. In diesem urkonservativen Lande waren eben unangenehme geschichtliche Erfahrungen mit Fremden nicht Dinge, die Jahrhunderte zurücklagen, sondern die im Volkscharakter weiterwirkten. Neben diesen Rechtstiteln gab es aber auch zum Teil uralte Bestimmungen für Fremde und ihr Verhalten in China und für das Verhalten des Reiches gegen sie. In dem klassischen Buche Shu King liest man, daß der Kaiser Shun (2073?-1999? v. Chr.) gesagt habe: « Behandelt diejenigen, welche von ferne kommen, mit Güte, pflegt die Talente derer, die Nachbarn sind ». Diese Worte sollen dann von den Kaisern Ch'eng Wang (1115-1078 v. Chr.) und P'ing Wang (770-720 v. Chr.) wiederholt worden sein. Sie fanden nach den Angaben Ruggieris Anwendung auf die Missionare während ihres

---

[33] II p. 573 n. 1: Dort noch weitere Belege für die gleiche Sache.

[34] II Nr. 972: Dasselbe lesen wir in der Bittschrift, welche der damalige geschäftsführende Unterstaatssekretär im Innenministerium Wu Tao-nan für die Patres an den Kaiser richtete (III p. 3 n. 1).

[35] Das 22. Kap. der « Storia » ist ein Exzerpt aus dem Jahresbericht von 1611, verfaßt von Trigault (II p. 564 n. 1).

[36] Dieses Entrichten des Tributes war in Wirklichkeit nichts anderes als ein gutes Handelsgeschäft. Die Gesandtschaften kamen entweder jedes Jahr oder alle drei und fünf Jahre (II p. 574 n. 2; II p. 139 n. 8).

[37] II Nr. 973, p. 574.

Aufenthaltes in Shiuhing durch den Präfekten Wang P'an. Auf Grund dieses Textes wurden die Patres Ruggieri und zweifelsohne auch Ricci zu chinesischen Bürgern gemacht. Sie mußten den Eid der Treue dem König von China leisten und den Ministern Unterwerfung versprechen [38]. Damit nicht genug. Neben diesen legalen Banden werden viel mehr private Bande gesponnen. Das Bemühen um die Freundschaft der großen Mandarinen bringt die Patres in ein so gutes Verhältnis zu vielen von ihnen, daß manche von ihnen die Patres als Landsleute (paesani) bezeichneten [39]. Von Shiuhing aus stieg Riccis Ansehen in China eigentlich dauernd, und damit verfestigte sich die Sicherheit seiner Gründung immer mehr. Er begann ja auch bald, in chinesischer Sprache zu schreiben [40]. Aber auch schon vorher war seine Achtung bei den Mandarinen und Literaten so gestiegen, daß er bei den Gastmählern öfters den Ehrensitz einnehmen mußte [41]. Trotzdem darf man solche Schilderungen nicht überschätzen. Vergleichen wir sie mit dem 1609 an Pasio geschriebenen Brief, während die ihnen zugrunde liegenden Tatsachen in der letzten Zeit in Nanking und in der ersten Zeit in Peking spielen, so sieht man, daß Ricci auch am Schlusse seines Lebens von einer absoluten Sicherung der Mission noch nicht zu sprechen wagt. Immerhin waren die Dinge so weit gereift, daß es möglich wurde, für den Fremden Ricci nach seinem Tode ein Grab (und damit verbunden einen ansehnlichen Besitz) zu erstehen. Und wenn Ricci auch nicht der erste Fremde überhaupt ist, der in China sein Grab gefunden hat, — man kennt verschiedene Fälle von Begräbnissen fremder Gesandten in China auf Anordnung des Kaisers — so war er doch der erste, der ohne diesen offiziellen Titel des Gesandten oder Staatsoberhauptes vom Kaiser von China eine Grabstätte im Reiche der Mitte zugewiesen bekam [42]. Wollen wir jetzt diese Ausführungen kurz zusammenfassen, so könnten wir so sagen:

---

[38] Dieser Passus ist entnommen I p. 184 n. a: Ich stütze mich hier auf die sinologischen Arbeiten des P. D'ELIA.

Zu derselben Sache cfr. III p. 9 n. 2: Verschiedene Zitate aus den klassischen Büchern. Es handelt sich um den Nachweis eines auf der Grabinschrift Riccis von seinem Freunde Wang Yü-sha, dem damaligen Präfekten von Peking, verwandten Ausdruckes.

[39] I Nr. 312 p. 260; I p. 260 n. 14.

[40] II Nr. 704; cfr. V. Abschn., 2. Kap.

[41] II Nr. 559, 623; Hier schreibt Ricci, daß die Patres sehr oft eingeladen wurden zu Gastmählern bei den Vornehmen, « bei welchen die Unsrigen immer den ersten Platz einnehmen ».

[42] II p. 584 n. 1; II Nr. 971 p. 567.

Die Situation für Fremde im China der Zeit Riccis war geradezu eine unmögliche. Trotzdem gab es einige legale Türchen für den Aufenthalt. Die Missionare haben in keiner Weise direkt durch politische Betonung ihrer Herkunft ihr Ansehen zu steigern gesucht. Sie ließen vielmehr die Eigenwerte chinesischer Kultur auch in der Frage ihrer rechtlichen Lage für sich arbeiten und nützten sie geschickt zu ihren Zwecken aus. Durch vorsichtige Einführung in die europäische Geisteswelt verschafften sie sich das nötige Ansehen, das zur Freundschaft mit den Großen des Reiches und damit zu einer soliden Fundierung ihres Aufenthaltes und des Ausbaues der Mission unerläßlich war!

2. KAPITEL

RICCI UND DIE FÜHRENDEN KLASSEN CHINAS

Bei der Behandlung dieses Themas wurde Wert darauf gelegt, möglichst alle Persönlichkeiten von einigem Rang und Namen zu erfassen, mit denen Ricci im Laufe der Jahre zu tun hatte. Man hätte sich mit den bedeutenden begnügen können, aber gerade das schien dem Zweck nicht entsprechend. Der Verfasser sah in der klugen Ausnützung jeder sich bietenden Gelegenheit von Seiten Riccis eines der größten Verdienste dieses Missionars. Anscheinend machte er sich abhängig, in Wirklichkeit dachte er so real wie nur möglich und kam erst dadurch zu den Erfolgen, die fast immer auch auf das Eingreifen einer hohen Persönlichkeit, oft sogar in entscheidender Weise, zurückgeführt werden konnten. Darum muß man, um Riccis Methode zu verstehen, den einzelnen Spuren seines Bemühens in dieser Hinsicht möglichst getreu nachzugehen trachten. Wenn wir bedenken, daß China zur Zeit Riccis ein Beamtenstaat war, in welchem der Adel der Geburt, abgesehen vom Kaiser selbst, ohne jede politische Bedeutung war, in dem sogar der Kronprinz vor der Thronbesteigung geradezu ängstlich von jeder politischen Einflußnahme ferngehalten wurde, in dem also die ganzen Regierungsgeschäfte in den Händen des Kaisers und seiner Beamten lagen, begreifen wir, daß die ersten Jesuitenmissionare alles daransetzten, sich gerade mit diesen Leuten, den höheren und niederen Beamten gut zu stellen. Nach einer breiten, planmäßigen Schilderung des gesamten chinesischen Beamtenwesens kommt Ricci in seiner Geschichte der Einführung der katholischen Religion in China zu dem Schluß: Diejenigen, welche die ganze Verwaltung des Reiches in der Hand haben, werden nach und nach aus den Doktoren und Lizentiaten genommen [1]. Also ergänzt sich das chinesische Beamtentum aus dem Gelehrtenstande. Das Mittel, die Grade zu erlangen, war das Studium der klassischen Bücher Chinas, der « Fünf Klassiker » und der « Vier Bücher » [2]. Die Beherrschung dieser Bücher war erfordert, um Examen machen zu können. Man mußte in der Lage sein, über jede ihrer Sentenzen eine Abhandlung aus dem Stegreif zu verfassen [3]. Ein strenges Examensystem sorgte für eine möglichst gediegene Auslese unter den Beamten.

Nach dem Erfolg der verschiedenen Examina richtete sich im allgemeinen die Stellung, die jemand im chinesischen Beamtenstaat einnahm. Die Beamten oder Mandarinen [4] waren zusammen mit dem Kaiser praktisch die einzig zu berücksichtigende Klasse von Menschen, d. h. wenn man irgendwie in der Öffentlichkeit etwas gelten wollte. Und eigentlich war der Kaiser selber sogar weitgehend an seine Beamten gebunden, sodaß wir trotz oder gerade wegen der auf die Spitze getriebenen Macht des Kaisers, die sich in solcher Höhe fast religiös spiritualisierte, eine starke Betonung der Macht und Befugnisse der einzelnen Beamten haben und damit einen gewissen demokratischen Zug in dem im übrigen absolutistischen Staatssystem. Ricci bemerkt in diesem Sinne über die Aufgabe des Monarchen: Die Hauptaufgabe des Königs besteht darin, das zu billigen und zu verwerfen, was ihm die Beamten vorlegen. Und so gewährt er auch nie eine Gunst oder eine Gnade an irgendwen, wenn dieser ihm nicht von den Beamten als würdig und wert einer solchen Gnade und Gunst vorgeschlagen wurde [5].

Bei dieser Lage der Dinge ist es eine Selbstverständlichkeit, daß die Missionare der Zeit Riccis und vor allem dieser selber von Anfang an darauf bedacht waren, mit den Beamten der einzelnen Städte, wo sie wirkten, in bestem Einvernehmen zu stehen.

---

[1] I Nr. 82.

[2] I Nr. 61; I p. 43 n. 1, p. 39 n. 2.

[3] I Nr. 62.

[4] I Nr. 82: Ricci führt hier das Wort « Mandarin » auf das Portugiesische mandar zurück, weil eben die Mandarinen immer kommandieren. DALGADO lehnt in seinem *Glossario Luso-Asiatico* diese Ethymologie ab und führt das Wort auf das Sanskrit und neuarische Wort Mantrin zurück. Vom Malaiischen Mantari = Ratgeber oder Staatsminister (I p. 55 n. 7).

[5] I Nr. 83: Umso höher müssen wir den Erfolg des in China doch nicht sehr bekannten Ricci einschätzen, als er Anfang 1601 nach Peking kommt. Man muß darin wohl mit Ricci selber eine besondere Fügung der göttlichen Vorsehung erblicken.

Gleich nach der definitiven Ankunft Ruggieris und Riccis in der ersten Residenz Shiuhing werden sie zum Palaste des Präfekten der Stadt, Wang P'an, geführt. Der Mann empfängt die beiden freundlich, wird ihnen ein guter Freund und hilft ihnen, wo er nur kann [6]. Ein von ihm verfaßter Anschlag wird an die Tür des Hauses der Patres geheftet, wodurch sie vor Zudringlichkeiten geschützt sind. Zwei von ihm verfaßte Patente sichern den Erwerb eines Grundstückes und die Möglichkeit, den Verkehr mit der Hauptstadt der Provinz Kwangtung und mit Makao, dem Nachschubzentrum für die Mission, aufrechtzuerhalten [7]. Durch häufige Besuche, zusammen mit anderen Mandarinen, sucht der Präfekt die Autorität der Patres zu stärken. Entsprechende Gegenbesuche, besonders an den dafür üblichen Neumonden, befestigten die geknüpften Verbindungen. Über einen Versuch, die Freundschaft zu festigen, berichtet Ricci an Aquaviva:

> « Es ist Sitte Chinas, daß man in neuen Büchern, wie wir ein solches jetzt herausgeben (der Katechismus des P. Ruggieri), als Empfehlung ein Epigramm zum Lobe des Buches oder des Autors hineinsetzt. Man läßt eine Komposition in Prosa von einem Herrn machen, der ein großes Amt in diesem Reiche hat. Da wir nun sahen, daß der Ling-si-tao, unser Beschützer in diesem Lande, aufgestiegen war vom Amte des Gouverneurs (Präfekt) zum Ling-si-tao, baten wir ihn, daß er uns eine Komposition zum Katechismus mache, der schon ganz, abgesehen vom Titelblatt, gedruckt war ».

Wohl bekam man diese Komposition nicht, aber man erhielt wenigstens die Druckerlaubnis für das Buch [8].

Die Patres besuchen auch die anderen Mandarinen der Stadt und werden von allen in gleicher Weise geschätzt und geliebt [9]. Diese erste Zeit in Shiuhing, so unglücklich sie auch endigte, ist dennoch von großer Bedeutung gerade für die Verbindung mit den Vornehmen gewesen. Wir werden es im Laufe dieser Untersuchung immer wieder sehen, daß gerade die Freunde dieser ersten Zeit sehr zahlreich waren und vielfach auch treu zu den Patres gehalten haben.

Neben solchen Ehrungen zeichnet der Präfekt die Patres noch durch zwei Inschriften aus. Eine derselben wurde über der Kapellentür angebracht, während die zweite im Hauptraume des Hau-

---

[6] I Nr. 234. Das Leben siehe: I p. 176 n. 2. Die Namen werden nach Möglichkeit so gebracht, wie Ricci sie hat.
[7] I Nr. 242.
[8] I Nr. 243; TV p. 54, Brief vom 20. Okt. 1585.
[9] I Nr. 244.

ses Platz fand und so allen von der hohen Gunst des Präfekten gegenüber den Patres kündigte [10]. Ricci ist eifrig darauf bedacht, jede Gelegenheit auszunützen, um auch seinerseits seine Sympathien dem Präfekten zu zeigen. Als dieser vom Präfekten zum Ling-si-tao, also zum « Sachverständigen für die westlichen Gebiete » ernannt wird, machen ihm die Patres gleich ihre Aufwartung. Der chinesischen Sitte gemäß überreichen sie dabei ein schönes Geschenk [11].

Indessen war die unter der Gunst des neuen Ling-si-tao so verheißungsvoll begonnene Arbeit nicht von Dauer. Wahrscheinlich warnte man den Herrn vor den Fremden. Furchtsam, wie er war, zog er gleich viele seiner Gunsterweise zurück [12] und gab den Patres sogar den Befehl, die Stadt zu verlassen [13]. Gewiß war ein solches Vorgehen unbillig. Aber die Missionare lassen sich dadurch nicht schrecken. Sie besuchen ihn im Gegenteil sofort, als sie von einer erneuten Beförderung und von seiner Versetzung hören, um ihm zu gratulieren.

Jetzt kommt auch ein neuer Vizekönig nach Shiuhing. Er scheint den Patres gewogen zu sein, stirbt aber bald [14]. Sein Nachfolger geht von Anfang an sehr scharf gegen die Patres vor. Gerade in diesem Falle ist deutlich zu sehen, wie abhängig die Missionare im guten wie im bösen Sinne von diesen Herren waren und daß in ihnen naturgemäß der Wunsch aufsteigen mußte, sich auf irgendeine Weise, am besten durch Berufung auf den Kaiser, gegen solche Willkürakte zu schützen.

Daraus erklärt sich, wenn auch nur negativ, das Bemühen Riccis, sich auf alle nur mögliche Weise und mit allen erlaubten Mitteln in den Genuß des echten Wohlwollens dieser hohen Herren zu setzen. Denn nicht alle Besuche derselben waren freundlich zu deuten! Der neue Vizekönig von Shiuhing macht bald einen Besuch im Hause der Patres, eine Tatsache, die noch günstig gedeutet werden konnte [15], wenn die diesem Besuche bald folgende Proskription der Güter der Mission Ricci nicht eines anderen belehrt hätte [16]. Damit hatte die erste Missionsstation der Neuzeit in

---

[10] I Nr. 254.
[11] I Nr. 267; Ling-si-tao ist eine Abkürzung von Mei*ling*nan *si tao* (I p. 213 n. 2).
[12] I Nr. 290.
[13] I Nr. 292.
[14] I Nr. 298.
[15] I Nr. 325.
[16] I Nr. 326.

China ein jähes Ende gefunden. Nicht etwa durch die Schuld der Missionare, wenn auch die europäische Bauweise nicht gerade als ein Akt der Klugheit bezeichnet werden kann. Vielmehr, wie klar zu sehen ist, durch die Laune eines Unterbeamten, den das Begehren zu willkürlichem Bruch jedes Gerechtigkeitsempfindens getrieben hatte. Wenn auch die vielen Mandarinen und Literaten, welche die Patres besuchen [17], die freundliche Unterhaltung mit ihnen, die höfliche Aufnahme derselben bei den Gegenbesuchen und damit die Verbreitung des Rufes und Ruhmes der Missionare alles in allem das Unternehmen zu einem nicht unnützen gestalten, so ist es doch zu deutlich, daß der am Orte höchste Mandarin alles mit den Missionaren anstellen kann, was ihm einfällt, ohne daß er vorerst jemand zu fürchten braucht. Man darf nicht vergessen, daß gerade in diesem ausgeklügelten Beamtensystem die Schwäche der Freunde Riccis liegen mußte, sofern sie unter dem Ortsbeamten standen. Wie lange es andererseits noch dauern sollte, die Mission mit einer wie immer gearteten Approbation durch den Kaiser gegen solche Abhängigkeit zu schützen, werden wir noch sehen. Daher mußte der zweite Versuch in Shiuchow, der ja dem ersten völlig glich, abgesehen von der inzwischen gewachsenen Erfahrung der Missionare, rein im Vertrauen auf die göttliche Vorsehung unternommen werden. Hinzu kommt, daß beim ersten Versuche ein noch unerfahrener Optimismus die Aufgabe leichter anfassen ließ. Die seelische Belastung aus dem dann hereinbrechenden Mißerfolg darf nicht unterschätzt werden.

Trotzdem ist es staunenswert, wie kaltblütig Ricci sich in seinem Mißerfolg verhält. Er verläßt keinen Augenblick den Weg der Klugheit, läßt sich nicht durch Groll verbittern, zu einer Unhöflichkeit hinreißen. Hätte er sich nicht vom Vizekönige zurückziehen sollen? Wer wollte es ihm verargen? Ricci weiß aber genau, daß er von diesem Beamten noch abhängig sein wird. Daher besucht er seinen Gegner vor dem Verlassen der Stadt. Er wird von ihm freundlich aufgenommen. Ricci dankt ihm für alle seine Gunsterweise und macht die üblichen Höflichkeitsbezeugungen. Er ist groß und klug genug, sich den für ihn sicher eigentümlichen Gesetzen dieses fremden Reiches zu unterwerfen, obwohl ihm das Herz beim Gedanken an seine junge Gemeinde, die es nun zu verlassen gilt, schwer genug gewesen sein mag. So geht er denn schiedlich friedlich von Shiuhing fort. Er will keinen Feind zu-

---

[17] I Nr. 312.

rücklassen. Die Türe, die sich gerade für einen Spalt geöffnet hat, darf nicht unversehens durch eine Unklugheit zuschlagen [18].

Das nächste Ziel ist Shiuchow, eine Stadt der gleichen Provinz Kwangtung. Wir erwarten, daß Ricci in ähnlicher Weise seine Arbeit dort beginnen wird wie in Shiuhing. Tatsächlich bestand seine erste Aufgabe darin, Verbindung mit den Ortsmandarinen aufzunehmen. Als er in die Stadt gekommen war, besuchte er sofort den Statthalter, berichtete ihm ausführlich, warum er in Nanhwa [19], dem ihm bereits bestimmten Platz, nicht bleiben könne. Er besucht auf Wunsch des Statthalters alle Staatsbeamten der Stadt. Er wird von ihnen sehr freundlich aufgenommen und bekommt vom Statthalter eine Wohnung angewiesen [20] bis zur endgültigen Festlegung der Residenz, die dann vom Statthalter und vom Vizekönig der Provinz, also von dem früheren Feinde aus Shiuhing, genehmigt wird [21].

Etwa ein Jahr nach diesen Ereignissen tritt Ricci in nähere Beziehung zu Ch'ü T'ai-su, den er schon in Shiuhing kennengelernt hatte, aber wegen der Ungunst der Verhältnisse hatte damals keine intimere Kontaktnahme stattfinden können. Jetzt hat dieser gehört, daß Ricci sich in Shiuchow festgesetzt hat. Er besucht ihn, indem er sich eine Wohnung in einem Tempel der Stadt mietet, von der aus er in feierlichem Aufzuge Ricci aufsucht. Ch'ü ist ein Mann mit reichen Geistesgaben, den das Suchen nach irdischen Gütern aber an den Rand des Abgrundes gebracht hat. In Ricci findet er einen väterlichen Freund. Er selber ist dem Missionar außerordentlich zugetan. Ricci ist sehr vorsichtig im Loben. Wenn er lobt, dann lobt er gerne. Er sagt von Ch'ü, daß er ein treuer Freund war. Die Bedeutung dieses Mannes für die junge Mission kann man kaum abschätzen. Dank seiner zahlreichen Reisen in China hat er überall Freunde. Er zögert nicht, allen bei Gelegenheit von dem merkwürdigen Europäer zu künden. Er bahnt ihm die Wege nach Yingtak, nach Namyung und besonders nach Nanchang. Ricci sagt von ihm, daß man ihm niemals die Dankesschuld abstatten könne, die der Mission aus sei-

---

[18] I Nr. 336; I Nr. 394: Der Vizekönig starb aber bald nach Konfiskation des Vermögens, von allen verlassen, eines elenden Todes.

[19] I Nr. 339-342: Es handelt sich hier um ein buddhistisches Heiligtum, in dem ein buddhistischer Heiliger aufbewahrt wurde. In dieses Heiligtum gedachte man auch die Patres, die man als Bonzen ansah, zu bringen.

[20] I Nr. 343-346.

[21] Der Vizekönig hatte in Shiuhing seinen Sitz. Zu seiner Jurisdiktion gehörte auch Shiuchow als in der Provinz Kwangtung gelegen, deren oberster Beamter der Vizekönig war (I Nr. 350).

nem selbstlosen Entgegenkommen erwachsen ist. Der beste Dank bestand in der Gabe der hl. Taufe, die er am 25. März 1605 in Nanking empfing [22]. Aber bereits in Shiuchow steht er Ricci treu zur Seite. Er vermittelt die Bekanntschaft mit dem Militärsachverständigen für jene Gegenden. Er bringt ihn in Verbindung mit dem Präfekten von Shiuchow und seinen Collateralen. Er führt ihn zum Unterpräfekten der Städte Shiuchow und Namyung und zu einem seiner Collateralen. Ferner wirkt er als Mittler zwischen Ricci und einer Reihe verschiedener anderer hoher Persönlichkeiten, die eine große Achtung vor dem Missionar gewinnen und ihm in seinen Anliegen helfend beistehen [23]. Riccis erster Besuch in Yingtak wird verursacht durch den dortigen Unterpräfekten Su Ta-yung [24], der wiederum ein Freund des Ch'ü ist. Der Unterpräfekt nimmt Ricci, den Freund und Lehrer des Ch'ü glänzend auf.

Die Bande mit Shiuhing waren nicht zerrissen. Es mußte Ricci zum Troste gereichen und seinen Eifer anspornen, daß er trotz seines nicht sehr rühmlichen Abganges aus dieser Stadt dort nicht vergessen war. Besonders aber wird ihm der Besuch des fünften Sohnes des ihm so feindlich gesinnten Vizekönigs von Kwangtung Freude gemacht haben. Auch dieser Besuch ist auf Ch'ü zurückzuführen, der den jungen Mann schon in Shiuhing mit Ricci bekannt gemacht hatte [25]. Der taktische Vorteil dieses Besuches war bedeutend. Man hatte in Shiuchow sicher von den Vorfällen in Shiuhing Kunde erhalten. Wenn nun der Sohn des Hauptspielers in dieser traurigen Geschichte zu den Freunden Riccis zählte, dann konnte es mit den Ursachen der Vertreibung nicht viel auf sich haben.

Hatte Ricci den Unterpräfekten von Namyung zuerst nur in Shiuchow kennengelernt, so sollte er bald die Stadt selber auf Einladung dieses Herrn hin besuchen [26]. Aber auch das wurde wiederum nur möglich durch die Vermittlung seiner Freunde. Wang Yü-sha (der Name des Unterpräfekten) war in der Fastenzeit des Jahres 1592 Stellvertreter des Präfekten von Namyung, und als solcher empfing er Riccis Besuch. Riccis Freund Ch'ü bereitete alles vor [27]. Nach der Ankunft in der Stadt ist der erste Weg naturgemäß zum Unterpräfekten. Der Besuch wird noch am gleichen Tage

---

[22] I Nr. 360, 361, 310; I Nr. 359; I p. 295 n. 1.
[23] I Nr. 367; I p. 299 n. 9.
[24] I Nr. 368; I p. 300 n. 6.
[25] I Nr. 373; I p. 303 n. 2.
[26] I Nr. 399; I p. 300 n. 2.
[27] TV p. 102, Brief Riccis vom 15. Nov. 1592 an P. Aquaviva.

mit allem bei solchen Gelegenheiten üblichen Pomp erwidert. Damit hatten sich aber die Herzen aller Mandarinen der Stadt dem Fremden von selber aufgetan. Sie besuchen ihn zahlreich. Ricci erwidert die Besuche. Kaum kann er sich in dieser Zeit des Andranges des Volkes erwehren, für welches dieser langnasige Europäer eine unerhörte Sehenswürdigkeit ist [28].

Riccis Bekanntenkreis erweitert sich immer mehr. Um die Mitte des Jahres 1594 [29] lernt er erstmalig den Erziehungsminister Wang Chung-ming von Nanking kennen. Wang hat schon vieles von Ricci gehört, ein Zeichen, einen wie großen, wenn auch noch nicht sehr tiefen Einfluß Ricci in der chinesischen Gesellschaft zu nehmen begann. Er geht auf einer Reise in die Heimat eigens in Shiuchow an Land [30] und besucht den Missionar. Bei dieser Gelegenheit hören wir von seinem Plane, Ricci nach Nanking zu holen, damit er den Kalender Chinas verbessere [31].

Im Jahre darauf, wahrscheinlich am 18. April 1595 [32], ergibt sich durch die Vermittlung eines hohen Mandarins die Möglichkeit, nach Peking zu kommen. Es scheint, daß wir es hier mit dem Kriegsminister Shih Hsing zu tun haben [33]. Dieser hatte einen Sohn, der wegen nicht bestandener Examina schwermütig geworden war. Der Vater erhofft sich durch längeres Zusammensein des Jünglings mit dem Europäer eine Besserung seines Zustandes. Ricci nützt die Gelegenheit aus. Er braucht wirklich längere Zeit für den Heilungsprozeß. Und so kommt es, daß der Mandarin Ricci einladet, die Schiffsreise mit nach Nanking zu machen [34]. Der Plan, nach Peking weiterzufahren, mußte wegen der Furchtsamkeit des Ministers aufgegeben werden. Der Krieg mit Japan hielt das ganze Land dauernd in der Furcht vor Spionen, und so getraute sich Shih nicht. Ricci erhielt aber einen Paß für Nanking und, was in diesem Falle das Wertvollere war, einen Paß für Nanchang [35].

Der erste leider erfolglose Anfang in Nanking beginnt wieder mit Besuchen bei den Freunden. Ricci erfährt, daß sich Liu, der fünfte Sohn des Vizekönigs von Kwangtung, in Nanking aufhält und besucht ihn. Dieser vermittelt wieder die Bekanntschaft und

---

[28] Cfr. I Nr. 400.
[29] I p. 326 n. 5.
[30] Der Minister befand sich, um seine angegriffene Gesundheit wieder herzustellen, auf der Reise in seine Heimat Hainan (I Nr. 326 n. 6).
[31] I Nr. 417.
[32] I p. 338 n. 4.
[33] I p. 339 n. 1; I Nr. 432.
[34] I Nr. 433, 434.
[35] I Nr. 446-449.

Freundschaft mit anderen Persönlichkeiten dieser südlichen Hauptstadt des Reiches [36]. Leider hat Ricci es in der Folge mit einem recht ängstlichen Herrn zu tun. Obwohl er ihn schon von Shiuhing aus als Freund ansehen darf, er war damals Militärsachverständiger gewesen, jetzt Unterstaatssekretär [37] und « Hof des Protokolls » [38], wird Ricci gerade diese Bekanntschaft beim ersten Versuch in Nanking zum Verhängnis. Hsü Ta-jen [39], das ist der Name des hohen Herrn, ist so ängstlich, daß er Ricci zwingt, die Stadt sofort zu verlassen [40]. Die Ungunst der Verhältnisse, die sich aus dem Krieg mit Japan in Korea und der daraus resultierenden Spionenfurcht ergab, ließ die Eröffnung dieser Station in diesem Moment nicht zu.

Durch Liu war Ricci in nähere Beziehung mit vielen bedeutenden Persönlichkeiten der Stadt getreten. Dieser hatte auch den Ruf des Paters als eines Literaten und tugendhaften Menschen sehr verbreitet. So empfing Ricci viele Besuche und wurde oft zu Gastmählern eingeladen. Er begann sich allmählich mit den Besuchern über seine Absicht, in der Stadt zu bleiben, zu unterhalten. Alle machten ihm die Sache leichter und wollten helfen. Schon lange Zeit war er auf diese Weise in der Stadt, ohne aber mit den eigentlichen Männern der Regierung verhandelt zu haben, bis er eines Tages herausfand, daß einer der führenden Männer früher ein Amt in Kwangtung gehabt hatte, eben unser Hsü Ta-jen. Dieser hatte Ricci mehr als die übrigen Liebe bezeigt, während Ricci ihm mancherlei astronomische und mathematisch-geographische Arbeiten geschenkt hatte. Drei Jahre zuvor hatte derselbe Mandarin Ricci in Shiuchow besucht und hatte ihm alle möglichen Versprechungen gemacht. Das alles konnte den Missionar wohl zu der Annahme bewegen, daß er mit Hilfe dieses Mannes seinen Aufenthalt in der Stadt fixieren konnte. Er besucht ihn und macht

---

[36] II p. 81 n. 4; II p. 107 n. 3; II Nr. 581; II Nr. 582; II p. 108 n. 2.
Nanking-Hauptstadt des Südens- wurde mit dem Beginn der Mingdynastie Hauptstadt des Reiches. 1421 aber wurde die Hauptstadt nach Peking verlegt (I p. 63 n. 1). Die Stadt aber behielt gewisse Vorrechte und hatte in ähnlicher Weise wie die eigentliche Hauptstadt ihre Minister. Daher verstehen wir, warum Ricci von Ministern spricht, mit denen er öfters zu tun hat (I Nr. 456). I Nr. 457.

[37] I Nr. 312.

[38] I p. 352 n. 12; I Nr. 495: Ricci schreibt: « Kuang-lu-sze », was heißen würde: « Hof der kaiserlichen Gastmähler ». Er hätte indessen schreiben müssen: « Hung - lu - sze »: Hof des Protokolls.

[39] I p. 353 n. 1.

[40] I Nr. 460-462.

ihm ein reiches Geschenk, dachte aber nicht daran, daß er eine so total veränderte Gesinnung finden würde, wie er sie dann wirklich antraf. Der Empfang war zwar sehr höflich, sobald aber der Wunsch des Verbleibens geäußert wurde, veränderte sich der Mandarin völlig, und es kam im Gefolge dieser Unterredung zur Vertreibung aus der Stadt.

Wir sehen, daß Ricci nicht mehr tun konnte, als er wirklich tat. Der Tadel, der nach dem Unglück von den übrigen Freunden ausgesprochen wurde, als ob es besser gewesen wäre, nicht zum Mandarin zu gehen, ist nicht berechtigt. Die unglückliche Lösung ergibt sich aus der menschlichen Kleinheit, aus einer gewissen geistigen Enge dieses Mannes.

Der Versuch der Freunde, den Missionar zum Bleiben zu bewegen, zeigt ihren guten Willen, nicht weniger aber auch ihre eigene zu enge Sicht, die nicht bedenkt, daß Riccis Klugheit es nie zulassen wird, nach seinen üblen Erfahrungen das Fundament einer neuen Missionsstation auf das Mißfallen eines hohen Beamten der südlichen Hauptstadt zu bauen. Ricci weiß genau, daß diese gutgemeinten Ratschläge im Augenblick der Bewährung in nichts verfliegen werden. Er kann daher warten [41], zumal eine Vision unseres Herrn den schwer gesunkenen Mut des Paters wieder gehoben hatte. Es wird ihm versichert, daß Christus der Herr ihm an den Höfen (Nanking und Peking) gnädig sein werde [42].

Schon auf der Reise in die südliche Hauptstadt hatte Ricci einen kleinen Besuch in Nanchang beim Arzt des Vizekönigs der Provinz Kiangsi, deren Hauptstadt Nanchang war, gemacht. Dieser war ein intimer Freund von Riccis Freund Hsih Hsing [43]. Er war ein berühmter Arzt und der Freund aller Mandarinen der Stadt, besonders aber des Vizekönigs. Ricci besucht ihn in möglichst feierlicher Aufmachung. Für den Arzt mag der Fremde eine Attraktion gewesen sein, die er seinen Freunden bieten konnte. Ricci läßt sich das aber gerne gefallen, hat er doch auf diese Weise die beste Möglichkeit, in freundschaftlicher Weise mit den Großen der Stadt zusammenzukommen und sie sich in etwa zu verpflichten [44]. Das Vorgehen Riccis ist bestimmt durch die Ereignisse von Nanking. Er bedient sich vorerst nicht des Arztes, sondern eines Baccalaureus, also eines kleinen Literaten, um sich festzusetzen. Dieser verpflichtet sich, den Pater ohne jede besondere Erlaubnis der

---

[41] TV pp. 170-171, Brief Riccis vom 28. Okt. 1595 an P. Costa.
[42] I Nr. 462-464.
[43] I Nr. 451; I p. 348 n. 1.
[44] I Nr. 466-467.

Obrigkeit in der Stadt unterzubringen. Aber auch dieses Vorgehen ist nicht von direktem Erfolg begleitet. Es hat fast das Gegenteil des Beabsichtigten zur Folge. Denn nun ist der Pater, der doch erst so feierlich durch die Stadt zog, plötzlich wie von der Bildfläche verschwunden, und man fängt an, böse Gerüchte über ihn auszustreuen. Diese kommen dem Vizekönige zu Ohren, und nun muß Ricci das tun, was er vermeiden wollte: Gleich von Anfang an steht seine Sache vor der höchsten Autorität der Stadt. Es nützt ihm wenig, daß er seine Wohnung von der Mitte der Stadt an ihren Rand verlegt. Gegen alle Voraussicht aber wird er vom Vizekönig sehr freundlich empfangen. Er erhält sogar die Erlaubnis, in der Stadt zu bleiben, zumal nun auch der Arzt dringend bittet, Ricci in der Stadt zu belassen. Diese Gunst wird gleich durch einen Besuch bei allen Mandarinen der Stadt verfestigt. Die beste Stütze ist ihm in diesen Anfängen dann doch der Arzt, dem es ja ein Leichtes ist, durch seine häufigen ärztlichen Visiten für ihn ein gutes Wort einzulegen [45].

Ein besonderes Spezifikum dieser Stadt war die Anwesenheit vieler Prinzen kaiserlichen Geblütes. Wenn diese hohen Herrschaften auch keinerlei politischen Einfluß ausübten, so mußte die Bekanntschaft und Freundschaft mit denselben das Ansehen der Missionare doch außerordentlich steigern. Auch hier bewährt sich der schon oft erwähnte Ch'ü T'ai-su. Einer der Söhne dieser Prinzen war nämlich der Gemahl einer Tochter des Ch'ü [46]. Damit war Ricci selber auf das beste in diesen Kreisen empfohlen. Die vornehmsten aus ihnen, der « König » Ch'ien Ch'ai von Kienan und der « König » von Loan [47] laden ihn zu sich ein. Besonders mit dem « König » von Kienan schloß Ricci sehr enge Freundschaftsbande [48]. Dieser beabsichtigte sogar, Ricci bei sich wohnen zu lassen, um ihn gewissermaßen immer zur Verfügung zu haben. Ricci lehnte das ab, denn « ich hielt es nicht für richtig, mich ganz einem Menschen

---

[45] I Nr. 474-477.
[46] I Nr. 478; I p. 365 n. 1.
[47] Ricci nennt diese Männer « König ». Er will damit nicht sagen, daß es sich um regierende Könige handelt, sondern vielmehr, wie P. D'Elia bemerkt, um « Prinzen von königlichem Geblüt ». Trotz ihrer Abstammung kam ihnen aber keine politische Bedeutung zu. (AMICIZIA = D'ELIA S. I. P. PASQUALE - *Il Trattato sull'Amicizia, primo scritto in cinese da Matteo Ricci S.I. (1595)*, in « Studia Missionalia », Romae 1952, p. 452, Text u. n. 1; I Nr. 80-81; I p. 54 nn. 2-4) Ricci gibt den Namen des « Königs » von Loan nicht an. Es muß sich aber um einen gewissen To Keng gehandelt haben (I p. 365 n. 2).
[48] I Nr. 478-481.

zu widmen und nicht die Freundschaft vieler zu erwerben »[49]. In der gleichen Zeit[50] ist es wiederum Ch'ü, der Ricci in eine Literatengemeinschaft von Nanchang einführt. Ihr Führer ist Chang Touchin, ein Greis von 70 Jahren. Ch'ü ist aber unklug gewesen. Er scheint sehr mit seinem Freunde aufgeschnitten zu haben, denn Ricci hat die Furcht, daß er nicht den Erwartungen der Literaten entsprechen möchte. Aber seine Belesenheit in den Büchern Chinas, seine Methode, die eigene Lehre, soferne sie in das Gebiet der natürlich religiösen Wahrheiten hineingehört, aus den chinesischen Klassikern zu unterstreichen, verschafft ihm Respekt bei diesen Herren, die gewöhnlich mit anderen sehr herablassend zu reden pflegen[51].

So waren auf breiter Basis die Grundlagen gelegt. Ricci wandte sich im Vertrauen auf die bereits gemachten guten Erfahrungen unmittelbar an den Vizekönig, um mit ihm eine dauernde und feste Residenz in der Stadt in die Wege zu leiten. Und nun sehen wir etwas sehr Eigenartiges! Der Vizekönig schickt die Sache zur Bearbeitung an den Präfekten der Stadt. Dieser ist ein furchtsamer Mann, und so antwortet er sehr kühl auf die Anfrage der Patres. Die Reaktion darauf ist erschreckend. In einem Moment erhebt sich, wahrscheinlich auf Anstiften des Präfekten, die ganze Stadt gegen die Fremden. Eine lehrreiche Angelegenheit! Man sieht daran einerseits sehr klar, wie die Patres in diesen Anfängen fast wie auf einem Pulverfaß lebten. Und wiederum ist nicht weniger klar, daß nur die Mandarinen für einen dauernden und gesicherten Aufenthalt in China sorgen konnten. Die auf diesen Streich von Ricci erbetene Audienz beim Vizekönig nützt nichts. Schließlich kann er aber doch eine mündliche Aufenthaltsgenehmigung erhalten. Und diese ist noch sicherer als eine schriftliche, die bei einem eventuellen Beamtenwechsel sofort von dem scheidenden Beamten zurückgezogen würde.

Nach dem endlich erfolgten Kauf des Hauses besucht Ricci alle Mandarinen der Stadt, um ihnen gewissermaßen amtlich von seinem Erwerb und von seiner Absicht, sich in der Stadt niederzulassen, Kenntnis zu geben[52].

In der Folge steigt das Ansehen Riccis in der Stadt außerordentlich. Bartoli berichtet uns, daß sein Schüler Ch'ü den Literaten der Stadt eine Übersicht über die Gegenstände des Unterrich-

---

[49] TV p. 186, Brief Riccis vom 28.10.1595 an P. Costa.
[50] In der Zeit vom 20.Aug.1595-Oktober 1595.
[51] I Nr. 484.
[52] I Nr. 488, 489, 490, 491, 492.

tes vorgelegt habe, den er innerhalb von 4 Jahren von seinem verehrten Meister empfangen habe. Der Erfolg dieses Berichtes war, daß man Ricci den höchsten Titel zuerkannte, den man überhaupt geben konnte:

> « Ricci sei der Sheng-jen seiner Zeit, das heißt, ein Mann, der heilig geboren wurde, der im höchsten Grade heilig ist in dem Sinne, daß er universaler Lehrer aller sein kann, wie ihr Konfuzius selber es war ».

Man wandte auf Ricci die Prophezeiung der chinesischen Bücher an, daß alle 500 Jahre ein solcher Sheng-jen geboren werden würde [53].

Unterdessen war der Li Pu Shang-shu, der Innenminister Wang Chung-ming von Nanking in seinem Amte bestätigt worden. Er kommt auf seiner Reise nach Nanking durch Shiuchow. Ricci hat dem dort arbeitenden P. Cattaneo die Weisung geschickt, den Minister zu begrüßen. Dieser legt aber Wert darauf, Ricci selber zu treffen und besucht ihn in Nanchang. Nun nimmt Ricci die Gelegenheit wahr, mit Hilfe des Ministers einen zweiten Vorstoß nach Nanking und dann nach Peking zu wagen [54]. Tatsächlich gelangt er nach Nanking, aber auch jetzt ohne den gewünschten Erfolg. Noch war Krieg mit Japan und die Furcht vor Spionen hatte sich noch immer nicht gelegt. Einen Vorteil aber bringt das Unternehmen. Ricci lernt eine für die Mission wichtige Person kennen, den Vizekönig von Nanking, Chao K'o-huai [55]. Dieser hatte dem Minister Wang ein großes Geschenk anläßlich seiner neuerlichen Amtseinführung machen wollen. Er schenkte ihm die von Ricci in Shiuhing gedruckte Weltkarte. Der Autor erkennt natürlich sein Werk gleich und erklärt es dem Minister. Wang benachrichtigt den Vizekönig von dem seltsamen Zusammentreffen und dieser verlangt, Ricci persönlich kennenzulernen! Indessen setzt der Minister seine Reise, die ihn zunächst nach Peking führt, fort, ohne seinen europäischen Freund Ricci. P. Cattaneo, der Ricci die Ankunft des Ministers in Nanchang angekündigt hatte, der dann mit Ricci die Reise nach Nanking machte, setzte dieselbe allein in Richtung Peking fort. Ricci selber gedenkt nachzukommen, denn Wang hat ihm bedeutet, daß er unbedingt den Vizekönig besuchen müsse.

---

[53] Bartoli II c. 83.
[54] II Nr. 504, 505; II p. 8 n. 3.
[55] II p. 13 n. 4: Das Leben dieses Mannes: Seine höchste Stellung war die Verwaltung des Kriegsministeriums in Peking.

Er sagt sich auch selber, daß es nicht zu verantworten sei, eine solche Gelegenheit, mit einem so hervorragenden Manne Freundschaft zu schließen, vorübergehen zu lassen. Überdies lernt er im Hause des Vizekönigs einen Herrn kennen, der ihm später in Peking ein guter Freund werden sollte, von wo aus dieser dann zum Vizekönig der Provinz Fukien ernannt wurde [56].

Nach diesem Besuch setzt er seine Reise nach Peking fort und kommt dort am Tage der Vigil von Mariä Geburt an, also am 7. Sept. 1598 [57]. Der Minister Wang war schon früher eingetroffen. Ricci begibt sich gleich nach der Ankunft zu ihm, der die Hoffnung hatte, als Minister in Peking bleiben zu können. Diese Hoffnung trog aber, und er kehrte einen Monat später nach Nanking zurück, während die Patres noch blieben. Doch auch sie hatten keinen Erfolg. Sie mußten die Stadt verlassen [58]. Hier fällt einem besonders stark das Fehlen einer mächtigen Hand in die Augen! Wie schwach waren die Patres doch bei all ihren großen Plänen ohne die Hilfe ihrer großen Freunde!

Nun gedenkt Ricci, in die Heimatstadt seines Freundes Ch'ü zu reisen, nach Soochow in der Provinz Kiangsu. Er will dort eine Residenz gründen. Die Verhandlungen werden aufgenommen. Bedeutende Persönlichkeiten der Stadt sind daran beteiligt und man beschließt, vom Minister Wang in Nanking die nötigen Patente zu erbitten, um so leichteren Zugang zu haben bei den maßgeblichen Beamten in Soochow. Wang wünscht indessen sein Kommen nach Nanking. Der Krieg mit Japan konnte beendigt werden, die Furcht vor Spionen hatte aufgehört, zu Verdächtigungen gegen die Fremden war keine Ursache mehr, also konnte der Minister es wagen, den Fremden zu sich zu rufen [59]. Und nun sehen wir eine glänzende Reihe von Persönlichkeiten in der Umgebung des Paters. Die Spitzen der Behörden statten ihm ihre Besuche ab. Zu ihnen gehört der zweite Unterstaatssekretär im Ministerium des Rechtes und der Gunsterweise, Wang Fang-lu; der Minister dieser Abteilung selber, Chao Hsin-t'ang; der Finanzminister Chang Mengnan, der übrigens ein Jude war; dann der zweite Unterstaatssekretär im Innenministerium, Yeh T'ai-shan, der wenige Jahre später Kanzler in Peking wurde und der auf jede Weise in der Angele-

---

[56] II Nr. 504; II Nr. 510: Der Vizekönig von Nanking residierte nicht in der Hauptsadt Nanking, sondern eine Tagereise weit entfernt, in Küyung im heutigen Kiangsu (II p. 13 n. 4). II Nr. 512, 513; II p. 16 n. 5.

[57] II Nr. 520 p. 22.

[58] II Nr. 524.

[59] II Nr. 528, 530-533.

genheit des Begräbnisplatzes Riccis entgegenkam. Er war sogar der Ansicht, daß man Ricci zu Ehren einen Tempel errichten müßte [60]. Ferner gehört der Präsident der Akademie der Vornehmen, Kuo Ming-lung, zu den Besuchern. Er sollte später in Peking als Unterstaatssekretär und als stellvertretender Innenminister den Patres sehr nützlich werden [61]. Und endlich fand sich sogar ein Hanlin-yüan mit Namen Yang Ching-yen, also einer der königlichen Literaten, der fast die gleichen Titel trug wie Kuo Ming-lung. Er kam noch im gleichen Jahre (1599) nach Peking, wurde zweiter Unterstaatssekretär im Innenministerium und sogar stellvertretender Minister im gleichen Sektor. Er besucht Ricci öfter in der nördlichen Hauptstadt des Reiches und verteidigt ihn und die katholische Religion vor manchen Angriffen [62]. Zur weiteren Festigung des Ansehens und des Verweilens der Missionare trug nicht wenig der Literat Li Hsin-chai bei. Dieser Mann war bei den Mandarinen sehr bekannt, ja war ihnen direkt unentbehrlich. Er führte nämlich einen geschickten Pinsel und hatte einen guten Stil. Und so war er gewissermaßen Gelegenheitsschreiber. Er hatte für die hohen Mandarinen Reden, Epigramme, Sonnette etc. zusammenzustellen. Zu diesem Manne hatte Riccis treuer Freund Ch'ü die Wege geebnet. Der neue Freund ist es dann, der Ricci davon überzeugt, daß es besser sei, in Nanking zu bleiben als nach Soochow zurückzukehren [63]. Ein weiterer Freund der Patres ist der Zensor Chu Shih-lin. Durch seine guten Beziehungen zum Minister Wang, zu Riccis Schüler Ch'ü und zu dem Literaten Li Hsin-chai kommt er in den Bekannten- und Freundeskreis Riccis hinein. Er ist es, der später in hervorragender Weise das Zustandekommen der zweiten Pekingreise fördert [64].

Man kann sich fragen, ob diese Freundschaftsbezeugungen echt und von Dauer waren? Viele von ihnen sicher, wie sich noch zeigen wird. Dennoch kam Ricci ein gewisser Irrtum gut zustatten, den die göttliche Vorsehung wohl zugelassen haben mochte. Ricci schreibt:

> « Da der Minister Wang wußte, daß alle Mandarinen dem Pater sehr freundlich gesinnt waren und ihn hier (in Nanking) behalten wollten, war auch er selber sehr darauf bedacht, für dieses An-

---

[60] II p. 40 n. 8, p. 41 n. 1, p. 41 n. 2; II Nr. 725.
[61] II p. 43 n. 1.
[62] I Nr. 100; II p. 43 n. 3; II Nr. 533.
[63] II Nr. 535.
[64] Nr. 536; II p. 46 nn. 1. 2.

liegen zu sorgen. Wollte sich doch Gott eines schönen Irrtums bedienen, der in dieser Sache unterlief, damit das ganze Werk leichter vonstatten ging. Alle Mandarinen von Nanking glaubten nämlich, der Minister Wang begünstige den Aufenthalt der Patres in Nanking sehr, habe sie gar ins Herz geschlossen. Daher denn ermunterten sie ihn (den Pater), begünstigten ihn und halfen ihm. Andererseits dachte der Minister Wang, daß alle Mandarinen von Nanking den Aufenthalt der Patres in jener Gegend begünstigten und sogar dringend wünschten. Daher behandelte er denn auch die Sache wenig furchtsam und war entschlossen, sie zu Ende zu führen » [65].

Zu den Freunden Riccis zählt ferner das Mitglied der Akademie, Wang Shun-an. Er wohnte einige Tagreisen weit von der Stadt entfernt, schickte einen Schüler, um sich durch ihn eine Anleitung zur Verbesserung der Mathematik von Ricci zu erbitten [66].

Ein anderer Freund, der Mandarin Wu Tso-hai, Sekretär im Ministerium der zivilen Ämter [67], regt Ricci zu einer Neuausgabe seiner Weltkarte an. Die Kosten will er tragen.

Im Gefolge dieser Persönlichkeiten führt Ricci auch den uns bereits bekannten Vizekönig von Kweichow auf, Kuo Ch'ing-luo. Es ist nicht recht zu ersehen, weshalb dieser Mann hier auf einmal auftaucht, da er ja nicht in Nanking wohnte und im Moment auch nicht in direkter Verbindung mit Ricci zu stehen scheint. Weil aber Ricci gerade vorher von der 2. Ausgabe seiner Weltkarte spricht, die in der Zeit vom 14. Febr. 1600 bis 19. Mai 1600 (dem Tag seiner Abreise aus Nanking) erfolgt sein muß, scheint ihm bei der Abfassung des Textes ein Gedächtnisfehler unterlaufen zu sein, denn er sagt nach dem Text, daß der erwähnte Vizekönig ein Exemplar dieser 2. Ausgabe in die Hände bekam, daß er von derselben ein Buch machte, indem er die Karte verkleinerte und seine Erklärungen dazu schrieb. Diese Beschreibung würde genau übereinstimmen mit dem, was wir an anderer Stelle erfahren, daß nämlich der Vizekönig die große Ausgabe der Weltkarte Riccis von Peking aus dem Jahre 1602 reproduzierte [68]. Es handelt sich hier nicht um die 2. Ausgabe, sondern um die dritte Ausgabe der Weltkarte Riccis.

Neben diesen direkt im öffentlichen Leben stehenden Persönlichkeiten lernt Ricci eine ganze Reihe anderer hervorragender

---

[65] Nr. 537.
[66] II p. 53 nn. 3. 4; Nr. 539.
[67] II p. 58 n. 3;
[68] II Nr. 545; II p. 60 n. 5 f.; I Nr. 312; II p. 61 n. 1.

Männer in Nanking kennen. Leider zählt er sie uns nicht alle auf wegen der vorgesehenen Kürze seines Werkes. Er nennt uns nur die bedeutendsten [69].

Der erste ist der Herzog Hsü Hung-chi von Wei. Er ist indessen noch ein Jüngling und hat nur neugierige Fragen an diesen nun schon älteren und würdevollen Europäer. Der zweite ist der Marquis Li Huan von Fengcheng, Oberkommandierender der Truppen von Nanking. Endlich lernen wir noch den gefürchteten Eunuchen Feng Pao, den Chef aller Eunuchen von Nanking unter den Bekannten Riccis kennen. Er ist der Oberaufseher des königlichen Palastes, der Stadttore und der Truppen, zusammen mit dem soeben erwähnten Marquis. Mit Feng Pao wäre Ricci aber beinahe aneinandergeraten, trotz seiner sonstigen Klugheit [70]. Das wundert uns weiter nicht, wenn wir die immer und immer wiederkehrenden schärfsten Äußerungen Riccis über diese Kategorie von Menschen lesen. Tatsächlich war die Eunuchenwirtschaft eines der Hauptübel der letzten Jahre der Mingdynastie!

Neben diesen Männern finden wir eine Reihe Privatgelehrter unter Riccis Freunden. Zu ihnen zählt der Literat Dr. Chiao I-yüan. Er hatte beim Doktorale in Peking die beste Note erreicht, hatte damit Anspruch auf ein hohes Amt, war aber wegen seiner Freimütigkeit vom Hofe in Peking verbannt worden und lebte nun als Tutor der Akademie der Vornehmen in Nanking. In seinem Hause hatte er den Bonzen-Literaten Li Cho-wu. Der Mann war Stadtpräfekt gewesen, hatte aber sein Amt aufgegeben und war Bonze geworden. Er ehrte Ricci durch zwei Sonnette, die er in kunstvoller Weise auf zwei Fächer schrieb [71].

Und wiederum ist es Ch'ü, der die Bekanntschaft mit einem anderen Literaten-Bonzen Li Yu-cheng vermittelt, der sich nach Aufgabe seines Mandarinates ganz dem Studium des Buddhismus ergeben hatte. Ricci greift die Argumente des Mannes scharf an, was diesem nicht sehr gefällt [72].

Durch alle diese Beziehungen ist das Ansehen Riccis so gewachsen, daß wir die erstaunliche Tatsache beobachten können, wie ein hoher Beamter im Ministerium für öffentliche Arbeiten die Autorität des Konfuzius gegenüber dem Buddhismus stützt durch die Berufung auf den Europäer [73]. Daß der Einfluß Riccis

---

[69] II Nr. 546: Hier erwähnt er, daß 6 Minister von Nanking ihn besuchen.
[70] II Nr. 547; II p. 64 n. 2; II Nr. 548; II p. 64 n. 5; II p. 11 n. 5; II Nr. 549.
[71] II Nr. 550; II p. 65 n. 3 f.; II Nr. 551; II p. 66 n. 2 f.
[72] II Nr. 556; II p. 73 n. 3.
[73] II Nr. 557.

überhaupt ein vornehmlich geistiger war, dürfte bei dem Bildungsniveau der damaligen Beamten Chinas klar sein. Diese Männer erkannten den Wert der von Ricci vorgetragenen Lehre auf den ersten Blick. Eine Disputation mit einem Bonzen San-hui bei Gelegenheit eines Gastmahles von lauter vornehmen Männern fiel zu Gunsten des Paters aus. Die Sache kommt dem Minister Wang zu Ohren, der sich über den Sieg des Paters mitfreut [74].

Wir dürfen erwarten, daß die Früchte solcher Mühen nicht ausbleiben. Die erste und zugleich notwendigste Frucht dieser Arbeit der Fühlungnahme in Nanking war die dauernde Aufenthaltsmöglichkeit in einem eigenen Hause. Einer der Freunde, Liu Touhsu ist es, der den Kauf einer Residenz in Nanking ermöglicht. Er schickt das Dokument über den rechtsgültigen Kaufkontrakt, versehen mit dem Siegel des Ministeriums für öffentliche Arbeiten, an Ricci. Dieses Dokument diente zugleich als Rückversicherung für den ungestörten Aufenthalt in der Stadt. Dennoch ist Ricci vorsichtig und klug genug, sich nach allen Seiten hin zu decken. Er geht sofort mit dem Dokument zum Minister Wang, der über den so raschen Abschluß der Sache hocherfreut ist. Der Ehrlichkeit halber sei gesagt, daß es mit dem Hause eine eigene Bewandtnis hatte. Es konnte nämlich nach seiner Herstellung von niemandem bewohnt werden, weil man darin von bösen Geistern belästigt wurde. Und diese Geister hatten trotz aller Versuche der Taoisten, sie auszutreiben, nicht weichen wollen. Nach der Aussegnung des Hauses durch die Missionare hörten die Schikanen auf, was nicht wenig zum Ruhme der neuen Religion beitrug, wie Ricci bemerkt [75].

Für Ricci blieb aber trotz aller Erfolge in Nanking die letzte Frage: Wie kommen ich nach Peking? In der Zeit von Juni 1599 bis März 1600 ergibt sich eine Möglichkeit, dorthin zu gelangen und zwar durch die Vermittlung des «Königs» Ch'ien Ch'ai und eines seiner Eunuchen. Ricci lehnt das Angebot freundlich ab, er will möglichst wenig mit diesen Eunuchen zu tun haben [76]. In der Zeit von März bis Juni 1600 wird es dann aber doch Ernst mit dem Pekingobjekt. Riccis Freunde Ch'ü, Li Hsin-chai, der Zensor Chu Chih-lin [77] stehen ihm mit Rat und Tat zur Seite. Chu erbietet sich, dem Pater die nötigen Patente zu besorgen. Der Minister Wang stellt Empfehlungsschreiben aus. Auf den Schiffen

---

[74] II Nr. 558; II p. 75 n. 5; II Nr. 559.
[75] II Nr. 562; II p. 74 n. 2.
[76] II Nr. 567.
[77] Cfr. Seite 93 nn. 63. 64 und den Text dazu.

eines Eunuchen (doch wieder ein solcher), werden zwei Kammern gemietet für die Reise. Vor dem Abschied aber müssen erst zahlreiche Besuche gemacht werden. Besonders Li Hsin-chai wird ehrenvoll bedankt für sein Entgegenkommen [78].

Auf dem Wege nach Peking findet er in Tsining seinen Freund Li Cho-wu wieder [79]. Dieser vermittelt die Bekanntschaft mit dem Vizekönig Liu Hsin-t'ung, der zugleich « Reiskommissar » für den Reistransport über den Kaiserkanal zum Hofe sowie Befehlshaber einiger Grenzorte war [80]. Beide gaben dem Missionar Empfehlungsschreiben und Patente für Peking mit.

Weniger gut geht es den Patres mit dem Eunuchen Ma T'ang in Lintsing. Dieser Mann war dort Zollkommissar und nützte seinen Posten zu den größten Ungerechtigkeiten gegen die Reisenden aus. Aus Furcht vor ihm wird Ricci mit seinen Genossen dem Eunuchen ausgeliefert. Ricci merkt bald den Verrat und begibt sich zu dem für die Städte der Umgebung aufgestellten Militärintendanten Chung Wan-lu. Ricci kannte ihn schon von Shiuhing her und hatte später in Nanking die guten Beziehungen zu ihm erneuert [81]. Obwohl Ricci dann noch einen zweiten Militärintendanten dazu gewinnt, gelingt es ihm nicht, aus den Händen des schrecklichen Ma T'ang freizukommen [82]. Ein verzweiflungsvoller Versuch, durch den Bruder Sebastian, einen Chinesen, einige Freunde in dem nicht mehr fernen Peking mobil zu machen, mißlingt. Alle haben Furcht vor Ma T'ang [83]. Erst der direkte, gegen alle Voraussicht erfolgende Ruf des Kaisers, Ricci nach Peking zu schicken, löst die verzweifelte Situation, in der nicht nur das Unternehmen an sich, sondern auch ohne Zweifel das Leben der Missionare auf dem Spiele stand!

Wenn nun auch die Absicht des Eunuchen keine gute war, so hatte sie doch eine gute und nicht vorausgesehene Wirkung. Ricci gesteht uns, daß er ohne das dreifache Memorandum des Ma T'ang an den Kaiser über die Fremden und ihre Geschenke niemals seine Geschenke hätte überreichen können, denn alle, an die er von Nanking her Empfehlungsschreiben hat, lassen sich in Peking nicht sehen, aus Furcht, daß ihnen aus dem Verkehr mit den Fremden etwas Böses zustoßen könnte!

---

[78] II Nr. 571, 573, 575.
[79] Cfr. Seite 95 n. 71.
[80] II Nr. 577; II p. 103 n. 3.
[81] II p. 81 n. 4, p. 107 n. 3; II Nr. 581; II Nr. 582; II p. 108 n. 2.
[82] II Nr. 588.
[83] II Nr. 589, p. 118 f.

7 J. Bettray, S. V. D.

Ricci war also nach vielen Gefahren in Peking angekommen, leider noch immer in den Händen des Eunuchen, der seine Agenten die Patres auf Schritt und Tritt begleiten ließ. Zunächst gelang es nicht, trotz stärkster Bemühungen, diese lästigen Fesseln abzuschütteln [84]. Endlich aber ist es soweit, aber nun kommt eine neue Schwierigkeit. Ricci muß es dem Abteilungschef für Fremde im Innenministerium — Ts'ai Hsien-ch'en [85] — entgelten, daß er durch Ma T'ang und nicht durch sein Amt die Geschenke hatte überbringen lassen, eine Sache, an der Ricci natürlich vollkommen unschuldig war [86]. Dennoch ist es ihm lieber, sich mit den Beamten des Innenministeriums herumzuschlagen, als in den Händen des Eunuchen zu bleiben. Einmal unter der Autorität des Innenministeriums, verbittet er es sich, die gleiche Behandlung zu erfahren wie die anderen Gesandten. Er lehnt die für Gesandten vorgesehenen Festmähler ab, besteht darauf, daß er und seine Genossen mit dem entsprechenden Anstande, den man Literaten schuldig ist, behandelt werden, denn in ihrem Lande sind die Patres Literaten und Graduierte und so wollen sie behandelt werden, was auch geschah [87].

Trotz neuer Molesten durch die Beamten, trotz eines von ihnen verfaßten üblen Memorandums über die Fremden an den Kaiser (durch den Innenmnister selber spediert), gelingt es den Jesuiten, sich in Peking festzusetzen [88]. Während der Wartezeit [89] hat Ricci nicht versäumt, soweit es ihm nur möglich war, seine Freunde und Bekannten aufzusuchen und sich von ihnen Rat zu erbitten. Besonders steht ihm in diesen sorgenvollen Wochen der Zensor der Beamten der Hauptstadt für den zivilen Sektor, Tsao Cheng-yü, treu zur Seite. Er scheint Riccis Werkchen über die Freundschaft kennengelernt zu haben und hat jetzt Gelegenheit, seinen Dank dem in Not geratenen Verfasser persönlich und praktisch abzustatten. Er befreit die kleine Gemeinde, Patres und Brüder, aus den nicht angenehmen Verhältnissen des Kastells für die Fremden durch Fürsprache beim Chef des Fremdenamtes. Dieser verdankt dem Zensor sein Amt und muß daher die Bitte genehmigen [90].

---

[84] II Nr. 600.
[85] II 136 n. 3: Es kann nicht sicher ausgemacht werden, wer dieser Mann war.
[86] II Nr. 602.
[87] II Nr. 603-605, 608, 610.
[88] II Nr. 616.
[89] Vom 26. Januar 1601 - 28. Mai 1601.
[90] II Nr. 616; II p. 133 n. 3.

Das erste, was Ricci tut, ist, sich seinen Erfolg zu sichern. Seine Freunde müssen ihm dazu helfen. Der Mandarin Shen Ju-nan, ein Freund Riccis von Nanking her, hat die Aufgabe, die Gesuche an den Kaiser weiterzuleiten. Durch ihn reicht auch Ricci sein Gesuch an den Kaiser ein. Der gute Ausgang desselben ändert die Stimmung gegen ihn. Der bisher so feindlich eingestellte Chef des Fremdenamtes wird nun sehr freundlich. Die häufigen Besuche des als sehr streng bekannten Zensors Ts'ao ermutigen auch andere, den merkwürdigen Fremden zu besuchen. Unter den ersten Besuchern befindet sich einer der beiden Kanzler (Ko Lao) des Reiches, Shen Chiao-men, der oberste Mandarin der Hauptstadt, wie Ricci sagt [91].

Durch einen Freund aus Nanking, einen Unterstaatssekretär im Justizministerium, macht Ricci die Bekanntschaft mit dem Kriegs- und Justizminister von Peking Hsiao Yo-feng, sowie mit dem Innenminister Feng Ch'i. Letzterer bestätigt und befestigt den Aufenthalt der Patres in der Capitale und unterstützt sie materiell. Mehrmals wird Ricci vom Minister für die zivilen Ämter, Li Tai, eingeladen. Zwei Unterstaatssekretäre aus dem Innenministerium vervollständigen das glänzende Bild, das sich um den armen Missionar und Fremden geformt hat. Erwähnen können wir noch zwei Minister aus Nanking. Sooft sie nach Peking kommen, versäumen sie nicht, die Patres zu besuchen, was diesen großen Kredit einbrachte [92].

Die nördliche Metropole ist zugleich Sitz des Kaisers. Viele von den Verwandten des kaiserlichen Hauses wohnen in der Hauptstadt. Auch zu ihnen werden die ersten Fäden gesponnen. Offiziere und andere hohe Persönlichkeiten bemühen sich um den Fremden. Keine Einladung wird abgelehnt. Man ladet auch selber ein, so gut man nur kann. So wird eine möglichst breite Basis von Freunden geschaffen, die nützlich sein können zur Erreichung der eigentlichen Absichten [93].

In dieser Zeit [94] macht Ricci die Bekanntschaft zweier Doktoren. Der eine ist Feng Ying-Ching, der andere Li Chih-tsao. Feng war von Jugend an ein Gegner des Buddhismus gewesen. Er hatte sich dabei immer auf die alten chinesischen Bücher berufen, die von T'ien sprechen, dem Himmel-Gott. Als Sekretär des Provin-

---

[91] II Nr. 617; II p. 152 n. 1; II Nr. 618; II p. 154 n. 1; II Nr. 600; II Nr. 617: Das Gesuch an den Kaiser.
[92] II Nr. 619; II p. 155 n. 3; II Nr. 619; II p. 157 n. 3; II Nr. 620, 621.
[93] II Nr. 623.
[94] Juni-Dezember 1601.

zialrichters der Provinz Hukwang hatte er sich die Liebe und Verehrung aller erworben, war aber von einem der berüchtigsten Eunuchen wegen seiner edlen und aufrechten Gesinnung verleumdet worden und lag nun im Gefängnis zu Peking. Hier lernt Ricci ihn persönlich kennen.

Feng kannte den Missionar bereits durch die «Freundschaft», die er auf eigene Kosten hatte drucken lassen, ferner durch das Werkchen über die 4 Elemente, zwei kleine Weltkarten und den handgeschriebenen Katechismus. Auch diese Sachen brachte er in eine breitere Öffentlichkeit. Zur ersten und letzten dieser Arbeiten hatte er ein Vorwort geschrieben, worin Ricci der Titel eines Doktoren und Literaten beigelegt wurde. Am Katechismus Riccis arbeitete er wesentlich mit. Leider stirbt Feng nach seiner Entlassung aus dem Gefängnis, ohne die hl. Taufe empfangen zu haben.

Der zweite ist Dr. Li Chih-tsao, einer der berühmtesten Riccischüler und hochverdient um die Sache des jungen Christentums in China. Wir trafen ihn schon mehrfach im Laufe der Arbeit und werden ihm immer wieder in den verschiedensten Fragen begegnen [95].

Wir haben bis jetzt Ricci selber beobachtet in seinem Mühen um die Gewinnung der Gunst der Vornehmen in China. Wollen wir aber auch einen Blick tun in die Entwicklung der von Ricci gegründeten Stationen, so werden wir ähnliches, wenngleich nicht überall in dem gleichen Maße feststellen können. Zugleich werden wir auch sehen, wie bereits der Einfluß des Verweilens der Patres in Peking sich auf die ganze Mission in negativem und positivem Sinne auszuwirken beginnt.

In Shiuchow [96] führt P. Longobardo die Arbeit Riccis weiter. Ricci schreibt über die Wirkung der Missionen von Nanking und Peking in dieser Stadt (sinngemäß): Mit der Gnade Gottes sorgte der Ruf des guten Fortganges unserer Angelegenheiten an den beiden Höfen Nanking und Peking, der bis dorthin (Shiuchow) drang, für die Förderung des dortigen Christentums und für die Stärkung der Autorität der Unsrigen in den Palästen der Beamten, eine sehr notwendige Sache für die Verbreitung des hl. Evangeliums. So begannen in jener Stadt einige vornehme Männer und Frauen Christen zu werden, wo bis dahin nur sehr wenige Personen sich bekehrt hatten [97]. In dieser Stadt ist es besonders die Bekehrung

---

[95] II p. 162 n. 1; II Nr. 624-627; II p. 168 n. 3.
[96] Es handelt sich hier um dem Zeitraum von Juli 1599-1603.
[97] II Nr. 641.

des Mandarins P'eng Tsung Wang [98], die der Sache des Christentums förderlich ist. Der Mann war ob seiner strengen Lebensweise bei allen geachtet, und von Anfang an hatten die Patres die Absicht gehabt, ihn zu gewinnen. Wie eng das Schicksal dieser Mission mit dem des P. Ricci zusammenhing, sehen wir schon daran, daß gerade in Shiuchow die Sache mit dem Eunuchen Ma T'ang ein übles Nachspiel hatte. Die Kunde darüber war in diese Stadt gekommen und hatte sie gegen die Missionare in Aufregung gebracht. Die Feinde nützten die Gelegenheit zu einem schon längst beabsichtigten Schlage gegen die Patres; die Freunde, auch die Christen, zogen sich zurück [99]. Und alles das nur auf ein Gerücht hin. Man möge sich aus dieser Tatsache einmal die Folgen einer etwaigen Verurteilung Riccis in Peking oder auch nur die schiefe Stellung des Missionars am Kaiserhofe ausmalen. Wir gehen nicht fehl zu sagen, daß, nachdem einmal das Unternehmen, zum Kaiserhofe zu gelangen, gestartet war, man alles auf eine Karte gesetzt hatte. Damit hingen dann auch Gedeih und Verderb der übrigen Stationen von der Entscheidung in Peking ab. Wer hätte die Missionare nicht zu fördern gesucht, nachdem sie am Kaiserhofe gut angeschrieben waren? Und wer hätte sich die Gelegenheit einer Loyalitätserklärung gegen den Kaiser wohl entgehen lassen durch Vertreibung der Fremden, wenn diese am Kaiserhofe in Ungnade gefallen wären? Eine Frage, deren beispielhafte Beantwortung wir später bei Schall positiv wie negativ sehen, wo aus der Begünstigung seiner Person ein starker Aufschwung des gesamten Missionswesens erwuchs. Die Feindschaft gegen ihn beschwor aber auch eine heftige Verfolgung in der ganzen Mission herauf [100].

P. Longobardo selber pflegt die Beziehungen zu den Beamten der Stadt im Sinne Riccis weiter. Mit dem Präfekten Wang Yi-t'ung hat er ein freundschaftliches Verhältnis. Dadurch werden die übrigen Mandarinen zu versöhnlicher Haltung bestimmt [101]. Der Unterpräfekt der Stadt lobt sogar die christliche Religion [102]. Der Präfekt von Leichow schickt auf der Reise von Peking in die Heimat P. Longobardo Geschenke, weil er ein Mitbruder Riccis ist, den er in Peking kennengelernt hat und den er nicht genug loben kann [103].

---

[98] II Nr. 653; II p. 209 n. 1.
[99] II Nr. 661.
[100] Väth = Väth S. J. P. Alfons - *Johann Adam Schall von Bell S. J.*, Köln 1933, p. 295 ff.
[101] II p. 193 n. 2; II p. 227 n. 2; II Nr. 665.
[102] II p. 222 n. 3; II Nr. 660.
[103] II p. 227 n. 3; II Nr. 665.

Besonders eindrucksvoll ist aber späterhin die Verteidigung der Missionare der Stadt gegen die Mandarinen und den stellvertretenden Präfekten durch den Provinzialzensor. Er besucht die Residenz und ist sehr zufrieden mit allem, was er dort gesehen hat [104].

Indessen ist gerade diese Stadt öfter durch Intrigen gegen die Missionare in Unruhe versetzt. Fast wäre es dort zu einer Verfolgung gekommen auf das Gerücht hin, daß in Makao sich eine Rebellion der Portugiesen unter der Füharung des P. Cattaneo vorbereite. Der Vizekönig von Kwangtung, Ho Shih-chin [105], nimmt sich der bedrängten Missionare an und zerstreut die unsinnigen Gerüchte, tadelt den Statthalter, daß er es zugelassen habe, den Br. Francesco unschuldig zu Tode zu quälen [106]. Besonders der Provinzialzensor von Kwangtung, Chang Tê-ming [107], ist ein starker Arm der Patres in Shiuchow in ihrer Bedrängnis. Er war gerade erst von Peking gekommen, hatte Ricci dort besucht und Freundschaft mit ihm geschlossen. Es war ihm nicht verborgen geblieben, in wie hohem Ansehen Ricci dort am Hofe stand. So stellt er die Unschuld des Br. Francesco Martinez wieder her, beweist die Schuldlosigkeit des P. Cattaneo und beruhigt den Vizekönig über die angebliche Rebellion in Makao. Dieser von seiner Seite aus beruhigt die Hauptstadt in einem eigenen Memorandum, das auch Ricci in die Hand bekam und von dem man eine Abschrift nach Makao sandte [108], wenn auch etwas später ein bitterer Wermutstropfen in den Freudenbecher fiel, da auf erneute Verleumdungen hin der gleiche Zensor den Patres verbot, neue Christen zu gewinnen. Man drohte, daß ein Zuwiderhandeln mit der Verjagung aus der Stadt bestraft werden würde [109].

Aus Nanking erfahren wir Ähnliches von den guten Beziehungen der Missionare zu den Vornehmen der Stadt! P. Cattaneo hatte nach der Abreise Riccis die Arbeit weitergeführt, und auf seine Weisungen hin war er fortgefahren, die Freundschaft mit den Mandarinen und Vornehmen der Stadt enger zu knüpfen, was « eine durchaus notwendige Sache ist für die Stabilität der Unseren in jenem Lande und für das rechte Ansehen des Christentums ». In gleicher Weise geht P. da Rocha, der Genosse des P. Cattaneo, vor [110].

---

[104] II Nr. 670; cfr. II p. 237 n. 1; II p. 227 n. 1; II Nr. 671.
[105] II p. 373 n. 9.
[106] II Nr. 790.
[107] II p. 383 n. 4.
[108] II Nr. 792, 794, 795, 797; II p. 389 n. 3.
[109] II Nr. 800.
[110] Von Mai 1600 bis Februar (?) 1604; II Nr. 674.

Man sieht also klar das System: Ricci als Oberer [111] der Mission gibt seine von langer Erfahrung geformten Weisungen und erreicht damit negativ sicher zuerst das eine, daß wir von einer eigentlichen Verfolgung nicht oder kaum sprechen können, solange er am Leben ist [112].

Unter den Freunden in Nanking und schließlich unter den Getauften der Stadt ragt besonders der Literat Dr. Paul Hsü Kuang-ch'i hervor. Sein gutes Beispiel, sein vorbildlicher Lebenswandel, die musterhafte Ausübung seiner religiösen Pflichten geben der kleinen Christengemeinde einen starken inneren Halt. Wir werden über diesen seltenen Mann noch zu handeln haben. Hier sei im Zusammenhange nur vermerkt, daß er in jeder Hinsicht eine starke Stütze des Christentums wurde. Er hat später als Innenminister (1630) und als Kanzler (1632) durch sein Ansehen der Sache des Christentums außerordentlich genützt und steht als eine der größten, vielleicht als die größte Figur des jungen Christentums Chinas vor der Geschichte [113].

Was wir in den anderen Residenzen beobachteten, können wir auch in Nanchang wiederfinden. Die Patres genießen den Schutz der höheren Beamten, obwohl die Baccalaurei der Stadt sehr übel gegen sie agitieren. Der Militärintendant der Stadt weist ihre Hetzereien kühl ab mit dem Hinweis, daß die Patres ja niemanden zwingen, in ihre Religionsgemeinschaft einzutreten [114]. Eine weitere Beschwerde beim Präfekten der Stadt, Lu T'ing-hsüan, einem Freunde und Bekannten Riccis aus Peking [115], nützt nichts. Der hohe Herr kümmert sich einfach nicht um die Aufregung der Baccalaurei. Erst der dritte Vorstoß beim Zivilgouverneur von Nanchang, Wang Tso, auch einem Freunde Riccis, hatte ihm dieser Mann doch ehemals die Aufenthaltsbewilligung in der Stadt gegeben [116], und beim Chef der Baccalaurei, dem Kommissar für das Schulwesen der Provinz [117], hat einen gewissen Erfolg, indem jetzt eine Untersuchung gegen die Missionare eingeleitet wird [118]. Und es scheint einen Moment sogar unmittelbar vor der Vertreibung der Missio-

---

[111] Die Ernennung Riccis zum Oberen der Mission fand wahrscheinlich am 4. Aug. 1597 statt (II p. 4 n. 2; II p. 6 n. 5).
[112] Die erste Verfolgung entbrannte 1616 (I p. 380 n. a).
[113] II Nr. 680; II p. 250 n. 3; II Nr. 758; II p. 345 n. 5.
[114] Nr. 856.
[115] II p. 449 n. 8.
[116] II Nr. 857; II p. 450 n. 5.
[117] II Nr. 857; II p. 450 n. 6.
[118] II Nr. 859.

nare zu stehen. Da tritt der Präfekt Lu für sie ein. Er macht darauf aufmerksam, daß P. Emanuel (Diaz der Ältere) ein Genosse eines gewissen P. Matthäus in Peking sei. Dieser habe die Erlaubnis, sich dort aufzuhalten und werde von den großen Mandarinen der Hauptstadt geehrt. Er werde aus der königlichen Kasse unterhalten auf Grund eines Geschenkes an den König. Diese Erklärungen veranlassen die beiden vorgenannten Beamten, die begonnene Sache gegen die Patres wieder aufzugeben. Der Präfekt selber nimmt die Verteidigung der Missionare in die Hand. Der Zivilgouverneur rät dem Kommissar für das Unterrichtswesen ab, weiter gegen die Missionare zu agitieren. Es kommt schließlich zu einem für diese günstigen Bescheid [119]. Die Stimmung wendet sich sogar in etwa. Man gibt in Flugschriften den Irrtum zu. Die Mandarine und Vornehmen besuchen die Patres. In einer Flugschrift erscheint sogar der Name Riccis, sodaß klar ersichtlich ist, daß eigentlich er es gewesen ist, wenn auch nur indirekt, der durch sein Ansehen die Missionare vor Schaden bewahrt hat [120].

P. Diaz aber ist selber auch bemüht, sich ein gutes Verhältnis zu den Vornehmen zu wahren. Er besucht bei Gelegenheit einer Beförderung im Amte den uns bereits bekannten Zivilgouverneur Wang Tso. Er nimmt von ihm die Versicherung mit heim, daß die Mission für die Zukunft nichts zu befürchten habe [121]. Die trotz allem weiter anhaltende Wühlarbeit der Baccalaurei ist nicht von Erfolg, umso weniger, da die Patres noch einen alten, abgedankten Kanzler des Reiches zum Freunde bekommen [122].

Ricci, dem diese Vorgänge natürlich gut bekannt waren, schreibt über die beiden Stürme in Shiuchow und in Nanchang an P. Aquaviva:

> « In beiden Unwettern bemerkte man sehr gut die große Hilfe, welche die Residenz von Peking allen anderen bietet. Nicht nur, daß die Unsrigen angeben konnten, daß wir hier in Peking aus der königlichen Kasse unterhalten werden, und zwar auf Anordnung des Königs, und das hier, wo wir dieselbe Religion lehren (wie in anderen Stationen: Damit deutet Ricci auf eine gewisse Billigung der kath. Religion durch den Kaiser hin), sondern auch, weil die Beamten, vor denen die Unseren angeklagt wurden, in großer Zahl zu meiner Bekanntschaft gehören und meine Freunde hier in der Hauptstadt waren. Wir empfehlen diesen unsere Ge-

---

[119] II Nr. 863, 865, 866, 868.
[120] II Nr. 872; II p. 460 n. 1.
[121] II Nr. 875.
[122] II Nr. 885.

nossen in den Provinzen. ... So ist eines der wichtigsten Geschäfte hier, die Beamten kennenzulernen, die hier beständig ausgesucht werden. Und ich sorge dafür, entweder selber oder mit Hilfe anderer Freunde, daß ich mich jenen, die dorthin gehen, wo die Unsrigen sind, zu erkennen gebe, um ihnen meine Genossen anzuempfehlen, was diese gerne tun, da sie sehen, mit wieviel Ansehen wir hier in der Hauptstadt leben, umschmeichelt von den Großen des Reiches. Andererseits haben sie Furcht, daß wir ihnen hier etwas Böses tun könnten, indem wir Schlechtes über ihre Verwaltung aussprechen unter den Beamten der Hauptstadt, wo wir immer Umgang haben, die ihre Vorgesetzten sind und ihnen die Ämter wegnehmen können, um sie zu erniedrigen und sie von allem gänzlich zu berauben » [123].

Um das Bild zu vervollständigen, wollen wir noch einen kurzen Seitenblick auf den Beginn der Mission in Shanghai werfen und dort die Beziehungen zwischen Mission und vornehmer Welt erkunden.

Tatsächlich beginnt sie in ähnlicher Weise wie alle übrigen Stationen. P. Cattaneo, der Gründer dieser Mission, wird gleich vom ersten Tage an von vielen Freunden des Dr. Hsü Kuang-ch'i besucht. Dieser selber ist der Initiator der Mission, in seinem Hause wohnt Cattaneo die ersten Tage, zieht es aber bald vor, eine eigene Wohnung zu suchen. Denn einmal kommen aus den Kreisen der Vornehmen nur die Freunde des Doktor Hsü und dann wagt es das niedere Volk nicht, zum Pater zu kommen. Unter den Freunden des Dr. Hsü war auch der Unterpräfekt der Stadt. Er besucht Cattaneo, eine Tatsache, die nicht wenig das Ansehen der Mission förderte. Ja, man sprach schon davon, daß der Beamte selber Christ werden wolle [124].

Kehren wir jetzt nach Peking zurück, um die letzten Lebensjahre unseres Helden und das Bemühen um die Gewinnung hoher Beamten zu verfolgen. Ricci arbeitet mit Pantoja unter der vornehmen Bevölkerung der Hauptstadt [125]. Sie stehen in gutem Ansehen bei ihr. Sie werden von Vornehmen besucht und statten wieder Besuche ab, überall werden sie freundlich aufgenommen. Täglich ist das Haus der Missionare voll von vornehmen Leuten. In vielen Fällen bildet sich durch das Dozieren europäischer Wissenschaften eine tiefe Hochachtung und Freundschaft heraus. So sehen die Missionare ihr Bemühen von Erfolg gekrönt und sie

---

[123] TV p. 358, Brief vom 22. August 1608.
[124] II Nr. 932; II Nr. 936.
[125] Pantoja war Riccis Gefährte auf der 2. Pekingreise (II p. 91 n. 7).

können aus der anfänglich stärker geübten Reserve bezüglich der Predigt des Evangeliums mehr und mehr heraustreten. Bei jeder sich bietenden Gelegenheit verkünden sie jetzt die Wahrheiten des hl. Glaubens. Das Bemühen war nicht umsonst. Eine ganze Reihe Vornehmer öffnete sich dem Glauben und wollte ihn annehmen [126].

Von besonderer Bedeutung für die Missionare waren die Examensjahre. 1604 war ein solches. Viele Mandarinen und solche, die es noch werden wollten, kamen nach Peking, um die Prüfungen abzulegen. Sie nehmen in zahlreichen Fällen die Gelegenheit wahr, um mit dem durch Bücher und Freunde gleich ausgezeichneten und berühmt gewordenen Ricci in näheren Kontakt zu kommen. Dieser wiederum hat ein besonderes Augenmerk auf die Mandarinen, die aus den Städten kommen, wo seine Mitbrüder arbeiten. Die Mandarinen sehen das große Ansehen der Patres bei allen Großen der Hauptstadt. Sie übertragen diesen Eindruck auf die Missionare ihrer eigenen Städte, nicht zuletzt, wie schon ausgeführt, aus Klugheitsgründen. So geschieht es vollkommen mit Recht und kennzeichnet die Situation ausgezeichnet, wenn P. D'Elia seinen Helden mit einem Blitzableiter vergleicht. Ricci schreibt über die mit diesen Besuchen verbundene außerordentliche Belastung an seinen Vater: « Ich habe hier sehr viel zu tun mit der Beantwortung von Briefen (an die Patres der Mission: als Oberer). Darüber hinaus auch an viele andere Freunde, die ich in den verschiedenen Teilen Chinas habe, die mir fortwährend schreiben, nachdem ich in den 24 Jahren (meines Aufenthaltes) die verschiedensten Teile des Reiches durchreist habe » [127].

Wegen der in China weit verbreiteten Druckkunst dringt der Name des berühmten Fremden immer mehr in der chinesischen Gelehrtenwelt vor. Es war zu verlockend, in Presseerzeugnissen die vielen, für China neuen Ergebnisse des Wissens zu verarbeiten, die Ricci gebracht hatte, um dann selber als gelehrter Mann dazustehen, alles Dinge, die den Patres nur angenehm sein konnten [128]. Wenn der Andrang durch alles dieses auch immer größer wurde, so hat das Ganze doch einen Vorteil: Die Patres brauchen sich nicht um Zuhörer zu bemühen. Sie brauchen nicht erst auf die Straßen und Plätze der Stadt zu gehen, um sich dort mühsam einige Interessierte zu suchen, die dann vielleicht noch über den merkwürdigen Europäer lachen. Die Leute kommen von selber. Täglich

---

[126] II Nr. 689-690.
[127] II Nr. 718; II p. 312 n. 10; TV p. 271, Brief vom 10. Mai 1605.
[128] II Nr. 721.

versammeln sich in einem größeren Saale des Hauses Männer von Bedeutung. Das gewöhnliche Volk wagt es bei solchen Gelegenheiten nicht, das Haus der Patres zu betreten [129].

Ein bezeichnender Zug für die Echtheit der Freundschaft der Vornehmen ist die Tatsache, daß den Missionaren die Steuer für das Haus nicht nur für die inzwischen schon verflossene Zeit nachgelassen wurde, sondern daß sie überhaupt von der Steuerzahlung befreit wurden [130]. Eine andere Tatsache für die freundliche Gesinnung der Vornehmen ist die Abwehr eines Angriffes auf Riccis Katechismus. Diese wird nicht von Ricci selber geleistet, sondern von dem Examenspräsidenten. An diesen hatte man die Beschwerde gegen das Werk gerichtet. Weil der Mann aber ein Freund Riccis ist, kann der Angriff schon im Keime erstickt werden [131].

Die freundschaftlichen Beziehungen in Peking dehnten sich nicht nur auf die Mandarinen aus. Sogar mit den Eunuchen verstanden sich die Missionare vortrefflich. Man besucht sich gegenseitig. Auf der Seite der Eunuchen liegt allerdings ein sehr realer Grund für solche Gunsterweise vor. Die Uhren, die Ricci dem Kaiser geschenkt hatte, waren nämlich für sie gefährlich geworden. Der Kaiser hing an ihnen. Defekte konnten nur von den Europäern in Ordnung gebracht werden. Die Regulierung derselben war ein Geheimnis, an das sie sich ebensowenig trauten. Daher muß man wohl oder übel die Patres besuchen, und diese sind dadurch in die Lage gesetzt, wann es ihnen beliebt, in den kaiserlichen Palast zu gehen [132].

Bis in die letzten Zeiten fährt Ricci fort, in dieser Weise die Mission voranzubringen. Der Jahresbericht von 1610 sagt, allerdings wohl ein wenig übertrieben, wie wir später noch sehen werden:

---

[129] II Nr. 769, p. 354: Damit soll indessen nicht gesagt sein, daß man sich um die gewöhnlichen Leute nicht angenommen hätte.

[130] Der Hauskauf fand am 27. Aug. 1605 statt (II Nr. 767), also praktisch 4 ½ Jahre nach dem Einzuge Riccis in Peking. Man hatte inzwischen schon mehrfach die Mietwohnung wechseln müssen (II Nr. 765), hatte aber bisher das Geld noch nicht gehabt, eine größere, regelrechte Residenz zu kaufen, woran in der Hauptsache die mehrfachen Schiffsunglücke der Portugiesen in ihrem Japanhandel schuld waren, an dem die Patres der Residenz Makao immer einen gewissen Anteil hatten, entweder aus Almosen, oder auch aus Waren, die für die Patres verkauft wurden (cfr. Schütte = Schütte S. J. P. Joseph Franz - *Valignanos Missionsgrundsätze für Japan*, 1. Band, 1. Teil, Rom 1951, p. 234). II Nr. 770.

[131] TV p. 345, Brief vom 8. März 1608 an P. Aquaviva.

[132] II Nr. 887; TV p. 366, Brief vom 22. Aug. 1608 an P. Aquaviva.

> « Während der wenigen Jahre, die er in der Hauptstadt verbrachte, war seine einzige und fast fortgesetzte Beschäftigung, sich mit den Gästen abzugeben, die von allen Seiten herbeiströmten. Diese Besuche mußte er auf Grund einer alten und nicht zu ändernden Gewohnheit erwidern, was ihn sehr mitnahm und ermüdete » [133].

In seinem Todesjahre war die Zahl der Besucher um ein Vielfaches größer als sonst, weil dieses Jahr ein Examensjahr war (1610). Dazu kam der größte Andrang der Besucher ausgerechnet mitten in der Fastenzeit, die Ricci ohne jede Schonung mitmachte [134]. Schließlich ist er an der konsequenten Durchführung seiner Missionsmethode gestorben.

Nach seinem Tode bewährte sich die von ihm eingeschlagene Richtung. Wie groß sein Ansehen allmählich geworden war, sehen wir daran, daß er als erster Fremder in China begraben wurde, ohne unter die Kategorie der Gesandten gezählt zu sein. Diese Gunst wurde dem toten Missionar durch den Kaiser selber gewährt. Aber auch wieder nur auf dem Wege über einflußreiche Freunde. Pantoja wendet sich an den Kanzler Yeh T'ai-shan, dem Bekannten Riccis von Nanking her. Dieser spricht in den höchsten Ausdrücken von dem Verstorbenen und verspricht, über die Sache nachzudenken, um einen gesetzlichen Weg zu finden. Auch der zweite Kanzler wird gebeten, sich ins Mittel zu legen. Andere Beamte werden gleichfalls mit dem Anliegen vertraut gemacht. Die Entscheidung, die schließlich von dem gutgesinnten Innenminister gefällt wird, wird vom Kaiser bestätigt. Einige Höflichkeitsbesuche mit kleinen Geschenken beim Kanzler Yeh, beim Innenminister, beim Präfekten der Stadt tun das ihrige, um die Sache endgültig zu entscheiden, auch bezl. des Kaufes der Villa [135]. Der Präfekt verfaßt sogar die Ehreninschrift für den toten Missionar und läßt sie öffentlich mit allem Pomp durch die Straßen der Stadt zum Hause der Patres bringen [136].

Wollen wir zum Schlusse dieser Abhandlung einige kurze, aber grundsätzliche Prinzipien darlegen, die Ricci leiteten in seinem Bemühen um die Vornehmen Chinas, so können wir das kaum besser tun als durch seine eigenen Worte.

In einem Briefe an P. Pasio vom 15. Febr. 1609 berichtet er über die günstigen Momente der Mission in China. Er sieht eines

---

[133] II Nr. 956.
[134] II Nr. 957.
[135] II p. 42 n. 1; II Nr. 974; II p. 577 n. 4; II Nr. 975, 976, 977.
[136] II Nr. 992.

dieser Momente in der Tatsache, daß es keinen anderen Adel in China gibt als den Adel der Bildung. Daher scheint es leicht zu sein, die Obersten des Reiches von der Wahrheit des Christentums zu überzeugen, die sich gründet auf eine klare Evidenz der Beweise. Und wenn dann die Vornehmen sich bekehrt haben werden, wird es leicht sein, alle übrigen zu gewinnen [137].

Bei der Bekehrung des Ch'ü T'ai-su braucht er ein bezeichnendes Wort: « Die Bekehrung eines solchen Mannes ist in diesen Anfängen mehr wert als die Bekehrung von zahlreichem niedern Volk » [138].

Damit dürfte die Methode Riccis in Hinsicht auf die Gewinnung der vornehmen Welt genügend gekennzeichnet sein. Sie ist vollkommen den Verhältnissen der damaligen Zeit in China angepaßt. Sie ist nicht von außen hereingetragen. Sie hat sich aus der Lage der Dinge einfach aufgedrängt. Und wir werden im nächsten Kapitel sehen, daß auch das höchste Ziel, das Streben, zum Kaiserhof zu gelangen, in derselben Richtung liegt. Es ist die Krönung der Bemühungen Riccis und gehört wesentlich in sein missionarisch-methodisches Denken hinein. Ja, man wird wagen dürfen zu sagen, daß die *Missionsmethode Riccis wesentlich gekennzeichnet ist durch das Streben nach der Gewinnung der Vornehmen. Nicht die Ritenfrage steht bei ihm an erster Stelle, auch nicht das Streben nach einer möglichst großen Zahl von Christen. Riccis Methode gleicht der Arbeit eines verlängerten Armes! Ein gewöhnlicher Arm schließt sich bald, wenn er sich biegt, kann also auch schnell etwas einfangen. Ein verlängerter Arm muß einen weiten Weg zurücklegen, bis er sich schließen kann, er hat dann aber umso sicherer eine große Masse in seinem Umfang. Ich möchte die Vornehmen den verlängerten Arm Riccis nennen. Gewiß dauert es eine Weile, bis der Erfolg sich zeigt. Dieser ist aber auch umso reicher, sicherer und besser, wenn er dann endlich da ist!*

---

[137] TV p. 384, Brief vom 15. Febr. 1609.
[138] TV p. 295, Brief vom 26. Juli 1605 an. P. Aquaviva.

3. KAPITEL

DAS STREBEN DER ERSTEN JESUITEN IN CHINA ZUM KAISERHOFE

Eine Grundfrage für die junge Jesuitenmission in China war die Stellung zum Kaiserhofe oder besser: Die Festsetzung am Kaiserhofe! Die Väter der Gesellschaft Jesu waren sich in China wie in vielen anderen Ländern klar darüber, daß ihre Sache um vieles besser vorangetragen würde, wenn auf die oberste Stelle im Staate ein maßgeblicher Einfluß ausgeübt werden konnte. Wir brauchen nur an die beiden uns mehr bekannten Patres Schall und Verbiest zu erinnern, deren Wirken am Kaiserhofe zu Peking zu der allerkühnsten Hoffnung begründeten Anlaß bot: Zur Bekehrung des « Sohnes des Himmels » und damit zur Bekehrung Chinas selber binnen kurz oder lang! Das Bemühen dieser großen Gestalten war aber nichts anderes als die in größeren Proportionen fortgesetzte Methode des P. Matteo Ricci. Vom ersten Augenblick der neuen Chinamission an, ja, schon vorher, war man sich darüber klar, daß die Bekehrung des Kaisers von China der Schlüssel sei zur Bekehrung des Reiches überhaupt! Wenn wir derartig hochgespannte Erwartungen schon aus dem Rückblick auf unsere europäischen Verhältnisse zu würdigen wissen, so wird die Bedeutung einer solchen Bekehrung noch viel klarer, wenn wir uns die Stellung des Kaisers von China in seinem Reiche und innerhalb des chinesischen kosmisch-ganzheitlichen Denkens vor Augen halten. Dieses Denken war von alters her an diese Ordnung der Dinge, an die überragende Stellung des « Sohnes des Himmels » gewöhnt. Es gab niemals, wie Ricci sagt und soweit wir wissen, in China eine andere als die monarchische Regierungsform [1]. Wohl war die Macht des Kaisers nicht immer gleich gewesen. Aber nach der Unterdrückung der mächtigen Feudalherren durch den Kaiser Shih Huang-ti (259-210 v. Chr.) war die Stellung des Kaisers eine absolute geworden [2]. Hinzu kommt die Vorstellung von der Welt in chinesischer Auffassung: Das geographische Weltbild der Chinesen zur Zeit Riccis ist sehr mangelhaft. Ricci schreibt dazu:

« Wegen der Größe des Reiches und wegen der Unwissenheit
der Literaten bezüglich anderer Nationen dachten diese immer,

---
[1] I Nr. 77.
[2] I p. 51 n. 1.

daß der König von China rechtmäßiger Herr der ganzen Welt sei. Daher nannte man ihn und nennt ihn immer T'ien Tzu, was besagen will: Sohn des Himmels. Und weil der Himmel ihr höchstes Wesen ist (suppremo nume), so fehlt wenig, daß bei ihnen T'ien Tzu soviel besagt wie bei uns Sohn Gottes. Der Kaiser wird aber gewöhnlich Huang Ti genannt, was soviel bedeutet wie Kaiser oder höchster Monarch »[3].

Die Grundlage für diese Auffassung von Welt und Kaiser ist die Vorstellung einer gewissen hierarchischen Ordnung der Welt. In der Tiefe liegt das einfache und unwissende Volk. In der Mitte figurieren zahlreiche Beamte und auf dem Gipfel thront der Kaiser. Er führt vom 20. Jahrhundert vor Christus an den Titel: «Sohn des Himmels». Er hat den Auftrag vom T'ien-Himmel bekommen, seine Untertanen zu regieren. Dieser Auftrag gleicht einer Belehnung durch T'ien-Himmel oder Shang-Ti- höchster Gebieter. Die Welt, das heißt die sublunare Welt, endigt mit China. Über der Welt, also über China regiert der Himmel-T'ien. Die Welt-China wird durch den Stellvertreter des Himmels regiert. Dieser ist abhängig vom Himmel, ihm verantwortlich und muß seine Strafe erwarten, wenn er seiner Aufgabe nicht nachkommt. Damit aber wird der Himmel-T'ien zum Ursprung aller Autorität. Der Kaiser nimmt an dieser Autorität teil, hat praktisch die gleiche Autorität wie der Himmel. Darum darf auch er allein dem Himmel Opfer entrichten und zwar im Namen, an Stelle und zu Gunsten seines Volkes [4]. Nach diesem Weltbild gleicht der Kaiser in gewissem Sinne dem Himmel-T'ien. Der Kaiser steht im Mittelpunkte der gesamten irdischen Welt, aber als Vertreter des Himmels. Der Himmel-T'ien oder auch Shang-Ti steht im Mittelpunkte der himmlischen Welt. Das Zusammenfallen Chinas mit der Welt kommt in den Namen für das Reich sehr gut zum Ausdruck: China ist das, was unter dem Himmel ist: T'ien Hsia. Das Ministerium des kaiserlichen Hauses ist ein «Himmelsministerium». Das regierende Haus ist die «Himmelsdynastie». Der Kaiser ist der «Sohn des Himmels» oder auch der «Erhabene Himmlische», «Himmelskaiser»[5].

Es nimmt weiter nicht wunder, daß auch in China, wie in vielen anderen alten Reichen, die Jahre nach dem regierenden Kaiser gezählt werden[6]. Ihm stehen ganz besondere Ehrungen zu. Al-

---

[3] I Nr. 80; cfr. MAPPAMONDO, p. 90, Fig. 5, p. 124, Fig. 6.
[4] I, XLI, ähnlich I, XLVI: Der Kaiser als Sohn des Himmels; II Nr. 878.
[5] I p. 54 n. 1.
[6] I Nr. 130; p. 81.

le Jahre kommen am ersten Tage des Monates (d. h. an jedem Neumond) [7] in allen Städten Chinas alle Beamten an einem bestimmten Platz zusammen, jeder in seiner Stadt oder in seiner Gegend. Man stellt einen Königsthron auf und bedeckt ihn mit einem Schleier (Ciborio). Der Thron ist reich an geschnitzten und vergoldeten Drachen — dem königlichen Wappentier — und sonstigen Arbeiten. Man wirft sich bei dieser Veranstaltung oftmals vor dem verhüllten Throne auf die Knie nieder und ruft dabei: 10.000 Jahre Leben [8]. Außerdem müssen viele Mandarinen jährlich zum Geburtstage des Kaisers nach Peking, um ihm ihre Aufwartung zu machen [9], wenn auch nur vor dem leeren Throne. Das sind aber nur kleinere Mandarine, die hohen Mandarine müssen alle drei Jahre erscheinen. Die Erhabenheit des Sohnes des Himmels ist eine so große, daß er von den meisten Menschen nicht gesehen werden darf. Nur mit Hilfe von Gesuchen, welche innerhalb des kaiserlichen Palastes von den Eunuchen weitergegeben werden, findet der Verkehr mit der Außenwelt, auch mit den höchsten Beamten statt. Die Ehrfurcht vor dem Kaiser ist derartig, daß Reiter oder Leute in der Sänfte, also Vornehme, die am Tore des kaiserlichen Palastes vorbeikommen, ab- oder aussteigen, um zu Fuß am Tore des Palastes vorbeizugehen [10].

Man sieht klar die Bedeutung, die dem Kaisertum in China zukommt. Wie verlockend mußte es sein, unter solchen Umständen die Bekehrung des «Sohnes des Himmels» zu versuchen. Oder doch wenigstens von ihm die Erlaubnis einer freien und ungehinderten Predigt zu erwirken. Aber wie sollte man an den Kaiser herankommen? Es war ja fast unmöglich, das Reich der Mitte überhaupt nur zu betreten! Die ersten Pioniere, deren Arbeit allerdings vergebens war, stützen sich auf die Hoffnung, als Gesandte des Papstes oder anderer europäischer Fürsten, vornehmlich des Königs von Spanien und Portugal, in das Reich der Mitte eindringen zu können.

Franz Xaver zieht diese Möglichkeit erstmalig in Betracht. Er begibt sich 1552 mit den dazu nötigen Dokumenten auf die Reise nach China. Sein Mißerfolg ist bekannt.

Drei Jahre später wird die Idee Xavers, ein wenig verändert, wieder aufgenommen von dem Jesuiten Melchior Nunez Barreto.

---

[7] I Nr. 130, p. 80; I p. 80 n. 3.
[8] I Nr. 130, p. 80 f.; II p. 65 n. 1: Dieser Zuruf entspricht etwa dem deutschen Heil.
[9] II Nr. 505, 769, 792.
[10] I Nr. 130.

Er gedenkt, als Legat des portugiesischen Königs das Reich betreten zu können. Bei dieser Gelegenheit sollten einige andere Patres der Gesellschaft Jesu mitkommen zur Eröffnung der missionarischen Wirksamkeit. Wiederum scheiterte der Plan.

In den Jahren 1556-1569 sieht der Dominikaner Gaspar da Cruz in einer Gesandtschaft dieser Art überhaupt das einzige Mittel, nach China zu gelangen.

Endlich können wir noch auf Pietro da Alfaro, einen Franziskaner, hinweisen, der am 10. Dez. 1577 die Idee einer Gesandtschaft an den Kaiser von China dem spanischen Könige unterbreitete [11].

Die Dinge lagen also gewissermaßen in der Luft, und jedem Einsichtigen mußte klar sein, daß letztlich bei der stark ausgeprägten Abschließung Chinas der Herr dieses Riesenreiches allein es sein konnte, der Kirche die Tore Chinas für dauernd zu eröffnen!

Es müßte merkwürdig zugehen, wenn sich nicht von Anfang an nach Eröffnung der neuen Mission in China das Streben, nach Peking, in die Hauptstadt, zum Kaiser zu gelangen, den ersten Platz erobert hätte. Zwar konnte man die Absicht nicht gleich in die Tat umsetzen, und vor der Fülle anderer und vordringlicherer Aufgaben erscheint sie manchesmal sogar ein wenig in den Hintergrund zu treten. Tatsächlich ist es nicht so! Das Ziel — Peking — der Kaiser — wurde nie aufgegeben, sondern konsequent und zäh im Auge behalten.

Schon P. Ruggieri kennzeichnet mit sicherem Blick die tatsächlichen Verhältnisse und eigentlichen Schwierigkeiten der Mission, wenn er an seinen Ordensgeneral P. Everard Merkurian schreibt:

> « Die große Schwierigkeit, das chinesische Reich zu bekehren, besteht nicht im Widerstand, den man etwa in ihrem Willen finden würde, denn sie haben gar keine Schwierigkeit, die Dinge Gottes zu verstehen und zu erkennen, daß diese unsere Religion heilig und gut ist, sondern in der großen Unterordnung, die sie im Gehorsam zu beachten haben, einer gegenüber dem anderen, je nach seinem Grade bis hinauf zum König. Darum besteht die ganze Aufgabe darin, daß Wunsch und Begier im König von China wach werde, die Patres zu sich rufen. Ich zweifle nämlich nicht daran, daß er ihnen sofort die Erlaubnis geben würde, ihre Lehre zu predigen und zu lehren an alle, die sie annehmen wollten ... Es gibt keinen Chinesen, der nicht wünscht, diese Religion Gottes

---

[11] I p. 249 n. 3.

8 J. Bettray, S. V. D.

zu empfangen, aber die Beamten sagen, daß man für die Änderung von Religion und Brauchtum die Erlaubnis des Königs brauche ... »[12].

Und wiederum taucht der Gedanke der Gesandtschaft in den Plänen dieses Missionars auf. Er bittet schon um eine Uhr für den Kaiser, um eine bebilderte Ausgabe der Geheimnisse des Alten und Neuen Testamentes. Er meint dann aber doch etwas zu optimistisch, daß es sehr leicht sei, zum Kaiser zu gelangen. Die Missionare seien ja Untergebene des Kaisers. In zwei Jahren hofft er das Ziel erreicht zu haben[13]. Es sollte praktisch noch 20 Jahre dauern, bis Ricci sich endgültig in Peking niederlassen konnte.

Am 8. Nov. 1586 bittet Ruggieri erneut seinen P. General um Sendung von Sachen, damit die Patres die Erlaubnis erhalten könnten, zum Hofe zu gehen. Nur so können sie dafür Sorge tragen, die Erlaubnis für den dauernden Aufenthalt im Reiche zu bekommen. Es wäre auch gut, wenn der Papst einen Brief an den Kaiser schreiben würde. Dieser müßte natürlich von den Missionaren vorbereitet werden[14].

Auch P. Valignano, der große Organisator der ostasiatischen Jesuitenmissionen jener Zeit, ist überzeugt, daß ohne die Gunst des Kaisers eine dauernde und gesicherte Missionstätigkeit in China nicht möglich ist, besonders, da er sieht, daß die Schwierigkeiten schon in der ersten kleinen Residenz in Shiuhing nachgerade unerträglich geworden sind. Man müßte den Patres unbedingt größere Autorität verschaffen. Darum entschließt er sich, einen der Missionare (Ruggieri) nach Rom zu schicken, um den Papst zu bitten, daß seine Heiligkeit durch ein schönes Geschenk an den Kaiser von China, das einige Patres aus Rom und China diesem überbringen sollen, das Ansehen der Glaubensboten stärken möge. Zu diesem Zwecke müssen natürlich Briefe des Papstes in chinesischer Sprache verfaßt werden. Diese Aufgabe übernimmt Ricci mit Hilfe eines Literaten in Shiuhing. Man verfaßt einen Brief an den Kaiser, einen an den Vizekönig der Provinz Kwangtung und einen Brief, der den Missionar-Gesandten als Paß dienen sollte. So sollte alles nach chinesischem Brauche in die We-

---

[12] TV p. 403, Brief vom 12. Nov. 1581.
[13] TV p. 417, 419, 421, P. Ruggieri vom 7. Febr. 1583 und vom 5. Januar 1584 an P. Aquaviva.
[14] TV p. 448 f., Brief vom 8. Nov. 1586 an P. Aquaviva.

ge geleitet werden. Nur möchte man die Schriftstücke schön geschmückt wieder zurückschicken [15].

Die Zeit eilt indessen dahin. Die Verhältnisse sind stärker als der beste Wille der Missionare. 1596 schreibt Ricci von Nanchang aus:

> « Was wir jetzt hoffen, ist, auf irgendeine Weise Zutritt zum König zu bekommen, um mit seiner Erlaubnis frei predigen zu können. Hätte man diese, so verspreche ich, daß sich in kurzer Zeit Millionen von Seelen bekehren würden » [16].

Wie dringend nötig diese Erlaubnis tatsächlich war, geht aus einem Briefe Riccis an Aquaviva hervor:

> « Wir haben unter uns zwei Dinge festgestellt, von denen wir untrügliche Zeichen haben: Das eine ist, daß in kurzer Zeit Millionen von Christen sich gewinnen ließen, wenn wir in diesen Ländern die freie Erlaubnis hätten, das hl. Evangelium zu predigen; das andere ist, daß wir ohne diese Erlaubnis sofort das Wenige wieder verlieren würden, was wir haben, wenn wir die Absicht äußern würden, daß wir Christen gewinnen wollen (d. h. eine große Zahl von Christen), und das wegen des großen Verdachtes, der gegen Fremde in diesem Reiche herrscht und besonders gegen uns ... ».

Man würde also unter den damaligen Verhältnissen aus einer stark anwachsenden Christenzahl bei ungenügender Rückendeckung durch die Obrigkeit sofort Mißtrauen von Seiten der Mandarinen gegen die fremden Missionare geschöpft haben. Und das umso mehr, da man ja sah, daß diese gebildete Männer waren und daß sie, wie Ricci an der gleichen Stelle sagt:

> « Begabung, Geist und Kraft besaßen, jedes große Werk zu beginnen. Aus diesem Grunde haben wir nicht den Mut auszuschreiten als nur wie mit einem Bleifuß » [17].

---

[15] I Nr. 303: Tatsächlich wurde P. Ruggieri als Gesandter nach Rom gesandt. Es scheint, daß die Idee einer päpstlichen Gesandtschaft direkt ausging vom Präfekten von Shiuhing, als dieser nämlich 1587 den Verdacht bekam, daß auch andere Ordensleute auf jeden Fall nach China kommen wollten. Er stellte den Patres Ruggieri und Ricci die Alternative: Entweder bleiben sie beide in Shiuhing, ohne um weitere Erlaubnisse für andere Missionare einzukommen, aber mit der Möglichkeit, einen eingeborenen Klerus heranzubilden, oder sie sorgen für eine Gesandtschaft an den Kaiser und damit für die Legalisierung ihres Aufenthaltes in China (I p. 249 n. 2).

[16] TV p. 216, Brief vom 11. Okt. 1596 an P. Fuligatti.

[17] TV p. 225, Brief vom 13. Okt. 1596 an P. Aquaviva.

Die Missionare klammern sich begreiflicherweise an jeden Strohhalm, um ihren sehnlichsten Wunsch in die Tat umsetzen zu können. Im gleichen Briefe an P. Aquaviva berichtet Ricci von dem **Friedensvertrag zwischen China und Japan**, der demnächst abgeschlossen werden soll. Mitbrüder aus Japan haben ihn darüber informiert. Sie haben ihm mitgeteilt, daß der Führer der japanischen Delegation ein Christ, Augustinus, sein soll! Sicher wird daher die japanische Gesandtschaft mit dem König von China auch über die freie Predigt des Evangeliums verhandeln. Weil aber Peking, die Hauptstadt des Reiches, Japan gegenüberliegt, kann es leicht sein, daß die Patres aus Japan die ersten sein werden, die an den Hof gelangen werden und « sie gaben mir große Hoffnung, daß das Unternehmen gelingt » [18]. Tatsächlich gelang es nicht. Wie schwer der Plan, nach Peking zu gelangen, sich durchführen ließ, wird durch eine äußerst niederdrückende Äußerung Riccis zwei Tage nach diesem Briefe in einem Briefe an P. Costa gut beleuchtet: « Der Zutritt zum König scheint unmöglich zu sein » [19].

Mit der **Ernennung Riccis zum Oberen der Chinamission (Aug. 1597)** durch Valignano erhielt Ricci auch den Auftrag, mit allen Mitteln für die Erreichung des Zieles, nach Peking zu gelangen, Sorge zu tragen. Dieses Ziel empfiehlt der Visitator sehr, denn « solange das Verweilen der Patres nicht vom Könige selber approbiert ist, kann der Aufenthalt nicht sicher sein ». Valignano drängt auf diesen Weg, weil sich die andere Möglichkeit, Peking und damit den Kaiserhof vermittels einer päpstlichen Gesandtschaft zu erreichen, als undurchführbar erwiesen hatte [20].

Ricci begibt sich sofort an die Vorbereitung der Gesandtschaft, tut es aber zunächst auf dem ungünstigsten Wege, der nur möglich ist. Er sucht nämlich den « König » Ch'ien Ch'ai von Kienan, einen der vornehmsten Verwandten des Kaisers, für die Sache zu gewinnen. Er bedenkt nicht oder weiß nicht, daß der Kaiser sich gerade gegen solche Leute, noch dazu in solchen Angelegenheiten, **höchst mißtrauisch verhält. Die Sache Riccis wäre von vorneherein verfahren gewesen**, hätte er diesen Weg weiterverfolgt [21]. **Die Hilfe sollte ihm von anderer Seite kommen.**

---

[18] TV p. 227, der gleiche Brief. Riccis Hoffnung stützte sich auf Briefe von den Patres Organtino und Pasio aus Japan.

[19] TV p. 232, Brief vom 15. Okt. 1596.

[20] II Nr. 501 p. 4: Auch P. General Aquaviva war der Ansicht, daß sich das Projekt einer päpstlichen Gesandtschaft an den Kaiser von China nicht durchführen lasse.

[21] II Nr. 503.

Der im Amte des Innenministers neubestätigte Wang Chungming von Nanking, ein alter Freund Riccis [22], kommt nach Nanchang [23]. Ricci besucht ihn, gratuliert ihm zur Neuernennung und überreicht ihm ein schönes Geschenk. Bei dieser Gelegenheit kam auch die Rede auf das Gesandtschaftsprojekt. Der hohe Herr verspricht, Ricci mit sich nach Nanking und von dort aus mit nach Peking zu nehmen. Nach Peking hofft er bei Gelegenheit des Geburtstages des Kaisers zu kommen. Ricci soll mitkommen. Man würde die Geschenke überreichen, Dinge, die man ja in China nie gesehen hatte [24]. Das Unternehmen schlug aber fehl. Riccis Bemühung, sowohl in Nanking wie in Peking Fuß zu fassen, mißlang. Erst der dritte Versuch in Nanking, nach der Rückkehr aus Peking, gelang. Ricci konnte sich in der Südresidenz des Reiches festsetzen [25]. Sicher war das trotz des Mißerfolges in Peking ein bedeutender Schritt dem Ziele, dem Kaiserhofe entgegen. Auch hatte sich damit ein Weg für die Eröffnung weiterer Residenzen im Süden aufgetan, ohne daß man sich allerdings dieser Möglichkeit bedient hätte. Bevor der Zutritt zum König nicht gesichert war und damit eine gewisse Approbation der Mission gegeben war, dachte man nicht an eine größere Entfaltung der Mission. Man wollte jeden Verdacht vermeiden und so die durchaus im Rahmen des Möglichen liegende Vertreibung und die Gefahr dazu auf ein Minimum reduzieren [26].

Daher fühlen sich die Missionare auch in Nanking nicht sicher, solange sie nicht ihre Geschenke dem König angeboten haben und dadurch sein Wohlwollen gewonnen haben. Es darf aber auch nicht mehr lange anstehen mit dem Vorstoß zum Kaiserhof, denn der Ruf der Dinge aus Europa muß notwendig zu den Ohren des Königs gelangen wegen der vielen Eunuchen, die dauernd zwischen Peking und Nanking verkehren. Und da es durchaus möglich ist, daß der König nach den Sachen schickt, was aber den Patres nicht viel einbringen würde, muß man dem König zuvorkommen. Er wird dadurch mehr verpflichtet werden [27].

Die Ankunft des P. Cattaneo und des chinesischen Bruders Sebastian im März 1600 macht Ricci für die Vorbereitung des Pekingunternehmens frei. Die Beratungen darüber mit befreundeten

---

[22] I Nr. 417.
[23] Kurz vor dem 25. Juni 1598 (II Nr. 506).
[24] Man brach am 25. Juni 1598 nach Nanking auf.
[25] II Nr. 532: Am 6. Febr. 1599 fand der 3. Einzug in Nanking statt.
[26] TV pp. 247-248, Brief vom 15. Aug. 1599 an P. Costa.
[27] II Nr. 564.

Mandarinen verlaufen günstig, die nötigen Patente und Empfehlungsschreiben werden gerne gegeben [28]. Die Geschenke für den Kaiser werden sorgfältig ausgesucht und in den entsprechenden Stand gesetzt [29]. Die Reise kann beginnen.

Zwar geht dieselbe nicht glatt vor sich [30], denn der Eunuch Ma T'ang wäre den Missionaren beinahe zum Verhängnis geworden. Aber ein persönlicher Ruf des Kaisers löst die Schwierigkeiten. Ricci kann weiterziehen. Ricci schreibt uns über diesen unliebsamen Zwischenfall: « (Gott) bewirkte, daß der König plötzlich von seinem Palaste aus eine Botschaft schickte, daß die Patres sofort nach Peking kommen sollten und daß sie selber das Geschenk dem König überbringen sollten ». Nur soll das Innenministerium die Sache begutachten. Über alles soll dem König Bericht erstattet werden [31].

Am 24. Jan. 1601 zieht Ricci feierlich in Peking ein und am folgenden Tage werden in glänzendem Aufzuge die Geschenke zum Palast gebracht [32]. Besonders macht eine kleine Uhr [33] Eindruck auf den Sohn des Himmels. Die Bilder des Erlösers und seiner heiligsten Mutter berühren den Kaiser tief. Er meint, einen lebendigen Gott vor sich zu haben. Auch die Kaiserinmutter ist auf das tiefste von dem Bilde der Madonna beeindruckt [34].

Damit ist der Aufenthalt in Peking aber noch keineswegs gesichert. In der kommenden Zeit wird Ricci oft von Beamten besucht, die sich nach seinen Absichten erkundigen. Und da der Missionar die Fragen für offizielle Fragen der Obrigkeit hält, gibt er auch getreu Auskunft. Er will nichts verheimlichen. Die Missionare schreiben ihre Aussagen sogar nieder: Daß sie im Auftrage der Oberen gekommen sind, um die Religion Gottes in China zu verbreiten. Sie sind aber auch gekommen, um dem Kaiser von China ein Geschenk zu machen als Zeichen der Hochachtung und des Dankes für ihr Verweilen in China während so langer Jahre.

---

[28] II p. 98 n. 2; II Nr. 571; II p. 100 n. 5.
[29] II Nr. 572.
[30] II Nr. 581; II Nr. 583; mit Ricci kamen P. Pantoja, ferner die beiden chinesischen Brüder Sebastian und Emanuel, der damals noch Kandidat war (II Nr. 574).
[31] II Nr. 590.
[32] II Nr. 592; II p. 123 n. 5: Eine Liste mit der Aufzählung der Gegenstände, die man dem Kaiser schenkte.
[33] II Nr. 594.
[34] II Nr. 593.

Sie begehren indessen kein Amt noch ein Gegengeschenk [35]. Sie möchten sich nur in China aufhalten dürfen. Entweder in Peking selber oder dort, wohin der König sie schicken würde. Auf die Frage nach dem Inhalt ihrer Gotteslehre gibt Ricci dem Mandarin, der die Untersuchung vornimmt, ein Brevier sowie das, was man bis jetzt in chinesischer Sprache über die christliche Lehre verfaßt hatte. Das Brevier wurde zurückgeschickt, die anderen Sachen behielt man im Palaste. Wahrscheinlich handelte es sich dabei um die « Freundschaft » Riccis und um die « Christliche Lehre » [36].

Die sich bald darauf anbahnenden Schwierigkeiten um die Patres werden durch das Dazwischentreten von Freunden gelöst. Ricci kann endlich ein Gesuch an den Kaiser einreichen, das folgenden Inhalt hat: Die Missionare sind nach China gekommen auf den Ruf der Herrlichkeit des Kaisers hin. Viele Jahre lebten sie friedlich im Lande. Im vergangenen Jahr sind sie (nach Peking) gekommen, um von ihren geringen Sachen ein Geschenk zu machen. Besonders das Bild des Erlösers. Durch dieses soll der Friede des Reiches und das Glück des königlichen Hauses gesichert sein zum Beweis der Liebe und Verehrung für Seine Majestät. Die Missionare wollen für all das kein Geschenk oder ein Amt. Sie sind ja Ordensleute und somit ohne Kinder und Enkel und ohne Bedürfnis für solche Dinge. Sie bitten aber darum, daß der Kaiser ihnen einen Ort anweise innerhalb oder außerhalb der Hauptstadt, wo sie wohnen können. Der Kaiser antwortet auf dieses Gesuch nicht, läßt aber durch seine Eunuchen wissen, daß die Patres von seiner Seite aus nichts zu befürchten haben [37]. Zu diesem für Fremde so überaus günstigen Ergebnis wünschen zahlreiche hohe Persönlichkeiten Glück, zumal auch ein praktischer Nutzen bei der Sache herausschaute: Der König hatte den Patres eine kleine Rente gewährt. Die vorher nicht gerade günstige Stimmung in den einzelnen Ämtern, vor allem im Fremdenamt, schlug ins Gegenteil um [38].

Bei allen diesen Hoffnungen und Befürchtungen hatte man die eigentliche Aufgabe der Mission nicht aus dem Auge verloren.

---

[35] Ein solches Gegengeschenk hätte soviel bedeutet wie: Ihr habt jetzt Euren Lohn empfangen, Ihr könnt mein Reich wieder verlassen.
[36] II Nr. 611; II p. 146 n. 5.
[37] II Nr. 617.
[38] II Nr. 618; II p. 153 n. 6.

Ricci schildert eine in dieser Zeit statthabende Verfolgung des Buddhismus und meint, daß diese Verfolgung zum Nutzen der wahren Religion sei, « die man allmählich in der Hauptstadt dieses Reiches zu predigen begann » [39].

Man sieht, der zähe Eifer Riccis hatte sich gelohnt. Vorsichtig und klug war er vorgegangen, hatte nichts überstürzt, lieber sich zurückgehalten. Nun saß er ziemlich fest in der Hauptstadt und hatte die Genugtuung, wie ein unsichtbarer Schützer über seinen Mitbrüdern in den Provinzen zu stehen. Die Grundlage für ein weiteres und breiteres, gedeihliches Wirken war gelegt. Ricci schätzt die Bedeutung der Residenz in Peking klar ein, wenn er sagt:

> « Der König will nicht, daß wir von Peking fortgehen. Genau, was wir wünschen. Denn unser Aufenthalt hier und die Tatsache des Unterhaltes aus der Kasse des Königs, unser Ansehen und die Achtung bei ihm gibt diesem Unternehmen und den anderen Residenzen eine starke Autorität » [40].

Natürlich mußten sich die Patres zu den Zeremonien zu Ehren des « Sohnes des Himmels » herbeilassen. Als sie zwei oder drei Tage in der Hauptstadt waren, und zwar in dem Hause für die fremden Gesandten, wurden sie zum Palaste des Königs, zur königlichen Audienz geführt, um ihre Reverenz dem königlichen Throne zu machen [41].

So hatte man also mit dem Einzug in Peking ein wesentliches Ziel erreicht. Freilich nicht die Bekehrung des « Sohnes des Himmels » selber. Aber man arbeitete sozusagen unter seinen Augen und damit hatte die katholische Religion eine erste, wenn auch vorerst nur provisorische Billigung erfahren. Die Erfolge bleiben

---

[39] II Nr. 640: Es handelt sich um die Zeit von Ende Dezember 1603 bis erste Hälfte 1604.

[40] TV p. 296, Brief vom 26. Juli 1605 an P. Alaleoni; cfr. TV p. 264, Brief vom 9. Mai 1605 an P. Fablo de Fabll; TV p. 274, Brief vom 10. Mai 1605 an P. Costa.

Die Ursache dafür, daß der König die Patres in Peking behalten wollte, konnte verschiedenartig sein. Die direkte Ursache scheinen die Uhren gewesen zu sein, die die Patres offiziell viermal im Jahre nachschauen mußten, tatsächlich geschah es aber öfter. (II Nr. 887, 622).

[41] II Nr. 609: Inwieweit die hier aufgeführten Zeremonien von den Patres mitgemacht werden mußten, ist nicht klar zu sehen. Die in Nr. 130 geschilderten Zeremonien wurden von den Mandarinen gemacht. Da es sich hier um ähnliche Zeremonien handelt, scheint man annehmen zu müssen, daß diese Zeremonien für die Mandarinen vorgeschrieben waren, ohne daß ganz klar ersichtlich ist, welches Zeremoniell von den Fremden gefordert wurde.

nicht aus. Man kann sich im ganzen Reiche freier bewegen. Die Zahl der Christen steigt nun schön an und unter ihnen sind viele, die zu den besseren Ständen gehören. Denn es mußte doch selbstverständlich auch etwas dabei herausschauen, wenn man den vornehmen Ständen eine solche Sorgfalt zuwandte. Entsprachen die Erfolge unter ihnen der aufgewandten Mühe? Wie stark ist das vornehme Element in der jungen chinesischen Christenheit der Jesuiten? Fragen, die uns im nächsten Kapitel beschäftigen werden.

4. KAPITEL

DAS SOZIALE MILIEU UND DIE ZAHL DER ERSTEN CHRISTEN DER NEUZEIT IN CHINA

Unsere bisherigen Untersuchungen in diesem Abschnitte lassen die Frage auftauchen: Weshalb hat man sich solche Mühe gemacht? Hat man die guten Beziehungen zu den oberen Klassen in China etwa nur deshalb gepflegt, um einfachhin bei diesen Schichten in gutem Lichte zu stehen? Wie bereits angedeutet, ist auf diese Frage zu sagen: Für jene glaubenseifrigen, klugen Missionare ist alles nur ein Mittel zum Zweck. Diese Männer arbeiteten in erster Linie und im letzten Grunde ausschließlich für die Verbreitung des hl. Glaubens. Sie gingen dafür allerdings Wege, die, wenn man nicht sagen will, die einzige Möglichkeit, so doch die stärkste Möglichkeit boten, am ehesten und sichersten zum Ziele zu gelangen. Vergleicht man diese mit der bis in die jüngste Zeit hinein geübten Methode, die allzuwenig Gewicht legte (hierfür liegen allerdings starke historische Gründe vor) auf die Gewinnung der Vornehmen, der Führerschicht, der Gebildeten, und bedenkt man, daß gerade die Schicht der Vornehmen es war, auf die Ricci an erster Stelle einzuwirken suchte und mit der er, wie mit einem gewaltigen Hebel, das ganze heidnische China zu wandeln suchte, so sieht man, wie weitschauend er und seine Mitbrüder von Anfang an gearbeitet haben. *Eine Schicht katholischer, gebildeter Laien zu schaffen,* war Riccis starkes, wenn auch nicht einziges Bestreben. Von hier aus bekam die junge Mission faktisch ihr eigentümliches Gepräge. Man möge nicht sagen, daß einer derartig starken Betonung des Apostolates unter den Vornehmen nicht die Bedeutung zukommt, wie man glauben machen möchte, denn die Mission habe sich ja auch nach diesen Anfängen weiterentwickelt. Man darf aber nicht vergessen, daß Ricci überhaupt erst die Grundlagen legte, die das Eindringen fremder Missionare in späteren Jahren erleichterte. Und dann: Man frage sich einmal: Wo ständen wir heute, wenn man das Apostolat unter den Vornehmen weiter gepflegt hätte? Ist so gesehen die geschichtliche Entwicklung mit ihrem Schlußpunkt in der heutigen Situation dieses unglücklichen Landes nicht eine erschütternde Anklage?

Um einen möglichst geschlossenen Eindruck der in diesem Kapitel gestellten Frage zu vermitteln, wird es gut sein, die einzelnen Missionsstationen der Reihe nach durchzugehen, soweit sie von Ricci selber gegründet wurden oder doch zu seiner Zeit entstanden. Allerdings ist es nicht möglich, genaue Zahlen anzugeben: Soviele aus den Vornehmen, soviele aus dem Mittelstande, soviele aus dem niederen Volke. Wir sind nicht in der Lage, eine statistische Übersicht der einzelnen Stationen zu bieten. Summarische Angaben der Quellen, beispielhaftes Hervorheben einzelner Fälle verhindern eine genaue Festlegung der Zahlen. Wir wollen aber doch durch Angabe der Gesamtbekehrungsziffern sowie aller übrigen Belege, vor allem auch zeitlicher Angaben, die sich in der « Storia » finden, ein möglichst getreues Bild der sozialen Schichtung der einzelnen Christengemeinden zu bekommen trachten. Wir werden jedenfalls den Beweis antreten können, daß Ricci sich in diesem Punkte treu geblieben ist und sich leiten ließ durch die vom Missionsobjekt vorgegebenen und für die Christianisierung bedeutungsvollen sozialen Unterschiede.

Natürlich sind nicht alle diese Christen von Ricci getauft worden. Ricci ist im Gegenteil viel eher Bahnbrecher durch den Urwald. Er rodet und sät, ohne die Ernte abzuwarten. Sehr viele der nicht von ihm getauften Christen sind von ihm in irgendeiner Weise erstmalig auf das christliche Ideal aufmerksam gemacht worden. Ihm, als dem Leiter der Mission und damit als dem Wegweiser in methodischen Fragen, kommt aber fraglos, gerade was die Taufe der Vornehmen ohne seine direkte Mithilfe angeht, ein großer Teil des Verdienstes zu.

Ruggieri und Ricci eröffneten am 10. Sept. 1583 definitiv die Mission. Die erste Taufe wird in Shiuhing einem Armen gespendet. Er ist tödlich erkrankt, von seinen Verwandten aufgegeben. Die Missionare nehmen sich seiner in leiblicher und geistiger Hinsicht an. Seinen Leib können sie zwar nicht retten, seiner Seele aber haben sie den Himmel erschlossen [1].

---

[1] I Nr. 251: Die Taufe fand nach dem Kontext etwa Ende 1583 oder Anfang 1584 statt (I p. 196 n. 1).

Bereits der zweite Christ im gleichen Ort ist ein Literat, ein Baccalaureus. Das Studium des Katechismus des Ruggieri, den dieser Mann in literarische Formen brachte, regte die Bekehrung an. Er wurde am 21. Nov. 1584 zusammen mit « Cinnico », einem Kaufmann, der das Altare portatile des Ruggieri während dessen Abwesenheit aufbewahrt hatte, von P. Cabral feierlich getauft [2].

Von den übrigen Christen wissen wir bezl. ihrer sozialen Stellung nicht viel. Von den « Großen » wird gesagt, daß sie sich nicht so rasch bekehrten, wenn sie auch durch die Patres einen Begriff von der Wahrheit und Heiligkeit der katholischen Religion bekamen [3]. Wir hören wohl von der Taufe einiger « matrone honorate », die der Mission großes Ansehen verschafften und das Christentum in den Häusern stützten [4]. Im ganzen sind es 70-80 Personen, die während des nahezu 6jährigen Aufenthaltes in Shiuhing getauft werden [5]. Es deutet nichts darauf hin, daß unter diesen Personen *viele* Leute von besonderer Bedeutung gewesen wären in dem Sinne, wie wir das später in allen Residenzen mehr oder weniger feststellen können. Doch ragt unter den Getauften einer mehr hervor. Nach Angaben Ruggieris haben wir es hier mit dem 2. Sohn des Militärsachverständigen von Shiuhing zu tun. Er wurde getauft. Anscheinend ließ der Vater das geschehen aus Dankbarkeit gegen die Patres, auf deren Beten hin er sein erstes Kind bekommen hatte. Später aber erlosch die Freundschaft des Vaters gegen die Missionare [6]. Ricci erwähnt dann noch einen Mandarin, « ma assai piccolo », der sich bekehrte, als ihm auf das Gebet der Patres seine Gattin zwei Söhne schenkte. Sie hatte ihm bisher noch keine Söhne geboren. Er ließ sich und seine Kinder taufen [7].

Man darf diese Ergebnisse nicht nach den Maßstäben moderner Massenbekehrungen beurteilen. Sie scheinen uns aber in China bei der Methode Riccis recht zufriedenstellend zu sein. Sein langsames und zögerndes Vorgehen bedingte ein langsames Ansteigen der Christenzahl. Was die soziale Schichtung angeht, so können wir die Ergebnisse zwar nicht vergleichen mit anderen Statio-

---

[2] I Nr. 274, Ruggieri hatte sich von Ende 1582 bis März 1583 in Shiuhing aufgehalten. Er hatte sein Altare portatile dort gelassen in der Hoffnung, wieder zurückkehren zu können. I p. 219 n. 3; I p. 197 n. 1; I Nr. 236; I p. 185 n. 10.
[3] I Nr. 311.
[4] I Nr. 313.
[5] I p. 270 n. 3: Nach einen Briefe des P. Mexia vom 8. Okt. 1589. Er spricht von 70 Getauften, während Ricci sagt, daß die Christenzahl 80 nicht übersteigt (TV p. 92, Brief Riccis vom 12. Nov. 1592 an P. Fabio de Fabii).
[6] I p. 176 n. 2.
[7] I Nr. 314.

nen. Immerhin dürften sie einem Vergleich mit dem modernen Apostolat leicht standhalten. Man hatte in der Gemeinde einen Baccalaureus, einen Kaufmann, mehrere angesehene Frauen, den Sohn eines hohen Beamten und einen Mandarin. Vergleichen wir die Zahl dieser Höhergestellten mit der Zahl der übrigen Christen in der Stadt, so dürfte das Ergebnis immer noch bedeutend über heutigem Durchschnitt liegen. Man darf nicht vergessen, daß Ricci auch Schwierigkeiten hatte, die heute niemand mehr hat. Die Schwierigkeiten vor allem aus der Sprache waren damals noch fast unüberwindlich. Man war in den ersten Jahren der Chinamission überhaupt. Man mußte erst lernen. Jeder Schritt mußte erst ausprobiert werden. Man kann daher die Missionare nur loben, wenn sie so vorsichtig vorgingen. Sie waren sich der Verantwortung bewußt, die sie vor Gott auf sich luden, wenn sie viele tauften, ohne daß diese später die nötige religiöse Betreuung haben konnten. Tatsächlich mußten sie die kleine Gemeinde verlassen, womit diese ziemlich auf sich allein gestellt war.

Die kleine Episode von Shaohing, ausgehend von Shiuhing und von Ruggieri durchgeführt, ist kaum von Bedeutung, weil Ruggieri und sein Begleiter P. Almeida wegen ungenügender Kenntnis der Sprache fast nichts wirken konnten. Getauft wurden einige Kinder in Lebensgefahr und ein alter Mann. Dieser war Mandarin gewesen. Er war der Vater des Militärsachverständigen von Shiuhing, in dessen Hause, das sich in einem Tempel befand, die Missionare wohnten [8].

Von Shiuhing gingen die Missionare Ricci und Almeida nach Shiuchow. Wir dürfen aber nicht glauben, daß Shiuhing vollständig aufgegeben wurde. Wir erfahren, daß Ricci Ende November — Anfang Dezember 1592 in dieser Stadt 5 Kinder christlicher Eltern tauft. Er besucht die Gemeinde und stärkt sie im Glauben [9].

Am 26. Aug. 1589 traf Ricci in Shiuchow ein [10]. Mit der Bekehrungsarbeit ging es nicht so schnell vonstatten. Die ersten Früchte brauchten lange, bis sie reiften. Die erste Taufe wurde im Verlaufe des Jahres 1591 einem Gottsucher gespendet, der sein ganzes Leben sich gemüht hatte, den Weg des Heiles zu finden. Die Lehre Buddhas, der er bisher gefolgt war, hatte ihm den Frie-

---

[8] I Nr. 284; I p. 228 n. 3: Die Patres Ruggieri und Almeida kamen am 23. Januar 1586 in dieser Stadt an.

[9] I p. 317 n. 5; I Nr. 409; TV p. 112, Brief Riccis vom 15. Nov. 1592 an P. Aquaviva.

[10] I p. 283 n. 6.

den nicht geben können [11]. Er war ein reicher Kaufmann, er beschäftigte in seinem Hause 30-40 Leute [12]. Er wurde auf den Namen Josef getauft und entwickelte einen solchen Eifer, daß Ricci bei einem Besuche in Namyung, wo Josef wohnte, gleich an 10 Personen die hl. Taufe spenden konnte [13]. Unter diesen waren vier Kinder nicht in Todesgefahr [14].

In Shiuchow selber beginnt die Zahl der Christen sehr langsam zu wachsen. Vor dem 15. Nov. 1592 haben wir 6 oder 7 Christen in der Stadt. Im gleichen Jahre werden noch 5 oder 6 getauft. De Petris schreibt am 15. Dez. 1592, daß im ganzen (Shiuchow und Namyung) 22 Personen getauft seien [15]. Als Ricci am 18. April 1595 die Stadt verließ, um sich nach Nanking zu begeben, waren die Getauften in Shiuchow und Umgebung auf 30 gewachsen [16]. Insgesamt haben wir nach einer Mitteilung Riccis an P. Costa vom 15. Okt. 1596 100 Christen in China [17]. Das sind die Christen von Shiuhing, Shiuchow und Namyung zusammengenommen.

Während der folgenden Jahre sind die Schwierigkeiten in Shiuchow besonders groß und darum auch die Erfolge, wenigstens anfänglich, nicht so bedeutend, wie man möchte. Eine der Ursachen dafür war, daß die Patres als Bonzen galten und zuerst auch so auftraten [18]. Die offizielle Änderung dieser Methode des Auftretens fand am 15. oder 16. Nov. 1594 durch Valignano statt [19]. Damit waren die Patres von den weniger ehrenvollen Zeremonien für Bonzen vor den Mandarinen frei, womit allerdings noch nicht eine Umstellung der Mentalität des Volkes und der Literaten den Missionaren gegenüber in Shiuchow erfolgte.

In der Folgezeit wächst die Zahl der Christen in dieser Residenz stärker. Von Makao aus meldet man am 25. Januar 1602 für sie 105 Taufen, und zwar für die Zeit von Juli 1599 bis zu diesem Datum. Pantoja schreibt dagegen am 9. März 1602, daß in den zwei vergangenen Jahren in Shiuchow 300 Taufen gespendet worden seien, eine Zahl, die auch Ricci angibt [20].

---

[11] I Nr. 397.
[12] I p. 314 n. 4.
[13] I Nr. 402.
[14] I p. 317 n. 5.
[15] I p. 318 n. 4; I Nr. 403.
[16] II p. 510 n. 3.
[17] III p. 26.
[18] II p. 193 n. 2.
[19] III p. 25; I p. 336 n. b.
[20] II p. 195 nn. 3. 4; II Nr. 642.

Unter diesen Frühchristen der Gemeinde finden wir einige Vornehme. Zu ihnen gehört die Familie Chung. Das Familienoberhaupt war Literat und Mandarin, ohne daß er sein Amt angetreten hätte. Als Literat scheint er in die Klasse der Lizentiaten oder Baccalaurei gehört zu haben, denn P. Longobardo, der Missionar der Stadt (seit dem 28. Dez. 1597 bis 1610), gibt keine nähere Spezifikation seines Grades, was er wohl getan hätte, wenn er Doktor gewesen wäre. Aus dieser Familie wurden noch zahlreiche andere Mitglieder getauft. So die Mutter und Großmutter des Mandarins, sein Sohn und seine Gattin [21].

Besondere Erwähnung verdient der « Cato » von Shiuchow, der Mandarin P'eng. Vielleicht ist er P'eng Tsung-wang, Lizentiat und späterer Unterpräfekt in Jenhwa in Kwangtung. Die « Storia » beschreibt ihn als einen reichen Literaten von guten Sitten, der sich am Feste des hl. Hieronymus 1603 bekehrte [22].

Im übrigen waren wohl die meisten Christen aus dem Volke, besonders jene, die in der Umgebung der Stadt wohnten [23]. Sie dürften in der Mehrzahl dem Bauernstande angehört haben [24].

Die beiden genannten Familien waren aber nicht die einzigen Vertreter der Vornehmen in der jungen Christengemeinde, wie klar hervorgeht aus der Tatsache, daß sie nur als Beispiele aufgeführt werden unter ausdrücklicher Übergehung der andern [25].

In den Jahren 1603-1605 wächst die Zahl der Christen in Shiuchow trotz unsäglicher Mühen und Bedrückungen beständig. In dem Dörfchen Hsiaping tauft Longobardo einen alten Mann, einen « uomo grave e quasi capo di quella terra » [26]. Bei einem anderen Besuch erfahren wir von neuen geistigen Eroberungen aus der Familie dieses Mannes [27]. Dieser vermittelt wiederum die Bekanntschaft mit einem angesehenen Manne eines 10 Meilen entfernten Dorfes, aus dessen Hause sich dann insgesamt 19 Personen der Kirche anschließen [28]. Ähnlich war es in anderen, nicht eigens von uns aufgeführten Dörfern. Die ganze Station Shiuchow wächst im Jahre 1605 um 140 Christen [29]. Leider bringt das folgende Jahr

---

[21] I Nr. 499; II Nr. 500; II Nr. 649-650; II p. 204 nn. 3. 4; II p. 205 nn. 2. 3.
[22] II Nr. 653; II p. 209 n. 1.
[23] II Nr. 649, 655, 656.
[24] II Nr. 652.
[25] II Nr. 649, p. 204: « Unter diesen will ich nur zwei Mandarinenfamilien erwähnen, wobei ich die übrigen auslasse ».
[26] II Nr. 736; II Nr. 656.
[27] II Nr. 736.
[28] II Nr. 737.
[29] II Nr. 738.

einen Rückschlag durch die Unruhen wegen der angeblichen Rebellion in Makao, sodaß nur ein Zuwachs von 20 Christen verzeichnet werden kann [30]. 1608 haben wir aber doch die schöne Gesamtzahl von 800 Christen [31].

Wir dürfen wohl annehmen, daß diese Residenz stärker emporgeblüht wäre, hätte nicht die Nähe der Portugiesen in Makao wie ein Bleigewicht die ganze Tätigkeit der Missionare gehemmt. Aus diesem Grunde wurde sie dann auch 2 Jahre nach dem Tode Riccis aufgehoben [32].

Wenn wir ein abschließendes Urteil über die soziale Schichtung in der Gemeinde von Shiuchow wagen sollen, so können wir sagen: Die Mehrzahl der Christen ist aus dem einfachen Volk, zum Teil aus der Stadt selbst, zum Teil vom Lande. Es gibt unter diesen Christen Mandarinen und Literaten. Es scheint aber, daß sie im öffentlichen Leben keine große Rolle gespielt haben. Soweit wir sehen, tritt nur einmal einer aus ihnen entscheidend hervor. Der Mandarin Chung berichtet nämlich über das Ansehen der Missionare in Nanking und Nanchang und beruhigt durch seine Darlegungen die gegen die Mission erhitzten Gemüter [33]. Dennoch ist auch von dieser Gemeinde zu sagen, daß die soziale Schichtung derselben gegenüber dem Volksdurchschnitt eine Verschiebung nach oben zeigt. Die Zahl der Vornehmen ist doch relativ stark, wenn auch nicht so stark wie in den Stationen, die wir jetzt besprechen werden.

Von Shiuchow aus versuchte Ricci, nach Nanking zu gelangen, konnte sich aber vorerst nur in Nanchang niederlassen. Am 28. Juni 1595 [34] hält er seinen Einzug in die Stadt, der Metropole von Kiangsi. Das erste Bemühen geht um die Schaffung einer freundlichen Atmosphäre in den vornehmen Kreisen. Nach einem Jahr kann ein Hauskauf abgeschlossen werden [35]. In dieser Zeit bereitet sich Ricci gründlich auf die eigentliche Missionsarbeit in den in Aussicht genommenen Residenzen Nanking und Peking vor. Jetzt setzt die Arbeit am Katechismus ein [36]. Er hat nicht die Absicht, selber lange in dieser Stadt zu bleiben. Der für Nanchang bestimmte Missionar

---

[30] II Nr. 740.
[31] II p. 332 n. 1.
[32] II p. 519 n. 1; II p. 521 n. 2.
[33] II Nr. 661, p. 224.
[34] I Nr. 464.
[35] I Nr. 492; I p. 378 n. 3.
[36] I Nr. 493.

ist P Soeiro. Mit diesem soll ein Bruder arbeiten [37]. Riccis Aufgabe war es, gute Beziehungen zu knüpfen. Sein hervorragendes Gedächtnis verhalf ihm hier zu Ansehen [38]. Seine schriftstellerischen Arbeiten brachten ihm Ehre ein [39]. Das Ausschlagen der Möglichkeit, sich durch eine kleine Notlüge die allzu vielen Besucher fernzuhalten, brachte ihm großen moralischen Kredit [40]. Die eigentliche Bekehrungsarbeit leistete er aber nicht selber. Neben der Schaffung einer günstigen Atmosphäre in der Stadt selber scheint er die Jahre wirklich mehr als Vorbereitungszeit für die Arbeit in Nanking, besonders aber in Peking aufgefaßt zu haben. Er taufte aber den ersten Bekehrten der Stadt und gab ihm den Namen Thomas [41]. Ricci verließ Nanchang nach 3 jähriger Tätigkeit. Für ihn kam als junge Hilfskraft P. da Rocha, der aber bereits am 9. Mai 1600 nach Nanking berufen wurde. Damit blieb der kranke P. Soeiro bis zum Jahre 1604 allein in der Stadt [42].

Für diese Zeit (zwischen 1601-1603) wird uns von einer Gesamtzahl von 20 Christen für diese Residenz berichtet, während vorher nur ein einziger Christ dort war, und dieser war ein Barbier [43]. Es scheint also sicher zu sein, daß obiger von Ricci getaufter Christ besagter Barbier gewesen ist. Er war demnach auch der einzige, den Ricci in Nanchang getauft hat.

Trotz der Einsamkeit und der schweren Erkrankung (Lungentuberkulose) konnte P. Soeiro, ein frommer und demütiger Priester, doch größere Erfolge erzielen. Nur bemerkt Ricci dazu bedauernd, daß diese Bekehrungen — etwa 100 — [44] aus dem niederen Volke stammten und daß unter ihnen nur wenige « persone di qualità » waren. Unter ihnen befindet sich ein Baccalaureus [45].

Gegen Ende März 1604 kam dem P. Soeiro in der Person des P. E. Diaz d. Ält. eine starke Kraft zu Hilfe [46]. Und nun ging es bedeutend rascher voran. Anfang Dezember 1605 ist die Zahl der Christen schon verdoppelt, ist also auf ungefähr 200 gestiegen. Unter ihnen waren gebildete und vornehme Leute, sogar aus der kö-

---

[37] I Nr. 486.
[38] I Nr. 469.
[39] I Nr. 481-482: Hier ist die Rede von seinem « Mappamondo » und der « Amicizia ».
[40] I Nr. 485.
[41] II p. 470 n. 3.
[42] II Nr. 506; II p. 8 n. 7; II Nr. 574; I p. 373 n. 2.
[43] II p. 334 n. 4.
[44] I p. 374 n. a.
[45] II Nr. 741-742; II Nr. 748.
[46] II p. 336 n. 1.

niglichen Verwandtschaft, die, wie wir an anderer Stelle bereits gesehen haben, gerade in Nanchang stark vertreten war. Außerdem waren einige graduierte Baccalaurei und Schullehrer darunter [47]. Ricci schreibt am 26. Juli 1605 über diese Erfolge:

> « (Es sind) Verwandte des Königs und Vornehme (getauft worden), welche in direkter Linie von königlichem Blute sind, eine Tatsache (die Taufe), die wir sehr erstrebten. Darüber hinaus sind dort auch einige Literaten und Mandarinen (getauft worden) ... Und so beginnt das Christentum allmählich Ansehen zu gewinnen ».

Diese Bekehrungen gereichen Ricci « zu großem Troste » [48]. Der von Soeiro getaufte Baccalaureus hatte die Verbindung mit diesen Kreisen hergestellt und als Laienapostel das Christentum dort mehr bekannt gemacht. Der erste dieser Fürsten aus königlichem Geblüte nannte sich in der Taufe Josef. Er wurde « am Tage der Madonna dell'O », einige Tage vor Weihnachten getauft. Außer ihm wurden zwei seiner Brüder, ferner ein Sohn seines zweiten Bruders und ein Vetter in die Kirche aufgenommen. Am Feste der hl. Drei Könige 1605 wurden sie auf den Namen dieser hl. Drei Könige getauft. Der Sohn des 2. Bruders nahm den Namen Emanuel (nach Diaz) an [49]. Außer diesen wurde noch die Gattin des « don Gioseppe » und andere männliche und weibliche Verwandte der Familie getauft. Unter allen diesen waren 6 vornehme Frauen [50]. Hinzu kommt die Taufe von drei Söhnen eines Schwiegersohnes eines der Prinzen. Sie wurden am 26. Febr. 1604 auf die Namen Michael, Gabriel und Raphael getauft [51].

Ähnlich wie in Shiuchow, gab es auch in Nanchang große Beschwerden für die Mission. Es setzte eine förmliche Hetzkampagne gegen sie ein. Die Bedrängnis dauerte genau ein Jahr, vom 21. Okt. 1607 bis 21. Okt. 1608 [52]. Trotzdem konnten die Missionare im Jahre 1608 58 neue Christen hinzugewinnen [53]. Von da an scheint die Mission sich sehr gut entwickelt zu haben, denn 1609 betrug die Zahl

---

[47] II Nr. 748.
[48] II p. 336 n. 7.
[49] II Nr. 749: Josef wurde am 18. Dez. 1604 getauft: Madonna dell'O: Von den O-Antiphonen vor Weihnachten (II p. 536 n. a); II p. 337 n. 5; Bartoli II c. 215.
[50] II Nr. 750.
[51] II p. 339 n. 1; II Nr. 856-884.
[52] II p. 468 n. 1.
[53] II p. 468 n. 2; II Nr. 884: Oder wie Ricci schreibt « 60 christiani incirca ».

9 J. Bettray, S. V. D.

der Christen mehr als 400 [54]. Nach einem Bericht des P. da Rocha betrug sie Anfang Sept. 1610 an 1000 Seelen [55].

Wir dürfen mit diesem Ergebnis wohl zufrieden sein. Wenn die erwähnten königlichen Verwandten auch keinen politischen Einfluß ausüben konnten, so mußte durch ihre Bekehrung doch das Ansehen des jungen Christentums wachsen. Allerdings konnten diese Männer gerade wegen ihrer politischen Bedeutungslosigkeit der Mission in den erwähnten Schwierigkeiten nicht beistehen, wenigstens ist niemals die Rede von einer solchen Hilfe.

Ähnliches ist zu sagen von den bekehrten Mandarinen und Literaten. Ihr direkter Einfluß zugunsten der Missionare ist nicht festzustellen. Wohl kann man von einem indirekten Einfluß sprechen, und insoferne können wir auch schließen, daß es nicht nur der eine oder andere von ihnen war, der sich bekehrte, sondern daß eine größere Zahl aus ihren Reihen sich dem Christentume zugekehrt haben muß. Dieser Einfluß zeigt sich an dem Zorn des Kollegiums der Baccalaurei gegen die Patres und ihre geistlichen Eroberungen [56]. Im ganzen dürfen wir feststellen, daß der soziale Durchschnitt dieser Gemeinde gegenüber Shiuchow bedeutend höher lag und daß er den allgemeinen Volksdurchschnitt wesentlich überragte.

Von besonderem Interesse sind naturgemäß die beiden Hauptmissionen von Nanking und Peking.

Ricci hatte sich am 6. Febr. 1599 endgültig in Nanking niedergelassen [57]. Seine Arbeit, die etwas mehr als ein Jahr dauern sollte, ist auf weite Sicht berechnet. Er beginnt erst einmal, durch die Einführung in einzelne Zweige europäischen Wissens geistigen Einfluß allgemeiner Art zu nehmen [58]. Er bemüht sich ferner stark um die Freundschaft der maßgeblichen Personen der Stadt [59]. Die ersten Bekehrungen liegen in der Zeit von Okt.-Dez. 1599. Die Soldaten- und Offiziersfamilie Ch'in stellt die ersten Christen der Stadt. Der Familienvater war Soldat gewesen [60] und war als solcher, wie wir aus anderen Quellen erschließen können, mit dem Reistransport

---

[54] II p. 483 n. a.
[55] II p. 470 n. 3.
[56] II Nr. 853-876.
[57] II Nr. 532-537.
[58] II Nr. 538-545.
[59] II Nr. 546-554.
[60] II Nr. 569: Ricci bemerkt, daß sein Amt erblich war. Er war etwa Hauptmann.

vom Süden in die Hauptstadt Peking betraut gewesen [61]. Sein Sohn hatte mehrere Male den ersten Platz im Lizentiat für Soldaten erobert [62]. Im Examen für das Doktorat hatte er weniger Glück. Er fiel in Peking mehrmals durch, bestand aber dann doch im Jahre 1604 und erhielt sogar dem 4. Platz. Wenige Monate darauf erhielt er einen wichtigen militärischen Posten in Chekiang und wahrscheinlich 1606 einen noch höheren Posten in Nanchang [63]. Beide, Vater und Sohn, bekehren sich. Mit ihnen mehrere Mitglieder der Familie, Männer und Frauen. Ricci selber scheint nicht viele derselben getauft zu haben. Sicher hat er den alten Vater getauft, und zwar auf den Namen Paul. Aber bereits am 19. Mai 1600 bricht er nach Peking auf [64]. Seine Methode, dazu die entferntere Vorbereitung des Pekingunternehmens legen es nahe, daß er selber nicht viele in die Kirche aufgenommen hat. Sein Nachfolger P. Cattaneo setzt die Bekehrung der Familie Ch'in fort. Dieser und, nach dessen Abreise nach Makao, P. da Rocha fördern die stärkere Ausbreitung des Christentums, sodaß wir nach Riccis Angaben zwei Jahre später mehr als 100 Getaufte haben [65].

Neben der Konversion der vornehmen Familie Ch'in fällt besonders die Bekehrung des alten Mandarins Chou auf [66]. Auch er ist Offizier [67]. Er wurde zusammen mit 18-20 Dienern und Dienerinnen seines Hauses am Osterfeste 1602 getauft, nachdem zwei Diener [68], seine Gattin, sein Sohn und ein Enkel bereits Christen geworden waren [69].

Im folgenden Jahre, das Datum ist nicht ganz sicher, vielleicht war es der 15. Januar 1603, wurde die bedeutendste Persönlichkeit des jungen chinesischen Christentums, Dr. Hsü Kuang-ch'i, in die Kirche aufgenommen und auf den Namen Paulus getauft [70].

---

[61] II p. 93 n. 6.
[62] II Nr. 569; cfr. I Nr. 69: In der Soldatenkarriere gab es die gleiche Rangordnung wie bei den zivilen Beamten in Baccalaurei, Licentiati und Laureati.
[63] II p. 94 n. 2; II Nr. 713; II p. 308 n. 2.
[64] II Nr. 576.
[65] II Nr. 674; II p. 245 n. 4: Der Jahresbericht von 1602 zählt aber nur 50 Getaufte für Nanking auf. Es sind auch eher 3 Jahre als zwei Jahre (II p. 510 n. 3). Und auch dann ist die Zahl 100 noch nicht ganz sicher.
[66] II Nr. 677.
[67] II Nr. 676.
[68] II p. 249 n. 1.
[69] II p. 248 n. a: Ein anderer Sohn, wahrscheinlich der Erstgeborene, blieb Heide (II p. 249 n. 1).
[70] II Nr. 680; II p. 255 n. 1; Beschreibung dieser Persönlichkeit II p. 250 n. 3 ff.

Zwei Jahre später hat auch die Gnadenstunde für Riccis alten Freund Ch'ü T'ai-su geschlagen. Sein Sohn, der ihm im Jahre 1591 auf das Gebet Riccis hin geschenkt worden war [71], kam ihm noch zuvor. Er wurde zeitweise in das Haus der Patres in Nanking aufgenommen, unterrichtet und Ricci zu Ehren auf den Namen Matthäus getauft [72]. Am Feste der Verkündigung Mariens, also am 25. März 1605, erhielt auch der Vater das Sakrament der Wiedergeburt. Er nahm den Namen Ignatius an zu Ehren des Stifters der Gesellschaft Jesu, der vier Jahre später seliggesprochen wurde (27. Juli 1609) [73].

Einige Zeit danach wird der Sohn eines kaiserlichen Zensors aus Peking in Nanking getauft [74].

Ein besonders großer Erfolg war wieder die Bekehrung des Mandarins Hsü Hsü-ch'en. Er war einer der obersten Mandarinen Nankings. Seine Aufgabe war die Weiterleitung der Gesuche an den Kaiser [75]. Er wurde aber erst nach dem Tode Riccis, entweder Ende 1610 oder Anfang 1611, getauft [76].

Er erhielt in der Taufe den Namen Johannes [77]. Bei Gelegenheit des Todes seiner Mutter muß er sein Amt aufgeben und gründet während der dreijährigen Trauerzeit in seiner Heimat Tsientang bei Hangchow in Chekiang [78] eine neue Christengemeinde, die offiziell von P. Cattaneo am 8. Mai 1611 in Hangchow eröffnet wird [79].

Das zahlenmäßige Wachstum der Gemeinde von Nanking war aber gegenüber diesem qualitätsmäßigen Wachsen nicht so bedeutend. Es stellt sich wie folgt dar. Im Jahre 1600 gab es etwa 20 Christen in Nanking [80]. Drei Jahre später mögen es 100 gewesen sein [81]. Im Jahre 1607 kamen 96 Neubekehrungen hinzu. Im Jahre 1608 sind es 50 und im Jahre 1609 33 Neuchristen. Insgesamt wird man 1609 von 300 Christen sprechen können [82].

---

[71] II p. 342 n. a.
[72] II Nr. 754.
[73] II Nr. 755; II p. 342 n. 5 ff.; I p. 295 n. 1.
[74] Die genaue Zeit wird nicht angegeben. Der Vater kam mit dem Sohn von Peking. Durch drei Christen, die im Schiffe mitfuhren, wurde die Sehnsucht nach der Taufe in dem 15-16jährigen Sohn wach (II Nr. 758).
[75] II Nr. 918; II p. 494 n. 2.
[76] II p. 499 n. 1.
[77] II Nr. 922.
[78] II p. 494 n. 2.
[79] II p. 500 n. 2; II Nr. 926.
[80] II n. 569.
[81] II Nr. 674; II p. 245 n. 4.
[82] II p. 483 n. a.

Das Christentum von Nanking war also in eine ganze Reihe vornehmer Familien eingedrungen: Ch'in, Chou, Hsü Kuang-ch'i (gehört nach Shanghai), Ch'ü T'ai-su, Hsü Hsü-ch'en und die Familie des heidnischen Zensors. Wahrscheinlich waren es aber noch mehr Familien aus vornehmen Kreisen, die zum Christentum fanden. Die Eigenart der «Storia», besonders starke Beispiele zu bringen, legt das auch hier nahe. Wir dürfen mit vollem Rechte sagen, daß das gesellschaftliche Niveau der Christen von Nanking gegenüber dem Volksdurchschnitt der Stadt und der Umgebung sehr hoch war.

Wenn die Gründung der Mission in Shanghai auch nicht ein direktes Verdienst Riccis ist, so kann man sie doch nicht in dieser Gesamtdarstellung übergehen. Ihre Gründung geht auf die Initiative des Dr. Paul Hsü zurück. Wegen des Todes des Vaters hatte er sich in seine Heimat Shanghai zurückgezogen und benützte die Wartezeit von drei Jahren, um hier dem Christentum die Türe zu eröffnen [83]. Die Mission beginnt im September 1608 [84]. Aber schon bald, wahrscheinlich Januar 1611, verläßt Cattaneo die Stadt wieder [85]. Der Beginn ist ein erfolgversprechender. Zwar scheint Cattaneo nicht so in den Spuren seines Meisters Ricci zu wandeln, denn ihm sind die vielen Besuche und Gegenbesuche bald zuviel. Er macht sich frei vom Hause des Dr. Paul Hsü, was ihn zwar nicht entbindet von den Höflichkeitspflichten, ihm aber mehr Freiheit für die direkte Bekehrungsarbeit läßt [86]. Die Erfolge bleiben nicht aus. Am 12. März 1609 berichtet Vagnoni von 20 Neubekehrten und ebensovielen Katechumenen. Am Ende seiner Tätigkeit kann Cattaneo sagen, daß er in Shanghai mehr als 160 Personen getauft habe [87]. Unter ihnen viele angesehene Persönlichkeiten. Neben 5 getauften Baccalaurei finden sich «muchos honrrados», die dem Pater Hoffnung auf eine reiche Ernte gaben. Unter diesen war auch der einzige Sohn des Dr. Paul Hsü, der in der Taufe den Namen Jakobus annahm [88]. Die Mission wurde aber aus Mangel an Personal aufgegeben und für diese die Mission in Hangchow von P. Cattaneo übernommen, die größere Erfolge versprach [89].

Am meisten interessiert uns in unserer Fragestellung natür-

---

[83] II Nr. 928.
[84] II p. 507 n. 3.
[85] II p. 517 n. 1.
[86] II Nr. 932-933.
[87] II Nr. 934; II p. 510 nn. 1. 2.
[88] II p. 511 n. 2; II Nr. 680; II p. 253 n. 1.
[89] II Nr. 946; II p. 517 nn. 1. 2.

lich die Mission in Peking. Peking ist die eigentliche Station Riccis. Sein Auftrag von Seiten der Oberen, auf jeden Fall nach Peking zu gelangen, hatte ihn sozusagen an den vorherigen Stationen niemals richtig warm werden lassen. Peking ist aber nicht nur von Riccis Händen gegründet worden, er sah die Mission dort auch aufblühen. Er hat ihr wohl wie keiner anderen seinen Geist gegeben, da er am längsten dort war und unter dem Bewußtsein arbeiten konnte: Hier bin ich am Ziele. Er mußte nicht fürchten, wenigstens von Seiten seiner Oberen nicht, bald wieder zum Wanderstabe greifen zu müssen, wie das bei allen anderen Stationen der Fall gewesen war.

Der erste Christ in Peking war nach Bartoli « ein Mann aus dem einfachen Volk, aber ohnegleichen in jener Christenheit, von einer solchen Vortrefflichkeit, daß er über jeden anderen hinausragte. Dieser war der Erstgeborene des P. Matteo Ricci in jener Hauptstadt und der erste Stein jener wahrhaft königlichen Kirche von Peking ». Er scheint auf den Namen des hl. Benedikt getauft worden zu sein [90].

Nach diesem glücklich-demütigen Anfange sehen wir, wie gleichsam ein Strom vornehmer Leute den Weg in die Kirche findet. Unter den Literaten wird zuerst ein Baccalaureus erwähnt mit Namen Ko. Er war ein vornehmer und reicher Mann. Seine Gattin war die Schwester der ersten Gemahlin des Kaisers. Diese Tatsache will und kann freilich nicht zu Schlüssen Anlaß geben, denn in China wurden die Frauen der Vornehmen vielfach sogar aus dem niedrigsten Volke genommen.

Ferner bekehrten sich zwei Söhne des Herrn Lo, des Leibarztes des Königs. Der Ältere von ihnen war Baccalaureus und ein Verwandter des Tung Yü, der von Mai oder Juni 1605 bis Januar 1606 Justizminister war. Der Neubekehrte erhielt den Namen Ignatius.

Unter den Neubekehrten finden wir auch einen Neffen des Hsiao Ta-heng, der von Juni 1595 bis Dezember 1604 Justizminister war. Der junge Mann tat diesen Schritt mit Erlaubnis seines Oheims, der ein Freund der Missionare war. Er nannte sich Michael. Er hatte einen wichtigen Posten am Justizministerium, starb leider bald nach der Taufe. Diese fand am 21. September 1602 zusammen mit der Taufe des « Capitano » Li Ying-Shih statt [91].

---

[90] BARTOLI III c. 187; II p. 259 n. 7: Er war einer von den beiden ersten, die am 10. Juni 1601 getauft wurden.

[91] Zu dem Ganzen: II Nr. 690; II p. 259 n. 8; II p. 260 nn. 1. 2. 3; II p. 155 n. 3; II p. 261 n. 4.

Infolge der innigen Verbindung der Hauptstadt mit den Provinzen kamen auch in diese von Peking aus die ersten Samenkörner des Christentums. So bekehrte sich ein Vornehmer der Provinz Honan, ein Dr. Ts'ui. Er scheint der Präfekt Ts'ui Chuang-pu von Changteh in der heutigen Provinz Honan gewesen zu sein. Er nahm in der Taufe den Namen Antonius an [92].

In der Bekehrung eines « sehr berühmten Malers » hatte Ricci weniger Glück. Der Mann war zu sehr in seinen materialistischen Geist verstrickt. Sein Beruf hatte ihm viele Vorteile durch das Malen von Götzenbildern gebracht. Er bekehrte sich aber und versprach, dieses üble Handwerk aufzugeben. Leider hielt er sich nicht an sein Versprechen und wurde nach Riccis Meinung dadurch von Gott bestraft, daß er aus der Hauptstadt und vom Hofe verjagt wurde. Zusammen mit diesem Manne bekehrten sich in kurzer Zeit etwa 70 Menschen [93].

Besondere Bedeutung mißt Ricci der Bekehrung des oben bereits erwähnten Militärs Li Ying-Shih zu. Er ist ein « vornehmer Mann, Literat und erfahren in allen Dingen Chinas, besonders in den drei Sekten » Konfuzianismus, Buddhismus und Taoismus. Sein Vater war Offizier der Leibwache gewesen. Er selber führte den Titel des Vaters weiter, ohne damit ein Amt zu haben. Er war Veteran aus dem Koreakriege gegen Japan, wo er als « Capitano » 500 Mann befehligte. Er gehörte damals, um in modernen Ausdrükken zu sprechen, zum Generalstab für das Koreaunternehmen. Er wurde ein eifriger Christ [94]. Er wird in der « Storia » öfter unter dem Namen Li Paolo erwähnt.

Hier wie in allen anderen Residenzen, in denen Ricci arbeitete, stellt man immer wieder seine große Vorsicht fest. Bevor daher die Residenz in Peking, menschlich gesprochen, nicht endgültig gesichert dastand [95], ging er auch in der Zulassung der Chinesen zur hl. Taufe langsam und sorgfältig voran. Im April des Jahres 1605 haben wir aus diesem Grunde auch erst etwas über 100 Bekehrte. Unter ihnen einige Personen « di molta autorità », wie wir bereits gesehen haben [96].

Die Nachbarschaft der Metropole war von der missionarischen Wirksamkeit der Patres nicht ausgenommen. In der Zeit von 1605-

---

[92] II Nr. 691; II p. 260 n. 4.
[93] II Nr. 692.
[94] II Nr. 693; II p. 261 n. 4: Sein Militärdienst hielt ihn von 1592-1597 in Korea.
[95] II Nr. 767: Am 27. Aug. 1605 wurde die Residenz gekauft.
[96] II Nr. 760; II p. 347 n. 2.

1607 sind es 188 Christen, die auf die Bemühungen der Patres Pantoja, Ferreira und anderer in der Umgebung Pekings für das Christentum gewonnen werden können [97].

Die letzten Jahre Riccis zeigen noch einmal ein schönes Aufblühen des Christentums unter den Vornehmen der Stadt selber. Zu ihnen gehören mehrere Mitglieder der Familie des Dr. Li Chih-tsao. Unter ihnen sind zwei Literaten, Michael und Hieronymus [98]. Auch der Vater Michaels bekehrte sich und bewog alle seine Verwandten, das Christentum anzunehmen. Der Vater wohnte aber nicht in Peking, sondern wahrscheinlich in Jenho in der Provinz Chekiang [99]. Zu diesen Verwandten des Dr. Li kommen noch zwei, die zu seiner Gefolgschaft gehören. Sie werden auf die Namen Andreas und Lukas getauft. Der erstere ist ein armer Mann. Der zweite ist aber sehr reich. Er hatte bis zu seiner Bekehrung ein wenig erbauliches Leben geführt, war in der Stadt wegen seiner Betrügereien gefürchtet. Seine Bekehrung und damit seine wirkliche Lebensänderung erhöhte das Ansehen der christlichen Religion in der Hauptstadt bedeutend [100].

So nahm die Mission einen zwar langsamen, aber stetigen und sicheren Fortgang. Von November 1608 bis Juli 1609 gab es 60 Taufen. Die Zahl der 1609 insgesamt Getauften überschritt die 100. Im August 1608 hatte man bereits 300 Getaufte und Ende 1609 mehr als 400 Getaufte [101].

Sozusagen die letzte geistliche Frucht Riccis war die endgültige Bekehrung des Dr. Li Chih-tsao. Während einer schweren Erkrankung, die ihn im Frühjahr 1610 befiel, entschloß er sich definitiv zur Annahme des Christentums und zum Empfange der hl. Taufe [102].

Er wurde von Ricci selber auf den Namen Leo getauft. Bei seiner ersten Begegnung mit Ricci war er ein höherer Beamter im Ministerium für öffentliche Arbeiten gewesen, war auch Präsident eines Examens für Lizentiaten in Fukien gewesen und wurde dann mit einer größeren Aufgabe am Kaiserkanal beschäftigt. Eine durch Mißgunst zugezogene Degradation vermochte ihn, sich für einige Zeit vom öffentlichen Leben zurückzuziehen. 1608 trat er aber wieder in den Staatsdienst. 1601 hatte er Ricci kennengelernt, damals

---

[97] II Nr. 771; II p. 356 n. 3.
[98] II Nr. 895; II Nr. 900.
[99] II Nr. 897; II p. 477 n. 8.
[100] II Nr. 900, 901, 902, 903.
[101] II Nr. 907; II p. 492 n. 9.
[102] II Nr. 957, p. 535; II p. 535 n. 3.

schon überzeugte er sich von der Wahrheit des Christentums, war aber wegen Polygamie gehindert, den endgültigen Schritt zu tun. Erst die schwere Erkrankung brachte die entscheidende Wendung, und von da an war er ein treuer Christ. Sein Sohn wurde wenige Tage nach dem Tode Riccis, am 20. Mai 1610 getauft. Für seinen geistlichen Vater setzte sich Dr. Leo Li ganz ein und besorgte ihm ein möglichst ehrenvolles Begräbnis [103].

Wir können an dieser Stelle auch einen Mann erwähnen, der sich schon 1601-02 zum Christentum bekehrt hatte — Philippus Wang K'ui-hsin. Er machte 1622 das Doktorat, bekleidete hohe Staatsämter und war in der Provinz Shensi dem P. Trigault behilflich. Er wurde der Sekretär des christlichen Generals Ignatius Sun Yüan-hua in Shantung und starb eines freiwilligen Hungertodes, als Peking von dem Revolutionär Li Zz'u-ch'eng 1644 erobert wurde [104].

Nicht übersehen wollen wir den Herzog Chen-Jui, der den Patres in Peking im Jahre 1606 einen Besuch abstattete und dessen Sohn Ch'i-yüan im Verlangen nach der hl. Taufe starb [105].

Von einem Unterstaatssekretär im Innenministerium berichtet Ricci, daß ihm dieser von seinem Vetter erzählt habe, der Christ geworden sei, und zwar in der Provinz Kwangtung. Nach Bekleidung verschiedener hoher Ämter hatte dieser Vetter dort den Posten eines Vizeprovinzialrichters der Provinz. Später bekleidete er noch mehrere wichtige Posten. Er hieß Yang Tao-hui [106].

Ein anderer hoher Beamter, ein Admonitor oder Syndikus am Hofe, Chang Wen-tao, Doktor und Inhaber höchster Ämter und später (1622-1623) Minister der zivilen Ämter, sympathisierte mit dem Christentum. Sein Sohn bekehrte sich später [107].

Nicht direkt zur Zeit Riccis, aber unmittelbar danach haben wir die Bekehrung des berühmten Dr. Michael anzusetzen. Er war ein Freund des Dr. Leo Li und hieß Yang T'ing-yün. Er gehörte nicht zur Gemeinde in Peking, seine Bekehrung ist aber zum großen Teile auf Ricci zurückzuführen. Michael bekleidete verschiedene sehr hohe Ämter. Er war Unterpräfekt, Provinzialzensor, Inspektor für Transportwesen, Vizekönig, Zensor etc. und schließlich Zivilgouverneur von Peking (1621-1624). Mit Ricci traf er sich in den Jahren 1602-08, bekehrte sich aber erst 1611. Dr. Leo Li war sein Pate. Er bewog seine alten Eltern, auch die Taufe anzu-

---

[103] II p. 168 n. 3; II p. 13 n. 3.
[104] II p. 593 n. 1.
[105] II p. 353 n. 3.
[106] II p. 158 n. 6.
[107] II p. 183 n. 4; II Nr. 635.

nehmen, und mit ihnen eine ganze Reihe Mitbürger. Er wurde das Vorbild eines christlichen Lebens und starb am 16. oder 17. Dez. 1627 [108].

In diesem Zusammenhange müssen wir auch Dr. Feng Yingching erwähnen. Er war durch eine natürlich gute Gottesauffassung auf das Christentum vorbereitet. Die sehr enge Freundschaft mit Ricci bewirkte in ihm geradezu eine innere Einstellung auf den Katholizismus hin. Leider starb er infolge ungünstiger Umstände drei Jahre nach Verlassen der Hauptstadt, ohne die hl. Taufe empfangen zu haben [109].

Ein Herr, dem es ähnlich erging, war Dr. Feng Ch'i. Das höchste Amt, das er bekleidete, war die Stelle eines Innenministers im Jahre 1601. Wegen seiner schwachen Gesundheit zog er sich aber vom öffentlichen Leben zurück und wurde von Ricci in die Wahrheiten des hl. Glaubens eingeführt. Unglücklicherweise starb er, bevor er seinen ernsten Willen, sich taufen zu lassen, in die Tat umsetzen konnte [110].

Es gab noch mehrere Fälle dieser Art. So der Vater des Unterpräfekten von Yingtak bei Shiuchow. Ricci besucht ihn einmal von dort aus, will ihn aber nicht sofort taufen. Später findet er keine Gelegenheit mehr, in diese Stadt zu reisen, und so stirbt der alte Mann ohne die hl. Taufe. Er hat ein großes Verlangen danach in sich getragen, was daraus hervorgeht, daß er öfter Botschaften nach Shiuchow sandte, um endlich getauft zu werden [111].

Sogar von dem « König » Ch'ien-ch'ai von Kienan weiß Ricci zu berichten, daß er sich taufen lassen wollte, wie hervorgeht aus einem seiner Briefe [112].

Die Gesamtzahl der Christen Chinas zur Zeit Riccis dürfte etwa 2672 betragen haben, mindestens waren es 2500 [113].

In dieser kurzen Übersicht dürfte eines klar geworden sein: *Die Jesuitenmissionare hatten durchweg das Bestreben, natürlich immer verschieden nach den einzelnen Missionars-Persönlichkeiten, ihre besondere Aufmerksamkeit der Klasse der Vornehmen zu widmen. Sie wußten, daß von diesen Leuten in jeder Hinsicht die entscheidende Beeinflussung auf die gesamte Nation ausgeübt wurde. Dieser Einfluß war mit Hinsicht auf die Beamten ein äußerer, zi-*

---

[108] III p. 13 n. 3.
[109] II Nr. 624-627; II p. 162 n. 1.
[110] II p. 156 n. 1.
[111] I Nr. 368-378.
[112] I p. 371 n. 1; IV p. 176, Brief Riccis vom 4. Okt. 1595 an P. NN.
[113] II p. 483 n. a.

viler. Weil aber die Beamten aus den Kreisen der Literaten, also aus der, neben wenigen gebildeten buddhistischen und taoistischen Bonzen, einzigen Schicht der Gebildeten hervorgingen, ist es ohne weiteres klar, daß das Geistesleben dieser höheren Schicht wesentlichen Einfluß hatte auf das gesamte Geistesleben des Volkes überhaupt.

Die möglichst breite Entfaltung des Christentums in dieser Klasse des Volkes konnte daher einen endgültigen Erfolg des Christentums in China, methodisch gesehen, garantieren. Die verhältnismäßig hochstehende Ethik dieser Oberschicht war für das Christentum eine starke Stütze in der Predigt der hohen Forderungen christlicher Moral. Alles in allem können wir sagen, daß der Weg Riccis schon in den wenigen Jahren seines Lebens sich als richtig herausstellte, wie wir an der großen Zahl der Vornehmen in den Reihen des Christentums, vor allem in Peking, sehen können, wo wir geradezu von einer Bewegung der Vornehmen zum Christentum hin sprechen können.

Daß in dieser hohen Gesellschaft manche weniger gute Züge sichtbar wurden, spricht nicht gegen das Prinzip und braucht uns nicht weiter zu verwundern. Vor allem aber war es das große **Hindernis der Polygamie**, das viele abhielt, trotz besserer Einsicht, den Weg des Christentums zu betreten. Mit diesem sozialen Übel und seiner hemmenden Wirkung für die Christianisierung werden wir uns im nächsten Kapitel auseinanderzusetzen haben.

5. KAPITEL

POLYGAMIE ALS HINDERNIS DER MISSION

Wir konnten bis jetzt feststellen, daß die soziale Schichtung innerhalb des chinesischen Volkes, der Aufbau des Staates dem jungen Christentum bei richtiger Würdigung der Verhältnisse bedeutende Vorteile bringen konnte und tatsächlich gebracht hat.

Wir können aber nicht übersehen, daß dem Christentum manches doch auch ein schwerer Hemmschuh gewesen ist. Eine dieser großen Schwierigkeiten der jungen Mission war die Auseinandersetzung mit der ernsten sozialen Frage der Polygamie, mit der sich auch sonst viele Missionsländer zu befassen haben und hatten. Sie kann so eindrucksvoll in die Erscheinung treten, daß sie mit zu den Kernproblemen einer Mission zählt, daß sie also eine der größten Widerstände für eine stärkere Ausbreitung des Christentums wird.

Wir wollen nicht sagen, daß die Lösung dieser Frage für Ricci und seine Gefährten *das* Missionsproblem war. Dieses lag nicht hier. Es lag auch nicht, wie schon bemerkt, in der Ritenfrage, wie ein von außen beobachtender Europäer leicht annehmen könnte, da ihm letztere Frage naturgemäß am stärksten gegen seine Anschauungen steht und daher am meisten in die Augen fällt. Das Hauptproblem für Ricci lag, um das hier noch einmal klar zu unterstreichen, in der Frage: Wie komme ich an den Kaiser heran? Wie gewinne ich die Literaten und Mandarinen Chinas für das Christentum? Diese Fragestellung steht methodisch und faktisch so sehr im Vordergrund, und gegen sie treten alle anderen Fragen so sehr zurück, daß man blind sein müßte, wollte man in etwas anderem das Hauptmoment der Missionstätigkeit Riccis sehen.

Weil aber Ricci sich der vornehmen Welt in besonderer Weise widmete, um auf diese Weise das ganze Volk schnell und sicher in die hl. Kirche zu bringen, mußte er auf die besonderen Schwierigkeiten gerade dieser Klasse von Menschen stoßen, die sie hinderten, das Christentum vorbehaltlos anzunehmen. Da nun die Polygamie in diesen Kreisen sozusagen ihre eigentliche Heimstätte gefunden hatte, tritt das Ringen gegen sie stark in den Vordergrund, so stark, daß wir darin neben dem Haß gegen die Fremden und dem Stolz der Vornehmen auf ihre hohe Kultur und Wissenschaft doch ein wesentliches Hindernis der Ausbreitung des Christentums in den Kreisen der Vornehmen sehen können und müssen. Von den Armen ist an dieser Stelle nicht zu reden, weil diese selten in der Lage waren, sich neben der eigentlichen Gattin eine zweite Frau zu kaufen.

Die Grundlage für den sozialen Mißstand der Polygamie finden wir neben anderen Gründen besonders im Konfuzianismus. Dieser verbietet, wie Ricci sagt, den Cölibat und gebietet die Polygamie [1]. Ricci spricht an dieser Stelle allerdings nicht ausdrücklich vom Konfuzianismus, sondern von der «legge de' letterati», was wir aber gleichsetzen können mit Konfuzianismus. Konfuzianismus nicht im Sinne der Lehre des Konfuzius allein. Ricci hat über die Frage, ob Konfuzius die Polygamie erlaubt und gebilligt hat oder nicht, einige interessante Passus in seinem Katechismus. Der chinesische Literat sagt:

---

[1] I Nr. 180; dazu auch I Nr. 154; I p. 120 n. 3.

« Im Reiche der Mitte pflegt man zu sagen: Dreifach sind (die Sünden) gegen die kindliche Pietät. Die schwerste von ihnen ist, keine Nachkommen zu haben. Was sagen Sie dazu »?

Der westliche Literat antwortet: « Es gibt solche, die dieses Dictum folgendermaßen erklären:

Anders wäre jene (alte) Zeit, anders ist unsere Zeit. Da die Menschen im Altertum nicht zahlreich waren, mußten sie sich vermehren. Heute aber sind die Menschen zahlreich, da wäre es eher angebracht, einzuhalten (mit der Vermehrung). Ich sage, daß dieses Dictum nicht vom 'Heiligen' (Konfuzius) überliefert ist, sondern daß es von Mengtze ist, der entweder die Tradition schlecht verstanden hat oder der erklären wollte, warum Shun (einer der alten Kaiser) sich verheiratete, ohne den Vater davon in Kenntnis zu setzen. Und auf diesem basieren dann die anderen. Das Buch der Riten enthält viele Dokumente, die nicht alt sind und die von den Nachfahren in der Zusammenstellung dieser Bücher über die Riten beigefügt wurden im Durcheinander mit dem klassischen Buch. Jener, der über Ihr vornehmes Land nachdenkt, (weiß), welch ein großer 'Heiliger' Konfuzius ist. In der 'Großen Wissenschaft', in der 'Doctrina media' und in den 'Reden' hat Konfuzius mit vielen Einzelheiten über die kindliche Pietät gesprochen. Warum haben seine Schüler und sein Neffe diesen großen Fehltritt gegen die kindliche Pietät nicht überliefert, warum hat erst Mengtze diesen proklamiert »?

Ricci führt dann drei Könige aus der Dynastie Yin an, die gut waren, aber keine Nachkommen hatten. Konfuzius hat diese für gut, weise angesehen, er hielt ihre Tugend für vollendet und ohne Fehler. Er hält sie also trotz der Tatsache, daß sie ohne Nachkommen starben, für gut, Mengtze aber tut das nicht, eben, weil sie keine Nachkommen hatten. Aus dieser Tatsache sieht man klar, daß das Ohne-Nachkommenschaft-sein an sich nicht gegen die kindliche Pietät verstößt, da dieses nicht dem Gedanken des fortgeschrittensten Chinesen entspricht (Konfuzius) [2].

« Die kindliche Pietät liegt vielmehr im Inneren und nicht im Äußeren und geht aus von der Vernünftigkeit. Wie könnte sie je von anderswoher kommen? Kinder haben oder sie nicht haben ist etwas, was von Gott bestimmt ist. Es gibt solche, die verlangen, Kinder zu haben und haben sie nicht. Wie aber könnte es je solche geben, die die kindliche Pietät zu haben trachten und sie nicht erreichen » [3]?

« Jene, welche glauben, daß es so wichtig ist, Nachkommen-

---

[2] Cat. Ri. Cap. VII.
[3] Cat. Ri. Cap. VII.

schaft zu hinterlassen, verstehen nicht, dem 'Höchsten Gebieter'
zu dienen, sie sind nicht mit ihrem Lose zufrieden, sie glauben
nicht, daß es eine zukünftige Welt gibt und meinen, daß nach
diesem Leben alles zu Ende geht, ohne daß etwas bleibt »[4].

Eine der Hauptsorgen des Chinesen ist es, sich eine zahlreiche
Nachkommenschaft zu sichern. Nur so hat er die Garantie, auf
Erden nicht vergessen zu sein. Bartoli drückt sich über diesen Sachverhalt stark aus: Er sagt:

> « Die Lehre des Mengtze ist ihnen wie ein Naturgesetz, daß
> (nämlich) jeder Mann die Pflicht hat, das Andenken an seine Vorfahren durch eine Fortsetzung in der Nachkommenschaft zu sichern. Von diesen Vorfahren stammt er ja ab. Nicht nur, daß er
> sehr undankbar wäre, er gilt sogar als Vatermörder, wenn er ohne
> Nachkommen in sich alle Vorfahren töten würde, die kein anderes Leben haben, als das jener ihrer Enkel, in denen die ganze
> Familie sich erneuert und weitergibt. Darum ist es Pflicht, neben
> der Hauptgattin soviele Frauen zu heiraten, daß man von ihnen
> Söhne in genügender Zahl hat, um die Nachkommenschaft absolut
> sicherzustellen. Wenn das nun sicher ist und wenn das Haus
> auch schon voll ist von Nachkommenschaft gemäß dem großen
> Wunsche, bleibt, um dann sich auch in die christliche Religion
> einführen zu lassen, eine zweite und kaum geringere Schwierigkeit zu überwinden, nämlich die Scheu vor der Schande, die man
> unter Großen fürchtet, nämlich das Zurückschicken der Frauen zu
> ihren Vätern oder Verwandten oder sonst in irgendeiner Weise die
> Entlassung dieser, wenn sie nicht Schuld haben an einem solchen
> Mißgeschick, was in der Pflicht besteht, sie zu verjagen »[5].

Ricci selber hat die Schwierigkeit gut gesehen. Er schreibt
1592 von Shiuchow aus an P. Aquaviva:

> « Wir müssen sicher Mitleid haben mit solchen Polygamen,
> weil es sehr schwer ist für vornehme Leute, daranzugehen, eine
> ihrer Gattinnen in ihr Haus zurückzuschicken und sie anderen zu
> geben. Darum baten sie uns sehr, wie es sich gehört, daß wir mit
> ihnen in dieser Sache Dispens anwenden möchten. Aber Gott gab
> Heilmittel in anderen Ländern für andere, noch größere Schwierigkeiten; so hoffen wir, daß er uns Mittel in diesem geben wird »[6].

Diese Stelle scheint einer genaueren Beachtung wohl wert zu
sein. Einerseits zeigt sie uns Ricci als guten Hirten, der ein Herz

---

[4] Cat. Ri. Cap. VII.
[5] Bartoli II c. 119.
[6] TV p. 107, Brief Riccis vom 15. Nov. 1592 an P. Aquaviva.

für die Nöte seiner Schäflein hat. Sie zeigt uns aber auch klar, daß es für ihn in diesem Punkte durchaus kein Kompromiß geben konnte, obwohl er eifrig darauf bedacht war, nach einer Lösung dieser Schwierigkeit zu suchen und sie auch zu finden. Sie konnte klarerweise nur von der Gnade kommen.

Ricci berichtet im gleichen Briefe, daß in « diesem Jahre » (1592) 2 oder 3 « persone principali », die im übrigen gut unterrichtet waren und dem Glauben ergeben waren, nicht katholisch werden konnten wegen dieses Hindernisses der Polygamie [7].

Die Missionare müssen sich alle sehr bald mit dieser Frage befassen. Sie erwägen alle Möglichkeiten einer beiderseits tragbaren Lösung. Der junge de Petris schreibt im gleichen Jahre 1592, ob es möglich sei, einen Mann zu taufen, der verspricht, nur mit der ersten rechtmäßigen Gattin das eheliche Leben weiterführen zu wollen, wobei aber die zweite Frau im Hause bleiben dürfe. Der Pater traut solchen Versprechungen aber nicht. Bedauernd stellt er fest, daß *sehr viele* sich nicht bekehren können, wie sie es wohl möchten, weil eben dieses Hindernis vorliegt [8].

Wir müssen auch hier hinweisen auf das Beispiel der Vornehmen. Leider war es in dieser Sache schlecht genug. Wir können mit dem Kaiser selber beginnen. Welche Anziehungskraft mußte es für das Christentum sein, wenn der Sohn des Himmels sich bekehren würde, das heißt hier, wenn er seine zahllosen Nebenfrauen entlassen würde? Die Verhältnisse am Kaiserhofe, die große Zahl der Nebenfrauen, die sich auf Hunderte und mehr belaufen konnte, war dem Geist des Christentums wenig entsprechend. Von dort aus kam jedenfalls der übrigen Nation nicht der starke Antrieb, diesen Mißstand abzuschaffen [9]. Dem Kaiser standen die Fürsten aus kaiserlichem Geblüt nicht nach. Wundert es uns da, daß auch in den Kreisen der höheren oder niedrigeren Beamten dieses Übel weit verbreitet war?

Einige Beispiele aus der Missionspraxis Riccis mögen das Gesagte erläutern.

Besonders auffallend ist die lang sich hinziehende Bekehrungsgeschichte des Riccifreundes Ch'ü T'ai-su. Schon früh und sehr gründlich drang er in die Wahrheiten des Christentums ein. Die ausgezeichneten Lösungen, die ihm sein verehrter Lehrer Ricci auf

---

[7] TV p. 106, im gleichen Briefe; cfr. TV p. 269, Brief Riccis vom 10. Mai 1605 an seinen Vater.
[8] TV p. 464, Brief vom 15. Nov. 1592 an P. Aquaviva.
[9] I Nr. 154; I p. 98 n. 1; I Nr. 134, p. 86.

gemachte Schwierigkeiten gab, befriedigten ihn aufs höchste. Er ist so gut auf den Eintritt in die hl. Kirche vorbereitet, daß er sofort getauft werden könnte. Ricci läßt ihn aber noch nicht zur hl. Taufe zu, denn der Literat hat noch keinen Sohn. Die erste Gattin ist ihm gestorben, mit der zweiten lebt er in unrechtmäßiger Gemeinschaft. Er will sie zunächst wegen ihrer geringen Herkunft nicht heiraten. So verschiebt er die Taufe, bis er zwei Söhne hat. Dann entschließt er sich auch, die zweite Frau als rechtmäßige Gattin anzuerkennen und kann die hl. Taufe empfangen [10]. Er verspricht zugleich, daß er keine Nebenfrauen nehmen wird. Für die Bekehrung seiner jetzt legitimen Gattin werde er Sorge tragen [11].

Ein zweites Beispiel, in dem ein vom Christentum vollkommen überzeugter Heide aus dem gleichen Grunde jahrelang auf die hl. Taufe warten muß, bietet uns der berühmte Dr. Leo Li Chihtsao. Zu Beginn des Jahres 1601 hat er die Bekanntschaft Riccis gemacht [12]. Er macht auch rasche und sehr gute Fortschritte in der Religion. Leider entdeckt man bei ihm das Hindernis der Polygamie. Er verspricht, es hinwegzuräumen [13]. Aber noch 1608 trägt er diese Last mit sich herum. Und erst in seiner schweren Erkrankung im März 1610 entledigt er sich derselben, sodaß er getauft werden kann [14].

Der Minister Wang aus Nanking sympathisiert stark mit dem Christentum. Ricci hat aber große Bedenken, ob er es dazu bringen wird, Christ zu werden, denn der Mann hat viele Hindernisse in seinem Hause zu überwinden, um das Christentum anzunehmen. Offenbar meint Ricci damit die Polygamie [15].

Die Bekehrung des Dr. Leo bewegt einen seiner Freunde, den gleichen Schritt zu tun, den Dr. Michael, aber erst — wiederum —, nachdem er die Polygamie aufgegeben hat [16]. Er konnte 1611 in Hangchow von P. Cattaneo getauft werden [17]. Bereits in den Jahren 1602-1608 war er aber in den Freundeskreis Riccis eingetreten [18].

Geradezu dramatisch und nicht wenig erheiternd wirkt die Schilderung der mit der Bekehrung des Freundes des Dr. Leo,

---

[10] I Nr. 366.
[11] II Nr. 755 (Taufe am 25. März 1605).
[12] II p. 168 n. 3.
[13] II Nr. 631, 632, 895.
[14] II p. 178 n. 3; II Nr. 957, p. 535.
[15] II Nr. 561.
[16] II p. 178 n. 3; III p. 13 n. 3; BARTOLI III c. 18.
[17] I p. 333 n. b.
[18] III p. 13 n. 3.

Lukas, verbundenen Umstände. Auch Lukas hatte das Hindernis der Polygamie, hatte aber die feste Absicht, die Nebenfrau zu entlassen, die indessen, wie Ricci schreibt, ein « Teufelsweib » gewesen sein muß. Sie macht ihm Schwierigkeiten, droht ihm, sie werde sich an seiner Haustüre erhängen, was dem armen Lukas neben der Schande noch die Zahlung der Begräbniskosten eingetragen hätte. Schließlich bringt man es soweit, daß die Frau zu ihrem früheren Manne zurückkehrt. Diesem muß man aber erst ein höheres Amt besorgen, denn der Charakter der Frau war alles andere eher als sanft. Lukas muß dann noch ein weiteres Opfer bringen. Er hatte sich ein Mädchen als Kind gekauft, das er dann, wenn es erwachsen sein würde, als Frau nehmen wollte. Auch dieses mußte er an seinen Vater zurücksenden [19].

Ein letztes Beispiel dieser Art möge der sogenannte « Vaigino » liefern. P. E. Diaz der Ältere predigt in der Nähe von Shiuchow. Er wird von eben diesem « Vaigino », einem Verwandten des Christen Paul [20], wohl auf dessen Veranlassung hin, eingeladen. Bewundernswert ist der der ersten Belehrung folgende Eifer, mit dem man alles, was an Götzendienst erinnert, aus dem Hause zu entfernen trachtet. Die rechtmäßige Gattin des « Vaigino » wird mit anderen 18 Personen getauft. Der Mann aber nicht. Ricci schreibt: « Er blieb draußen, (außerhalb der Taufgnade) zu seinem eigenen großen Schmerz und dem des Paters wegen des Hindernisses der Polygamie, von dem er sich nicht so schnell lösen konnte, weil er keinen Sohn hatte » [21].

Man sieht, alle diese Beispiele stammen von hochstehenden Männern, die man durchaus nicht einer krankhaften Sinnlichkeit zeihen darf. Sogar ein Dr. Paul Hsü Kuang-ch'i wäre fast mit diesem Problem in Konflikt geraten. Wäre er nämlich, wie er beabsichtigte, unmittelbar nach seinem 1597 erfolgten Lizentiat zum Doktor promoviert worden, so hätte er sich, weil das so Sitte war, eine zweite Frau genommen. Er bestand aber das Examen mehrmals nicht, obwohl er das Lizentiat glänzend gemeistert hatte. 1603 wurde er in Nanking getauft und erst im April 1604 machte er das Doktorat, war also durch die hl. Taufe dieser Schwierigkeit enthoben. Er sah in dem mehrmaligen Mißerfolge das offenbare

---

[19] Ein anderer Fall von Polygamie bei Riccis Freund « Scielou », der aber leider Heide blieb (I Nr. 432, 444).
[20] II Nr. 656; II Nr. 736.
[21] II Nr. 737.

Walten der göttlichen Vorsehung, die ihn von diesem gefährlichen Hindernis fernhalten wollte [22].

Das Übel war also nicht so sehr auf die persönliche Schuld der einzelnen Persönlichkeiten zurückzuführen, als vielmehr auf eine alte Tradition und eine falsch verstandene Pietät in der chinesischen Ahnenverehrung. Die Pietät gegen die noch lebenden Eltern, die Ahnenverehrung, die Diffamierung nach außen hin, der Unfriede im eigenen Hause und gewiß auch die menschliche Schwierigkeit selber sind die Momente, die hier zusammenkommen und ein so ernstes Problem heraufbeschwören. Daß man trotzdem damit fertig wurde, wenigstens in einer ganzen Reihe von Fällen, ist ein Zeichen für die Güte der Charaktere, die sich dieser harten Prüfung unterwarfen. Daß andererseits die Missionare die ganze Strenge des christlichen Sittengesetzes in der Frage zur Anwendung brachten, ist uns ein Zeichen für ihre gründliche Arbeit unter den Chinesen, die keinerlei Laxheit dulden wollte. Sie bürgt uns für die Güte dieses jungen Christentums mehr als viele und protzende Zahlen!

6. KAPITEL

RICCIS STELLUNG ZU EHE, EHESCHLIESSUNG UND SKLAVEREI IN CHINA

Eine wichtige Frage für die jungen Christengemeinden mußte die Frage nach der christlichen Ordnung der Eheverhältnisse sein. Um die Problematik besser zu verstehen, wollen wir uns das, was Ricci über chinesische Eheverhältnisse sagt, vor Augen führen.

Er sagt, daß sowohl die Verlobung wie auch die Eheschließung in sehr jungem Alter vorgenommen wird. Die Kontrahenten müssen so ziemlich von gleichem Alter sein. Sie werden nicht nach dem Konsens gefragt. Sie gehorchen den Eltern in dem, was diese für sie abmachen. Die erste Gattin muß in vornehmen Kreisen standesgemäß, ebenbürtig sein, Nebenfrauen brauchen das nicht mehr zu sein. Die erste Frau wird auch nicht wie die zweite oder dritte Frau gekauft. Wohl müssen die Armen ihre Frauen kaufen und können sie daher auch leicht wieder verkaufen. Leider ist der Frauenkauf ein nicht geringes Übel. Der Preis kann so gering sein,

---

[22] II Nr. 680, p. 252; II Nr. 712.

wie man für ein Schwein oder einen alten Klepper (triste cavallo) bezahlt [1].

Eine eigenartige Sitte war die Tatsache, daß Kinder, die ein Mann etwa von einer zweiten oder dritten Frau hatte, nicht dieser zugesprochen wurden, sondern der legitimen Gattin. Und wenn diese starb, trug man für sie Trauer, nicht aber für die zweite oder dritte Gattin, um die man kein Aufhebens machte, sogar nicht von Seiten der eigenen Kinder.

Weiter mußte Ricci sich mit dem Problem der Auffassung der Verwandtschaft auseinandersetzen. Blutsverwandtschaft bildete kein Hindernis in China. Und so verheiraten sie die Töchter und geben sie zu Frauen an junge Männer, die sehr enge mit der Mutter verwandt sind. Einzig der gleiche Familienname ist nach Ricci ein Ehehindernis. Wenn also ein Mädchen den gleichen Familiennamen trug wie der Mann, was in China bei den wenigen Familiennamen sehr häufig vorkam, konnten beide nicht heiraten, auch wenn sie nicht miteinander verwandt erschienen. Umgekehrt konnte eine nahe Verwandtschaft bei verschiedenen Namen kein Hindernis bilden.

Auch die Mitgift war eine zu regelnde Frage. Die Braut erhielt nämlich keine solche. Die Sachen, die sie am Tage ihrer Hochzeit mitbekam und die festlich zur Schau getragen wurden, hatte der Bräutigam bezahlt [2].

Bartoli führt diese schematischen Züge noch etwas weiter aus. Er sagt, daß Ehen manchmal schon vor der Geburt der Kinder abgeschlossen werden. Oder es werden die Verlöbnisse gemacht, wenn die Kinder noch in den Windeln liegen und das geschieht deswegen, um die Familien näher zu einigen, denn von da an beginnt die Verwandtschaft.

Bartoli fällt es auf, daß bei der Eheschließung keine schriftlichen Dokumente in europäischem Sinne verwandt werden [3]. Hier hat er allerdings wohl zu sehr das europäische Vorbild im Auge. Hören wir, was Schmitt [4] dazu schreibt. Er bringt das erste Ehegesetz aus dem Ta-ch'ing Gesetzbuch [5]. Es lautet: « Bevor für ei-

---

[1] I Nr. 157. Zu dem Ganzen: Wir intendieren nur das, was Ricci sagt, wiederzugeben, ohne weitere Stellungnahme.

[2] I Nr. 134.

[3] BARTOLI l c. 28.

[4] SCHMITT Dr. ERICH - *Die Grundlagen der chinesischen Ehe*, Leipzig 1927, pp. 14-15.

[5] Dieses Gesetzbuch wurde in der Frühzeit der Ch'ing-Dynastie (Mandschu) zusammengesetzt und geht in seinem ersten Teile Lü auf die Codices der Ming-

nen jungen Mann und ein Mädchen die Hochzeit festgesetzt wird, ist unter allen Umständen klar und deutlich bekanntzugeben, ob etwa Gebrechen, unheilbare Krankheiten oder sonstige Krankheiten vorhanden sind, ob die beiden Personen zu alt oder zu jung sind, ob von einer Nebenfrau geboren, ob einfach adoptiert aus einer Familie (desselben Stammes) oder als Findling (mit anderem Familiennamen). Wünscht man nun die Heirat nicht, dann hört man mit den Unterhandlungen auf; wünscht man sie wohl, so setzt man gemeinsam mit Mittelspersonen den Ehekontrakt auf. Gemäß den Riten finden die Unterhandlungen betreffs des Kaufpreises und der Überführung der Braut ins Haus des Bräutigams statt ». Der Verfasser fährt dann fort: « Aus diesem grundlegenden Gesetz läßt sich also entnehmen, daß die chinesische Heirat ein mit Hilfe von Mittelspersonen kontraktlich abgeschlossener Kauf ist ».

Um obenerwähnte Übel abzustellen, stellt Ricci seinen Chinesen das europäische Vorbild vor Augen. Er meint, als er darauf zu sprechen kommt, daß diese Ideale von allen bis an die Sterne erhoben werden, daß aber nur wenige sie nachahmen wollen. Er macht ihnen klar, daß alle, Könige, Fürsten und Herren bis zum Geringsten im Volke, nur eine einzige Frau nehmen können, und daß sie diese niemals entlassen können, auch wenn sie von ihr keine Söhne hätten. Damit geht man so großer Unordnung aus dem Wege, die Gott, sie selber und auch die Missionare in China vorhanden wissen. Auch macht er ihnen klar, daß man die Gattin nicht im kindlichen Alter, sondern im reifen Alter nimmt [6].

So sah sich Ricci einer ganzen Reihe von Problemen gegenüber: Das jugendliche Alter vieler Kontrahenten, die Kinderverlobung, die Kindervermählung. Dann die Frage der Nebenfrauen, der Legitimität der Kinder derselben, Frauenkauf und Frauenverkauf. Weiterhin die Frage der Ehehindernisse, Einführung der kirchlichen Hindernisse, Ausschaltung des chinesischen Ehehindernisses. Nicht so schwer wog die Frage der Mitgift. Vor allem aber war die Frage zu regeln: Wie machen wir in China einen dem chinesischen Volke angepaßten Eheritus, der aber zugleich das Wesen des christlichen Eheritus enthält? Hier spielt die Frage nach dem Konsens eine große Rolle, der ja nicht von den Kontrahenten, sondern von den

---

dynastie zurück. Der zweite Teil Li scheint von dem Ming-Kaiser Hung Wu eingeführt zu sein. (LATOURETTE KENNETH SCOTT - *The Chinese, their History and Culture,* New York 1934, vol. II., p. 45). Zum traditionellen chinesischen Familienrecht cfr. VAN DEN VALK MARC - *An Outline of modern Chinese Family Law,* in « Monumenta Serica », Monograph II, Peking 1929, pp. 14-24.

[6] Nr. 570, p. 95.

Eltern abgegeben wurde, wenn die Kinder auch zustimmten, sodaß es zu einem echten Konsens kommen konnte.

Es wäre also die Frage zu beantworten: Wie hat Ricci die Form der christlichen Eheassistenz durchgeführt? Leider berichten uns die Fonti Ricciane keinen einzigen Fall dieser Art. Die Leute, die in Frage kamen, wie etwa Dr. Li Chih-tsao, waren vor der Taufe naturrechtlich und somit legitim verheiratet. Ricci sagt aber nie, ob diese Christen ihre an sich schon gültige Ehe noch durch ein kirchliches Eheversprechen geheiligt haben.

In kurzen Zügen wollen wir das zusammenstellen, was Ricci über Sklaven und Sklaverei berichtet.

Jedes Jahr flohen manche Sklaven aus Makao. Sie wandten sich mehr landeinwärts und fielen meist chinesischen Offizieren in die Hände. Sie waren meist stark und mutig, gewöhnt an portugiesische Verhältnisse. Oft waren es Japaner, vor denen die Chinesen große Furcht hatten, oder es waren Leute von schwarzer Hautfarbe, wie « Kaffern, Javanen oder andare ähnliche Nationen, die den Feinden Furcht einflößen ». Wenn diese nun mit ihren Offizieren kamen, um den Vizekönig von Shiuhing zu besuchen, wurden sie von den Patres ermahnt, den christlichen Glauben inmitten der Heiden zu bewahren. Diese Sklaven waren ja meist aus portugiesischen Familien davongelaufen, in denen sie aber die hl. Taufe empfangen hatten und wohl auch etwas im Christentum unterrichtet worden waren. Vielen dieser Sklaven rieten die Patres, zurückzukehren nach Makao, indem sie ihnen Verzeihung von Seiten ihrer Herren erwirkten oder auch von Seiten des Bischofs. Heimlich gaben sie auch Möglichkeiten an, wie sie am besten fliehen konnten, denn sie wurden als Soldaten nicht besser denn als Sklaven behandelt. Auf diese Weise taten die Patres nicht nur Gutes an den Seelen, die man sonst unter den Heiden verlieren würde, sondern erhielten auch den Herren dieser Sklaven diese, denn diese waren den Herren manchesmal von großem Werte (di molta valuta) [7].

Wir sehen, daß in Makao Sklaven gehalten wurden. Es erhebt sich die Frage, wie die Missionare selber zur Sklaverei standen? Wir haben keine Ursache anzunehmen, daß die Menschen, die in den Häusern der Missionare als Diener wirkten, Sklaven waren, wenigstens wurden sie von den Missionaren nicht als solche behandelt.

Wir finden in der Missionsstation Shiuhing einen « sehr schwarzen und starken Kaffern », der den Garten der Residenz vor

---

[7] I Nr. 316.

unbefugten Eindringlingen verteidigte [8]. Es handelt sich hier nicht um einen wirklichen afrikanischen Neger, sondern um einen Inder von schwarzer Hautfarbe. Solche Leute, die meist aus dem malaiischen Archipel stammten, galten in China bis zum 15.-16. Jh. als Luxusware. Man weiß, daß die vornehmen Familien Kwangtungs schwarze Sklaven als Türhüter zu halten pflegten, die man « schwarze Dienerlein », « Teufelssklaven », « Teufelssklaven, schwarz wie Raben » zu nennen pflegte [9].

Einer dieser Schwarzen wird von den Patres aus Makao zu Ricci nach Shiuhing geschickt, damit er ihm als Schmied in der Herstellung seiner Uhren behilflich sei. Er war « ein Canarino aus Indien von sehr schwarzer Farbe ». Ricci braucht hier die alte Bezeichnung Canarino, nicht weil dieser Mann von den Kanarischen Inseln stammte, sondern weil die Bewohner dieser Inseln nach den Erzählungen der Alten mehr dunkle Hautfarbe hatten [10]. Ruggieri sagt uns, daß er aus Indien war und schwarze Hautfarbe hatte. Er war Christ [11].

Gewiß ist das Los der Sklaven ein trauriges, aber wenn sie in die Hände von Portugiesen oder Spaniern kommen, schaut für sie doch ein großer Gewinn heraus. Denn, Ricci sagt, daß « Gott dieses Mittel brauchte, damit zahlreiche Chinesen zum christlichen Glauben gelangen, weil sie von Spaniern und anderen Christen gekauft sind, bei denen sie die Gefangenschaft der Götzen und falschen Sekten verlassen und gute Christen werden ». Ricci spricht auch über die Ursachen der Sklaverei. Diese liegen nicht so sehr in Krieg und Gefangenschaft, sondern in der großen Zahl der Bevölkerung Chinas. Vielfach sind die Eltern nicht in der Lage, die eigenen Kinder zu ernähren. Sie verkaufen sie dann als Sklaven. Ja, es kommt vor, daß Arme, die nicht genügend Geld haben, um sich eine Frau zu kaufen, sich an einen Herrn verkaufen, um so heiraten zu können. Und so entschuldigt die Menge der Bevölkerung den Kinderverkauf, auch Armut und die Unmöglichkeit, sie zu ernähren, sowie endlich das nicht allzu schwere Los dieser Sklaven [12].

---

[8] I Nr. 302. Allerdings ist einmal von einem gekauften Diener die Rede. Er war Diener im Hause und hatte ein großes Geschick für die Katechese. Er unterrichtet einige Matronen Shiuchows, « nonostante che fosse un servitore comprato » (II Nr. 652).
[9] I p. 246 n. 4; I Nr. 255.
[10] I p. 201 n. 5; II p. 639.
[11] I p. 202 n. a.
[12] I Nr. 157.

Für die Sklaven und anderes niedere Volk gibt es ein eigenes Zeremoniell. Wenn sie die Höflichkeitszeremonie erweisen, werfen sie sich vor dem Herrn auf die Knie und berühren dreimal mit der Stirne den Boden. Wenn sie mit dem Herrn sprechen, dürfen sie nur an seiner Seite stehen, während dieser spricht. Sprechen sie aber mit höhergestellten Herren, dann nur auf den Knien [13].

7. KAPITEL

RICCIS STELLUNGNAHME ZUM CHINESISCHEN VOLKSCHARAKTER

Wollen wir zu einem Gesamtbild in der Frage nach der sozialrechtlichen Akkommodation des P. Matteo Ricci kommen, so ist es wohl am Platze, im Zusammenhange damit die Stellungnahme dieses großen Missionars zum Charakter des Volkes, bei dem er wirkte, wiederzugeben. Gerade darin zeigt sich, neben der methodischen Bedeutung dieser Frage, die echte Größe oder das Versagen des Missionars denen gegenüber, denen er die Heilsbotschaft zu bringen hat. Hat Ricci seine Leute richtig erkannt? Sieht er nicht nur Gutes und nicht nur Böses? Sieht er nicht vielmehr mit klarem Blick Vorzüge und Schwächen des Volkes?

Die Beantwortung dieser Fragen bringt uns zu der allgemeinen Antwort, daß Ricci vom chinesischen Volke und seinen einzelnen Vertretern sagt, daß er es mit Menschen zu tun hat, die wie alle anderen Menschen gute und weniger gute Seiten zeigen. Darum können wir a priori sagen, daß in der Zeichnung Riccis Tugenden und Untugenden wiederkehren werden, die wir bei allen Menschen finden, mehr oder weniger stark im Einzelfalle. Man darf dabei nicht vergessen, daß die Situation dadurch ein wenig verschoben erscheint, daß Ricci in einem verhältnismäßig reichen Lande lebt. Dieses gab seinen Bewohnern das, was sie brauchten, und zwar in nicht zu geringen Mengen. Dieses, verbunden mit der praktisch diesseitigen konfuzianischen Weltanschauung, ergab eine stärkere Schattierung nach der materiellen Seite hin. Hinzu kam eine außerordentliche Stabilität im Volke, dessen Entwicklung, im ganzen gesehen, einer gewissen Behäbigkeit und Ruhe nicht ermangelte. Der wachsende Wohlstand mußte eine stärkere diesseitige Ausrichtung des Denkens ergeben. Ferner dürfen wir nicht ver-

---
[13] I Nr. 121.

gessen, daß Ricci meist in den Kreisen der Vornehmen verkehrte. Er faßte die Arbeit mithin an der am schwersten zu erobernden Stelle an. Er wird infolgedessen auch in seiner Zeichnung des Volkscharakters eine Verschiebung nach der Seite der für die Vornehmen charakteristischen Fehler und Tugenden aufzuweisen haben, wobei es der Wahrheit entspricht, daß die Zeichnung der Fehler hin und wieder recht scharf ausfällt. Andererseits weiß Ricci sehr gut, daß der Wohlstand der oberen Schicht für diese, soferne es sich um edle Charaktere handelt, ein starkes Hilfsmittel ist, sich der Pflege eines durch Studium und Wissenschaft und dann auch durch Religion ausgezeichneten Lebens zu widmen.

Auf den ersten Blick fällt die scharfe Stellungnahme Riccis zu gewissen Formen der Unreinheit auf. Er geißelt scharf die Unenthaltsamkeit dieses verweichlichten, vergnügungssüchtigen Volkes, das reich ist an allen notwendigen Dingen für den Lebensunterhalt. In diesem Zusammenhang weist Ricci auch auf die Polygamie hin. Wir müssen uns aber darüber klar sein, daß hier nur eine Seite gezeichnet wird. Andere Gründe für dieses Laster sahen wir im vorigen Kapitel. Weiter sagt er: « Überdies ist das ganze Reich voll von öffentlichen Dirnen, abgesehen von den Ehebrüchen in den Häusern, die ganz bekannt sind. Man sagt, daß es allein in Peking 40.000 öffentlich Prostituierte gäbe ».

« Aber das, was man in dieser Hinsicht am meisten beklagen kann und was am meisten das Elend dieses Volkes aufzeigt, ist, daß man bei ihnen nicht weniger der natürlichen wie der widernatürlichen ... Unzucht frönt, die weder gesetzlich verboten ist, noch für unerlaubt und schandhaft angesehen wird ... »[1].

Es bedarf kaum eines Hinweises, daß sich dieses düstere Bild nicht auf das ganze Volk beziehen kann. Ricci spricht praktisch nur von den Städten. Dabei kennt er gut nur die ganz großen Städte, in denen solche Dinge leichter in die Augen fallen können. Und endlich schildert er immer von der Gesellschaftsschicht aus, die er am besten kennt, also von der höheren Klasse. Damit ist über diese selber aber durchaus noch nicht das Verdikt gesprochen. Viel weniger dürfen wir dieses Urteil auf das ganze Volk ausdehnen.

---

[1] I Nr. 154; I Nr. 45: Hier spricht Ricci besonders über die Leute vom Theater. Er sagt über diese Menschen: « Questa è la più vile e vitiosa gente di tutto il regno ».

I Nr. 241: Bei den Veranstaltungen der Literaten scheint es auch nicht immer so hergegangen zu sein, wie es die guten Sitten erforderten, denn Ricci spricht bei deren Schilderung von « dissoluzioni » — Zügellosigkeiten, und von « male opere », deren Zeugen die Patres nicht sein sollten (in Shiuhing).

Weiter wird der starke Stolz der Chinesen erwähnt. Dieser zeigte sich allerdings im ganzen Volke. Dieses Ackerbauvolk, jahrtausendelang mit dem Boden der Heimat verwachsen, hatte es nicht gelernt, über seine Grenzen hinauszublicken. Es war überzeugt, daß sich alles Wissen der Welt in China finde. Alle anderen Völker mußten demgemäß Ignoranten und Barbaren sein [2]. China hatte also das absolute Monopol der Wissenschaft. Man war sich auch darüber klar, daß es in der ganzen Welt keine andere Musik geben könne als die chinesische [3]. Der Wein, den man in China produzierte, war der beste der Welt [4]. Ricci beklagt lebhaft die üblen Folgen eines häufigen Weingenusses. Denn es ist, wie er sagt, etwas ganz Gewöhnliches, weinselige Männer auf der Straße zu sehen, besonders an Hauptfesten und nach Gelagen. Das zeigt sich beim niedern Volke ebenso wie bei den Mandarinen, die bei solchen Ausschweifungen leider ihr Amt in Verruf bringen und oft genug ungerechter Willkürakte fähig sind [5]. Was aber den Stolz auf die Herrlichkeit des eigenen Wissens und Könnens angeht, so ist dieser so groß, daß man von außen unmöglich etwas Neues dazulernen kann, «denn die Chinesen können sich nicht so leicht davon überzeugen, daß Fremde etwas besser wissen als sie» [6]. Neben diesem Stolz schildert Ricci offen oder verdeckt öfter einen gewissen Hang zum Übertreiben bei den Chinesen. Er hat in Nanking die für den Kaiser bestimmten Sachen gezeigt. Alle sind davon auf das höchste verwundert. Der eine teilt dem anderen das Gesehene mit, und so kommen viele in die Residenz. Diese Dinge standen «sehr im Gegensatz zu den Dingen Chinas, die immer sehr viel schlechter zu sein pflegen als die Fama verlautete» [7]. Er tadelt ferner einen gewissen Formalismus, der besonders bei den Vornehmen zu finden ist, die den «ganzen Tag» damit beschäftigt sind, Besuche zu machen und zu erwidern. Diese an sich so schönen Höflichkeitsformen haben sich zu sehr in rein äußeren Apparat umgewandelt [8].

Oft kommt Ricci auf den stark diesseitig eingestellten Geist des

---

[2] I Nr. 166.
[3] I Nr. 43.
[4] I Nr. 13: Meist braucht man Reiswein, «et altre molte maniere», nicht so sehr Traubenwein, weil das Land wenig Trauben hervorbringt, die zudem nicht sehr süß sind.
[5] I Nr. 163.
[6] I Nr. 226.
[7] II Nr. 563.
[8] I Nr. 119: Das berühmte «Gesicht» der Chinesen (I p. 71 n. 4).

Chinesen zu sprechen. Daraus erklären sich die geradezu unglaublichen Anstrengungen, in alchimistischer Weise Silber oder Gold herzustellen. Aus der gleichen Wurzel stammt das Streben nach langem Leben, das durch die Anwendung verschiedener Medizinen und Übungen erreicht werden soll. Man will nicht sterben, man möchte immer leben [9]. Johannes Hsü Hsü-ch'en wäre fast an dieser Schwierigkeit gescheitert, daß er nämlich seine Bemühungen um Verlängerung des Lebens vermittels abergläubischer und unsinniger Praktiken als Christ nicht mehr beibehalten konnte [10]. Ricci selber wurde in derartige Bestrebungen hineingezogen. Es ging ihm der Ruf voraus, Alchimist zu sein, weshalb viele ihn aufsuchten. Sein Freund Ch'ü T'ai-su war aus diesem Grunde mit ihm erstmalig zusammengekommen [11]. Er hatte für die verderbliche Kunst der Alchimie fast sein ganzes Vermögen geopfert [12].

Von dem Mißtrauen gegen Fremde haben wir schon gehört [13].

Dem armen Missionar mußte es höchst unangenehm sein, wenn er in eigenen Geldsachen den profitgierigen Sinn mancher Leute zu spüren bekam, da er infolge seiner absoluten Abhängigkeit von Makao mit jedem Scudo rechnen mußte. Zweimal wurde er so beim Einlösen eines Wechsels betrogen. Der erste wurde ihm aus Makao geschickt, der zweite kam aus Japan. Ricci beschließt die Sache mit dem Urteil: « Bei all dem sieht man klar, daß man sich überhaupt nicht auf die Chinesen verlassen kann » [14].

Ähnlich scharf drückt er sich aus, wenn er sagt, daß überhaupt in China Falschheit und Lüge blühen. Keiner traut dem anderen. Überall herrscht Mißtrauen, nicht nur zwischen Freunden und Landsleuten, sondern auch zwischen Nahverwandten, Bruder und Bruder, Vater und Sohn. Man kann sich niemandem anvertrauen als nur mit großer Vorsicht. Das ganze Verhalten besteht in der äußeren Höflichkeit schöner Worte ohne wahre Freundschaft und Liebe im Herzen [15].

Diesem weniger freundlichen Bild weiß Ricci aber auch durchaus angenehme und sympathische Züge gegenüberzustellen. Das chinesische Volk ist ein friedliebendes Volk. Man hat nicht die Absicht zu großen Eroberungen, obwohl — und das erscheint fast wie

---

[9] I Nr. 169.
[10] II Nr. 920.
[11] I Nr. 362.
[12] I Nr. 359.
[13] Cfr. IV. Abschn., 1. Kap.
[14] II Nr. 524.
[15] I Nr. 164.

ein visionärer Blick in die Zukunft — das Land reich ist an Lebensmitteln, Holz und Metall für Geschütze und anderes Kriegsgerät, womit man leicht alle Nachbarvölker unterjochen könnte. Aber weder der König noch das Volk kümmert sich um so etwas. Man ist zufrieden mit dem, was man hat und will nichts von anderen, sicher sehr zum Unterschied von unseren Nationen, wie Ricci meint, wo oft das eigene Reich verloren geht, weil man über andere herrschen will. In China ist es nicht so. Ja, selbst wenn man die Absicht hätte, andere Länder zu unterjochen, so würden sich doch kaum Beamte finden lassen, die diese Länder verwalten würden [16].

Die Soldaten bilden nicht einen eigenen, mit einem gewissen Stolz gefüllten und erfüllten Stand. Sie sind vielmehr mitsamt ihren Offizieren den eigentlichen Literaten unterstellt. Wenn sie auch selber Literaten sind, d. h. wenn sie auch selber die Grade haben wie die eigentlichen Literaten, so gelten diese Grade doch weniger. Und selbst ein Militär, der Tausende von Soldaten unter sich hat, fürchtet sich vor einem Doktor und Mandarin, der Literat ist. Von diesen werden sie sogar oft öffentlich geprügelt wie bei uns die Knaben in der Schule. Sie können auch nicht selbständig handeln im Kriege. Immer haben sie Literaten zur Seite, von denen sie ihre Weisungen erhalten. Die Aushändigung von Sold und Lebensmitteln liegt in der Hand eben dieser Literaten.

So sind die Soldaten weniger angesehen. Tatsächlich sind die eigentlichen Literaten auch edleren Geistes, sind dem Staate treuer, sterben leichter in der Gefahr für Vaterland und König als jene, die dem Kriegshandwerk obliegen. Das kommt daher, weil entweder die Wissenschaften deren Geist veredeln, oder weil von den ersten Anfängen an in diesem Reiche die Wissenschaften höher in Geltung waren als die Waffen [17]. Waffen werden von niemandem getragen, auch nicht von den Soldaten, außer bei Paraden und wenn sie die großen Mandarinen begleiten [18]. Das Volk ist so friedliebend, daß man eher große Schwierigkeiten auf sich nimmt, als sich in die Gefahren eines Kampfes einzulassen. Aus diesem Grunde führt man die großen Reistransporte über die Flüsse des Landes nach Peking, was ein ungeheures Kanal- und Schleusensystem notwendig macht. Viele Schiffe gehen infolge mangelnder Technik der Durchschleusung verloren. Aber lieber das, als den Transport über das

---

[16] I Nr. 110; II Nr. 833.
[17] I Nr. 111.
[18] I Nr. 117.

Meer, der schneller und sicherer vonstatten gehen würde. Die Furcht vor den Seeräubern und überhaupt die Scheu vor dem Meere halten die Kaufleute von dieser Möglichkeit ab [19].

Dieses friedliebende Volk ist auch sehr ordnungsliebend. Es herrscht eine straffe Unterordnung der höheren und niederen Beamten unter die ihnen vorgesetzten Autoritäten und aller unter den Kaiser. Diese straffe Gliederung bewährt sich in einem pünktlichen Gehorsam und im äußeren Respekt, in der Abstattung von Ehrenbesuchen und Ehrengeschenken. Alles dieses eingerahmt in die nötigen Zeremonien, Kniebeugungen und Verneigungen, wenn man auch weiß, daß derjenige, dem man dieses erweist, vor wenigen Tagen oder Monaten noch ein Nichts war, armer Arbeiter oder Handwerker Kind [20].

Solch positive Momente mußten Ricci gefallen. Er konnte darin große Möglichkeiten für die Mission erblicken. Die Einführung der Hierarchie konnte in einem derart an Ordnung gewöhntem Volke nicht schwer sein. Die Leistung des Gehorsams gegen die kirchliche Obrigkeit, vor allem gegen den Papst, konnte von vornherein als eine leicht zu lösende Aufgabe angesehen werden.

Wenn wir oben von einer gewissen Zügellosigkeit einiger chinesischen Gesellschaftskreise hörten, so weiß Ricci uns aber auch Züge einer schönen Mäßigkeit zu berichten. Im Essen sind die Chinesen sehr mäßig [21]. Sie sind überhaupt mäßig und sparsam. Man scheut große Auslagen. Oft sind solche auch gar nicht nötig, denn die Chinesen sind äußerst begabt in allen praktischen Arbeiten und sehr fleißig. Jede Kunstfertigkeit steht in hoher Vollendung. Man arbeitet mit möglichst wenig Kosten an Zeit, Geld und Kraft, was leider öfter nachteilige Folgen hat. Man begnügt sich mit einer schönen Fassade [22]. Überhaupt stehen die Chinesen in der Geschicklichkeit der Hand und in der Begabung keiner anderen Nation nach [23].

Neben dieser mehr äußeren Begabung ist es die außerordentliche Fruchtbarkeit der chinesischen Schriftsteller, die Ricci zur Bewunderung zwingt. Die Bücherherstellung ist sehr bequem. Sie ist jedem möglich. Druck und Verlag kann im eigenen Hause geschehen. Daher ist man sehr darauf aus, Bücher zu schreiben, noch mehr als in Europa. Die Zahl der jährlich neu erscheinenden Bü-

---

[19] II Nr. 517.
[20] I Nr. 112.
[21] I Nr. 129.
[22] I Nr. 37.
[23] I Nr. 41.

cher ist in China tatsächlich und relativ viel größer als in Europa und überhaupt bei jedem anderen Volke. Leider fehlen die « Wissenschaften », (d. h. die europäischen exakten Wissenschaften) und daher kommen oft unnütze und schändliche Bücher heraus [24]. Wir werden über die Bedeutung der Presse im nächsten Abschnitt eigens zu handeln haben. Sie kam Ricci außerordentlich zustatten. Ihm ging es wie allem Fremden. Es wird abgelehnt, zieht aber dann doch mit Macht an. Seine eigenen Druckwerke erregen das größte Aufsehen, werden überall gelesen, werden neugedruckt und erreichen so die gewünschte Verbreitung.

Diese an sich schon empfehlenswerte und hohen Geist verratende Betätigung der oberen Schicht im chinesischen Volke erscheint vertieft durch die von Ricci festgestellte Tatsache, daß bei den Chinesen der alten Zeit ein religiöses Gedankengut vorhanden war, das uns staunen läßt. Ricci sagt uns, daß von allen Heidenvölkern, über welche die Kunde nach Europa drang, kein einziges weniger Irrtümer in Sachen der Religion aufzuweisen habe als das chinesische Volk in seiner alten Zeit. Niemals glaubte man vom « Herrn des Himmels » und von den anderen Geistern, seinen Dienern, derartig gemeine Dinge wie unsere Römer, Griechen, Ägypter und andere Nationen sie glaubten [25]. Wahrlich ein schönes Zeugnis, das ein seeleneifriger Missionar dem alten China ausstellt. Er schreibt:

> « Und ich bitte alle jene, die diese beiden Kapitel (über Aberglauben und sonstige Mißbräuche) lesen werden, daß sie an den Dingen, die in ihnen gesagt werden, eher Gelegenheit nehmen, sich zum Mitleid bewegen zu lassen und Gott wegen der Krankheit dieses Volkes zu bitten, als daß ihnen von daher Entrüstung und Widerwillen aufsteigt. Man möge sich erinnern, daß dieses ein Volk ist, das Tausende von Jahren in den Finsternissen des Heidentums lebte, ohne irgendeinen Strahl des hl. Evangeliums, dem aber doch soviel an natürlichem Lichte geblieben ist, daß es leicht aus eigener Kraft das Elend sieht und freimütig bekennt, in dem es liegt, ohne die Weise zu kennen, daraus herauszukommen » [26].

Unter den Tugenden der Chinesen verdienen besonders die 5, man möchte sagen, Kardinaltugenden hohes Lob. Es sind die Tu-

---

[24] II Nr. 720.
[25] I Nr. 170; I Nr. 253.
[26] I Nr. 149.

genden des Wohlwollens, der Gerechtigkeit, der Höflichkeit, der Weisheit, der Treue [27].

Unser Bild der guten Sitten und Eigenschaften des chinesischen Menschen wäre aber nicht vollständig, wollten wir die am meisten in die Augen springende Tugend übersehen, die Tugend der Pietät. Bartoli kennt kein Volk alter und neuer Zeit, bei dem die Kindesliebe ein solches Maß angenommen hat wie bei den Chinesen. Schwere Bußübungen werden nicht selten das ganze Leben für die Eltern ertragen, die bereits verstorben sind. Selbstzerfleischungen kommen vor, um den kranken Eltern eine möglichst gute Medizin zu bereiten. Und vielleicht ist es wahr, daß das lange Leben vieler Chinesen zurückzuführen ist auf diese zarte Liebe und Sorge gegen die Eltern. Ricci sagt über diese Tugend:

« Alle ihre Bücher setzen es sich zur Aufgabe, die Kinder zum Gehorsam und Respekt gegen Vater und Mutter und die Älteren zu ermahnen. Daher scheint im Äußeren kein Reich der Welt ihnen in diesem Gehorsam gleichzukommen ».

Von besonderer Bedeutung sind die sogenannten 5 Relationen. Sie sind gemeinsam für alle Menschen: « Die Beziehung des Vaters zum Sohne, des Gatten zur Gattin, des Herrn zum Untergebenen, des älteren Bruders zum jüngeren, des Freundes zum Freunde. Sie meinen allerdings, daß die übrigen, die fremden Reiche kein Aufhebens von diesen Relationen machten » [28].

Hier hatte Ricci herrliche Anknüpfungspunkte, über die christliche Lehre von der Nächstenliebe, von der Achtung des Mitmenschen, von der hierarchischen Ordnung innerhalb der sozialen Gliederung eines Volkes zu sprechen. Wenn er diese kostbaren Edelsteine schliff und sie in die Nähe der Sonne der christlichen Gotteslehre brachte, mußten sie leuchten und blitzen in bisher nie gesehenem Lichte.

Als Zusammenfassung dieses Kapitels soll ein Wort des P. Ruggieri dienen. Ricci selber könnte es gesagt haben, und wir sind überzeugt, daß es seinem Denken über die Chinesen gerecht ist:

« *Dieses Volk ist außerordentlich geeignet für den Empfang des hl. Glaubens, und zwar mehr als jedes andere Volk, ist es doch*

---

[27] I Nr. 119; I p. 71 n. 2: Man achte auf den wesentlich sozialen Zug dieser Tugenden.
[28] BARTOLI I c. 35; I Nr. 132; I Nr. 180.

geistig gut veranlagt und hat bedeutende Fähigkeiten. Es ist ein ruhiges Volk und eignet sich zum Gehorsam » [29].

---

[29] TV p. 402, Brief vom 12. Nov. 1581 an P. Merkurian. Wir müssen uns leider mit der Aufzählung dieser wenigen und nicht vollständigen Angaben begnügen, weil der Rahmen der Arbeit sonst zu sehr erweitert würde. Hinzuweisen wäre auf vieles andere, was Ricci noch zu sagen hat. Vieles kehrt im Verlauf der Abhandlung wieder, manches scheint nicht auf, etwa wenn er von der Größe der Städte, von der Schönheit derselben und ihrer Paläste spricht.

V. ABSCHNITT

DIE INTELLEKTUELLE AKKOMMODATION

1. KAPITEL

DIE DURCH RICCI EINGELEITETE BEFRUCHTUNG ASIATISCHEN GEISTESGUTES DURCH DIE EUROPÄISCHE GEISTESWELT

Wir konnten in den voraufgehenden Kapiteln bereits öfter feststellen, daß die neue katholische Mission in China gerade deshalb zu ihren staunenswerten ersten Erfolgen kam, weil sie nicht nur das Christentum als solches den Chinesen, speziell der Klasse der Vornehmen unter ihnen, brachte, sondern die christliche Religion, soweit wie möglich, präsentierte auf dem glanzvollen Hintergrunde abendländischer Zivilisation und Kultur. Zwar waren es vorerst nur Splitter, Bruchstücke dieser Kultur, die von den Missionaren gezeigt werden konnten, Teile einer Kultur, deren Verschmelzung mit dem asiatischen Geistesgut auch heute noch nicht in Ganzheit vollzogen ist. Immerhin war es ein glücklicher und gelungener Beginn. Er blieb nicht zuletzt dadurch erfolgreich, daß Ricci praktisch der erste Vertreter der Weisheit des Westens in China war, der in intimeren Kontakt mit dem gesamten Kulturkomplex Chinas kam. Daher, nicht allein allerdings deswegen, mußten die Gegenstände, die er bekanntmachte, das Wissen, in das er einführte, die Art und Weise, wie er europäisches Wissen vortrug und chinesisches Denken verarbeitete und wiedergab, das höchste Staunen seiner bekannten und unbekannten Freunde erwecken. Dennoch war Ricci kein Kulturträger in dem Sinne, als wenn er seine eigentliche und einzige Mission speziell in der gegenseitigen Beeinflussung und dadurch Hebung westlichen und östlichen Kulturgutes gesehen hätte. Eine solche Sicht entspräche durchaus nicht seinem apostolisch gesinnten Geist. Ricci war Apostel und dieses sein Amt war die Richtschnur seines allumfassenden Wirkens. Wäre also die einfache Predigt des Evangeliums in seinen Augen vorteilhafter für die Verkündigung des Reiches Gottes gewesen, so hätte er sicher dieser Methode sich gewidmet. *Seine tiefe Einsicht in die innere und äußere Struktur des chinesischen Geistes, seiner gesellschaftlichen und staatlichen Ausprägung, gebot ihm aber, indirekt zu arbeiten. Er mußte zunächst das Staunen erregen. Dieses sollte ihm die Herzen erschließen und zur Achtung zwingen. Aus der Achtung sollte Liebe entstehen. Und aus der Liebe zur Wahrheit und zum Künder der Wahrheit sollte endlich die persönliche Annahme der Wahrheit werden.*

Man darf aber nicht glauben, daß Ricci ein kalter Methodiker gewesen wäre. Wir müssen den Rahmen seiner kulturellen Bestrebungen doch weiter spannen. Schließlich kann kein Missionar, und sei er noch so selbstlos, die Kultur verleugnen, aus der er stammt. Auch liegt es im Wesen der katholischen Mission begründet, daß sie Kulturträgerin und Kulturbringerin ersten Ranges ist. Die Geschichte der Mission vor Ricci beweist das klar. Man darf also sagen, « daß es in der innersten Natur und Aufgabe der katholischen Mission liegt, zugleich mit dem Glaubenslicht und der Glaubenswärme, mit den evangelischen Wahrheiten und Grundsätzen die irdisch- menschlichen Güter und Wohltaten der geistigen wie materiellen Kultur zu verbreiten. Selbst wenn sie diese Nebenwirkungen und Nebenfrüchte nicht beabsichtigte, wäre sie gewissermaßen mit Naturnotwendigkeit auf ihre Hervorbringung angelegt, nicht nur in dem partiellen Sinne, daß die von ihr hauptsächlich vertretene religiöse Kultur ein unentbehrliches Glied aller Kultur darstellt und von dieser eingeschlossen wird, sondern auch insofern, als sie mittelbar oder unmittelbar gleichsam spontan auch auf allen übrigen Gebieten durch deren innere Durchsäuerung die echte Kultur fördert ». Zwar darf diese Tätigkeit der Mission nicht so betrieben werden, « daß dadurch ihr eigentliches Christianisierungswerk zurückgedrängt oder getrübt würde, wohl aber als wirkliches, wenngleich untergeordnetes Zwischenziel zum letzten Endzweck aller Mission wie aller kirchlichen Tätigkeit überhaupt » [1].

Diese klaren Ausführungen Schmidlins können wir voll auf Ricci anwenden.

Was speziell die Frage der gegenseitigen kulturellen Befruchtung angeht, so können wir von einer solchen noch nicht in dem Sinne sprechen, wie moderne Missionswissenschaftler sie gerne

---

[1] Schmidlin, pp. 315-316.

wahrhaben möchten [2]. Doch handelt es sich bei ihnen meist um die eigentliche religiöse Akkommodation im strengen Sinne. Diese wollen wir an dieser Stelle aber nicht behandeln, wenn man auch Religion und Kultur nicht scheiden kann. Für unsere methodischen Fragestellungen ist es besser, die Scheidung zu machen, auch mit der Gefahr der Überschneidung der Sachgebiete.

Wegen der geradezu ungeheuren Wirkung der neuen Erkenntnisse auf die Gebildeten Chinas kam es Ricci darauf an, möglichst Vieles und Gutes dieser Art nach China zu bringen. Wenn man Ricci einen klassischen Vertreter der Akkommodationsmethode nennen kann, so steht das durchaus nicht im Widerspruch mit seiner Methode der Einführung europäischen Wissens und Wesens. Und schließlich möchten wir sagen: Methode ist eben nur Methode! « Worauf schließlich doch alles ankommt, ist nicht das System, sondern der Erfolg » [3]. Hier dürfte mit vollem Recht ein wichtiges Kriterium der Akkommodationsmethode zu finden sein. Ricci kam es letztlich auf den Erfolg an. Er sah aber in der Spannung, die sich aus dem Fehlen bestimmter Kulturgüter in China zwischen der Kultur dieses Landes und der Kultur Europas ergab, eine großartige Möglichkeit für seine Missionsarbeit. Er nützte sie aus. Es geht Ricci also nicht zuletzt und letztlich um das System, sondern darum, möglichst sicher zum Ziele zu kommen. Der eingeschlagene Weg stellte sich dem großen Geiste dieses Missionars als der beste dar, und so ging er ihn unbeirrt bis zum Ende, wenn auch unter großen persönlichen Opfern.

Wollen wir nun näher an die Einzelheiten herantreten, so müssen wir zunächst in Übereinstimmung mit dem Ebengesagten handeln über die große Bedeutung, welche der Pflege europäischen Geistesgutes zur Zeit Riccis in China zukam.

P. Longobardo, dem man gewiß nicht eine begeisterte Bejahung der Missionsmethode Riccis zuschreiben kann, ist sich in diesem Punkte mit ihm einig. Als Oberer der Mission schreibt er nach dem Tode Riccis im November 1610:

> « Wenn Euer Paternität zu wissen trachten, welches das weitaus passendste und wirksamste Mittel zur Förderung dieser Mission ist, so ist das nach Ansicht aller, daß viele und gute Untergebene geschickt werden, wie bei anderer Gelegenheit gesagt wurde und besonders einige gute Mathematiker ».

---

[2] BERNARD S. J. P. HENRI - *L'apport scientifique du Père Matthieu Ricci à la Chine*, Tientsin 1935.
[3] THAUREN, p. 85.

Und dann erwähnt er gleich die Verbindung mit den chinesischen Wissenschaften: « Denn die von den Unsrigen erlernten chinesischen Wissenschaften sind das Netz, um die Chinesen zu fangen » [4].

Ricci dachte in der Frage der Vereinigung von Wissenschaft und Ausbreitung der Religion sehr tief. Im « Mappamondo » drückt er sich darüber so aus:

« Vor Zeiten hörte ich sagen, daß Himmel und Erde ein großes Buch sind, das nur der edle Mensch zu lesen versteht. Darum erkennt der, der zur Vollkommenheit gelangt ist, vielleicht Himmel und Erde, und er kann sich klar machen, daß derjenige, der Himmel und Erde regiert, absolut gut, absolut groß und absolut einer ist. Das Nichtwissen verwirft den Himmel, und das Wissen, das sich nicht zum 'Himmlischen Gebieter' der Ursprünge wendet, ist absolut kein Wissen. Die Reinigung und Rodung der Keime des Bösen aus der Hoffnung heraus, zum Guten zu kommen, ist schon ein Gut. Wer darum die kleinen Dinge vernachlässigt, um zum Großen zu gelangen, wer vermindert seine vielfältige Geschäftigkeit, um zurückzukehren zum 'Höchsten Einen', hat wegen seines Wissens Hoffnung » [5].

Konkreter drückt er sich in einem Briefe an P. Pasio aus:

« Wenn wir sie (die Chinesen) unsere Wissenschaften lehren könnten, so würden sie in denselben nicht nur hervorragend bewandert sein, sondern wir würden sie auch mit Hilfe derselben leicht in unsere hl. Religion einführen. Und niemals würden sie eine so große Wohltat vergessen, wovon wir schon zur Zeit ein klares Zeichen haben. Denn obwohl wir sie bis jetzt nichts anderes gelehrt haben als etwas aus der Mathematik und Kosmographie, sind sie deswegen doch unsere Schuldner, wie ich oftmals mit eigenen Ohren bedeutenden Persönlichkeiten gegenüber sprechen hörte: Daß wir den Chinesen die Augen geöffnet haben, welche blind waren. Und das sagten sie nur von den Naturwissenschaften, die ich einführte, von der Mathematik. Was würden sie dann aber erst von den anderen, schwereren sagen, als da sind Physik, Metaphysik, Theologie und Übernatur »?

Es soll allerdings kein einseitiges Geben und Nehmen sein. Ricci verlangt von seinen Untergebenen, daß sie die chinesischen Wissenschaften beherrschen. Diese liegen vornehmlich in der Literatur. Darum bemerkt er im gleichen Briefe weiter, daß er Untergebene hat, die theologisch gut durchgebildet sind.

---

[4] TV pp. 490-491, Brief vom 23. Nov. 1610 an P. Aquaviva.
[5] PROLOGE u. EPILOGE, Praefatio Riccis zum « Mappamondo ».

« Und niemand ist bis jetzt da, der nicht mehr als mittelmäßig nach den Wissenschaften Chinas strebt, denn: Unsere Wissenschaften zu verstehen, ohne die ihrigen zu kennen, nützt nicht viel. Und Euer Hochwürden sehen gut, wie wichtig dieser Punkt an diesem Beginne ist. Ich von meiner Seite aus schätze ihn mehr als über 10 000 Christen gewonnen zu haben, da darin die Voraussetzung für die Universalbekehrung des ganzen Reiches liegt » [6].

Wahrlich ein kühnes, aber von großem Planen und Seeleneifer durchglühtes Wort.

Wichtige Gedanken in der gleichen Richtung finden wir im Prolog des Dr. Paul Hsü zur Geometrie des Euklid:

« Wer weiß, ob er (Ricci) nicht ein zweiter Yi, Huo, Han und Meti ist? Das wenigste, was man sagen kann, ist, daß es (das Buch des Euklid) sehr nützlich ist, um die intellektuellen Fähigkeiten des Menschen in den minutiösesten Dingen zu üben, um so zur Wahrheit zu gelangen. Was die Wissenschaft dieses Herrn (Ricci) angeht, so begreift sie drei Zweige in sich. Der wichtigste besteht in der Übung der Tugend und im Dienste des 'Himmels'. Der weniger wichtige besteht in den Naturwissenschaften und in der Philosophie. Darüber hinaus gibt es noch die Astronomie und die Mathematik, die er vollkommen besitzt, die er ohne einen Zweifel verständlich macht, die er erklärt und analysiert in einer Weise, daß keine Zweifel irgendwelcher Art bleiben » [7].

In diesem Zusammenhange wäre es am Platze, einen Einblick und Überblick über die schriftstellerische Tätigkeit Riccis zu geben. Darüber soll aber im nächsten Kapitel ausführlich gesprochen werden.

Die Wirkung der wissenschaftlichen Tätigkeit Riccis war eine erstaunliche. Sie verschafft ihm einen derartigen Ruf, daß er als der größte Mathematiker der Welt gilt. Ja, man hält ihn gewissermaßen für einen zweiten Ptolemäus [8].

---

[6] TV pp. 384-386, Brief vom 15. Febr. 1609.

[7] PROLOGE UND EPILOGE.

[8] Ricci gibt hier den Eindruck der von ihm gepflegten exakten Wissenschaften wieder. Wie wir schon in der Einleitung sagten, hat er sich selber natürlich nicht so hoch eingeschätzt, wie er hier schildert. Er will sagen: Obwohl ich selber doch nicht allzu Großes in wissenschaftlicher Hinsicht zu bieten habe, macht das, was ich sage, doch schon einen gewaltigen Eindruck. Wie würde es erst sein, wenn die ganze Fülle der europäischen Wissenschaften dem « Reiche der Mitte » zur Verfügung stände?

I Nr. 266; II Nr. 535; cfr. STUD. OR.[1] = D'ELIA S. I. PASQUALE - *Le generalità sulle Scienze Occidentali di Giulio Aleni,* in « Rivista degli studi orientali », vol. XXV, pp. 58-76.

Kennzeichnend für Riccis Arbeiten und deren Hochschätzung in Verbindung mit ihren religiösen Zielen ist eine Strophe aus einem Loblied auf ihn aus der Feder des Literaten Li Je-hua aus Nanchang:

> « Mit Eifer und Reinheit ehrst Du den 'Herrn des Himmels',
> « dringst aufs genaueste ein in die Irrtümer des Kalenders.
> « Großartig sind Deine herrlichen Instrumente und Deine Mathe-
> « matik, undurchdringlich und weit ihre Prinzipien und Funda-
> « mente » [9].

Die durch sein Wissen begründete Hochschätzung Riccis durch die Chinesen entsprang nicht allein der Neuheit der vermittelten Erkenntnisse. Um seinen Erfolg ganz zu verstehen, müssen wir näher einzudringen suchen in die Eigentümlichkeiten chinesischer Weisheit.

Es ist richtig, daß die konfuzianische Schule China groß gemacht hat [10]. Aber es fehlte den Chinesen im Konfuzianismus die scharfe, dialektische Schulung:

> « Sie sagen und schreiben alles nicht in wissenschaftlicher Form, sondern konfus in verschiedenen Sentenzen und Reden » [11].

In diesem Urteil Riccis sehen wir, daß er die Schwierigkeit der Asiaten schon erkannte, in westlicher Weise Schlüsse zu bilden. Er lehnt sich daher auch an diese Eigenart an. Er nimmt bewußt chinesische Ausdrucksweise und Beweisform auf, bringt es dann aber doch fertig, offen oder verdeckt in solchen Gedankengängen sein dialektisch geschultes Denken einzuflechten.

Die Gründe, die Ricci für das Fehlen scharf logischen und schlußfolgernden Denkens aufzeigt, sind für seine Stellungnahme zur chinesischen Weisheit bemerkenswert. Sie sind einmal im Fehlen öffentlicher Schulen und Universitäten zu suchen [12], dann aber besonders, und darin dürfte Ricci die Hauptursache für obigen Mangel sehen: « Und wenn sie keine großen Philosophen haben, so deswegen nicht, weil sie niemals die wahre Philosophie hatten » [13]. Diese Äußerung gibt zu denken, zumal er unmittelbar darauf sagt: « Aber wenn sie (die wahre Philosophie) ihnen gelehrt

---

[9] II p. 69 n. b.
[10] Kösters S.V.D. P. Dr. J. - *Das chinesische Schulwesen,* in « Zeitschrift für Missionswissenschaft » 1912, p. 49 ff.
[11] I Nr. 55.
[12] I Nr. 63.
[13] TV p. 368, Brief vom 22. Aug. 1608 an P. Aquaviva.

würde, so meine ich, daß sie nicht nur den Unsrigen glauben würden, sondern daß sie auch in vielen Dingen Fortschritte machen würden». Ricci sagt an dieser Stelle klar, daß es nach seiner Meinung in China kein philosophisches System gibt, welches brauchbar wäre, den Wahrheiten des Christentums als Form zu dienen. Er sagt auch, daß die Einführung in die europäisch-christliche Philosophie dem Chinesen sehr nützlich wäre [14]. Seine Worte lassen eine andere Deutung kaum zu. Damit soll nicht gesagt sein, daß er chinesisches Denken und seine Ergebnisse als absolut unbrauchbar für die Wiedergabe christlichen Gedankengutes angesehen hätte. Seine Hochschätzung und sein Denken über die Verwendbarkeit chinesischer Weisheit für christliche Dinge dürfte durch ein Bild am besten zum Ausdruck gebracht werden: Die richtigen und brauchbaren Ergebnisse chinesischer Weisheit sind Ricci nichts anderes als eine Art von Bausteinen. Diese haben aber nicht die Aufgabe, sich zu einem eigenständigen Bauwerk zu vereinen. Sie haben lediglich den Zweck, ein bereits vorgegebenes Gerüst (die europäische Philosophie) auszufüllen. Soweit sie in dasselbe nicht hineinpassen, muß man sie behauen, bis sie passen, ohne sie deshalb zu verwerfen. Ricci hat also nicht, wie moderne Missionswissenschaftler es gerne erstreben, daran gedacht, daß einmal ein Thomas von Aquin für Asien und aus Asien kommen müßte, um der christlichen Wahrheit in asiatischem Denken eine neue Form zu geben.

Zwei Proben mögen uns zeigen, wie Ricci es versuchte, die ihm aus christlicher Weltanschauung geläufigen Gedanken in asiatisch bildhafter, poetischer Form wiederzugeben.

Die erste Probe stammt aus den « 8 Gesängen », die er nach Überreichung seiner Geschenke an den Kaiser für die Singstimme zum Clavicymbalum verfaßte [15]. Die zweite ist den « 25 Paragraphen » entnommen, einem Werkchen, welches 1599-1600 in Nanking geschrieben wurde [16].

« Ein Hirte war von plötzlicher Traurigkeit befallen,
überdrüssig war er dieses Hügels.
Da sah er von ferne die Schönheit eines anderen Hügels.

---

[14] VAN STRAELEN SVD P. H. - *Levate capita vestra*, in «China Missionary Bulletin» 1950, 1. Jan., pp. 22-25.
    ders. - *New Diplomacy in the Far East*, London 1944;
    ders. - *Through Eastern Eyes*, Ohio 1951.
[15] II Nr. 601; 8 CANZONI = RICCI S. I. P. MATTEO - *Otto Canzoni per clavicembalo occidentale*, Peking 1601, II.
[16] III p. 243; 25 PARAGRAPHEN = RICCI S. I. P. MATTEO - *I venticinque paragrafi*, Peking 1605.

(Er dachte), dieser würde wie Schnee seine Traurigkeit hinwegnehmen.
Da ging er in die Nähe jenes Hügels.
Von nah schien er ihm nicht so schön wie aus der Ferne.
O Hirte, mein Hirte, wer seine Wohnung ändert, kann der sich auch selber ändern?
Wohin denn gehst Du, um Dich selbst zu lassen?
Trauer und Freude entspringen im Herzen.
Wenn das Herz ruhig ist, wird überall Freude sein.
Wenn das Herz verwirrt ist, wird überall Trauer sein.
Wenn ein Stäublein ins Auge kommt, wird der Mensch deswegen verdrießlich- und Du verhältst Dich so großzügig, wenn ein scharfer Dolch Dein Herz durchbohrt?
Man kann nicht befriedigt sein, wenn man etwas ehrt, was unter einem ist.
Warum beherrscht Du nicht Dein Herz? Du könntest Dich erfreuen des Friedens auf dem alten Hügel.
Die Alten und Modernen haben gestritten.
Aber alle nennen die gleiche Wahrheit: Es hilft nichts, hinauszugehen (aus sich selber).
Aber nützlich ist es, drinnen zu wohnen (in sich selber) ».

Aus den « 25 Paragraphen » den 5.:

« Immer, wenn ein Mensch sich entschließt, sich dem Studium (der Tugend) zu widmen, muß er voraussehen, daß sich solche finden werden, die ihn bekritteln.

Wenn sie ihn bescheiden und eingezogen sehen, so werden sie sicher sofort sagen: Das ist ein Stolzer.

Wenn sie ihn vorsichtig und bedächtig im Handeln sehen, werden sie gewiß gleich bemerken: Dieser ist nur äußerlich ernst. Alle werden auf ihn zeigen und sagen: Wieso ist er auf einmal ein Heiliger?

Nun beginne ich mein Studium. Und um diesen Stolz und die rein äußere Würde zu meiden, bleibe ich fest, als wenn ich einen Auftrag des 'Höchsten Gebieters' (Shang-Ti) empfangen hätte und stelle mich in die richtige Ordnung, ohne zu wagen, mir auch nur den geringsten Fehler zu gestatten. Dies ist der Anfang. Jene, die mich kritisierten, werden eingenommen von der echten Tugend. Sie werden zur Bewunderung kommen und ihre Kritik bereuen. Sollte aber einer sich wegen der Kritik sofort zurückziehen, wird er da nicht in doppelter Weise Gegenstand des Lachens der Menschen sein? Zuerst wird man lachen, weil er sich auf diesen Weg begeben hat.

Und dann lacht man, weil er sich von ihm wieder zurückgezogen hat ».

Ganz ähnlich sind manche Beweisführungen im Katechismus Riccis, seinem reifsten Werke. Hören wir einen solchen Beweis über die Schöpfung der Dinge durch Gott im Anfang der Welt. Es handelt sich hier nicht um eine strenge Beweisführung in unserem Sinne, sondern um ein Zum-Ziel-Bringen mit Hilfe von Bildern, die breit ausgeführt werden [17]. Ricci schreibt:

> « Die Gründe, weswegen alles Sein in der Welt im allgemeinen vom Schöpfer abhängt, scheinen zweifach zu sein [18]. Was den Herrn selber, der den Ursprung aller Dinge bewirkt hat, betrifft, so kann dieser nur absolut einer sein ... Kein Sein kann sich von sich aus hervorbringen, sondern hat einen von außen kommenden Agens nötig, der es hervorbringt. Ein Haus mit mehreren Stockwerken kann sich nicht von selber erheben. Es wird immer von der Hand der Arbeiter gemacht sein. Wer das weiß, weiß auch, daß Himmel und Erde sich nicht selber machen können. Es muß unweigerlich einer sein, der sie gemacht hat und diesen nennen wir Gott (T'ien Chu). Nehmen wir z. B. einen kleinen Globus aus Kupferringen, wo die Sonne, der Mond, die Sterne, die Sternbilder, die Berge, die Meere und alles übrige dargestellt ist: Wie könnte das Kupfer ohne einen Facharbeiter, der es gießt, sich von selber formen? A fortiori (wenn man denkt) an die Größe von Himmel und Erde, an den Wechsel von Tag und Nacht, an die Strahlung des Lichtes aus Sonne und Mond, an die Anordnung der Sternbilder, an den Pflanzenwuchs auf den Hügeln, an die Nahrung der Fische und Drachen des Meeres, an die Ordnung der Gezeiten durch den Mond, an den Menschen mit seinem runden Kopf und seinen viereckigen Füßen, an seine Intelligenz, die ihn über andere (Wesen) erhebt: Wie kann das alles sich von selber machen? Wenn es ein Sein gäbe, das sich selber machen könnte, so müßte es notwendig vor Dem-sich-selber-machen bestehen. Aber wenn es schon ist, warum sich dann selber machen? Wenn es aber im Anfang noch nicht besteht, dann ist derjenige, der es gemacht hat, nicht es selber. Daher denn kann das Sein nicht sich selber hervorbringen ».

Solche und ähnliche Stellen ließen sich in großer Zahl aus den Schriften Riccis sammeln. Doch würde das allzulange aufhalten.

Neben all diesem ist es besonders reizend, einmal den Einzelheiten in der Einführung europäischer Dinge und Wissensobjekte nachzugehen.

---

[17] Cat. Ri. Cap. I.
[18] Es wird nur der erste von den durch Ricci angeführten Gründen gebracht.

Ricci sagt selber, daß die Erkenntnis von der Kugelgestalt der Erde erstmalig durch ihn nach China gekommen sei. Die Auffassung vom Weltall bringt er in der Form des ptolemäischen Weltsystems in das Reich der Mitte [19]. Dieses Weltbild sah so aus: Die Erde besteht aus zwei Elementen, dem Wasser und der Erde. Darüber, also über der eigentlichen Erde, befindet sich das dritte Element — die Luft. Darin gibt es zwei kalte und zwei warme Regionen, entsprechend den Himmelsrichtungen. Es gibt aber auch zwei gemäßigte Regionen zwischen den warmen und kalten Regionen.

Über der Region der Luft wölbt sich das letzte Element, das Feuer. Darüber wölben sich die 9 Himmel. Es sind zunächst 8 Himmel, in denen sich die Sterne befinden, beginnend mit dem Mondhimmel, dann mit dem Merkur-Venus-Sonnen-Mars-Jupiter-Saturnhimmel. Dann kommt der Himmel der Konstellationen. Darüber endlich der Himmel ohne Sterne, der aber die 8 unteren Himmel in Bewegung hält und seinen eigenen Lauf in einem einzigen Tage vollendet [20]. Die Vorstellung von der Quadratur der Erde wurde durch ihn erschüttert. Er versucht, seine Disputpartner und Gegner von der Vorstellung der von allen Seiten bewohnten Erde zu überzeugen und bringt damit den Begriff der Antipoden nach China. Häufig lesen wir von der Herstellung und Vorführung von Erd- und Himmelsgloben. Mehrere Male wird die Weltkarte gedruckt. Damit führt er in die Einteilung der Erde nach Meridianen, Parallelen und Graden ein, während die Chinesen selber die Erde, entsprechend der Vorstellung von ihrer Viereckgestalt, in kleine Vierecke geteilt haben. Er spricht ihnen von der Linie der Tag- und Nachtgleiche, von den Wendekreisen, von den beiden Polen. Leider sind die Portugiesen noch nicht zum Südpol vorgedrungen, sodaß man darüber noch nichts Genaueres weiß. Er ist der erste, der die chinesischen Ausdrücke für die Wendekreise, für die Längen- und Breitengrade prägt. Er ist auch der Autor vieler chinesischer Namen von Ländern und Städten außerhalb Chinas, die er entweder übersetzt oder phonetisiert. So macht er die Namen für Amerika, Asien, Atlantik, Kanada, Italien, Mediterraneo, Napoli, Roma, Rumania bekannt. Manche Phonetisationen, die heute noch in Gebrauch sind, sind gegenüber den dafür von Ricci eingesetzten Worten nur wenig verändert [21]. Er schafft

---

[19] Zur Zeit Riccis wurde das ptolemäische Weltsystem am römischen Kolleg gelehrt. Die Nachfolger Riccis aber suchten bald mit bemerkenswertem Eifer die Entdeckungen Galileis zu verbreiten (II p. 50 n. 6).

[20] MAPPAMONDO, Tav. III-IV.

[21] MAPPAMONDO, Tav. IV; Tav. IX-X, p. 160 f.

den sinisierten Namen für Europa [22]. Über die verschiedenen Länder bringt er manche Einzelheiten. Z. B. aus Amerika berichtet er vom Bestehen wilder Pferde, vom Bison, von Ziegen, er berichtet von der früheren Einheit zwischen Amerika und Asien, von den Gewohnheiten der Eskimo, von den Korallenbänken des stillen Ozeans [23]. Er führt öfter ein Astrolabium vor und lehrt seinen Gebrauch. Neben anderen Arten von Uhren, besonders Räderuhren, führt er in den richtigen Gebrauch der Sonnenuhr ein. Er vereinigt mit diesem System die chinesische Aufteilung des Jahres in 24 Perioden, die er auf den Sonnenuhren anbringt. Durch die Einführung von Quadranten setzt er die Chinesen in die Lage, die genaue Höhe von Türmen, die Tiefe von Brunnen und die Länge der Wege mit Leichtigkeit zu ermitteln [24]. Schon bald nach Beginn der Mission bringt er an der Frontseite des Hauses in Shiuhing eine Uhr an. Es handelt sich um eine vertikale Sonnenuhr, im Gegensatz zu den chinesischen Sonnenuhren, die im horizontalen Sinne angebracht waren [25].

In der Elementenlehre bringt Ricci die damals noch vertretene Auffassung von 4 Elementen nach China. Er bekämpft die Lehre von den 5 chinesischen Elementen. Während man in China Metall, Holz, Feuer, Wasser und Erde als Grundstoffe des materiellen Seins betrachtete, lehrte man in Europa, daß Wasser, Erde, Luft und Feuer die Grundstoffe seien. Eigenartig mutet uns die Lehre Riccis vom Himmel des Feuers an. Dieser befindet sich nämlich unter dem Mondhimmel. In ihm entzünden sich die Kometen und Sterne, die in der Nacht vom Himmel fallen [26].

---

[22] ROMA PRESENTATA, pp. 155-156 (cfr. I p. 368 n. 1). Die Sinisierung für Rom l. c. p. 161. Zur zeitlichen Festlegung der Phonetisierung von «Europa» cfr. AMICIZIA, p. 456 n. 1. u. p. 467 n. 3: sicher i. g. 1600. sicher nicht i. g. 1595.

[23] MAPPAMONDO, Tav. XI-XII.

[24] Eine Zusammenfassung bietet Ricci in II Nr. 538 sowie Mappamondo, Tav. IV; cfr. II p. 51 n. 2; I Nr. 263.

[25] TV p. 72, Brief Riccis vom 24. Nov. 1585 an P. Fuligatti; cfr. I Nr. 44: Hier spricht Ricci über verschiedene Arten von Uhren in China: «Alles Dinge, die viele Unvollkommenheiten an sich haben. Von den Sonnenuhren kennen sie nur Äquinoktiale (Horizontaluhren), aber sie verstehen nicht gut, dieselben gemäß den Orten, wo man sie errichtet, aufzustellen». Cfr. TV pp. 145, 208, 216, 224.

[26] II Nr. 538; II p. 52 n. 1. P. JAKOB RHO S. J. hat in seinem chinesischen Werke «*Art und Weise, die 5 Planeten zu berechnen*», bereits die Ansicht Galileis wiedergegeben. Da er 1638 starb, geschah dieses mithin schon vor 1638.

Zur Beziehung Galileis mit den Jesuiten cfr. D'ELIA S. I. P. PASQUALE - *Galileo in Cina*, Romae 1947.

Es ist von vorneherein nicht anzunehmen, daß man sich in der damaligen Zeit in China so eifrig wie heute bemühte, namhafte europäische Werke gleich zu übersetzen. Die technischen und psychologischen Voraussetzungen hierzu waren noch nicht vorhanden. Nur wenige Sachen wurden direkt übersetzt. Dem Inhalt nach wurden allerdings manche europäische Werke durch die Missionare bekannt gemacht. Man erzählte ihnen so von der Einrichtung europäischer Staaten. Aus dem prächtigen Einband und dem klaren, sauberen Druck schlossen die Besucher, daß in den Büchern bedeutende Wahrheiten enthalten sein müßten, da man für sie ein solches Aufheben von der äußeren Form mache. Ob das Urteil der Chinesen aus ehrlichem Herzen kam, bleibe dahingestellt, wenn sie bemerkten, daß in Betreff Bücher unsere Nation (Italien) nicht nur alle anderen Nationen, von denen man in China Kunde hatte, übertreffe, sondern auch China selber, das man bis dahin bezüglich der Wissenschaften allen anderen Reichen der Welt voraus angesehen hatte [27].

Den in den letzten Sätzen bereits angedeuteten wesentlichen Zug der Missionsmethode Riccis müssen wir weiter ausführen. Dieser bestand in der positiven Schilderung europäischer Verhältnisse. Er schreibt selber dazu:

> « Die sehr leichte und ruhige Methode (piu ... soave modo), womit P. Matteo vorging, sowohl am Hofe von Nanking wie an jenem von Peking, gab unseren Angelegenheiten ein starkes Ansehen. Sie bestand in der bei der Unterhaltung mit Vornehmen gepflegten Wiedergabe der guten Gebräuche, die in den christlichen Ländern herrschen, wie etwa: Krankenhäuser, Waisenhäuser, Häuser für Ausgesetzte, für Unheilbare und Pilger. Ferner von den Pfandhäusern, den Bruderschaften der Liebe und Barmherzigkeit, um den Eingekerkerten oder den Witwen und andern Armen der Stadt beizustehen. Von der Verschiedenheit der Orden zum Streben nach Vollkommenheit und zum Wohle des Nächsten, von den Festtagen, an denen alle zur Kirche gehen ... Von den reichen und den gewöhnlichen Almosen, welche die Christen dauernd geben für die Armen ... Von den Prälaten in Stadt und Land, die über die christliche Religion wachen und dafür sorgen, daß sie frei von Einmischung durch Irrtum bewahrt wird. Von der Revision aller Bücher, die man druckt ... Von der Restitution gefundener Dinge oder solcher, die gestohlen oder heimlich entwendet wurden ... Von der Würde des Papstes, die über alle anderen christlichen Könige hinausgeht ».

---

[27] I Nr. 252.

Und das hatte zur Folge, daß man in chinesischen Werken schon hohe Lobesworte über den Papst lesen konnte. In den Weltkarten fügte Ricci immer besondere Erklärungen über Rom bei [28].

Ähnlich, aber mehr auf dem Gebiete materieller Dinge, spricht ein Brief Riccis an P. Costa:

> « Wenn sie auch klar sehen, daß wir ihnen in vielen Dingen über sind, wie sie an unserer Malerei, Teppichen, Büchern, Diskursen, mathematischen Wissenschaften und deren Instrumenten, an Waffen, Musikinstrumenten, kostbaren Kleidern aus Samt, Brokat, Wolltuch und unendlich vielen anderen Dingen sehen, so scheint es ihnen mit alledem doch, daß sie sich uns nicht ergeben dürfen und sich demütigen und nicht zugeben dürfen, daß wir sie auch in den Dingen der Religion zu unterrichten vermögen » [29].

Man erkennt Riccis Gedanken: Er macht die Chinesen mit allen diesen Dingen bekannt, um sie zu dem Schluß zu bringen: Wenn die Europäer uns schon in den täglichen Gebrauchsgegenständen und in der Wissenschaft derartig überlegen sind, so ist doch zu überlegen, ob sie uns nicht auch in der Religion Wesentliches und Besseres zu sagen haben, als wir selber bisheran wußten. Die Frage wurde sicher in vielen Fällen innerlich gestellt. Die Antwort wurde meist anders gegeben als der Missionar es wünschte: Die Europäer sind uns in vielen Dingen voraus, aber in Sachen der Religion, d. h. praktisch für das Milieu, in dem Ricci arbeitete, in Sachen des Konfuzianismus, erreichen sie uns keineswegs. Ein Gedankengang, der, rein natürlich gesehen, verständlich ist und ein gesundes Empfinden verrät, dem allerdings ein gutes Maß unberechtigten Stolzes beigemischt ist. Der letzte Anstoß für die Annahme des Christentums mußte auch hier, wie in so vielen Fällen, in denen keine anderen Motive mitspielen, wo das Christentum nach außen gesehen praktisch nur Opfer verlangt, von der Gnade herkommen. Damit ist nicht ausgeschlossen, daß die natürlichen Motive in den meisten Fällen erste Fäden knüpften.

Wie es mit der Einführung europäischer Architektur stand, haben wir bereits gesehen [30]. Hin und wieder taucht eine kurze Bemerkung über ihr Bekanntmachen auf. Im Jahre 1596 bittet Ricci P. Fuligatti um die Zusendung eines bebilderten Buches über

---

[28] II Nr. 570.
[29] TV p. 232, Brief Riccis vom 15. Okt. 1596.
[30] Cfr. III. Abschn., 1. Cap.

Architektur. Ebenso möchte er gerne ein Buch mit Bildern von Rom haben, um bei den Chinesen zu größerem Ansehen zu kommen [31].

Von besonderer Bedeutung in all diesen Unternehmungen und Bestrebungen waren zwei Gebiete: Die Pflege der Mathematik und der Astronomie.

Ricci mußte klar sehen und sah es auch, wieviel Aberglauben in die Festlegung des Kalenders und damit in die Festlegung des Jahresablaufes in China einfloß. Wenn er nun die klaren, logischen Gesetze der europäischen Mathematik mit ihrer Orientierung an der Wirklichkeit, die nichts anderes waren als durch nichts getrübte Äußerungen der Vernunft, oder anders gesagt: Eine in mathematischer Form ausgedrückte Art und Weise des Fragens nach den letzten Ursachen, wenn er diese Gesetze dem chinesischen Denken ohne all den Ballast mehr oder weniger abergläubischer Vorstellungen beibringen konnte, so mußte in den also gebildeten Menschen eine ganz andere Mentalität entstehen. Diese blieb dann nur bei den letzten Ursachen stehen und schob alles beiseite, was vor dem Forum ruhigen Denkens nicht bestehen konnte. Aus diesen Gründen scheute Ricci es bis ins Alter hinein nicht, seine Zeit trotz seiner vielen sonstigen Arbeiten der Verbreitung dieser Wissenschaften zu opfern. In dieser Intention unterrichtet er seinen Freund Ch'ü T'ai-su in der Arithmetik, « welche sehr viel leichter und methodischer ist als die ihrige, die, wenn sie auch sicher ist, dennoch leicht dem Irrtum ausgesetzt ist und eingeengt auf wenige Dinge » [32]. Er führt denselben Ch'ü ein in das Verständnis der « Sfera » des P. Clavio [33]. In gleicher Weise bringt er das erste Buch der « Elemente des Euklid » von dem gleichnamigen Verfasser dem Verständnis dieses Literaten nahe [34]. Er zeigt ihm die Technik der Herstellung von Sonnenuhren sowie der Messung von Höhe und Tiefe [35].

---

[31] TV p. 217, Brief vom 12. Okt. 1596.

[32] I Nr. 362.

[33] I p. 298 n. 1: P. Christophorus Klau (Clavius-Clavio) S. J. schrieb dieses bekannte mathematische Lehrbuch als Kommentar zur « Sphära » des P. Johannes de Sacro Bosco (Holywood), eines englischen Mönches des 13. Jh. Das Werk Klau's hatte zahlreiche Auflagen bis fast in unsere Tage hinein (II p. 177 n. 2). Cfr. TV p. 241, Brief Riccis vom 25. Dez. 1597 an P. Clavio: Er bedankt sich für das ihm von P. Clavio zugesandte Buch « Astrolabium » von dem gleichen Autor. Er hat es gleich den Literaten vorgelegt und braucht es für die Herstellung einer Sonnenuhr.

[34] I p. 298 n. 2.

[35] I Nr. 362. Zur Geschichte der chinesischen Mathematik cfr. I p. 298 n. 4: Die Zeit der Ming war eine Zeit des Niedergangs in dieser Wissenschaft. Darum

Ch'ü kennt fast kein Maß in seinem Lerneifer. Tag und Nacht beschäftigt er sich mit diesen Dingen. Er schreibt das Gelernte nieder, übersetzt es in gutes Chinesisch, zeigt es seinen berühmten Freunden und sagt diesen, daß ihre Bücher, verglichen mit den europäischen, Menschen glichen ohne Hirn [36]. Mit mustergültiger Genauigkeit zeichnet er sich die mathematischen Formen ab. Er stellt viele Instrumente selber her, so Sextanten, Sphären, Astrolabien, Quadranten, Uhren, Bussolen und viele andere schöne Dinge. Er macht sie aus Holz, Messing und sogar aus Silber [37].

In ähnlicher Weise wird Dr. Li Chih-tsao in europäische Mathematik eingeführt. Auch er lernt die Werke des P. Clavio kennen. Er befaßt sich mit der Herstellung jeglicher Art von Sonnenuhren nach der « Gnomonica » des P. Clavio. Auch er erlernt die Herstellung von Astrolabien [38]. Er übersetzt eine ganze Reihe der mathematisch-astronomischen Arbeiten des Clavio, worüber später noch eigens die Rede sein soll [39]. Seiner geschickten Hand gelingt die Herstellung eines Himmels- und Erdglobus. Er wird eingeführt in die europäische Wurzelrechnung, die er auch in europäischer Weise ausführt: Mit Feder und Tinte. Etwas ganz Neues war diese Methode, da man sich bisher zu diesem Zwecke eines gewissen Instrumentes bedient hatte, das leicht zu Irrtümern und Fehlern Anlaß wurde [40].

Neben diesen beiden Literaten erfahren wir noch von einer ganzen Reihe anderer, die von Ricci ins europäische Wissen eingeführt wurden [41].

Von besonderer Bedeutung ist aber Dr. Paul Hsü und seine Beschäftigung mit der Mathematik. Für längere Zeit kam er täglich in die Residenz von Peking, um dort 3-4 Stunden mit Ricci auf diesem Gebiete zu arbeiten. Weil er zum Kollegium der « Han-lin-yüan » gehörte, gab er der Mission großes Ansehen. Er studierte Tag und Nacht, um die von ihm in Angriff genommene Übersetzung des Euklid in klare, ernste und elegante Formen zu bringen.

---

waren die Mathematiker dieser Zeit den Europäern unterlegen, nicht aber die Mathematiker der alten Zeit. Cfr. STUD. OR.¹ p. 59.

[36] I Nr. 363.
[37] I Nr. 364.
[38] II Nr. 631.
[39] cfr. Seite 207-211.
[40] Ricci will sagen, daß er es lernte, die europäische Wurzelrechnung zu handhaben, ohne daß er aber dabei von chinesischen Charakteren Abstand genommen hätte (cfr. II p. 177 n. 1) II. Nr. 631, pp. 177-178.
[41] II Nr. 541.

An sich wollte er das ganze Werk übersetzen, aber Ricci, der ja auch mit seiner Gemeinde beschäftigt war, sagte ihm, daß er erst einmal den Eindruck der ersten sechs Bücher abwarten möge. Die Arbeit wurde dann in der Folge mehr bewundert als verstanden [42].

Der von den Chinesen angenommene innige Zusammenhang zwischen menschlichem und kosmischem Geschehen hatte in China von alters her zu einer regen und erfolgreichen Beschäftigung mit der Astronomie geführt. Die Vorstellungen über die Sterne und ihren Verlauf waren aber nicht frei von groben Irrtümern. Diese lagen sowohl in der Auffassung des Kosmos an sich als auch in der religiösen Ausdeutung kosmischer Ereignisse. Die Beschäftigung mit der Astronomie, die man eher mit unserem modernen Begriff als Astrologie bezeichnen könnte, war nicht zuletzt deswegen so intensiv, weil man annahm, daß alles, was sich in der Welt abspielte, von den Sternen abhängig sei [43]. Trotz der Auswüchse der chinesischen Astronomie gerade in dieser Hinsicht schätzt Ricci dieselbe. Er berichtet uns, daß die Chinesen andere Sternbilder haben als wir Europäer. Auch zählen sie 400 Sterne mehr als die europäischen Astronomen, weil sie die Sterne mitzählen, die nicht immer erscheinen. Leider geben sie sich über Phänomene und Erscheinungen der Sternenwelt keine Rechenschaft und suchen, so gut sie können, die Finsternisse und Bewegungen der Planeten zu berechnen, wobei große Irrtümer vorkommen [44].

Wegen der hohen Bedeutung der Astronomie für das chinesische Volksleben liegt ihre Pflege dem Missionar noch mehr am Herzen als die Pflege der Mathematik. Er schreibt an P. Alvarez:

> « Zum Schlusse möchte ich Euer Hochwürden bitten in einer Sache, in der ich schon viele Jahre vorstellig war, aber man antwortete mir niemals, nämlich: Es ist eines der nützlichsten Dinge, daß hierhin an den Hof ein Pater oder ein Bruder kommen könnte, der gut astronomisch gebildet ist ».

Ricci besteht darauf, daß es ein Astronom sei (er sagt immer: Astrolog), denn was Geometrie und Astrolabien angeht, so weiß er darin selber genug und hat auch genügend Bücher für diese Wissenschaft. Er fährt fort:

> « Aber die Chinesen geben nicht soviel auf dieses (Mathematik) als auf den Lauf und den wahren Ort der Planeten, auf die

---

[42] II Nr. 772.
[43] I Nr. 57.
[44] I Nr. 56.

Berechnung der Finsternisse und auf einen, der Kalender [45] zu leiten versteht. Das ist der Grund dafür, daß der König mehr als 200 Personen, glaube ich, mit vielen Kosten unterhält, um jedes Jahr den Kalender neu zu machen ».

Wenige Zeilen später lesen wir weiter:

« Ich sage also, wenn ein solcher Mathematiker (Astronom) hierhin kommen würde ..., können wir unsere Tafeln (für die Berechnung der einzelnen astronomischen Ereignisse) ins Chinesische übersetzen, was ich sehr leicht machen könnte. Wir könnten die Aufgabe übernehmen, das Jahr (die Tagesberichte-Kalender) zu verbessern, was uns großes Ansehen verschaffen würde und uns noch mehr (als bisher) den Eintritt in China eröffnen würde, sodaß wir noch sicherer und freier dastünden ».

Wegen der Wichtigkeit der Sache möge P. Alvarez die Sache mit P. General verhandeln. Man möge dann einen oder zwei nach China schicken, und zwar möge man sie für Peking bestimmen, denn in anderen Teilen des Landes wäre damit wenig gedient. Die Betreffenden müssen dann auch die nötigen Bücher mitbringen [46].

Man sieht Riccis Gedanken: Wenn es gelänge, maßgebenden Einfluß im astronomischen Amte von Peking zu gewinnen, so wäre damit wohl die begründete Hoffnung gegeben, daß dem Heidentume in einem wichtigen Punkte ein empfindlicher Stoß versetzt würde. Die Sonnen- und Mondfinsternisse wurden nämlich durch die Astronomen von Peking für das ganze Reich bekannt gegeben. In jeder Stadt und in jedem Dorfe mußten alle Behörden zusammen mit den Götzenpriestern sich bei einem solchen Ereignisse an einem bestimmten Orte versammeln. Sie mußten durch das Schlagen von Bronzebecken und durch zahlreiche Kniebeugen den beiden Lichtern im Kampfe mit dem Ungeheuer beistehen, von dem man befürchtete, daß es einige Planeten fressen könnte [47]. Gegenüber sol-

---

[45] Ricci gebraucht hier das Wort « efemeridi ».
[46] TV pp. 284-285, Brief vom 12. Mai 1605.
[47] I Nr. 59; cfr. TV p. 45, Brief Riccis vom 19. Sept. 1584 an Herrn Roman in Makao. Hier drückt Ricci seine Bewunderung aus für chinesische Wissenschaften. Er spricht ausdrücklich von Medizin, Moral, Mathematik, Astronomie, Arithmetik, freien Künsten und Mechanik.
Man darf allerdings nicht vergessen, daß dieser Brief aus der frühesten Zeit des Missionars stammt. Und wenn er auch immer ein Bewunderer Chinas blieb, so sah er später doch auch Mängel: cfr. TV p. 285, der ebenerwähnte Brief an P. Alvarez.
Eine Zusammenfassung der wichtigsten neuen Wahrheiten, die er nach China brachte, bietet Ricci in II Nr. 538.

chen Auffassungen mußte die europäische Astronomie geradezu revolutionär wirken, weil man durch sie alles ganz natürlich zu erklären in der Lage war. Daher versäumten die Missionare es auch nicht, die Leute, und nicht nur die Literaten, sondern auch das gewöhnliche Volk, aufzuklären über die Verhältnisse von Mond und Sonne. Die Wirkung dieses Unterrichtes tritt besonders im Kampfe gegen den Buddhismus hervor. Als man sah, daß die Sonnen- und Mondfinsternisse nicht durch einen Götzen « Holohan » verursacht wurden, verachtete man auch die übrige Lehre des Buddhismus, indem man sich sagte: Wer so große Irrtümer in den Dingen der Natur und dieses Lebens lehrt, kann nicht erwarten, daß man ihm Glauben schenkt in übernatürlichen Dingen und in denen der anderen Welt [48].

Diese Finsternisse werden schon in den allerersten schriftstellerischen Versuchen der Missionare richtig gestellt. Der Katechismus des P. Ruggieri sagt über die Mondfinsternis [49]:

« Wenn Sonne und Mond sich gegenseitig beleuchten und die Erde stellt sich dazwischen, so bildet der Schatten der Erde ein Hindernis (für das Sonnenlicht). Und darum sehen die Menschen auf der Erde die Verfinsterung des Mondes. Wenn der Mond dagegen auf seiner Bahn wandelt, deckt er das Licht der Sonne zu und dann sehen die Menschen die Sonnenfinsternis ».

Für die Chinesen war auch die Lehre von der Größe der Sterne überraschend und neu. Viele konnten das nur äußerst schwer glauben [50].

Von besonderer Bedeutung war für den Ablauf des chinesischen Staats- und Volkslebens die genaue Beobachtung der Jah-

---

[48] II Nr. 540; II p. 54 n. 3.
Im Katechismus spricht Ricci über diesen Götzen, der ein « Arhat » ist: « Sie sagen (einige abergläubische Bücher) ..., daß die Arhat die Verfinsterung der Sonne und des Mondes bewirken, indem sie die eine wie den anderen mit der Rechten und Linken bedecken. Das sind Dinge der Astronomie, welche Indien im Altertum nicht begriffen hatte, und worüber unsere westlichen Literaten lachen. Sie weigern sich, dieselben zu widerlegen ». (CAT. RI. Cap. VI).
[49] CAT. RU. Cap. IV. Hier findet sich die interessante Lehre von der Erde, die mit einem Fundamente verglichen wird, und dem Himmel, der über diesem Fundamente aufgebaut ist wie das Dach eines Hauses, entsprechend der chinesischen Auffassung. Des weiteren die Idee von den verschiedenen Himmeln übereinander: Am zweiten Tage schuf Er (Gott) drei andere Dinge: Zuerst schuf er die neun Himmel unter dem höchsten Himmel, und zwar so, daß sie miteinander vereinigt sind wie eine Zwiebel. Dort auch Ausführungen über die Mondphasen.
[50] II Nr. 628, p. 171.

reszeiten. Die günstigen und ungünstigen Tage wurden für das ganze Jahr festgelegt. Das war Aufgabe der Astronomen des Königs [51]. Aus dem ängstlichen Bestreben, die Ordnung im Weltall nicht zu stören, weil hierdurch leicht die Welt, d. h. die regierende Dynastie selber in Gefahr gekommen wäre, war die Formulierung und Festlegung des Ablaufes der Tage im Kalender entstanden. Infolge fehlerhafter Berechnungen waren Mängel in diesen hineingekommen. Das hieß aber mit anderen Worten: Die Ordnung des Alls ist gestört — eine Tatsache, deren Folgen sich im irdischen Bereich der Himmelsdynastie zeigen mußten. P. Longobardo glaubt daher, daß Ricci wegen dieser Fehler im Kalender leicht nach Peking gelangen werde, weil die Chinesen eben gezwungen sind, ihren Kalendar zu verbessern und zu ordnen, was P. Ricci glaubt, leicht machen zu können. Er wird halt den Kalender einfach auf die gregorianische Form bringen [52]. Ricci selber ist von der gleichen Hoffnung beseelt. Er hofft, mit seinen mathematischen Werken, die er nach Peking mitgenommen hat, den Mathematikern des Königs in der Verbesserung des Kalenders helfen zu können [53]. Die Sache ging indessen nicht so schnell voran wie gewünscht. Für die allmählich wachsende Mission aber ergab sich aus der Notwendigkeit, den christlichen Festkalender in das chinesische Jahr einzubauen, ein Problem von damals nicht zu unterschätzender Bedeutung. Der chinesische Kalender wurde aus den bereits erwähnten Gründen von den höchsten Autoritäten des Staates festgelegt. Daher mußte es eine gefährliche Sache sein, einen eigenen Kalender zu haben. Ricci mußte also den gregorianischen Kalender, nach dem er sich auf jeden Fall richten wollte und mußte, anpassen. Daher schuf er einen Kalender, in dem der gregorianische Kalender in chinesische Zeichen übertragen wurde. Er selber schreibt dazu:

> « Ich habe auch den gregorianischen Kalender in die chinesische Sprache übersetzt, angepaßt an ihr Jahr. Auf diese Weise können die Christen von sich selber aus alle beweglichen und festen Feste des Jahres wissen. Auch können sie ihre Mond- und Jahreszeiten wissen, welche 24 betragen, genauer als mit ihrem Kalender, den sie jedes Jahr neu mit großen Unkosten herstellen. Darüber (über den neuen Kalender) sind sie sehr erstaunt bis zu den Heiden hin, weil ich ihn sehr gut erklärte. Und einige wollten ihn drucken, aber

---

[51] I Nr. 150, 151; II Nr. 693.
[52] TV p. 472, Brief vom 4. Nov. 1598 an P. Alvarez; cfr. I Nr. 417; II p. 504; II p. 8 n. 5.
[53] II Nr. 591; II p. 122 n. 3.

ich ließ es nicht geschehen, weil das eine sehr verdächtige Sache in China ist, neue Kalender zu machen »⁵⁴.

Die Erfahrung bestätigte diese Vorsicht. Die Gegner der von Ricci gegründeten Mission in Nanchang werfen später, längst als Ricci nicht mehr da war, aber noch zu seinen Lebzeiten, den dortigen Missionaren neben anderem auch vor, daß sie sich einer anderen Zeitrechnung bedienen, womit sie in den Augen dieser Leute in etwa zu Revolutionären gestempelt wurden ⁵⁵.

Wenn wir diese unsere Untersuchung kurz zusammenfassen wollen, so können wir sagen: *Es ist das Bestreben Riccis, alle guten Einrichtungen, die von Europa herkommen, in China bekanntzumachen. Er scheint aber nicht direkt darauf zu drängen, wenigstens soferne es um nichtwissenschaftliche Anliegen geht, daß diese Dinge eingeführt werden. Vielmehr stellt er sie den Chinesen vor, daß sie sich nach ihnen orientieren und sich von ihnen anregen lassen. Diese seine Methode kann und muß als richtig angesehen werden. Sie verstößt nicht gegen die Gesetze einer gesunden Akkommodation. Es war Ricci ja nicht darum zu tun, dem chinesischen Volke Artfremdes aufzudrängen. Die Bekanntgabe und Einführung guter und für das Volk faßlicher, seiner geistigen und soziologischen Gliederung, soferne diese gesund war, entsprechenden Kulturmomente, kann nicht mit echter Akkommodation in Widerspruch stehen. Die Absicht Riccis in dieser mehr indirekten Methode ist die Bekehrung. Für diese ist aber als Vorbedingung in den meisten Fällen ein gewisses Ansehen unbedingt erforderlich. Dieses suchte Ricci sich durch die Pflege der Wissenschaften zu verschaffen, eine Methode, die in der damaligen Zeit und auch heute noch die eindrucksvollste ist* ⁵⁶.

Neben dem direkten Nutzen für die Missionare und das chinesische Volk hatte die Methode auch ihre guten Nebenwirkun-

---

⁵⁴ TV p. 264, Brief vom 9. Mai 1605 an P. Fabio de Fabii.
⁵⁵ II Nr. 878, p. 463.
⁵⁶ TV p. 334, Brief Riccis vom 6. März 1608 an P. Costa: Er spricht über die Bedeutung der Wissenschaften für die Ausbreitung des Glaubens und sagt: « Euer Hochwürden können die Fähigkeiten dieses Volkes erkennen und wieviel Gewinn man bei ihnen haben kann mit unseren Wissenschaften ». Auf der gleichen Seite kommt einige Zeilen vorher eine kurze, unbeabsichtigte Zusammenfassung seiner Methode zum Ausdruck. Ricci spricht von der Euklidübersetzung des Dr. Paul Hsü und meint, daß diese nicht nur nützlich sei für die Wissenschaft Chinas, sondern auch für das Ansehen der Missionare und daher der katholischen Religion. Hier liegen echte Akkommodationsmaßstäbe.

gen für die Heimat, die derselben bei vorsichtiger Weiterführung auch in der Zukunft sehr nützlich geworden wäre.

Europa, für Ricci besonders Italien, stieg in der Achtung der Chinesen, sodaß man es, wie Ricci schreibt, nicht mehr so leicht wagte, dieses Land (Italien-Europa) ein barbarisches zu nennen, wie man alle Länder außerhalb Chinas bis dahin zu nennen pflegte [57].

Wenn wir aus diesen Ausführungen schon zum großen Teil den bedeutenden Einfluß Riccis in China ersehen konnten, so wird uns dieser noch klarer werden durch die Beantwortung der Frage nach dem Presseapostolat dieses wahrhaft modernen Missionars. Diese Frage soll als nächste unsere Aufmerksamkeit in Anspruch nehmen.

2. KAPITEL

RICCIS APOSTOLAT DER PRESSE

Im modernen Missionsleben ist eine dauernde, fruchtreiche und weiterwirkende, für die Massen berechnete Beeinflussung durch katholische Glaubenslehren schlechthin undenkbar geworden, oder doch äußerst behindert wegen des starken gegnerischen Einflusses auf demselben Gebiete, ohne ein starkes, zeitaufgeschlossenes und volksnahes Presseapostolat. Presse, Film und Funk machen die öffentliche Meinung. Wer diese stärksten Mittel moderner Propaganda in der Hand hat, ist damit an die Stelle gerückt, die Leidenschaften oder edle Regungen der Massen oder ihrer einzelnen Vertreter weitgehend zu lenken vermag. Die moderne Erweiterung der Presse durch Film und Funk ist allerdings zu jungen Datums, als daß sie für das direkte Apostolat unter den Heiden bisher stark herangezogen worden wäre. Das Apostolat der Presse dagegen ist bei weitem länger in die Missionsarbeit eingeschaltet. Ursprünglich fast nur zu religiösen Zwecken verwendet, bemächtigte sich die Presse im Laufe der Zeit aller Gebiete des menschlichen Lebens. In China, wovon wir an dieser Stelle sprechen, ist die Presse von außerordentlicher Bedeutung für die Gestaltung des Denkens der Gebildeten geworden. Sie ist in diesem uralten Kulturlande wie manches andere um vieles älter als die europäische Presse [1], wenn

---

[57] II Nr. 538, p. 51.

[1] Cfr. I p. 30 n. 3: Einige Auctoren wollen das Entstehen der Presse in China bereits in das 6. nachchristliche Jh. verlegen. Die ältesten noch existierenden

man auch von einer eigentlichen Entwicklung wie in Europa nicht sprechen kann. Die Technik des Druckes blieb in den langen Jahrhunderten chinesischer Druckkunst ziemlich die gleiche. Das Papier, das man für den Druck brauchte, ist nicht gut. Man kann es nur auf einer Seite bedrucken oder beschreiben [2]. Nichtsdestoweniger war die wesentliche Leistung der Druckerkunst da: Die schnelle und leichte Vervielfältigung schriftlichen Gedankengutes. Ihrer bediente sich Ricci in ausgiebigem Maße, wie alle anderen Literaten Chinas, die irgendwie ihre Geisteskinder weiteren Massen, vorab den Literaten selber, bekanntmachen wollten.

Ricci hatte bei seiner schriftstellerischen Tätigkeit den Vorteil, daß er keine europäische Konkurrenz hatte. Die Wahrheiten, die er also vortrug, mußten immer den Eindruck des Neuen machen. Da sie in einer Richtung geschrieben waren, in der die Literaten selber ansprechbar waren, mußten sie wegen ihrer sicheren Grundlage und ihrer klaren Durchführung auch das Staunen dieser Männer erregen, mußten also auf jeden Fall zur Auseinandersetzung zwingen. Ricci ist sich aber trotz des in dieser Hinsicht erleichterten Arbeitens ganz klar darüber, daß nur eine gediegene wissenschaftliche Basis auf die Dauer ein erfolgreiches Arbeiten im Apostolat der Feder garantieren kann. So schreibt er 1608 an P. Aquaviva, daß er viel zu wenig Bücher hat, um dieses Apostolat richtig aufbauen zu können. Er muß zu vieles aus dem Gedächtnis holen. Er ist von Herzen dankbar für die Übersendung der Werke des hl. Augustinus und eines Weltatlasses [3]. Eine gute Bibliothek für den Stab wissenschaftlich und schriftstellerisch schaffender Missionare ist der große Wunsch Riccis, des verantwortlichen Oberen der Mission. Damit aber nicht genug. Ein Schriftsteller braucht die nötige geistige Konzentration. Ricci selber hat es oft beklagt, daß er sich nicht so seinen literarischen Arbeiten widmen konnte, wie er wollte und müßte. Erst nach seinem Tode kam es zum Ankauf des Landhauses in Shala vor den Toren Pekings: «Der Ort ist sehr geeignet für das Studium. Jene, welche ihn uns erwerben halfen, wünschten, daß einige der Unsrigen sich dorthin zurückzögen, um fern vom Lärme der Stadt, europäische Bücher ins Chinesische zu übersetzen, eine von vielen ge-

---

Druckformen stammen aus dem 8. Jh. Das erste Buch, ein buddhistisches Werk, wurde 868 gedruckt.

I Nr. 39: Riccis Darstellung des Alters der chinesischen Presse und der Herstellung der Druckformen.

[2] I Nr. 30.

[3] TV p. 362, p. 354, Brief vom 22.8.1608 an P. Aquaviva.

wünschte Sache. Der Brauch, sich aus Studiengründen an einen passenden Ort zurückzuziehen, ist in China häufiger als in Europa »[4].

Wie wichtig solche Vorbereitungen für ein umfassendes und durchgreifendes Presseapostolat waren, ergibt sich schon aus der Natur der Sache. Gesteigert wird die Notwendigkeit wegen der Tatsache, daß

« die Wissenschaften in diesem Reiche blühen ..., nur wenige gibt es bei ihnen, die nicht irgendetwas von Büchern verstehen. Alle ihre Sekten wurden eher gesät und verbreitet durch fertige Bücher als durch Predigten und Beweise vor dem Volke. Das bot auch den Unsrigen viel Hilfe beim Lehren der für Christen notwendigen Gebete, denn sie lernen sofort aus sich heraus auswendig und lassen auch Verwandte und Nachbarn lesen, bei denen es nie an solchen fehlt, welche Charaktere kennen »[5].

Diese Bemerkungen verraten uns, daß man sich in den Kreisen der Missionare, wenigstens bei jenen, die tiefer eingedrungen waren in das Verständnis der chinesischen Eigenart, mehr von der Schriftstellerei als von der Predigt versprach,

« denn die Predigt vor so vornehmen Leuten (Literaten) hat eine gewisse Art von Schulmeisterei an sich, eine Methode, die wenigstens für den Augenblick einem Fremden in China nicht zukommt. Die Dispute werden aber mehr für Streitereien und nicht als Mittel der Wahrheitserforschung benutzt »[6].

Damit ist die Bedeutung der Presse in den Kreisen speziell der Vornehmen, auf die es Ricci an erster Stelle ankam, klar. Der Verkehr mit einem Fremden konnte, zumal in gespannten Zeiten, immer leicht zu einer Diffamierung dessen führen, der mit ihm Freundschaft pflegte. Das Lesen eines Buches konnte aber keinen Verdacht erregen. Es war eine Privatsache und drang nicht in die Öffentlichkeit. Andererseits trug die Herstellung eines Buches, besonders wenn es in gutem und elegantem Stil geschrieben war, viel zur Steigerung des Ansehens des Verfassers bei, wie Ricci selber berichtet. Sein Freund Feng Ying-ching, ein bedeutender Li-

---

[4] II Nr. 993, p. 619.
Cfr. II p. 619 n. 2: De Ursis berichtet über das Drängen des Gouverneurs von Peking in dieser Hinsicht. Leider konnten ihm die Patres nicht Folge leisten, weil sie zu sehr in der Stadt beschäftigt waren.
[5] II Nr. 704.
[6] II Nr. 919.

terat, gab manche von Riccis Werken auf eigene Kosten heraus. In den Vorworten nennt er den Verfasser einen Doktor und Literaten. Die Schriftsteller, die sich mit diesen Werken auseinandersetzten, konnten bei einer Verarbeitung der Werke nicht unter diesen Titeln bleiben [7]. Da es nun in China eine grundsätzliche Frage des Ansehens war, ob jemand Literat war oder nicht, kann man ermessen, was diese Förderung Riccis bedeutete. Wir sahen schon an anderer Stelle, daß es keinen anderen Adel gab als den der Wissenschaft. Wollte also eine Religion irgendwie auf Widerhall in den führenden Kreisen rechnen, so mußte sie sich wissenschaftlich betätigen. Wissenschaftlich hier nicht im Sinne unserer strengen, exakten europäischen, modernen Wissenschaften, sondern allgemein im Sinne der Pflege der Geisteswissenschaften. Bei Ricci war die Sache nur eine Frage der Zeit und der Beherrschung der Sprache sowie des Eindringens in chinesisches Geistesgut. Er sah von vorneherein die Bedeutung seiner Tätigkeit und war gewillt, sich gerade hier einzusetzen. Aber nicht bei allen Missionaren ist das zu sehen. Longobardo muß durch die Verhältnisse erst einmal geschoben werden. Das kleine Büchlein der «Christlichen Lehre», ein Blättchen von 4 Seiten, erregte geradezu den Spott der Literaten in Shiuchow. Die darin vorgetragene Religion war mit dieser minimalen literarischen Leistung sofort als eine Religion von Fremden gekennzeichnet. Es war überhaupt kein Vergleich möglich zwischen dem knappen christlichen Summarium und den Bänden der Lehren, Exorzismen und Gebete der Götzen (Buddhismus). Die Christen der Gemeinde drängten daher sehr auf Longobardo ein, diesem Mißstand endlich Abhilfe zu schaffen. Sie wußten nämlich auf die Angriffe der Heiden nichts anderes zu sagen, als daß es noch viele christliche Bücher gäbe, die aber nicht übersetzt seien, da die Patres ja Neulinge in der Sprache seien und dazu wenige an der Zahl. So mußten die Patres dieser Residenz sehen, zur Ehre der Religion, die sie predigten, in diesem Punkte Abhilfe zu schaffen [8]. Man sieht an diesem Faktum gut, wie wichtig die einfache

---

[7] II Nr. 626.

[8] II Nr. 666: P. Longobardo brachte dann auch einige Sachen heraus. Es ist aber bemerkenswert, daß er ganz anders orientiert ist als Ricci. Während Ricci sich zuerst nach chinesischen Wünschen richtet und sich von dorther leiten läßt, ist Longobardo der Mann, der zuerst und exklusiv die direkten religiösen Bedürfnisse der Mission im Auge hat. Er gibt heraus « Gebete für verschiedene Gelegenheiten », die aus Auszügen nach Ludwig von Granada bestanden (cfr. II p. 230 n. 3). Dann transkribierte er das lateinische Offizium für Tote und das Begräbnis, ohne also die Sprache zu ändern (cfr. II p. 231 n. 1).

Tatsache der Existenz von Büchern in China war. Man kann nicht einmal sagen, daß es an erster Stelle auf den Inhalt ankam. Die schriftstellerische Tätigkeit an sich war schon eine Empfehlung bei den Gebildeten. Diese Tatsache, die die Frage nach Pressetätigkeit und Schriftstellerei geradezu zu einer Prestigefrage stempelt, erfährt eine neue Beleuchtung dadurch, daß « man schon festgestellt hat, daß die Chinesen eher von Büchern als von Predigten erschüttert werden »[9]. Nach einer allgemeinen Schilderung seines Einflusses und einer besonderen Darstellung seines Presseapostolates kommt Ricci 1608 zu folgender Feststellung: « Schon können unsere Gegner dem allgemeinen Ansehen nicht mehr Widerstand leisten, das alle unseren Angelegenheiten gegenüber haben ». Ja, das Presseapostolat « ist, nach der göttlichen Vorsehung, das Mittel, das den Missionaren am meisten hilft, den Aufenthalt in diesem Lande fortzusetzen, das vom Anfang der Welt ein ungastliches für Fremde war »[10].

Es ist unverkennbar, daß der Einfluß Riccis durch seine Bücher ein ganz bedeutender war. Man war nicht reich und konnte daher auch keine großen Geschenke machen. Aber man hatte doch immer Bücher vorrätig, die man an hohe Persönlichkeiten schenkte und die gerne und eifrig gelesen wurden[11]. Die Neuheit der in den Werken Riccis vorgetragenen Lehren zwang die Literaten, sich

---

Ferner wurde ein Beichtbüchlein in chinesischer Sprache verfaßt (cfr. II p. 232 n. 1), ein Extrakt aus den « Wundern unseres Herrn ». Auch begann er einige « Leben der Heiligen » zu übersetzen (cfr. II p. 232 n. 2). Unter diesen Leben war das erste das « Leben des Barlaam und Josaphat » (l. c. n. 3). In ähnlicher Weise betätigte sich P. Soeiro in seinem Büchlein « Instruktion » für solche, die der Religion des « Himmelsherrn » folgen wollen (l. c. n. 4).

[9] II Nr. 919; Ricci führt aus, daß er dem Buche in China schon immer eine große Bedeutung beigemessen hat. Aber er kann nicht mehr Bücher herausbringen, schon deshalb nicht, weil er in Peking nicht die nötige Druckerlaubnis bekommen kann. Dieses müßte aber sein, « denn es ist eine einzigartige Sache Chinas, daß alle Sekten sich eher durch Bücher als durch Reden machen und verbreiten, und daß man die hohen Grade (der Mandarinen) nur auf Grund von Kompositionen gibt, ohne auch nur ein Wort zu sagen. Dann sollten die Bücher, für die der Provinzial (in Indien) die Erlaubnis zu geben hat, nur von solchen nachgeschaut und approbiert werden, die Charaktere und chinesische Sprache kennen; zweitens, weil die Bücher, die wir hier herstellen, nicht neue Dinge sind, vielmehr entnehmen wir alles das aus unsern Büchern, was uns günstig erscheint für China, und wir schieben nur ein Urteil bei der Auswahl ein ». (TV p. 305, Brief Riccis vom 15. Aug. 1606 an P. Aquaviva).

[10] TV p. 346, Brief vom 8. März 1608 an P. Aquaviva.
TV p. 298, Brief vom 15. Aug. 1605 an P. Alaleoni: « Mit Hilfe der Bücher kann man hier in China reiche Früchte einheimsen ».

[11] Cfr. II Nr. 918; II Nr. 875.

damit auseinanderzusetzen. Nicht immer mochten freundschaftliche Gefühle dabei aufsteigen, aber wir haben Beweise genug, daß man mit größtem Eifer diese Werke studierte und sie in neuen eigenen Produkten verarbeitete [12].

Der Einfluß der chinesischen Werke Riccis ging sogar über die Grenzen des Landes hinaus. Ricci schickt viele seiner Bücher nach Japan, geleitet von der Erkenntnis, die schon Franz Xaver ans Reich der Mitte getrieben hatte, daß der chinesische kulturelle Einfluß maßgebend für die Annahme oder Ablehnung einer Religion in dem an kulturschöpferischen Leistungen armen Japan war. So wird Ricci zum Testamentsvollstrecker seines großen Vorgängers, in dessen Todesjahr er geboren war. Ricci schreibt über diesen Einfluß: « Und weil sie (die Bücher) von China kommen, haben sie dort (in Japan) große Autorität » [13].

Nach diesen allgemeinen Vorbemerkungen über die Bedeutung des Presseapostolates Riccis in China wird es gut sein, sich die einzelnen Werke wenigstens in kurzen Strichen vorzuführen, die Ricci im Laufe der Jahre dem chinesischen Literatentum vorlegen konnte. Wir werden dabei feststellen können, daß die Themastellung dieser Werke durchaus dem entsprach, was chinesische Ohren gerne hörten. Es ist die christliche Abwandlung der Themen, die an sich schon in China das eigentliche Kontingent maßgeblicher Literatur bildeten. Wir möchten die Arbeiten nicht zuerst chronologisch, sondern sachlich einteilen, soweit das möglich ist. Die große Einteilung ist: Religiös-ethische und profanwissenschaftliche Werke. Diese Einteilung soll aber nicht zum Schluß verleiten, als wenn beide Sachgebiete nichts miteinander zu tun hätten. Für Ricci waren sie in Kraft seiner apostolischen

---

[12] II p. 53 n. 4: Der Arzt und Literat Wang K'eng - t'ang handelt in seinem Werke « Ährenlese des Studio der Anhöhe der Pflaumenbäume » mehr als einmal von dem Europäer Matteo Ricci. Er setzt sich mit verschiedenen Problemen darin auseinander: Mit der Größe von Sonne und Mond, mit den verschiedenen Sentenzen der « Freundschaft » Riccis. Er hat 14 Paragraphen aus den späteren « 25 Paragraphen ». Ferner aus den « Quadrat- und Kubikwurzeln » Auszüge. Der Verfasser hat diese Lehre kurz vorher mit Hilfe eines Schülers Riccis kennengelernt. Er spricht auch von verschiedenen neuen Erkenntnissen des Kalenders und von Papierherstellung, wie Ricci sie lehrt.

[13] TV p. 343, Brief vom 8.3.1608 an P. Aquaviva.

TV p. 265, Brief vom 9. Mai 1605 an P. Fabio de Fabii: Äußerungen über die Tatsache, daß Japaner und Chinesen die gleichen Schriftzeichen haben, aber weil die Japaner nicht so sehr Schriftsteller für Chinesisch sind, bitten die Patres von dort Ricci, ihnen Bücher zu schicken. So wollte man vor allem den « Kalender », « Weltkarten », die « Freundschaft » sowie besonders den « Katechismus ».

Sendung in einer höheren Einheit miteinander verbunden. Sie ergänzten, stützten und förderten sich gegenseitig. — Zur ersten Gruppe der religiös-ethischen Schriften zählen wir die rein religiösen Schriften, apologetische Abhandlungen, ethische Werke und Verwandtes. Zu den profanen Werken zählen wir geographische Arbeiten, geschichtliche, sprachliche, mathematische und astronomische Werke. Daneben bleibt ein kleines Schriftchen stehen, das wir als diplomatische Arbeit bezeichnen können: Das Breve des Papstes Sixtus V.

Zu den rein religiösen Arbeiten zählen an erster Stelle das «*Vater unser*», das «*Ave Maria*», das «*Apostolische Glaubensbekenntnis*» und der «*Dekalog*». Der Dekalog ist die erste Veröffentlichung der Missionare in chinesischer Sprache. Sie liegt noch vor dem Katechismus des P. Ruggieri und kam vor Ende November 1584 heraus [14]. Nach einer anderen Mitteilung ist es sogar sicher, daß sie schon vor dem 30. Juni 1584 gedruckt vorlag [15]. Das kleine Werkchen wurde an viele verteilt, die es haben wollten. Es hatte auch bereits eine gute Wirkung, denn viele bemerkten nach der Lektüre, daß sie die Gebote beobachten wollten, weil sie so sehr mit Vernunft und Naturgesetz übereinstimmten [16]. Praktisch zur gleichen Zeit wurde auch das «Vater unser», das «Ave Maria» und das «Credo» übersetzt und gedruckt [17]. Das erste Kompendium der christlichen Lehre, wenn wir hier vom Katechismus des P. Ruggieri absehen, war die «*Dottrina cristiana*». Es ist klar, daß dieser erste Versuch der Missionare in schriftstellerischer Hinsicht mit Hilfskräften, die kaum in die Tiefen der christlichen Lehre eingedrungen waren, nicht vollkommen gelingen konnte, handelte es sich doch darum, eine vollständig « heidnische Sprache christlich reden zu machen », wie P. D'Elia schreibt. Es zirkulierten daher nicht wenige Versionen dieser « Dottrina » in den verschiedenen Stationen. Daher dachte Ricci daran, einen einheitlichen und verbindlichen Text zu schaffen. So kam nach vielen Jahren — 1605 — auf Anordnung des P. Valignano, der das Imprimatur von der Inquisition in Goa übersandte, « eine neue Ver-

---

[14] I p. 194 n. 3: Die kritische Stellungnahme P. D'Elias zu Zeit, Titel und Fundort. Dort auch eine Übersetzung des Textes der 10 Gebote. Besonders hinzuweisen auf die chinesische Ausweitung des ersten Gebotes: « Es ist nicht gestattet, Bilder der anderen Geister anzubeten und ihnen zu opfern ».

[15] I p. 195 n. b; II p. 289 n. 2.

[16] I Nr. 248; cfr I p. 194 Tav. IX: Reproduktion des chinesischen Dekalogs der Zeit Riccis.

[17] I p. 195 n. b.

sion zustande, die dem Text (der Gebete etc.) viel mehr konform war als diejenige, die man bisher benützt hatte ». Von dieser Version, die Ricci eine « äußerst wichtige Sache » nennt, mußten alle Missionare Gebrauch machen. Ricci spricht sich über die Schwierigkeit dieser Arbeit aus, wenn er sagt: « Es war notwendig, viele neue kirchliche Ausdrücke in China zu brauchen und zu machen ». Aber bei allen diesen Ausdrücken stand, wenn man ihnen erstmalig im Text begegnete, eine kurze Erklärung in kleinen Charakteren. Die einzelnen Worte selber waren einfach transkribiert, die Erklärung lag aber in chinesischen Ausdrücken vor. Amen wurde mit « Ausdruck der Zustimmung » erklärt. — Ave: « Ausdruck des Grußes ». — Maria: « Name der heiligen Mutter des Herrn des Himmels mit der Bedeutung Meeresstern ». — Gnade: « Das Wohlwollen, mit dem Gott die Menschen liebt ». — Jesus: « Erlöser der Welt ». — Apostel: « Gesandter ». — Symbolum: « Sammlung » etc. ... — Die Kirche: « Generischer Name der Religionsgemeinschaft des Herrn des Himmels ». Sakrament ist « Heilige Sache ». Die Worte waren also transkribiert, d. h. die Chinesen mußten das betreffende europäische Wort lernen, nur angepaßt an die Charaktere. Die Sakramente aber schrieb man « in unserer Sprache » und mit kleineren Charakteren machte man eine kurze, gedrängte Erklärung derselben, die soviel Licht bot, daß das Wesen derselben erkannt werden konnte. Tatsächlich wurden die Sakramente zuerst vom Portugiesischen her phonetisiert. So wird Baptismo mit « patesimo » wiedergegeben und erklärt als « Lavacrum ». In gleicher Weise die übrigen Sakramente. « In der reinen Reproduktion des lateinischen oder portugiesischen Lautes von Worten, die spezifisch katholisch waren, in einer heidnischen Sprache wie der chinesischen, war Ricci vollständig in der Tradition, die seit mehr als einem halben Jahrhundert von seinen Mitbrüdern in Indien verfolgt wurde, beginnend mit Franz Xaver », so P. D'Elia über diese Methode. Der Inhalt der « Dottrina cristiana » war folgender: Das Vater unser, das Ave Maria, die 10 Gebote, die beiden Gebote der Liebe, das Credo, das Kreuzzeichen, die 7 leiblichen und geistigen Werke der Barmherzigkeit, die 8 Seligkeiten, die 7 Hauptsünden, die 7 Heilmittel gegen die Hauptsünden, die drei göttlichen Tugenden, die 5 Sinne, die drei Fähigkeiten und die 7 Sakramente mit kurzer Erklärung [18]. Die Verbreitung des Werkchens war nicht unbedeutend. Es diente in allen Missionsstationen als Grundlage der Erlernung der christlichen Wahrheiten, wurde

---

[18] II p. 289 n. 2 - p. 291 n. b.

also wohl an alle Katechumenen, die lesen konnten, ausgeteilt [19].
Longobardo hat sogar einen eigenen feierlichen Ritus eingeführt
für die Überreichung des Büchleins. Die Katechumenen empfingen
unter großer Feierlichkeit die «Dottrina cristiana», wobei sie vor
dem Altare knieten. Und erst nachdem sie diese gelernt hatten,
durften sie der ersten Hälfte der heiligen Messe beiwohnen [20]. Der
Christ Georg Chung aus der gleichen Gemeinde ließ nach seiner
Taufe das Buch in größerem und schönerem Format drucken, wovon er dann an jeden Christen der Gemeinde ein Exemplar verteilte [21]. Die «Dottrina cristiana» bildete auch die Grundlage des
christlichen Gemeindelebens. Aus ihr betete man beim Gottesdienste und mit den Gebeten der «Dottrina cristiana» brachte man
auch eine bestimmte Zeit zu, wenn der Missionar etwa an einem
Sonntage nicht kommen konnte, wobei man sich wie üblich im
gemeinsamen Gebetsraum versammelte [22]. Das Büchlein wurde auch
an heidnische Freunde und Bekannte verschenkt, vor allem an hohe Beamte, um ihnen einen Einblick in die Lehre und den hohen moralischen Wert der christlichen Lehre zu geben. Der Minister Feng Ch'i bittet Ricci um die «Dottrina cristiana» und um
die «Gebote» [23]. Sogar in das Pekinger Innenministerium dringt
sie ein, allerdings wegen einer weniger erfreulichen Ursache, handelte es sich doch um eine Überprüfung dessen, was die Europäer
in Peking zu tun gedachten [24]. Es ist aber gut möglich, daß durch
die Lektüre dieses hochstehenden Sittenkodex eine wohlwollende
Gesinnung in den Beamten aufstieg. Auch zu den Juden von Kaifeng gelangen diese von Ricci in chinesischer Sprache verfaßten
christlichen Wahrheiten [25].

Zu dieser «Dottrina cristiana» wurde eine «*Erklärung*»
geschrieben. Sie wurde stärker als die Dottrina selber, wurde aber
erst nach dem Tode Riccis gedruckt. Es ist indes sicher, daß Ricci
sich schon im Jahre 1605 vornahm, sie zu schreiben [26]. Ja schon
seit 1602 existierte eine solche Erklärung, die aber nicht die gleiche zu sein scheint, von der Ricci bei der Besprechung seiner Wer-

---

[19] II Nr. 641; TV p. 266, Brief Riccis vom 9. Mai 1605 an P. Fabio de Fabii.
[20] II Nr. 642: Der Empfang der «Dottrina cristiana» war praktisch die Aufnahme in das Katechumenat, wie wir sonstwie erfahren: II Nr. 644, 645, 684.
[21] II p. 205 n. 3: Es handelt sich hier noch nicht um den endgültigen Text Riccis.
[22] II Nr. 679.
[23] II p. 156 n. 1.
[24] II Nr. 611; II p. 146 n. 5.
[25] II Nr. 729.
[26] TV p. 285, Brief Riccis vom Mai 1605 an P. Maselli.

ke [27] in der « Storia » handelt. Die 1615 von Vagnoni herausgegebene « Erklärung der christlichen Lehre », nachdem Pantoja schon 1610 eine « Erklärung der Lehre » für den Druck fertiggestellt hatte, erklärt Wort für Wort die « Dottrina cristiana ». Nur werden die Sakramente nicht mehr am Schluß behandelt, sondern werden eingeschoben, und die 4 moralischen Tugenden werden nach den theologischen Tugenden behandelt [28].

Bereits in den Anfängen der Mission in Shiuhing hatte sich Ricci an die Darlegung seiner Lehre für weitere Kreise begeben. Vor 1589 ließ er seine « *Katechetischen Unterredungen* » mit den Literaten in Chinesisch niederschreiben. Sie bilden eine Zusammenfassung der christlichen Religion [29]. P. D'Elia sagt zu diesen Unterredungen: « In wenigen und klaren Worten, in Geschmack und Stil ganz chinesisch, handelt er (Ricci) von der Existenz Gottes, seiner Attribute, von der Schöpfung. Von der Verpflichtung, Gott anzubeten, um dafür dann die ewige Belohnung zu empfangen und die Hölle zu meiden. Vom Götzendienst, von Adam und Eva, der Erbsünde, der Menschwerdung des Wortes im jungfräulichen Schoße Mariens. Von den Wundern Jesu, seinem Leiden und Tode am Kreuze. Von seinem Abstieg zur Vorhölle, Auferstehung und Himmelfahrt. Von der Sendung der Apostel zur Predigt des Evangeliums in der ganzen Welt. Darauf nimmt er Gelegenheit zur Erklärung, warum er, Nachfolger und Nachahmer der Apostel, nach China gekommen ist, weil eben das Land, isoliert von der übrigen Welt, bis jetzt das Evangelium noch nicht empfangen hat: Man sieht, der dogmatische Teil ist ziemlich vollständig. Der moralische Teil war damals im Dekalog enthalten, der schon übersetzt und gedruckt war ... Der sakramentale Teil war noch nicht notwendig, da es sich nicht um Christen handelte, sondern höchstens um Katechumenen, denen aber das Wissen um die Notwendigkeit der Taufe genügte, von der Ricci in einer beigefügten Note spricht ... ». Hochinteressant ist es zu sehen, wie Ricci sich in diesen Gesprächen an die chinesische Mentalität anpaßt. Er tritt nicht als Lehrer auf (er, der Fremde), für den alle anderen unwissende Schüler sind, sondern als wahrer Bewunderer Chinas. Diese Unterredungen sind ihm aber auch selber nützlich, denn er lernt dadurch viele schöne Dinge. « Die Sanftmut, die Liebenswürdigkeit, die freundliche Anmut, der Respekt, die Achtung, die Sym-

---

[27] II Nr. 709, p. 291.
[28] II p. 291 n. 1.
[29] I p. CXXVII.

pathie: Alle diese für die Bekehrung der Völker einer alten Kultur, wie die der chinesischen, unentbehrlichen Tugenden erstrahlen in diesen Texten in ihrem ganzen Glanze ». Allerdings ist « das christliche Vokabularium, dessen sich Ricci bedient, so, wie wir es erwarten müssen ... Beim Vortrag der christlichen Lehre legt der Missionar den ersten (Barbaren ohne Alphabet) seine eigenen Termini auf, während er vor allem die Ausdrücke der zweiten (der Völker mit Hochkulturen) studiert. Nachdem er sie für seine Predigt brauchbar gefunden hat, entleert er sie ihres abergläubischen und falschen Sinnes, um sie zum Ausdruck der christlichen Wahrheit zu verwenden »[30].

Alle diese Arbeiten waren aber mehr vorbereitender Natur. Die Krönung und die Zusammenfassung der religiösen Werke Riccis ist ohne Zweifel sein großer Katechismus. Man kann das Werk eigentlich nicht einen Katechismus nennen in unserem Sinne. Sein Titel « T'ien Chu Shih I » zeigt den apologetischen Charakter des Werkes, die Auseinandersetzung mit den drei Religionen Chinas, Buddhismus, Taoismus und Konfuzianismus[31]. Auf die Anregung Valignanos hin wurde der Katechismus 1593 begonnen, also in Nanchang. Der Katechismus Ruggieris diente, ungeachtet seiner großen Verbreitung, nicht nur in China, sondern auch in Japan und Korea nicht mehr voll den Bedürfnissen der Mission[32]. Wir lesen von Ricci aus einem Briefe vom 10. Dez. 1593, daß er als Vorbereitung für die Komposition des Katechismus die « 4 Bücher » ins Lateinische übertrug[33]. Ein Jahr später, am 12. Oktober 1594 erfahren wir, daß er sich in der chinesischen Komposition übe

---

[30] IL DOMMA CATTOLICO = D'ELIA S. I. P. PASQUALE - *Il domma cattolico integralmente presentato da Matteo Ricci ai letterati della Cina*, in « La Civiltà Cattolica » 1935, II, pp. 44-46.

[31] Es war nicht die Absicht des Verfassers, zu handeln « von allen Geheimnissen unseres hl. Glaubens, welche man nur den Katechumenen und Christen zu erklären hat, sondern nur von einigen grundsätzlichen, besonders solchen, die man auf irgendeine Weise mit natürlichen Gründen beweisen und die man mit demselben Licht der Vernunft verstehen kann, damit es sowohl Christen wie Heiden dienen könne und auch in entfernten Gegenden verstanden werde, wo die Unsrigen nicht so schnell hinkommen könnten, um so den Weg für die übrigen Geheimnisse, die vom Glauben und der geoffenbarten Wissenschaft abhängen, zu eröffnen » (II Nr. 709, pp. 292-293).

[32] Ricci selber führt einige Gründe für die Unbrauchbarkeit des alten Katechismus an. Er war zu kurz und war « der Weise und dem Stande gemäß gemacht, in dem die Patres damals (am Anfang-Bonzen) waren ». Man zerbrach die Drucktafeln und brauchte den alten Katechismus nicht mehr und verschenkte ihn auch nicht mehr (1 Nr. 493).

[33] TV p. 117, Brief an P. Aquaviva.

und daß er « ein Buch begann mit den Dingen unseres hl. Glaubens, ganz mit natürlichen Beweisen » [34]. 1595 steht die Arbeit am Katechismus still [35]. Wenn auch seine Freunde ihn drängten, das bereits Geschriebene zu veröffentlichen, und Valignano 1596 schon ein starkes Lob für das Werk ausspricht, sollte es doch nicht vor 1603 gedruckt werden [36]. Die Arbeit mußte nach Makao zur Begutachtung geschickt werden (1597). Sie wurde dort durchgeschaut und nicht wenig korrigiert. Ricci dürfte das Werk wohl erst 1601, also nach seinen vielfachen Reisen und Ortsveränderungen, in Peking wiedergesehen haben. Er schaute die ganze Arbeit erneut durch, fügte im 7. Kapitel seine Dispute mit dem Bonzen San Hui bei und setzte an den Anfang des 4. Kapitels die Dispute mit dem Akademiker Huang Hui. Währenddessen aber war der Katechismus handschriftlich schon seit 8 Jahren durch viele Hände gegangen. Er kam dabei auch nach Wuchang in Hukwang zu dem Literaten und Mandarinen Feng Ying-ching, der ein Prooemium verfaßte. Während seiner Gefangenschaft in Peking und nachher arbeitete dieser das Werk durch, und zwar, wie Ricci berichtet, mit äußerster Sorgfalt. Er tat nichts, ohne sich vorher genau zu beraten. Auch Dr. Li Chih-tsao bemühte sich um die Verbesserung des Stiles des Katechismus. Außer diesen arbeitete noch ein gewisser Yen Yi-t'ang mit, der für den Druck sorgte, der 1603 zustande kam [37]. Schon Georg Chung hatte ihn (1601) drucken lassen wollen, aber P. Longobardo hatte ihn warten geheißen bis zur endgültigen Redaktion durch den Verfasser [38]. Der Druck wurde von Feng Ying-ching finanziert. Er gab das Geld für eine Auflage von 200 Exemplaren. Einige derselben behielt er für sich und seine Freunde, die übrigen überließ er den Patres zum Verschenken [39]. Der Titel des Werkes deutet schon auf seinen Inhalt hin: « T'ien Chu Shih I », was Ricci übersetzt mit: « *De Deo verax disputatio* » [40]. Was die Wiedergabe des Inhalts betrifft, müssen wir uns hier mit einem Summarium zufrieden geben. Es wäre aber eine reizende Aufgabe, einmal an Hand des Katechismus die Stellungnahme Riccis zu den einzelnen Religionssystemen Chinas zu untersuchen.

Das Werk beginnt mit einer Einleitung von Riccis Freund,

---

[34] TV p. 122, Brief an P. Costa.
[35] TV p. 225, Brief Riccis vom 13. Okt. 1596 an. P. Aquaviva.
[36] I p. 379 n. 4; cfr. II p. 295 n. 1; II Nr. 709 p. 295.
[37] II p. 292 n. 1 - p. 293 n. b; II Nr. 709.
[38] II p. 205 n. 3.
[39] II Nr. 710, p. 301.
[40] II p. 293 n. 1.

dem Herausgeber Feng [41]. Er nennt sich einen Schüler Riccis [42]. Er stellt sich in scharfen Gegensatz zum Buddhismus. Diese Vorrede gab dem ganzen Werke eine bedeutende Autorität, weil sie von einem sehr angesehenen Literaten stammte [43].

Die Arbeit war als zweiteiliges Werk gedacht. Leider wurde nur die erste Hälfte vollendet, während der zweite Teil überhaupt niemals geschrieben wurde. Im ersten Kapitel ist die Rede von Gott, seiner Existenz, seinem Beweis; Gott als erster Ursache, unserer negativen Gotteserkenntnis. Das zweite Kapitel setzt sich mit den Irrtümern in der Gotteslehre auseinander. Buddhismus und Taoismus werden verworfen. Der Konfuzianismus aber wird gelobt, wenngleich seine Lehre vom « Summum Extremum », einem gewissen unklaren pantheistischen Urprinzip, richtig erklärt werden muß als die « Materia prima » der christlichen Philosophie. Es folgt die für die Chinesen ganz neue Lehre von der Substanz und dem Accidens, die auf Gott und die Kreaturen angewandt wird. Weiter 11 Texte mit Beweisen, daß Shang-Ti derselbe ist wie der christliche Gott. Die Texte sind den Klassikern entnommen. Das dritte Kapitel spricht von der Unsterblichkeit der menschlichen Seele und ihrem Unterschied von den Tierseelen, vom Paradiese, vom Unterschied der dreifachen Seele, von den falschen Ansichten über die Seele nach dem Tode. Im 4. Kapitel geht die Rede über die menschliche Seele. Es wird bewiesen, daß das Sein der Welt nicht eine einzige Substanz sein kann. Der Glaube an das Dasein der Geister bei den alten Chinesen wird aus klassischen Texten bewiesen. Die menschliche Seele wird als intelligente Seele erklärt. Es folgt die Einführung in das Verständnis der Arbor porfyriana und der Unterscheidung von Intellekt und Instinkt. Schließlich wird der pantheistische Monismus verworfen, als dessen Urheber Luzifer dasteht. Das 5. Kapitel spricht gegen die Seelenwanderung und das Verbot, Tiere zu töten mit der Erklärung des wahren Wesens des Fastens. Im 6. Kapitel wird die Notwendigkeit, eine Intention zu haben, dargelegt. Weiter ist die Rede von Paradies und Hölle als Lohn oder Strafe für Gutes oder Böses, das man in der Welt getan hat. Das 7. Kapitel handelt über die ursprüng-

---

[41] II Nr. 626.

[42] II p. 166 n. 4: Die ganze Anschauung dieses Mannes ist sehr beachtenswert bezl. der Einheit des christlichen Gottesnamens T'ien Chu mit dem alten chinesischen Gottesbegriff Shang-Ti. Er fragt in diesem Prooemium: « Wer ist dieser 'Herr des Himmels'? Er ist der 'Höchste Gebieter' ».

[43] II Nr. 626, p. 167: Die Vorrede war schon am 3. Febr. 1601 geschrieben worden, cfr. II p. 167 n. 2.

13 J. Bettray, S. V. D.

liche Güte der menschlichen Natur und über die wahre Weisheit
der Christen. Die menschliche Natur wird erklärt. Ihr Ziel ist Gott.
Die christliche Religion hat daher wesentlich als Grundlage die
Liebe zu Gott und dem Nächsten. Der Glaube überragt das Wissen
und die Liebe die Tugend. Man kann nicht religiös indifferent sein,
nur die christliche Religion ist die wahre. Es wird auch der Ursprung des Götzendienstes erklärt. Man kann auf keinen Fall allen
drei Religionen Chinas zugleich folgen. Im 8. Kapitel wird eine
Übersicht über wesentliche christliche Gebräuche geboten. Der Cölibat wird erklärt, die Ursache und die Zeit der Menschwerdung
werden dargelegt. Besonders wird hingewiesen auf die alte Zeit Chinas mit ihrer reinen Religion. Wer aber die Wahrheit lehren will,
muß noch andere Dinge wissen, die sich jedoch nicht mehr im
Katechismus finden, sondern in der « Dottrina cristiana », dann
kann er getauft werden [44].

Man erkennt im « Katechismus » klar die Stellung Riccis zu
den Religionen Chinas. Während der Buddhismus und Taoismus
unbedingt ausgeschaltet werden für den Versuch, die christliche
Lehre chinesischem Denken angepaßt darzustellen, wird der Konfuzianismus so behandelt, daß grundsätzlich dessen echte, religiöse,
ethische, moralische und kulturelle Werte anerkannt werden, die
aber gereinigt werden müssen. Darüber wird aber an anderer Stelle
weiter die Rede sein.

Die Verbreitung und der Einfluß des Katechismus muß trotz
der ersten kleinen Auflage als sehr bedeutend angesehen werden.
Er war schon 8 Jahre hindurch handschriftlich benützt worden.
Darauf konnte er klar und in gutem Stil geschrieben im Druck
überall vorgelegt werden. Riccis alter Freund Ch'ü studiert ihn
unmittelbar vor seiner Bekehrung [45]. In Nanking, wo Ch'ü wohnt,
dient er auch zur Vorbereitung anderer Katechumenen [46]. Ähnlich
ist es in der Residenz Nanchang [47]. Auch in Shiuchow ist er eingeführt. Wir erfahren von dem Geschenk eines Katechismus an den
Zensor der Gebiete von Shiuchow und Namyung [48].

Die Auflagen des Katechismus folgen dicht aufeinander. Die
erste Auflage wurde schon wahrscheinlich 1604-05 von einer Ausgabe für Japan, die in Shiuchow aufgelegt wurde, überholt [49]. Die

---

[44] II p. 293 n. 1 - p. 295 n. a.
[45] II Nr. 755.
[46] II p. 341 n. 1, nach Bericht des P. Vagnoni vom 15. Mai 1606.
[47] II Nr. 744.
[48] II Nr. 734, p. 328.
[49] II p. 295 n. 2: Hier noch weitere Angaben über die Geschichte des Ka-

dritte Auflage wurde von Dr. Li Chih-tsao im Jahre 1607 in Hangchow besorgt, während er selber in Chekiang sich aufhielt. Die Anregung gab ihm dazu sein Freund Wang Meng-P'o. « Viele aus der Religion der Sarazenen kauften ihn (den Katechismus), weil er konform mit ihrer Lehre schien ». Diese Ausgabe des Dr. Li sollte einen Teil der « Ersten Sammlung christlicher Bücher » desselben Gelehrten in China bilden [50].

Eine weitere apologetische Arbeit Riccis ist ein nicht sehr umfangreicher, aber später unter Ch'ien Lung zu den besten Werken der Literatur gerechneter « *Briefwechsel mit dem Bonzen Shen Lien-chih* » (nach 1607), einem der vier berühmtesten Bonzen des China jener Zeit der ausgehenden Ming sowie der « *Briefwechsel mit dem Bonzen Yü Tê-yüan* » (1608). Der Katechismus war ja natürlicherweise von jenen, die er angriff, nicht sehr begeistert aufgenommen worden. Von dort erwuchs ihm sogar ein starker Widerstand. Auch der Bonze Shen mischte sich in die durch den Katechismus entstandene literarische Fehde ein durch einen Briefwechsel mit dem Verfasser des Katechismus selber. Daher geht es in diesen Briefen, die auf beiden Seiten mit vollendetster Höflichkeit, wie chinesischer Stil es erforderte, geschrieben wurden, um das Wesen Gottes, um die Tötung lebender Wesen, um den falschen Kult Buddhas und um die Seelenwanderung. Wahrscheinlich ist es Dr. Paul H'sü gewesen, welcher die Briefe Riccis in ihre vornehme literarische Form brachte. Dr. Leo Li nahm später (1629) das Werkchen in seine obenerwähnte Sammlung auf unter dem Titel: « Apologetischer Briefwechsel » [51]. Er fand es nach 1615 noch als Manuskript. Der Freund, der es aufbewahrte, gab es erstmalig in Druck.

An dieser Stelle möchten wir Riccis Bemühungen um den « *Kalender* » in China in seinen literarischen Niederschlägen behandeln, da der Kalender wegen seines religiös-ethischen und apologetischen Charakters in diese Reihe hineinpaßt. Chronologisch liegen seine Anfänge vor den zuletzt dargestellten Arbeiten. Bereits beim Abschied von Shiuhing erfahren wir, daß Ricci den dortigen Christen ein Kalendarium zurückläßt. Er hat den gregoria-

---

techismus. P. D'Elia sagt: « Das Werk Riccis hatte einen einzigartigen Erfolg, nicht nur in China, wo es klar das Ziel der Ankunft der Missionare herausstellte und siegreich den Buddhismus bekämpfte, sondern auch in Japan, wo es durchaus Annahme fand. Es wurde in Mandschu, Koreanisch, Tongkinesisch und Mongolisch übersetzt ».

[50] II Nr. 632; II p. 179 n. 3.
[51] II p. 306 n. b.

nischen Kalender mit seinen Sonn- und Festtagen an das chinesische Kalendarium angepaßt, damit die Christen sich genau orientieren könnten, ohne sich zu irren [52]. Dieser erste Kalender wurde nicht gedruckt. In gleicher Weise wurde er auch in Shiuchow handschriftlich in Gebrauch genommen [53]. In Peking ist es Dr. Li Chihtsao, der sich besonders mit dem Kalender beschäftigt. Er versteht es besser als manche der Patres, « die Feste, auch die beweglichen, aufzufinden für die Tafeln (zum Druck) » [54]. Aus einer Stelle eines Briefes Riccis geht klar hervor, daß der Kalender in Peking schon gedruckt wurde, wenn auch vorerst nur für die Christen und unter der Hand, geheim fast und nur in einem einzigen bescheidenen Blatt. « Die Christen kommen zahlreich an den Sonntagen und noch mehr an den Feiertagen und Hauptheiligen, die wir ihnen jedes Jahr gedruckt auf ein Blatt geben, damit sie kommen können » [55]. Die eigentliche Übersetzung des Gregorianischen Kalenders, die wir schon 1605 als solche (ohne Druck) in Peking vorfinden, nach einem Briefe Riccis vom 9. Mai desselben Jahres, wurde aber nicht von ihm selber in Druck gegeben. Erst 1625 geschieht dies von der Hand Trigault's [56].

Unter diese erste Gruppe der religiösen Werke müssen wir auch die sehr bedeutenden Arbeiten Riccis einreihen, die mehr in ethischer Richtung liegen. Zu ihnen zählen die « *Freundschaft* », die « *10 Paradoxa* » und « *8 Gesänge* », die « *25 Paragraphen* » und, wenn wir wollen, die « *Erklärungen zu den 4 Büchern* ».

Der Traktat über die Freundschaft ist überhaupt das erste eigentliche Opus, welches Ricci in chinesischer Sprache herausgab. Die kleineren Sachen vorher kann man nicht als solche zählen. Er begann es auf Anregung des « Königs » (= Fürsten) Ch'ien-ch'ai von Kienan Ende des Jahres 1595 in Nanchang. In diesem Werkchen übersetzte er zunächst 76 Sentenzen über die Freundschaft, zu welchen er im Laufe der nächsten 6 Jahre weitere 24 hinzufügte. Das Werkchen zirkulierte einige Zeit als Manuscript, wurde aber schon bald in der Nachbarschaft, wahrscheinlich in Ningtu, Provinz Kiangsi, gedruckt [57]. Es erschien ohne Vorwissen

---

[52] I Nr. 328; cfr. I p. 270 n. 6.

[53] II Nr. 655; II Nr. 666: Hier muß nicht notwendig von einem gedruckten Kalender die Rede sein (II p. 233 n. 3).

[54] II Nr. 896.

[55] II p. 477 n. a: Das Blatt wurde etwa seit 1608 gedruckt (I p. 271 n. b).

[56] I p. 271 nn. a-b.

[57] I p. 368 n. 1: Wahrscheinlich hat Su Ta-jung, der ehemalige Unterpräfekt von Yingtak, der in Ningtu geboren war und Mitglied des « Collegio

des Verfassers, aber doch mit seinem Namen versehen. Eine zweite Ausgabe scheint mit Hilfe Ch'ü T'ai-su's 1599 entstanden zu sein, denn er schrieb auf Bitten Riccis eine Vorrede zur « Freundschaft » mit dem Datum vom 27. Jan. 1599. Sie erschien in Nanking. Zwei Jahre später läßt Feng Ying-ching das Werk in Peking neu drucken, ohne Ricci etwas davon mitzuteilen. Er verfaßt eine schöne Einleitung dazu. Außerdem betrieb zwischen 1603-08 Dr. Li Chih-tsao in Chekiang eine weitere Ausgabe [58]. So wurde die Arbeit oft in den verschiedenen Provinzen gedruckt und wiedergedruckt. Heute steht fest, daß Ricci sich eines europäischen Buches zum Zusammenstellen seiner Texte bedient hat, müßte es doch fast wunderbar erscheinen, wenn ein Mann so viele treffliche Aussprüche über die Freundschaft geschaffen hätte [59]. Der Erfolg der Arbeit war bei der großen Achtung der Chinesen vor echter Freundschaft [60] ein außerordentlicher. Ricci hatte in die chinesische Seele mitten hineingegriffen. Eine der edelsten Saiten dieses Volkes war unter der Berührung eines reinen Ideals zum Klingen gebracht worden. Ricci sagt selber: « Diese Freundschaft hat mir und Europa mehr Ansehen verschafft, als was wir sonst getan haben » [61]. Die Eigenart des Büchleins, die häufigen Auflagen desselben lassen schon auf eine starke Verbreitung schließen. Tatsächlich kommen viele durch die « Freundschaft » in ersten Kontakt mit Ricci. Der Zensor Chu Shih-lu lernt Ricci durch die « Freundschaft » kennen [62]. Der Staatssekretär im Ministerium für die zivilen Ämter, Tsao Yü-pien, scheint auf dem gleichen Wege zur Bekanntschaft mit Ricci gekommen zu sein [63]. Der Bonze Li Cho-wu, früher ein

---

Imperiale » war, ein großer Freund des Volkes (I p. 300 n. 6), aber seit 1592 ohne Amt, (I p. 370 n. 1) den Traktat drucken lassen (AMICIZIA, pp. 454-455).

[58] I p. 368 n. 1. Die Vorrede des Ch'ü cfr. AMICIZIA, pp. 456-459; die Vorrede die Feng Ying-ching ebd. pp. 460-461.

[59] AMICIZIA, pp. 464-466: P. D'ELIA hatte schon 1942 vermutet, daß Ricci sich des Werkes des portugiesischen Dominikaners ANDREAS VON EVORA - *Sententiae et Exempla ex probatissimis quibusque scriptoribus collecta et per locos communes digesta* ... bedient habe, eine Vermutung, die sich durch weitere Forschungen zur Sicherheit steigerte, so daß Ricci mit höchster Wahrscheinlichkeit schon 1595 ein Exemplar dieses Werkes in Händen haben konnte, und zwar von der Ausgabe von 1590, von der ein Exemplar noch heute in der alten Jesuitenbibliothek in Peking liegt.

[60] Gemäß der Lehre von den 5 Correlationen: Zwischen Vater und Sohn, Mann und Frau, Herr und Untergebener, älterer und jüngerer Bruder, Freund und Freund (I Nr. 180).

[61] p. 369 n. b; TV p. 248, Brief vom 15.8.1599 an P. Costa.
[62] II Nr. 536.
[63] II Nr. 600; II p. 134 n. 1.

fähiger Mandarin und bedeutender Literat, war in den Besitz der
« Freundschaft » gelangt und schätzte sie so hoch ein, daß er davon einige Kopien machen ließ, um diese seinen Schülern nach
Hukwang schicken zu können. Er lobte die Arbeit und die Komposition derselben sehr, was Riccis Ansehen in Hukwang nicht wenig steigerte, zumal dieser stolze Literat, zu stolz und hochmütig,
Mandarinen, die ihn besuchten, zu empfangen oder gar ihren Besuch zu erwidern, Ricci aus sich heraus einen Besuch gemacht
hatte und dessen Gegenbesuch außerordentlich durch die Gegenwart vieler Freunde und durch eine ausgesuchte Höflichkeit hervorhob [64]. Das Ansehen Riccis stieg durch die « Freundschaft » gewaltig, so sehr, daß man ihn zu einem « Sheng-jen », zu einem
« Heiligen », Konfuzius gleich, machte [65].

« Das Buch aber, womit er alle am meisten zur Bewunderung
brachte, innerhalb und außerhalb der Hauptstadt, war das Buch,
das der Pater machte von den Paradoxa », so beginnt Ricci seine
Ausführungen über dieses Werk, welches ihn am berühmtesten
machen sollte. Er nannte das Buch so wegen vieler darin enthaltener Wahrheiten, die für Christen zu den alltäglichen zählen,
die aber « für die Chinesen nie gehörte Paradoxa » bedeuteten.
Er spricht darin über die Nützlichkeit der Zeit, über ein gutes
Leben und das Denken an den Tod sowie über das Elend dieses
Lebens. Ferner über die Vergeltung in der Ewigkeit, über die Nützlichkeit des Schweigens, über die Gewissenserforschung, die Abtötung und ähnliche Dinge. « Weil der Pater zu diesen Themen
vielerlei Beispiele, Vergleiche, Sentenzen und Aussprüche unserer
Philosophen und Doktoren zusammenstellte mit der Autorität unserer heiligen Schrift, waren alle so befriedigt über dieses Buch,
daß keiner da war, der nicht bekannt hätte, daß es von größtem
Vorteil für das menschliche Leben sei und daß man mehr in den
10 Kapiteln dieses Buches gelernt hätte als in vielen anderen Büchern zusammen » [66]. Das Werkchen wurde von Ricci betitelt
« *Zehn Kapitel eines sonderbaren Menschen* ». Ricci war dieser
sonderbare Mensch. Einmal wegen seiner Rassenfremdheit, mehr
aber noch wegen seiner Fähigkeiten, seiner vorbildlichen Lebensweise und seiner ausgezeichneten Lehre [67]. So war denn der Erfolg
des Werkes hervorragend, sowohl buchmäßig, als auch und besonders in Hinsicht auf die Verbreitung des Christentums. Die Lite-

---

[64] II Nr. 551.
[65] I p. 119 n. a.
[66] II Nr. 711.
[67] II p. 302 n. b.

raten hörten nicht auf, es zu loben und förderten diese « paradoxen » Wahrheiten. « Und so haben sich einige bekehrt, um Christen zu werden, und viele besuchen neuerdings unser Haus ». Wenige Monate nach dem Erscheinen kann Ricci ähnlich schreiben: « Schon erfuhren wir, daß das Werk in zwei oder drei anderen Provinzen wieder gedruckt ist. Von den verschiedensten Gegenden erbittet man es von mir. Schon sind einige hundert ausgegeben ». Im folgenden Jahre bestätigt sich diese Feststellung: Die Patres von Peking haben schon viele hundert Büchlein ausgegeben. Viele andere lassen das Werk auf eigene Kosten drucken, um es den Freunden geben zu können. In Nanchang und in Nanking wurde es von zwei Literaten gedruckt. In der Zeit Ch'ien Lung's wurde das Werk unter die besten literarischen Erzeugnisse gerechnet [68]. Ricci hatte zwei Jahre (1606-1608) daran gearbeitet. Er veröffentlichte die Arbeit in den ersten Monaten 1608 [69].

Weil die « *8 Gesänge* » dem Schriftchen angefügt wurden, bringen wir sie an dieser Stelle, wiewohl sie zeitlich bedeutend früher liegen.

Eine ähnliche schöne Wirkung, wenngleich nicht so weitreichend, hatten diese « *Acht Gesänge für das westliche Clavicymbalum* ». Zu Beginn derselben ist die Rede über ihren Ursprung:

« Im 28. Jahre Wan Li's, dem Jahre, das Keng Tzu genannt wird (14. 2. 1600 - 2. 2. 1601), begab ich, Matteo (Ricci), mich zur Hauptstadt und überreichte unter anderen Dingen (dem Kaiser) ein schönes Clavicymbalum, ein Musikinstrument des Okzident, das in der Form verschieden ist von den Musikinstrumenten Chinas, und wenn man es berührt, gibt es kuriöse Töne von sich. Der Kaiser staunte gar sehr darüber. Darum redeten die Meister der Musik (am Hofe) in diesen Worten zu mir: Spielt doch, wir bitten Euch darum, die Gesänge Eures Landes, die es sicher gibt. Wir wollen sie hören. Darauf antwortete ich, Matteo: Ich, ein Fremder, kenne kei-

---

[68] II p. 304 n. 1: Wie hoch das Werk stand, sehen wir auch daran, daß berühmte Literaten Prooemien für dasselbe schrieben. Besonders die beiden Mitglieder der « Königlichen Akademie », Chou Ping-mu aus Wusih im späteren Kiangsu und Wang Chia-chih aus Shantung, zeichnen sich durch ihre Prooemien aus. Einer von ihnen schrieb neben der Vorrede noch eine erklärende Zusammenfassung des ganzen Werkes. Dadurch erhielt die Arbeit eine große Autorität (cfr die Publikation der Prooemien und der gesamten Arbeit STUD. OR. 3 = D'ELIA S. I. P. PASQUALE - *Sunto poetico ritmico di I dieci Paradossi di Matteo Ricci S. I.*, in « Rivista degli studi orientali », vol. XXVII, pp. 111-138; TV pp. 360-362, Brief Riccis vom 22. Aug. 1608 an P. Aquaviva; II p. 304 n. 4; PROLOGE UND EPILOGE, Vorrede des Dr. Li Chih-tsao, Epilog desselben und Epilog des Wang Ju-shun).

[69] II p. 301 n. 3.

ne anderen Gesänge außer Moralsentenzen, in denen ich mich geübt habe. Ich werde also ihren allgemeinen Sinn in Eure Sprache übertragen ..., bemerke aber, daß ich nur den Sinn wiedergebe ohne die Reime, denn die Töne der beiden Sprachen sind verschieden ».

Das hierauf folgende Werkchen befaßt sich mit der Frage nach der Herkunft und Bestimmung des Menschen, der Zufriedenheit mit dem menschlichen Lose, mit dem Sinn eines langen Lebens, mit der Kraft und dem Einfluß der Tugend und der Indifferenz des Herzens. Mit der Frage eigener und fremder Fehler und endlich mit dem Tode, der alle erreicht [70]. Auch diese kleine Arbeit wurde zwischen 1772-1782 unter die besten literarischen Produkte Chinas aufgenommen [71].

Ein Werkchen, welches Riccis Namen wieder berühmt machen sollte, wenngleich die Wirkung nicht die gleiche war wie bei den « 10 Paradoxa », was aber wieder von Ch'ien Lung unter die nationalen Bestleistungen gezählt wurde [72], sind die « *25 Paragraphen* ». Sie entstanden in Nanking in der Zeit vom 6. Febr. 1599-15. Mai 1600. Die Arbeit ging zuerst handgeschrieben bei den Freunden Riccis herum, die sich über eine solche Leistung eines « Barbaren » wunderten. Schon 1602 wurde ein Teil gedruckt und in die Sammlung « Ährenlese des Studio der Anhöhe der Pflaumenbäume » von Riccis Freund Wang K'eng-t'ang unter dem Titel: « Klare Worte » aufgenommen. Aber erst nach Überwindung eines langen Widerstandes des Verfassers kam der vollständige Druck zustande. Er wurde von Feng Ying-ching in den ersten Monaten 1605 unter dem Titel « 25 Paragraphen » besorgt. Der Titel scheint von Riccis Freunden gewählt worden zu sein, um ein Gegengewicht gegen die Sūtra der « 42 Paragraphen » des Buddhismus [73] zu haben. Feng schrieb eine elegante Präfatio dazu und Dr. Paul Hsü, auf den die Überwindung des Widerstandes Riccis zurückgeht, einen herrlichen Epilog, in dem er sich als Schüler des Missionars und als Christ bekennt, wobei er die katholische Religion sehr lobt. Ein neuer Druck des Werkes wurde von dem Christen Wang Jushun besorgt.

Der Inhalt des Werkchens handelt von bestimmten ethischen Wahrheiten: Vom Glück des Menschen, von der Zufriedenheit, von den eigenen Fehlern, vom Frieden des Herzens, von der Men-

---

[70] II p. 134 n. 6 - p. 135 n. b.
[71] II p. 135 n. 2.
[72] II p. 287 n. a.
[73] II Nr. 707 p. 287; AMICIZIA, p. 467 n. 1.

schenfurcht. Der Mensch ist nur Gast auf Erden, er ist vom « Himmelsherrn » zum himmlischen Gastmahl geladen. Das vornehmste Objekt der 5 Tugenden der Chinesen ist der « Höchste Gebieter ». Weiter ist die Rede von den Leidenschaften und ihrer Bezähmung, vom wahren Glück, das in der Tugend besteht, von der Rolle, die die Menschen auf Erden zu spielen haben. Ferner von der Bedeutung des Verhältnisses von Leib und Seele im Menschen, von der Notwendigkeit, sich vor schlechter Konversation zu wahren, von der Empfindlichkeit und Unempfindlichkeit gegen Schmähungen [74].

Wenngleich die Beschäftigung mit den klassischen Büchern Chinas eher als eine sprachliche Arbeit erscheinen möchte, dürfte es sich doch empfehlen, sie an dieser Stelle aufzuführen, und zwar wegen der Bedeutung, die Ricci der Kenntnis der chinesischen Weisheit für die direkte Missionsarbeit beimaß. Riccis *Erklärungen zu den 4 Büchern* » waren in der Hauptsache als Hilfsmittel für die jungen Missionare gedacht [75]. Die lateinische Übersetzung der « 4 Bücher » entstand in der Zeit von Dezember 1591-November 1594, in der Hauptsache bei Gelegenheit des Unterrichtes des Neumissionars Franz de Petris in der chinesischen Sprache. Die Übersetzung wurde von den einzelnen Missionaren abgeschrieben. Leider ist die Arbeit bis heute noch nicht wiedergefunden worden, scheint aber, wie P. D'Elia meint, « sehr wahrscheinlich die erste Basis und den Kern des « Confucius Sinarum Philosophus » des Intorcetta zu bilden » [76].

Wenn man sich auch nur ganz oberflächlich in die Themenstellung und Behandlung der Werke Riccis in direkt exakt wissenschaftlicher Hinsicht vertieft, fällt einem vor allem das starke Bemühen um die Erstellung und Verbreitung eines der Wirklichkeit entsprechenden Weltbildes in China auf. Neben taktischen und methodischen Rücksichten [77] dürfte dieses Mühen einfach in der Absicht seine Grundlage haben, die rechte Ordnung der Dinge nicht länger unbekannt zu wissen. Die enge Verquickung von Welt, Himmel und menschlichem Leben machte diese Arbeiten zu den bestgeeignetsten Mitteln, der Wahrheit und damit dem Christentum, dem einzigen Vertreter dieser Ideen im damaligen China, zum Durchbruch zu verhelfen. Ein Prozeß, der sich natürlich nicht von heute auf morgen vollziehen konnte. Die rational-intellektuelle Er-

---

[74] II Nr. 707; II p. 286 n. 1 - p. 287 n. a; II p. 287 n. 3; II p. 288 n. 3; Prologe u. Epiloge.
[75] II Nr. 527.
[76] II p. 33 n. 5.
[77] Cfr. IV. Abschn., 1. Kap.

schütterung dieser oder jener « Wahrheit » des chinesischen Weltbildes konnte sich unmöglich in kurzer Zeit auf das ganze Reich verbreiten. Immerhin lag in dieser Linie sicher die richtunggebende Norm. Es ist allzu klar, daß Wissenschaft, Einfluß, Literaten, Lenkung der Nation Dinge sind, die in einer Linie liegen. Das Bemühen Riccis geht vorerst wohl noch nicht in die Tiefe der Seele des Volkes. Es sind verhältnismäßig wenige, die ihn voll verstehen, und noch weniger sind es, die die Konsequenzen ziehen. Riccis Bemühen in wissenschaftlicher Hinsicht gleicht der entsagungsreichen, aber unbedingt notwendigen Arbeit der Rodung eines Urwaldes, d. h. der Auflockerung der Seele des chinesischen Literatentums. Auf Grund natürlich fast greifbarer, unwiderleglicher Tatsachen gedachte er, allmählich Lichtungen in das dichte Gestrüpp eines Jahrtausende alten Urwaldes hineinzuschlagen. Die Arbeit gelang, an einigen Stellen konnte er sogar den Samen des Evangeliums in die dem Walde abgerungene junge Erde legen, und er hatte die Freude, einige, wenige, aber vorzügliche Früchte reifen zu sehen, die ihn in seinem Vorgehen bestärkten und ihm die Rechtfertigung seiner Methode bedeuteten.

So gesehen, nimmt uns nicht wunder, welch eine Bedeutung Ricci gerade seinen « *Mappamondi* », seinen Weltkarten beilegte. Nicht als wenn man nicht schon vor ihm solche in China gekannt hätte [78]. Dr. Li Chih-tsao hatte als junger Mann einen Atlas von ganz China verfertigt « mit den Tafeln der 15 Provinzen in großer Genauigkeit, wobei er dachte, daß er in ihnen schon die ganze Welt habe » [79]. Man hatte demnach eine sehr mangelhafte Vorstellung von der Welt.

> « Bis dahin hatten die Chinesen viele Weltkarten gedruckt unter dem Titel: Beschreibung der ganzen Welt. Diese aber begnügten sich alle mit den 15 Provinzen Chinas. Darum herum malten sie ein wenig Meer, in das sie bestimmte Inselchen setzten, in die hinein sie die Namen aller Reiche eintrugen, von denen sie Kunde hatten, die alle zusammen genommen nicht soviel ausmachten wie eine kleine chinesische Provinz » [80].

Grund genug, für eine gute und solide Ausgabe des Weltatlas zu sorgen.

Schon in Shiuhing beginnen die Arbeiten um die Weltkarte. Der Präfekt der Stadt sieht einen europäischen Atlas und regt

---

[78] I p. 14 n. 3; I p. 209 n. 1.
[79] II Nr. 628.
[80] I Nr. 262, p. 209.

daraufhin die Missionare an, die Weltkarte mit ihren Erklärungen ins Chinesische zu übertragen und drucken zu lassen. Tatsächlich entstand mit Hilfe eines Literaten in Bälde eine Weltkarte « mit vielen Bemerkungen und Erklärungen mehr für das Bedürfnis Chinas » [81]. Wahrscheinlich begann die Arbeit Oktober 1584. Sie wurde bereits Anfang November des gleichen Jahres gedruckt [82]. Das noch sehr unvollkommene Werk wurde 1585 in der « Sammlung von Karten mit Erklärungen » von Riccis Freund Chang Tou-chin skizzenhaft wiedergedruckt [83]. Damit war der erste Schritt im eigentlichen wissenschaftlichen Apostolat getan, nicht zur Freude aller Literaten, denn

> « mit der Vorstellung der Größe ihres Reiches und der Kleinheit der übrigen Welt waren sie so hochmütig, daß ihnen die ganze (übrige) Welt im Vergleich mit ihnen als barbarisch und unkultiviert vorkam ». « Als sie nun die Welt so groß und China nur in einer Ecke derselben sahen, so klein nach ihrer Meinung, begann das unwissende Volk sich über solche Darstellungen lustig zu machen, aber die Weisesten ... konnten nicht unterlassen zu glauben, daß dieses alles wahr sei » [84].

Der Präfekt Wang P'an setzte sogar seinen Namen in das Druckwerk hinein [85]. Die Weltkarte lockte zahlreiche Besuche an [86]. Für Ricci war dieses Werk wertvoll und wichtig genug, es, trotz der Gefahr, Anstoß zu erregen, mit sich nach Nanking zu nehmen. Auf der Reise dorthin erklärte er seinem Gastgeber, dem Minister Wang aus Nanking, die Weltkarte [87]. In Nanking findet er seine Arbeit schon vor. Der Vizekönig der Stadt, Chao K'o-huai [88], hatte sie von einem Freund Riccis geschenkt bekommen, der sie neu drucken ließ. Chao sandte ein Exemplar dieses Buches an Wang, der es triumphierend Ricci zeigte: Also können wir in China doch auch solche Karten herstellen. Ricci erkennt aber seine Arbeit mühelos wieder [89]. Für Wang war dieses Zusammentreffen angenehm, denn Chao galt als einer der berühmtesten Männer

---

[81] I Nr. 262, p. 208.
[82] I p. 208, n. 2.
[83] I Nr. 484; I p. 371 n. 5.
[84] I Nr. 262, pp. 209-211.
[85] I Nr. 263; I p. 212 n. 1.
[86] I Nr. 310.
[87] I p. 326 n. 6; II Nr. 509; cfr. IV. Abschn., 2. Kap.
[88] II p. 13 n. 4.
[89] II Nr. 510.

des China der damaligen Zeit [90]. Damit wurde die Weltkarte zur Ursache des Zusammentreffens zwischen Ricci und Chao [91]. Neben Chao wurde auch Hsü Kuang-ch'i durch diesen zweiten illegitimen Druck erstmalig mit Ricci bekannt. Er bekam das Werk 1596 in die Hände, wie er selber in seinem Epilog zu den « 25 Paragraphen » berichtet [92]. — Die Unvollkommenheit der ersten Ausgabe wurde laufend verbessert. Ricci schreibt, daß « der Pater in allen Jahren, die folgten, während seines Aufenthaltes in den Hauptstädten und in den anderen Teilen Chinas immer darauf aus war, dieses Werk zu verbessern und auszufeilen. Wieder und wieder wurde es gedruckt. Ganz China wurde damit erfüllt » [93].

Die zweite von Ricci besorgte Ausgabe der Weltkarte kam im Jahre 1600 in Nanking zustande, wenngleich die Arbeit daran schon 1596 begann [94]. Die Verbesserung gegenüber der ersten ist nicht bedeutend. Während die erste nur wenige spezielle Ortsbezeichnungen hat [95], dazu noch viel ungenauer und schwerer erkennbar die verschiedenen Teile der Welt wiedergibt, ist die zweite bereichert und der Form nach verbessert, wenn auch nicht viel. Sie hat an 30 Ortsbezeichnungen [96]. Die Gunst der Freunde Riccis förderte das Werk. Besonders der Staatssekretär 2. Klasse im Ministerium für die zivilen Ämter, Wu Tso-hai [97], regt Ricci zu der verbesserten und vermehrten Auflage an. Er wollte die Tafeln sogar als öffentliche Drucktafeln schneiden lassen, damit jeder, der wolle, soviel drukken lassen könne, wie er wolle [98]. Die Größe dieser zweiten Ausgabe war der ersten gegenüber verdoppelt [99]. Die Arbeit lohnte sich, denn der verbesserte Druck und die verbesserten Erklärungen wurden sehr viel besser verstanden und daher auch mehr von allen geschätzt. Die Zahl der gedruckten Exemplare war denn auch sehr groß. Die verschiedensten Gegenden Chinas wurden damit bedacht [100]. Bartoli spricht von « Tausenden von Kopien » dieses

---

[90] II Nr. 511.
[91] II Nr. 512.
[92] II p. 250 n. b; II p. 288 n. 3; PROLOGE U. EPILOGE, Epilog des Dr. Paul Hsü. Die Reproduktion dieses ersten Versuches II p. 58, Tav. VIII.
[93] I Nr. 263.
[94] I p. 211 n. 3.
[95] II p. 59 n. b.
[96] II p. 172 n. 1. Die Reproduktion (?) des 2. Versuches II p. 60, Tav. IX.
[97] II p. 58 n. 3.
[98] II Nr. 544.
[99] II p. 59 n. 3.
[100] II Nr. 544

Druckes [101]. Unter diesen « Tausenden » muß auch ein Neudruck der Karte durch Riccis Freund Feng Ying-ching aufgeführt werden. In seinem Werke « Die Monatsreglements » wurde die Karte mitgedruckt [102].

Viel bedeutender als die ersten Ausgaben der Weltkarte sollte die dritte werden, die 1602 in Peking herauskam. Sie war « sehr viel größer als die anderen, in 6 Blättern, höher als die Statur eines Menschen. Man faltet sie mittels ihrer Öhrchen auf chinesische Weise sehr elegant » miteinander in Form chinesischer faltbarer Wandschirme [103]. « Weil sie nun größer war, fügte P. Matteo nicht nur viele Reiche bei, sondern auch zahlreiche Erklärungen wichtiger Dinge aus den verschiedensten Reichen und Orten, ferner eine breitere Erklärung dieses Werkes selber, der Mathematik, der Sonne und der Sterne. Die Ursache, daß dieses Werk in ganz China besser aufgenommen wurde, war der schöne Druck » [104]. Die Arbeit war wegen ihrer eigenartigen Form bestimmt, die Salons der Chinesen zu schmücken. Sie sollte wirklich als Schirm dienen, nicht etwa als Wandbekleidung. Sie ist dieselbe wie die der Vatikanischen Bibliothek, und jedes Blatt hatte daher eine Größe von 1, 79 mal 0, 69 m [105]. Es ist begreiflich, daß für ein solches Werk die Herstellung der Druckformen mehr als ein ganzes Jahr brauchte [106]. Die erste Auflage wurde von Dr. Li Chih-tsao besorgt. « Er druckte viele davon und gab sie als Geschenk an alle seine Freunde ». Von der gleichen Form ließen andere mit eigenem Papier neue und zahlreiche Exemplare herstellen [107]. Aber zur gleichen Zeit, als man an der Herstellung der Druckformen arbeitete, schnitzten sich die Drucker selber eigene Tafeln [108]. So ist es begreiflich, daß Ricci von « vielen Tausenden » Exemplaren berichten kann, die von dieser Ausgabe hergestellt wurden. Das Werk wurde von Dr. Li Chih-tsao mit einer langen Praefatio « gelehrter

---

[101] BARTOLI, II c. 109.
[102] II p. 314 n. 6.
[103] II p. 171 n. 4.
[104] Nr. 629.
[105] II p. 171 n. 5. Dieser Atlas wurde 1938 in glänzender und großzügiger Raumgestaltung von P. D'Elia unter dem Patronat der vatikanischen Bibliothek neu herausgegeben und mit einem reichen Kommentar und einer Fülle von Anmerkungen versehen.
[106] II Nr. 631.
[107] II Nr. 629.
[108] II Nr. 630.

Erklärungen und Diskurse » versehen [109]. Drei weitere Literaten lieferten für den Druck ein Prooemium [110].

Neben dieser dritten Ausgabe entstand gar bald eine vierte, die durch den Christen Paul Li Ying-shih 1603 in Peking veranstaltet wurde. Er sorgte für die Herstellung der Drucktafeln, die er nach Fertigstellung einem Drucker verkaufte. Diese vierte Form war noch größer als die vorige. Sie hatte 8 Blätter [111]. Die beiden anderen Druckformen hatten nämlich der Nachfrage nicht mehr Genüge leisten können und so war man daran gegangen, diese Ausgabe zu schaffen, die auch in ihrem Inhalt durch weitere Verbesserungen von Seiten des Autors von der dritten Ausgabe abwich [112].

Immer aber hatte der Kaiser noch keine Kopie erhalten. Man hatte von Seiten der Missionare auch gar nicht die Absicht, ihm eine solche in die Hände zu spielen. Man fürchtete, der Kaiser würde, wenn er die Kleinheit seines Reiches sehen würde, sich entrüsten. Er würde denken, daß die Patres aus Verachtung gegen China dieses ins Werk gesetzt hätten. Viele Literaten glaubten dieses ja und beklagten sich über die Missionare, wobei sie sagten, daß diese die eigenen fremden Reiche vergrößert und China verkleinert hätten [113]. Irgendeinem der Eunuchen des Hofes hatte man aber ein Exemplar geschenkt. Dieser hatte es färbig gemacht und dem Kaiser weitergeschenkt. Der war darüber sehr erfreut und forderte sofort weitere Exemplare an für den Erbprinzen und andere Verwandten [114]. Leider hatte Dr. Li Chih-tsao seine Tafeln inzwischen mit nach Hangchow genommen. Und die zweite Form dieser Art war durch einen Hauseinsturz zerschlagen worden [115]. Die von Paul Li angefertigte Form wollte man nicht, weil sie nicht in Inhalt und Größe mit der vom Kaiser gewünschten übereinstimmte. So blieb nichts übrig, als auf Wunsch des Kaisers genau nach der dritten Ausgabe neue Formen zu schneiden. Die Ausgabe, es ist die fünfte in der Reihe der « Mappamondi » Riccis, wurde in den ersten Monaten des Jahres 1608 fertig [116]. Ricci erhoffte sich sehr viel von dieser Arbeit und ihrer Wirkung auf den Kaiser. Er schreibt:

---

[109] II Nr. 629.
[110] II p. 172 nn. 2. 3; PROLOGE UND EPILOGE.
[111] II Nr. 630.
[112] II p. 173 n. 4; II Nr. 891.
[113] II Nr. 890.
[114] II Nr. 889.
[115] II Nr. 891; II p. 473 n. 2.
[116] II p. 474 n. 2.

> « Dieses war keine geringe Gunst, die der König diesem Werke
> der Unsrigen bewies, in einer Zeit, in der viele auch Böses darüber
> sprachen und nicht glaubten und glauben wollten, was sich darin
> befand, umso mehr, als es sich um die verschiedenen Wahrheiten
> aus dem Gebiete des Christentums handelt und um die Falschheiten,
> die andere Religionen reden. Da sie (die Karte) nun dauernd in den
> Räumen des Königs ist, kann man hoffen, daß entweder diesem Kö-
> nig selber oder seinem Sohn oder anderen von seinen Verwandten
> eines Tages die Lust ankommt, etwas von unserer hl. Religion zu
> wissen oder zu erfragen, da es kein anderes Mittel gibt, daß die Un-
> sern darüber reden, da er (der König) so eingeschlossen ist, ohne
> mit jemandem zu verkehren » [117].

Endlich können wir noch von einer 6., wenngleich nicht ganz sicheren, Ausgabe sprechen, die wahrscheinlich aus dem Jahre 1609 stammt. Sie findet sich in der « Sammlung von Karten und Texten » des Chang Tou-chin und war als eine Darstellung der beiden Hemisphären gedacht. Im Epilog des Werkes innerhalb dieser Sammlung steht ein für uns wertvoller Text. Er weist hin auf die Tatsache, daß die für den Kaiser zuerst verfertigte Ausgabe für diesen zu groß war, um immer in seiner Nähe sein zu können.

> « Darum machte sich der Ehrwürdige Ricci mit äußerster Ener-
> gie an die Arbeit und stellte zwei kleinere Karten her, um sie zur
> Rechten (und zur Linken) des Thrones aufzuhängen. Daher lobten
> die beiden Christen Hsü Kuang-ch'i und Shih Chung-han die Ini-
> tiative, taten die Mittel zusammen und beriefen fähige Arbeiter,
> um die Tafeln zu schneiden. So machte man ganz China ein großes
> Geschenk » [118].

Der Text deutet an, daß die Karten nicht nur für den Kaiser bestimmt waren, sondern daß man sie auch sonst verbreitete.

Neben dem Atlas kam eine ganze Reihe weiterer wissenschaftlicher Werke heraus, die Ricci entweder selber verfaßte oder doch inspirierte. Als erstes schließen wir den « *Traktat über die vier Elemente* » an. Er entstand während des Aufenthaltes Riccis in Nanking 1599-1600. Da wir darüber aber bereits an anderer Stelle [119] gesprochen haben, genügt hier die Erwähnung der Arbeit [120].

---

[117] II Nr. 893.
[118] II p. 474 n. 2.
[119] Seite 168.
[120] II Nr. 538, p. 52; cfr. II p. 51 n. 10: Erklärung der chinesischen Theorie der 5 Elemente. FRANKE, p. 287: Die kosmische Erklärung der Elementenlehre.

Schon 1601 erfahren wir von einem Neudruck durch Feng Ying-ching [121]. Der Traktat wurde « gedruckt und wiedergedruckt und wurde von allen viel gelesen » — so Ricci selber über den Erfolg des Werkes [122]. Schließlich wurde er aufgenommen in die Serie: « Traktate über Himmel und Erde », die wahrscheinlich nach 1614 in Peking gedruckt wurde [123].

Von größerer wissenschaftlicher Bedeutung aber ist der Traktat über « *Die Elemente des Euklid* ». Ricci hatte seinen Freund Ch'ü bereits in den Jahren 1589-90 in die Kenntnis des ersten Buches des Euklid eingeführt [124]. Von diesem Literaten stammt die Übersetzung dieses ersten Teiles [125]. Die Hauptarbeit aber wurde erst in Peking von Dr. Paul Hsü Kuang-ch'i geleistet [126]. Ricci schreibt in der Einleitung (1607) über Mutlosigkeit und gegenseitiges Mutmachen. Er berichtet sodann über die Arbeit selber:

> « Mit Umscheibungen und Amplifikationen suchten wir dem Sinne des Originals uns anzupassen, um es in Chinesisch wiederzugeben. Im ganzen gab es drei verschiedene handgeschriebene Überarbeitungen. Der Eifer, den Hsü Kuang-ch'i darin bewies, bewog mich, nicht weniger fleißig zu sein als er. In diesem Frühjahr wurden die ersten 6 Bücher beendigt (1607), welche die wichtigsten sind » [127].

Unmittelbar nach der Herstellung des Manuskriptes, also noch im Frühjahr 1607 wurde das Werk in Druck gegeben [128].

Bei Beginn des folgenden Jahres schickt Ricci eine berichtigte Kopie in den Süden, vielleicht nach Chekiang, um sie dort neu drukken zu lassen. Nach seinem Tode fand man eine weitere Kopie, die von ihm mit Noten versehen war. Nach erneuter Verbesserung gab Dr. Paul Hsü im Jahre 1616 eine weitere Auflage heraus. Die ganze Arbeit wurde von Ricci mündlich übersetzt und von Dr. Paul Hsü in die notwendige literarische Form gegossen. Dieser schrieb auch (1607?) eine Präfatio dazu, während Ricci selber in einer 1607 verfaßten Einleitung das Werk als solches dem Leser nahezubringen sucht. Dem folgen zwei Noten des Dr. Paul über die Art und die

---

[121] II p. 52 n. 3.
[122] II Nr. 706.
[123] II p. 52 n. 3.
[124] I Nr. 362.
[125] I p. 298 n. 2: In den Jahren 1589-1590.
[126] II Nr. 772: Er übersetzte die ersten 6 Bücher.
[127] II p. 357 n. 3.
[128] II p. 359 n. 4.

verschiedenen Ausgaben des Werkes, ferner die Namen der 5 Revisoren — man sieht, wie gründlich und gewissenhaft man arbeitete — und endlich die 6 Bücher mit je einer Sectio praeliminaris und dem eigentlichen Corpus des Buches [129].

Ricci mißt diesem Werke große Bedeutung bei. Er meint Hsü Kuang-ch'i gegenüber, daß es nicht gut möglich sei, vorher von anderen Wissenschaften zu reden. Hsü schreibt in seiner Praefatio: « Ich habe ihn gebeten, seine astronomischen und mathematischen Werke in Chinesisch zu übertragen. Aber er sagte, daß man vor der Übersetzung dieses Buches nicht von anderen Büchern reden könne » [130]. Dennoch blieb die Schwierigkeit aus der Neuheit des Objektes auch nach der Übersetzung, denn obwohl das Werk in Chinesisch abgefaßt war, und zwar in einem sehr gewählten und hochstehenden Stil, verstanden die Literaten es doch nicht. Nach dem Urteil des Kanzlers Yeh T'ai-shan hätte diese Übersetzung ausgereicht, dem Verfasser die einzig dastehende Gunst in der Geschichte zu gewähren, nach dem Tode ein Grab im Reiche der Mitte zu erhalten [131].

Zu gleicher Zeit wie der Euklid entstand ein kleines Werkchen: « *Methoden und Theorien der Maße (der geometrischen Maße)* ». Auch dieses Werk wurde von Ricci mündlich (1607) und von Dr. Paul schriftlich übersetzt. Es wurde aber nicht vor 1617 gedruckt. Es handelt sich um die Wiedergabe des 3. Buches des Pater Clavio aus seiner « Geometria practica » mit dem Titel: « Earumdem linearum rectarum dimensionem per Quadratum Geometricum exsequens » [132].

Vom gleichen Verfasser stammen die « *Epitome Arithmeticae practicae* ». Ricci übersetzte sie mit Dr. Li Chih-tsao. Bereits 1589-1590 hatte er seinen Schüler Ch'ü in die Geheimnisse der europäischen Mathematik eingeführt, wozu er wahrscheinlich dieses Werk benützte. Dasselbe tat er 1601-03 und 1608 für Dr. Li Chih-tsao. Um die Mitte des letztgenannten Jahres war ein Teil der Arbeit druckreif in chinesischer Sprache, scheint aber nicht zum Druck gekommen zu sein. Der älteste auf uns gekommene Druck stammt von 1613 und führt den Titel : « Rechenführer mit literarischen

---

[129] II p. 358 n. 2; PROLOGE U. EPILOGE, Vorrede des Hsü Kuang-ch'i zur Geometrie des Euklid.

[130] II p. 356 n. 7.

[131] II p. 360 n. 4. Neben Dr. Paul betätigten sich auch noch andere Freunde Riccis am Studium des Euklid. So vor allem der Literat Chang Yang-mo (II Nr. 541) und Dr. Li Chih-tsao (II Nr. 631; II p. 169 n. a).

[132] II p. 358 n. e.

14 J. BETTRAY, S. V. D.

Vergleichen». Diese Vergleiche bestanden darin, daß hin und wieder Ausdrücke gebraucht wurden, deren sich die alten chinesischen Mathematiker bedient hatten, in denen sie dem Westen ähnliche Ausdrücke verwandten. Das Werk ist dreiteilig. Der erste Teil handelt im ersten Kapitel von den Zahlen und den vier einfachen mathematischen Operationen. Im zweiten Kapitel ist die Rede von den Brüchen und allen damit verbundenen Rechnungen. Der zweite Teil handelt neben anderem von den Proportionen der komplexen Zahlen, den Reihenrechnungen, der Wurzelrechnung etc. Im dritten Teil folgen schon Rechnungen der höheren Mathematik aus der Astronomie und die Logarithmen. Alle drei Teile wurden von Ricci im Verein mit Dr. Li übersetzt [133].

In gleicher Weise wurde auch die « *Sfera* », d. h. der Kommentar des P. Clavio zur « Sphaera Joannis de sacro Bosco (Holywood) » übersetzt. Die Arbeit wurde wahrscheinlich 1607 gedruckt [134]. Ebenso von Dr. Li und Ricci stammt die Übersetzung des Traktates des P. Clavio: « *De Figuris isoperimetris* » aus dem gleichen Kommentar. Dr. Li teilt uns in seiner Praefatio vom 24. April 1614 mit, daß er die Arbeit in 10 Tagen bewältigt habe, während sein Sekretär Pi Kung-ch'en die Arbeit (Ende 1609 oder Anfang 1610) veröffentlichte. Dr. Li gab 1614 die Arbeit verbessert neu heraus [135].

In diese Reihe der mathematischen Arbeiten gehört auch ein kleiner Traktat über das « *Rechtwinklige Dreieck* ». Er stammt von Dr. Paul Hsü, geht aber auf eine Anregung Riccis zurück. Er wurde nicht mehr zu Lebzeiten Riccis, sondern erst nach 1617 gedruckt [136].

Wenngleich Ricci kein ausgebildeter Astronom war, wie er selber des öfteren feststellt, so hat er sich doch, in der rechten Einschätzung dieser Wissenschaft für das damalige China, auf diesem Gebiete mit Erfolg versucht. Hierhin gehört vor allem der Traktat: « *Astrolab u. Sphära mit Figuren u. Erklärung* ». Wiederum bilden die mathematischen Arbeiten des P. Clavio die Grundlage der Übersetzung. Der Traktat wurde von Dr. Li übersetzt und 1607 gedruckt. Der Inhalt des Werkes ist kurz folgender: Nach 3 Praefationes ist in einem Einleitungskapitel im allgemeinen die Rede von der Kugel, von der Ekliptik, den Polarkreisen, dem

---

[133] II Nr. 631; II p. 175 n. 2 - p. 177 n. a.
[134] II p. 177 n. 2.
[135] II p. 177 n. 4 - p. 178 n. a.
[136] III p. 15 n. b; III p. 243.

Wendekreis des Krebses und des Steinbocks, von den Meridianen und dem Horizont. In den 19 Kapiteln des Corpus des Werkes wird im Astrolabium von den Graden der Weltkugel gesprochen, vom Unterschied der Stunden nach den Meridianen, vom Äquinoctium, von der Art und Weise, den Zenit zu bestimmen sowie den Horizont und die Lage eines gegebenen Ortes, von den Graden der Aufsteigung, der Aufeinanderfolge der Tage und Nächte, dem Tierkreis, der Dämmerung, von der Himmelsekliptik, den Sternbildern, der Korrektur der Grade beim Umlauf, den Sextanten etc. Ricci schreibt über die Bedeutung dieses Werkes am 6. März 1608: «Im vergangenen Jahre (1607) schickte er (Dr. Li) mir das Astrolabium des P. Clavio gedruckt zu ... Und allein von den Figuren dieser beiden Werke (zwei Arbeiten in einem Band) aus wird Ihnen die Fähigkeit dieses Volkes aufgehen und wieviel Nutzen man bei ihnen haben kann mit unseren Wissenschaften». Zwei Tage darauf, also am 8. März 1608, schreibt Ricci an P. Aquaviva in dem gleichen Sinne: «Mögen Sie dort in Europa an diesen (beiden Büchern) sehen die schönen Talente dieser Nation, in der man mit Hilfe der Wissenschaft vieles in der Sache des Christentums tun kann». Er bittet dann um mathematische Bücher und um einen Astronomen [137].

Zu den astronomischen, wenngleich nicht streng wissenschaftlichen Arbeiten Riccis gehört das Gedicht: «*Traktat der Sternenbilder*». Diese Dichtung wurde von Ricci zusammengestellt und von Dr. Li zwischen Juni und Dezember 1601 in Peking übersetzt. Das Jahr der Veröffentlichung ist nicht bekannt. Das Werkchen bestand aus 420 siebensilbigen Versen, von denen 132 die drei Regionen der Sterne: Die Region des Nordpol, des Tierkreises und des Nordens des Tierkreises behandeln. Die übrigen beschreiben die 28 chinesischen Sternbilder mit Namen, Stellung und Lichtstärke der einzelnen Gruppen. Die poetische Form wurde gewählt, um die Sache leichter im Gedächtnis haften zu machen. Man findet das Werk in verschiedenen chinesischen Sammlungen, die bis ins 19. Jh. reichen [138].

Die Größe der Sonne wollte den Chinesen nicht recht in den Kopf hinein. Darum hat Ricci auch darüber einen eigenen kleinen Traktat verfaßt. Er handelt über die Sonnenscheibe, die größer ist als der Erdglobus. Ferner stellt er fest, daß die Erde größer ist als die Mondscheibe. Er behandelt außerdem einige Lichttheo-

---

[137] II p. 174 n. 1 - p. 175 n. a; TV p. 334, Brief an P. Costa.
[138] II Nr. 631; II p. 178 n. 1.

reme für die Erklärung der Ekliptik, auf die die Chinesen immer einen solchen Wert legten, und zwar wegen abergläubischer Anschauungen. Der zweiteilige Traktat hat in der Mitte drei Beweise des Dr. Paul Hsü für die Kugelgestalt der Erde. Die Arbeit liegt sicher nach 1606-07 [139].

Über die sprachlichen Fähigkeiten und Mühen Riccis war an eigener Stelle [140] die Rede. Doch gehört zur Abrundung des literarischen Gesamtbildes ein Hinweis auch in dieser Richtung. Es ist besonders das «*Portugiesisch-chinesische Lexikon*», welches unsere Aufmerksamkeit verdient. Bereits in den ersten Jahren des Aufenthaltes der Missionare in China wurde die Arbeit handschriftlich niedergelegt (1584-88). Sie beginnt mit einem Dialog in Romanisation, in dem die gewöhnlichen Ausdrücke und Sätze der Konversation wiedergegeben werden. Dieser Teil ist P. Ruggieri zuzuschreiben. Es folgen die katechetischen Konversationen Riccis in chinesischen Charakteren, sowie einige Noten kosmographischer Art. Darauf kommen die 24 Sonnenperioden in Romanisation, Charakteren und Übersetzung, die Charaktere des Zyklus etc. Das eigentliche Lexikon enthält in der ersten Kolumne die portugiesischen Worte, von irgendeinem Schreiber geschrieben. Daneben stehen die italienischen Lautwerte des chinesischen Wortes von der Hand Riccis ohne Aspirata und Töne. Dann kommen die Charaktere und endlich teilweise eine Kolumne mit der italienischen Übersetzung des chinesischen Wortes von der Hand Ruggieris. Den Schluß der Arbeit bilden einige Seiten Miscellanea [141].

In diese sprachlichen Arbeiten können wir auch ein kleines Werkchen «*Traktat über das Ortsgedächtnis*» oder nach seinem chinesischen Titel «*Mnemotechnische Methode (der westlichen Länder)*» einreihen. Ricci hatte das Büchlein bereits in Italien nach einer Vorlage verfaßt. Er nahm es mit sich nach China. Er erregte in der Folge, wie wir wissen, durch sein fabelhaftes Gedächtnis das Staunen der Literaten. Der Vizekönig von Kiangsi, Lu Wan-kai, bat ihn, das Büchlein zu übersetzen, was Ricci auch im Jahre 1596 tat. Er schenkte es dem hohen Herrn und seinen drei Söhnen, für die es hauptsächlich gedacht war. Allerdings meinte der Vizekönig nach der Lektüre desselben: «Diese Vorschriften bilden die wahre Regel für das Gedächtnis, aber man muß ein gutes Gedächtnis haben, um sich ihrer zu bedienen». Nach dem Tode Riccis entstanden einige Kopien, bearbeitet von Vagnoni und Sambiasi, die et-

---

[139] II Nr. 538; II p. 50 n. 3.
[140] II. Abschn.
[141] II p. 32 n. 1.

wa 1625 von dem Christen Chu Ting-han aus Kiangchow in Shansi in Druck gegeben wurden [142].

Für das eigentliche Presseapostolat Riccis weniger bedeutend, aber für die Missionsmethode aufschlußreich ist das « *Breve Sixtus' V.* », welches von Ricci 1588 in Shiuhing im Verein mit einem Literaten verfaßt wurde. Es sollte ein Gesandtschaftsschreiben des Papstes an den Kaiser von China werden, um so den Missionaren den Weg nach Peking zu eröffnen. Leider kam die Gesandtschaft nicht zum Austrag. Daher hat denn auch dieses Breve kein weiteres Interesse mehr für uns in diesem Kapitel. Es wird uns aber in der Abhandlung über die Gottesnamen wieder begegnen [143].

Wenn wir von einem Schriftenapostolat Riccis sprechen, so meinen wir damit die schriftstellerische Arbeit unter den Chinesen und für dieselben. Wir können uns daher mit einem Hinweis auf die große Arbeit Riccis « *Storia dell'introduzione del Cristianesimo in Cina* » begnügen. Das Werk wurde in den Jahren 1608-1610 in Peking geschrieben [144]. Es wurde aber erst 1911 in Rom gedruckt [145]. Es überrascht durch seine Einfachheit und Kürze [146]. Dennoch ist zu sagen, daß wir alle wesentlichen Fragen, wenn auch oft genug sehr kurz, allzu kurz, behandelt finden. In 5 Büchern führt uns das Werk ein in den Anfang der chinesischen Jesuitenmission. Die Arbeit ist als eine echte Geschichte anzusehen, wie Ricci selber das auch beabsichtigte [147]. P. Trigault brachte das Werk nach Rom, gab es unter seinem Namen heraus [148], und zwar in lateinischer Übersetzung. Seither ist diese Übersetzung oft und oft in die Volkssprache übersetzt worden [149]. Der Wert des Werkes ist klar: Für die damalige Jesuitenmission und vor allem für ihren Begründer P. Matteo Ricci ist es die wertvollste und aufschlußreichste Quelle, die es gibt. Geist und Werk des großen Missionars treten uns klar entgegen, sodaß ein Studium der Methode Riccis auch heute noch unter normalen Umständen für den aktiven Missionar von größtem Nutzen sein dürfte.

---

[142] I p. 376 n. 6.
[143] I Nr. 303; I p. 249 nn. 2. 3. 5.
[144] Cfr. I Nr. 3, 66, 114, 632, 770.
[145] TACCHI VENTURI, *Opere Storiche del P. Matteo Ricci*, Macerata 1911-13, voll. 2.
[146] I Nr. 2.
[147] II Nr. 680, 777; II p. 251 n. 1; II p. 368 n. 1.
[148] I p. CLXXVI-CLXXVII.
[149] I p. CXLIII.

3. KAPITEL

DER EINHEIMISCHE KLERUS IN CHINA ZUR ZEIT RICCIS

Wir müssen dem intellektuellen Apostolat im Missionsleben eine große Bedeutung beilegen. Eine gewisse intellektuelle Grundlage muß gelegt sein oder muß gelegt werden, um in einem heidnischen Lande auf die Dauer von einer gesicherten Stellung des Christentums sprechen zu können. Die junge chinesische Jesuitenmission war diesbezüglich in einer bevorzugten Lage. Der damalige kulturelle Hochstand des Volkes, besonders ausgeprägt in der am meisten den Missionaren am Herzen liegenden Gruppe der Literaten, bot ein vorzügliches natürliches Fundament, auf dem man bauen konnte. Die von den Missionaren befolgte Methode der Verbreitung von Wissen und Bildung kann daher auch nicht den Sinn haben, den sie in einem kulturell niedrig stehenden Volke fast zwangsweise haben muß. Sie hat nur insofern Bedeutung, daß das eingeführte Wissen nicht aufgedrängt werden soll, sondern daß es eher wie ein Katalysator wirken soll, indem es Echtes von Unechtem scheidet. Es soll sich aber auch in seinen Eigengütern mit dem Echten der chinesischen Kultur in einer neuen höheren Einheit, die sich für beide Teile als fruchtbar erweist, verbinden. Das Ganze soll auf der Grundlage der eingeführten Religion aufgebaut werden, einer Religion, die nach den Auffassungen der ersten Chinamissionare des 16. Jh. aber nicht ganz fremd ist für das Volk, weil sich gewisse wesentliche Grundelemente in der chinesischen Weltanschauung des Konfuzianismus und in den natürlichen Voraussetzungen der christlichen Offenbarung finden. Es kann sich also bei dem ganzen beabsichtigten Verschmelzungsprozeß nicht um eine Vergewaltigung des chinesischen Wesens handeln, sondern um die Weiterführung desselben vom Guten zum Besseren, zur Vollendung.

In dem allmählich sich anbahnenden Prozeß dieser Einigung nimmt eine Person eine Kernstellung ein: Der einheimische Priester. Er ist immer und überall die Edelfrucht aus der Verbindung von Volk und Christentum. Er müßte immer auch der Mittelpunkt sein, um den sich das neue Gefüge der christlich orientierten Ordnung aufbaut. Wir sagen: Der Mittelpunkt! Nicht so, daß er *auch* dazu gehört. Die Heranbildung des einheimischen Priesters ist der Maßstab dafür, inwieweit die Religion in das Herz des Volkes vorgestoßen ist. Der einheimische Klerus ist der untrügliche Gradmesser des Gesamterfolges, nicht allerdings der Einzelbekehrung. Über die Bedeutung des einheimischen Klerus ist soviel geschrieben worden, daß es sich erübrigt, diese näher darzulegen [1].

Was uns speziell interessiert, ist hier die Frage: Haben die ersten Jesuitenmissionare in China die Bedeutung des einheimischen Klerus erkannt? Besonders: Was sagt der Gründer Matteo Ricci zu dieser eminent wichtigen Frage? Was lag ferner an Plänen vor zur Verwirklichung dieser dringend notwendigen Aufgabe? Was wurde bis zum Tode des Gründers in dieser Richtung erreicht? Und: Woran scheiterte schließlich trotz des besten Willens die Heranbildung junger chinesischer Priester?

Wir können ohne Bedenken feststellen, daß das Urteil des P. Maas: « Daß ein solches Christentum keine Priester und Ordensleute hervorbringen konnte », doch sehr unsachlicher Natur ist. Zwar geht es nicht unmittelbar auf die Zeit Riccis, trifft aber auch diese [2]. Einmal hätte das Urteil auf Priester beschränkt werden müssen, weil Ordensleute tatsächlich vorhanden waren. Dann aber liegt klar auf der Hand, daß für die Begründung dieses Urteils die zur Verfügung stehenden Quellen sehr ungenügend benutzt wurden. Die früheren Ausführungen [3] und die noch folgenden über christliches Gemeindeleben sowie diese Abhandlung selbst beweisen, daß das chinesische Christentum in sich sehr wohl imstande war, dem Altar seine Diener zu stellen. Daß es nicht dazu kam, war anders begründet.

Die Notwendigkeit eines einheimischen Klerus in der damaligen Zeit ist in sich selbst und besonders auch aus historisch-geographischen Gründen klar. Die Verbindung mit Europa war sehr mangelhaft. Viele von den damaligen Weltreisenden kamen auf den endlos langen Seereisen ums Leben. Die Missionare waren als Mitglieder oder doch Repräsentanten der Eroberermächte verdächtige Elemente [4].

Ricci selber war sich der Notwendigkeit eines solchen Klerus durchaus bewußt, wenngleich gesagt werden muß, daß sich keine einzige Stelle finden läßt, wo er klar und deutlich etwa sagt:

---

[1] MAXIMUM ILLUD, Sylloge, pp. 118-119; RERUM ECCLESIAE, Sylloge, pp. 249-253; EVANGELII PRAECONES, AAS, vol. XXXXIII, 6. Juli 1951, pp. 508-510;
HUONDER[2] = HUONDER S. J. P. ANTON - *Der einheimische Klerus in den Heidenländern*, Freiburg 1909, pp. 1-16; THAUREN, pp. 84-86.
[2] MAAS, p. 126; cfr. p. 126 n. 165.
[3] Cfr. IV. Abschn., 4. Kap.
[4] Cfr. HUONDER [2], pp. 157-158.

Wir brauchen chinesische Priester. Dieses Argumentum ex silentio gilt allerdings nichts, denn wir werden zahlreiche Stellen anführen, in denen von jungen Menschen die Rede ist, die von den Patres aufgenommen wurden oder aufgenommen werden sollten, und die, wenn nicht alle, so doch einige auf lange Sicht für das Priestertum vorgesehen waren. Die Frage lag jedenfalls offen zutage. Sie wurde auch ernsthaft und verantwortungsbewußt der Lösung entgegengeführt. Warum wurde diese nicht erreicht? Wir wollen am Schluß eine annehmbare Lösung versuchen, wenngleich wir schon jetzt sagen müssen, daß bei vorliegendem Material sich eine restlose Klärung nicht geben läßt.

Ricci stand dem Aufbau eines einheimischen, leistungsfähigen und führenden Klerus sicher wohlwollend gegenüber. Schon während seines Aufenthaltes in Indien beschäftigte ihn dieses Problem, und er bildete sich ein eigenes und sehr gutes Urteil. Er schreibt am 25. Nov. 1581 an P. General Aquaviva:

> « Dieses Jahr begann man den philosophischen Kurs und man ordnete eine Sache an, die sehr neu ist, die nicht allen als gut erschien, nämlich: Kein Student des Landes, d. h. Söhne der Eingeborenen Indiens, darf Philosophie oder Theologie in unsern Klassen hören, sondern nur Latein und Kasuslehre. Und so führte man es auch aus. Weil mir das aber eine wichtige Sache zu sein scheint, wollte ich es hierhin setzen. Die Gründe scheinen mir auch gar nicht durchschlagend zu sein. Denn man sagt, daß die Inder übermütig werden durch das Studium, daß sie nicht in gewöhnlichen Pfarreien arbeiten wollen und daß sie sich nicht um diejenigen von den Unsrigen kümmern, die in diesen Ländern die Philosophie und Theologie entweder nicht hörten (die also doch Priester waren) oder keinen großen Erfolg in der Philosophie und Theologie hatten. Aber alles dieses kann man, und vielleicht mit größerem Rechte, von den anderen sagen, die hier in Indien und auch in Europa in unsern Schulen studieren. Und doch unterläßt man es deswegen nicht, alle zu unterrichten. Um wieviel mehr (muß man diese Priestertumskandidaten unterrichten), da diese Menschen des Landes trotz des Vielen, was sie wissen, nur selten bei den übrigen Weißen großes Ansehen genießen. Andererseits ist es eine allgemeine Gewohnheit der Gesellschaft, nicht auf das Ansehen der Person zu achten. So auch in Indien bei vielen alten Patres, die heilig sind und voll der Hoffnung, die allezeit die Schulen offen haben und allen günstig sind, die zu uns kommen.
>
> Zweitens: Auf diese Weise sind wir die Ursache, die Unwissenheit in den Dienern der Kirche zu begünstigen, und zwar an einem Orte, an dem das Wissen so notwendig ist. Denn diese müs-

sen auf jeden Fall Priester sein und müssen Seelsorge betreiben, und es erscheint nicht angebracht, daß zwischen sovielen Arten von Ungläubigen die Priester Ignoranten sind, die weder auf ein Argument zu antworten wissen, noch sich dieses vorlegen können, um sich selber und die andern im Glauben zu befestigen, da wir ja keine Wunder erhoffen können, wo sie nicht nötig sind, und ein einfacher Kasuist kann nicht auf alles dieses antworten.

Drittens: Das, was mich am meisten bewegt, ist, daß dieses Volk sehr niedrig gehalten wird in unsern Gegenden (Kolonie), und es scheint mir, daß sie niemanden haben, der ihnen bis jetzt günstiger gesinnt wäre als die Unsrigen. Und darum haben sie zu uns eine besondere Liebe. Wenn sie nun allmählich begreifen, daß selbst die Patres ihnen entgegenstehen und ihnen nicht gestatten, das Haupt zu erheben, um ein Benefizium oder Amt zwischen anderen Männern zu bekommen, was sie durch die Wissenschaften erfüllen könnten, so zweifle ich sehr daran, daß sie nicht in Haß gegen uns geraten werden, und so würde man die wichtigste Aufgabe der Gesellschaft in Indien verhindern, nämlich die Bekehrung der Ungläubigen und die Erhaltung derselben in unserm heiligen Glauben »[5].

Wenn wir die Stelle richtig verstehen, läßt sich daraus folgendes ablesen:

1) Ricci erkennt die Bedeutung eines einheimischen Klerus klar.

2) Er lehnt es durchaus ab, daß der einheimische Priester ein Priester zweiter Klasse ist. Das wäre aber der Fall, wenn diese Priester nur Latein (für Brevier und Funktionen) und Kasuslehre (für die Sakramentenspendung) studierten.

3) Ricci bestreitet, daß die Inder durch das Studium hochmütig werden. Hinter diesem Scheingrund steht die ganze Mentalität der kolonialen Ära, für welche der Eingeborene nichts anderes war als ein williges und billiges Arbeitsmittel mit möglichst wenigen Rechten, der aber nie zu Einfluß kommen durfte, geschweige denn in eine führende Stellung aufrücken konnte.

4) Er lehnt es ab, daß die Inder nur in Randpfarreien beschäftigt werden sollen, wo sie allen Einflusses enthoben wären.

5) Er lehnt es endlich ab, daß ein in Philosophie und Theologie voll ausgebildeter Inder einem nicht so gut gebildeten Europäer nur deshalb nachgestellt werden soll, weil er Inder ist und jener Europäer.

---

[5] TV pp. 20-21.

6) Ricci bringt wichtige Gründe für die allseitige und gründliche Durchbildung dieses Klerus, die vor allem apologetischer und methodischer Natur sind.

Diese seine klare und vernünftige Stellungnahme müssen und dürfen wir auch in China der gleichen Frage gegenüber annehmen, umso mehr, als dort die Verhältnisse für die Europäer viel ungünstiger lagen als in Indien, wo weltliche Macht und Autorität viel leichter solche unmögliche Methoden begünstigte. Das Fehlen dieses Momentes in China mußte die Missionare einfachhin zwingen, alle positiven Elemente des Landes und Volkes aufzugreifen und zu nützen.

Neben diesen Gründen bürgt uns aber auch Riccis ruhige und sachliche Stellungnahme zum chinesischen Volkscharakter für sein positives Denken auch in der Frage des Klerus. Es ist richtig, daß sein Grundsatz in dieser Hinsicht lautete: Herausstreichen des Guten und schonende Schilderung des Bösen. Ricci ist aber deswegen nicht unwahr und sagt an der entsprechenden Stelle die Dinge, wie sie liegen, zuweilen auch mit scharfer Betonung. Aus seinem Urteil über den Volkscharakter aber läßt sich schließen, daß er das chinesische Volk, natürlich immer mit der entsprechenden Vorsicht, für durchaus geeignet hielt, Priester hervorzubringen.

Fassen wir die einzelnen Fragen näher ins Auge.

Die Gründe der Missionare für die Pflege eines einheimischen Klerus ergeben sich aus verschiedenen Bemerkungen der einzelnen darüber. Valignano schreibt am 10. Okt. 1589 nach Rom: « Denn da diese (4 junge Chinesen, die in die Gesellschaft eintreten wollten) Eingeborene sind, werden sie keine Schwierigkeiten haben und werden nicht aus China verjagt werden ». Kurz darauf spricht er davon, « ein erstes Seminar für Eingeborene » zu eröffnen [6]. Den gleichen Grund führt einige Jahre später, am 2. Febr. 1592, P. Mexia, der damalige Rektor der Residenz von Makao, an. Er geht aber weiter als Valignano, und aus der Stelle seines Briefes sehen wir klar den Stand der Frage: « Tatsächlich haben die Europäer, auch wenn sie sich festgesetzt haben, immer die Furcht, von irgendeinem Mandarin verjagt zu werden, der nicht so wohlwollend ist. Aber die Einheimischen können nicht verjagt werden. Und wenn sie Priester sind und Männer, die Vertrauen erwecken, so wird

---

[6] CLERO INDIGENO = D'ELIA S. I. P. PASQUALE - *E' proprio vero che non vi sono tracce di clero indigeno nei primi cinquanta anni delle missioni cinesi?* in « Il Pensiero missionario » 1936, p. 20.

man (in China im Falle einer Verfolgung) das tun, was man in anderen Provinzen auch macht » [7].

Und wiederum schreibt Valignano am 16. Okt. 1601 über die Gründung eines Hauses für Japaner und Chinesen in Makao. Man hat es errichtet, « um Japaner und Chinesen dorthin zu schicken zwecks Aufnahme in die Gesellschaft, ohne welche man diese Missionen nicht verwalten kann noch sie vorwärtsbringen kann » [8]. Über Seminareinrichtung schreibt P. Diaz d. Ält. am 29. Nov. 1604 an seine Oberen in Rom: « Wir können diesem Reiche für seine Bekehrung keine bessere und wirksamere Hilfe geben als diese Seminare ». Und im gleichen Briefe folgt eine Denkschrift « Über ein zu gründendes Seminar » [9].

Wir können dieser Zusammenstellung folgende Gründe für die Pflege des einheimischen Klerus entnehmen:

1) Der rein äußere Grund der größeren Sicherheit der Mission.

2) Die leichtere Bekehrung des Volkes.

3) Besonders auch aus den weiteren Ausführungen des P. Diaz im soeben zitierten Briefe: Das größere Ansehen des Christentums in den Oberschichten des Volkes durch die Heranbildung eines gebildeten einheimischen Klerus.

Es ist nun sehr reizend, einmal den Plänen nachzuspüren, die gemacht wurden, um zu diesem Hochziele zu gelangen.

Wir müssen bedenken, daß die Mission erst 1583 gegründet wurde, daß die Missionare die Sprachschwierigkeiten noch nicht vollends überwunden hatten, daß die Zahl der Christen damals noch verschwindend gering war [10], daß also die Mission noch in den Kinderschuhen steckte, da schreibt de Sande als Superior der Mission am 29. Jan. 1591 aus Makao: « Die zweite Sache, (die ich Ihnen mitzuteilen habe), ist, daß man es für nützlich hält, hier in Makao ein Seminar für chinesische Knaben zu eröffnen, die von den Patres der Gesellschaft erzogen und unterrichtet werden sollen, damit mit der Zeit einige von ihnen in die Gesellschaft aufgenommen werden können oder Priester (Weltpriester) werden, fähig, Beicht zu hören und die Sakramente an die Neubekehrten zu spenden. Dieses Projekt hat dem P. Visitator sehr gut geschienen, der mir indessen gesagt hat, daß es ihm scheine, man solle

---

[7] CLERO INDIGENO, p. 23.
[8] CLERO INDIGENO, p. 23.
[9] CLERO INDIGENO, p. 25; cfr. TV p. 481, Brief P. Diaz' d. Ält. vom 29. Nov. 1604 an P. Alvarez.
[10] Cfr. IV. Abschn., 4. Kap.

die Ausführung desselben für jetzt noch zurückstellen bis dahin, daß die Durchdringung in China eine größere geworden sei, damit man nicht soviele als Belastung habe, die keinen Erfolg hätten oder die nichts hätten, wovon sie leben sollten. Wenn es E. P. scheint, daß man dieses Werk mit einer gewissen Zahl von sechs oder acht beginnen könnte, so denke ich, daß diese, auch wenn sich die Türe Chinas nicht weit öffnen sollte, doch Beschäftigung in Makao hätten, falls sie gute Priester sind » [11]. De Sande fährt fort, daß er einige fromme Personen kenne, die um dieses Werk wüßten und die Legate vermacht hätten. Ein Priester hat z. B. 500 Dukaten für ein chinesisches Seminar vermacht! Die Idee eines Seminars also, sowohl für chinesische Jesuiten wie für einheimische Weltpriester, war da, so daß man sich schon im Volke um die Beschaffung der nötigen Mittel hierfür sorgte.

Mit dem Bau des Seminars ging es aber nicht so schnell voran. Am 17. Jan. 1593 schreibt de Sande wieder: « Neben dem Hause (dem Gesellschaftshause in Makao) will man ein Seminar für chinesische Jünglinge errichten, die dort von Kind an (man beachte das Denken über die Methode) erzogen werden und die dann der Mission helfen zu ihrer Ausbreitung, soferne sie fähig sind, in die Gesellschaft aufgenommen zu werden ». Es handelt sich « um eine wichtige Aufgabe ». An dieser Stelle interessiert neben den Plänen an sich vor allem die Äußerung über die Methode der Erziehung der Kandidaten. Makao war zwar eine chinesische Stadt mit vorwiegend chinesischen Bewohnern, hatte aber auch ein starkes portugiesisches Kontingent an Bewohnern. Bei diesen herrschten natürlich europäische Verhältnisse. Dasselbe gilt für das Gesellschaftshaus und für das mit ihm verbunden geplante Seminar. Man will also die Kinder getrennt von der Umgebung erziehen. Sie sollen aus der chinesischen Umwelt herausgenommen werden, sollen chinesische Sprache und Literatur lernen. Im übrigen sollen sie europäisch durchgebildet werden.

Wie stark die ganze Frage die maßgebenden Stellen bewegte, ist aus einem Briefe de Sandes vom 15. Nov. 1593 ersichtlich. Er beklagt sich darin darüber, daß Valignano für die japanischen Seminaristen Land und Haus der (zukünftigen) chinesischen Seminaristen (in Makao) genommen habe, wofür man schon über 500 Cruzados bereit habe und daß die Bewohner von Macao die Erziehung « der einheimischen Chinesen, die helfen sollten an der Bekehrung dieses großen Reiches », wünschten. Außerdem zeigt er,

---

[11] CLERO INDIGENO, p. 20.

daß er sich auch bemüht um die Weihe, sicherlich der Japaner, aber wahrscheinlich auch der Chinesen, denn in dem gleichen Briefe fügt er hinzu, daß er in den vergangenen Jahren gedacht habe, dem General zu schreiben, daß derselbe Superior Japans auch Bischof sei, bedacht auf die Weihe der Unsrigen. Seine Wahl fiel damit auf Valignano [12].

Im Jahre 1594 sehen wir bereits einen großen Plan sich verwirklichen. Es gelingt Valignano nach Überwindung zahlreicher Schwierigkeiten, ein Studienhaus in Makao zu eröffnen. Es war für 50 japanische *und* chinesische Studenten vorgesehen [13]. Wenngleich die größte Zahl dieser Studenten vorerst auch von Japan aus gestellt werden würde, so verdient doch der Plan Beachtung, daß auch die Chinesen in diesem Hause erzogen werden sollten. Bedenken wir aber, daß zu dieser Zeit die Zahl der Bekehrten in China nicht hoch über 90 lag, so sehen wir, daß dieser Bau die mutige und wohlwollende Antwort war auf grundsätzlich erkannte und bejahte Notwendigkeiten.

Tatsächlich war man mit dem Jahre 1599 dem Ziele schon sehr nahegekommen. Damals schrieb P. Cattaneo aus Makao an Aquaviva (es ist kurz vor der ersten Priesterweihe Einheimischer im Fernen Osten — 22. Sept. 1601): « Es würde gut sein, Anweisung zu geben, daß die beiden chinesischen Brüder (Ferdinand und Francesco), die seit 10 Jahren in der Gesellschaft sind, einige Kasus studierten, damit sie die Weihen empfangen könnten, sowohl zu ihrem eigenen Troste, als auch um die übrigen anzutreiben, ihnen zu folgen » [14]. Dieser Text ist richtig zu verstehen. Er will nicht sagen, als wenn Cattaneo mit dieser summarischen Bildung der einheimischen Priester einverstanden gewesen wäre, vielmehr setzt sich Cattaneo ein für die möglichst rasche Beförderung der ersten Chinesen zu den heiligen Weihen.

Ricci selber hatte Pläne, die von diesen verschieden waren. Er war längst mit den einheimischen Verhältnissen so vertraut geworden, daß er klar die Errichtung eines Seminars im Lande selber als notwendig erachtete. Wenn wir seine Intentionen richtig verstehen, dachte er etwa so: Je besser die jungen Leute in das Leben des eigenen Volkes eingeführt werden, diesem gegenüber aber durch die fortgesetzte christliche Schulung den nötigen Abstand für die christliche Beurteilung seiner Eigenarten hatten, umso bessere Missionare konnten sie werden. Er mußte förmlich zu

---

[12] Clero indigeno, pp. 22-23.
[13] Clero indigeno, p. 23; 6fr. II p. 448 n. 2.
[14] Clero indigeno, p. 24.

dieser Erkenntnis gedrängt werden, wenn er sah, wie der Einfluß der christlichen Literaten für den Fortgang der Mission ein geradezu entscheidender war. Das waren aber Männer, die in sich bereits die Synthese vollzogen hatten oder doch daran waren, diese zu vollziehen, die Synthese zwischen Volksgut und -eigenart und Christentum, wobei weder der eine noch der andere Teil einer Entartung unterzogen werden mußte. Daher spricht Ricci in einem Bericht an Valignano von einem Seminar für etwa 10-12 Knaben [15]. Der Vorschlag wurde von Peking aus gemacht. Leider kam der Plan nicht zur Ausführung. Am 30. Juli 1603 wurden nämlich die portugiesischen Schiffe, die von Japan kamen, von Holländern gekapert. Damit aber fielen die erhofften Geldmittel für den Bau und Unterhalt des geplanten Seminars aus [16]. Aus dem Résumée des Ricciberichtes bei Valignano sehen wir, daß dieser selber dem Plane wohlwollend gegenüberstand. Riccis Gründe für ein derartiges Seminar sprechen sich klar in einem Briefe an Aquaviva aus: « (Euer Paternität) benachrichtigen mich, daß Sie Weisungen an P. Valignano geschickt haben zwecks Aufnahme einiger Chinesen in die Gesellschaft und daß dieser (Valignano) einige junge Chinesen nach Makao schicke zwecks Erziehung und wissenschaftlicher Weiterbildung und zur Erlernung der guten Gewohnheiten unter den Christen in Makao ». So der alte Plan Valignanos. Ricci rät aber dringend davon ab, denn er sagt, daß alle, die nach Makao gehen, in den Augen der Chinesen verdächtige Elemente sind [17].

Riccis Vorschläge scheinen sich endgültig im Jahre 1604 in Nanchang zu verwirklichen. Die ersten Seminaristen eines dort geplanten Seminars sollten die Kinder des Schwiegersohnes eines Prinzen aus königlichem Geblüt sein. Wieder scheiterte der schöne Plan aus Mangel an Geld [18]. In der gleichen Stadt kaufte man aber 1607 ein Haus für Seminarzwecke. Leider kam es darauf und zum Teil deswegen zu Unruhen in der Stadt [19]. Schließlich konnte man nach neuen Unbequemlichkeiten im März 1608 ein Noviziat eröffnen [20].

In Nanking hatte man wohl auch an ein Seminar gedacht, aber

---

[15] Nach einem Bericht Valignanos vom 12. Nov. 1603. Der Bericht Riccis ist leider nicht erhalten (II p. 270 n. 8). Es dürfte sich aber bei Valignano um eine verkürzte Wiedergabe des Ricciberichtes handeln.
[16] II p. 448 n. 2; cfr. II p. 276 n. 6.
[17] TV pp. 286-287, Brief vom 26. Mai 1605.
[18] II p. 448 n. 2; cfr. Clero indigeno, p. 24.
[19] II Nr. 855, 856 ff.; II p. 448 n. 2.
[20] II Nr. 881.

nicht so, als wenn in Nanchang ein zweites Seminar hätte errichtet werden sollen. Der erste Seminarist dort hätte der Sohn des Ch'ü T'ai-su sein sollen, der 1605 in die Residenz der Patres aufgenommen wurde. Wir hören aber später nichts mehr von dieser Sache [21].

Wir können wohl sagen, daß es bezl. der Einsicht und der guten Absicht in diesen ersten Zeiten bei den Missionaren nicht gefehlt hat. Sie dachten positiv über die Möglichkeiten, die Chinesen zu befördern, wie wiederum P. de Sande schreibt (30.1.1591). Er berichtet über die Einstellung des Visitators, welcher der Ansicht war, daß man in China dasselbe tun müsse, was man in Japan getan habe, wo man der Hilfe der Eingeborenen nicht beraubt war, da viele derselben in die Gesellschaft aufgenommen wurden. Und wiederum schreibt de Sande 1592 an P. Aquaviva: « Diese (die beiden Brüder Ferdinand und Francesco) sind so gut, daß zwischen ihnen und den Portugiesen(!) kein Unterschied ist ... Im übrigen haben sie glänzende Beweise von sich gegeben während des Jahres, das sie (in Shiuchow) vor der Aufnahme (in die Gesellschaft als Novizen) verbracht haben. Was man also in Japan getan, nämlich Eingeborene aufzunehmen, kann man auch in China nicht umgehen sowie in anderen ähnlich gelagerten Ländern, da diese Nationen den Portugiesen(!) sehr nahe kommen an Geist und Fähigkeiten » [22].

Lassen wir aber jetzt die Tatsachen sprechen. Was wurde wirklich erreicht?

Die ersten beiden eben erwähnten Chinesen, die in die Gesellschaft Jesu aufgenommen wurden, begegnen uns nach nicht ganz 7 Jahren Missionstätigkeit in der Residenz Shiuchow. Sie kamen im November 1589 dorthin [23]. Der Visitator Valignano lobt die beiden jungen Leute sehr. Sie standen im Alter von 18-19 sowie 26 Jahren [24]. Ricci selber nennt sie « sehr tugendhaft » [25]. Die beiden verbrachten ein Jahr in der Mission von Shiuchow und wurden nach diesem Probejahr am 1. Jan. 1591 als Novizen in die Gesellschaft Jesu aufgenommen. Sie oblagen in dieser Zeit auch den Studien, um den Missionaren in der Katechese helfen zu können. Die kirchenrechtliche Gruppierung dieser jungen Leute ist nicht leicht. Sie waren nicht Scholastiker, aber auch nicht Brüder-Coadjutores, sondern eher Studenten der chinesischen Litera-

---

[21] II Nr. 754; II p. 342 n. a - n. 1.
[22] CLERO INDIGENO, p. 21.
[23] I Nr. 354; I p. 289 n. 2.
[24] I p. 289 n. 3.
[25] I Nr. 354.

tur zur Hilfe der Patres in der Katechese. Sie legten aber Gelübde ab. Ein solcher Grad war von Ignatius in seinem Institut nicht vorgesehen. Nach dem Urteil D'Elias waren sie weder ausgeschlossen vom Priestertum noch verpflichtet zum Priestertum. Da sie aber immer als « Fratelli » aufgeführt werden, werden wir sie in der Folge als « Brüder » bezeichnen [26].

Der erste dieser beiden jungen Männer ist Sebastian Chung Ming-jen. Er stammte aus Makao und hatte irgendwie portugiesisches Blut in den Adern. Beide Kandidaten wurden von Kindsbeinen an in den Schulen der Jesuiten in Makao erzogen [27]. Die Leitung des Noviziates in Shiuchow lag in den Händen des P. Ricci. Neben Chinesisch studierten die beiden auch Latein, nach P. D'Elia ein sicherer Beweis, daß sie auf dem Wege zum Priestertume waren. Beide jungen Männer dürften ihre ersten Gelübde Anfang 1593 abgelegt haben. Genau ist das Datum nicht bekannt. Sebastian arbeitete in Shiuchow, Nanchang und Nanking. Er ist der Gefährte des P. Cattaneo in Shiuchow und erleidet in dieser Stadt die erste Schmach wegen seines Christentums, indem er geschlagen wird und einen Tag den Kang trägt. Mit Ricci arbeitet er in Nanchang zusammen. Er ist es, der P. Longobardo in die Mission einführt. Er ist auch der Begleiter Riccis nach Nanking. In Peking, wohin er mit Ricci geht, ist er es, der die Mittelsperson macht zwischen Ricci und zwei Mohammedanern, von denen Ricci wichtige Aufschlüsse erhält über die Gleichheit zwischen Catay-China und Kambalik-Peking. Für die Sprachstudien Riccis und Cattaneos ist er der unentbehrliche Gehilfe. Wiederum ist er der Begleiter Riccis beim zweiten Pekingunternehmen. Während des Intermezzos in Lintsing und Tientsin eilt er nach Peking zur Erkundung der Lage und zur Mobilisierung der dortigen Freunde. Nanchang, Peking, Nanking, Hangchow, Namyung sind weitere Stationem seines unsteten Wanderlebens im treuen Dienste der Mission. Am 1. Nov. 1617 legt er die letzten Gelübde als Coadjutor formalis temporalis ab. Es scheint, daß erst jetzt dieser Zwischenzustand — nicht Scholastiker noch Bruder — aufgehoben wurde. Longobardo hatte nämlich diese Frage durch Trigault in Rom vorlegen lassen. Sein Dokument trägt das Datum des 8. Mai 1613. Bis die Antwort erledigt wurde, das Gegendokument in China ankam, vergingen wohl einige Jahre, sodaß wir also im Jahre 1617 die Frucht der Mühen

---

[26] I p. 290 n. a.
[27] I Nr. 354.

Longobardos vor uns haben [28]. Sebastian hatte in der Verfolgung von 1616 sehr viel zu leiden. Es scheint, daß er im Jahre 1621 gestorben ist. Der Katalog vom 24. Nov. 1621 schreibt von ihm, daß er schwach (und trotzdem diese vielen Reisen) und gebrechlicher Gesundheit war. Er war 31 Jahre in der Gesellschaft und galt als « hervorragender Katechist ».

Sein Noviziatsgefährte ist Francesco Martinez oder Huang Mingsha. Er hatte schon in Makao bei den Jesuiten Latein studiert, zweifelsohne, wie P. D'Elia wieder meint, weil man ihn für das Priestertum bestimmt hatte. Auch er war irgendwie mit den Portugiesen verwandt. Die Kataloge beurteilen den jungen Mann günstig. Man erhoffte sich in ihm einen guten Religiosen, was die Tatsachen bestätigten. Er arbeitete in Shiuchow-Nanchang und wiederum in Shiuchow. Über ihn schreibt P. Longobardo: « Unser Bruder Francesco Martinez, mit dem ich während dieser ganzen Zeit zusammen war, entwickelt sich gut in utroque homine. Und im Umgang mit ihm scheint es mir sicher, als wenn er im römischen Kolleg erzogen worden wäre. Ewigen Dank jenem hohen Herrn, qui ubi vult spirat ». Francesco war der erste Chinese, der von der Hand des Jesuitenbischofs Luigi Cerqueira in Makao die Tonsur und die niederen Weihen empfing, ein untrügliches Zeichen, daß er auf dem Wege zum Priestertum war.

Von beiden Brüdern wird berichtet, daß sie großen Seeleneifer zeigten. Von Br. Francesco besonders wird erzählt, wie auf sein freimütiges Wort hin der endgültige Anstoß für die Bekehrung des Ch'ü T'ai-su gegeben wurde. Er war auch vorgesehen, den Visitator auf der geplanten Chinareise im Jahre 1606 zu begleiten. Leider machte der Tod des Visitators diese Pläne zunichte. Francesco selber folgte einige Wochen später, am 31. 3. 1606, dem Visitator im Tode nach. Er hatte sich schon krank auf die Reise nach Makao begeben, erlag dann aber eigentlich den unmenschlichen Grausamkeiten, womit ihn fanatisierte Beamte in Canton quälten, die ihn für einen Spion der Portugiesen ansahen. Ricci sagt von ihm in seiner nüchternen, ruhigen Art, daß « er dem Gebete und den Übungen der Frömmigkeit sehr ergeben war » [29].

Wir wollen an dieser Stelle auch die ganze übrige Reihe der Brüder, die bis zum Tode Riccis in die Gesellschaft Jesu eintraten, in kurzen Strichen kennenlernen.

---

[28] Über diese ordensrechtlich etwas merkwürdige Zwischenlösung v. D'ELIA = D'ELIA S. I. P. PASQUALE - *La lingua cinese nella liturgia e i gesuiti del sec. XVII*, in « La Civiltà Cattolica », 1953, II, pp. 3-8.

[29] I p. 290 n. 1 - p. 293 n. a; II Nr. 523-524.

Der Abstand zwischen dem Noviziat von 1591 und dem nächsten ist ein bedeutender: 14 Jahre liegen dazwischen.

Emanuel Pereira, mit seinem chinesischen Namen Yu Wenhui, wurde im Jahre 1575 in Makao von chinesischen Eltern geboren. Er studierte Humaniora (Latein) und trat am 15. Aug. 1605 in die Gesellschaft Jesu ein, nachdem er schon einige Jahre vor 1603 in Nanking als « dogico », als Katechist also, gearbeitet hatte. Hier lag aber nicht das eigentliche Feld seiner Betätigung. Wie schon ausgeführt, war er von P. Johannes Nicolao S. J. in Makao in die Anfangsgründe europäischer Malerei eingeführt worden. Als Maler betätigte er sich in den verschiedenen Residenzen der Mission. Seine letzten Gelübde als Coadjutor formalis temporalis legte er am 25. Dez. 1617 in Hangchow ab [30].

Anton Leitam (der chinesische Name dieses Bruders ist nicht bekannt) trat wahrscheinlich auch am 15. Aug. 1605 in Peking in die Gesellschaft Jesu ein. Das Datum seiner Geburt und des Anfanges seines Dienstes in der Gesellschaft ist nicht sicher bekannt. Sicher hatte er schon mehrere Jahre vor Beginn seines Noviziates (vielleicht schon 12 Jahre) für die Mission gearbeitet. Auch er stammte aus Makao von chinesischen Eltern ab und hatte dort studiert. In Peking betätigte er sich als Katechist. Nach seinem Noviziat erhielt er den Auftrag, in Kaifeng die alten Nestorianerchristen auszukundschaften. Nach seinen ersten Gelübden, die noch vor dem 27. April 1608 liegen, arbeitete er in Peking und Shiuchow als Katechist. Er starb aber bereits 1611 in Canton. Im Grabe der Patres von Makao wurde er beigesetzt. Von ihm heißt es, daß er ein Jüngling von großer Abtötung und Demut war [31].

Der dritte im Bunde der chinesischen Novizen des Jahres 1605 ist Dominicus Ch'iu Liang-pin. Auch er trat am 15. Aug. jenes Jahres in Peking ein. Er stammte aus Makao. Eine harte Prüfung, 8 Monate Kerkerhaft in Canton, überstand er tapfer und bewährte sich in dieser Zeit. Er arbeitete bis 1621 in China, und zwar meist als Katechist. Dann wurde er nach Cochinchina gesandt. 1632 finden wir ihn auf der Insel Hainan in seinem Beruf als Katechist. Die letzten Gelübde als Coadjutor formalis temporalis legte er um 1635 ab [32].

---

[30] II p. 9 n. 7.

[31] II p. 271 n. 5.

[32] II p. 272 n. b. Wenn Ricci am 10. Mai 1605 von 4 Brüdern schreibt, so ist das ungenau ausgedrückt. Er hätte von Kandidaten und Brüdern sprechen müssen. Auch waren es nicht 4, sondern 5 (TV p. 274, Brief an P. Costa). Im Briefe vom 15. Aug. 1606 (TV p. 300, Brief an P. Aquaviva) taucht der 5. Bruder auf: Emanuel Pereira.

Einen zweiten, ungleich fähigeren Maler der jungen Mission finden wir in dem Bruder Jakob Ni Yi-ch'eng. Er wurde 1579 in Japan als Kind eines chinesischen Vaters und einer japanischen Mutter geboren. Seine Erziehung erhielt er im Seminar der Jesuiten zu Shiki (Amakusa). Unter der Leitung des P. Joh. Nikolao erlernte er von Kindheit an die europäische Malerei. 1601 wurde er für die Chinamission bestimmt, wo er nach Weisung des Visitators mit seiner Kunst der Verbreitung des hl. Glaubens dienen sollte. Am 9. August 1602 kam er nach Peking und blieb dort als Kandidat der Gesellschaft Jesu. Wahrscheinlich wurde er im Mai 1606 in die Gesellschaft aufgenommen, konnte aber wegen eines Auftrages für Makao nicht sofort sein Noviziat machen. Dieses begann er wahrscheinlich im März 1608 in Nanchang. Nach Ablauf der zweijährigen Noviziatszeit ging er wieder nach Peking, wo er die inzwischen in Shala erworbene Kapelle ausmalte. In den Jahren 1623-1635 finden wir ihn in Makao [33].

Mit ihm machten im gleichen Hause und zur selben Zeit zwei andere junge Männer das Noviziat. Der eine von ihnen ist Pasquale Mendes oder Ch'iu Liang-hou. Möglicherweise war er ein jüngerer Bruder des oben beschriebenen Dominikus Ch'iu Liang-pin. Mendes wurde 1584 in Makao geboren und trat schon vor 1603 in den Dienst der Gesellschaft Jesu ein. Er arbeitete in Nanking, Peking und Nanchang. Hier begann er im März 1608 das Noviziat. 1618 machte er seine letzten Gelübde als Coadjutor formalis temporalis. Von ihm wird berichtet, daß er die Sprache sehr gut beherrschte, sodaß er sogar feingebildete, hohe Mandarinen in Erstaunen versetzte. In den Katalogen erscheint er als « Catechista optimus », « Catechista insignis ». Er starb in Peking am 26. Aug. 1640. Sein Begräbnis wurde ein « Triumph des Kreuzes Christi » [34].

Der dritte im Bunde dieser Novizen von Nanchang war Bruder Franziskus Lagea oder Shih Hung-chi. Er wurde 1585 von chinesischen Eltern geboren und stammte aus Makao. Nach seinem Noviziat arbeitete er in Shanghai und Hangchow. Nach den Katalogen ist er ein mittelmäßig begabter Mensch gewesen. Er betätigte sich als Katechist und als Maler. In Kiating legte er am 12. April 1626 die letzten Gelübde als Coadjutor formalis temporalis ab [35].

Der letzte, der zur Zeit Riccis in die Gesellschaft aufgenommenen Brüder ist Ferdinand Chung Ming-li, ein Bruder des obenbe-

---

[33] II p. 258 n. 1.
[34] II p. 466 n. b; BARTOLI, IV c. 278: Ein herrliches Denkmal für den Bruder.
[35] II p. 466 n. b - p. 467 n. a; II p. 279 n. b.

schriebenen Chung Ming-jen. Er wurde 1581 in der Umgebung von Makao geboren. Er arbeitete in Nanchang und Nanking. Von dort aus ging er nach Peking und wurde 1606 dem Bruder Benedikt de Goes nach Suchow entgegengeschickt. In Suchow erlernte er in 2 Monaten das notwendige Persisch. Er konnte Benedikt de Goes allerdings nicht mehr geben, als dessen Sterben durch seine Anwesenheit nicht zu einem ganz einsamen werden zu lassen. Der Bruder muß sprachlich begabt gewesen sein, denn wir erfahren, daß er in Makao Latein studierte. Er sprach auch portugiesisch, wie aus dem Sterbebericht des de Goes hervorgeht. Er hatte sogar Philosophie studiert, auch in Makao. Nach der Rückkehr von der Expedition nach Nordwestchina trat er im März 1608 in die Gesellschaft ein, in der er sich als Katechist betätigte. 1612 nahm er teil an der Verlegung der Residenz Shiuchow nach Namyung. Wir finden ihn weiter in Hangchow und in Nanking, wo er während der Verfolgung von 1616 eingekerkert war. Leider verließ er im Beginne der 20er Jahre die Gesellschaft wieder [36].

Die Aufzählung ergibt die Gesamtzahl von 8 lebenden Brüdern beim Tode Riccis.

Alle diese Brüder stammten aus dem unmittelbaren Einflußkreis der Jesuiten aus Makao, keiner war aus dem Innern. Alle hatten in Makao die ersten Studien gemacht. Sie wurden aber alle nach den Absichten Riccis im Lande selber in das Ordensleben eingeführt [37].

Es könnte noch die Frage auftauchen, was in der Storia gemeint ist, wenn dort die Rede ist von « Studenti » und « Collegiali »? In Shiuchow finden wir einen « jungen Studenten » [38]. 1599 treffen wir dort « einen oder zwei Jünglinge aus Makao » [39] neben einem Bruder. In Nanchang finden wir in der Zeit von 1595-1596 Jünglinge, die Humaniora und Chinesisch studieren [40] und die in die Gesellschaft Jesu eintreten wollen [41]. Aus Peking erfahren wir 1605 von dem Vorhandensein sogenannter « Collegiali ». Diese werden von den « Fratelli » gesondert erwähnt. Insgesamt sind damals « drei Priester, zwei Brüder und zwei Studentem hier (in Peking), die uns helfen wie Personen der Gesellschaft und andere neun Personen » [42].

---

[36] II p. 435 n. 7 - p. 436 n. a; II Nr. 842.
[37] II p. 465 n. 5.
[38] I Nr. 404.
[39] II Nr. 641.
[40] I Nr. 494.
[41] I p. 380 n. 2.
[42] TV p. 253, Brief Riccis vom Mai 1605 an. P. Maselli.

Der Sinn dieser Worte kann wohl kaum im Sinne einer Seminarerziehung auf das Priestertum im strengen Sinne verstanden werden, wenn auch oft genug die Rede ist vom Seminar. Es handelt sich, sofern es sich um Priestertumskandidaten handelt, wohl um eine Einrichtung, die wir als ein Durchgangsstadium aufzufassen haben. Es sollte diesen jungen Leuten in etwa eine Seminarerziehung geboten werden, die aber erst langsam, bei äußerster Vorsicht auf Seiten der Missionare, zum Hochziel des Priestertums führen sollte. Wir sehen den Sinn dieser Termini auch ganz gut in einem Briefe Riccis an P. Costa: « In allen Häusern sind neben den Unsrigen viele andere collegiali e studenti, die aufgenommen werden sollen in die Gesellschaft, alle Chinesen. Und so ist jedes Haus, zusammen mit den Dienern, eine Art Kolleg » [43]. Der Zeitpunkt dieses Briefes, die schon besprochenen Pläne legen es nahe, hier an eine Art Proseminar zu denken.

Wenn wir das Ergebnis dieser ersten 27 Missionsjahre überschauen und bedenken, daß die Brüder den Missionaren doch eine wertvolle und unentbehrliche Hilfe waren, so kann man sich wohl fragen: Warum ließ man diese jungen Menschen nicht Priester werden? Gewiß sind nicht alle von der gleichen Qualität. Eine Reihe von ihnen zeigt aber durchaus übermittelmäßiges Format, ja Pasquale Mendes (Ch'iu Liang-hou) muß nach dem glänzenden Zeugnis Bartolis geradezu ein hervorragender Mensch gewesen sein. Muß man hier also von einem Versagen reden? Waren die Verhältnisse stärker als der gute Wille? Sicher waren die Feldmissionare zutiefst von der Notwendigkeit eines einheimischen Klerus überzeugt. Daß sie außerdem die Chinesen einer solchen Aufgabe gewachsen hielten, dürfte hinreichend klar geworden sein. Hören wir aber zum Schlusse ein Dokument, welches als solches die formale Erklärung gibt. P. Longobardo schreibt als Oberer der Mission (nach dem Tode Riccis) am 23. Okt. 1610 an P. Aquaviva: « Der dahingeschiedene P. Visitator handelte in den Satzungen, die er für die Missionare gab, von diesen Brüdern ein wenig rauh und hart. Er sagte, daß sie neu in der Gesellschaft und im Glauben seien, weshalb sie nicht zum Priestertum etc. befördert werden könnten, wie die japanischen Brüder es sind ».

Longobardo schreibt dann weiter: « Diese Worte, die in den Satzungen stehen, die alle zu beobachten haben, können daher den Brüdern nicht verborgen bleiben. Und so sind sie sehr verstimmt

---

[43] TV p. 274, Brief vom 10. Mai 1605; cfr. D'ELIA, p. 5: Über den Begriff der « Studenten » in Indien. Hier sieht man klar, daß diese Einrichtung von Indien stammte.

und betrübt, nicht zwar, was den Empfang der Weihen betrifft oder nicht, denn sie treten mit der ausdrücklichen Bedingung ein, sich nicht weihen zu lassen und sind damit sehr zufrieden, sondern weil sie für Neulinge im Glauben gehalten werden und noch gar den japanischen Brüdern nachgestellt werden »[44].

Wie erklären wir dieses nicht leicht zu nehmende Zeugnis? Der Visitator kann diesen Standpunkt nicht immer vertreten haben. Wissen wir doch, daß der Bruder Francesco Huang Ming-sha die Tonsur und die niederen Weihen empfangen hat. Diese Weihe fand wahrscheinlich 1597 oder wenig später statt[45]. Außerdem hatte Ferdinand Chung Ming-li Philosophie studiert, mehrere andere waren in die lateinische Sprache eingeführt worden. Wir können nicht daran zweifeln, daß alles dieses erfolgte in Hinsicht auf das Priestertum, das diese jungen Leute erstreben sollten. Da aber keiner derselben geweiht wurde, so muß der Visitator im Laufe der Jahre andere Verfügungen getroffen haben. Ob er selber seine Ansichten geändert hat? Daran darf man billig zweifeln.

Versuchen wir daher erst einmal, an Hand der japanischen Verhältnisse das Denken des Visitators dieser wichtigen Sache gegenüber zu ergründen.

Bereits am 20. Nov. 1577 schreibt er von Malakka aus im Zusammenhang mit der Frage der Zulassung anderer Ordensleute in Japan und der Entsendung von Bischöfen nach dort: « Wenn aber einmal in Japan Bistümer errichtet werden sollten (wie es ja mit der Zeit notwendig scheint), dann müssen die Bischöfe vielleicht einheimische Japaner, nicht Ausländer sein. Denn das Gegenteil könnte schweren Schaden in Japan verursachen »[46].

Die Form dieser Aussage ist vorsichtig, der Visitator war erst auf der Fahrt nach Japan; er muß sich erst einmal an Ort und Stelle die Verhältnisse ansehen, um urteilen zu können; er sieht aber grundsätzlich klar die Notwendigkeit eines einheimischen Klerus und Episkopates.

In Japan findet Valignano eine durch P. Franz Cabral eingeführte wenig verständnisvolle oder akkommodationsfreundliche Methode vor. Diese wirkte sich besonders verhängnisvoll aus in dem Verhältnis von europäischen und japanischen Missionskräften.

Valignano faßt in einem Briefe vom 27. Okt. 1580 die Gefahren für die Gesellschaft in Japan in 5 Prinzipien zusammen. Das

---

[44] TV p. 492, Brief vom 23. Okt. 1610.
[45] I p. 292 n. b.
[46] SCHÜTTE, p. 232.

3., 4. und 5. Prinzip handeln in besonderer Weise über die einheimischen Missionskräfte. Im 3. Prinzip spricht er in scharfen Worten über die schlechte und direkt unwürdige Behandlung der japanischen Brüder durch die europäischen Mitbrüder. Im 4. Prinzip beklagt er die mangelhafte Ausbildung dieser Brüder. Im 5. Prinzip handelt er über die bisher befolgte Methode, daß man den japanischen Brüdern auf keinen Fall irgendwie Wissenschaften beibringe. Man fürchtete nämlich den Stolz und die Aufsässigkeit derselben [47]. Die Form dieses Schreibens ist in allen Punkten so, daß klar die Verurteilung dieser Methode daraus hervorgeht.

Ganz ähnlich schreibt er am 23. Nov. 1595, also 15 Jahre später. Er blickt zurück auf jene Zeit von 1580, und sein Urteil ist genau dasselbe in dieser Sache geblieben. Er verlangt also gleiche Behandlung von Japanern und Europäern, Anpassung an japanische Sitten und Gebräuche und gute wissenschaftliche Durchbildung der zukünftigen japanischen Priester [48].

Wie kommt man am besten zur Heranbildung eines solchen Klerus? Es wäre zu diesem Zwecke gut, wenn sich einige von den kleinen japanischen Reichen ganz bekehrten. Damit wäre eine feste Grundlage für die japanische Kirche gegeben, die Patres könnten Kollegien und Seminare errichten, in denen die einheimischen Missionskräfte herangebildet würden [49]. Der Vorteil dieser Methode der abgeschlossenen Gebiete liegt auf der Hand. Es wäre auf diese Weise für die betreffenden Landesherren leichter möglich, eine gerechte Gesetzgebung einzuführen. Ferner ließe sich die geistliche Jurisdiktion errichten, womit die Möglichkeit gegeben wäre, einheimische Priester und Prälaten zu schaffen [50]. Allerdings konnte diese Aufgabe nicht von heute auf morgen gelöst werden. Die Vorbereitung der jungen Japaner auf den Beruf der Weltpriester würde Jahre in Anspruch nehmen. Bis dahin konnte es dann schon Gebiete geben, die ganz christlich waren und in denen man die kirchliche Gerechtsame einführen konnte, womit die Gefahren für den jungen Klerus zum großen Teil ausgeschaltet waren [51].

Daß ein japanischer Weltklerus aufgebaut werden mußte, sahen alle Teilnehmer der sogenannten « Vorberatung im Shimo » gut ein. Dieser sollte den Ordensleuten die ordentliche Seelsorge

---

[47] SCHÜTTE, pp. 321-325.
[48] SCHÜTTE, pp. 325-331.
[49] SCHÜTTE, p. 380 (Nach dem « Indischen Summarium » Valignanos).
[50] SCHÜTTE, p. 381.
[51] SCHÜTTE, p. 388, nach einem Brief Valignanos vom 2. Dez. 1579.

der Christen abnehmen. Wann dieses aber werden sollte, würde die Zeit lehren [52].

Schwieriger war schon die Frage bezl. eines einheimischen Ordensklerus. Sollte man einen solchen aufbauen? Ja, wenn Gott es will, wird man junge Leute zu diesem Zwecke in die Gesellschaft aufnehmen. Sollte dieser Klerus studieren? Von den 5 Teilnehmern an der Beratung waren 2 gegen höhere Studien. Die Priesterweihe aber sollte nach dem Urteil aller nur nach gründlicher Überlegung und nur sehr zögernd erteilt werden [53]. Was die Behandlung endlich der « Dojuku » und Brüder angeht, so waren alle, außer Cabral dafür, daß sie mit größter Liebe und Güte geführt werden müßten, wenn auch zu gegebener Zeit Strenge nicht auszuschließen sei [54].

Wir sehen, daß der Visitator grundsätzlich zum Aufbau eines einheimischen Missionsstabes, sowohl unter der Form des Welt- wie Ordensklerus, steht und daß beiden eine gute Bildung garantiert werden soll.

Um das Bild zu vervollständigen, wollen wir einiges über die Stellungnahme Valignanos zum Volkscharakter hinzufügen.

Er nennt das japanische Volk im 15. Kapitel des « Indischen Summariums » (1579) das fähigste und besterzogenste Volk im ganzen Orient. Ja, er meint, daß die Japaner eine solche natürliche Befähigung besitzen, daß sie besser als viele Europäer alle Wissenszweige, in denen man sie unterrichten würde, erlernen könnten [55]. Er lobt im besonderen die Todesverachtung, die Entschlossenheit, die Genügsamkeit, die Geduld, die feine Kultur, die peinliche Sauberkeit [56]. Daneben bringt er auch tiefe Schattenseiten, aber er sagt: Wenn sie Christen werden, ändern sie ihr Leben und bringen der Religion große Ehrfurcht entgegen. Kein Volk im Orient ist deshalb so wie sie (abgesehen von den Chinesen) zum Empfang des christlichen Glaubens geeignet [57].

Was können wir aus all dem erschließen? Grundsätzlich ist der Visitator damit einverstanden, daß einheimische Kräfte für das Missionswerk herangezogen werden. Das Priestertum soll diesen offenstehen. Die Hierarchie soll auf die Dauer ihnen anvertraut werden.

---

[52] Schütte, p. 461, 8. Frage der Beratungen.
[53] Schütte, p. 461, 7. Frage der Beratungen.
[54] Schütte, p. 463, 12. Frage der Beratungen.
[55] Schütte, p. 357.
[56] Schütte, p. 358.
[57] Schütte, p. 360.

Wegen der großen Hochschätzung der Chinesen durch Valignano müssen wir annehmen, daß er bei ihnen grundsätzlich dieselbe Methode anzuwenden gedachte wie bei den Japanern. Wie erklärt sich dann aber die Stelle bei Longobardo? P. D'Elia hat auf einige wichtige Schriftstücke Aquavivas aufmerksam gemacht, die die direkte Erklärung geben. Am 12. Dez. 1606 schrieb der General an Valignano, daß wohl die Japaner zu Priestern geweiht werden sollten, nicht aber vorerst die Chinesen. Damals war der Visitator aber schon tot (gest. 10. 1. 1606), sodaß wir diesen Brief nicht direkt als Unterlage gebrauchen können. P. D'Elia nimmt nun an, daß ihm eine ähnliche Entscheidung schon vorher anempfohlen worden sei vom General, und daß er dieser als Ordensmann gehorcht habe. Es bleibt aber die Frage nach dem Warum dieser Entscheidung. Jedenfalls kann man den Frontmissionaren keinen Vorwurf machen, als ob diese sich keine Mühe um den einheimischen Klerus gegeben hätten [58].

---

[58] CLERO INDIGENO, pp. 27-29. Über die Bemühungen unmittelbar nach dem Tode Riccis ebd. p. 27; D'ELIA, pp. 7-8.

VI. ABSCHNITT

DIE RELIGIÖSE AKKOMMODATION

Sektion 1:
P. MATTEO RICCI UND SEINE STELLUNGNAHME ZU DEN RELIGIONEN CHINAS

1. KAPITEL
DIE STELLUNG RICCIS ZU KONFUZIUS UND ZUM KONFUZIANISMUS

Um Ricci in seinem Verhältnis zu den drei Religionen Chinas würdigen zu können, müssen wir uns vor Augen halten, daß er für den Wert oder Unwert einer Religion ein bestimmtes Kriterium gebildet hatte. In dieser seiner klaren, aber nicht starren Haltung und Beurteilung haben wir die Grundlage für die Tatsache zu sehen, daß Ricci überall dort, wo es sich um Buddhismus und Taoismus handelt, negativ eingestellt ist. Wo es sich dagegen um den Konfuzianismus und Konfuzius handelt, ist er aus dem gleichen Grunde wohlwollend eingestellt. Diese Haltung ist einmal gegeben mit dem Glauben Riccis als katholischer Missionar, zum anderen durch das geschichtliche Faktum der Weitergabe der ursprünglich reinen Religion Chinas im unvermischten Konfuzianismus. Diese Religion Chinas ist uralt. Die beiden anderen Religionen sind erst später gekommen und bedeuten eine Entartung, ein Abweichen vom Ideal nach der Seite der Idolatrie und des Geisterkultes.

Ricci spricht sich klar über diese *ursprüngliche Reinheit der Naturreligion* (die kürzeste Formulierung seines Kriteriums) in China aus. Von allen Heidenvölkern, von denen Kunde nach Europa gekommen ist, kennt er keines, das weniger Irrtümer in den Dingen der Religion hat als das chinesische Volk in seiner alten Zeit hatte. In den klassischen Büchern Chinas findet er, daß die

Chinesen immer ein höchstes Wesen anbeteten, den « König des
Himmels » (T'ien-ti) oder « Himmel-Erde ». Letzterer Name für dieses höchste Wesen kam vielleicht nach Auffassung Riccis dadurch
zustande, weil die alten Chinesen meinten, daß Himmel und Erde
etwas Beseeltes seien und daß sie mit dem höchsten Wesen, ihrer
Seele, einen lebendigen Leib bildeten. Neben diesem höchsten Wesen haben wir auch Geisterverehrung in China. Von besonderer Bedeutung für Riccis Auffassung der ursprünglich reinen Religion in
China ist die Zurückführung aller Dinge bei den Alten auf die *Stimme der Vernunft*.

« Sie achteten sehr darauf, in allen ihren Werken der Stimme
der Vernunft zu folgen. Sie sagten, sie hätten diese vom Himmel
empfangen ».

Damit wird also die Stimme der Vernunft zur Stimme, mit der
Gott zu den Menschen spricht. Und tatsächlich

« glaubten sie niemals vom König des Himmels und den anderen
Geistern, seinen *Dienern,* solch schändliche Dinge, wie unsere Römer, Griechen, Ägypter und andere fremde Nationen glaubten.
Daher kann man von der unendlichen Güte des Herrn hoffen, daß
viele dieser Alten sich in der natürlichen Religion retteten unter
jener besonderen Hilfe, die Gott denen zu gewähren pflegt, die
von ihrer Seite aus tun, was sie können, um sie zu erhalten. Davon
geben klare Beweise ihre Chroniken, die schon 4000 Jahre zurückliegen (die Annalen)[1], in denen sie die guten Werke aufzählen, welche jene ersten Chinesen vollbrachten aus Liebe zum
Vaterlande, zum öffentlichen Wohle und Nutzen des Volkes. Man
kann dieses auch vielen schönen Büchern entnehmen, die bis auf
unsere Zeiten gekommen sind, die erfüllt sind von viel Pietät und
guten Ratschlägen für das menschliche Leben und für den Erwerb der Tugenden, ohne daß sie irgendwie den berühmtesten
unserer alten Philosophen nachstehen. Aber da die verderbte Natur, wenn sie nicht von der göttlichen Gnade unterstützt wird, von
sich aus immer dem Tiefen zustrebt, kamen dann diese armen
Menschen dazu, mehr und mehr sich so sehr von diesem ersten
Lichte zu trennen und sich in so großer Freiheit auszuweiten, daß
sie sagen und tun gerade, was sie wollen, ob Recht oder Unrecht,
ohne jedwede Furcht. Soweit sie nun in diesen Zeiten dem Götzen-

---

[1] Es handelt sich um jenes Buch, in dem die ältesten chinesischen geschichtlichen Texte vereinigt sind (I p. 110 n. 1). (Cfr. STUD. OR.² = D'ELIA S. I.
P. PASQUALE - *Contributo alla storia del monoteismo dell'antica Cina,* in « Rivista degli studi orientali », vol. XXVI, pp. 129-149).

dienst entrinnen, gibt es dennoch wenige, die nicht dem Atheismus verfallen » [2].

Ja, Ricci sagt, daß der größte Teil der Literaten seiner Zeit Atheisten sind [3].

Trotz letzterer betrüblichen Tatsachen findet Ricci doch viel Gutes in der Weltanschauung der Literaten seiner Zeit, das sich allerdings nicht so sehr stützt auf eine eigene religiöse Überzeugung, als vielmehr auf die Klassiker. In dieser Übereinstimmung mit den Klassikern will der folgende Satz Riccis verstanden werden:

> « Das Ziel dieser Religion der Literaten ist der Friede und die Ruhe des Reiches, die gute Verwaltung der Hauswesen und der einzelnen. Dafür geben sie sehr gute Richtlinien, alle in Übereinstimmung mit dem natürlichen Lichte (der Vernunft) und mit der katholischen Wahrheit » [4].

Ja, es ist ihnen noch soviel an natürlichem Lichte gegeben, daß sie leicht aus sich heraus das Elend, in dem sie liegen, erkennen. Man bekennt ganz naiv diese Tatsache, ohne daß man sich über den Modus klar ist, aus diesem Elend herauszukommen [5].

Nach dem Katechismus des Ruggieri ist dieser Besitz des natürlichen Lichtes der Vernunft die Ursache, weshalb Gott nicht früher Mensch wurde. Gott hoffte nämlich, daß die Menschen dieser Welt sich dem Naturgesetz beugen würden und sich allein unter der Führung des Naturgesetzes bessern würden. Erst als Gott sah, daß die Menschen keine Reue mehr über ihre Sünden empfanden, stieg er zur Erde hernieder, um die Menschen zu lehren. Es ist damit wie mit einer Krankheit. Im Anfang bedarf der Kranke noch keiner Medizin. Er muß sich bestimmter schädlicher Speisen enthalten. Der Arzt hofft, daß er auf diese Weise wieder gesund wird. Erst wenn er sieht, daß es so nicht weitergeht, wendet er die Medizin an [6]. So hat Gott von Anfang an zwei große Hauptgebote in das menschliche Herz gelegt, daß der Mensch nämlich nur einen Gott in seinem Herzen anerkennt, den er ehren muß, und daß der Mensch die gleiche Haltung anderen Menschen gegenüber zeigt, wie er sie sich selber gegenüber aufbringt. Durch die

---

[2] I Nr. 170.
[3] I Nr. 199; cfr. I p. 132 n. 2.
[4] I Nr. 180.
[5] I Nr. 149.
[6] CAT. RU. Cap. IX. Zu der Frage, warum das Christentum so spät nach China kam: CAT. RI. Cap. VIII (gegen Ende).

Beobachtung dieses Naturgesetzes konnte der Mensch seine ewige Seligkeit sicherstellen. Dieses Gesetz wurde nicht geschrieben, es wurde vielmehr dem menschlichen Herzen selber offenbart. Das Tun des Guten und das Meiden des Bösen ist ein Gesetz des Herzens, das man nicht in der Schule lernt, sondern das dem eigenen Ich als ganz natürlich bekannt ist [7].

Ricci hat ähnliche Gedanken in seinem eigenen Katechismus:

« Heute gibt es nur wenige, die dem Gesetze (Naturgesetz) folgen, während es früher keinen gab, der sich gegen dieses Gesetz verfehlte. Gott hat dieses Gesetz in das Herz geschrieben und hat den Heiligen und Weisen aufgetragen, es in ihren Büchern zu verbreiten. Diejenigen, welche es übertreten, beleidigen gewiß den Höchsten Gebieter (Shang-Ti) » [8].

Diese kurzen Ausführungen sollten die Grundlage der Auffassung Riccis gegenüber dem Konfuzianismus klarstellen. Wir können ihre Ergebnisse so zusammenfassen:

1. Im alten China war die Religion sehr rein erhalten, so rein, wie bei keinem anderen Volke.

2. Im alten China betete man ein höchstes persönliches Wesen an.

3. Im alten China ließen sich die Menschen leiten von der Stimme der Vernunft, die für sie die Stimme Gottes war.

4. Die alten Klassiker geben diesen Idealzustand noch wieder. Sie sind also geeignet, auch heute noch ihre heilsamen Wirkungen auf das Volk auszuüben, wenn sich das Volk nur durch die Tat auf diese besinnen wollte.

5. Im neuen China ist überall eine starke Korruption in den Dingen der Religion festzustellen. Wenn es also gelänge, die Chinesen der Jetztzeit auf die Befolgung der in den alten Büchern ausgedrückten Stimme der Vernunft zurückzubringen, wäre der Boden am besten vorbereitet für die Wirkung der Gnade des Reiches Gottes, welches die Missionare den Chinesen bringen wollen.

Bei der näheren Behandlung Riccis und seiner Stellung zu Konfuzius und Konfuzianismus können wir, ohne einzugehen auf die Frage der Riten gegen Konfuzius, 4 Punkte unterscheiden:

1. Riccis Stellung gegenüber Konfuzius.
2. Ricci und der Konfuzianismus.

---

[7] Cat. Ru. Cap. VIII.
[8] Cat. Ri. Cap. V.

3. Riccis Zurückgreifen auf die alten Zeiten Chinas: Der Maßstab für die Beurteilung der Brauchbarkeit des Konfuzianismus für das Christentum.

4. Riccis wohlwollende Interpretation konfuzianischer Lehren, die dunkel, falsch sind oder fehlen.

1. Riccis historisches Weltbild ist von der Hl. Schrift her bestimmt. Er weiß daher, daß Gott die Welt am Anfang gut erschaffen hat, daß sie ohne Fehler war. Dann fielen die Menschen in die Sünde. Damit die Menschen in der Folge Gott aber leichter erkennen könnten, sandte Gott jeder Generation Heilige und Weise. Als dann das Elend auf das höchste gestiegen war, sandte Gott seinen Sohn Jesus Christus in die Welt, um die Menschen zu erlösen [9].

Auch das chinesische Volk hatte seine großen Weisen und Mahner. Der größte unter ihnen war Konfuzius. Er wurde im Jahre 551 v. Chr. geboren « und lebte mehr als 70 Jahre ein sehr gutes Leben. Er lehrte durch seine Worte, Werke und Schriften dieses Volk. Daher wird er von allen als der größte und heiligste Mensch angesehen und verehrt, der je auf Erden gelebt hat. Und in der Tat, in dem, was er sagt und in seinem guten Lebenswandel, der konform der Natur ist, steht er nicht unter unseren alten Philosophen, übertrifft (aber) viele. Daher stellt auch keiner der Literaten irgend etwas von dem, was er sagt oder schreibt, in Zweifel » [10].

---

[9] CAT. RI. Cap. VIII.

[10] I Nr. 55; cfr. FRANKE OTTO - *Geschichte des chinesischen Reiches*, voll. 3, Berlin 1930-1937, vol. I., p. 295: Der Verfasser spricht über den Durchbruch des konfuzianischen Systems unter der Regierung des Kaisers Wu Ti. Wu Ti kommt 141 (v. Chr.) zur Regierung. « Seine vierundfünfzigjährige Regierungszeit bildet den Höhepunkt der Han- Dynastie und die inhaltschwerste Periode der chinesischen Geschichte während ihres gesamten Mittelalters ». « Sie hat der Entwicklung des chinesischen Geisteslebens die Richtung gegeben, die sie für die nächsten zwei Jahrtausende beibehalten hat ».

Unter Wu Ti wurde dem Reich « neben der politischen auch die einheitliche geistige Struktur gegeben, die sich dann beide zu einer unteilbaren Einheit verschmolzen haben ».

p. 300: Seit Wu Ti muß die Lehre des Konfuzius « allein den Bildungsinhalt für das Volk bilden und mit dieser Lehre soll nicht bloß eine bevorzugte Schicht, sondern mit ihrem Geist muß das ganze Volk, der ganze Staat erfüllt werden ».

p. 301-302: « Maßstab für die Geeignetheit der auszuwählenden Kanditaten des Staatsdienstes wurde die Kenntnis des konfuzianischen Schrifttums und nur diese allein. Aus dem von Wuti eingeführten System des ' hohen Studiums ' (einer Art Akademie am Kaiserhof von 50 jungen Leuten, die von den Hofgelehrten unterrichtet wurden) ist in kaum noch unterbrochener Entwicklung

In diesen Ausführungen Riccis liegt ein Vielfaches: Er anerkennt Konfuzius als einen wahrhaft großen Menschen, der eine Sendung an seinem Volke zu vollziehen hatte und vollzogen hat. Der Vergleich mit den Philosophen des Westens ist sehr bedeutsam, um zu sehen, wie Ricci Konfuzius persönlich einschätzt. Vergessen wir nicht, daß Ricci aus der Renaissance und dem beginnenden Barock stammt, Geistesrichtungen, die außerordentlich hoch von den Weisen des alten Abendlandes dachten. Für die Anpassung von besonderer Bedeutung ist die Betonung der Tatsache, daß keiner der Literaten etwas von dem in Zweifel zieht, was Konfuzius schrieb oder tat. Wenn also Konfuzius gewissermaßen für die Konfuzianer infallibel war, wie mußte sich Ricci dann zu ihm stellen? Durfte er diesen Erzieher des Volkes mit seinen unbestreitbaren Verdiensten einfach übergehen? Gerade aus den Büchern des Konfuzius würde man wegen seiner überragenden Stellung immer wieder versuchen, die Richtigkeit der Lehre Riccis festzustellen und in Frage zu stellen. Wir können in diesem Sachverhalt wieder eine Bestätigung dafür finden, daß die Verhältnisse die Methode Riccis formten. In diesem Falle waren es allerdings nicht die Verhältnisse allein. Die Kenntnis und das Verständnis der Schriften des Konfuzius brachten Ricci zu einer ehrlichen Bewunderung.

Die Bedeutung des Konfuzius für China läßt es als selbstverständlich erscheinen, daß das chinesische Volk ihm auch bestimmte Ehren erweist. Aber, wie Ricci berichtet, geht es bei diesen Feierlichkeiten ohne Gebete zu Konfuzius her [11], was ein klarer Beweis ist, daß Konfuzius nicht als Gott verehrt wird [12]. Er und seine Genossen waren vielmehr *Heilige*. Dieser Heiligenbegriff fällt aber nicht mit dem Unsrigen zusammen und Ricci hat beide Begriffe auch nie zu verwischen gesucht. Das geht schon daraus hervor, daß man Ricci selber mehrmals während seines Lebens den Titel

---

im Laufe der Zeit das großartige, in der Welt einzig dastehende staatliche Prüfungsystem der Chinesen erwachsen, das erst im Jahre 1905 unter dem Drucke der abendländischen Kultur ein Ende gefunden hat ».

p. 302: « Die chinesischen Staatsleitungen haben denn auch die von Wu ti betretene Bahn niemals wieder verlassen. Was danach in der politischen Gestaltung folgt, ist nur ein weiterer Ausbau des Systems ».

Die Bedeutung des Konfuzius und des Konfuzianismus kann nicht deutlicher ausgesprochen werden als mit diesen Worten des bekannten Sinologen.

[11] I Nr. 178.

[12] I p. 119 n. 2. Das kommt an anderer Stelle noch klarer zum Ausdruck, wenn Ricci sagt, daß die Chinesen in Konfuzius keine Gottheit anerkennen und nichts von ihm erbitten (I Nr. 55).

eines « Heiligen » gegeben hat, weil er in ähnlich hervorragender Weise das chinesische Volk belehrte wie Konfuzius. Dieser Titel wurde ihm aber nicht von Christen gegeben, sondern von Heiden, die nicht wußten, was ein christlicher Heiliger ist, wobei nicht abgestritten sein soll, daß Ricci auch ein heiligmäßiger Mann in unserem christlichen Sinne gewesen ist. Die Beilegung des Titels « Heiliger » will im Sinne Riccis dem Konfuzius nichts anderes geben, als was die Chinesen selber nach Riccis Auffassung dem Konfuzius damit beilegen wollen. Ricci macht einen klaren Unterschied zwischen dem « Heiligen » Chinas und dem « Heiligen » der hl. Kirche. In seinem Katechismus spricht er über Christus und seine Gottheit. Sein Gesprächspartner wirft ihm entgegen, daß Christus vielleicht nur ein außerordentlicher Mensch gewesen sei, aber nicht Gott. Der westliche Literat (Ricci) antwortet darauf:

« Wenn der Brauch des großen Okzident will, daß das Wort 'Heiliger' einen eingeschränkteren Sinn hat als in China, um wieviel mehr dann das Wort Gott? Wenn der Souverän eines Landes mit 100 Li Umkreis seine Vasallen rufen würde, sich zur Eroberung der Welt zu versammeln, wenn er diese erobern würde ohne irgendein Unrecht und ohne die Tötung Unschuldiger, so würden unsere westlichen Länder ihn deswegen nicht einen Heiligen nennen ».

Zu ergänzen: Ihr aber würdet ihn schon einen Heiligen nennen! Ricci fährt dann fort:

« Wenn ein erhabener Souverän auf 1000 Viergespanne verzichten würde, um Mönch zu werden und unter Verzicht auf Ehre in Armut leben würde, so würde man diesen kaum 'einfach' (frugale) nennen », (also erst recht nicht einen Heiligen). « Jener, den man einen Heligen nennt, ist der, welcher Gott mit Eifer anbetet, der sich nährt von Verdemütigungen und der weiterhin spricht und handelt erhaben über die anderen, in einer Weise, die sicher über menschliche Kräfte geht »[13].

Es ist also klar: Ein Heiliger der chinesischen Klassiker ist noch längst nicht ein christlicher Heiliger. So auch Konfuzius: Er mag seinem Volke viel getan haben, er mag sogar gerettet sein[14], aber ein Heiliger in unserem Sinne ist er deswegen noch lange nicht.

---

[13] I p. 118 n. 7; II p. 73 n. 1; Cat. Ri. Cap. VIII.
[14] I Nr. 170; I p. 110 n. 2.

16 J. Bettray, S. V. D.

2. Obwohl Ricci an zahlreichen Stellen von den «drei Religionen Chinas» spricht, hat er den Konfuzianismus, eine derselben, doch nicht für eine eigentliche Religion gehalten. Er hat an einer Stelle fast eine Definition des Konfuzianismus, die uns seine Stellungnahme klar macht:

> «... und allzumal sie nichts befehlen und nichts verbieten von dem, was man zu glauben hat von den Dingen des anderen Lebens, und viele von ihnen zugleich mit dieser ihrer eigenen den beiden anderen Sekten folgen, kommen wir zu dem Ergebnis, daß es sich nicht um eine 'legge formata' (um eine regelrechte Religion) handelt, sondern im eigentlichen Sinne um eine Akademie, die eingerichtet ist für die gute Regierung des Staates» [15].

Diese Auffassung Riccis vom Konfuzianismus ermöglichte es ihm, sich einige Jahre nach seiner Ankunft in China den Konfuzianern zu nähern (nach 16 Jahren), eine Sache, die «unerhört war in China, denn alle, die bis dahin aus dem Westen gekommen waren und auch vom Osten, um eine Religion zu verbreiten, waren von Konfuzius und den Literaten abgerückt und erhoben die Dinge der Götzen (Buddhisten)» [16]. Ricci hatte sich so sehr dem Konfuzianismus genähert, daß es auch solchen nicht verborgen blieb, die ihn gar nicht kannten. Seine Autorität wird öffentlich zum Schutze des Konfuzianismus angerufen im Kampfe gegen das buddhistische Eindringen in die Gesellschaftskreise der Literaten. Man sagt von Ricci, daß er die Lehre des Konfuzius hochpreise (in-grandiva) [17].

Warum nahm er diese Haltung ein? Weil er der grundsätzlichen Überzeugung war, daß der Konfuzianismus nur ein Beginn sei, aber ein solcher, den man bestehen lassen konnte. Zwar konnte und mußte man ihn verbessern, aber im Grunde genommen ist er nichts anderes als eine ziemlich gut gelungene Ausprägung des dem Menschen natürlich angeborenen religiösen Bewußtseins. Und so kann man mit der nötigen Vorsicht sogar vom Christentum, insoferne dieses ja auch die natürlich-religiösen Wahrheiten kennt, als der Weiterführung und Vollendung des Konfuzianismus sprechen.

Die Stellung Riccis wird besonders klar aus seinem Briefwechsel mit dem Bonzen Shen Lien-chih. Er führt aus, daß er gegenüber den Lehren des Konfuzius keine neuen Lehren bringe. Wenn

---

[15] I Nr. 181.
[16] II Nr. 555.
[17] II Nr. 557.

er aus diesen Lehren allerdings Schlußfolgerungen zieht, die man bisher noch nicht gezogen hat, so kann man das deswegen keine neue Lehre heißen. Daß es sich um keine neue Lehre handeln kann, geht auch daraus hervor, daß die Kriterien der Wahrheit in beiden Systemen die gleichen sind:

> « Die Kaiser und Könige, die Heiligen und Weisen haben gesagt, daß man dem Himmel dienen muß, ihn fürchten muß etc. Man nimmt das als wahr hin. Aber die Kaiser und Könige, die Heiligen und Weisen haben auch selber so gehandelt, und sie haben sicher andere belehrt, damit alle desgleichen tun. Sicher haben sie begehrt, daß alle Menschen so tun, und daher haben sie verdient, Kaiser, Könige, Heilige und Weise genannt zu werden ».

Dieser Passus zeigt uns, daß die wesentliche Aufgabe eines jeden Menschen, der Dienst des lebendigen, persönlichen Gottes, von den alten chinesischen Kaisern und Königen, Heiligen und Weisen den Menschen gelehrt worden ist. An sich wäre also auf diesem Wege die Rettung der Menschen möglich gewesen. Aber Ricci fährt fort:

> « Wenn es in der heutigen Welt tatsächlich möglich wäre, daß alle Menschen in Reinheit dienten und anbeteten, daß alle Menschen tagtäglich in ihren Handlungen, Worten und Gedanken auch nicht den geringsten Fehler begingen, wodurch sie den Himmel beleidigten, so wäre das, was die Heiligen und Weisen, die Kaiser und Könige sagten und wollten, vollkommen erfüllt, und man könnte sagen, daß nichts fehlt und daß man keine neue Lehre zu erwarten braucht. Im entgegengesetzten Falle aber würde die Absicht der Kaiser und Könige, Heiligen und Weisen auch heute noch nicht erreicht sein, und man müßte in der Tat erwarten, daß einer der Nachkommen das hinzufügte, was noch fehlt. Wenn deshalb Yao, Shun, Konfuzius und Mengtze heute leben würden und dem Volke den Frieden bringen wollten, so würden sie, wohl wissend, daß die Pflicht der Anbetung und des Kultes noch nicht genügend erfüllt ist, gewißlich nach dem Modus suchen, diese zu befriedigen - wie ein Verhungernder bezüglich der Nahrung und ein Verdurstender bezüglich des Trankes. Wenn sie dann hörten, daß man den Katholizismus predigt, der lehrt, daß man anbeten und den Kult (Gottes) praktizieren muß, so würden sie das Volk unterrichten, sich zum ' Herrn des Himmels ' zu bekehren und würden diesen bitten, das Volk zu segnen, und sie würden das im innersten Herzen tun, damit doch kein Mensch und kein Tag jemals absichtlich den Himmel beleidigte ».

Wir sehen: Ricci sagt, daß die einfache Gotteslehre für die alten Zeiten genügte, daß sie heute aber zum großen Teil vergessen und mißachtet ist. Man muß aber das Volk wieder zu Gott führen. Wie kann das geschehen? Die alte Lehre war, so gut sie in sich war, unvollendet, die Anbetung und Verehrung genügen nicht mehr allein. Für heute muß mehr geboten werden aus dem Schatze der göttlichen Wahrheit. Dieses Mehr bietet der Katholizismus, der nicht im Gegensatz zum Alten steht, sondern die Erfüllung des Beginnes des Alten ist. In diesem Sinne fährt Ricci fort:

> « Diejenigen, die dem Himmel dienen, beobachten die Lehre, die von ihm selber verkündet wurde und erwarten nichts Neues. Können wir (vielleicht) sagen, daß das, was sie an Neuem erwarteten (gemeint sind die alten Kaiser, Könige, Heiligen und Weise), etwas ist, was nach dem Buddhismus kommt »?

Mit anderen Worten: Ist das Christentum, das nach dem Buddhismus nach China gekommen ist, wirklich etwas Neues für das Land? Nein, vielmehr:

> « Die katholische Religion hat sich, angefangen von der Schöpfung und späterhin bis auf unsere Zeit, in klarer und geordneter Weise entwickelt! In ihr ist kein Wort, kein Satz, keine Tat, kein Gesetz, was nicht vom Höchsten Gebieter, dem Herrn des Himmels käme ... Wer hätte eine Norm aus sich zu erfinden gewagt? Oder ein Wort aus sich zu schreiben sich getraut (in der Hl. Schrift)? Nur deshalb, weil die ' Blume der Mitte ' soweit entfernt war, ist diese (Religion) noch nicht dorthin gekommen. Aber sie ist (endlich) gekommen in diesen letzten Jahren. Es handelt sich also nicht um eine neuerfundene Lehre von heute ».

Das Christentum ist also uralt. Es ist schon von Anfang der Welt an da. Und in diesen Anfängen berührt es sich sogar in der Gotteslehre mit der Gotteslehre Chinas.

Woher aber die Unterschiede? Warum muß die katholische Religion nach China kommen? Ricci fährt fort:

> « Was nun die Bücher des ' Reiches der Mitte ' betrifft, in denen Yao, Shun, Konfuzius und Mengtze vom Himmel und seinem Dienste sprechen, so wurden diese von den Ch'in (Dynastie) verbrannt. Die Bücher der Taoisten wurden verbrannt von den Han (Dynastie). In die buddhistischen Bücher fügte man mit dem 3.-6. Jh. nach Christus (Dinge bezüglich) der Examina der Literaten, des guten Namens, des Reichtums und der Ehre mit ein. Da also die Bücher in dem, was sie sagten und in den Tatsachen, die sie berichteten, lückenhaft waren, da man auch die Menschen nicht sah, ob sie sich jeden Tag Mühe gegeben haben, die Weisheit

zu üben, wie kann man dann sagen, daß sie (die Bücher) genügten? Und auch wenn sie genügt hätten, sollte es nicht erlaubt sein, sie (mit dem Christentum) zu konfrontieren und sie weiterzuentwikkeln? Wenn man (dagegen) behauptet, daß man einige Bücher und wenige Worte besäße, und daß diese genügten: Wie wäre dann nach Yao und Shun (also nach dem, was diese uralten Kaiser gesagt haben und aufgeschrieben haben) noch Platz gewesen für Konfuzius und Mengtze? Diejenigen, die wirklich Yao und Shun, Konfuzius und Mengtze nachahmen, verwerfen sicher nicht die anderen über 1000 Li hinaus, wobei sie sich stützen auf lückenhafte Worte von Yao und Shun, Konfuzius und Mengtze » [18].

Die Auffassung Riccis, daß die buddhistischen Bücher manches aus der Lehre der Literaten, also aus der des Konfuzius übernommen haben, findet auch ihren Niederschlag in einem Epilog des Dr. Li Chih-tsao zu den « 10 Paradoxa »:

« Das also, was ich nicht in unsern kanonischen Büchern gesehen habe, davon sagt uns die Vernunft, daß es darin sein muß, was oberflächliche Literaten in Zweifel ziehen. Nimmt man den Raub (der konf. Lehren) von Seiten der Buddhisten an, so haben sie dieselben dann in ihre Theorien hinein vermengt, um so die Welt zu täuschen. Aber der Dr. Ricci, der allein aus dem Westen in das Reich der Mitte kam, hat ihnen diese entrissen und hat sie unsern Konfuzianern wiedergegeben, um die verlorenen Dokumente zu ergänzen, um so die Tauben und verwirrte Personen zu erschüttern, ohne sich zu kümmern um die Zweifel und Schmähungen jener Sektierer. Seine Lehre wird sich gewiß weitergeben und wird nicht untergehen » [19].

Der obige, etwas lange, aber außerordentlich wichtige Passus gibt ein sehr gutes Bild der Gedanken Riccis zu der chinesischen Weisheit. Es liegt in ihm die Anerkennung echten religiösen Gedankengutes im alten China, das aber ergänzungsbedürftig geworden ist. Die Erfüllung bietet das Christentum.

Trotz dieser offenkundlichen Sympathien darf man nicht auf den Versuch der Verwischung der Grenzen zwischen Konfuzianismus und Christentum schließen wollen. Um diese Möglichkeit gleichsam a priori auszuschließen, sei nur an die Tatsache erinnert, daß Ricci ein Missionar des Entdecker- und Erobererzeitalters ist, das sich voll bewußt war der starken europäischen Über-

---

[18] BRIEFWECHSEL = RICCI S. I. P. MATTEO - *Briefwechsel mit dem Bonzen Shen Lien-chih*, Peking nach 1607, f. 20a-f. 21a.
[19] PROLOGE U. EPILOGE.

legenheit in jeder Hinsicht. Ricci weiß sich im Vollbesitz der Wahrheit. Das Kriterium, weshalb er in den konfuzianischen Schriften etwas als gut und wahr anerkennt, ist nicht im letzten Grunde die Tatsache, daß Konfuzius dieses oder jenes gesagt hat, sondern die Überzeugung, daß Gott sich dieses Mannes bedient hat zur Erfüllung der unerforschlichen Absichten mit diesem Volke. Es ist also durchaus der Vorwurf der Buddhisten abzuweisen, als wenn Ricci sich aus kluger Politik den Literaten genähert hätte und ihnen mit der Lehre hätte schmeicheln wollen. Es ist richtig, daß er das gute Verhältnis zu den Literaten und damit zu den Mandarinen als das wichtigste Missionsmittel in rein taktischer Hinsicht benützte. Es besteht aber kein ursächlicher Zusammenhang zwischen dieser Tatsache und der anderen: daß sich im Konfuzianismus günstige doktrinäre Ansätze boten für das Christentum. Dieses, ich möchte sagen, providentielle Zusammentreffen ist allerdings als günstiger Umstand der Missionstätigkeit Riccis zu buchen. Riccis Sympathie mit der Lehre des Konfuzianismus ist an erster Stelle nicht aus seinem Interesse am gegenwärtigen Konfuzianismus entstanden, sondern ist historisch bedingt, wollte allerdings durch Wiederherstellung des Alten belebend auf das Neue einwirken. Daß Ricci dem ihm gegenwärtigen Konfuzianismus auch entgegenzutreten wagte, ist genügend bezeugt. Eine Stelle als Beleg genügt für die Kennzeichnung der Situation im allgemeinen: « Es begann sich in China herumzusprechen, daß die Unsrigen hierhin gekommen waren, um das hl. Evangelium zu verkünden, welches mit sich keine anderen (fremden) Sekten duldete ». Wenn Ricci diesen allgemeinen Satz auch einschränkt, indem er ihn vor allem gegen den Buddhismus münzt, so ist doch die klare Stellungnahme gegen die beiden anderen darin nicht ausgeschlossen. Die Chinesen wissen genau, daß es nicht möglich ist, Christentum und die drei Religionen Chinas, insofern sich eine Harmonie zwischen ihnen nicht herstellen läßt, zu mischen [20].

Daß andererseits der Konfuzianer doktrinär am wenigsten Schwierigkeiten gegen das Christentum haben konnte, liegt auf der Hand. Ricci meint, daß es ohne weiteres möglich sei, Konfuzianer zu sein und Christ zu werden, denn im *Wesentlichen* enthält der Konfuzianismus nichts gegen das *Wesen* des katholischen Glaubens [21]. Ricci bemerkt mit Genugtuung, daß der Konfuzianismus, also die Schule für die Übung der Tugend hienieden, nichts mit

---

[20] II Nr. 633.
[21] I Nr. 181.

dem Götzendienst zu tun hat und daß er fähig sei, sich dem Christentum anzupassen [22]. Ähnlich drückt sich der Akademiker Chou Ping-mu in seiner Vorrede (1608) zu den « 10 Paradoxa » aus: « Das System, das sich gründet auf den Himmel (die katholische Religion) nähert sich der Lehre unseres Heiligen (Konfuzius) » [23]. Man sieht: Die Begegnung liegt, neben der Gotteslehre, besonders auf dem Gebiete der Moral. Daher versucht Ricci und zwar mit Erfolg, den Führer der Sekte der Literaten (Konfuzius) auf seine Seite zu ziehen [24].

3. Bereits mehrfach wurde klar, daß es Ricci darauf ankam, aus der historischen Sicht des Konfuzianismus Gewinn zu ziehen für die eigene Missionsarbeit. Diese Methode Riccis ist so wesentlich und so bedeutsam, daß wir sie noch um einige Grade stärker hervorheben müssen. Riccis Erklärung des Konfuzius stimmt nicht überein mit der Erklärung desselben durch viele zeitgenössische Literaten. Für Ricci ist maßgebend, was der geschichtliche Konfuzius und damit der geschichtliche Konfuzianismus der Anfänge als Zusammenfassung echter religiöser Traditionen gelehrt hat, nicht, was die Interpreten späterer Zeit daraus gemacht haben. Er wurde in diesem Sinne auch gut verstanden. Der Unterstaatssekretär Wang Chia-chih [25] schreibt in einer Vorrede zu den « 10 Paradoxa » Riccis:

> « Neuerdings hat er sich zur Aufgabe gestellt, seine Religion zu verbreiten. Er übt die Verehrung des Guten, die Achtung der fünf Beziehungen, den Dienst des Himmels. Im Sprechen ist er niemals gegen die großen Linien (der Lehre) von Yao, Shun, des Herzogs von Chou und des Konfuzius vorgegangen » [26].

Ricci schreibt in seinem Briefwechsel mit dem Bonzen Yü Tê-yüan:

> « Nachdem ich, Matteo, das Reich der Mitte betreten habe, habe ich ein wenig Literatur gelernt. Und so habe ich Yao, Shun, den Herzog von Chou und Konfuzius anerkannt und habe den Buddhismus verworfen. Das ist meine unerschütterliche Überzeugung, die in mir andauert bis heute. Ein so kleiner Fremder, welche Sympathie könnte er für Konfuzius haben, und welche Anti-

---

[22] II p. 297 n. a; TV p. 156, Brief Riccis vom 29. Aug. 1595 an P. de Sande.
[23] STUD. OR.³ p. 116.
[24] II Nr. 709; II p. 297 n. a; TV p. 387, Brief Riccis vom 15. Febr. 1609 a P. Pasio.
[25] II Nr. 533; II p. 40 n. 8; STUD OR.³ p. 121.
[26] II p. 305 n. 1.

pathie gegen Buddha? Wenn man sagt, daß ich, Matteo, dem Konfuzius geschmeichelt habe, um die Literaten und Mandarinen anzulocken, um so allmählich ihre Lehren anzunehmen: Warum sind dann die Chinesen, die den Buddhismus annehmen, viel zahlreicher als die, die den Konfuzianismus annehmen? Warum (also) nicht dem Buddhismus schmeicheln, um so völlig die Literaten und Mandarinen zu ködern und allmählich ihre Lehre anzunehmen? — Weil ich entschlossen den Geboten anhänge, bin ich frei und entschieden. Ich billige und verurteile, indem ich mich auf (folgendes) Kriterium stütze: Yao, Shun, der Herzog von Chou und Konfuzius haben sämtlich eine persönliche Kultur und den Dienst des Höchsten Gebieters (Shang-Ti) gelehrt. Deshalb erkenne ich sie an »[27].

In seinem Briefwechsel mit dem Bonzen Shen Lien-chih verwirft Ricci den Buddhismus geradezu deshalb, weil diese vorher erwähnten alten Chinesen ihn nicht gekannt haben. Er sagt, daß er sehr froh darüber sei, daß die Buddhisten sagen können, daß die (alten) Kaiser und Könige dem Himmel gedient haben, daß sie anerkennen, was Konfuzius und Mengtze über den Himmel sagen. Aber die Buddhisten haben die Lehre dieser Männer über den Himmel verdreht, indem sie Buddha über den Himmelsgott stellten und weil der « Ungeheure Himmel », der « Höchste Gebieter », dem die Heiligen und Weisen des Reiches der Mitte gedient haben, nur einer der vielen tausend « Herren des Himmels » des Buddhismus ist. Yao, Shun, Konfuzius und Mengtze haben nicht gewußt, daß es verschiedene Himmel gibt. Ricci will sagen: Wenn diese es nicht gewußt haben, die doch wirklich den wahren Gott kannten, so existieren diese Himmel auch nicht[28].

4. Trotz aller Sympathien Riccis mit dem Konfuzianismus ist er sich doch ganz klar darüber, daß sich in diesem weltanschaulichen System viele Lehren finden, woraus Schwierigkeiten entstehen könnten. Wie begegnet er diesen Dingen?

Der echte Konfuzianer ehrt den Himmel, er ehrt auch die Geister, die nicht so hoch stehen wie der Himmel. Aber schon über den Ursprung der Welt und über ihren Urheber weiß er nichts zu sagen. Auch sind Lohn und Strafe zwar bekannt, aber die meisten nehmen an, daß die Vergeltung bereits im jetzigen Leben stattfindet. Die Unsterblichkeit der Seele scheint einmal dagewesen zu sein, man hat aber wohl nicht die Hölle gekannt. Bedauerlich ist das Vorhandensein eines gewissen Pantheismus, der aber nicht

---

[27] BRIEFWECHSEL 1, f. 4a-f. 4b.
[28] BRIEFWECHSEL, f. 19a-f. 19b.

im System selber liegt, sondern vom Buddhismus her hineingetragen wurde. Ein Mangel ist auch das Fehlen eines Kultes des Himmels. Diesen darf nämlich nur der Kaiser vornehmen etc. [29].

Ricci steht allen diesen Mängeln grundsätzlich wohlwollend gegenüber bei vollkommener Klarheit und Betonung der eigenen Position. Schon aus dem geplanten Breve Sixtus' V. geht das hervor. Darin schreibt Ricci (der Verfasser des Breves):

> « Nachdem Wir (diese Priester) geschickt haben, haben Wir ihnen Instruktionen gegeben, die ihnen helfen sollen, ihre Mission zu erfüllen. (Insbesondere haben Wir ihnen empfohlen), die Religionen der Völker zu prüfen, durch deren Länder sie eilen, um zu sehen, ob sie wahr sind, ob sie übereinstimmen mit der Religion des Herrn des Himmels (T'ien Chu). Wenn es nun Menschen darin gäbe, die dem Aberglauben ergeben seien, so müßte man sie mit Güte ermahnen und zu unserer Religion bekehren, denn es geht nicht an, echte Edelsteine mit falschen Edelsteinen zu mischen » [30].

Diese Klarheit vorausgesetzt, findet Ricci viel Positives im Konfuzianismus, besonders in seinen moralischen Lehren. Diese finden sich niedergelegt in den klassischen Büchern. Über seine Stellung zu ihnen und dann auch zu den Lehren schreibt er:

> « Und ich begann in diesen Büchern, die ich verfaßt habe, sie (diese Wahrheiten) zu loben und mich ihrer zu bedienen als Hilfe zur Verwerfung der anderen, indem ich (die Lehren der Konfuzianer) nicht verwarf, sondern indem ich den Stellen, die unserer hl. Religion entgegengesetzt zu sein scheinen, eine (günstige) Interpretation gab. Damit habe ich soviel Feld gewonnen, daß wir nicht nur die Literaten nicht zu Feinden haben, sondern daß wir sie als Freunde haben, wenn auch eine Person, die sehr berühmt ist und der Sekte der Götzen (Buddhisten) ergeben ist, mich in einem Briefe, die sie mir schrieb (s. o.) einen Schmeichler der Literaten nannte, weil, wie sie sagte, ich einige alte Literaten ins Paradies versetzte. Und ich sorge dafür (Ricci als *Oberer der Mission*), daß die anderen diesem Stile folgen, denn wir hätten viel mehr zu tun, wenn wir die Absicht hätten, gegen alle drei Sekten zu kämpfen, wenn ich auch nicht aufhöre, einige neuere Meinungen der Literaten dieses Jahrhunderts zu bekämpfen, die den Alten nicht folgen wollen » [31].

---

[29] I Nr. 176: Hier die weitere Ausführung unserer Zusammenfassung.
[30] BREVE; cfr. ROMA PRESENTATA, pp. 177-178.
[31] TV p. 387, Bericht Riccis vom 15 Febr. 1609 an P. Pasio.

Eine klare Stellungnahme Riccis, die zugleich noch einmal das vorher Erwähnte neu beleuchtet: das Zurückgehen Riccis auf die alte, reine Lehre [32].

Warum sollte Ricci durch diese saubere, aber wohlwollende Stellungnahme zu den Schriften des Konfuzius die vielen Menschen, welche nicht die Götzen verehrten [33], welche sich nach der Lehre des Konfuzius richteten, nicht leichter zu den Wahrheiten des Christentums hinführen? Warum sollte er über Dinge, die nicht richtig waren oder die fehlten, nicht in einer Weise vortragen, daß Stolz und Nationalbewußtsein dieses kulturstolzen Vol-

---

[32] Cfr. das Gedicht des Yeh T'ai-shan, des ehemaligen Kanzlers Chinas, zu Ehren des P. Julius Aleni SJ, das allgemein auf die Missionare angewandt werden kann, besonders aber auf Ricci, den dieser Literat persönlich kannte:
 « Aber siehe: Die Männer des Westens kamen von 80.000 Li.
 Sie haben die fernsten Wüsten durchquert.
 Mit den Schiffen haben sie die Ozeane überwunden.
 Sie sagten, daß sie liebten die Gebräuche Chinas,
 daß sie (die Missionare) in Einklang seien mit der Lehre unserer Literaten,
 In den von ihnen herausgegebenen Büchern finden sich oft Worte (der Klassiker).
 Und ihre Freunde sind Männer von Ruhm ».
(So der Auszug aus einem längeren Gedicht (II p. 42 n. b)). Aus dem bisher Gesagten dürfte klar geworden sein, daß Ricci die Klassiker tatsächlich (cum grano salis ist dieses Wort zu verstehen) gebrauchte, « um die christliche Wahrheit zu bestärken » (FRANKE, p. 249 f.: *Der geschichtliche Konfuzius*). Man darf nicht vergessen, daß alle diese Literaten ja noch keine Christen waren, daß Ricci erst einmal ein Fundament haben mußte, auf Grund dessen man sich gegenseitig verstand. Dieses aber war, nach der Auffassung Riccis, in einigen konfuzianischen Lehren gegeben. In dem gleichen Sinne ist zu beachten, daß die meisten Schriften Riccis nicht die Verchristlichung als Aufgabe hatten, sondern erst einmal ein Terrain einebnen wollten für das Kommen der Offenbarungswahrheiten des Christentums. Die wenigsten Schriften Riccis haben die eigentliche Offenbarung zum Gegenstand. Ein typisches Beispiel dafür ist das reifste Werk Riccis, sein Katechismus. Das Buch ist kein Katechismus in unserem Sinne, ist also keine Abhandlung über die Glaubensartikel. Es schließt zwar mit einigen speziell christlichen Dingen ab, spricht auch über Jesus Christus, aber mehr in einem vorbereitenden Sinn: Es will die Menschen gleichsam neugierig machen auf das, was noch kommt, nachdem der christliche Literat in ihm schon so viele schöne Lehren vorgelegt hat. Erst durch die « dottrina cristiana » werden die Chinesen in die eigentlichen Glaubensgeheimnisse des Christentums eingeführt werden. Durch sie und durch ihre Erklärung wird die volle Wahrheit an den einzelnen herangetragen (CAT. RI. Cap. VIII; cfr. BECKMANN JOHANNES - *Die katholische Missionsmethode in China in neuester Zeit (1842-1912)*, Bethlehem 1931, p. 108: Die Aufführung einiger Synoden der neueren Zeit, die gegen den Gebrauch von Worten des Konfuzius in den Predigten sprechen. Wie Ricci es damit hielt, ist weder im einen noch im anderen Sinne zu sagen.
[33] II Nr. 709, p. 296.

kes möglichst wenig verletzt wurden? Darum « erklärt » Ricci und verwirft nicht [34].

Gehen wir einmal in kurzen Strichen den einzelnen Punkten nach, die er wohlwollend erklärte. Da er grundsätzlich der natürlichen Theologie des Konfuzianismus vom Himmel freundlich gegenüber steht [35], wird er versuchen, die Gründe ausfindig zu machen, weshalb es Lehren gibt, die mit dem reinen Gottesbegriff nicht in Evidenz zu bringen sind.

Das gilt an erster Stelle vom « T'ai Chi ». Wir wollen dieses wiedergeben mit « Summum Extremum ». Von ihm handelt der erste Teil der Glossa zum « Buch der Veränderungen », der fälschlich dem Konfuzius zugeschrieben wird. Es handelt sich um ein pantheistisches Prinzip, welches die beiden Formen (Yang und Yin) hervorbringt, die wiederum die 4 Bilder und diese wiederum die 8 Trigramme hervorbringen. Legge meint, daß diese Lehre ihren Eingang in den Anhang dieses Buches etwa im 5.-4. Jh. vor Christus gefunden hat und zwar von einer taoistischen Quelle her. Dieses « Summum Extremum » ist von den chinesischen Philosophen des 10.-15. Jh. auf die verschiedenste Weise erklärt worden. Ricci lehnt auf das schärfste die Formulierung ab, als wenn das « Summum Extremum » Shang-Ti, den Höchsten Gebieter, das höchste Wesen selber, hervorgebracht habe. Er sagt in seinem Briefwechsel mit dem Bonzen Yü Tê-yüan,

> « daß das 'Summum Extremum' den 'Höchsten Gebieter' hervorgebracht habe, stimmt nicht mit dem überein, was von den Heiligen und den Weisen der vorhergehenden Generationen gesagt wurde » [36].

Ähnlich spricht er sich im Katechismus aus:

> « Obwohl ich erst in meinen letzten Jahren nach China gekommen bin, habe ich doch die alten Klassiker ohne Faulheit studiert. Ich habe indessen sagen hören, daß die alten Edelleute den obersten Gebieter von Himmel und Erde verehrten, habe aber nicht sagen hören, daß sie das 'Summum Extremum' verehrten. Wenn das 'Summum Extremum' der 'oberste Gebieter' (Shang-Ti) ist, der allem Sein vorgeboren ist, warum haben dann die alten Heiligen diese Lehre verborgen » ?

---

[34] II p. 297 n. a.
[35] Cfr. I p. L: Dort eine kurze Zusammenfassung der Lehre des Konfuzius vom Himmel.
[36] II p. 297 n. d.; BRIEFWECHSEL 1, f. 3b - f. 4a.

Andererseits kann man das « Summum Extremum » auch nicht eine Art Weltvernunft nennen, denn die Vernunft ist nicht eine Substanz, sondern eine Art Akzidens [37]. Dieses Akzidens existiert nicht aus sich, kann also auch nicht ein anderes Sein subsistieren machen. Ricci schreibt:

> « Die Studiosi der Wissenschaften des Reiches der Mitte sprechen, wenn sie von der Vernunft reden, von zwei Arten derselben: Jene, die im Geiste des Menschen ist und jene, die in den Dingen ist. Wenn die Eigenschaften der Dinge der Vernunft dem Geiste des Menschen konform sind, sagt man von der Sache, daß sie wahr ist. Wenn der Geist des Menschen in die Natur der Dinge einzudringen vermag, und daraus alles, was darin ist, schöpft, so nennt sich das ' die Dinge durchforschen ' (scrutare le cose) [38]. Nach dem einen wie dem anderen (Sinn) ist die Vernunft sicher ein Akzidens. Wie könnte sie da je Ursprung der Dinge sein? Die eine wie die andere (Art der Vernunft) kommt nach der Sache: Wie ist aber das, was später kommt, Ursprung von dem, was früher war » [39]?

Also läßt sich weder aus der « Tradition » noch aus der « Ratio » diese oder jene Auffassung des « Summum Extremum » halten.

Wie ist es aber zu verstehen? Wir besitzen darüber ein herrliches Dokument Riccis selber. Er schreibt dieses an den P. General Aquaviva:

> « Haec doctrina de Taikieo *nova* est, et quingentos ante annos data. Et in quibusdam, si attente consideretur, *pugnat* cum Sinarum *antiquis sapientibus* qui rectius de Deo sensere. Ex ijs quae de Taikieo loquuntur, nihil mea quidem sententia aliud est, quam id quod nostri philosophi dicunt primam materiam, quia id minimae entitatis esse, imo aiunt non esse rem et esse in omnibus rebus tamquam illarum partem, non esse spiritum neque intelligere. Et licet dicant aliqui esse rerum rationem, non intelligunt per rationem aliquid substantiale neque intelligens, et magis accedit ad rationem ratiocinatam quam ad ratiocinantem. Demum non solum inter illos *varia* est ejus interpretatio, sed multa dicunt absurda. Quare satius esse duximus in hoc libro impugnare, quam ea quae dicuntur, congruenter ad Deum detorquere, ne videremus nos magis sequi legem sinicam, quam facere et interpretari sinicos autores ut sequantur nostram legem. Et quia literati qui Sinam gubernant, maxime nobis infensi sunt ob hujus principij impug-

---

[37] CAT. RI. Cap. II.
[38] Ein Ausdruck der « Großen Wissenschaft ».
[39] CAT. RI. Cap. II.

nationem, nisi sumus magis impugnare explicationem hujus principij quam principium. Et in fine, si Taikieum intelligerent esse primum principium substantiale, intelligens et infinitum, illud asserimus quidem esse Deum et nihil aliud ».

Wir können aus dem Text folgendes als Kernpunkte herausheben:

1. Die Lehre vom « Summum Extremum » ist neu, sie ist erst vor 500 Jahren entstanden (also kurz nach 1100), die Interpretation desselben ist sehr unterschiedlich.

2. In ihr findet sich das wieder, was unsere Philosophen « Materia prima » nennen.

3. Wenn die Chinesen sagen, daß dieses « Taikieo » das Primum Principium substantiale ist, das zugleich intelligent und unendlich ist, so wird von Ricci festgelegt, daß es unter dieser Rücksicht Gott ist und nichts anderes [40].

Eine zweite Frage ist die nach der jenseitigen Welt im Lehrgebäude des Konfuzius und des Konfuzianismus der alten Zeit. Wie stellt sich Ricci zu den diesbezüglichen Lehren der Schule? Folgendes allgemeine Prinzip mag uns als Einführung in die Gedankenwelt Riccis in dieser Hinsicht dienen:

> « Der Heilige (Konfuzius) lehrte die irdische Welt (mondo attuale) das, was diese vertragen konnte. Darum werden einige Dinge sein, die er nicht weitergegeben haben wird. Vielleicht hat er auch einige Dinge 'viva voce' gesagt, die nicht vollständig in den Büchern aufbewahrt worden sind. Vielleicht wurden sie auch aufgezeichnet, aber (die Bücher) sind dann verlorengegangen. Vielleicht löschten spätere Schriftsteller, Ignoranten, die diesen Dingen keinen Glauben schenkten, diese aus. Umso mehr, als die Ausdrücke für die Dinge bisweilen wechseln. Auf jeden Fall kann man nicht (auf diese Weise den Beweis führen): Es gibt keinen solchen Ausdruck, also gibt es auch nicht die Sache ».

Wir sehen, Ricci bemüht sich, das Andenken an Konfuzius möglichst rein zu erhalten. — Er bemüht sich dann aber weiter, in einigen Stellen der klassischen Bücher Zitate zu finden, die auf das Leben im Jenseits hinweisen: Aus dem « Buch der Oden » führt er folgende Stellen als Beweis für den Jenseitsglauben der alten Chinesen an [41]:

---

[40] II p. 297 n. b - p. 298 n. a.
[41] Cat. Ri. Cap. VI; cfr. II p. 72 n. 5: Es ist wohl bekannt die negative Haltung des Konfuzius gegenüber den Geistern und dem Leben in der Überwelt.

« Der König Wen ist in der Höhe, o, wie glänzt er im Himmel. Der König Wen steigt auf und nieder zur Linken und Rechten des Höchsten Gebieters ».

Und an anderer Stelle liest er ähnlich:

« (Das Haus der Chou) zählt seit Generationen weise Könige. Die drei Könige sind im Himmel ».

In den Annalen liest er:

« Als der Himmel verwarf und ein Ende setzte der Sendung des großen Staates der Yin,
waren viele weise Könige dieser Yin, die schon gestorben waren, im Himmel ».

Ricci schreibt dazu: « Die Ausdrücke « in der Höhe », « im Himmel », « zur Linken und Rechten des höchsten Gebieters »: Was bezeichnen sie anderes als das Paradies » [42]?

Ricci dürfte also wohl die Meinung vertreten, daß, wenn Konfuzius auch nichts sagt über die Dinge des jenseitigen Lebens, sich doch manche Hinweise bei ihm finden lassen, die den Schluß zulassen, daß Konfuzius für sich persönlich an ein anderes Leben nach dem Tode glaubte, daß er es aber aus erzieherischen Gründen ablehnte, sich des Genaueren darüber auszulassen.

Wie wird nun Ricci mit dem Fehlen von der Lehre der Hölle im Konfuzianismus und bei Konfuzius fertig? Er schreibt:

« An der Unsterblichkeit der Seele zweifelten die Alten anscheinend weniger. Sie gaben sogar zu verstehen, daß sie (die Seelen) viele Jahre nach dem Tode dort im Himmel lebten, aber sie sagten gar nicht, daß einer in der Hölle ist » [43].

Konfuzius sagt: « Du, der Du nicht weißt, was das Leben ist, wie könntest Du wissen, was der Tod ist? » (Aus den Reden des Konfuzius, II p. 252 n. 2). In der ersten Vorrede zum Werke Riccis « I dieci Paradossi » exegesiert der Verfasser Chou Ping-mu die Worte des Konfuzius in einer für uns interessanten Weise: Konfuzius spricht in diesen Worten nicht über die Dinge jenseits des Todes, weil er nicht an ein zukünftiges Leben glaubt, sondern weil er hier sagen will, daß er sich eher um die Anliegen des Volkes kümmere (STUD. OR.³ p. 116).

[42] CAT. RI. Cap. VI.
[43] I Nr. 176, p. 115; cfr. II Nr. 555. Ricci sagt allerdings an dieser Stelle klar, daß Konfuzius nichts von den Dingen des anderen Lebens weiß. Trotzdem möchte ich annehmen, daß Ricci diese negative Haltung des Konfuzius eher im Sinne der obigen nota zu verstehen suchte (cfr. n. 41).

Diese Stelle der « Storia » stimmt mit dem Katechismus überein. Der chinesische Literat sagt im Katechismus:

> « Nach den Ausdrücken dieser Klassiker glaubten die Heiligen des Altertums, daß es nach dem Tode einen Ort der Freude gibt, wo die Guten verweilen. Aber die Lehre von der Hölle findet absolut keinen Beweis in den Klassikern ».

Ricci weiß also sehr gut, daß in Bezug auf die Höllenlehre in den Klassikern nichts zu holen ist. Und doch bringt er es fertig, aus dem Fehlen noch etwas Positives zu machen. Er sagt nämlich als Antwort auf den Einwurf:

> « Wenn es ein Paradies gibt, muß es auch eine Hölle geben. Wenn also der König Wen, die Könige der Yin und der Herzog von Chou im Paradiese sind, dann werden Chieh, Chou und der Räuber sicher in die Hölle gefallen sein. Da ihr Betragen ein verschiedenes gewesen ist, wird auch die Vergeltung eine verschiedene gewesen sein ».

Er führt dann weiter aus, daß es noch kein Beweis gegen die Existenz der Hölle ist, wenn die Klassiker nicht davon reden. Genau so, wie es nicht ein Beweis gegen die Existenz der beiden Kaiser Fu Hsi und Shen Nung sein kann, wenn das Alte Testament nicht von ihnen spricht, welches aber wohl von der Existenz der beiden Ureltern Adam und Eva spricht.

Natürlich konnte es nicht ausbleiben, daß man Ricci den echt materialistischen Einwurf machen würde, daß er ja den Himmel nicht gesehen habe, daß er also auch nicht wissen könne, ob er überhaupt existiere. Ricci antwortet darauf, daß das Nichtsehenkönnen des Himmels mit leiblichen Augen noch lange kein Beweis sei dafür, daß es keinen Himmel gebe. Außerdem ist es eine Tatsache, daß der Mensch hier auf Erden sein Glück nicht findet. Nur im Himmel kann sein ganzes Sinnen befriedigt werden. Nur mit der unendlichen Wahrheit und der unendlichen Güte ist der Mensch zufrieden, denn die Tugend hat hier auf Erden ihren Preis nicht. Zudem ist Gott gerecht und so werden die Guten belohnt und die Bösen bestraft, aber nicht hier auf Erden, weil es hier keine gerechte Verteilung von Lohn und Strafe gibt, sondern erst in der Ewigkeit, also im Himmel und in der Hölle [44].

---

[44] Cat. Ri. Cap. VI.

2. KAPITEL
RICCI UND DER BUDDHISMUS

Ganz anders wie gegen den Konfuzianismus stellt sich Ricci gegen den Buddhismus. Er findet in ihm nicht das, was ihm den Zugang zum Konfuzianismus erleichtert: Gewisse Grundelemente einer natürlich christlichen Gotteslehre, abgesehen davon, daß die Vertreter des Buddhismus, also die Bonzen, den denkbar ungünstigsten Eindruck auf ihn machten, sodaß er immer und überall, wo er es mit dieser Richtung zu tun hat, sie ablehnt.

Für Ricci ist der Buddhismus einfachhin die « Sekte der Götzen »[1]. Er ist die heidnischeste von allen Religionen Chinas[2]. Ricci hat sowohl das Wort « Idoli » wie auch « Pagode » für die buddhistischen Götter im Gebrauch. Mit « Pagode » meint er sowohl männliche Götter (Pagode) wie auch weibliche Gottheiten (Pagoda)[3]. Mit Abscheu nennt er die Sekte der Götzen einen halb verfaulten Apfel[4], hat doch diese Sekte nicht nur im eigenen Lager Verderben genug angerichtet, sondern überdies hat sie auch noch die Einheit des « Höchsten Gebieters » vernichtet. Buddha wurde angebetet und mit ihm eine unzählbare Schar seiner Gefolgsleute[5]. In der Vielgötterei und Vergötzung des Buddhismus mußte er den schlimmsten Fehler der Sekte sehen, weil dadurch von vorneherein jede Verständigung zwischen Buddhismus und Christentum unmöglich gemacht wurde. Aus diesem Grunde beginnt Ricci den Disput mit dem Bonzen Huang San-hui mit der Klarstellung des Begriffes des « Herrn des Himmels ». Er schafft sich damit ein sicheres Fundament und weiß sofort, wo er mit dem Bonzen steht, als dieser ihm erklärt, daß es zwar einen Herrn und Urheber des Himmels und der Erde gebe, daß dieser aber nicht bedeutend sei und daß jeder Mensch infolgedessen ihm gleiche[6].

Ricci wirft Buddha selber Gottlosigkeit vor. Er sagt in seinem Briefwechsel mit dem Bonzen Yü Tê-yüan:

> « Buddha stellt sich dem ʻ Höchsten Gebieter ʼ entgegen und verneint ihn in der Absicht, sich über ihn zu stellen. Deswegen

---
[1] I Nr. 176, p. 116; I Nr. 186; II Nr. 733, 897.
[2] TV p. 277, Brief Riccis vom 10. Mai 1605 an P. Costa.
[3] I p. 151 n. 4; I Nr. 206; I Nr. 335, 344; II Nr. 559, 579, 633.
[4] II Nr. 556.
[5] I p. LIII.
[6] II Nr. 558.

verwerfe ich ihn. Wie könnte ich, Matteo, jemals mit ihm sympathisieren » [7]?

Buddha ist für Ricci nicht mehr als ein Mensch, der selber auch geschaffen wurde vom « Herrn des Himmels », er ist ein Wesen, das vor dem « Herrn des Himmels » nicht mehr gilt als eine Ameise. Dagegen verehrt man ihn jetzt und verwechselt die Plätze dessen, der verehrt werden muß, mit dem, der verachtet werden muß. Man wirft die Verhältnisse einfach um [8].

Aber konnte man Ricci nicht von Seiten des Buddhismus einen schweren Vorwurf machen? Du kämpfst gegen uns, bedenkst aber nicht, daß Du Deinen « Herrn des Himmels » von uns übernommen hast! Tatsächlich war dieser Name T'ien Chu wenigstens in der einen Wurzel buddhistisch. Daher sagt ihm der Bonze Shen, daß der Name T'ien Chu, so wie Ricci ihn versteht, nichts und niemand anders sei als der Trayastrimsas, der Herr der 33 Himmel [9]

---

[7] BRIEFWECHSEL 1, f. 4b.

[8] BRIEFWECHSEL, f. 12b-f. 13a.

[9] Um dieses zu verstehen, ist vorauszusetzen die Lehre von den drei Stockwerken in der buddhistischen Auffassung des Himmels mit je zahlreichen Himmeln. P. D'Elia übersetzt diese Stockwerke mit « kleiner, mittlerer, großer Chiliokosmos ». Für jedes dieser Stockwerke existiert für jeden dieser Himmel ein eigener « Herr des Himmels » (BRIEFWECHSEL, f. 8a - f. 8b). Der im Text aufgeführte Trayastrimsas ist nun der Herr von 33 Himmeln in einem der vier Kontinente (die buddhistische Auffassung von der Einteilung der Welt). Ricci erwidert auf die falschen Lehren von den 4 Kontinenten, den 33 Himmeln und dem großen Chiliokosmos so:

« Die 4 Kontinente und die 33 Himmel haben etwas Wahres an sich. Tatsächlich teilen heute die westlichen Geographen die Erde in 5 große Kontinente ein. Einer von diesen wurde um das Ende des 15. Jahrhunderts entdeckt, während vorher, da er nicht bekannt war, nur vier Kontinente da waren. Daher hatte zur Zeit des Kubilai der Yüan (1280-1294) die von Kamalu-'d-Din vorgelegte sphärische Karte nur 4 Kontinente, wie man in der Geschichte der Yüan sehen kann ... Die Astronomen der westlichen Länder, welche die Grade der Kreisbahnen maßen, setzten die 7 Planeten in 7 Himmel. Außerdem gibt es noch die Konstellationen, die Praecessionen, den beweglichen (Himmel), den fünften Himmel. Das macht insgesamt 12 Himmel, die den neun Himmeln der chinesischen Astronomen entsprechen. Außerdem haben innerhalb der 7 Planeten einige das gleiche Zentrum, andere nicht. Daher gibt es die Himmel der eigenen Kreisbahn, die wenigstens 3 und höchstens 5 ausmachen. Zählen wir zusammen, so haben wir mehr als 30 Himmel ungefähr. Alle diese Dinge sind die Frucht der mit dem Astrolabium angestellten Beobachtungen, es sind nicht Theorien, die aus der Luft gegriffen sind. Daher also kommt die Theorie von den 33 Himmeln. Diese beiden Punkte hängen zusammen. Aber wenn man sagt, daß sie von den buddhistischen Büchern kommen, dann (wird man doch anerkennen), daß es dort viele unpassende Worte gibt, die aus Irrtümern stammen, die in dieselben interpoliert sind. Was die Lehre des großen Chiin einem der 4 Kontinente der Welt, daß es aber neben diesem noch viele T'ien Chu gebe, die Ricci nicht kenne, weil er ja die buddhistischen Bücher nicht gelesen habe [10]. Darauf antwortet ihm Ricci unter anderem:

> « Derjenige, der die Menschen lehrt, den Himmel zu ehren, lehrt sie, den ' Herrn des Himmels ' (T'ien Chu) zu ehren und ihn als Herrn anzuerkennen. Wer ihn aber als Herrn anerkennt, will damit sagen, daß er ihn für den Schöpfer des Himmels, der Erde und aller Dinge hält. Ebenso daß er uns geschaffen hat, uns erhält, uns belehrt, uns belohnt und bestraft, uns glücklich oder unglücklich sein läßt, daß wir ihn daher lieben, ihm glauben müssen und auf ihn hoffen müssen, und zwar das ganze Legen lang: Das heißt, ihn als Herrn anerkennen ».

Er spricht dann weiter darüber, daß es nicht zwei « Herren des Himmels » geben könne, daß Buddha sich an die Stelle des « Herrn des Himmels » gesetzt hat und daß man nicht zugleich Buddha und den « Herrn des Himmels » als das Höchste Wesen ansehen kann [11].

Im Kampfe gegen den Buddhismus kam es Ricci nicht wenig zustatten, nachweisen zu können, daß der Buddhismus keine eigentliche Nationalreligion Chinas war. Ihm wohlgesinnte Literaten unterstützten ihn in dieser Argumentierung. Man bestätigt ihm von ihrer Seite aus, daß man im alten China keine Götzen angebetet habe [12]. Verhältnismäßig spät, als das chinesische Gesellschafts-

---

liokosmos angeht, so weiß ich nicht, wer sie gesehen und wer sie (alle diese Himmel) gezählt hat. In den westlichen Ländern hat man nie davon sprechen gehört. Es gab sogar Literaten, die aus dem Westen kamen, die in die Reiche der 5 Indien gingen und die viele Brahmanen bekehrt haben. Und sie haben nicht sagen gehört, daß in ihren buddhistischen Büchern diese Theorien sind. Sie finden sich nur im Tripitaka des Reiches der Mitte, und ich weiß nicht, woher sie kommen. Ich denke, daß in der allgemeinen Linie Fehler unterlaufen sind in den von den 6 Dynastien und später gemachten Übersetzungen und daß dieses nichts ist als die Erweiterung der Theorie des Tsou Yen über das große Meer, welches herumgeht » (BRIEFWECHSEL, f. 10b - f. 11a).

Auch im Mappamondo äußert sich Ricci über diese Fragen. Er greift das buddhistische Weltbild von den 4 Kontinenten als nicht übereinstimmend mit der Wirklichkeit an. Cfr. MAPPAMONDO, Tav. III u. IV; Tav. V u. VI; p. 197 n. 39; Nach der Kosmogonie der buddhistischen Sutra Indiens gibt es 4 Kontinente, die sich um den heiligen Berg Sumeru lagern, der selber das Zentrum und die Axe der Welt ist. Nach diesem System befindet sich China in Jambudwipa, dem südlichen Kontinent.

[10] BRIEFWECHSEL, f. 8a.
[11] BRIEFWECHSEL, f. 9a.
[12] I Nr. 344.

gefüge längst im Wesentlichen fertig war, kam der Buddhismus nach China. Ricci berichtet uns, daß er 65 Jahre nach der Ankunft unseres Herrn Jesus Christus in der Welt in China eingeführt wurde. Der König von China schickte damals nämlich Gesandten nach Indien, um eine neue Lehre, von der er geträumt hatte, in sein Reich zu holen [13]. Nach der chinesischen Tradition war dieser König Ming, aus der Dynastie der Han (58-75 n. Chr.). Nach der Meinung der alten Jesuitenmissionare, nicht ausgeschlossen Ricci selber, hatte der Kaiser bei dieser Gesandtschaft anfänglich nicht die Absicht, den Buddhismus nach China zu holen. Es kam vielmehr zu einem tragischen Mißverständnis. Das Traumgesicht ging nach ihrer Meinung auf Christus, den der hl. Thomas damals in Indien predigte [14]. Ricci meint im Katechismus, daß Kaiser Ming vom Christentum gehört habe. Nachdem er über die Evangelien, die das Leben Christi auf Erden beschreiben, berichtet hat, schreibt er über die Verbreitung der christlichen Lehre:

> « Dann folgten alle Völker der vier Angelpunkte (der Welt) in Masse (dem Evangelium) und beobachteten es durch die Generationen hindurch. Von damals an und weiter hat die Bekehrung der Länder des Großen Okzident starke Fortschritte gemacht.
> Nach der Gesandtschaft des Reiches der Mitte hörte in jener Zeit der Kaiser Ming der Han darüber sprechen. Er schickte Gesandten zum Okzident, um Bücher zu erbitten. Aber die Gesandten meinten auf halbem Wege irrtümlicherweise, daß es sich um Indien handle. Sie nahmen die buddhistischen Sutra und verbreiteten sie in der Blume der Mitte. Bis heute ist Ihr edles Land darüber getäuscht worden und hat nicht reden gehört von der wahren Religion, zu großem Schaden der Wissenschaft und Künste. Ist das vielleicht nicht traurig » [15]?

Die Tatsache, daß der Kaiser Ming und seine unmittelbaren Nachfolger alle in noch jungem Alter starben, konnte von Ricci im Kampfe gegen den Buddhismus gleichsam als eine Bestätigung der Unzufriedenheit des Himmels mit der Einführung desselben in China angesehen werden. Für einen Chinesen, dessen Ideal und Ehre ein langes Leben, dessen Schmach und Schande ein kurzes Leben war, ein eindrucksvolles Argument [16].

An der Tatsache der Erfolge des Buddhismus in China konnte

---

[13] I Nr. 182.
[14] I p. 122 n. 1; CAT. RI. Cap. VIII; II p. 299 n. d.
[15] CAT. RI. Cap. VIII; I Nr. 182.
[16] Nr. 185; I p. 125 n. 1.

Ricci aber nicht vorbeisehen. Indessen war es damit nach seiner Ansicht wie mit dem Meere, das steigt und zurückgeht. Immer aber war der Buddhismus darauf bedacht, seine Bücher zu mehren. Sie wurden entweder eingeführt und übersetzt, oder, was für Ricci wahrscheinlicher ist, von den Chinesen selber verfaßt. Diese Bücher waren das beste Propagandamittel des Buddhismus. Sie gleichen dem Feuer, das wächst, ohne daß man es eindämpfen kann. Auf eine strenge Durchführung der Lehre in Form eines klaren Systems kam es allerdings nicht an. Im Laufe der Zeit kam es zu einer derartigen babylonischen Verwirrung der Lehre, daß es niemand gab, der die Lehre richtig begreifen oder erklären konnte [17].

Ja, nicht einmal in seinen Ursprüngen ist der Buddhismus ein einheitliches und selbständiges System gewesen. Es handelt sich bei ihm vielmehr um eine Mischung verschiedener Lehren aus verschiedenen Religionssystemen. Ricci meint, daß die Urheber des Buddhismus wahrscheinlich Kunde gehabt haben von den alten Philosophen Europas. Von ihnen haben sie die Lehre von den 4 Elementen übernommen [18]. Die Lehre

> « spricht auch von der Vielfalt der Welt nach Demokrit und anderen Philosophen. Besonders aber verbreitete sie in diesen Teilen (der Welt) die Seelenwanderung von einem Leib zum andern, indem sie der Meinung des Pythagoras viele andere Fabeln hinzufügte, um ihre Meinung wahrscheinlicher zu machen. Und was noch mehr ist, sie hat anscheinend auch Kunde von den Dingen des Christentums in sehr klarer Weise, weil sie in einer Art Trinität von drei Göttern spricht, die einen einzigen (Gott) bilden [19]. Sie

---

[17] I Nr. 186.
[18] Im Gegensatz zu den 5 Elementen Chinas (I p. 123 n. 4).
[19] Diese Trinität ist Buddha, Dharma (das Gesetz) und Sangha (die Gläubigen). Manchmal sind mit dieser Trinität auch die drei Persönlichkeiten gemeint, deren Bilder im Hauptsaal eines Bonzenklosters hängen: In der Mitte Sakyamuni, links von ihm Bhaisajya und rechts von ihm Amitabha (I p. 123 n. 7). In seinem Briefwechsel mit dem Bonzen Shen (BRIEFWECHSEL, f. 10a - f. 11b) drückt sich Ricci ähnlich wie oben aus:

« Tatsächlich sind die 5 Indien sehr nahe dem indischen Meere, wo die Beziehungen mit dem Okzident zahlreich waren. Die Bücher und die religiösen Ideen sind dort seit altersher verbreitet. Das, was man Buddhismus nennt, ist nichts anderes als eine Sammlung von all dem, was man aus anderen Religionen sagen hörte. So z. B. sind die Sanktion des Guten und des Bösen und der Himmel und die Hölle Dinge der katholischen Religion seit alters her. So ist die Seelenwanderung eine von Pythagoras erfundene Theorie, die in China eingeführt wurde und die die Literaten jener Zeit begeisterte. Dann fügten die Bonzen und die Übersetzerliteraten eigene Traktate des Reiches der

versprechen den Guten das Paradies und drohen den Bösen mit
der Hölle [20]. Sie unterweisen im Leiden und Bußetun und loben das
Leben des Coelibates, ja sie scheinen sogar die Ehe zu verbieten,
sie verlassen ihre Häuser und gehen in Armut Almosen bettelnd
auf verschiedene Pilgerfahrten. In vielen Dingen haben sie eine
große Übereinstimmung mit unsern kirchlichen Riten. Wenn sie
rezitieren, scheint ihr Gesang genau unser Cantus firmus zu sein.
In den Tempeln halten sie Bilder und Lampen. Ihre Priester tragen gewisse Kappen, die sehr ähnlich denen unserer Priester sind.
In ihrer Lehre haben sie an vielen Stellen den Namen Tolome,
sodaß es scheint, daß sie mit dem Namen des hl. Apostels (Thomas)
das autorisien wollen, was sie darin sagen [21].

Aber zusammen damit sagen sie soviel Falsches, daß sie das
ganze Licht verdunkeln, welches, wegen der von uns übernommenen Wahrheiten, sich erblicken ließe. Denn sie verwischten Himmel und Erde, Paradies und Hölle, da sie lehren, daß weder in dem
einen noch in dem anderen der Aufenthalt der Seelen ewig ist,
sondern daß diese nach sehr vielen Jahren in verschiedenen von
ihnen angenommenen Welten zur Wiedergeburt kommen und daß
sie so ihre begangenen Sünden bessern können. Damit brachten
sie unendliches Übel über dieses arme Reich. Sie verbieten es,
Fleisch und anderes Lebendige zu essen; aber nicht alle von ihnen
enthalten sich desselben und sie absolvieren leicht von dieser und
anderen Sünden durch Almosen, die sie geben, indem sie versprechen, daß sie in Kraft ihrer Ämter (die Bonzen) soviele, wie man
will, selbst von der Hölle befreien » [22].

Der Genuß von Fleisch ist wegen der Seelenwanderung verboten. Man ißt weder das Fleisch von Warmblütlern noch von Kaltblütlern. Man möchte sich nicht der Gefahr aussetzen, möglicherweise in diesem oder jenem Tiere einen Verwandten zu verzehren.

Mitte hinzu. Da jeder seine eigenen Theorien hatte, machten sie nicht ein
Lehrgebäude aus ».

[20] Die Lehren von Himmel und Hölle sind eigentlich katholische Lehren.
Ricci schreibt darüber an den Bonzen Shen (BRIEFWECHSEL, f. 13b):
« Wenn man sagt: Die Sanktion des Guten und des Bösen kommt notwendig und unweigerlich nach dem Tode und daß man dies schon vorwegnehmend vorbereiten muß, so ist das eine Lehre, die sich von selbst versteht
und die im verstandbegabten Menschenherzen begründet ist. Die große Frage
von Leben und Tod schaut auf das wahre Geschick des Menschen. Daß Buddha
die Menschen dazu bringen konnte, ihm zu folgen, kommt gerade davon her.
Aber (wer dieses sagt), weiß nicht, daß dieses per se die Lehre unserer katholischen Religion ist, der andere Dinge, die für sie heterogen sind, zugefügt
wurden ».

[21] Zu dem Ganzen I Nr. 183; cfr. II Nr. 804; II p. 398 n. 4.
[22] I Nr. 184.

Ja, viele essen nicht einmal Milchspeisen, sondern nähren sich von Grün und Gemüse, von Brot und Reis [23]. Manche üben aus Gründen der Seelenwanderung Werke der Barmherzigkeit, indem sie Tiere kaufen und ihnen die Freiheit geben [24]. Leider stehen solchen humanen Dingen auch weniger schöne Züge gegenüber, indem man aus Gründen der Seelenwanderung und einer besseren Wiedergeburt sogar zu Verbrechen bereit ist [25].

Gegen die Lehre von der Wiedergeburt zieht Ricci scharf zu Felde. Im Briefwechsel mit Shen weist er auf folgende Gründe dagegen hin: Man dürfte sich wegen der Wiedergeburt nicht heiraten. Man könnte ja doch einen ganz nahen Verwandten heiraten. Man dürfte auch keine Maultiere oder Pferde reiten, es könnten ja die Eltern sein, die man reitet. Um ein solches Mißgeschick zu verhüten, dürfte man aber auch nicht zu dem für solche Zwecke beliebten Mittel der Wahrsagerei greifen, denn Buddha hat diese verboten. Wollte man aber doch am Wahrsagen festhalten, so müßte man konsequent sein und dürfte den ganzen Tag nichts anderes tun, um festzustellen, ob dieses oder jenes Lebewesen verwandt mit mir ist oder nicht [26]. Der Buddhismus löst sich nach Riccis Intention unter solchen Argumenten in Lächerlichkeit auf.

Gegen die Seelenwanderung hat Ricci in seinem Katechismus folgende Argumente:

1. Wäre die Wiedergeburt wirklich und tatsächlich, so müßte doch Intellektualität und damit die Erinnerung an das vergangene Leben im Menschen sein. Das ist aber nicht der Fall. Wenn man von solchen berichtet, die sich daran erinnern wollen, so ist darauf hinzuweisen, daß der Teufel sich des Körpers dieser Menschen oder eines Tieres bedienen kann, um andere zu täuschen. Das ist nur zu wahr. Daher kann nicht von einer echten Erinnerung die Rede sein.

2. Diese Lehre kann auch deshalb nicht richtig sein, weil wir dann in den Tieren menschliche Seelen hätten. Es wären also die früheren Tierseelen durch Menschenseelen ersetzt. Das ist aber unsinnig: Die Tierseelen von heute sind von der gleichen Art wie die von früher.

3. Ferner gehört zu jedem Leib eine bestimmte, artentsprechende Seele. Es gibt aber drei Stufen von Seelen. Die unterste

---

[23] I Nr. 190; I p. 126 n. 4.
[24] I Nr. 189; I p. 126 n. 3.
[25] I Nr. 158.
[26] Briefwechsel, f. 15a - f. 16a.

Stufe ist die vegetative Seele. Sie hilft dem Sein, dem sie gegeben ist, zu leben und zu wachsen. Es ist die Seele der Pflanzen. Die mittlere Stufe ist die sensitive Seele. Diese hilft nicht nur zum Wachsen, sondern auch zum Hören, Sehen etc. Das ist die Seele der Tiere. Endlich die oberste Stufe: die intellektive Seele. Sie hilft dem Sein, dem sie gegeben ist, zu denken und zu unterscheiden. Das ist die Seele des Menschen. Seele und Natur des Menschen entsprechen sich. Ein Tier kann also keine Menschenseele haben und ein Mensch keine Tierseele. Wenn man die Vernunft walten läßt, so sieht man gleich, daß Pflanzen kein Gefühl haben, wohl aber wachsen, daß Tiere auch Gefühl haben, aber keinen Verstand besitzen, daß der Mensch eine intellektive Seele hat. Das ist die Evidenz des gesunden Menschenverstandes. Wenn Buddha es anders sagt, so irrt er sich. Man hat doch immer gehört, daß, wer Buddha folgt, in Irrtümer fällt, wer aber der Vernunft, dem gesunden Sinn folgt, irrt sich nicht.

4. Aus der körperlichen Konstitution des Menschen in seiner Verschiedenheit zur körperlichen Konstitution des Tieres ist zu entnehmen, daß die Seele eben auch von besonderer Eigenart ist, nämlich intellektiv, und zwar für jeden Körper individuell, sodaß sich nicht einmal die Seele eines bestimmten Menschen dem Leibe eines anderen Menschen einigen kann, geschweige denn einem Tierleibe. So wie die Scheide eines Messers eben nur für dieses Messer paßt und nicht für ein Schwert und umgekehrt.

5. Die Seelenwanderung ist auch keine wirksame Sanktion gegen die Leidenschaften des menschlichen Herzens. Im Gegenteil: Ein Verbrecher wird sich durch die Aussicht, als Tier wiedergeboren zu werden, nicht abschrecken lassen. Wird es einem, der grausam ist, nicht Freude machen, als Tiger oder Wolf wiedergeboren zu werden? Oder einem, der stolz ist, als Löwe? Oder einem, der habgierig ist, als Fuchs?

6. Und wenn es schon unerlaubt ist, die Tiere umzubringen, ist es dann nicht genau so sinnlos, einen Ochsen an den Pflug zu schirren, um ihn zum Pflügen zu benützen oder an den Wagen zu spannen? Oder etwa die Zügel dem Pferde anzulegen und zu reiten? Schließlich ist kein Unterschied, die eigenen Eltern umzubringen oder ihnen den Sattel aufzulegen zum Reiten und sie mit der Peitsche zu quälen [27].

Neben diesen Argumenten bringt Ricci noch solche aus der Gotteslehre gegen die Seelenwanderung: Nachdem nämlich Gott

---

[27] CAT. RI. Cap. V.

die Dinge erschaffen hat, wäre die Annahme, daß er den Menschen wiedergeboren ließe als Tier, ohne daß der Mensch darum wüßte, ob nicht durch Zufall einer seiner Voreltern wiedergeboren sei und er diesen tötete, ihn verzehrte oder als Reittier benützte, eine schwere Sünde. Die Welt wäre eine arge Täuschung und die Menschen wären betrogen. Daher wissen wir, daß Gott die Umwandlung eines Menschen in ein Tier ganz gewiß nicht zuläßt. Ebenso wäre die Annahme der Umwandlung eines Menschen in einen anderen ohne Wissen des Menschen, ob es sich nicht um einen seiner Eltern handelt, der wiedergeboren ist, der sich mit ihm verheiratet, dessen er sich vielleicht als Diener bedient, eine schwere Sünde und die Welt wäre ein betrogenes Volk [28].

Neben diesen in die Augen springenden Hauptirrtümern des Buddhismus sind es noch eine ganze Reihe anderer Dinge, die Ricci ablehnen muß.

Vor allem ist es der buddhistische Pantheismus, der mit der Lehre des Christentums in Gegensatz ist:

> « Aber die Meinung, die jetzt am meisten vertreten wird, scheint mir von der Sekte der Götzen (Buddhisten) zu kommen ..., nämlich, daß diese ganze Welt aus einer einzigen Substanz zusammengesetzt ist und daß der Schöpfer derselben mit Himmel und Erde, Menschen und Tieren, Bäumen und Kräutern und den vier Elementen einen zusammenhängenden Körper ausmacht und daß alle Glieder desselben Körpers sind. Und von dieser Substanzgleichheit führen sie die Liebe her, die wir, einer zum andern, haben müssen. Dadurch können alle Menschen dahin kommen, Gott ähnlich zu sein, weil sie von der gleichen Substanz wie er sind. Etwas, was wir nicht nur mit Gründen zu verwerfen trachten, sondern auch mit der Autorität ihrer Alten, die sehr klar eine sehr verschiedene Lehre künden » [29].

Gegen die Lehre vom persönlichen und alleinigen und einzigen Gott wendet sich besonders der Literat Huang Hui [30]. Er kämpft dagegen, daß die Missionare die Verschiedenheit Gottes von der menschlichen Seele lehren. Ricci bemerkt zu dieser Frage, daß hier der Grundirrtum der Buddhisten liege, daß sie sich eben mit dem Urheber der Natur eines Wesens fühlen [31]. Ricci weist derartige Anwürfe in seinem Katechismus mit dem Hinweis auf den armseligen Stolz des Menschen entschieden zurück. Er schreibt:

---

[28] BRIEFWECHSEL, f. 16b-f. 17a.
[29] I Nr. 176, p. 116.
[30] II p. 180 n. 6.
[31] II Nr. 633, p. 181.

« Wie sollten die Buddhisten, die sich doch selber nicht kennen, Gott erkennen? Sie haben von Gott in einem sehr schwachen Körper das Licht empfangen, und wenn sie durch Zufall etwas begabt sind, kaum daß sie eine Handlung setzen, rühmen sie sich, und mit Stolz und Hoffart wähnen sie sich der Würde nach Gott gleich. Sollte das nicht ein Aufhebenmachen um unsern menschlichen Körper, eine Ehrung menschlicher Fähigkeiten sein? Das ist im eigentlichen Sinne eine Vernichtung der Tugend mittels eines so armseligen Menschen!

Der Stolz ist der Feind der Tugend. Kaum daß der Stolz in einem Herzen wächst, werden alle Handlungen schlecht. Die Heiligen des Okzident sagen: Die Tugenden, die ohne ein demütiges Herz angehäuft werden, sind wie ein Haufen Sand im Winde. Die Heiligen ehren die Demut und demütigen sich. Gott kann sich nicht demütigen. Aber wenn er dem Menschen unterlegen wäre, warum (sollte er es nicht können)? Betrachtet die Heiligen: Mit wieviel Respekt und wie ohne Pose fürchten sie die herrliche Majestät des Himmels und die Dinge nach dem Tode! Und diejenigen, die in der Welt nicht ihre Wissenschaft haben, sind (im Vergleich mit ihnen), wenn nicht wie Himmel und Abgrund, so doch wie Feuer und Wasser. Der Heilige wagt es nicht, sich auf die Stufe der Heiligen zu stellen, und sollte er es tun, damit das Volk ihn dauernd mit Gott vergleicht? Die Tugend beginnt mit der Pflege ihrer selbst und findet ihre Volkommenheit im Dienst des Höchsten Gebieters. Der Gegenstand der Tugend des (Herzogs) von Chou bestand sicher im Dienste des Höchsten Gebieters. Und heute gibt es solche, die sagen zu dem, den man respektieren und dem man mit Furcht dienen muß: Ich und Du sind dieselbe Sache. Was anders kann unvernünftiger sein als das »?

Ricci fährt dann im folgenden Sinne fort: Und wenn man hinweisen will auf die Schöpfungskraft des Menschen und die Gottes, so, als wenn beide gleich wären, so ist darauf zu antworten, daß Gott aus nichts schafft und daß der Mensch immer nur aus Vorliegendem schaffen kann. Es ist zwar richtig, daß der Mensch in etwa Himmel und Erde und alle Dinge in sich birgt. Aber ist der Verstand des Menschen mehr als ein Spiegel oder ein ruhiges Wasser, darin sich die Dinge widerspiegeln? Wie könnte man sagen, daß der Verstand die Dinge selber schafft? Nur die Urmacht Gottes war dazu imstande. Wie könnte aber das Wort eines Menschen ein Gebirge oder einen Bach hervorbringen [32]?

Wir erwähnten schon, daß die Lehre von der Hölle im Buddhismus wegen der Tatsache, daß sie nicht ewig ist, der durch-

---

[32] Cat. Ri. Cap. IV; II Nr. 558.

schlagenden Kraft entbehrt. Beide, sowohl die Lehre von der Hölle wie die vom Himmel, wurden nach Ricci vom Christentum übernommen. Das geschah zu dem Zwecke, die eigenen Irrtümer zu verbreiten. Ricci schreibt darüber:

> « Buddha hat aus dem (Gesetze) Gottes die Idee von Himmel und Hölle entliehen und hat (damit) die böse Lehre seines eigenen privaten Denkens verbreitet ». « Noch bevor Buddha geboren wurde, hatten die Anhänger der Religion Gottes diese Lehre: Jene, welche die Tugend üben, werden in der zukünftigen Welt sicher zum Himmel aufsteigen, um eine Freude ohne Ende zu empfangen. Sie werden dem Falle in die Hölle entgehen, wo sie eine ewige Strafe empfangen haben würden » [33].

Ein wichtiger Punkt in den Streitreden der Gebildeten jener Zeit war die Frage nach der Güte der menschlichen Natur. Ist diese in sich gut? Und wenn sie weder gut noch böse ist, wer lehrt sie dann, das Böse oder das Gute zu tun?

Ricci bemerkt zu diesem Problem, daß die Chinesen leider nicht zu unterscheiden vermögen infolge Mangels an Logik. Sie kennen nicht den Unterschied zwischen dem Moralisch-Guten und dem Natürlich-Guten. Sie unterscheiden auch nicht zwischen dem, was erworben ist und dem, was von der Natur selber gegeben ist. Noch viel weniger verstehen sie etwas von der durch die Erbsünde verderbten Natur des Menschen, von der Hilfe Gottes und von der Gnade. Und so ist diese Frage bei ihnen bis dahin noch in der Schwebe und nicht entschieden. In der Rede bei einem Gastmahl in Nanking sagt Ricci darüber:

> « Es besteht kein Zweifel darüber, daß der Herr des Himmels und der Erde der Beste und gut im höchsten Grade ist; und wenn die menschliche Natur so schwach ist, daß man an ihr zweifelt, ob sie gut oder böse ist, wie sagt dann Meister San-Hui kurz vorher, daß die menschliche Natur gleichwesentlich ist mit der Natur Gottes, dem Schöpfer von Himmel und Erde? Wer sollte dann daran zweifeln, ob diese Natur gut oder böse ist » [34]?

Natürlich dürfen wir diese Argumentation Riccis nicht als einen Gegenbeweis auffassen, er wollte nur die Sinnlosigkeit der buddhistischen Anschauungen dartun. Nach Ricci ist vielmehr die menschliche Natur in sich gut, weil sie von Gott kommt. Wird sie

---

[33] Cat Ri. Cap. III.
[34] II Nr. 559.

jedoch schlecht gebraucht, so hängt das vom Menschen selber ab. Damit wird also nur der Gebrauch der Natur gut oder schlecht, nicht aber die Natur selber. Allerdings ist es kein Idealzustand. Denn die Natur ist wegen der in ihr wohnenden Leidenschaften krank. Aber der Mensch hat ein Heilmittel. Die Vernunft des Menschen steht nämlich über den Leidenschaften. Sie vermag diese Krankheit zu erkennen und sie zu heilen. Damit ist die Ansicht der Chinesen unhaltbar geworden, die sagt, daß das, was das Böse hervorbringt, selber auch böse sei und das, was das Gute hervorbringt, selber auch gut (im moralischen Sinne) sei. Gott hat dem Menschen die Möglichkeit zu beiden Wegen gegeben. Allerdings will der, der die Menschen ohne den Menschen geschaffen hat, diese nicht gut machen (moralisch) ohne den Menschen. Man kann also nicht sagen, daß, wenn die menschliche Natur und die Leidenschaften grundsätzlich (natürlich) gut sind, dann auch der Mensch schon (moralisch) gut ist [35].

3. KAPITEL

RICCI UND DER TAOISMUS

Diese dritte in der Reihe der Religionen Chinas, mit denen sich Ricci auseinanderzusetzen hatte, bot ihm ebensowenige Handhaben wie der Buddhismus, um an irgendwelche Punkte der Lehre anzuknüpfen bei der Christianisierung der Mitglieder dieser Richtung. Wohl wäre die Argumentation gegen den Taoismus bei Kenntnis der modernen religionsgeschichtlichen Ergebnisse methodisch anders gewesen. Ricci hätte mehr hinweisen können auf die möglichen historischen Zusammenhänge mit dem Christentum und hätte daraus ohne Zweifel Argumente geformt für den Übertritt zum Chistentum. So aber sieht er im Taoismus praktisch nur Negatives und lehnt das System ebenso wie den Buddhismus ab.

Ricci nimmt an, daß der Taoismus von Laotse gegründet worden ist. Dieser sei ein Zeitgenosse des Konfuzius gewesen und hätte, wie die chinesische Literatur berichtet, 80 Jahre vor seiner Geburt im Schoße seiner Mutter verbracht. Von daher habe er seinen

---

[35] Cat. Ri. Cap. VII: Das ganze Kapitel handelt von dieser Frage. Unter anderem ist darin auch die Rede von der zweimaligen täglichen Gewissenserforschung, von den beiden großen Hauptgeboten der Liebe, von der species impressa (cfr. II p. 79 n. 3).

Namen bekommen = alter Philosoph [1]. Diese Daten sind durch die moderne Forschung überholt worden. Sie hat dargetan, daß Laotse weder der Gründer noch der erste Lehrer des Taoismus gewesen ist. Laotse fand anscheinend die bereits formulierte Lehre in den Archiven der Chou-Dynastie vor. Sie dürfte aus Indien stammen und könnte eine chinesische Anpassung an die indischen zeitgenössischen Upanishad sein. Jedenfalls sprechen die Texte von einer nichtchinesischen Lehre. Diese sei vielmehr damals in Indien in Umlauf gewesen und sei plötzlich auch nach China verbreitet worden. Es gab also schon vor Laotse Taoisten, die man als Praetaoisten bezeichnen kann, die aber keine Schriften zurückließen. Laotse ist nach einer bestimmten Tradition der Redaktor der ersten taoistischen Schrift, des Tao Tê-king: « Der Klassiker des Prinzips und seiner Tätigkeiten ». Das Werk scheint indessen nicht sein eigenes zu sein. Seine heutige Form wird das Buch erst viele Jahre nach dem Tode des Laotse bekommen haben, wahrscheinlich im Anfang oder in der Mitte des 4. Jh. vor Christus [2].

Der eigentliche Propagator der Lehre ist aber nicht Laotse, sondern Chang Tao-ling, der um 156 nach Christus starb [3]. Dieser gab die Würde eines Oberhauptes der Taoisten an seine Nachkommen weiter, welche diese Würde auch noch zur Zeit Riccis innehatten. Ricci sagt uns, daß dieser Chang von einem Nekromantiker abstamme, der sich in einer Grotte in der Provinz Kiangsi aufhielt, wo zu Riccis Zeit die Nachkommen noch wohnten. Tatsächlich ist von 424 nach Christus an ein « Meister des Himmels » das Haupt aller Taoisten. Dieser Meister gehörte von da an immer zur Familie des Chang [4].

Zur Zeit Riccis war dieser Obere der Taoisten meist in Peking. Er stand in hohem Ansehen beim Kaiser, weil er dessen Palast zu segnen und die bösen Geister zu vertreiben hatte. Sein Aufzug glich dem der größten Mandarinen, sein Einkommen wurde vom König bestritten. Im Volke hatte er weniger Ansehen. Nur auf seine « tausu » (Tao Shih), auf die taoistischen Mönche sowie auf die Tempel dieser Religionsgemeinschaft, « deren höchster Prälat er ist », hatte er starken Einfluß [5].

---

[1] I Nr. 192: Die Geschichte des Laotse ist in Dunkel gehüllt. Die Daten über seine Geburt sind unsicher. Ebenso sind auch die Traditionen über ihn nicht zuverlässig. Alle aber stimmen darin überein, daß Laotse im Norden des heutigen Anhwei geboren wurde (I p. 127 n. 2).

[2] I p. 127 nn. 2. 3.

[3] I p. 128 n. 3.

[4] I p. 128 n.2; I Nr. 196.

[5] I Nr. 196.

Diese Tao Shih leben teilweise in Tempeln und sind dann unverheiratet, teilweise leben sie in der Welt und sind dann verheiratet. Die Taoisten, die in den Tempeln wohnen, kaufen gerne kleine Buben, um aus ihnen dann Jünger zu machen. Sie haben die gleiche Autorität wie die Buddhisten, d. h. gar keine, leben sehr frei und tragen Haare und Bart im Gegensatz zu den Buddhisten wie die übrigen Chinesen. Sie sind aber kenntlich an einem gewissen Turban (cappelletto) aus Holz, mit dem sie sich von den Weltleuten unterscheiden [6].

Zur Zeit Riccis hatte die Lehre des Taoismus (und Buddhismus) äußere Gefahrenmomente zu überwinden. Sie wurde vom Kaiser Shen Tsung als Fremdlehre angesehen. Dieser Kaiser, der Zeitgenosse Riccis, sagt in seinem Dekret gegen den Buddhismus und Taoismus (18. Mai 1602), daß diese beiden Lehren Fremdlehren seien, die den Einsiedlern in den Wäldern und Büschen wohl anstehen mögen. Diejenigen aber, die mit ihnen sympathisieren, müssen ihre Ämter aufgeben und sollen gehen, wohin sie wollen. Diese beiden Religionen können niemals auf eine Ebene mit dem Konfuzianismus erhoben werden [7].

Die Taoisten verehren einen « Herrn des Himmels » (T'ien Ti) in leiblicher Form [8]. Im Katechismus spricht Ricci über die taoistische Gottheit. Er sagt:

> « Der ' Herr des Himmels ' (= Gott) unserer Reiche entspricht dem ' Höchsten Gebieter ' in chinesischer Sprache und wird unterschieden von dem durch die Taoisten fabrizierten Götzen mit dem Namen eines 'Geheimnisvollen Herrn' und eines ' Reinen Erhabenen ', welcher nichts anderes war als ein Mensch, der sich (der Tugend) widmete und wohnte auf den Bergen Wu T'ang und der, auch er, vollständig zur Spezies Mensch gehörte. Wie kann je ein Mensch ' Erhabener Himmelsherrscher ' werden » [9]?

Daneben kennen sie einen « König des Himmels ». Es kann sein, daß Ricci hier das obenerwähnte taoistische Oberhaupt mit diesem « König des Himmels » verwechselt. Letzteren Titel führen nämlich vier Götter, die auf dem legendären Berge Sumeru (s. Buddhismus), dem angeblichen Zentrum der Welt, wohnen [10].

---

[6] I Nr. 192.
[7] II p. 187 n. a.
[8] I Nr. 193.
[9] Cat. Ri. Cap. II.
[10] I p. 128 n. 2.

Ricci berichtet uns auch von einer taoistischen Dreiheit. Zu ihr zählt er, zu Unrecht, Laotse als dritte Person [11].

Neben diesen Lehren ist die Lehre von Himmel und Hölle von Bedeutung. Die Guten kommen in das Paradies, die Bösen in die Hölle. Zugleich mit der Seele wird den Taoisten der Eintritt des Leibes in das Paradies versprochen. Daher zeigt man in den Tempeln Bilder von solchen, die auf diese Weise bereits gegen Himmel gefahren sind [12]. Wohl ist das nicht ohne weiteres möglich. Man muß nämlich mannigfache Übungen auf sich nehmen, äußere wie innere. Man muß in verschiedener Kleidung sitzen, muß bestimmte Gebete verrichten. Wichtig ist das Trinken von Medizinen, mit deren Hilfe sowie mit der Hilfe der « Hsien », der « Heiligen » [13], man das ewige Leben im Himmel oder doch wenigstens viele Jahre auf dieser Erde erreichen kann. Hierhin gehören dann auch die alchimistischen Bestrebungen vieler Chinesen der Zeit Riccis. Diese fußten auf der Entwicklung der beiden Prinzipien Yang und Yin. Man unterschied eine innere und äußere Alchimie. Die innere soll den Leib und die Seele des Menschen in die Wesenheit eines aetherischen Seins, eines Heiligen, eines « Hsien » umwandeln. Aszetische und geistige Übungen waren dafür erfordert. Auch mußte man sich den Dingen der Natur einigen, mußte Minerale zu sich nehmen, besonders eßbares Gold. Auch Heilkräuter spielten bei diesem Prozeß eine wichtige Rolle. Man kam auf diese Weise zwar nicht zur absoluten Unsterblichkeit, aber doch zu einer relativ langen, nämlich zu einem langen Leben. Die äußere Alchimie diente der Umwandlung von Metall, besonders von Quecksilber, in echtes Silber [14].

---

[11] Die moderne Forschung sagt, daß es nicht ausgeschlossen sei, daß diese Dreiheit auf christlicher Infiltration beruht, die möglicherweise schon in das dritte bis vierte Jahrhundert zurückreicht. Sie sei dann verstärkt worden durch die Nestorianer. Von solchen Überlegungen wußte allerdings Ricci wenig und so meint er, daß die Trias sowohl des Buddhismus wie auch des Taoismus eine reine Erfindung sei. Man könne daran klar sehen, daß der Vater der Lüge der Urheber derselben sei, der noch nicht die stolze Anmaßung aufgegeben habe, seinem Schöpfer ähnlich zu sein.
I p. 128 n. 5 - p. 129 n. c; I Nr. 193.
[12] I Nr. 194.
[13] Dieser Ausdruck « Hsien » wurde von 1583-1602 für das christliche Wort « Heiliger » gebraucht, obwohl auch das konfuzianische Wort « Sheng » von Anfang an bekannt war. Im Katechismus und in der « Dottrina » Riccis ist Hsien verschwunden und durch Sheng ersetzt und blieb von da an definitiv im christlich-chinesischen Vokabular (I p. 104 n. 8).
[14] I p. 104 nn. 7. 9: In der letzteren Nota P. D'Elias weitere Ausführungen über das Elixier der Unsterblichkeit: Das eßbare Gold.

Trotz der nicht großen Volkstümlichkeit des Taoismus hatten seine Mönche im Volksleben manche Aufgaben zu erfüllen. Sie mußten die Dämonen beschwören und sie von dort vertreiben, wo sie auftauchten. Das geschah durch Anheften von Bildern der Dämonen in den Häusern. Man malte diese Bilder mit schwarzer Tusche auf gelbes Papier. Man suchte die Dämonen auch durch die Anwendung des Schwertes zu vertreiben, wobei die Mönche ihre ganze Stimmstärke anwandten, um die Dämonen zu schrecken. Ricci meint, daß man bei solchen Prozeduren glauben könne, die Mönche selber seien die Dämonen. Die Mönche mußten auch in Zeiten der Dürre für Regen und in Zeiten des Regens für heiteres Wetter sorgen. Durch ihre magischen Künste mußten sie Überschwemmungen und andere öffentliche und private Unglücke abzuwenden suchen. Sie scheinen sich auf die Magie zu verstehen, vielleicht ist aber solches Beginnen nur Lüge. Beim Opfer, das der Kaiser (früher) in persona oder (später) in Vertretung « Himmel und Erde » darbrachte, assistierten sie und sorgten für den musikalischen Teil der Zeremonie. Zum Vollzug der Totenriten zog man sie zu den Totenfeiern bei. Auch bei öffentlichen Prozessionen, für Haussegnungen oder Prozessionen, die zum Schutze gegen die Geister abgehalten wurden, hatten sie ihre Aufgabe zu erfüllen [15]. In ähnlicher Weise wie beim Opfer für « Himmel und Erde », betätigten sie sich auch beim Konfuziusopfer [16].

So sah Ricci den Taoismus. Es ist klar, daß er der Richtung nicht freundlich gegenüberstand. Darum geht es ihm in seinen Disputen mit den Literaten und den Vornehmen Chinas vor allem darum, die beiden Sekten der Götzen (Buddhismus und Taoismus) zu bekämpfen [17].

Als die beiden Grundprinzipien des Taoismus traten Ricci die beiden Lehren vom Nichtsein auf metaphysischem Gebiet und vom Nichthandeln auf ethischem Gebiet entgegen. Das Tao Têking lehrt, daß alle Dinge der Welt aus dem Sein stammen, welches aber seinerseits aus dem Nichtsein stammt. Zu diesem metaphysischen Prinzip tritt das ethische Prinzip, daß die höchste Tugend im Nicht-Handeln besteht, denn das Prinzip bewirkt das Nicht-Handeln und beschäftigt sich damit, sich nicht zu beschäftigen [18].

---

[15] I Nr. 195.
[16] II Nr. 553.
[17] II Nr. 555.
[18] II p. 296 n. 2.

Der chinesische Literat sagt im Katechismus Riccis über die taoistische Lehre: «Die Taoisten sagen, daß die Dinge aus dem Nichts stammen und daß die Vollkommenheit im Nichts besteht». Er spricht dann weiter über das «Leere» des Buddhismus und das «Summum Extremum» der Konfuzianer.

Darauf antwortet der westliche Literat (Ricci):

> «Die beiden Schulen, die vom Nichts und vom Leeren sprechen, sind der Lehre von Gott absolut entgegengesetzt. Es ist also klar, daß man (ihnen) nicht folgen kann».

Aber man kann die Gefolgsleute dieser Richtungen nicht ohne weiteres verwerfen, da sie «in gleicher Weise vom großen Vater stammen und daher unsere Brüder sind». Man muß Geduld aufbringen und diese unterweisen, nicht sie aber tadeln. Ricci argumentiert weiter:

> «In der Welt achtet man die Fülle und das Sein und man verachtet das Leere und das Nichts. Wenn aber das, was man den Ursprung allen Seins (Gott) nennt, erhaben über alles andere ist, wie könnte man dann glauben, daß dieses etwas so Gewöhnliches ist wie das Leere und das Nichts? Umso mehr als einer das, was er nicht hat, anderen nicht geben kann, um daraus Seinsdinge zu machen. Dieser Grund ist einleuchtend.
>
> Wenn jetzt einer sagt: 'Das Leere', wenn einer sagt 'Das Nichts', so hat er absolut nichts in sich. Wie könnte er da das Sein, die Natur und die sichtbaren (Qualitäten) geben, um daraus die Wesenheit des Seins zu machen? Wenn etwas wirklich existiert, so sagt man, daß es ist. Wenn es das Nichts ist, was wirklich da ist, dann ist die Sache nicht. Wenn wir voraussetzen, daß die Quelle (eines Seins) das Nichts der Fülle und das Nichts des Seins ist, dann ist das Sein und die Sache, die von ihm stammt, das Nichts. Kein Mensch der Welt, nicht einmal ein Heiliger, kann mit Nichts an Sein ein Sein machen. Wie könnte dann dieses Nichts, dieses Leere mit seinem Leeren und seinem Nichts allen Seinsdingen die Existenz und (gar) die Fülle allen Seinsdingen geben?
>
> Schauen wir das näher an mit Hilfe der vier Ursachen der Dinge. Denn wenn man vom 'Leeren' und vom 'Nichts' spricht, so kann weder das eine noch das andere Causa efficiens, formalis, materialis oder finalis sein. Welche andere Funktion könnte man noch für das Sein entwickeln»?

Nach einem Einwurf des chinesischen Literaten fährt der westliche Literat fort:

«Bezüglich der Seinsdinge, die einen Anfang gehabt haben, kann man sagen, daß vorher das Nichts da war und nachher das Sein dagewesen ist. Aber bezüglich des Seins, das keinen Anfang gehabt hat, kann man das nicht sagen. Das Sein, das keinen Anfang gehabt hat, hat niemals eine Zeit gehabt, in der es nicht existiert hätte. In welcher Zeit war also für dieses zuerst das Nichts?

Wenn man daher (von einigen Seinsdingen) im besonderen spricht, kann man sagen: Für ein jedes (dieser Seinsdinge) war zuerst das Nichts und dann das Sein. Aber wenn man im allgemeinen redet, dann nicht. Z. B. NN war vor der Geburt sicher nicht, aber nach der Geburt ist er. Indessen, vor der Geburt waren seine Eltern, die ihn zeugen würden. Und das gleiche gilt für alle (geschaffenen) Seinsdinge der Welt. Wenn wir indessen zurückgehen auf die Zeit, in der absolut kein (geschaffenes) Sein war, dann mußte Gott da sein, der der Ursprung (der Seinsdinge) war».

Es folgt dann der Einwurf des chinesischen Literaten, daß das «Nichts» und das «Leere» nicht wirklich nichts und leer seien, sondern daß sie geistig, unsichtbar und unhörbar seien und daß mithin kein Unterschied zu Gott hin bestände. Darauf antwortet der westliche Literat:

«Ich bitte Sie, diesen so wenig vernünftigen Ausdruck auf Gott nicht anzuwenden. Der Geist hat eine Natur, hat Potenzen, hat Tugenden, die reiner und erhabener sind als das uns sichtbare Sein. Sein Grund des Seins ist noch viel sicherer. Wie nun? Soll man ihn, gerade weil er nicht diese Sichtbarkeit hat, 'Nichts' oder 'Leere' nennen? (Ebenso) sind die Tugenden der fünf Relationen unsichtbar und unhörbar: Wer wird sie (deshalb) 'Nichts' nennen? Das Unsichtbare und Nichts sind unterschieden wie Himmel und Erde. Solches zu lehren heißt nicht nur die Welt nicht erleuchten, sondern heißt, ihr eine größere Zahl von Zweifeln einimpfen»[19].

Damit haben wir in kurzen Zügen einige der Hauptmomente der Auseinandersetzung Riccis mit den drei weltanschaulichen Systemen Chinas aufgeführt. Wir sind uns bewußt, daß die Zusammenstellung nicht vollständig ist, sie sollte uns lediglich dazu dienen, in großen Zügen über die Methode zu orientieren. Das dürfte klar geworden sein. Es folgt der allgemeinen Stellungnahme Riccis jetzt die besondere in den Punkten, in denen sich Fragen chinesischer Weltanschauung mit solchen des christlichen Glaubens zu reiben scheinen. Wir werden sehen, wie Ricci diese Reibungen glättet.

---

[19] Cat. Ri. Cap. II.

18 J. Bettray, S. V. D.

Sektion 2:

DIE BERÜHRUNG DES CHRISTENTUMS MIT DEM HEIDENTUM

1. KAPITEL

RICCIS STELLUNGNAHME ZU DEN GOTTESNAMEN CHINAS IN DER ANWENDUNG DIESER NAMEN AUF DEN CHRISTLICHEN GOTTESBEGRIFF

In der Zeit von Juli bis August 1583 liegt jener denkwürdige Tag, an dem zum ersten Male in der Geschichte der katholischen Kirche Chinas Gott mit dem chinesischen Namen « T'ien Chu » bezeichnet wurde, ein Begriff, der seither, wenn auch nicht ohne schwere Krisen für seinen Bestand, das Herz des katholischen Chinesen zum Höchsten anregt, was es für ihn und jeden Menschen auf Erden gibt, zum Denken an und über Gott, zum Sprechen mit Gott, dem Urquell und dem Ziel des menschlichen Seins und Werdens.

Als Ricci und Ruggieri wenig später, in jenen ersten, noch so dunklen Anfängen nach Shiuhing kamen, fanden sie den Altar, den Ruggieri und Pasio im Frühling des gleichen Jahres dort gelassen hatten, in einem Sälchen des Hauses des Katechumenen Ch'en [1] gebührend aufgestellt. Er war mit Lampen geziert und mit Rauchwerk in Ehren gehalten. Eine Inschrift über ihm kündete den, der durch den Altar geehrt werden sollte. Die zwei Schriftzüge für « T'ien Chu » sollten das Bild dessen, von dem der Katechumene schon einiges wußte, ersetzen. Der Name war also, wie das oft in China zu geschehen pflegt, an die Stelle des Bildes getreten. Die Missionare begrüßten den Umstand und verkündigten unter diesem Namen die christliche Lehre. Sie wußten damals noch nicht, daß dieser Name auch von den Buddhisten gebraucht wurde und daß ebenso die Taoisten ein göttliches Wesen des gleichen Namens verehrten. Erst recht wußten sie nicht, daß noch vor dem Buddhismus der chinesische Kaiser Shih Huang-ti schon seit 219 v. Chr. den « 8 Herren » opferte, von denen einer den Namen « Herr des Himmels » trug (T'ien Chu) [2]. Diese Erkenntnisse kamen erst

---

[1] I p. 186 n. a.
[2] I p. 186 n. 1.

später. Wie schwer es in der Folge war, dieses Wortsymbol des Gottesbegriffes zu ändern, ist nur zu verständlich. Wir sahen schon, wie groß die Schwierigkeiten waren, die den Missionaren aus der Tatsache ihres Fremdseins in China erwuchsen. Wir sahen auch, wie ungemein lästig die Verwechslung mit den Bonzen war. Und gerade in diesem Punkte, im Gottesnamen, war es nicht so leicht, jedenfalls bedeutend schwieriger als in Kleidung und Ähnlichem, an ein Abgehen von der einmal begonnenen Methode zu denken, weil es eben nicht um irgendwelche Äußerlichkeiten ging, sondern um das Heiligste im Menschen, um seine persönliche Gottbegegnung. In einem frommen Menschen klingen bei Nennung des Gottesnamens, eines an sich äußeren Symbols, Saiten an, die den Menschen sofort vor die Wesenheit des damit Gemeinten stellen. Daher ist es denn Ricci trotz aller Versuche in der Folge nicht mehr vollständig gelungen, — lag vielleicht auch nicht in seiner Absicht, da er sich, wie in der « Dottrina », in ausschließlich für Christen bestimmten Schriften nur des Gottesnamens T'ien Chu bediente — einen anderen als den ersten Gottesnamen definitiv und endgültig einzuführen, der symbolischer Kernpunkt für menschliches Gottbegreifen hätte werden können. Ricci hat eine ganze Reihe weiterer Namen für das höchste Wesen auf den wesentlich christlichen Nenner gebracht, Namen, die wegen ihrer Geschichte und Begriffseigenheit bedeutend besser geeignet gewesen wären, dem christlichen Gottesbegriff als Kleid zu dienen. Durchgesetzt hat sich der erste Name, der seine Entstehung eigentlich dem Zufall und einer gewissen Unkenntnis und Unerfahrenheit verdankt. Daß es letztlich nicht zu einer Änderung kam, hat allerdings auch seine Ursache in der großen Kontroverse um den Gottesnamen, die bald nach Riccis Tode im Schoße der kleinen Gemeinschaft der Chinamissionare der Gesellschaft Jesu einsetzte und die auch später, nachdem andere Orden in den erweiterten Streit einbezogen wurden, immer wieder Gegenstand der Erörterung wurde. Aber darüber haben wir nicht zu handeln.

Wollen wir die Bemühungen Riccis um einen geeigneten Gottesnamen verstehen, so müssen wir uns vor Augen halten, daß es immer darauf ankommt, in einem zu bekehrenden Volke einen Begriff zu finden, dem, auch ohne christliche Interpretation, das Volk im Gefühle des Tremendum und Fascinosum begegnet und der dem Wesensgehalt des christlichen Gottesbegriffes am meisten entspricht. Nur so ist es möglich, ohne Verbiegungen und ohne die Gefahr der Überfremdung die besten Saiten des Volkes, unter dem man arbeitet, zum Klingen zu bringen. Dieses Moment wird das

Mühen des Missionars von der einen Seite aus bestimmen. Dieses psycho-religiöse Phänomen zu beachten, ist wichtig, aber nicht absolut notwendig. Es wäre möglich, daß ein solcher Begriff, der den Idealforderungen entspricht, sich nicht findet oder daß er so verschüttet ist, daß das Volk ihm gleichgültig gegenübersteht. Es käme in einem solchen Falle besonders auf die *Interpretation* an. *Wir möchten glauben, in dieser an sich so selbstverständlichen Grundthese der Interpretation das gefunden zu haben, wodurch Riccis Stellung in der Frage des Gottesnamens, vor allem aber in der Frage der Riten, bestimmt wurde.*

Die Übernahme des ersten christlichen Gottesnamens erfolgte ohne besondere Studien. Die freudige Überraschung der Missionare über den an sich ja trefflichen Namen und über den Eifer des Katechumenen scheint die Frage rasch entschieden zu haben.

Die rationale Auseinandersetzung mit dem Sinngehalt des Wortes und mit seiner geschichtlichen Hypothek konnte aber nicht ausbleiben. Und nun beginnt ein hochinteressanter Prozeß: Der Name bleibt bestehen, sein Sinn wird des buddhistischen und taoistischen Inhaltes entkleidet. Das geschieht durch die Feststellung der Verwandtschaft des alten chinesisch-monotheistischen Gottesbegriffes mit dem Gottesbegriff natürlich christlicher Theologie. Für Ricci ist der Himmel das höchste Wesen der Chinesen [3], welches ursprünglich allein verehrt wurde, da man im alten China keine Götter verehrte [4].

Wohl handelt es sich um eine zur Zeit Riccis fast vergessene Lehre. Im Katechismus [5] erklärt nämlich der chinesische Literat, daß die Schöpfung der Welt, des Himmels und der Erde, der Menschen und Dinge, die Verwaltung und Erhaltung der Welt durch Gott ihm ganz und gar unbekannt sei. Die alten Weisen hätten ihm solches nie erklärt. Daraufhin sagt ihm der westliche Literat, also Ricci:

> « Diese Lehre von Gott ist nicht die Lehre eines Menschen, einer Familie, eines Reiches. Die größten Länder von Westen bis Osten haben sie angenommen, und die Heiligen und Weisen haben sie verbreitet. Seit Gott Himmel und Erde erschuf und Menschen und Dinge hervorbrachte, ist daran bis heute, wie die Schriften lehren, kein Zweifel. Indessen, die Literaten Ihres vornehmen Landes begaben sich nur in geringer Zahl in andere Länder und ver-

---

[3] I Nr. 80.
[4] I p. 283 n. 8: Es geht hier um die buddhistischen Gottheiten: Pagode.
[5] Cat. Ri. Cap. I.

stehen (daher) nicht die Sprache unserer Gegenden, noch kennen sie die Menschen und Dinge derselben ».

In dieser Stelle leuchtet klar die Auffassung Riccis auf. Er spricht zwar allgemein von den Literaten Chinas, schließt aber die alten Heiligen und Weisen Chinas aus. Zu seiner Zeit wußten die Literaten wenig mehr vom wahren Gott. Ricci macht gar keinen Versuch, das zu verbergen. In der alten Zeit aber, in den Klassikern, ist die Lehre vom wahren Gott noch zu finden. Er sagt:

« Der 'Herr des Himmels' unserer Reiche entspricht dem 'Höchsten Gebieter' (Gottesname der klassischen Schriften Chinas - Shang-Ti) in chinesischer Sprache und wird unterschieden von dem Götzen, der von den Taoisten unter dem Namen des 'Geheimnisvollen Herrn' fabriziert wurde, welcher nichts anderes war als ein Mensch, der sich (der Tugend) widmete und auf dem Berge Wu T'ang wohnte und der, auch er, gänzlich zur Spezies Mensch gehörte. Wie kann je ein Mensch 'Erhabener Himmelsherrscher' werden? Mein 'Herr des Himmels' ist das, was die alten Klassiker den 'Höchsten Gebieter' nennen ».

Ricci läßt dann eine ganze Reihe Texte zum Beweise dieser seiner These folgen. Die Texte der alten klassischen Bücher sollen selber aus sich beweisen, daß der alte chinesische Gottesbegriff tatsächlich der christlichen Lehre entspricht [6].

In ähnlicher Weise schützt Ricci im Briefwechsel mit dem Bonzen Shen den höchsten Gebieter. Er sagt, daß die Buddhisten den « Höchsten Gebieter » erniedrigen zu einem gewöhnlichen Wesen, obwohl ihm doch in allen Reichen seit Tausenden von Jahren Könige, Heilige und Gelehrte gedient haben [7].

Hätte Ricci die « Ossa Divinatoria » und ihren Inhalt gekannt, die erst in unserer Zeit der Vergangenheit entrissen wurden, die aus dem 13.-12. Jh. vor Christus stammen, so hätte er sicher nicht gezögert, auch diese für den Erweis zu benützen, daß die alten Chinesen den wahren Gott gekannt haben. Auf ihnen liest man als Gottesnamen Ti, oder auch, aber weniger häufig, Shang-Ti und einmal T'ien. Mit dem Einbruch der Chou-Dynastie tritt letzterer Name immer mehr auf und wird schließlich commiscue mit Ti und Shang-Ti gebraucht [8]. P. Wilhelm Schmidt SVD schreibt über

---

[6] Cat Ri. II.
[7] Briefwechsel, f. 13b.
[8] Stud. Or. = D'Elia S. I. P. Pasquale - *Cina politeista o Cina monoteista?* in « Rivista degli studi orientali », vol. XXII, pp. 99-103: Dort auch zahlreiche

die Frage des alten chinesischen Gottesbegriffes [9]. Er stellt fest, daß die Chou unter dem Einfluß der Turkvölker Zentralasiens standen, die im eigentlichen Sinne primitive Hirtennomaden waren. Diese alten Turkstämme hatten als höchsten Gott « Tengeri » (Tengerä), den Himmel. Wenn nun auch bei den Hirtennomaden Asiens und Afrikas der höchste Gott gleichgesetzt wird mit dem materiellen Himmel, so handelt es sich doch nicht um einen unpersönlichen, vagen und unbestimmten Gott, sondern « um eine konkrete und bestimmte Persönlichkeit, begabt mit allen Eigenschaften und Tätigkeiten, die erforderlich sind, um uns ein wahres höchstes Wesen darzustellen ». P. Schmidt sieht in T'ien eine chinesische Wiedergabe des Wortes Tengeri und sagt: « Auf jeden Fall konnte diese Idee die Idee des Ti oder Shang-Ti in der Religion der Chang-Yin (der Dynastie vor der der Chou) nur festigen und stärken. Es ist ausgeschlossen, daß die Chou eine Dekadenz der Religion der Chang-Yin hervorgerufen haben, das Gegenteil dürfte vielmehr der Fall sein: Sie haben dieselbe gereinigt und gehoben ».

Ricci findet sich mit seiner Auffassung von der Reinheit des ursprünglichen Gottesbegriffes in China nicht allein. Die Frage der Wahl eines chinesischen Gottesnamens trat auch an Juden, Mohammedaner und Protestanten heran. Vor diesen müssen schon die Nestorianer irgendeine Lösung treffen. Letztere begnügen sich, da sie die alten Klassiker kaum kannten, mit der Phonetisation der syrischen Wiedergabe (Alàhà) des Elohim der Bibel oder mit buddhistischen und taoistischen Termini. Sie kannten aber auch den einen oder anderen Ausdruck konfuzianischen Charakters. Die Juden brauchen nicht die Transliteration, sondern geben ihren Gottesbegriff mit T'ien, Tao und zwar mit und ohne Adjektiv wieder. Später, nach Ricci, möglicherweise unter dem Einfluß der Jesuiten, brauchen sie auch Ti [10]. Man denke an die Hartnäckig-

---

vom Verfasser zusammengestellte Texte aus den klassischen Büchern mit Varianten dieser drei Grundnamen. P. D'Elia stellt dar, daß sich diese Texte durchaus auf ein höchstes Wesen deuten lassen. Cfr. STUD. OR.[2]: Die Veröffentlichung eines Manuskriptes mit Texten, die ein unbekannter Jesuit geschrieben hat und die in 28 kleinen Artikeln mit je drei Beweisen für diese oder jene Eigenschaft Gottes eingeteilt sind. Dabei ist der erste Beweis ein solcher aus der Sprache des Volkes, aus dem Volksgebrauch, der zweite ein solcher aus dem Kreise der Literaten und der dritte ein solcher aus den Klassikern. Das Manuskript stammt von der Jahrhundertwende 1700 und kam 1704 nach Rom (l. c. pp. 140-149).

[9] P. WILHELM SCHMIDT im Vorwort des TIEN TCHÉU-KANG: *L'idée de Dieu dans les huit premiers classiques chinois*, Fribourg 1942, pp. 11-12.

[10] STUD. OR.[2] p. 129: Man hat die ersten jüdisch-chinesischen Gottesna-

keit der Juden im Streben nach der Reinerhaltung des Gottesbegriffes und man versteht, daß es ihnen darauf ankam, auch in der Übersetzung einen reinen, unverfälschten Gottesbegriff zu haben. — Die Mohammedaner geben ihren Gottesbegriff Allah mit T'ien und Shang-Ti wieder [11]. Ebenso tun es die Protestanten, die sich des Wortes Shang-Ti für den Gottesnamen bedienen. Wenn die heidnischen Chinesen vom Gott des Christentums reden, sprechen sie von T'ien und Shang-Ti [12]. Die Möglichkeit, die chinesischen Gottesnamen für den christlichen Gottesbegriff zu brauchen, wird auch von ernsten modernen, dazu meist an der Frage sonst nicht interessierten Wissenschaftlern verfochten, wie Legge, Chavannes, Giles, Forke, Karlgren, Wieger [13].

Wie konnte es dann aber zu einer solchen Kontroverse um die Gottesnamen kommen, wenn die Sache so klar war? War sie wirklich so klar? Standen den Texten Riccis vielleicht Texte gegenüber, die das Gegenteil seiner Meinung lehrten? Gab es etwa Umstände, Verhältnisse, die nicht in die gleiche Richtung zeigten, wie Ricci sie wies?

Die Verdunkelung des reinen Gottesbegriffes in China liegt schon sehr weit zurück. Sie dreht sich um die beiden Gottesnamen Ti und T'ien und hat, weil viel früher, nichts mit dem Buddhismus und seinem polytheistischen Einfluß zu tun.

Im 3. Jh. v. Chr. tauchen im « Rituale der Chou », das aus dieser Zeit stammt und nicht, wie es vorgeben möchte, aus dem 11. Jh. v. Chr., vier- oder fünfmal Wendungen auf, die sich auf Opfer beziehen, die den « 5 Herren » gebracht werden. Woher stammen diese « 5 Herren » (Ti)? Sie gehen als einzelne Wesen bereits auf frühere Zeiten zurück. Im 8. Jh. finden wir ein Heiligtum zu Ehren eines « weißen Herrn ». Im 7. Jh. ein solches zu Ehren eines « grünen Herrn ». Im 5. Jh. zwei Heiligtümer zu Ehren eines « gelben Herrn » und eines « roten Herrn ». Endlich im Beginn der Handynastie des 3. Jh. kommt unter dem Kaiser Kao Tsu der 5. Herr hinzu, der « schwarze Herr ». Der Kaiser erbaut diesem ein Heiligtum. Es braucht mithin fast 5 Jahrhunderte, um zu den « 5 Herren » zu kommen.

Zu dieser Entwicklung kommt die Theorie von den 5 Elementen des Gelehrten Tsou Yen aus dem 3. Jh. v. Chr. Er verbrei-

---

men auf zwei Säulen aus den Jahren 1489 und 1512 aufgefunden, den Tamen Ti aber auf einer Säule von 1663.
[11] L. c. p. 130.
[12] L. c. 134.
[13] L. c. pp. 134-136.

tet und erklärt die Theorie. Von den 5 Elementen kam man auf die 5 Farben. Von diesen zu den 5 Kardinalpunkten (der fünfte ist der Mittelpunkt der Erde). Die Kardinalpunkte hatten die Namen der 5 Farben. Damit war man auch von der Elementenlehre her zu den « 5 Herren » gelangt. Aber erst im Jahre 165 v. Chr. wurde den « 5 Herren » vom Kaiser ein Opfer dargebracht, eine Tatsache, welche sich im Laufe der Jahrhunderte, zum Mißfallen der orthodoxen Literaten mehrmals wiederholte. Von Anfang an bekämpften die gesunden Elemente in den Reihen der Literaten diese Richtung. Aber erst 1067 n. Chr. fand sie ihr Ende durch ein Dekret des Kaisers Shen Tsung (der Sungdynastie). Der Kaiser verbot beim Opfer für seinen verstorbenen Vater das Opfer zu jedem anderen Geiste als nur zum « Höchsten Gebieter ». Der Kommentar zum Dekret sagt, daß die Ausdrücke des « Rituale der Chou »: « Erhabener Himmel und Höchster Gebieter » oder auch « Höchster Gebieter » oder endlich die « 5 Herren », nur einen einzigen Herren bezeichnen. Außerdem stand der Kult der « 5 Herren » nicht auf der gleichen Stufe wie der Kult für den « Höchsten Gebieter ».

Ähnliche Schwierigkeiten haben wir mit der Bezeichnung Gottes als Himmel-« T'ien ». Es gibt Texte, in denen T'ien allein steht. Der Begriff ist dann dem « Höchsten Gebieter » gleich. Es gibt auch Texte, in denen wir die Verbindung haben: « T'ien-Ti »: Himmel-Erde. Wir können an dieser Stelle nicht näher eingehen auf die Zusammenhänge dieser Begriffe mit dem Gott des Bodens im alten China. Wichtiger sind für uns die Gleichsetzungen, die von den alten Chinesen gemacht werden zwischen dem Doppelprinzip « Yang-Yin » und « Himmel und Erde ». Yang wird dem Himmel gleichgesetzt und Yin der Erde. Yang und Yin korrespondieren einander, was zur Folge hat, daß auch zwischen Himmel und Erde eine unlösbare Einheit zustande kommt. Diese Verbindung, der ein im Ganzen gleichwertiger paralleler Kult zukam, hatte die unglückliche Folge, daß man vom Begriff des persönlichen Himmels mehr und mehr zu dem des materiellen unpersönlichen Himmels überging. Hinzu kamen nun auch unzählige Gottheiten zweiter, dritter und vierter Ordnung. Im 4. Jh. n. Chr. haben wir 1500 solcher Wesen. 4-500 Jahre später war die Zahl zwar auf etwa 500 zurückgegangen, aber auch so war längst nicht die alte Reinheit erreicht. Im Jahre 1305 werden vom Kaiser nur noch dem Himmel, den Ahnen und der Erde Opfer gebracht. 1368 kam es bei Beginn der nationalen Dynastie der Ming zu einer radikalen Reform. Die Gottheiten niedrigerer Ordnung wurden unterdrückt oder doch vermindert. Wesentlich blieben erhalten die Opfer für den Himmel, die bei Gelegenheit der Wintersonnenwende dargebracht wurden, und die Opfer für die Erde bei der Sommersonnenwende, gemäß den beiden Prinzipien Yang und Yin (männlich-weiblich). Beide Opfer wurden vom Kaiser selber vorgenommen. Das Himmelsopfer wurde nach diesem Dekret in der südlichen Vorstadt der Hauptstadt dargebracht und das Erdopfer in der Nordvorstadt der Hauptstadt [14]. Im Zusammenhang hiermit ist besonders hinzuweisen auf die rationalistisch-pantheisierende Richtung, die von dem Philosophen Chu Hsi (1130-1200) ins Leben gerufen wurde. Chu Hsi ist Materialist und sucht auf jeden Fall alle Stellen der Klassiker in seinem Sinne zu deuten. Was diese immer gesagt haben mögen, er kennt weder Gott noch einen Höchsten Gebieter, weder einen Richter noch eine Vorsehung. Das Universum besteht aus den zwei gleich ewigen Prinzipien, Materie und Form. Die Materie ist eine, ist ewig, unveränderlich, blind, unbewußt, ohne Intellekt. Die Form vermag einen Teil der unendlichen Materie zu begrenzen und zum Individuum zu gestalten, das aber beim Tode wieder in die Urmasse der Materie zurückfällt [15]. Folgerichtig belehrt uns Bartoli über dieses System, daß es die Geister, gute und böse, leugnet. Auch die Unsterblichkeit der Seele wird nicht anerkannt. Shang-Ti und T'ien sind nichts anderes als die reine Luft des Himmels etc. Und weil nun diese beiden Begriffe (infolge des unheilvollen Einflusses dieses Philosophen) bei vielen eine ganz andere Bedeutung bekommen haben, eine Bedeutung also, die aus der Gegenwart sich ergibt und nicht, wie Ricci sie sieht, in der Vergangenheit, kann man diese Namen nach P. Longobardo nicht mehr auf Gott anwenden [16]. Hier sind wir mitten im Problem um den Gottesnamen zur Zeit nach dem Tode Riccis. Ricci sah die Schwierigkeit genau so gut und wahrscheinlich besser als Longobardo, der die Sprache nicht so gut beherrschte wie sein Mitbruder. Er löst sie durch das Zurückgreifen auf die alten Texte, die er in ihrem natürlichen Sinn liest und denen er dann die christliche Korrektur, soweit diese nötig war, beifügt. Er sagt also: *Weil die alten Chinesen den reinen Gottesbegriff hatten, bin ich berechtigt, mich dieses alten Begriffes zu bedienen, um darin den christlichen Gottesbegriff unter entsprechender Erklärung wiederzugeben.*

In den Überlegungen Riccis spielte das geschichtliche Motiv

---

[14] STUD. OR. pp. 110-128.

[15] I p. LIV; cfr. I p. 116 n. 3; Aus dem Leben dieses Philosophen, der bis in die neueste Zeit einen ungeheuren Einfluß auf China gehabt hat, weil nach seinem System alle Konfuzianer gebildet wurden.

[16] BARTOLI, l c. 120.

nicht die alleinige Rolle. Hinzu kam eine taktische Überlegung. Bartoli schreibt darüber: « Gute Freunde rieten dem P. Matteo Ricci, Gott Shang-Ti zu nennen, so wie ihre Altvordern, die in hoher Verehrung stehen, das Beste nannten, was sie im Universum kannten und was sie als Höchstes anbeteten ». Und warum rieten die Freunde Ricci so? Weil die katholische Religion eine fremde sei und weil sie durch diesen Gottesnamen sofort an Ansehen gewinnen würde. Man möge halt die Attribute, die (im alten Gottesnamen Chinas) fehlten, hinzufügen. Man würde auf diese Weise jedenfalls den Vorteil haben, weniger in Gegensatz zu stehen, lieber gehört und leichter geglaubt zu werden [17]. Damit soll nicht gesagt sein, daß dieses Motiv für Ricci das entscheidende war. Das ist nicht der Fall. Die reiche Fülle der von ihm angeführten Texte zwingt uns vielmehr dazu, anzunehmen, daß es eine echte innere Überzeugung von der Güte des alten Gottesbegriffes war, die Ricci dazu vermochte, diesen zuzulassen.

Bartoli sagt dazu: « P. Matteo Ricci kümmerte sich nicht um die gewaltsamen und schlechtbegründeten Interpretationen der letzten Literaten ... Er hielt es für ausreichend in ihren Schriften bewiesen, daß die alten Chinesen den wahren Gott gekannt haben » [18].

Ein konsequentes Studium mußte Ricci natürlich auch in Verbindung bringen mit den Schwierigkeiten, die wir bereits oben andeuteten. Er mußte gewahr werden, daß auch in der Vergangenheit, und nicht nur in der Gegenwart, manches in der Lehre der chinesischen Weisen war, mit dem er nicht harmonieren konnte.

Die größte Schwierigkeit bestand in der Vermaterialisierung des Himmels, die sich aus der Lehre der Einheit von Himmel und Erde ergab.

Er führt gegen diese Irrwege Argumente aus den Klassikern selber an und aus der Vernunft. Die Argumente aus den Klassikern wurden bereits erwähnt. Was die der Vernunft angeht, so sagt er in seinem Katechismus:

> « Wenn man sagt, daß Himmel (T'ien) Höchster Gebieter (Shang-Ti) bedeutet, so ist es gut. Der Himmel ist (ethymologisch gesehen) der einzig Große ... Der Ausdruck ' Höchster Gebieter ' ist sehr klar und läßt keine Deutung zu, erst recht nicht waghalsige Auslegungen. Der sichtbare blaue Himmel ist in 9 Stockwerke eingeteilt. Wie könnte er je ein einziger Gott sein? Da der ' Höchste

---

[17] BARTOLI, I c. 122.
[18] BARTOLI, I c. 118.

Gebieter' vollständig unsichtbar ist, wie könnte man ihn da noch
mit dem Namen eines sichtbaren Seins bezeichnen? Die Form des
Himmels ist rund und dieser ist in 9 Stockwerke eingeteilt, von
denen einige sich nach Osten, andere nach Westen bewegen. (Der
Himmel) hat weder Haupt noch Leib, weder Hände noch Füße.
Anzunehmen, daß er zusammen mit seinem Geiste einen lebendigen Leib bildet, sollte das nicht eine sehr lächerliche und merkwürdige Sache sein? Besser noch: Die Geister sind niemals sichtbar: Wie sollte da jemals ausgerechnet der erhabenste Geist sichtbar sein »?

In ähnlicher Weise werden die Argumente geführt gegen eine
falschverstandene Deutung des Begriffes « Himmel-Erde ». Ricci
sagt im Katechismus:

« Das es nicht zuläßig ist, zu glauben, daß der Himmel, der doch
über (uns) ist, Gott ist, wie sollte es da, a fortiori, statthaft sein,
eine Neigung der Verehrung gegenuber der Erde zu haben, die
doch unter (uns) ist, die alle mit Füßen treten und auf welche sich
aller Schmutz ergießt? Kurz und gut: Nur dieser einzige Gott
hat den Himmel, die Erde und alle Geschöpfe geschaffen für die
Erhaltung des Menschen. Im Universum gibt es nicht ein einziges Sein, welches nicht für die Erhaltung des Menschen da ist. Es geziemt sich (daher), daß wir dem Wohltäter des Himmels, der Erde
und aller Dinge danken und daß wir ihn verehren und ehren mit
verdoppelter Lauterkeit. Tun wir das oder werden wir diesen uran-
fänglichen Herrn aufgeben, den höchsten Quell, um Geschöpfe anzubeten, die uns dienen » [19]?

Leider ist das Wissen um den Kult des höchsten Gebieters seit
langer Zeit gesunken und vergessen [20], sodaß eine solche traurige
Verwischung zustandekommen konnte.

« Man dient nur mehr dem (materiellen) Himmel und der Erde
und weiß nicht mehr, daß darüber noch ein 'Herr des Himmels'
existiert. Aber wenn man die Höhe und Weite des Himmels und der
Erde sieht, dann begreift man doch, daß es einen Gott gibt, der
alles das regiert, was sich darin befindet. Darum ehrt man mit
Ernst und innerster Überzeugung in ihnen den unsichtbaren
'Himmel' (Gott), der vorher ist. Wer könnte wohl hinweisen
auf diesen blauen Himmel und ihn für anbetungswürdig halten?
Wer glaubt wohl, der auf diesen blauen Himmel hinweist, daß er
(würdig) sei der Anbetung? *Wenn aber ein edler Mensch manch-*

---

[19] Cat. Ri. Cap. II.
[20] Cat. Ri. Cap. VIII.

mal spricht von 'Himmel und Erde', so ist das für ihn nur eine Art und Weise, sich auszudrücken. So nehmen der Präfekt oder der Unterpräfekt zum Beispiel für die eigene Titulierung den Namen der Präfektur oder der Unterpräfektur an, der sie angehören. Der Präfekt der Präfektur Nanchang nennt sich 'Präfektur Nanchang' und der Unterpräfekt der Unterpräfektur Nanchang nennt sich 'Unterpräfektur Nanchang'. In diesem Sinn wird der Herr des Himmels und der Erde manchmal 'Himmel und Erde' genannt. Nicht weil man glaubt, daß der Himmel und die Erde sein Leib seien, sondern weil er innerhalb dieser der erste Herr ist. Da ich fürchte, daß einige sich irren könnten bezüglich dieses ersten Herrn des Seins, so habe ich ihn daher in der Wirklichkeit 'Herr des Himmels' genannt, da ich nicht wagte, nicht zu unterscheiden »[21].

Es kann allerdings nach Ricci sein, daß dieser Ausdruck « Himmel und Erde » auf der Vorstellung beruht, daß Himmel und Erde etwas Beseeltes sind und daß sie mit dem höchsten Wesen, als ihrer Seele, einen lebendigen Leib bilden[22]. Wenn diese Auffassung und Erklärung auch noch Ursache von Mißverständnissen, vor allem in der Richtung pantheistischer Deutung sein konnte[23], so wäre sie doch einer christlichen Interpretation viel leichter zugänglich gewesen als die grob materialistische Darstellung Chu Hsi's. Die Lehre von der Allgegenwart Gottes und von der Conservatio und Gubernatio Divina hätte hier leicht Klarheit schaffen können. Im Breve Sixtus' V. gibt Ricci indessen seine Lösung, die von chinesischen Begriffen herkommt und die im Verein mit dem christlichen Gottesbegriff eine durchaus christliche Lösung darstellt.

Das Breve lautet an der betreffenden Stelle:

« Der 'Herr des Himmels' ist unser großer 'Vater-Mutter'. Wir, die Wir in der Welt den wahren Platz des 'Herrn des Himmels' haben, die Wir uns mit Fleiß der Vollkommenheit widmen und persönlich die Religion durch die Predigt des Evangeliums, der Gebote und des übrigen lenken, wünschen glühend, daß alle Menschen, die sich unter dem Angesicht des Himmels befinden, wissen, daß es einen großen 'Vater-Mutter' gibt, den man nicht ehren kann ohne kindliche Pietät, dessen heilige Religion man umfangen muß mit Ehrfurcht und dessen Namen man nennen muß »[24].

---

[21] Cat. Ri. Cap. II.
[22] I Nr. 170.
[23] I p. 109 n. 2.
[24] Breve.

Wie kommt Ricci dazu, an dieser Stelle Gott « Vater-Mutter » zu nennen? Er will, von seiner christlichen Religion her gelenkt, offenbar sagen, daß der Herr des Himmels für uns alles ist, daß er uns das Teuerste auf Erden ist, daß er uns betreut wie ein Vater und eine Mutter.

Um diesen Sachverhalt auszudrücken, braucht er aber das einem Chinesen geläufige Begriffspaar « Vater-Mutter ». Zum Verständnis ist ein weiteres Begriffspaar heranzuziehen. Ricci sagt an anderer Stelle, daß die alten Chinesen den « König des Himmels » (T'ien-Ti) oder « Himmel-Erde » als höchstes Wesen anbeten [25]. Er behauptet also, daß der Ausdruck « Himmel-Erde » nicht zwei Wesen, sondern unter einem Doppelnamen nur ein Wesen umschließt, nämlich Gott, den « König des Himmels ».

Nun ist aber die Gleichsetzung von « Himmel-Erde » mit « Vater-Mutter » seit den ältesten Zeiten der chinesischen Geschichte bekannt. P. D'Elia deutet die Vater- und Mutterschaft von Himmel und Erde so, daß diese nur als Abhängigkeit des Seins von Himmel und Erde gedacht werden kann. Zu diesem Zwecke führt er verschiedene Texte an [26]. Er kommt dann zu dem Ergebnis, daß der Glaube an den einen Gott, trotz dieses an sich bedauernswerten Dualismus, genügend gewahrt bleibt. Er schreibt: « Es ist nicht ganz unmöglich, das Binomium auf das Monomium Himmel zurückzuführen. Der Himmel, ein persönliches Sein, wurde angesehen als Vater der Menschen und Quelle allen anderen Seins. Seine Vaterschaft, die eine ganz einzigartige war, mußte in menschlichen Termini ausgedrückt werden. Zum Vater gesellte sich daher die Mutter, daher das Binomium Himmel = Vater und Erde = Mutter » [27].

Eine hervorragende Bestätigung dieser Interpretation liefert uns Dr. Leo Li in seiner Vorrede zu dem Werke des Christen Yang T'ing-yün: « Worte der Erinnerung der Kongregation des heiligen Wassers ». Dr. Leo schreibt:

> « Er (der Höchste Gebieter, Shang-Ti) ist der große 'Vater-Mutter' der Menschen aller Reiche und unserer ganzen Welt. Wenn ich einen Vater und eine Mutter habe, kann ich diese dann wohl nicht lieben und ihnen nicht ehrfürchtig dienen? Da nun alle Menschen einen großen 'Vater-Mutter' haben, könnten sie ihn wohl nicht lieben und ihm nicht ehrfürchtig dienen? Vom Vater und

---

[25] I Nr. 170.
[26] Stud. Or. pp. 132-134.
[27] Stud. Or. p. 136.

> der Mutter her, die meinen Leib gezeugt haben, komme ich dazu, den 'Vater-Mutter' zu verstehen, der den Himmel, die Erde und alle Dinge hervorgebracht hat. Mittels der 'Väter-Mütter' (= Mandarinen) einer Stadt, eines Bezirkes, des Reiches, die sich im Zwischenraum (zwischen Gott und mir) befinden, kommt man zum 'Vater-Mutter', der der gemeinsame Herr der Chinesen und der Barbaren ist »[28].

Wie immer in solchen Fällen, sucht Ricci sich bei den alten Klassikern zu orientieren. Und er findet, daß Konfuzius diese Lehre von « Himmel und Erde » nicht hat. Konfuzius sagt nämlich in der Doctrina media:

> « Mit dem Kult des Opfers der Vorstadt für den Himmel und des Opfers für die Erde dienten sie (der Herzog von Chou und der König Wu) dem höchsten Gebieter ». Der Kommentar des Chu (Hsi) aber beauptet: « Wenn man nicht sagt: 'und der Herrin Erde', so deshalb, weil der Text verkürzt wurde ».

Nach Chu Hsi fehlt also hinter dem Worte « Höchster Gebieter » die Ergänzung « und der Herrin Erde »! Dagegen sagt Ricci:

> « Nach meiner geringen Meinung kann man nicht zwei annehmen, wenn Konfuzius klar gesagt hat, daß sie einem einzigen (dienten); warum hätte er nur den Text verkürzt »[29]?

Nach diesen grundsätzlichen Überlegungen bleibt uns noch übrig, den Gebrauch der Gottesnamen durch Ricci darzulegen.

Der Name T'ien Chu, der auch heute noch in Gebrauch ist, wurde erstmalig von dem späteren Christen Johannes Ch'en in den Monaten Juli-August 1583 gebraucht und von Ricci und Ruggieri im September des gleichen Jahres gutgeheißen[30]. Zu diesem Namen sagt Ricci:

> « Weil es in der Sprache Chinas keinen Namen gibt, der dem Namen Gottes entspricht (*Dio* hier als Wort, nicht als Begriff), da man auch *Dio* in ihr nicht gut aussprechen kann, da sie nicht den Buchstaben d hat, (es ist also unmöglich, das Wort *Dio* zu phonetisieren), begannen sie Gott T'ien Chu zu nennen, was besagen will ' Herr des Himmels ', wie man bis heute in ganz China sagt, sowohl in der Dottrina cristiana wie in andern Büchern, die man machte.

---

[28] Prologe u. Epiloge.
[29] Cat. Ri. Cap. II.
[30] I Nr. 236; I p. 185 n. 10; I p. 186 n. 1.

Und es traf sich sehr gut mit unserer Absicht, denn, da die Chinesen als höchstes Wesen den Himmel anbeten, den einige sich auch als diesen materiellen Himmel vorstellen, so wird mit dem gleichen Namen, den wir Gott gegeben haben, öffentlich klar, wieviel größer unser Gott ist als der, den sie für das höchste Wesen halten (im Sinne des materiellen Himmels), denn Gott ist der Herr desselben »[31].

Der gleiche Name wird in der Abfassung und Erklärung der christlichen Gebete sowie der 10 Gebote[32] und des Glaubensbekenntnisses[33] gebraucht. Der Katechismus des P. Ruggieri (1584) kennt einzig diesen Gottesnamen[34]. Schon im Titel findet er sich. Ebenso haben auch die katechetischen Unterhaltungen Riccis mit den Literaten (1583-1588) keinen anderen Terminus für Gott als diesen[35]. In der « Dottrina cristiana », dem ersten Glaubensabriß der Missionare für ihre Christen, die bald nach dem Missionsbeginn geschrieben wurde, wird der Name T'ien Chu allein (weil nur für die Gläubigen) als Gottesname gebraucht[36]. In dem von Ricci geplanten Breve Sixtus' V., dessen erste Abfassung 1588 erfolgte, wird der Name T'ien Chu gebraucht, aber nicht ausschließlich[37]. Im Weltatlas Riccis von 1602 tritt der Name T'ien Chu zweimal auf. Wieder neben anderen Namen[38]. Das gleiche gilt vom Katechismus (1603) Riccis[39]. Auch er trägt schon im Titel diesen Gottesnamen[40]. Auch sonstige katholische Dinge und Wahrheiten sind von diesem Namen her benannt. Die katholische Kirche ist die « T'ien Chu Chiao »[41]. Die Mutter Gottes ist die « T'ien Chu Sheng Mu », die « Heilige Mutter des Herrn des Himmels ». Dieser Name ist der Muttergottes heute noch eigen[42]. Es ist möglich, daß die Bezeichnung eines katholischen Gottesdienstraumes zur Zeit Riccis schon « T'ien Chu T'ang » lautete: « Die Halle des Herrn des Himmels »[43]. Auch der Name der Hl. Schrift wird von hier aus

---

[31] I Nr. 246.
[32] II p. 290 n. b - p. 291 n. a; IL DOMMA CATTOLICO, pp. 41-42; I p. 194, Tav. IX.
[33] IL DOMMA CATTOLICO, pp. 38-39.
[34] I p. 197 n. 2.
[35] IL DOMMA CATTOLICO, pp. 46-53.
[36] I. p. 193 n. 5.
[37] BREVE.
[38] MAPPAMONDO, Tav. III-IV; Tav. XIV-XV.
[39] II p. 293 n. a.
[40] II p. 293 n. 1.
[41] II p. 358 n. b; II p. 295 n. a; II p. 309 n. 8.
[42] I Nr. 246; I p. 193 n. 8.
[43] II Nr. 764; II p. 350 n. 8.

gebildet: « T'ien Chu Ching »: Schriften (Gebete) des Herrn des Himmels [44].

Interessant für uns ist, daß die Missionare sich, wenigstens am Anfang, bemühten, ihrem Vaterlande dadurch etwas mehr Ansehen zu geben, daß sie Europa in den erweiterten Begriff für Indien hineinzogen. Indien ist für die alten Chinesen, wie P. Valignano in einem nicht edierten Briefe vom 10. Nov. 1588 schreibt, das Reich, wo eine heilige Lehre ist, wo die Seelen gerettet werden und wo sich ein heiliges, wunderbares Wasser befindet ... Dieses Reich befindet sich im Westen, sehr weit von China entfernt, von wo « gewisse heilige Männer » zu den Chinesen kamen. Daher ist dieses Reich « ein heiliges und reines Reich », wie es auch der Name desselben beweist: T'ien bedeutet Himmel; chu ist ein Wort ohne Sinn; und kuo bedeutet Reich. Damit scheint also dieses Wort den Sinn « Reich des Himmels » zu haben [45]. Valignano erklärt weiter, daß man zwar nicht ganz sicher sei, daß die Chinesen unter « T'ien chu-kuo » Europa verstehen, aber weil die Aussagen über dieses Reich auch auf Europa passen und weil die Chinesen dieses Reich so sehr schätzen und die übrigen Länder nicht schätzen, bedienen sich die Missionare dieses für die europäische Heimat so passenden Namens. Die Gleichsetzung « T'ien chu-kuo » = Indien = Europa kam in den Jahren 1583-1588 in Gebrauch. Damit wird das Reich, in dem der Papst regiert, zum « Reich des Himmels », und Rom wird zur Hauptstadt des « Reiches des Himmels ». 1599 finden wir für Europa die Bezeichnung « die großen Länder des Westens », und zwar in der Vorrede des Ch'ü T'ai-su zur « Freundschaft ». Der Ausdruck T'ien chu-kuo kommt konstant sowohl in den katechetischen Konversationen Riccis, wie auch in dem Katechismus des Ruggieri sowie in anderen Dokumenten der Zeit vor [46].

Neben diesem Gottesnamen ist von besonderer Bedeutung der Name « Shang-Ti » für Gott.

Wir finden ihn erstmalig zusammen mit dem Namen T'ien Chu (also « T'ien Chu Shang-Ti ») in dem von Ricci verfaßten Breve Sixtus' V. Diese Verbindung findet sich auch im Katechismus Riccis [47]. In der « Freundschaft » (1595) taucht er zweimal in folgen-

---

[44] Cat. Ri. Cap. IV; cfr. Il domma cattolico, p. 46: Eine Zusammenstellung dieser angepaßten Begriffe.

[45] Roma presentata, pp. 153-154.

[46] Amicizia, p. 456 Text u. n. 1; Roma presentata, p. 155; I p. 180 n. 5 - p. 181 n. b.

[47] Breve; cfr. I p. 193 n. 6; TV p. 494, der lateinische Text des Breves; Cat. Ri. Cap. IV.

den Texten auf: Das 16. Wort über die Freundschaft lautet: « Der einzelne Mensch kann nicht alles vollständig tun. Darum hat der 'Höchste Gebieter' (Shang-Ti) die Freundschaft befohlen ». Und in Nr. 56 heißt es: « Der 'Höchste Gebieter' hat den Menschen zwei Augen, zwei Ohren, zwei Hände, zwei Füße gegeben, um damit anzudeuten, daß sich auch zwei Freunde gegenseitig helfen und so ihre Obliegenheiten erfüllen » [48].

Der Gottesname Shang-Ti wird auch in den « 25 Paragraphen » (1599-1600) gebraucht. Im 13. Paragraph heißt es:

« Der wichtigste Teil der Tugend der Menschheit besteht in der Ehrfurcht und Liebe des 'Höchsten Gebieters' (Shang-Ti). Der 'Höchste Gebieter' ist der erste Ursprung des Seins, das (von ihm) hervorgebracht ist und der wahre Herr der Dinge, die er regiert ... » [49].

Ebenso in den « 8 Gesängen » von 1601. Es heißt dort:

« Die Weisheit des höheren Menschen besteht in der Erkenntnis des 'Höchsten Gebieters'. Die Wissenschaft des höheren Menschen besteht im Studium des 'Höchsten Gebieters' » [50].

Besonders häufig wird der Name im Katechismus Riccis verwandt. Er hat die gleiche Werthaftigkeit wie T'ien Chu. Ricci bringt lange Beweise aus den Klassikern für die Tatsache, daß es sich bei Shang-Ti wirklich um ein echtes höchstes Wesen handelt. Ricci stellt auch den Begriff T'ien (Himmel) in die gleiche Linie mit Shang-Ti und T'ien Chu. Aus seinen zu diesem Zwecke gemachten Überlegungen leuchtet klar das christliche Gottesbild hervor [51].

Auch im Weltatlas Riccis tritt der Name auf und zwar in Verbindung mit T'ien Chu [52].

Im Briefwechsel Riccis mit dem Bonzen Shen Lien-chih (etwa 1607) wird neben Shang-Ti auch T'ien Chu sowie T'ien gebraucht [53].

---

[48] AMICIZIA, p. 491; cfr. l. c. p. 476 n. 2.
[49] 25 PARAGRAPHEN, f. 5a; II p. 286 n. 1.
[50] 8 CANZONI, I; II Nr. 501; II p. 134 n. 6.
[51] CAT. RI. Cap. II. Wir müssen es uns versagen, wegen der Überfülle der Texte, die einzelnen Stellen anzuführen, wo der Name Shang-Ti gebraucht wird. Einige Stellen Cap. II f. 19a; Cap. IV f. 42b - f. 43b; Cap. VI f. 28a; Cap. VIII f. 65a; STUD. OR.², p. 137.
[52] MAPPAMONDO, Tav. XXIII-XXIV.
[53] BRIEFWECHSEL, f. 13b sowie andere zahlreiche Stellen; cfr. II p. 306 n. b.

19 J. BETTRAY, S. V. D.

In dem im folgenden Jahre stattfindenden Briefwechsel Riccis mit dem Literaten Yü Tê-yüan ist wiederum der Name Shang-Ti häufig in Gebrauch. Dort kommt auch der Name « T'ien-Ti » : Himmlischer Gebieter vor [54].

In der Weltkarte Riccis finden wir außer den bereits erwähnten Namen noch « T'ien » (Himmel) und « T'ien-Ti » (Himmlischer Gebieter) [55].

In den « 25 Paragraphen » wird außer obigen Namen auch « Hou Ti » (Souveräner Gebieter) als Gottesname eingesetzt [56]. Die gleichen Namen finden sich in den « 8 Gesängen » [57].

Wir sehen: Im Anfang braucht Ricci ausschließlich das Wort « T'ien Chu », um dann mehr und mehr mit dem tieferen Eindringen in die klassischen Studien und mit der wachsenden Erkenntnis chinesischer Eigenart das Wort « Shang-Ti » mitzubenützen, dem sich auch, aber nicht so häufig die Begriffe « T'ien », « T'ien-Ti », « Hou-Ti » und Kombinationen anschließen.

2. KAPITEL

RICCI UND BESTIMMTE CHINESISCHE BRÄUCHE

1. Teil: ALLGEMEINE GRUNDAUFFASSUNGEN RICCIS IN DIESER FRAGE

Bevor wir in die Einzeluntersuchung dieser Fragen eintreten, ist es gut, sich folgende Fundamentalgedanken Riccis zu bestimmten Fragen innerhalb des ganzen Komplexes vorzuführen.

1. Wichtig ist für Ricci die Erkenntnis, daß die äußere Gleichheit bestimmter Zeremonien nicht auch eine Gleichheit dem Gehalt nach nachsichziehen muß.

Ricci erzählt uns von Höflichkeitszeremonien, die in Verbeugungen und Kniebeugen bestehen und bemerkt, daß die gleichen Zeremonien auch vor den Götzen gemacht werden. Man macht solches entweder im eigenen Hause, also mehr privat, oder in den Tempeln, also mehr öffentlich [1].

Mir scheint diese Gleichsetzung und doch auch saubere Trennung äußerst wichtig zu sein. Auf diese Weise schützte sich Ricci,

---

[54] BRIEFWECHSEL 1, f. 4a; cfr. II p. 306 n. 1.
[55] MAPPAMONDO, Tav. XVII-XVIII.
[56] 25 PARAGRAPHEN, f. 56.
[57] 8 CANZONI, III und IV.
[1] I Nr. 121.

von den Zeremonien Chinas selber ausgehend, ohne also eine christliche Interpretation zu suchen, vor dem Verdacht, eine Verwischung zuzulassen. So wie das Absetzen eines Hutes einen ganz verschiedenen Sinn haben kann je nach dem Terminus, so auch die gleichen Zeremonien chinesischer Art gegenüber ihrem Zielpunkt.

2. Ricci sucht aber auch, und hier bewährt sich der konsequente Methodiker, für die in Frage stehenden Dinge nach einer festen Grundlage. Wir wissen, daß er sich gerne auf die alten Texte stützt und sie aus sich heraus, ohne eine gewaltsame Verbiegung, in christlichem Sinne interpretiert. Er sieht daher in den alten Schriftstellern, den Königen und Konfuzius nichts anderes als große Menschen, die ihrer Nation Wohltaten erwiesen haben und die man deshalb ehren muß, aber nicht auf europäische Weise. Gegenüber den Verstorbenen der eigenen Familie und den Ahnen tritt das Moment der kindlichen Pietät und Dankbarkeit als Grundlage für die ihnen zu erweisenden Ehren in Aktion.

3. Neben diesen Prinzipien ist festzuhalten an der Tatsache, daß jeglicher Götzendienst und alles damit Zusammenhängende von den Christen strenge gemieden wurde.

Ricci berichtet uns an zahlreichen Stellen, daß die Christen die Götzenbilder vernichteten, daß sie den Götzendienern keine Almosen mehr gaben, daß sie keine Votivgeschenke mehr für die Götter machten. Für ihn ist das ein deutliches Zeichen dafür, daß sie sich wirklich von dem früheren Aberglauben freigemacht haben [2]. Ein Paradigma liefert uns der Neuchrist Ignatius aus Shiuchow. Er ist trotz aller Drohungen und Gewaltanwendungen von Seiten seines Vaters nicht zu bewegen, die Götter anzubeten. Er stimmt auch niemals zu, « auch nur eine geringste heidnische Zeremonie » zu machen [3]. Wenn wir Ricci recht verstehen, handelt es sich hier um zwei Dinge.

1) Der Neuchrist lehnt es klar ab, Götzendienst zu treiben, wobei es sich nach der Redeweise Riccis um buddhistische Götzen handelt, die aber nicht in den Ritenkomplex hineingehören.

2) Er lehnt es aber auch ab, heidnische Zeremonien zu machen. Hier handelt es sich möglicherweise um Dinge, die zu den Riten gehören. Ignatius konnte diese Stellungnahme nur durch die Missionare kennen, und zwar durch Ricci selber. Die Betonung des Wortes « heidnisch » läßt, nach dem sonstigen Sprachgebrauch Ric-

---

[2] TV pp. 316-317, Jahresbericht Riccis an P. Aquaviva vom 18. Okt. 1607.
[3] TV p. 164, Brief Riccis vom 7 Okt. 1595 an P. Benci.

cis zu urteilen, die Annahme zu, daß Ricci hier bereits unterscheidet zwischen zivilen, und somit unschuldigen Riten, und « heidnischen Zeremonien », die er seinen Christen nicht gestatten konnte. Die Heftigkeit der Reaktion des Vaters unseres Ignatius zeigt, daß es sich bei dieser Methode um einschneidende Maßnahmen handelte, die als Gegensatz und nicht als Verwischung empfunden wurden.

4. An einem Faktum können wir aber in dieser allgemeinen Einführung in besonderer Weise die Auffassung Riccis beobachten: Es handelt sich um die häufige Erwähnung der Tatsache, daß man zu Ehren großer Persönlichkeiten schon bei Lebzeiten Ehrentempel errichtete. Ricci sagt niemals direkt etwas über seine daraus resultierende Ritenauffassung. Es kann aber keinem Zweifel unterliegen, daß folgender Schluß die Zusammenfassung seiner Gedanken in dieser Richtung wiedergibt:

Man erbaut lebenden Menschen Tempel.
Man erweist ihnen darin noch zu Lebzeiten gewisse Riten.
Die Riten, die man lebenden Menschen erweist, können unmöglich einen abergläubischen Sinn haben, wenigstens nicht bei der Vielfalt des diesbezüglichen Geschehens in China, wo viele kleine Mandarinen einen Tempel haben müssen.
Nun dient man aber den Toten genau so, wie wenn sie leben würden.
Daher muß der Sinn der Ehrung gegenüber den Toten der gleiche sein wie gegenüber den Lebenden.
Also kann die Totenehrung (in ihrer ursprünglichen Reinheit) keinen abergläubischen Sinn haben, kann daher den Christen gestattet werden.

Daß Ricci so verstanden werden muß, werden wir im Laufe der folgenden Ausführungen noch sehen.

Greifen wir aus der Fülle der von ihm angeführten Beispiele die wichtigsten Momente heraus, um klarer in dieser Frage der Ehrung noch lebender Menschen zu sehen.

Menschen, Bürger, in der Hauptsache Mandarinen, die sich um eine Stadt oder Provinz in besonderer Weise verdient gemacht hatten, erhielten von der dankbaren Bevölkerung eine bestimmte Anerkennung. Diese hatte verschiedene Grade, die wiederum in sich verschiedene Ehrungen begriffen. Sie wurden entweder durch einzelne Bürger oder durch die gesamte Menge derselben erwiesen, je nach dem Grade des Verdienstes des Beamten.

Wurde ein Beamter versetzt, so bestand der unterste Grad der Ehrung darin, daß die Bevölkerung sich von ihm die Schuhe als Andenken erbat. Man schloß sie in eisenbeschlagene Kassetten ein. Entsprechende Spruchbänder gaben Namen und Leistung des Besitzers dieser Schuhe an.

Der nächste Grad der Ehrung gestattete mehr. Man setzte dem scheidenden Mandarin ein Denkmal, in das man die Wohltaten seiner Regierung in schönen Charakteren einmeißelte.

Der höchste Grad der Ehrung war die Errichtung eines Tempels. Auf dem Altare desselben wurde die Statue des Geehrten aufgestellt. Eine Tafel vor derselben kündete seinen Namen. Auf beiden Seiten standen Tafeln, die von den Wohltaten des Mandarins für das Gemeinwohl berichteten. Vor dem Altare waren Kerzenleuchter angebracht, auf denen zu Ehren des Betreffenden Kerzen brannten; in einen Weihrauchbecken konnte Weihrauch zu dem gleichen Zwecke verbrannt werden. Zu bestimmten Zeiten des Jahres gingen die Leute zu einem solchen Tempel, um dort dem Wohltäter der Stadt Ehren zu erweisen. Sie opferten verschiedene Eßwaren, machten ihre Prostrationen und verschiedene andere Zeremonien [4].

Letztere Ehre wurde dem Präfekten Wang P'an in Shiuhing zuteil [5]. Wir erfahren, daß dieser Mandarin bei seinem Abschied von Shiuhing in dem ihm vom Volke errichteten Tempel Abschiedsbesuche empfing. Ricci schreibt uns darüber:

> « Und die Patres besuchten ihn, zusammen mit der ganzen Stadt, um die er so verdient war, im Tempel, den sie ihm errichtet hatten als einen heiligen Mann, mit seiner Statue, dem Becken, um Rauchwerk vor seinem Altare aufzulegen und sehr kostbaren Leuchtern. Diejenigen der Stadt wechselten auch seine alten Stiefel mit andern neuen, und sie behielten diese öffentlich in einer eisenbeschlagenen Kassette, wie eine Reliquie als Andenken, wie man hier zu tun pflegt » [6].

Nicht alle, die einen Tempel erhielten, verdienten auch einen solchen. Und in dieser Tatsache kann man einen weiteren Beweis für den rein zivilen Charakter dieser Zeremonie sehen. Nicht immer war die Errichtung eines Tempels die Antwort des liebenden Volkes auf die soziale Gesinnung des Geehrten. In nicht wenigen Fällen war der Bau eines solchen Tempels ein erstrebenswertes Ziel, das die Beamten auf jeden Fall zu erreichen trachteten, auch wenn sie grausam und gewalttätig mit dem Volke verfahren hat-

---

[4] I Nr. 131.
[5] I Nr. 235.
[6] I Nr. 298.

ten. Zu diesen gehörte der Vizekönig Liu von Kwangtung. Er setzte sich durch die Proskription des Hauses der Missionare billig in den Besitz eines Gebäudes, das ihm als Tempel dienen konnte [7].

Andererseits kam es auch vor, daß sich ein Mandarin in ganz besonderer Weise zum Besten des Volkes verwandt hatte. Ein solcher wurde mehr als andere von dem dankbaren Volke geehrt. Als Riccis späterer Freund Feng Ying-ching auf Grund der Intrigen seiner Gegner in Peking in Haft gehalten wurde, ließen seine dankbaren Untertanen viele Bücher drucken, in denen sein Lob gesungen wurde, vervielfältigten sein Bild und verehrten es in ihren Häusern. Ricci schreibt dazu:

> « Sie ließen auch sein Bild drucken, um es in ihren Häusern zu haben und ihm in besonderer Weise als wie einem Heiligen Ehre zu erweisen. Und öffentlich bauten sie ihm, auf Kosten des Volkes, einige sehr kostbare Tempel, wo sie auf einem Altare seine Statue aufstellten und ihm Kerzen und Rauchwerk nach ihrer Weise anzündeten mit viel Wohlwollen und Beifall » [8].

Die « Geschichte der Ming » bemerkt dazu, daß « in den Häusern ein Täfelchen (des Feng Ying-ching) war, vor dem sie ihm opferten ». P. D'Elia sagt, daß es sich nur um zivile Ehren handele, wie die Tatsache ergibt, daß es sich noch um eine Persönlichkeit handelt, die am Leben ist [9].

In ähnlicher Weise wurden einem anderen guten Freunde Riccis, dem Vizekönig Kuo Ch'ing-luo von Kweichow, während seines Lebens 7 Pagoden errichtet, und man erwies ihm darin, auch während des Lebens, einen besonderen Kult, den gleichen, den man den berühmten Helden Chu-ko Liang (181-234 n. Chr.) und Kuan Yü (gest. 219 n. Chr.) zu erweisen pflegte [10]. Wir hätten in dieser Tatsache eine hervorragende Bestätigung des obigen Schlusses: Man erweist nämlich einem Lebenden die gleichen Ehren wie den beiden Toten. Den Lebenden will man nicht als Gott verehren, also ist auch die Ehrung der beiden Toten nicht im Sinne einer Vergötzung zu verstehen, also haben wir grundsätzlich den zivilen Charakter der Totenehrung anzuerkennen. Ricci berichtet uns dieses Faktum nicht selber, aber es ist unzweifelhaft, daß er darum wußte und daß er auch Stellung dazu genommen hat. Der Vizekönig starb ja nur 2 Jahre nach ihm und stand ihm sehr nahe.

---

[7] I Nr. 319; cfr. I Nr. 332, 395.
[8] II Nr. 624.
[9] II p. 164 n. 3.
[10] II p. 61 n. a.

Vielleicht wird man uns eines gewissen Widerspruches in den Ausführungen beschuldigen. Es wurde nämlich oben gesagt, daß gleiche Zeremonien einen ganz verschiedenen Sinn haben können, was ja jeder vernünftige Mensch anerkennen wird. Darauf könnte man die zweite Prämisse aufbauen: Nun haben wir aber auch hier den Fall: Man errichtet den Toten Tempel und ehrt sie. Also könnte der Schluß berechtigt sein: Daher werden beide Ehren auch einen ganz verschiedenen Sinn haben.

Darauf ist zu sagen: Die Frage entscheidet sich vom Terminus her. Die Chinesen sehen z. B. in Feng Ying-ching den großen Wohltäter, der noch lebt und dem sie auf diese spezifisch chinesische Weise danken wollen. Sie sehen aber nach Riccis Auffassung in den Toten ebenso — wegen der kindlichen Pietät — in gewissem Sinne einen noch lebenden Menschen, dem sie weiterhin Akte der Ehrfurcht und Pietät schuldig sind, die sich wegen dieser Gleichheit mithin auch dem Sinne nach nicht unterscheiden.

Ricci selber wurde eines Tempels und einer Statue darin für würdig gehalten, und zwar von keinem geringeren als von dem Ko Lao, also dem Kanzler [11] Yeh T'ai-shan [12].

Wir sehen, daß wir es in diesen Ehrungen mit einer Art und Weise der Dankbarkeitsbezeugung des chinesischen Volkes gegenüber großen Männern zu tun haben. P. D'Elia ist der Ansicht, daß sie rein zivilen Charakter tragen, da sie schon zu Lebzeiten des Betreffenden gemacht wurden und öfter sogar solchen erwiesen wurden, von denen das Volk wußte, daß sie wenig verdienstvoll waren [13], die also nur auf Grund von Intrige und Gewaltanwendung in den Genuß einer solch hohen Ehrung gelangen konnten. Es mußte Ricci daran gelegen sein, etwas zu haben, was die positiven Momente dieser an sich schönen Sitte sicherstellte und zugleich Mißbräuche ausschloß. Neben der recht verstandenen Pietät ist es vor allem den großen Menschen Chinas gegenüber der Begriff des « Hei-

---

[11] II Nr. 974.

[12] II p. 42 n. 1. Andere Fälle solcher Ehrungen sind erwähnt bei Riccis Freund Chung Wan-lu, dem mutigen Gegner des gefürchteten Eunuchen Ma T'ang (II Nr. 582). Auch dem Riccischüler Dr. Leo Li Chih-tsao werden in Erwägung seiner Verdienste am Kaiserkanal gleiche Ehren zuteil. Er gehört zu den 7 Mandarinen in Kaoyu (Kiangsu), die verdient waren um das Land und denen das dankbare Volk die « Pagode von den 7 Weisen » errichtete (II p. 169 n. b). Ähnlich der Vizekönig von Fukien Ch'en Tzu-cheng. Ihm bauten arme Studenten, denen er vorangeholfen hatte, späterhin einen Tempel (II p. 16 n. 5).

[13] I p. 83 n. 1.

ligen », also eines Menschen, der sich in besonderer Weise um das Vaterland und die Menschen verdient gemacht hat, welcher die Grundlage bot, die Ehrung solcher Helden durch die Zeremonien des Landes vorzunehmen. In diesem Sinne ist der Präfekt Wang P'an von Shiuhing ein « Heiliger »[14], ebenso der Mandarin Feng Ying-ching[15]. Ricci spricht an zahlreichen Stellen von diesen « Heiligen » Chinas. Sie sind große Menschen und dürfen als solche geehrt werden.

2. Teil: KÖNNEN WIR BEI RICCI SCHON VON EINER « RITENFRAGE » SPRECHEN? WIE STELLTE ER SICH ZU DEN RITEN UND WELCHE ENTSCHEIDUNGEN TRAF ER?

A. *Die sich aus den chinesischen Totenbräuchen ergebenden Fragen und deren Lösung*:

Bei der Untersuchung dieser Frage stützen wir uns nur auf die Fonti Ricciane P. D'Elias, ferner auf den zweiten Band der Opere storiche des P. Tacchi Venturi. Bartoli ziehen wir nur zum Vergleich und für die größere Klärung mancher in der « Storia » zu summarisch ausgefallenen Texte zu Rate.

Nach Durchsicht dieses wichtigsten Materials ist man bezl. der Totenriten etwas enttäuscht. Man erwartet die Wiedergabe derselben en détail. Die Quellen sprechen aber oft sehr summarisch. Manche im späteren Ritenstreit aufgeworfenen Fragen und Vorwürfe kommen überhaupt nicht zur Sprache. Den Grund dazu kann man kaum angeben. Mutmaßungen gerade in diesem Punkte zu machen, könnte allzu leicht zu schiefen Bildern für oder wider führen. Wir können aber wohl sagen: Die Prinzipien, die von Ricci, soweit sichtbar, der Ritenfrage gegenüber angewandt wurden, sind exakt und sauber. Und wenn wir die neuesten Entscheidungen zum Vergleich heranziehen dürfen, sind sie auch methodisch richtig. Die von den Missionaren geduldeten Riten bekamen ein christliches Gepräge. Die Konstrastwirkung der von den Missionaren vorgenommenen und geduldeten Vereinigung genuin christlicher und angenommener chinesischer Riten schließt die Gefahr oder Tatsächlichkeit des Synkretismus aus. Es ist eine neue Art und Weise, die Toten zu ehren. Dieser Gegensatz wäre schwer erklärlich, wenn nicht christlicher Ritus, vereinigt mit chinesischen Elementen, dem heid-

---

[14] I Nr. 298.
[15] II Nr. 624.

nischen Brauchtum tatsächlich und erlebnismäßig (auf beiden Seiten) gegenübergestanden hätte, und zwar sowohl im äußeren Ritus wie in der inneren Durchführung desselben.

In der Untersuchung der Quellen werden wir bis zu den kleinsten Elementen, die sich finden, vorzudringen suchen, um ein möglichst umfassendes und geschlossenes Bild der Auffassung Riccis in dieser Frage zu gewinnen. Zu diesem Zwecke beginnen wir mit der Darstellung der heidnischen Begräbnissitten durch Ricci. Diesem Teile schließen wir die Schilderung christlich chinesischer Begräbnissitten an. Wir unterscheiden dabei ein Doppeltes: Wie gingen die Missionare, Ricci, beim Tode und Begräbnis von Zivilpersonen vor, und: Wie war der Modus beim Tode und beim Begräbnis von Missionaren? Dann werden wir uns für die Frage interessieren: Was taten die Missionare, um den Vorwurf der Pietätlosigkeit von sich und der christlichen Religion den Toten gegenüber abzuwälzen, in der Gestaltung der christlichen Begräbnisriten? Daraus werden wir die mit Sicherheit feststellbaren Elemente des neuen Ritus eigens herausschälen, ohne uns in irgendwelche Vermutungen oder Schlußfolgerungen einzulassen. Wir werden endlich die Entscheidungen Ricci-Valignanos so gut wie möglich herauszuarbeiten suchen.

Was sagt Ricci von chinesisch-heidnischen Totengebräuchen? Ricci beschreibt in kurzen, klaren Zügen die allgemeinen Regeln über Trauerkleidung und Trauerzeit. Er zeigt sich als Kenner des für einen Trauerfall vorgesehenen Zeremonienbuches. Er beschreibt auch einen Todesfall und die Riten, die dabei stattfinden. Nach einer kurzen Schilderung der Vorbereitung auf die eigentliche Trauerfeier beschreibt er deren Zeremonien. Die Gäste bringen Räucherwerk und zwei Kerzen dar. Die Kerzen werden angezündet und man macht

> « die vier Verbeugungen und Kniebeugen, indem man zuerst Rauchwerk in ein Becken legt, das vor dem Sarge und dem natürlichen Bilde des Toten steht ».

Jetzt beginnt Ricci offenbar heidnische Zeremonien zu beschreiben.

> « Bei diesem Akte pflegen sie auch gewisse Papierblätter (Papiergeld) zu verbrennen und auch Stücke von weißer Seide, wie um dem Toten diese Dinge zu geben, um sich nach dem Tode zu bekleiden zum Zeichen der Liebe (deshalb - zum Zeichen der Liebe werden diese Sachen verbrannt) ».

Die Feststellung, daß die Seide gegeben wird, um sich damit zu bekleiden, und daß es sich um Papiergeld handelt, deutet wohl an, daß Ricci in dieser Zeremonie etwas Heidnisches, also Unerlaubtes sah.

Er spricht weiter über die 2-3jährige Trauerzeit für den verstorbenen Vater und die verstorbene Mutter mit den dabei zu beobachtenden Zeremonien: Man bietet den Toten täglich zu essen und zu trinken, « come quando erano vivi ». Hier haben wir das klassische Prinzip Riccis. Es zeigt uns, daß er von dieser Zeremonie, Essen vor den Sarg zu stellen, nur im zivilen Sinne dachte. Dann erst, nach diesen Jahren, findet das eigentliche Begräbnis statt, zu dem erneut Gäste, Verwandten und Freunde geladen werden, um die Prozession zum Begräbnisplatz zu begleiten.

Bei der Prozession zum Begräbnis — und hier schildert uns Ricci wieder manche abergläubischen Gebräuche — werden Papierfiguren von Männern, Frauen, Elefanten, Tigern und Löwen mitgetragen, die man vor dem Grabe verbrennt. Mit dem Toten gehen viele Götzenpriester, die ihre Gesänge rezitieren und Zeremonien machen. Musikinstrumente sorgen für den nötigen Lärm und große Räucherbecken werden auf den Schultern von hierfür bestellten Männern mitgetragen. Die ganze Familie, auch die **Frauen, diese aber verborgen hinter weißen Tüchern, geht mit zum Begräbnis.**

Ist der Trauernde ein Mandarin (auch wenn er Ko Lao-Kanzler ist), so muß er sein Amt niederlegen, um die Trauerzeit für den verstorbenen Vater oder die verstorbene Mutter einzuhalten.

Die Toten werden nach Möglichkeit in der Heimat bestattet. **An ihrem Grabe finden jedes Jahr am Totenfest bestimmte Zeremonien statt, bei denen Räucherwerk und Opfergaben nach dem Gebrauch des Landes geopfert werden**[1].

Wie haben sich nun Ricci und die Missionare, die unter seiner Leitung standen, den chinesischen Totengebräuchen angepaßt? Um das zu erkennen, gehen wir die einzelnen in Frage kommenden Stationen der Reihe nach durch und untersuchen die einzelnen Fälle.

Es ist sicher, daß Riccis Methode nicht von Anfang an festlag. Es ist aber kaum möglich, an Hand exakter Angaben eine Entwicklung aufzuzeigen, wenn auch die Annahme berechtigt erscheint, daß Ricci am Anfang weniger gestattet hat als in den letzten Jahren seines Lebens. Das ergibt sich schon ganz natürlich

---

[1] I Nr. 133.

aus der Erwägung, daß er die klassischen Bücher am Anfang nicht kannte. Daher mußten ihm als Europäer die chinesischen Totenriten verdächtig vorkommen. Erst nachdem er mit den klassischen Schriften vertraut geworden war, war er in der Lage, zivile und superstitiöse Riten zu unterscheiden. Und so haben wir am Ende seines Lebens größere Zugeständnisse als zu Beginn seiner Missionstätigkeit.

Den frühesten allgemeinen Hinweis, ohne Spezifizierung des Gegenstandes, aber wohl schon mit dem Sichtbarwerden einer Unterscheidung zwischen heidnischen und zivilen Riten haben wir aus der Zeit Riccis in Shiuchow. Es sind die Monate Ende 1593 oder Anfang 1594 [2]. Es handelt sich um den bereits oben erwähnten Christen Ignatius. Die Konstanz, mit der Ricci später immer wieder «heidnische Zeremonien» von zivilen Riten unterscheidet, läßt vermuten, daß wir hier bereits irgendeine Stellungnahme von seiner Seite vor uns haben, denn hier erscheint dieser Ausdruck, soweit sichtbar, erstmalig in dieser Bedeutung [3]. Eine allgemeine Notiz Riccis über Nanchang sagt, daß die Christen

> «ihre Zweifel und Gewissensfälle vorlegten, um zu wissen, was sie zu tun hätten. Sie bekannten offen, daß sie Christen seien, sie enthielten sich der heidnischen Riten beim Begräbnis der Toten und bei anderen Gelegenheiten. Dieses trug sehr dazu bei, unseren hl. Glauben mehr zu verbreiten» [4].

Es handelt sich nach den Fonti Ricciane um die Zeit von 1601-1605, nach dem später zu besprechenden Dokument des P. Gabiani aber um die Zeit des Jahres 1600. Man sieht jedenfalls, daß die Christen selber mit Schwierigkeiten kamen, daß sie sich der «heidnischen Riten» enthielten, daß sie also bestimmte Riten als nicht mehr vereinbar mit ihrem Glauben ansahen. Hier kann es sich nach der Redeweise Riccis nur um die Unterscheidung zwischen heidnischen, also abergläubischen Riten, und zivilen und daher unschuldigen Riten handeln.

Eine klarere Notiz finden wir über die Zeit von 1606-07 in Nanchang. In dieser Zeit hatten die Missionare und Christen viele Schwierigkeiten von Seiten der kleinen Literaten Nanchangs zu erdulden gehabt. Unter den Anklagen dieser findet sich auch folgende:

> «Daß sie (die Missionare) ihren Anhängern verboten, die Bilder ihrer verstorbenen Ahnen zu verehren, womit sie im Volke

---

[2] I p. 318 n. 4.
[3] TV p. 164, Brief Riccis an P. Benci.
[4] II Nr. 745.

die Liebe zu seinen Vorfahren auslöschten, die sie doch natürlicherweise haben müssen »[5].

Nach diesem Zeugnis, das immerhin mit Vorsicht zu brauchen ist, da es von Gegnern stammt, hätten die Missionare von Nanchang also verboten, die Bilder der Verstorbenen zu ehren. Dieser allgemeine Satz gibt zwar in einem Punkte Aufschluß, läßt aber keine weiteren Schlüsse zu bezl. der Begräbnisriten und Ahnentäfelchen. Von letzteren spricht Ricci überhaupt nie. Das Verbot dieser Ehrung, falls das Zeugnis als solches gilt, muß wegen der zeitlichen Bestimmung des Ereignisses aber als allgemein für die ganze Mission geltend angesehen werden, da in diesen Jahren 1606-07 schon eine allgemeine Regelung durch Ricci-Valignano lag. P. D'Elia sieht in diesem Vorwurf der Literaten ein kostbares Zeugnis für die vollkommene Rechtgläubigkeit der Lehre der Missionare in diesem delikaten Punkte [6].

In Nanking haben wir einige Fälle, aus denen wir folgendes mit Sicherheit ablesen können: Auf Grund vorheriger Belehrungen durch die dortigen Missionare über die Totenriten und das Erlaubte oder Nichterlaubte dabei ist sicher nichts getan worden, was irgendwie mit dem katholischen Glauben in Widerspruch stehen konnte. Auch die äußeren Riten waren so, daß man sich klar und bewußt in Gegensatz stellte zu den Sitten der übrigen chinesischen Gesellschaft, wodurch das Moment der Rechtgläubigkeit auch nach außen hin garantiert erscheint.

Bei der Schilderung vom Tode des alten Paul Ch'in (1601) erfahren wir, daß sein Sohn Martin keine der Riten machte, die nicht dem christlichen Ritus konform gewesen wären. Das war eine nicht wenig notwendige Sache für das gute Beispiel an den andern — Martin und sein Vater waren Mandarinen. Zugleich war das nicht so einfach durchzuführen, weil es nie gesehen worden war, daß ein Mann von solcher Qualität die Exequien machte ohne den Apparat der Götzenpriester, obwohl die Missionare nicht in der Lage waren, rechtzeitig alle kirchlichen Zeremonien zu machen. Man warf dem Sohne daher Geiz und Pietätlosigkeit vor. Als guter Christ ließ er sich aber weder durch Bitten noch durch Drohungen bewegen und « stand immer fest in dem, was die Unsrigen ihn gelehrt hatten ». Er verfaßte sogar ein Schriftstück, was alle lesen konnten. Er sagte darin, daß sein Vater als Christ gestorben sei. Er

---

[5] II Nr. 858.
[6] II p. 451 n. 3.

verbot darin allen Götzenpriestern, zu den Exequien des Vaters zu kommen, weil ihm sein Vater das vor dem Tode so aufgetragen habe. Sobald die Missionare aber in der Lage waren, einige Tage später, hielt man für den Vater eine schöne Trauerfeier in der Kapelle der Missionare. Zugegen waren die Söhne des alten Paul. Sie trugen Trauerkleidung (weiße — chinesische Trauerkleidung). Außer ihnen nahmen auch noch andere Christen teil. Sie waren alle sehr getröstet über die christliche Totenfeier [7]. Man sieht hier ganz klar, daß alles Heidnisch-Abergläubische abgelehnt wird. Ob Zivilriten geduldet wurden, ist nicht gesagt, scheint aber nahezuliegen in dem Satze: « Er vollführte bei den Exequien nichts von den Riten, die dem Ritus der Christen nicht konform gewesen wären ».

Ähnlich gelagert ist der Fall beim Tode des alten Mandarinen Chu. Er starb kurz nach Empfang der hl. Taufe (1602). Vor seinem Tode hatte er seiner Gattin befohlen, daß sie beim Leichenbegängnis keine einzige heidnische Zeremonie dulde und daß sie sich in allem nach dem richte, was der Pater ihr auftrage [8]. Die Frau beobachtete alles genau zu größtem Verdruß der Verwandten und Freunde, die ihre heidnischen Zeremonien anwenden wollten. Bartoli spricht über diesen Fall, erwähnt aber nichts von dem, was mit der Ritenfrage zusammenhinge [9].

Besonders eindrucksvoll für unsere Untersuchung ist die an den Tod der Mutter des Mandarin Hsü Hsü-ch'en (Nanking) anknüpfende Frage der Gestaltung der Totenfeier für dieselbe. Der Mandarin war erst seit wenigen Monaten bekehrt (wahrscheinlich Anfang 1611, also schon nach dem Tode Riccis) [10]. Da stirbt ihm die Mutter. Er muß in seine Heimat reisen, um die vorgeschriebene Trauerzeit zu halten und an den Begräbnisfeierlichkeiten für die Mutter teilzunehmen. P. Vagnoni begleitet ihn ungefähr eine Tagereise weit. Er legt ihm noch einmal alle die Dinge nahe, die ihm wichtig erschienen für einen Neugetauften, der erst seit wenigen Monaten Christ war. Dabei wurde er auch über die Art und Weise belehrt, wie er sich bei den Totenfeierlichkeiten für seine verstorbene Mutter benehmen müsse, damit der Mandarin sich in nichts in Gegensatz zum Glauben stelle [11]. Daß Hsü Hsü-ch'en sich danach gerichtet hat, können wir schon daraus entnehmen, daß er

---

[7] II Nr. 675.
[8] II Nr. 678.
[9] BARTOLI, II c. 190.
[10] II p. 499 n. 1.
[11] II Nr. 924.

bewußt und vorsätzlich an einem Tage die Reise antrat, an dem er früher wegen abergläubischer Bedenken nie gereist wäre. Bartoli unterstreicht diesen Fall. Er sagt, daß Vagnoni den Mandarin begleitet habe, um ihn gut zu unterrichten über die abergläubischen Zeremonien, die er bei den feierlichen Exequien und bei der Beerdigung unterlassen müsse, die rein zivilen Akte aber könne er beibehalten [12].

Über die in Peking geübte Praxis ist mehr zu sagen. Die wichtigsten Ausführungen Riccis über die den Christen gestatteten Totengebräuche dort knüpfen sich an den Tod des Vaters des Dr. Paul Hsü. Der alte Mann starb als Christ am 23. Mai 1607 [13]. Und weil sein Sohn eine bedeutende Stellung in der Hauptstadt hatte,

> « kam die ganze Hauptstadt, gemäß dem chinesischen Gebrauche, zu seinem Hause, um die Totenbeweinung zu machen und ihn zu trösten mit sehr würdevollen Zeremonien. Und er, wenngleich er viel Liebe zu seinem Vater zeigte und ihm einen Sarg von unzerstörbarem Holz wie Zeder im Werte von 120 Scudi seinem Stande gemäß machen ließ, war nichtsdestoweniger sehr darauf bedacht, daß in diesen Riten kein Ritus gegen die Gesetze des Christentums geschehe, wobei er sich in allem mit den Patres beriet. Das war in jener Hauptstadt etwas sehr Neues, ja nie Gesehenes » [14].

Über den gleichen Todesfall lesen wir ein Jahr später in einem Briefe Riccis an Aquaviva, daß Dr. Paul Hsü vor aller Öffentlichkeit keinen einzigen heidnischen Ritus zu Ehren seines Vaters gebraucht habe, worüber sich die ganze Stadt gewundert hätte. Ricci weiß eine solche Sache zu schätzen und hofft sich davon viel für das gute Beispiel auf die anderen Christen von geringerer Qualität [15].

Beim eigentlichen Begräbnis des Vaters des Dr. Paul in Shanghai erfahren wir nichts über die Riten, die dabei vorgenommen wurden. Es ist aber durchaus anzunehmen, daß Dr. Paul Hsü dieses auf die gleiche Weise gestaltet hat wie die Feierlichkeiten in Peking. Der Text des P. Trigault in der « Storia » sagt wohl, daß die Feier « mit aller Festlichkeit der Zeremonien der Kirche vor sich ging, wenn diese auch nicht so vollkommen gemacht werden konnten, weil der Pater (Cattaneo) alleine war ohne einen Genossen » [16].

---

[12] BARTOLI, II c. 257.
[13] II p. 361 n. 1.
[14] II Nr. 773.
[15] TV p. 342, Brief vom 8. März 1608.
[16] II Nr. 945.

Der Vollständigkeit halber, ohne daß wir aber Neues erfahren, wollen wir noch hinweisen auf die beim Tode des alten Fabio in Peking abgehaltenen Trauerfeierlichkeiten. Der alte Herr starb kurz nach Epiphanie 1608 [17]. Kurz vor dem Tode sagte er seiner Gattin, die noch nicht getauft war, «daß sie bei seinen Exequien keine anderen Riten gebrauche als diejenigen, welche unsere Patres ihr als im Christentum erlaubt hinstellen würden. Sie vollführte das genau, zusammen mit einem Sohn von 10 Jahren». Ricci berichtet mehrmals über diesen Fall in seinen Briefen. Am 22. Aug. 1608 schreibt er an Aquaviva, daß der Frau nur die Riten erlaubt worden seien, die der christlichen Religion nicht zuwiderständen. Durch einen Türanschlag wurde den Bonzen und Götzenpriestern der Eintritt ins Haus verboten. Die Frau war damit ganz zufrieden, denn sie sparte auf diese Weise auch 30-40 Scudi, die ihr sonst der heidnische Brauch gekostet hätte und war andererseits sehr erbaut darüber, daß die Patres nichts für die kirchlichen Zeremonien forderten [18].

Wir haben absichtlich die Frage nach den Zeremonien beim Tode von Zivilpersonen und von Missionaren getrennt, um so evtl. ein verschiedenes Denken und damit eine mögliche Unsicherheit festzustellen im Vorgehen Riccis und seiner Missionare. Aber auch sonst müßte man beides unterscheiden. Von Fremden erwartet man eher, daß sie fremde Sitten mitbringen, an denen man sich daher auch nicht so leicht ärgern wird. Das psychologische Hemmnis aus Volks- und Familiengemeinschaft für die Einführung neuer Riten bei den christlichen Chinesen fiel hier zum großen Teil fort. Der Bedeutung nach steht die Frage nach dem Begräbnisritus der Missionare innerhalb der Akkommodationsfrage im ganzen nicht so im Vordergrund. Geschichtlich können wir aber weiter zurückgehen, als wir es bei den bisher angeführten Beispielen von Laien konnten. Wir kommen auf diese Weise weiter in der geschichtlichen Entwicklung der Lösung der Frage durch Ricci und können einige neue Züge dem ganzen Bilde einfügen.

Am 17. Okt. 1591 [19] starb in Shiuchow der junge P. de Almeida. Von den nach seinem Tode stattfindenden Trauerfeierlichkeiten erfahren wir folgendes: Die Freunde der Mission kamen, um den Verstorbenen nach chinesischer Sitte zu beweinen. Ricci und die Bewohner der Mission tragen nicht die übliche Trauerkleidung.

---

[17] II Nr. 764; II p. 349 n. 9; II p. 350 n. 3.
[18] TV p. 369; cfr. p. 333: Brief vom 6. März 1608 an P. Costa; p. 342: Brief vom 8. März 1608 an P. Aquaviva.
[19] I Nr. 385.

Die Chinesen machen ihm deswegen Vorstellungen. Er antwortet darauf, daß man als Ordensmann der Welt abgestorben sei, weshalb man unter Ordensleuten von diesem Geschick (des Todes) nicht soviel Aufhebens mache. Auch die beiden kurz vorher (1. Jan. 1591) eingetretenen Brüder tragen keine Trauerkleidung. Um aber doch dem Volksgefühl irgendwie Rechnung zu tragen, läßt Ricci die Diener des Hauses Trauerkleidung tragen, während die Gäste zur Totenklage kommen. Nach den Feierlichkeiten wurde die Leiche des P. de Almeida in einem sehr guten Sarge beigesetzt [20], den man für mehrere Dukaten kaufte. Sie konnte aber nicht in der Kirche nach europäischem Vorbilde begraben werden, weil sonst niemand mehr in die Kirche gekommen wäre. Ricci wollte aber den Pater auch nicht « auf den Bergen, fern vom Hause » begraben. Daher behielt er den Sarg zunächst, « wie sie es machen », im Hause [21]. Es war keine Gefahr, daß sich Verwesung bemerkbar machte, denn der Sarg wurde mit Lack luftdicht abgeschlossen.

Außer dem Berichte Riccis ist für uns besonders wichtig der Brief des Bruder Francesco Martinez über den Tod des P. de Almeida. Der Bruder berichtet uns über die Chinesen, die ihre Totenbesuche machten. Sie trugen Trauerkleidung und beweinten den Toten und trösteten die Bewohner der Residenz, so gut sie konnten. Er schreibt dann:

> « Sie versuchten, ihm auch andere Zeremonien zu machen, wie Eßwaren an seinen Sarg zu bringen, wie es die Chinesen zu tun pflegen, aber der Pater (Ricci) erklärte ihnen, daß wir diese Zeremonien nicht gebrauchten » [22].

Es wäre interessant zu sehen, worum es sich hier neben den Eßwaren sonst noch handelte. Hat Ricci alles abgelehnt? Wie war es mit den später geduldeten Prostrationen, dem Kerzenopfer, dem Räucherwerk? Hatte Ricci sich mit der Frage schon näher auseinandergesetzt? Das ist nicht klar zu sehen. Nur die « Eßwaren » und « andere Zeremonien » werden erwähnt.

Etwas mehr als zwei Jahre später (5. Nov. 1593) [23] starb Riccis zweiter Gehilfe in Shiuchow, P. Franz de Petris. In der « Sto-

---

[20] Da die Mission arm war, kaufte Ricci einen Sarg, « era cosa da poveri », aber auf Anweisung « eines großen Freundes von uns, kauften wir um 4 Scudi oder so ungefähr einen viel besseren ». So berichtet der Bruder Francesco Martinez in einem von Bartoli übernommenen Brief (II c. 53); cfr. TV 457, Brief dieses Bruders vom 21. Nov. 1591 an P. Ed. de Sande: derselbe Brief wie bei Bartoli.
[21] I Nr. 392.
[22] TV p. 461, cfr. n. 20.
[23] I Nr. 418; I p. 328 n. 1.

ria » berichtet uns Ricci nichts über die etwa zu seiner Ehre nach dem Tode vollzogenen Zeremonien. Auch in dem entsprechenden Briefe an Aquaviva befindet sich keine Bemerkung dieser Art [24]. Auch Bartoli sagt nichts darüber aus. Wir erfahren nur von dem feierlichen Transport der Leichen der beiden verstorbenen Missionare von der Residenz aus zum Schiff, das die sterblichen Hüllen der Missionare nach Makao bringen sollte [25].

Klarer wird die Sache bei Gelegenheit des dritten Todesfalles in der Reihe der Missionare. Im August 1607 starb P. Soeiro in Nanchang [26]. Die « Storia » hat aber wiederum nicht viel. Ricci sagt, daß einige Christen der Gemeinde für einige Zeit Trauerkleider tragen wollten [27]. In der von P. Diaz d. Ält. verfaßten « Annua » von 1606-07 [28] wird berichtet, daß die Christen und auch einige Heiden die 4 rituellen Prostrationen machten. Dieses geschah vor dem Sitze des Verstorbenen, auf dem dieser als gegenwärtig sich vorgestellt wurde. Ausführlicher berichtet uns ein Brief desselben Diaz, den Ricci in seinem eigenen Bericht an Aquaviva übernommen hat [29]. Es heißt darin:

> « Als die Nachricht von dem Heimgang des P. Soeiro zu einem besseren Leben hier in Nanchang bekannt wurde, gaben wir deswegen keine Zeichen von Gefühl, wie es die Chinesen zu tun pflegen. Das gehört sich nicht für unseren Beruf. Aber die Freunde kamen, um mit uns zu trauern. Sie waren in Trauer gekleidet. Und in dem Saale, wo der erwähnte Pater (Soeiro) sich mit jenen zu unterhalten pflegte, die ihn besuchten, richteten sie eine Bahre her. Sie bedeckten dieselbe so, als wenn dort sein Leib gewesen wäre. Sie warfen sich viermal auf die Knie nieder und berührten ebensooft mit dem Kopfe den Boden. Ja, sogar mancher Heide beweinte heftig den Verlust eines solchen Paters ... Einige gingen eine Zeitlang in Trauerkleidern und wer sie nach der Ursache fragte, dem antworteten sie, daß es für den Pater, ihren Lehrer, geschehe » [30].

Man sieht hier eine früher noch nicht bei verstorbenen Priestern der Mission auftauchende Sitte: Die Aufstellung einer Art Kenotaph, vor dem die Zeremonien gemacht wurden. Die Zeremo-

---

[24] TV pp. 115-116, Brief Riccis vom 10. Dez. 1593.
[25] BARTOLI, II c. 61.
[26] II p. 447 n. 6.
[27] II Nr. 854.
[28] II p. 447 n. 9.
[29] TV p. 328, Brief Riccis vom 18. Okt. 1607; cfr. TV p. 328 n. 3.
[30] Cfr. BARTOLI, II c. 240.

nien scheinen auch zum festen Bestand zu gehören, da in keiner Weise mehr von einem Zögern oder von Unklarheiten die Rede ist. Das stimmt mit den für Laien geduldeten Riten aus der gleichen Zeit gut überein.

Aus den für den toten P. Tedeschi veranstalteten Feierlichkeiten erfahren wir einige kurze, aber wichtige Notizen. Tedeschi starb am 25. Juli 1609 in Shiuchow [31]. Im letzten, nicht mehr von Ricci verfaßten Teil der « Storia » heißt es:

> « Er wurde beweint von allen Christen und Freunden (letztere offenbar Heiden) *gemäß allen Normen des chinesischen Stiles, da die Patres jetzt die Riten kannten, die man unter solchen Umständen beobachten mußte. Dieses war aus Unwissenheit unklar gewesen beim Tode derjenigen, die am Beginn dieser Mission starben* » [32].

Wir sehen: Die Totenfeier ging « nach allen Normen des *chinesischen* Stiles » vor sich. Hier spricht klar die Tatsache eines festen und einheitlichen Rituals, dem die Missionare folgten. Dieses bestand nicht nur aus den in Europa gebräuchlichen Riten, sondern damit war verbunden « *chinesischer Stil* ». Es wäre natürlich interessant zu wissen, was man sich unter diesem « chinesischen Stil » zu denken hat. Leider spricht der Text davon nicht. Der Verlust ist aber nicht ein allzu großer, da wir bei der Beschreibung der Zeremonien beim Tode Riccis ihn ersetzen können. Interessant ist an dieser Stelle noch die Bemerkung bezl. der Vergangenheit. In der gleichen Station Shiuchow starben ja vor vielen Jahren auch die Patres de Almeida und de Petris. Der Verfasser sagt klar, daß Ricci damals aus Unwissenheit gehandelt habe. Er will offenbar sagen, daß er damals auch solche Riten ablehnte, die er wegen ihres rein zivilen Charakters hätte zulassen können.

Wir beschließen die Darstellung der einzelnen Todesfälle mit den beim Tode des Gründers der Mission durchgeführten Zeremonien. Ricci starb am Abend des Dienstags des 11. Mai 1610 [33]. Zahlreiche Mitglieder der Christengemeinde von Peking, die sich in Sorge und Angst um den geliebten Vater im Hause aufhielten, begannen unter dem Eindruck des Verscheidens eine erschütternde Totenklage. Man mahnte sie indessen, ihre Trauer zu mäßigen,

---

[31] II Nr. 949.
[32] II Nr. 950; cfr. BARTOLI, II c. 258.
[33] II Nr. 963.

indem man ihnen sagte, daß der Heimgang der Gerechten anders als durch Trauer geehrt würde. Eine solche Trauer sei nicht in Übereinstimmung mit unserem hl. Glauben und mit der Ehre des Verstorbenen. Darum begannen jetzt die Christen den Verstorbenen zu loben, indem sie ihn einen « Heiligen Mann und den Apostel Chinas » nannten [34].

Der Leichnam blieb zwei Tage außerhalb des Sarges, während welcher Zeit der Bruder Emanuel Pereira [35] ein Porträt des Paters machte zum allgemeinen Troste. Für einen kostbaren Sarg sorgte Riccis treuer Schüler Dr. Li Chih-tsao. Nach Ablauf dieser zwei Tage wurde der Sarg mit dem Toten in die Kirche getragen, wo die feierlichen Totenriten, hl. Messe und Exequien stattfanden. Währenddessen hatte man aber auch schon für die in China übliche Totenehrung « einen großen Platz » und « das beste Haus », nach dem Texte der « Storia » handelt es sich hier um die « Aula domestica » [36], ausgesucht. Leider stand den Missionaren für solche Gelegenheiten nicht der nötige Aufwand zur Verfügung. Es boten sich aber alle an, die nötigen Sachen zu stellen. In dem für die Zeremonien bestimmten Raum wurde vor dem Altare, der zum Tragen des Sarges bestimmt war, ein anderer Altar hergerichtet, den man mit einem Tuch überzog. Er war bestimmt, die Kerzen und das Rauchwerk aufzunehmen oder andere Gaben, die von den Besuchern zu Ehren des Verstorbenen gegeben würden [37]. Hinter dem Platz für den Sarg stellte man wieder einen Altar auf, um das Bild des Erlösers darauf zu stellen. Als der Trauerraum soweit fertig war, heftete man ein Schriftstück an die Haustüre an, auf dem man den Tag ankündigte, an dem das Beileid auszusprechen sei. Dieses war ein Samstag und die weiteren folgenden drei Tage nach dem chinesischen Gebrauch. In diesem und in allem anderen half Dr. Leo Li. Er lehrte die Missionare die Zeremonien, die sie zu beachten hätten gegenüber jenen, die zum Besuche kommen würden [38].

Als auf diese Weise der Tod Riccis bekannt geworden war, kam eine große Menge berühmter Männer, um ihn, brauchgemäß, zu beweinen. Sie taten das mit solchem Ausdruck des Schmerzes, daß daraus klar die Hochachtung hervorging, die sie für P. Mat-

---

[34] II Nr. 964.
[35] II p. 543 n. 3.
[36] II Nr. 965: Der lateinische Text spricht klar von einer Kirche, in der die hl. Messe gefeiert wurde: « Aedes sacra ». Demgemäß liegt hier die erste hl. Messe in der neuen Kirche, nicht erst nach den Trauertagen.
[37] II p. 548 n. 1.
[38] TV pp. 486-487, Brief des P. de Ursis vom 20. Mai 1610 an N. N.

teo Ricci hegten. Alle riefen: « Welch heiliger Mann, welch wahrhaft heiliger Mann »! Diese Ausrufe wurden oft unterbrochen von ehrlichen Schmerzensträten [39].

Die Art und Weise dieser Besuche war folgende: Die Missionare kleideten sich an den für die Trauer vorgesehenen Tagen nach chinesischer Sitte weiß. Die Kleider waren aus grobem Leinen. Das Birett war ebenso weiß und hatte eine besondere Form. Der Strick um die Kleider war weiß und sehr grob. Desgleichen waren die Schuhe weiß und von absonderlichen Formen. Mit den Missionaren mußten auch die Diener Trauerkleidung tragen. Wenn die Mandarinen kamen, legten sie in einem dafür hergerichteten Zimmer des Hauses die vorgeschriebene Trauerkleidung an. Alle erwarteten den Mandarin, wobei sie ebenso in Trauer gekleidet waren. Darauf trat der Mandarin in den Raum ein, in dem der Sarg stand. Hier erwarteten ihn Missionare. Vor dem Sarge machte der Mandarin seine 4 Höflichkeiten in der Weise, wie die « Frati » es tun, wenn sie « Gloria Patri » sagen, indem sie den ganzen Körper beugen. Darauf wurde der Mandarin von den Patres hinausbegleitet. Personen, die nicht eine solch hohe Stellung hatten, wurden von Christen begleitet. Sowohl Patres wie Christen machten die Zeremonien am Sarge zusammen mit den Gästen [40].

Nach einiger Zeit traf aus Nanking ein Eulogium zu Ehren Riccis ein. Die dortigen Christen hatten es verfaßt, und es wurde am Sarge aufgestellt. Weil aber eine gewisse Eifersucht in den Christen von Peking deswegen aufkam, verfaßten auch diese eine Lobschrift, die ebenso am Sarge aufgestellt wurde [41].

Nach Beendigung der Trauerfeierlichkeiten konnte die Leiche Riccis nicht gleich begraben werden. Sie wurde daher im Hause nach chinesischem Brauche aufbewahrt [42]. Am letzten Tage der Trauer feierte man in der neuen Kirche die hl. Messe. Darauf schaffte man den Sarg von seinem Platz, den er während der Totenfeierlichkeiten eingenommen hatte, fort und stellte ihn auf der Epistelseite auf, wo er bis zum 22. April 1611 stehen blieb [43]. Es ist nicht wahrscheinlich, daß man den Sarg auf der Epistelseite der neuen Kirche aufstellte, sondern eher « in unserer Ka-

---

[39] II Nr. 967; II p. 548 n. 1.
[40] Brief des P. de Ursis l. c.; cfr. BARTOLI, II c. 277.
[41] II Nr. 967.
[42] II Nr. 971.
[43] II p. 565 n. 2.

pelle, auf der rechten Seite des Altares » [44], also in der Hauskapelle der Missionare, die bis zur Fertigstellung der Kirche als Kultraum der Gemeinde gedient hatte.

In den Morgenstunden des 22. April 1611 trug man den Sarg mit den sterblichen Überresten Riccis hinaus nach Shala. Der von den Missionaren und Christen gebildeten schlichten, nicht pomphaften Prozession « non tamen ea pompa quae Sinae assolent », wurde das Kreuz vorangetragen. Die Christen trugen Kerzen in den Händen und « crucem gestatorio conopaieo insignem sequebantur ». Nach P. D'Elia haben wir unter diesem Conopaieum eine Art Dächlein zu verstehen, welches sich über dem Kreuze und zwar an demselben angebracht befand, an dessen Seiten sich die « splendida cortina » befand, wie P. D'Elia übersetzt. Es wäre allerdings auch die Möglichkeit gegeben, an eine Art Ehrenschirm zu denken, wie er in Rom dem Allerheiligsten nachgetragen wird.

In Shala angekommen, wurde die Leiche in einem Zimmer neben der dortigen Hauskapelle niedergestellt, um denjenigen, die kommen würden, um nach chinesischem Brauche dem Toten die für Toten gewöhnlichen Ehren zu erweisen, die Möglichkeit dazu zu geben [45].

Die Leiche konnte aber erst endgültig am 1. Nov. 1611 beigesetzt werden. Vorher hielt man das Totenoffizium und dann feierte man eine hl. Messe. Darauf wurde der Sarg zur Friedhofskapelle getragen. Vor derselben wurde er niedergesetzt. Man hatte vor der Kapelle ein Bild des Erlösers aufgestellt, vor welchem man den Begräbnisritus beging. Darauf wurde der Sarg zum Grabe getragen. Dann heißt es:

> « Als die kirchlichen Riten beendigt waren, unterließen es die Neuchristen nicht, ihre zivilen Riten (politicos suos) zu machen, und gemäß ihrer Gewohnheit machten sie zuerst vor dem Bilde Christi des Erlösers, dann zum Grabe hin ihre Verbeugungen und Kniebeugen... Viele Tage nachher strömten heidnische Freunde zusammen, um ihre gewohnten Riten zu Ehren des Verstorbenen zu machen » [46].

---

[44] II Nr. 994, p. 620: Der lateinische Text spricht von « sacellum », nennt Kirche aber wie gesagt « aedes sacra » (II Nr. 965). Einmal wird auch das Wohnhaus der Missionare « aedes » genannt, trägt aber die Apposition « nostra » — aedes nostra (II Nr. 971). Letzterer Ausdruck dürfte ein neuer Beweis dafür sein, daß Riccis Leiche in der Hauskapelle und nicht in der Kirche aufbewahrt wurde, da die Kapelle zum Haus hinzugehörte, mithin unter « aedes nostra » fällt, während die Kirche mehr als getrennter Bau aufzufassen ist.

[45] II Nr. 994.
[46] II Nr. 998; cfr. BARTOLI, II c. 282.

Es dürfte aus alledem wohl das eine klar geworden sein, daß es sich bei diesen Zeremonien jedenfalls nicht um « synkretistische Beräucherungen und Prostrationen » handeln kann [47].

Es ist unzweifelhaft, daß sich in den von den Missionaren verlangten Änderungen des Begräbnisritus manche Härten für die Neuchristen fanden. Man darf nicht vergessen, wie prächtig und mit wieviel Aufwand ein chinesisches Leichenbegängnis gefeiert wurde. Mußte der katholische Ritus nicht arm und gering dagegen erscheinen? Die Christen, die noch nicht sehr tief im Glauben befestigt waren, konnten den Eindruck haben, daß sie gerade in diesem für sie so wichtigen Punkte ärmer geworden waren. Es mußte den Missionaren darum viel daran gelegen sein, den Chinesen auch in der neuen Religion ein möglichst pomphaftes Leichenbegängnis zu ermöglichen.

Darum heißt es beim Tode des alten Paul Ch'in in Nanking [48], daß die Patres einige Tage nach dem Tode sehr schöne Exequien in der Kapelle der Residenz für ihn veranstalteten.

Beim Tode des Vaters des Dr. Paul Hsü [49] heißt es:

> « Nach einigen Tagen machten die Unsrigen ihm im Hause (in der Residenz) ein Kenotaphium, das mit *schwarzem* Damast bekleidet war. Mit viel Lichtern und Räucherwerk, das sein Sohn geschickt hatte, hielten sie ihm ein feierliches Offizium. Er (der Sohn) war zugegen, in Trauer gekleidet, (nämlich) einem groben Leinenkanevas, mit Birett, Gürtel und Schuhen aus weißer Farbe, sehr phantastisch. Das ist ihre Trauerfarbe. Danach (nach dem Offizium) lasen sie auch die Messe. Damit waren er und alle Christen sehr zufrieden ».

Man sieht hier klar neben dem bereits früher Erwähnten, daß man beim Totenoffizium viele Kerzen brannte und daß auch Weihrauch verbrannt wurde.

Die Feierlichkeiten beim Begräbnis des Vaters in Shanghai wurden so feierlich gestaltet wie möglich, obwohl P. Cattaneo nur alleine war. Sie gereichten den Christen zum Troste, weil sie ihnen zeigten, daß sie mit der Religion, die sie angenommen hatten, nichts verloren hatten, ja, daß die Exequien sogar an Feierlichkeit durch die schönen Zeremonien der katholischen Kirche gewonnen hatten [50]. Bartoli bemerkt zur Totenfeier für den Vater

---

[47] SCHMIDLIN 1 = SCHMIDLIN D. Dr. J. - *Katholische Missionsgeschichte*, Steyl 1925, p. 271.
[48] II Nr. 675.
[49] II Nr. 773.
[50] II Nr. 495.

des Dr. Paul in Peking, daß sie deshalb so feierlich gestaltet wurde, damit der christliche Stil in keiner Weise weniger freizügig und weniger pietätvoll erschien, ja, er meint sogar, daß die Feierlichkeiten der heidnischen Exequien, verglichen mit den christlichen Riten, bäuerlich und plebejisch erschienen [51]. — Diese Feier war allerdings auch besonders großartig gestaltet worden. Für gewöhnlich ging es wohl nicht so zu. So erfahren wir beim Tode des alten Fabio [52], daß ein Pater zum Trauerhause ging, um das Totenoffizium zu halten. Er begleitete auch die Leiche zum Begräbnis, unter Begleitung zahlreicher Verwandten und einiger Christen.

Sehr feierlich veranstaltete Ricci den Transport der Leichen der beiden Patres de Almeida und de Petris. Das Ansehen der Mission sollte dadurch gehoben werden. Die Chinesen sollten sehen, daß die christlichen Priester sehr verschieden sind von den « ihrigen » (den Bonzen). Sie sollen wissen, daß auch die Christen das große Gebot der Pietät treu erfüllen. Ein glücklicher Irrtum kam Ricci in diesem Falle noch zu Hilfe. Die Chinesen meinten nämlich, daß die Leichen der Patres bis nach Europa gebracht würden, worüber sie sehr erbaut waren und weshalb sie den Missionaren gegenüber viel größere Achtung an den Tag legten, denn soviele Umstände machte man bei den Chinesen nur mit Personen, die große Autorität hatten [53].

Von den Zeremonien beim Tode des P. Soeiro erfahren wir, daß man eine sehr feierliche hl. Messe las, der einige Responsorien folgten. P. D'Elia meint, daß sich hier möglicherweise das erste Beispiel für den heute so häufigen Gebrauch dieser Responsorien in China beim christlichen Totenritus zeige [54].

Beim Tode Riccis haben wir bezl. der Feierlichkeiten mehreres zu unterscheiden:

Wir haben Zeremonien nach dem Tode und bei der vorläufigen Beisetzung in der Residenz und solche, die beim Transport der Leiche nach Shala und bei dem dort später erfolgenden Begräbnis stattfanden.

Bei der vorläufigen Beisetzung lassen sich wieder zwei Gruppen von Zeremonien klar trennen:

Man nahm zuerst die kirchlichen Zeremonien in der Kirche

---

[51] Bartoli, II c. 213.
[52] TV p. 369, Brief Riccis vom 22. Aug. 1608 an P. Aquaviva.
[53] TV p. 118, Brief Riccis vom 10. Dez. 1593 an P. Aquaviva; cfr. Bartoli, II c. 81.
[54] II p. 447 n. 9; cfr. TV p. 328, Bericht Riccis vom 18. Okt. 1607.

vor [55], denen zivile Riten in einem besonderen Zimmer des Hauses folgten [56]. Auch der Transport der Leiche nach Shala läßt sich bezl. der Zeremonien so aufteilen:

Nach den kirchlichen Zeremonien werden auch zivile Riten vorgenommen.

Hiermit hätten wir das zusammengetragen, was sich über die **Gestaltung christlicher Begräbnisse finden läßt.**

Wir wären jetzt in der Lage, soweit die Quellen zur Verfügung stehen, die Frage zu beantworten: Was haben die Jesuiten zur Zeit Riccis gestattet?

Allgemein ist zu sagen, daß Ricci am Beginn der Missionstätigkeit weniger gestattet hat als später, ohne aber im Anfang eine Regelung getroffen zu haben. Aber auch wenn später mehr gestattet wurde, so erlaubte man doch nur das, was mit dem Christentume in Einklang gebracht werden konnte.

Im einzelnen ließ man die Beweinung der Toten zu. Man gestattete auch das Tragen der chinesischen Trauerkleidung in allen Formen. Die 4 rituellen Prostrationen vor der Leiche wurden zugelassen und wurden auch von den Missionaren selber vorgenommen. Die Opferung von Kerzen und Räucherwerk und das **Verbrennen dieser Dinge am Sarge oder Kenotaphium** wurden gestattet. Man erlaubte auch die Sitte, Tafeln mit Lobsprüchen über den Verstorbenen am Grabe aufzustellen. Die Trauerzeit wurde **nach chinesischer Sitte eingehalten.** Man schloß sich, soweit möglich, der Sitte an, einen kostbaren Sarg zu kaufen. Man achtete aber im übrigen darauf, daß das christliche Eigengut in möglichster Pracht entfaltet wurde.

Wir müssen schließlich zu der Frage Stellung nehmen: Was wurde von Seiten Riccis und seiner Vorgesetzten offiziell entschieden in dieser nicht leichten Materie? Welche partikulären und welche allgemeingültigen Verfügungen wurden getroffen? Darauf ist sehr schwer Antwort zu geben. Wir wollen an Hand der vorliegenden Texte herauszuarbeiten suchen, was möglich ist, müssen aber schon jetzt bemerken, daß wir über Einzelheiten in den Entscheidungen nichts berichten können.

In der « Storia » selber finden wir Andeutungen über eine offizielle Regelung in irgendeinem Sinne beim Tode des alten Paul Ch'in in Nanking [57]. Wir sahen bereits, daß bei dieser Gelegen-

---

[55] II Nr. 965.
[56] TV p. 486, Brief de Ursis'.
[57] II Nr. 674-675; II p. 246 n. 1.

heit alles Heidnisch-Abergläubische abgelehnt wurde. Das geschah auf die Belehrung der Missionare hin. Wir dürfen mit Sicherheit sagen, was sich später noch deutlicher zeigen wird, daß Ricci an diesen Entscheidungen und Weisungen maßgeblich beteiligt war. Er war ja erst am 19. Mai 1600 nach Peking abgereist und dürfte solche und ähnliche Fragen vor der Abreise geregelt haben.

Von einer Regelung der Frage sind auch in Nanchang deutliche Spuren in der « Storia » sichtbar, wenngleich wir aus dem Texte der « Storia » an sich dieses nicht erschließen können. Die Übereinstimmung aber des an der betreffenden Stelle geäußerten Sachverhaltes mit dem später zu besprechenden Dokument des P. Gabiani läßt keine Zweifel darüber, daß die in der « Storia » erwähnten Zweifel der Christen eine Regelung erfuhren, und zwar durch Ricci selber [58].

Klarer sehen wir in den nun folgenden Jahren.

Im Jahre 1601 wurde P. Valentin Carvalho [59] Rektor von Makao. Er traf im November 1601 von Japan aus dort ein. Er betraute den P. E. Diaz d. Ält. mit der Visitation der drei Residenzen des südlichen China. Damit erhielt dieser zugleich seine neue Bestimmung: Diaz sollte am Ende der Visitation in Nanchang bleiben. Diese Regelung einer Visitation war durch die Verhältnisse geboten. Ricci als der eigentliche Obere der Mission konnte Peking auf besonderes kaiserliches Verbot hin nicht verlassen. Diaz besucht also die Residenzen, und nun heißt es in der « Storia », der Text stammt von Ricci selber:

> « Es gab dort viele Dinge, für welche P. Manoele (Diaz) keinen Ausweg angeben konnte und die er auch nicht mit P. Matteo beraten konnte, der solange Oberer gewesen war und erfahrener war in den Dingen Chinas. Er tat (daher) in diesen Häusern... nichts anderes, als sich mit den Patres über die notwendigen und für die Förderung und gute Verwaltung dieses Unternehmens nützlichen Dinge beraten. Er hörte die Ansichten der Genossen, notierte sie, um sie dem P. Matteo zu schicken, damit dieser Weisung von sich aus gebe oder daß der im Namen aller diese von P. Valignano erbete in dem, was er selber von sich aus nicht entscheiden könne ».

Diese Fragen konnten schriftlich nicht gut erledigt werden. Daher rief Ricci nach Beendigung der Visiten den P. Diaz nach Peking, um besser mit ihm alle diese Angelegenheiten verhandeln

---

[58] II Nr. 745.
[59] II p. 256 n. 4.

zu können, was sehr nützlich für diese Mission war. Diaz kam Juli 1602 nach Peking. Er konnte sich die Tage ganz frei gestalten. In dieser Zeit

> « gab P. Matteo viele Weisungen darüber, wie man in allen übrigen Residenzen in den Dingen vorzugehen habe, über welche die Patres gefragt hatten, was zu tun sei. Er gab Antwort auf alles. Anderes schrieb er auf, um es dem P. Visitator (Valignano) zu schicken, damit dieser Weisung gebe » [60].

Es kann keinem Zweifel unterliegen, daß es sich bei diesen Fragen auch um Probleme aus dem Gebiete der Riten handelte. Bei Bartoli erfahren wir mehr darüber. Zwar schreibt auch Ricci, daß er einiges selber entschieden habe, anderes aber dem P. Visitator schickte. Was war dieses aber? Bartoli berichtet genauer, wenn er sagt, daß Ricci

> « wegen besonders schwerer Angelegenheiten, in denen man mehr Rat und Autorität benötigte, an den P. Visitator Valignano schrieb ».

Dieses Schreiben Riccis genügte aber dem vorsichtigen Visitator nicht. Er lud Ricci ein, selber nach Makao zu kommen,

> « um ihn selber zu hören, den ebenso guten Ratgeber wie treuen Berichterstatter bezüglich der Lage und der Interessen jener Kirche ».

Leider stand dem guten Plane die Unmöglichkeit der Abreise Riccis von Peking entgegen. Daher schrieb Ricci eine weitere, sehr ausführliche Information, die für gewöhnlich wohl genügt hätte, die aber dem P. Visitator doch nicht genügend erschien. Darum entschloß sich dieser, selber nach China zu reisen. Leider wurde der große Mann durch den Tod an der Ausführung dieses Projektes gehindert [61].

Ricci erwähnt seine lange Information kurz in der « Storia » [62]. Sie ist uns aber leider nicht erhalten. Ihren zusammengefaßten Inhalt können wir aus einem Briefe Valignanos an den General Aquaviva vom 12. Nov. 1603 ersehen. Darin ist die Rede von der Aufnahme zweier Jünglinge in die Gesellschaft, von einem kleinen Seminar für Chinesen, von der Achtung, deren sich die Patres, be-

---

[60] I Nr. 686-687.
[61] BARTOLI, II c. 194.
[62] II Nr. 697.

sonders Ricci, erfreuen und von den Finanzsorgen der Mission[63]. Es möchte uns scheinen, daß diese Aufzählung des Visitators an den General nicht eine vollständige ist. Ricci hat höchstwahrscheinlich in seiner Information auch über die Riten geschrieben. Das ergibt sich aus der Antwort, die Valignano dem Oberen der Mission, Ricci, zuschickte und die, wenn wir recht sehen, in den wichtigsten Punkten in der « Storia » festgehalten ist. Das, was Ricci in der « Storia » schreibt, und die Zusammenfassung, die Valignano dem General schickt, stimmen in den wesentlichen Punkten überein, so daß wir annehmen dürfen, daß beiden Texten eine gemeinsame Grundlage unterliegt, die Information Riccis. Ihr antwortet Valignano Punkt für Punkt. Und diese Antwort, leider wieder nur in Stichworten, bietet uns die « Storia »:

1. Ricci spricht zunächst von der Verstärkung des Missionsstabes durch Valignano.

2. Er handelt darauf von der finanziellen Unterstützung der Mission.

3. Sodann wird die Aufnahme einiger Jünglinge chinesischer Nationalität in die Gesellschaft besprochen.

4. Er spricht weiter über Verfügungen, die den Schmuck der Kirchen im Innern betreffen, vom Unterhalt der Häuser, von der Art und Weise, Geschenke an Mandarinen und Freunde zu machen. Auch ist die Rede von der Verwendung von Almosen, die die Missionare von befreundeten Portugiesen für die Mission geschenkt bekamen, von Paramenten, Büchern und anderen Dingen. Besonders aber wird noch der Bildschmuck des Hochaltares der einzelnen Residenzen erwähnt, der wahrscheinlich in einem Erlöserbild bestand[64].

5. Endlich heißt es: « Schließlich entschied er (Valignano) mit großer Klugheit viele Fälle und Angelegenheiten, in denen wir Schwierigkeiten hatten »[65]. Hier müssen wir weiter fragen.

Zunächst aber wollen wir der Geschichte weiter folgen.

Die Antwort Valignanos dürfte bei Gelegenheit der Rückreise des P. Diaz nach China gelangt sein. Valignano hatte diesen nämlich nach seiner eigenen Ankunft in Makao dorthin beordert. Diaz reiste im Februar 1604 in das Innere zurück und kam Ende März des gleichen Jahres nach Nanchang[66]. Mit ihm reisten junge Mis-

---

[63] II p. 270 n. 8.
[64] II p. 272 n. 1.
[65] II Nr. 698-699.
[66] II p. 270 n. 9.

sionare. Unter ihnen auch P. Gaspar Ferreira, der für Peking bestimmt war und in der ersten Hälfte des August 1604 dort anlangte [67].

Ohne Zweifel brachte er die Weisungen Valignanos mit nach Peking. Wir hätten also von dieser Zeit an eine vom Visitator gebilligte und für alle Missionare verpflichtende Weisung in wesentlichen Fragen der Mission.

Was also steckt inhaltlich hinter den Worten: « Endlich entschied er mit großer Klugheit viele Fälle und Angelegenheiten, in denen wir Schwierigkeiten hatten »? Die Antwort kann nicht direkt gegeben werden, da das Dokument mit den Lösungen nicht vorhanden ist. Wir haben aber eine schematische Aufzählung der ältesten Dokumente über die Ritenfrage in dem Werke des P. Gabiani S. J. aus dem Jahre 1680: « De ritibus ecclesiae Sinicae permissis Apologetica dissertatio ». Aus dieser Aufzählung und dem Vergleich mit dem Erarbeiteten ersehen wir, daß die Weisung Valignanos tatsächlich über die Riten handelte.

Wir bringen das Dokument der größeren Klarheit wegen zur Gänze:

« ELENCHUS ELUCUBRATIONUM AD OBJECTARUM CONTROVERSIARUM ELUCIDATIONEM CONDUCENTIUM:

a) Extant primo ordinationes P. Matthaei Riccij, primi huius Sinicae expeditionis pro nostra Societate Moderatoris, post communes cum sociis et subditis suis discussiones, resolutionesque quae ad novae huius Ecclesiae directionem constitutae anno salutis 1600 ».

Mit diesem Texte würde sehr gut übereinstimmen, was wir bei Gelegenheit des Todes des alten Paul Ch'in von Nanking sagten, daß nämlich Ricci vor seiner Abreise nach Peking Weisungen zurückließ für die Genossen in Nanking.

Daß es in diesen Weisungen wohl auch um die Riten ging, bezeugt die Überschrift, die von Kontroversobjekten spricht sowie der ganze übrige Inhalt des Dokumentes.

b) « Responsa ejusdem Patris ad socios in urbe Nancham (Nanchang) provinciae Kiamsi (Kiangsi) residentes super sacrorum mynisteriorum administratione aliisque piis officiis rite dirigendis circa idem tempus data » (gegenüber, am Rande 1600).

---

[67] II p. 279 n. b.

Wir wiesen schon auf diese Stelle hin und glauben in ihr die Verfügung Riccis wiederzufinden, die sich auf die Zweifel der Bewohner von Nanchang bezog und gehen kaum fehl in der Annahme, daß diese sich auf die Riten bezogen.

> c) « Aliae ordinationes eiusdem Patris ad uniformitatem in nostris residentiis domi forisque servandam, anno 1603 statutae, et a P. Alexandro Valignano totius Indiae Visitatore eodem anno recognitae et confirmatae, post legitimam rerum informationem tam ab ipso Matthaeo Riccio, quam a Patre Emanuele Diaz, seniore dicto, ad explorandum totius missionis statum delegato, uniformiter acceptam ».

Hier finden wir das wieder, was wir oben erarbeitet haben: Diaz und Ricci haben sich über bestimmte Fragen besprochen. Ricci hat seine Weisungen gegeben, die von Valignano bestätigt wurden. Hier handelt es sich wohl nicht um die Riten, zu denen die endgültige Stellungnahme wahrscheinlich dem P. Visitator selber überlassen blieb, natürlich nach Information durch Diaz und Ricci.

Tatsächlich weist der nächste Punkt der Aufzählung auf neue und eigene Verfügungen Valignanos hin:

> d) « Resolutiones ab eodem P. Visitatore post novam inquisitionem missae ».

Valignano hat also eine Information begehrt und nach dieser neue Entschlüsse gefaßt.

Nun folgt endlich das, was uns am meisten interessiert und worin wir die dem P. Diaz auf seiner Rückreise mitgegebenen Weisungen für die ganze Mission wiedererkennen können:

> e) « Summarium admonitionum, quas idem pariter Visitator eodem anno (1603) ad Sinenses Societatis missionarios pro re christiana rite dirigenda transmisit ».

Leider muß man sich mit dieser Aufzählung begnügen. Gabiani geht nicht ins einzelne, fügt aber wie eine Inhaltsangabe folgendes bei:

> « In his omnibus primaevis huius Ecclesiae directionibus ex professo agitur de moribus et virtutibus christianis in Sinenses neophytos inducendis; de eradicandis *pravis* et *superstitiosis* abusibus; de *politicis ritibus* et *civili cultu* ex more gentis prudenter tolerandis; ac nominatim de *parentalibus mortuorum,* et *grata ve-*

neratione Magistri Confucij intra civiles terminos contenta; de licito usu sacrorum nominum Sinensium pariter et Europeorum (Gottesnamen und Taufnamen); de detegendo inter Sinas reverentiae causa capite ... ».

Es folgt dann noch für uns eine wichtige geschichtliche Notiz, die alles bisher Erarbeitete bestätigt, wenn nämlich gesagt wird, daß Ricci erst fast 18 Jahre hingehen ließ, bevor er etwas bestimmte, in welcher Zeit er Sitten, Riten und Bücher genau prüfte und in den verschiedensten Provinzen und Orten jede Art von Literaten und vornehmen Mandarinen um Rat fragte. Es folgt dann noch ein wichtiger Passus. Nach mehr als 20 Jahren friedlicher Tätigkeit

« proponente nominatim celebri illo huius missionis antesignano P. Matteo Riccio, praedictum *Confucii et mortuorum cultum* a P. Alexandro Valignano ... Macai commorante, fuisse *prima vice* comprobatum ut tolerandum mense decembri anni 1603, post habitam nimirum omnium et singularium rerum, quae comprobantur, solertem disquisitionem et exploratam notitiam, non solum per fidelem dicti Patris Matthaei aliorumque ejus sociorum relationem, sed per specialem P. Emanuelis Diaz, senioris dicti, ad haec ipsa exploranda ab eodem P. Visitatore delegati, relatoris confirmationem » [68].

Man kann damit das geschichtliche Werden der Entscheidungen in jenen Jahren zusammenfassen:

1. Im Jahre 1600 fanden die ersten gemeinsamen Beratungen und Entscheidungen der Missionare unter der Leitung Riccis über die Ritenfrage in Nanking statt.

2. Im gleichen Jahre löst Ricci Zweifel und Bedenken der Gläubigen von Nanchang in den gleichen Fragen.

3. Der Visitator Diaz stößt im Jahre 1601, als er seine Visitation in den südlichen Residenzen beginnt, die bis etwa Mitte 1602 dauerte, auf diese Schwierigkeiten, die ihm von den Missionaren vorgelegt werden.

4. Er selber löst diese nicht, sondern ersucht Ricci um die Lösung, der aber seinerseits nur Fragen löst, die nicht in dieses Gebiet hineingehören. Ricci informiert Valignano, der vom 10. Febr. 1603 an in Makao weilte, mehrfach ausführlich über die Fragen der Riten. Im Dezember des gleichen Jahres gab dieser

---

[68] II p. 273 n. 1 - p. 274 n. a.

seine Anweisungen über Konfuziuskult und Totenehrung, die dann in der Mission als Norm galten.

Man könnte nun leicht den Vorwurf erheben, daß es nicht eigentlich Valignano war, welcher die Entscheidungen gab, sondern Ricci, der sie ihm praktisch in den Mund legte. Das dürfte, da Ricci als Fachmann in Fragen der Chinamission geschätzt war, richtig sein, beruht aber auf der Tatsache, daß Valignano ganz ähnliche, wenn nicht gleiche, Anschauungen in diesen wichtigen Punkten vertrat. Hören wir in diesem Sinne Valignanos Ansicht, die sich klar aus seinem « Summarium der Dinge Japans » von 1592 ergibt: Valignano schreibt:

> « Der 5. Fall handelt von vielen Dingen, welche die großen Herren den Christen zu tun auftragen, die direkt oder indirekt der Verehrung und dem Kult der Götzen zu dienen scheinen; in ihnen kann man umso gefährlicher irren, weil sich sowohl von der einen Seite, wie von der andern Seite sehr großer Schaden und Gefahren ergeben. Wenn man nämlich etwas erlaubt, was man streng genommen nicht erlauben und nicht tun darf, sündigt man gegen den Glauben und die Religion. Und wenn man irgendetwas verbietet, was man streng genommen erlauben könnte, bringt man die Christen in äußerste Gefahr, entweder mit ihren Kindern und Frauen umgebracht zu werden sowie ihr Besitztum zu verlieren, da sie das nicht tun wollen, was ihre Herren befehlen ..., oder sie müssen mit einem irrigen Gewissen sündigen, indem sie das tun, was sie für unerlaubt halten. Und obwohl wir auch in diesem Falle alle nur mögliche Mühe aufgewandt haben, daß alle Patres einer (einzigen) Methode (doctrina) folgen und auf dieselbe Weise vorgehen, ist es doch sehr nötig, daß man darüber noch viel studiert und die Sache in Rom mit großer Sorgfalt behandelt. Wir erstreben als Ziel und gewisses Ergebnis, daß man alles das, was zugebilligt werden kann — die Sache im strengen Sinne genommen — oder, besser gesagt, indem wir nachgeben in allem, was, salva fide, zugestanden werden kann, den Japanern vorläufig erlauben und zugestehen muß, weil dieses zum Vorteil unseres Glaubens und als Heilmittel sowie als Erleichterung der Christenheit dient. Vom Gegenteil her, d. h. wenn man in dieser Sache skrupulös ist, ergibt sich große Gefahr und Schaden » [69].

---

[69] II p. 274 n. b: Valignanos « Sumario de las cosas de Jappão ».

B. *Die sich aus der chinesischen Ahnenverehrung ergebenden Fragen und deren Lösung:*

In der Behandlung dieser Frage können wir uns kürzer fassen, einmal, weil schon manches behandelt wurde, und zum anderen, weil die Texte, die darauf direkten Bezug nehmen, nicht sehr zahlreich sind. Wir unterscheiden jedoch die Ahnenverehrung im allgemeinen von der Ehrung des Konfuzius und behandeln letztere im folgenden Unterteil.

Für die Kenntnis der Auffassung Riccis über die Ahnenverehrung ist der wichtigste Passus in der allgemeinen Einführung in chinesisches Wesen am Anfang der « Storia » zu finden.

Ricci schreibt:

> « Die feierlichste Angelegenheit unter diesen *Literaten,* die vom König an bis zu jedem Kleinsten in Gebrauch ist, ist die jährlich von ihnen vorgenommene Opferung von Fleisch, Früchten, Räucherwerk, Seidenstücken — oder Papier bei den Ärmsten — und von Räucherwerk an ihre verstorbenen Vorfahren zu bestimmten Zeiten des Jahres. Dahinein legen sie ihre Hochachtung gegenüber ihren (verstorbenen) Verwandten (Eltern), das heißt: « Sie dienen ihnen, als wenn sie leben würden » [1].

Was finden wir in diesem Text Wichtiges für unsere Frage? Zunächst fällt uns auf, daß Ricci betont, daß diese Zeremonie stattfindet bei den Literaten. Das geschieht nicht ohne Absicht. Diese Betonung weist uns hin auf die Tatsache, daß Ricci, der ja vorzugsweise unter diesen Führern der Nation arbeitete, sich auch von diesen die Sinndeutung dieser Riten geben ließ. Welchen Sinn haben also diese Riten in den Augen der Literaten? Danach beurteilt er die Zeremonie überhaupt nach ihrer Verwendbarkeit im christlichen Kult. Die Literaten haben ihm offensichtlich diese Riten zivil erklärt, denn Ricci wendet hier nach der Schilderung des Opfers das Prinzip an, das er diesen Fragen gegenüber braucht: « Sie dienen ihnen, als wenn sie leben würden ». Die Gleichstellung der Lebenden und der Toten ergibt die Erklärung des unschuldigen zivilen Rahmens dieser Riten.

Ricci fährt fort:

> « Darum (wegen dieser Gleichstellung) glaubt man auch nicht, daß die Toten kommen, um die genannten Dinge zu verspeisen oder daß sie ihrer bedürfen. Man sagt vielmehr, daß man dieses tue, weil

---

[1] I Nr. 177.

man keinen anderen Modus kenne, durch den man die Liebe und Dankbarkeit bezeichnen könne, die man gegen sie hat ».

Ricci will sagen: So wie man in Europa gewisse Zeremonien am Grabe hat, etwa das Aufstellen von Blumen, Schmuck des Grabes, Abnehmen des Hutes am Grabe, Dinge, die niemand abergläubisch deutet, die man vielmehr als Zeichen der Liebe und Dankbarkeit vornimmt, so bringen die Chinesen ihre Liebe und Dankbarkeit auf diese Weise zum Ausdruck, weil sie eben keine andere Sitte kennen.

Ähnlich dem hl. Augustinus in seinem Traktat: De cura pro mortuis gerenda [2], sagt Ricci weiter:

« Und es sagten uns einige, daß diese Zeremonie mehr für die Lebenden als für die Verstorbenen eingerichtet sei, um nämlich die Kinder und das unwissende Volk zu lehren, daß sie ihre lebenden Eltern ehren und ihnen dienen, wenn sie sehen, daß geachtete Leute bis nach dem Tode diesen die Pflichten erweisen, die sie ihnen zeit des Lebens zu erweisen pflegten ».

Wir haben hier, neben der gerade erwähnten Dankbarkeit als Motiv der Zeremonien, den stark betonten erzieherischen Charakter derselben. In diesen beiden Motiven, die im Grunde genommen das eine der Pietät und Dankbarkeit sind, erschöpft sich der Sinn dieser Zeremonien: So wie hochgestellte und gelehrte Männer ihre Eltern auch nach dem Tode ehren, so müssen auch die jungen Leute und das Volk die noch lebenden Eltern ehren.

Ricci sagt jetzt etwas sehr Wichtiges:

« Zumal da sie in diesen Toten keine Gottheit anerkennen, noch sie anflehen oder etwas von ihnen erhoffen, so ist alles dieses frei von jeder Götzendienerei und vielleicht kann man sogar sagen: Frei von jedem Aberglauben ».

Ein Satz von kapitaler Wichtigkeit für die Auffassung Riccis. Er sagt damit klar, daß den Toten ein göttlich übermenschliches Sein nach dem Tode abgesprochen wird. Damit sind die Toten aber nicht in der Lage, Hilfe zu gewähren, und man braucht sie nicht zu bitten und bittet sie daher auch nicht, denn helfen können sie doch nicht. Götzendienst und Aberglauben sind damit ausgeschlossen. Es kann als einziger Sinn der Zeremonie nur ihr ziviler

---

[2] I p. 118 n. 1; cfr. Migne PL XL, Col. 594.

Charakter angenommen werden, der sich nach Ricci in der Vertiefung der Pietät durch das gute Beispiel erschöpft.

Es folgt noch ein einschränkender Satz: « Wenngleich es besser sein wird, dieses (den Kostenaufwand für die Ahnenopfer) in Almosen umzuwandeln für die Armen, zum Nutzen der Seelen der Verstorbenen, wenn sie Christen sein werden ».

Ricci sagt mit diesen Worten, daß die Ahnenopfer, auch wenn sie in der rechten Gesinnung gemacht werden, doch nicht das absolut Beste für Christen sind. Es wäre empfehlenswert, wenn die Missionare darauf hinarbeiteten, das christliche Wissen vom Jenseits zur Grundlage dieser Opfer zu machen. Die verstorbenen Eltern werden in den meisten Fällen der Hilfe guter Werke recht bedürftig sein und daher soll man den Aufwand für die Ahnenopfer, die den Ahnen ja doch nichts nützen können, besser anlegen, indem man die Kosten in Almosen umwandelt. Das soll von den Christen so gehandhabt werden. Jedenfalls war durch diese christliche Idee der Hilfsbedürftigkeit der Verstorbenen im Jenseits jedem Aberglauben oder gar Götzendienst von vorneherein die Spitze abgebrochen [3].

Man stand zu den Toten in einem ähnlichen Verhältnis wie zu den Lebenden, wie Ricci in seinem Traktat über die Freundschaft klar den Chinesen nahelegt: « An die schon verstorbenen Freunde erinnere ich mich ohne Trauer, denn als sie noch da waren, betrachtete ich sie wie solche, die ich verlieren konnte; nachdem sie gestorben sind, erinnere ich mich ihrer, als wenn sie noch lebten » [4].

---

[3] I Nr. 177. Man versteht nicht, daß solch klare Texte P. HENRI BERNARD Anlaß geben können zu sagen, daß Ricci ein Gegner der Riten gewesen sei. Hören wir Riccis eigene Worte: « E conciosiacosachè nè loro riconoschino in questi morti nessuna divinità, nè gli chiedano, nè sperino da essi niente, sta tutto questo fuori di ogni idolatria, e forse che anco si possi dire non esser nessuna superstitione, sebene serà meglio commutar questo in limosine ai poveri per le anime di tali defunti, quando saranno christiani ». Ricci lehnt also ab, in diesen Riten Götzendienst zu erblicken, und vielleicht konnte man sogar sagen, daß nicht einmal Aberglaube damit verbunden war. Daraus macht Bernard das gerade Gegenteil: « Ricci aurait donc admis (avec beaucoup de futurs adversaires des rites chinois), qu'ils étaient plus probablement superstitieux » ... (*Dictionnaire d'Histoire et de Géographie Ecclésiastique*, « *Chinois* », « *Rites* »). Cfr. BIERMANN = BIERMANN O. P. P. BENNO - *Die Ehrung des Konfuzius und der Ahnen in China*, in « Missionswissenschaft und Religionswissenschaft » 1940, pp. 171-172 (Nach dem Oss. Rom. vom 17. Dez. 1939, Nr. 295): Die Verehrung der Ahnen « gilt mehr als kindliche Äußerung der Liebe und Dankbarkeit, denn als Bekenntnis einer irrigen Anschauung über ihr Fortleben. Wie man die Lebenden verehrt, will man auch den Toten gegenüber die Pietät wahren ».

[4] AMICIZIA, p. 476.

Ähnlich die wichtige Stelle im Katechismus. Ricci beruft sich hier auf den Ahnenkult, insoferne dieser von Seiten der Chinesen doch ein gewisses Argument derselben für die Unsterblichkeit der Seele ist. Er schreibt:

> « Nach altem Gebrauche des Reiches der Mitte schmücken die frommen und mitleidsvollen Nachkommen zu den vier Jahreszeiten die Tempel der Ahnen, stellen ihre Kleider aus und bieten ihnen die Speisen der Jahreszeiten an, in Übereinstimmung mit der Lehre (über die Ehren) gegenüber dem verstorbenen Vater oder der verstorbenen Mutter. Aber wenn Leib und Seele vollständig zugrunde gehen, so könnten (diese Ahnen) nicht meine Ankündigungen und meine Seufzer hören, noch könnten sie meine Prostrationen sehen, noch meine Absicht, (welche die jener ist, die) den Toten dienten, wie sie ihnen im Leben gedient haben; die den Begrabenen dienten, wie sie ihnen gedient haben, als sie noch zugegen waren. Wären es denn („wenn die Seele nicht unsterblich ist,) nicht so, daß diese große Zeremonie, (ausgeführt) vom Kaiser bis zum Volke, eine unnütze Kommödie darstellte, Buben (würdig) » [5]?

Diese Stelle hat ihr berühmtes Urbild in jenem Text, den uns der Urenkel des Konfuzius, K'ung Chi, als von seinem berühmten Ahnen herrührend, überliefert hat. K'ung Chi sagt:

> « Der Meister (Konfuzius) sagt: Wie ausgedehnt war die kindliche Pietät des Königs Wu und des Herzogs von Chou. Diese so frommen Männer verstanden es auf das herrlichste, die Pläne und Handlungen der Vorfahren fortzusetzen. Im Frühling und im Herbst schmückten sie die Tempel der Vorfahren, stellten die Gegenstände ihrer Ahnen aus, brachten ihre Kleider in Ordnung, opferten die Speisen der Jahreszeit. Bei den Funktionen der Tempel der Ahnen setzten sie (die Verwandten) zur Rechten oder zur Linken. Sie verteilten die Würdenträger (nach der Ordnung der Präzedenz), um die Vornehmen von den Gewöhnlichen zu unterscheiden. Sie verteilten die Ämter, um die Weisen hervorzuheben. (Sie bestimmten,) daß, wenn alle (nach den Opfern) tranken, den Niedrigen die Höheren dienten, um diese Ehre den Demütigsten zu geben und daß man beim Endbankett die Unterscheidung des Alters mache nach der Farbe der Haare. Sie stiegen hinauf zu den Plätzen (ihrer Ahnen); sie machten die Riten, die sie gemacht; sie führten die Musik aus, wie jene sie gemacht; sie respektierten jene, die sie geehrt; sie wollten das Gute jener, die sie geliebt; *sie dienten den Toten, wie sie ihnen im Leben gedient; sie dienten*

---

[5] Cat. Ri. Cap. III.

> *den Begrabenen, wie sie ihnen dienten, als sie noch zugegen waren:
> Siehe, das ist der Gipfel der Vollkommenheit.* Durch das Opfer für
> Himmel und Erde dienten sie dem ' Höchsten Gebieter ' (Shang-Ti).
> Durch den Kult in den Tempeln der Ahnen opferten sie ihren Vor-
> fahren. Für den, der die Riten des Opfers für Himmel und Erde
> versteht und den Sinn der Fünfjahropfer und Herbstopfer (an die
> Ahnen), ist die Regierung eines Reiches so leicht wie das Werfen
> eines Blickes auf die Fläche der Hand » [6].

Wie Ricci diesen Text erklären würde, ist sofort zu sehen:
Es ist hier nämlich offenbar betont, daß die Opfer für die Ahnen
nichts anderes sind als eine gewisse Einführung in die Sitten und
Gewohnheiten der Übungen der Pietät und in das Bestreben, es
den Ahnen gleichzutun im Leben, den Ahnen, die tüchtige Menschen waren, « Heilige » im Sinne der Chinesen [7]. Das erzieherische
Moment der Tradition, das in China eine solche Rolle spielt, wird
hier in lebensvollen und schönen, aber durchaus zivilen Zeremonien
allen vordemonstriert, die daran teilnehmen. Man möchte fast von
einem Mysterienspiel über die Einführung in die staatsbürgerli-
chen und familiären Pflichten sprechen.

Zwei kleine Episoden sagen Näheres über Ahnenbilderehrung.
In dem Teile der « Storia », der nicht mehr von Ricci geschrie-
ben ist, steht die Bekehrungsgeschichte des Johannes Hsü Hsü-ch'en.
Wir lesen dort:

> « In derselben Zeit (es handelt sich um die Zeit kurz nach
> Weihnachten 1610) [8], in der dieser (Hsü) diesen guten Entschluß
> gefaßt hatte, bereitete ihm der Dämon eine sehr heftige Versuchung
> (occasione), um ihn zur Rückkehr (zum Abfall) zu bewegen. Eini-
> ge ihm befreundete Mandarinen erzählten ihm, daß da ein Literat in
> dieser Hauptstadt Nanking sei, der dem Beruf nachginge, natur-
> getreu die Ahnen jeder beliebigen Familie zu malen, auch wenn sie
> schon Hunderte von Jahren tot seien, und daß er ihren Namen
> ohne irgendeinen Fehler angeben könne. Das war ein gefährlicher
> Fallstrick für unsern Hsü, denn die Japaner hatten bei einem Ein-
> fall in sein Land, das nicht sehr weit vom Meere entfernt lag, ihm
> seine Häuser verbrannt und in denselben die Bilder seiner Ahnen.
> Und da die Chinesen sich in besonderer Weise ihrer kindlichen Pie-
> tät gegen ihre Vorfahren rühmen, wünschte er sehr, diese Bilder
> in irgendeiner Weise wieder zu erhalten. Es kam ihm jedoch ....

---

[6] D'Elia S. I. P. Pasquale - *Importanti scoperte archeologiche in Cina*, in « La Civiltà Cattolica », 1945, II, p. 184 n. 4.

[7] I Nr. 396.

[8] II p. 497 n. 1; II Nr. 920.

ein Zweifel. Es schien ihm, daß auch dieses nicht konform der Religion sei, der anzuhangen er sich vorgenommen hatte. Darum legte er seine Zweifel schriftlich dem Pater (Vagnoni) vor, der antwortete, daß dieser Mann (der Maler) entweder ein Schwindler sei, da er das nicht machen könne, was er verspreche, oder wenn er es mache, daß er es nur mit Hilfe des Teufels machen könne. Auf jeden Fall sei die Sache entweder unnütz oder unerlaubt. Mehr war nicht nötig, daß er diesen Plan aufgab » [9].

Wir müssen sagen, daß diese Stellungnahme übers Ziel hinausschießt. Außerdem entspricht der vorletzte Satz offenbar nicht den Tatsachen.

Was für uns an dieser Geschichte wichtig ist, ist nicht die Begründung des Verbotes, sondern die Tatsache, daß « die Sache auf jeden Fall entweder unnütz oder unerlaubt sei ». Es scheint also, daß Vagnoni die Ehrung der Bilder der Ahnen nicht duldete.

Eine Bestätigung dieses Zeugnisses finden wir in der schon erwähnten Anklage der Baccalaurei von Nanchang, die sagen, daß die Missionare ihren Anhängern verbieten, die Bilder ihrer verstorbenen Ahnen zu ehren, womit sie im Volke die Liebe zu seinen Voreltern vernichten, die man natürlicherweise doch haben müsse [10].

Zuletzt wollen wir uns das Dokument des P. Pantoja vom Jahre 1616 vorführen. In ihm haben wir die erste offizielle Zurückweisung des Vorwurfes der Pietätlosigkeit gegenüber den Ahnen von Seiten der Missionare. Pantoja schrieb dieses Dokument im Zuge der ersten Verfolgung. Wir werden sehen, ob es von Riccis Darstellung abweicht und wie es zu verstehen ist.

« Erklärung der Opfer für die Ahnen »

« Das Opfer hat nicht immer den gleichen Sinn. Es dient dazu, dankzusagen oder zu bitten, und man kann *nur* Gott opfern. Wenn das Opfer, von dem man für gewöhnlich spricht, dargebracht wird, um von den Ahnen Segen oder Schutz vor dem Übel zu erhalten, indem man den (verstorbenen) Menschen damit eine göttliche Macht zuschreibt, so ist das nicht erlaubt. Im übrigen existiert das (ein solches Opfer mit einem solchen Sinn) nicht im ' Zeremoniale '. Wenn man (dagegen) bei diesen Gelegenheiten Eßwaren opfert, *' um den Toten zu dienen, als wenn sie leben würden '*, etwa wie man in den westlichen Ländern Gegenstände auslegt, die man als Almosen zur Hilfe für die Ahnen gibt, um ihnen von Gott die wahre Glückseligkeit zu erbitten: Warum sollte dieses nicht erlaubt sein » ?

---

[9] II Nr. 921.
[10] II Nr. 858.

Diese kurze klare Stellungnahme Riccis zum Konfuziuskult und dessen Charakter wird genügen, um erkennen zu machen, wie seine Anordnungen und die des Visitators Valignano in diesem Punkte gelautet haben mögen.

Sektion 3:

DIE VERCHRISTLICHUNG CHINAS

1. KAPITEL

DIE TAUFPRAXIS RICCIS UND SEINER UNTERGEBENEN

Wir wollen in diesem Kapitel einen Einblick zu gewinnen trachten in die Eigenart der von Ricci und seinen Missionaren geübten Taufpraxis.

Wir werden uns daher folgende Fragen zu beantworten suchen:

1. Länge und Art des Katechumenates
2. Die Taufe der Frauenwelt
3. Die Spendung der Nottaufe
4. Die sogenannte « Protestatio Fidei »
5. Die Gewaltmethode
6. Der Ersatz der Götzen durch christliche Bilder

Die erste feierliche Taufe wurde in Shiuhing gespendet. Der Baccalaureus, der sie empfing, verbrachte nach den Angaben des P. Cabral 4-5 Monate im Hause der Patres und war beschäftigt mit der literarischen Vervollkommnung des Katechismus des P. Rug-

---

die Frage des Konfuziuskultes (I Nr. 178, bei TRIGAULT: *De christiana expeditione apud Sinas suscepta ab Societate Jesu* ... Augusta 1615, p. 108) genau übersetzt ist. Diese Übersetzung wurde von KIRCHER exakt in seiner lateinischen Ausgabe « *China illustrata* », 1667, p. 332, wiedergegeben; aber in der französischen Ausgabe desselben Werkes « *La Chine illustrée* », Amsterdam 1670, pp. 176-177, « orribilmente trasformato », in der Art, daß Konfuzius in wenigen Zeilen 3 mal Gott genannt wird, seine Schüler aber Götter genannt werden, sodaß die Chinesen also einen Gott Konfuzius anbeteten, Dinge, welche nicht in den Texten der Storia aufscheinen. — Thomas braucht für sein Werk die französische Übersetzung, worauf er dann leicht seine Behauptung der von den Jesuitenmissionaren geduldeten Idololatrie stützen konnte.

gieri. Er entschloß sich unter dem Einfluß dieser Arbeit zur Annahme des Christentums. Die Gebete konnte er auswendig und war von P. Matteo Ricci sehr gut katechisiert. Auf Bitten der Patres Ruggieri und Ricci und des Mannes selber taufte Cabral den Mann. Mit ihm zusammen wurde ein Kaufmann getauft, der Ruggieri schon länger kannte, weil er dessen Altare portatile aufbewahrt hatte. Er war genügend in das Verständnis des Christentums eingeführt worden. Die Taufe beider wurde mit größtmöglicher Feierlichkeit begangen. Man hielt von Seiten der Patres vorher eine Vesper und schritt dann zur Taufhandlung. — Sehr interessieren würde es uns zu erfahren, wie Cabral es mit der Taufzeremonie hielt. Doch erfahren wir darüber nichts [1].

In einem Briefe Riccis vom 20. Okt. 1585 erfahren wir bereits Näheres über die Taufe und ihre Vorbereitung. Ricci schreibt:

> « Einer ... kam am Tage des Hl. Geistes (9. Juni 1585) mit allen seinen Büchern und mit seinen Götzen, um alles in unsere Hand zu geben, um es ins Feuer zu werfen. Er bekannte, daß er Irrwege gegangen sei und machte sich viele Tage an das Erlernen des Vater unser, des Ave Maria und anderer notwendigen Dinge und an den Besuch der halben Messe, sodaß wir ihn am Tage der Commemoratio des hl. Paulus tauften. Darum heißt er Paulus. Eine weitere Taufe anderer fand statt am Tage der Assumptio unserer Lieben Frau. Der Vornehmste unter ihnen war ein Alter von 70 Jahren mit seinem Sohne, der Frau und Kinder hat. Der gute Alte, der Nikolaus heißt, blieb noch viele Tage, und am Tage, an dem er erstmalig seinen Wunsch äußerte, wußte er schon das Vater unser und das Ave Maria und war mittelmäßig bewandert im Katechismus, den man ihm geliehen hatte » [2].

Bei der Wiedergabe einer anderen Taufhandlung erfahren wir methodisch Neues. Hier ist bereits von Frauen die Rede. Die Missionare unterrichten sie nicht selber, also direkt, sondern durch Mittelspersonen, und zwar durch die männlichen Familienangehörigen der Frauen. Unter den im Jahre 1589 in Shiuhing Getauften waren einige Frauen (die ersten chinesischen Frauen, die in Shiuhing getauft wurden), die von ihren Männern und Söhnen unterrichtet wurden [3]. Diese Methode bestätigt sich aus einer echt chinesisch patriarchalen Szene aus dem Hause des alten Nikolaus in Shiuhing. Eines Tages wurden die Missionare von dem alten Man-

---

[1] TV pp. 429-430, Brief des P. Cabral an P. Valignano vom 5. Dez. 1584.
[2] TV p. 55, Brief an P. Aquaviva.
[3] I p. 261 n. 2; I Nr. 313.

ne eingeladen. Das ganze Haus, Söhne, Töchter, Schwäger und Enkel, lernte die « Dottrina », also die Grundeinführung in die christlichen Wahrheiten. Der gute Alte wollte nun, daß alle an diesem Tage getauft würden. Sie mußten alle erscheinen. Doch eine Tochter genierte sich offenbar.

> « Mit lauter Stimme rief er, erzürnt wegen einer seiner Töchter, die schon verheiratet war, die nicht schnell zum Vorschein kam, um sich taufen zu lassen und sagte: 'Wann wirst Du wieder eine zweite Gelegenheit haben, daß die Patres zu Deinem Hause kommen, um dieses zu tun'? Aber wir trösteten ihn deswegen, da wir sie nicht taufen konnten, ohne sie vorher gefragt zu haben über die Dinge des Glaubens. Sie sollte inzwischen soviel lernen, daß sie eines Tages zur Kirche kommen könne, wo sie alle getauft werden würden » [4].

Damit haben wir schon die wesentlichen Formen des Katechumenates nach außen hin: Die Katechumenen müssen die « Dottrina » lernen. Die Männer werden von den Missionaren unterrichtet. Die Frauen aber oft von den Männern. Hier ist ferner die Rede von der Taufe, die in der Kirche gespendet wird. Später werden wir sehen, daß, hauptsächlich bei vornehmen Frauen, die Taufe wegen der diesen eigenen Abschließung im Hause derselben gespendet wurde. Der Unterricht geht mit der nötigen Sorgfalt vor sich. Ricci vergewissert sich, auch wenn er sich nicht selber um den direkten Unterricht kümmern kann, ob des Wissens der Katechumenen, bevor diese zur Taufe zugelassen werden.

In der Zulassung zur Taufe wahrt Ricci seine Methode. Er geht vorsichtig vor, verschiebt lieber, anstatt übereilt zu handeln, denn ohne ein für ein normales Christenleben günstiges Terrain erscheint es ihm unverantwortlich, einen Menschen zu taufen, der nachher nicht die genügende Betreuung empfangen kann. Ein Fall großer Vorsicht, der leider tragisch ausging, zeigt sich in der Beziehung Riccis zum Vater des Unterpräfekten der Stadt Yingtak. Der Unterpräfekt hatte Ricci eingeladen, seinen alten Vater von Shiuchow aus einmal zu besuchen. Der gute Alte, « der sehr ehrwürdige und höfliche Vater des Unterpräfekten » nimmt die Wahrheiten des Christentums begierig in sich auf. Er war von ihnen so erbaut, daß er sofort getauft werden wollte. Ricci ist jedoch vorsichtig. Er weiß, daß der alte Mann in Yingtak nicht daheim ist. Sei-

---

[4] TV p. 56, Brief Riccis vom 20. Okt. 1585 an P. Aquaviva.

ne Heimat ist Ningtu in Kiangsi [5]. Er entscheidet sich dafür, daß es sicherer ist, mit der Taufe zu warten, bis der Mann wieder in seine Heimat zurückkehrt [6]. Der Fall ist allerdings nicht Beweis einer Methode. Die Tatsache, daß es sich hier nur um einen einzigen Taufbewerber handelte, dürfte Ricci zu diesem Verhaltem veranlaßt haben. Dem Ganzen liegt damit wohl folgender Gedanke zu Grunde: Es ist besser abzuwarten, bis man die Verhältnisse des Katechumenen in der Heimat kennt. Wie wird sich der Mann, wenn er wieder in seiner altgewohnten Umgebung ist, wenn er gleichsam wieder in heidnisches Milieu mit seinem vielfältigen Aberglauben untergetaucht ist, zum Christentum stellen? Und konnte man ihn als einzigen Christen in ganz heidnischer Umgebung lassen, da vorerst doch gar nicht daran gedacht werden konnte, einen Missionar in diese Stadt zu schicken? Also ist es besser, eine Gelegenheit abzuwarten, um den Unterricht zu vertiefen und dann zur Taufe zu schreiten. Leider kommt es nicht dazu. Die Umstände machen es unmöglich, dem vielfachen Drängen des alten Mannes nachzukommen. Er stirbt ohne die hl. Taufe, wenn man auch wohl auf Grund seines frommen Drängens die Rechtfertigung durch die Begierdetaufe annehmen darf [7].

Diese hier nur angedeutete Vorsicht Riccis wird in mehreren seiner Briefe klar und deutlich ausgesprochen. Wir können daraus die ruhig überlegende Folgerichtigkeit des zielbewußten Missionars ablesen, der es sich zu versagen weiß, Augenblickserfolge zu schaffen, um auf dem längeren Wege umso sicherer zu endgültigen Erfolgen zu kommen.

Ricci schreibt im Febr. (Mai) 1605 an P. Maselli:

> « Lange Zeit schon begreife ich es, wieviel mehr Hilfe uns wenige, aber gute, als viele und mangelhafte Christen bieten. Und darum machen wir sie mit viel Prüfung und Auswahl und katechesieren sie sehr gut » [8].

Kurze Zeit später bestätigt er dieses Prinzip. Er schreibt:

> « Und so haben wir in vier Häusern, die wir hier haben, in den vergangenen Jahren begonnen, im Namen des Herrn das Wort Gottes auszusäen und machten in kurzer Zeit mehr als 1000 Christen. Und was noch mehr ist: Es wurde über die Dinge des christlichen Glaubens ein sehr guter Ruf ausgestreut » [9].

---

[5] I p. 302 n. 1.
[6] I Nr. 370.
[7] I Nr. 371.
[8] TV p. 253.
[9] TV p. 274, Brief vom 10. Mai 1605 an P. Costa.

Nur aus dieser Sicht kann die kritische Würdigung dieser an sich geringen Zahl von 1000 Christen in vier Stationen und in 22 Jahren geschehen. Ricci bleibt seinem Grundsatz strenger Auslese bis in die letzten Zeiten seines Lebens treu. Er schreibt am 15. Febr. 1609 an P. Pasio:

> « Vor allem müssen wir in diesen *Anfängen* eher dafür sorgen, gute Christen zu haben als eine große Masse » [10].

Es wäre wichtig zu erfahren, wie lange ungefähr die Zeit des Katechumenates gedauert haben mag. Allgemeine und bindende Normen dafür scheint man nicht gehabt zu haben. Die Zeit der Vorbereitung war jedenfalls, verglichen mit den heutigen Methoden, kurz. Man faßte die Zeit nach der Taufe weiter als Vorbereitungs- und Einführungszeit auf und war mit der Zulassung zu den anderen Sakramenten, im Vergleiche zur heutigen Zeit, im allgemeinen bedeutend vorsichtiger.

Wir können aus einigen Angaben in etwa ablesen, wie lange ein Katechumenat gedauert haben mag.

In den Landbezirken um Shiuchow hat Longobardo folgende Methode: Er schickt zuerst jemanden, einen Bruder, voraus [11], der seine Ankunft anzumelden hat. Er muß die Leute neugierig machen. Wenn nun der Missionar selber gekommen ist, setzt er sich nach Weise der Lehrer auf einen Stuhl. Er hat einen Tisch vor sich. Er beginnt, von der Absicht seines Kommens zu sprechen. Er wolle den Leuten die Religion des « Herrn des Himmels » bringen, in der alle Menschen gerettet werden könnten. Er sprach ihnen von den 10 Geboten und zeigte ihnen das Bild des Erlösergottes, der diese Religion gestiftet habe. Er stellte das Bild an einem würdigen Orte auf, zündete Kerzen und Weihrauch an und veranlaßte alle, vor demselben Kniebeugen zu machen und es anzubeten. Dabei versprachen die Leute, die Götzen fahren zu lassen und von jetzt an den Schöpfer anzuerkennen. Danach gab er den Würdigeren unter ihnen die « Dottrina cristiana » und ermahnte sie, diese zu lernen, bis daß er zurückkomme [12]. Wenn sie nun die « Dottrina » gelernt hatten, wurden sie, wenigstens geschah es so in der eigentlichen Residenz Longobardos, Shiuchow, daher wohl auch nach Möglichkeit in den umliegenden Ortschaften, zur Mitfeier der hl. Messe zugelassen. In der Weise, wie man es im Urchristentum zu

---

[10] TV p. 381.
[11] II p. 193 n. 6; BARTOLI, II c. 168.
[12] II Nr. 641.

handhaben pflegte. Die Katechumenen durften noch nicht die ganze hl. Messe mitfeiern, sondern nur einen Teil derselben. Sie konnten während der « halben hl. Messe » anwesend sein, also wohl nur während des Lesegottesdienstes. Danach wurden sie entlassen. Nach all diesen Vorbereitungen wurden sie getauft [13]. Man sieht, daß es Longobardo nicht so machte wie heutige Praktiker, die gerne in mehreren Wochen geschlossener Schulung die Katechumenen an einem bestimmten Orte versammeln. Er läßt sie in ihrem Milieu, in dem sie sich, einer den andern stützend und ihm helfend, mit den Wahrheiten des Christentums auseinandersetzen sollen. Wir können nicht daran zweifeln, daß es sich hier, im Vergleiche mit zeitgenössischen Arbeiten in anderen Weltteilen [14], doch um eine recht gediegene Vorbereitung handelt. Longobardo taufte in 3 Jahren in der Stadt und den umliegenden Ortschaften über 300 Personen, eine Zahl, die auf ein gutes Katechumenat schließen läßt [15]. Bei entsprechenden Verhältnissen ging dieser Missionar aber auch schneller vor. Er kommt eines Tages in ein Dorf, das er so gut disponiert findet, daß er vor der Abreise von dort schon 30 Personen taufen kann [16]. Der Aufenthalt wird aber kaum über 14 Tage gedauert haben, zumal unmittelbar vorher von einer Taufe im Dorfe Hsiaping die Rede ist, die als « Resultat eines Tages » angeführt wird, den Longobardo unter Fragen und Antworten und Disputieren verbracht hat. Es ist aber nicht klar zu sehen, ob dieser Ausdruck « O remate desta jornada » wörtlich zu nehmen ist, so, daß etwa am Abend des Tages die Taufe stattfand. Das wäre aber wohl möglich, da ein eifriger Neuchrist in dem Dorfe schon Vorarbeit geleistet hatte.

Von einem kurzen, aber sehr gründlichen Katechumenat erfahren wir im Falle des Dr. Paul Hsü. Die erste kurze Einführung in das Christentum erhielt er noch von Ricci selber, als dieser in Nanking weilte [17]. Als Paul später wieder nach Nanking kam, wurde er von P. da Rocha in einem Schnellkurs in die Wahrheiten des Christentums eingeführt. In einer Nacht lernte er die Gebete der « Dottrina » auswendig. In den ihm zur Verfügung stehenden acht Tagen mußte er täglich einmal zur Residenz kommen, wenn er innerhalb dieser Zeit getauft werden wollte. Das verlangte der Missionar. Er selber aber begnügte sich nicht damit, sondern kam

---

[13] II Nr. 642.
[14] SCHMIDLIN [1], pp. 226, 228, 240, 337, 341.
[15] II Nr. 642.
[16] II Nr. 656.
[17] II Nr. 681.

zweimal, um den nötigen Unterricht zu empfangen. Nach diesen Tagen wurde er getauft [18]. Trotz der Kürze der Zeit ist kein Zweifel möglich, daß es sich um eine gediegene Einführung handelte. Da der Zeitraum jedoch als ungewöhnlich kurz dargestellt wird, ist anzunehmen, daß die normale Vorbereitung länger dauerte. Ja, die Eigenart der chinesischen Mission der damaligen Zeit läßt, abgesehen von der direkten und unmittelbaren Einführung als Vorbereitung auf den Empfang der Taufe, erkennen, daß ein Bekehrungsprozeß oft Jahre brauchte, vor allem dann, wenn es sich um hohe Persönlichkeiten handelte. Dr. Paul Hsü ist ein Beispiel dafür. Das gleiche zeigt sich im Falle des Dr. Leo Li und des Johannes Hsü. Im ganzen müssen wir sagen, daß die bis zum Tode Riccis von ihm und seinen Helfern angewandte Methode dafür bürgt, daß im allgemeinen eine gute und gediegene Einführung in dem, was notwendig war für den Empfang der Taufe, gegeben wurde.

Die zur Zeit Riccis noch viel stärker geltende Ordnung der Großfamilie gab dem Katechumenate dieser Missionare ihr eigenes Gesicht. Meist wurde die christliche Wahrheit an ein führendes Mitglied der Familie herangetragen. Am liebsten nahm man dafür den Paterfamilias. Von ihm aus war dann die Durchdringung der übrigen Familie leicht. Das Haupt der Familie hatte ja immer und in allem einen maßgeblichen Einfluß auf das Geschehen in der Familie. War diese Persönlichkeit gewonnen, so war praktisch die ganze Familie dem Christentum sicher. So sehen wir es im Falle des Josef Ko in Namyung [19], in der Familie Chung in Shiuchow [20], in der Familie des alten Paul in Hsiaping [21], in der Familie Ch'in in Nanking [22], in der Familie des Dr. Paul Hsü [23], des Paul Li in Peking [24], auch in der fürstlichen Familie des « don Gioseppe » von Nanchang [25], in der Familie des Dr. Leo Li in Peking [26] und in vielen anderen Familien, die nicht alle eigens aufgezählt werden sollen. Die fast absolute Autorität des Familienoberhauptes in China mußte diese Methode als die gegebene erscheinen lassen. Andererseits ist nicht zu verkennen, daß eine ablehnende Haltung

---

[18] II Nr. 682.
[19] I Nr. 402.
[20] II Nnr. 649.
[21] II Nr. 656.
[22] II Nr. 674.
[23] II Nr. 680.
[24] II Nr. 693-694.
[25] II Nr. 749-750.
[26] II Nr. 895.

des Familienvaters eine unüberwindliche Mauer für die Annahme des Christentums durch andere Familienmitglieder werden konnte und daß sich schwere innere Konflikte aus der Pflicht des Gehorsams gegen den Paterfamilias, der sich in diesem Falle nicht mit dem Gehorsam gegen die Kirche deckte, ergeben konnten.

Ein besonders heikles Problem ergab sich für die Missionare aus der starken Abschließung der chinesischen Frau. Welche Methoden verfolgten sie, um auch die Frauen an den Gnaden des Christentums teilnehmen zu lassen? Wie wurden die Frauen unterrichtet, wie wurden sie getauft?

Bereits während der Behandlung der Taufpraxis in Shiuhing streiften wir das Problem. Es wurde aber erst in den anderen Stationen brennender. Bedenken wir, daß Ricci am 26. August 1589 in Shiuchow anlangte [27], daß es bis 1595 dort 30 Christen [28] gab, daß in den Jahren von 1599-1602 in der gleichen Stadt und ihrer Umgebung mehr als 300 Personen getauft wurden [29], so ist es auffallend, daß erst am 26. Juli 1601, nachdem also sicher schon über 200 Christen in Stadt und Land gewonnen waren, dort die erste Frau getauft wurde. Es war die Großmutter und die Mutter der Mandarinen Chung. Bis dahin waren also in Shiuchow noch keine Frauen getauft worden. Die «Annua» von 1601 berichtet, daß die Patres von ihrer Seite sich dahin entschlossen hätten, für jetzt nicht von der Frauentaufe zu sprechen in Anbetracht der Abschließung, in der diese gehalten wurden, daß aber sclließlich die Neugetauften (Männer) es selber waren, die um die Taufe ihrer Frauen ansuchten. Tatsächlich ist, in Übereinstimmung mit der «Annua», nicht nur in Shiuchow, sondern auch in Nanking etwa zur gleichen Zeit der Beginn der Bekehrung von Frauen festzustellen. Im Vergleich damit tritt die von Ricci erwähnte Bekehrung einiger Matronen von Shiuhing im Jahre 1589 methodisch gesehen zurück.

Longobardo schreibt über die Frage der Frauentaufe an Ricci und an die übrigen Patres der Mission. Er erklärte ihnen die Sachlage und erhielt deren volle Zustimmung [30] zu der Taufe von Frauen.

Die Bekehrungsarbeit an den Frauen ging folgendermaßen vor sich: Die männlichen Mitglieder einer Familie suchten den Missionar auf und wurden von ihm gründlich unterrichtet. Sie kehrten dann nach Hause zurück und gaben ihren Frauen das Gehörte wei-

---

[27] I p. 283 n. 6.
[28] I p. 318 n. 4; II p. 510 n. 3.
[29] II Nr. 642; cfr. den Brief von Pantoja vom 9. März 1602 (II p. 195 n. 4).
[30] II p. 203 n. 2.

ter. « Und so wurden sie allmählich sehr gut katechisiert » [31]. Wenn der Unterricht durch die Männer soweit beendet war, wurde in einem größeren Saale des Hauses (es handelt sich hier um die Familie Chung in Shiuchow) auf einem Altare ein Erlöserbild aufgestellt, welches mit Kerzen und Weihrauch verehrt wurde. Die Verwandten und Bekannten strömten herbei, um die Festlichkeit zu erhöhen. Dann fragte der Missionar die Frauen in Gegenwart ihrer Männer und Verwandten über die « Dottrina cristiana ». Sie mußten diese von oben bis unten auswendig wissen. Auch die wichtigsten Mysterien des Christentums mußten sie kennen. Die Frauen beantworteten die an sie gestellten Fragen von dem ihnen reservierten Gemach aus, ohne sich zu verwundern, daß sie von Fremden gesehen und gefragt wurden. Nach dem Examen wurde die Taufe gespendet [32]. Bartoli fügt noch als Erklärung weiter hinzu, daß man, solange die Religion in China noch nicht genügend verbreitet sei, Gerede und Gegensätze meiden wollte, wenn nämlich aus Gründen der Religion die Patres die Frauen oder diese die Patres zu sehen verlangten. Erst recht, wenn man diese heiligen und geheimnisvollen Zeremonien anwenden wollte, mit denen die Kirche die Katechumenen vorbereitet, bevor sie getauft werden, besonders das Berühren der Ohren, der Lippen, der Brust, etwas, was die Chinesen nicht einmal anhören können. Er schildert dann den Vorgang der Taufe näher. Nach der Prüfung, die darin bestand, daß sie die Glaubensartikel mit ihren Erklärungen, soweit sie in der « Dottrina » enthalten waren, ferner die Gottesgebote und die gewöhnlichen Gebete hersagen mußten, legten die Frauen das Glaubensbekenntnis ab, widersagten dem Teufel und den Götzen, erweckten Reue über ihre Sünden, hielten das Haupt hin und empfingen das hl. Wasser der Taufe [33]. In diesem Falle ist klar zu sehen, daß Longobardo die Frauentaufe ohne die Zeremonien vornahm, die man sonst zu machen pflegt. Bartoli weist dafür auf ein Privileg des Hl. Stuhles hin.

Uns scheint diese ganze Art von einer ganz bestimmten Sicht aus, nicht zu übersehende Vorteile zu bieten. Einmal vermied der Missionar sicher jedes Ärgernis, weiter vermied er große Ausgaben für die organisierte und zusammengefaßte Art eines Katechumenates. Sodann und hier liegt der eigentliche Vorteil: Diese Methode konnte es bei der nötigen Sorgfalt erreichen, daß das Chri-

---

[31] II Nr. 649.
[32] II p. 204 n. 4.
[33] BARTOLI, II c. 169.

stentum nicht als etwas von außen in die Familie Hineingetragenes erschien, sondern daß es in und aus der Familie selber emporblühte, gleichsam im Schoße der Familie von Anfang an heimisch wurde. Es entstand in den einzelnen Familienmitgliedern ein starkes Zusammengehörigkeitsgefühl im Glauben. Die Familie, der Kern jeder sozialen Ordnung, wurde selber zum Kern der Glaubensverbreitung, gleichsam die kleinste Missionsstation, der kleinste, lebendige Stützpunkt für den Glauben. Wir können nicht umhin, in dieser Methode der allmählichen Selbstchristianisierung der Familie ein vorzügliches Ideal zu sehen, ja den von Gott selber in der Natur der Dinge gewollten Weg. Man stelle sich einmal vor, in unserem europäischen Familienleben, das sooft nur von der Mutter auf einer religiösen Höhe gehalten wird, ginge der Vater in die Katechesen, brächte das Gehörte heim und ruhte nicht, bis die ganze Familie es wüßte und gleiches Niveau in Wissen und Leben hätte. Wieviel leichter wäre das noch auf Grund der modernen Hilfsmittel, vor allem der jedem Europäer möglichen hohen intellektuellen Ausbildung. — Wir dürfen wohl sagen, daß die Jesuiten in China, enge angeschmiegt an die Umstände, klug dieselben benutzend, eine Missionsmethode geschaffen haben für die Familie, wie sie organischer, natürlicher und darum wirksamer im Verein mit der Gnade Gottes, auch in unserer an Methode so reichen Zeit, nicht gedacht werden kann. Daß gewisse Nachteile nicht übersehen zu werden brauchen, ist jedem Einsichtigen klar. Je mehr aber der christliche Geist die Familie durchsetzte, desto geringer mußten wieder diese werden, vor allem auch bezüglich der Abschließung der Frau.

In der historischen Weiterführung der Frage nach der Frauentaufe bemerken wir in Nanchang einige neue Elemente. Es handelt sich um die Taufe der Edelfrauen aus dem Hause des uns bereits bekannten « don Gioseppe ». Die Mutter desselben, besonders fromm, die seit 10 und mehr Jahren zu Ehren der Götzen strenge fastete, hörte durch ihre Söhne vom Christentum. Schließlich gingen die Missionare in das Haus, um sie in ihrem eigenen Hause zu unterrichten. Diaz d. Ält., der die Katechese vornahm, sah sie aber nicht. Die Frau war in einem eigenen abgetrennten Gemache verborgen. Eine Portiere trennte beide voneinander. Ohne daß der Missionar es wußte, waren noch 5 weitere Frauen in dem Gemach und hörten schweigend das Gesagte. Am Tauftage kamen aber nicht eine, sondern gleich 6 Katechumenen zum Vorscheine. Sie wurden über die religiösen Wahrheiten gefragt und beantworteten alles sehr gut. Dann wurden alle getauft, und zwar « mit dem Öle und allen anderen Zeremonien zum großen Troste aller ». Hier haben wir den einzigen Fall in der « Storia », wo uns vom Gebrauche des hl. Öles bei der hl. Taufe und der Anwendung aller anderen Zeremonien gesprochen wird [34]. Ricci hat offenbar dieses Komma beigefügt, um anzudeuten, daß das Christentum (wenigstens in diesem Falle) den Sieg errungen hatte über die übertriebene Scham der chinesischen Frau [35].

Für die Wirkung der christlichen Wahrheit im Sinne einer mehr natürlichen Auflockerung durch edelste Motive bürgt uns das Beispiel der Frau des « don Pietro ». Dieser hatte sich schon bekehrt und nun wurde die Frau auch getauft (1607). Aber

> « die Nachbarinnen tadelten sie, daß sie, entgegen dem allgemeinen und lobenswerten Brauche der vornehmen chinesischen Frauen, sich von einem Fremden hätte anschauen lassen, wenn auch in Gegenwart des Mannes. Sie wies diese aber mit der Notwendigkeit zurück, im Gesetze Gottes unterrichtet und in demselben mit dem Wasser der Taufe wiedergeboren zu werden, um nicht ewig verdammt zu werden. Ihnen (den Nachbarinnen) würde dieses widerfahren, wenn sie im Götzendienste verharren würden » [36].

Die wohl etwas übertriebene Vorsicht des P. Longobardo wurde aber in demselben Maße nicht von allen Missionaren geteilt. Auch scheint man etwa um die Jahrhundertwende, gedrängt von den Christen selber, allgemein nicht mehr so zurückhaltend gewesen zu sein. In Nanking wurden noch früher als in Shiuchow die ersten Frauen in die Kirche aufgenommen, was auf ein viel rascheres und unbefangeneres Handeln schließen läßt [37]. Man darf allerdings nicht übersehen, um nicht Unrecht zu tun, daß die Verhältnisse in Shiuchow besonders schwierig lagen. Über die Frauentaufe in Nanking berichtet uns Bartoli, daß die Missionare diese auf Drängen ihrer Männer hin selber unterrichteten [38]. Manche von ihnen kamen sogar ihren Männern im Empfang der Taufe zuvor.

Ähnliches ist über Peking zu sagen. Auch hier wurden bald nach Beginn der eigentlichen Missionsarbeit die ersten Frauen in die Kirche aufgenommen. Sie dürften aus dem Hause des Paul

---

[34] II Nr. 750.
[35] II p. 338 nn. 7. 8.
[36] TV p. 312, Brief Riccis vom 18. Okt. 1607 an P. Aquaviva.
[37] II Nr. 569.
[38] BARTOLI, II c. 186; cfr. II Nr. 674.

Li gewesen sein. Li war am 21. Sept. 1602 [39] getauft worden, also nach einem Aufenthalt Riccis in Peking von 1½ Jahren. Er bekehrte in der Folge seine Mutter, seine Gattin und andere Frauen (Dienerinnen des Hauses) [40]. Ausdrücklich erfahren wir auch von der Bekehrung der Mutter des kleinen Michael, der vom Blitz getroffen wurde und durch das Gebet seines christlichen Lehrers nach drei Tagen wieder zu sich kam, woraufhin sich die Mutter bekehrte [41]. Auch die Mutter und die Gattin des Christen Andreas, des Gefolgsmannes des Dr. Li, bekehrten sich [42] sowie die rechtmäßige Gattin des Christen Lukas [43]. In der Umgebung der Stadt, in der P. Ferreira wirkte, bekehrten sich viele Frauen. Ferreira schreibt darüber: « Ich unterrichtete die bejahrten und verheirateten Frauen in der Lehre (« Dottrina ») und in den Gebeten. Der Bruder unterrichtete die Männer und einige wohlgeübte junge Leute die Jungfrauen » [44].

In Shanghai waren die ersten Frauen, die sich bekehrten, aus dem Hause des Dr. Paul Hsü [45]. Darüber hinaus sind aber andere bekannt. Eine Frau wird mit Hilfe des Kreuzzeichens und des Erlöserbildes von einem Dämon befreit und bekehrt sich [46]. In einem Falle bekehrt sich eine Familienmutter auf Drängen ihres Sohnes [47].

Am längsten hat also Longobardo in Shiuchow gezögert. Wann in Nanchang die ersten Frauen getauft wurden, ist nicht klar zu sehen. Es ist nicht anzunehmen, daß die vorher angeführten vornehmen Frauen die ersten gewesen sind. Sollte es so sein, so hätten wir nach 10 Jahren Missionsbeginn [48] die erste Frauentaufe in Nanchang. In Nanking wurden die ersten Frauen möglicherweise von Ricci selber in die Kirche aufgenommen. Er kam am 6. Febr. 1599 dorthin [49], und bereits aus der Zeit von Oktober-Dezember desselben Jahres erfahren wir von der Bekehrung der Familie Ch'in, von Männern und Frauen [50]. Die besonderen Umstände in

---

[39] II Nr. 693.
[40] II Nr. 694.
[41] II Nr. 761.
[42] II Nr. 901.
[43] II Nr. 902.
[44] TV p. 323, Brief Ferreiras, der von Ricci in seinen Brief vom 18. Okt. 1607 an P. Aquaviva aufgenommen wurde.
[45] II p. 512 n. 2.
[46] II Nr. 938.
[47] II Nr. 941.
[48] Ricci war am 28. Juni 1595 nach Nanchang gekommen (I Nr. 464).
[49] II Nr. 532, 537.
[50] II Nr. 569; cfr. III p. 28.

Peking ließen die Bekehrungsarbeit dort nicht gleich voll einsetzen, aber, wie wir sahen, spätestens nach 1½ Jahren haben wir die ersten Frauenbekehrungen auch dort.

In allen diesen Fällen handelt es sich um die feierliche Taufspendung, die aber wohl kaum mit allen Zeremonien stattfand wie in Europa. Nur einmal ist die Anwendung aller kirchlichen Zeremonien klar bezeugt.

Daneben übten die Missionare auch die Praxis der Nottaufe und der Privattaufe.

So tauft der ganz apostolisch eingestellte Paul Li während seines Aufenthaltes in der Heimat, wo seine Mutter wohnte [51]: «Er versetzte einige in den Himmel, die er mit eigener Hand in Todesgefahr taufte» [52]. Diese Begebenheiten liegen nach dem 10. Mai 1605. Bis zu diesem Tage weilte Li sicher noch in Peking [53]. Ähnliches sagt ein Brief von 1607. Desgleichen berichtet ein Brief von 1608 über die Nottaufe. Einige Christen wurden in den Gebrauch der Taufformel eingeführt. Man taufte in diesem Jahre 5 oder 6 Kinder in zartem Alter, die in Todesgefahr waren. Drei von ihnen wurden von den Christen getauft. Man hatte nämlich den «Intelligentesten» unter ihnen die Taufformel beigebracht und hatte sie über die Fälle aufgeklärt, wann sie taufen könnten und müßten [54]. Weniger Mut als die Christen, die in diesen Fällen die ihnen bekannte Taufformel zur Anwendung brachten, zeigte der so ausgezeichnete Christ Dr. Paul Hsü, als er sich in Shanghai aufhielt. Es erkrankte ein Literat, ein Verwandter und Freund von ihm. Paul bekehrte ihn und überredete ihn, die Taufe zu begehren und als Christ zu sterben, taufte ihn aber nicht mit eigener Hand. Er schickte vielmehr einen Diener mit dem nötigen Reisegeld nach Nanking, um P. Cattaneo von dorther zu holen, damit dieser die Taufe vornähme. Unterdessen unterrichtete er den Kranken weiter, gab ihm ein metallenes Bild der Mutter Gottes (von S. Maria Maggiore aus Rom) [55] und einen Rosenkranz. Leider starb der Kranke, noch bevor der Pater von Nanking abreisen konnte, obwohl er nicht mal einen Tag für die Vorbereitung der Reise benötigte. Dr. Paul taufte den Freund also nicht. Der Grund lag in der Tat-

---

[51] II p. 311 n. 5; cfr. II Nr. 693.
[52] II Nr. 716.
[53] TV p. 269, nach dem Briefe Riccis vom 10. Mai 1605 an seinen Vater Joh. Baptist Ricci.
[54] TV p. 326, Bericht Riccis vom 18. Okt. 1607 an P. Aquaviva; TV p. 359, Brief Riccis vom 22. Aug. 1608 an P. Aquaviva.
[55] II p. 506 n. 1.

sache, daß die Taufformel noch nicht ins Chinesische übersetzt war. Es existierte nur die lateinische Formel in chinesischen Charakteren. Sie war so beschwerlich zu brauchen, daß nicht einmal ein so großer Literat sich ihrer bedienen wollte [56], wie die « Storia » bemerkt. Dr. Paul fürchtete offenbar, daß er die Formel nicht richtig gebrauchen werde. Vielleicht war er auch ein wenig ängstlich, was durch die Dialektverschiedenheit des Mandarin, das man in Shanghai sprach, wohl noch gesteigert wurde.

Die chinesische Taufformel Riccis, wie sie am Ende der « Dottrina cristiana » stand, hatte folgenden (transskribierten) Wortlaut:

Mou, o-o te pa-ti-tso yin no-mi-ni Pa-te-li-szu o-te Fei-li-i
N., Ego te Ba-pti-zo in no-mi-ne Pa-t-ri-s e-t Fi-li-i
o-te Szu-pei-li-tu-szu San-ko-ti, Ya-meng.
e-t S-pi-ri-tu-s San-c-ti, A-men.

Im Jahre 1611 wurde die Taufformel erstmalig ins Chinesische übersetzt, wie aus der « Annua » des P. Trigault von August 1612 und aus einem Dokument aus der Hand des P. Longobardo vom 15. Okt. 1612 hervorgeht. Aber auch in dieser Übersetzung blieben die typisch christlichen Namen: Pater, Filius, Spiritus Sanctus, Amen. Erst im Jahre 1936 wurden die Namen der drei göttlichen Personen ins Chinesische übersetzt [57], wenngleich seit der Mitte des 17. Jh. bei einigen auch die erwähnten Worte übersetzt waren, mithin eine in allen Stücken übersetzte Formel vorlag, die aber nicht allgemein zur Anwendung kam und sich durchsetzte.

Von privater Taufe erfahren wir in der « Storia » nur zweimal. Der erste Fall dieser Art liegt schon gleich am Beginn der Mission, in Shiuhing, kommt aber fast einer Nottaufe gleich. Ein Kranker, der von den Verwandten und Ärzten aufgegeben war, wurde von den Missionaren gepflegt und auf die hl. Taufe vorbereitet. Einige Tage nach Empfang derselben starb er [58]. Der zweite Fall findet sich in der Missionspraxis Longobardos in Shiuchow. Ein junger Mensch, der schwer krank war, dessen Mutter aber die Bekehrung des Sohnes nicht wünschte, wurde heimlich getauft. Es wird eigens gesagt, daß man die Zeremonien auslassen wolle und daß man nur das Wesentliche anwenden werde. Der Kranke wurde aber glücklicherweise gesund, worüber sich die Mutter äußerst verwunderte. Man entdeckte ihr den frommen Betrug, wor-

---

[56] II Nr. 930.
[57] II p. 506 n. 4 - 507 n. a.
[58] I Nr. 251; I p. 196 n. 1.

auf sie sich selber auch bekehrte [59]. Es handelt sich um eine Frau aus dem Hause der Chung.

Bevor man dazu überging, den Christen « das Haupt mit heiligem göttlichem Wasser zu waschen » [60], oder wie Riccis Katechismus sagt, bevor man « ein Bad nahm », d. h. « das heilige Wasser der Initiation » [61] empfing, legten viele, wahrscheinlich alle in irgendeiner Weise, eine « Professio Fidei » ab. Zwei Formeln sind uns, wohl wegen ihrer Originalität, in der « Storia » überliefert. Die erste stammt von Paul Li, die zweite von Riccis Freund Ch'ü T'ai-su. Besonders die Formel des letzteren ist sehr eindrucksvoll. Sie beginnt mit einer genauen Festlegung der Personalitäten innerhalb des Rahmens des chinesischen Kalenders und der chinesischen Zeitrechnung. Ch'ü braucht dabei seinen kleinen Namen — piccolo nome. Dann bittet der Sprecher um Vergebung für seine Sünden und um die Gnade der Taufe. Besonders wendet er sich gegen den Buddhismus, den er bisher propagiert hat. Nun folgt eine kurze Wiedergabe seiner Bekehrungsgeschichte und das Versprechen, vom Tage der Taufe an ein neues Leben zu führen. Er erwähnt dann einzelne Dinge, die uns schon aus seinem Leben bekannt sind. Von ihnen wendet er sich ab. Er glaubt aber an die 10 Glaubensartikel. Er hat diese bis jetzt zwar noch nicht ganz verstanden, aber der Hl. Geist wird ihn erleuchten. Er bittet die Mutter unseres Herrn, ihm zu helfen, daß er fest im Glauben bleiben möge [62]. Nach P. D'Elia ist es nicht ausgeschlossen, daß Ch'ü sich bei dieser Gelegenheit von einer buddhistischen Vorlage inspirieren ließ, eine Formel, welche die katholische Kirche zu der ihren machen könnte. Sie ist im wesentlichen eine Reueformel [63].

Mehr zur Vervollständigung des Gesamtbildes als zur näheren Klarstellung der Methode sollen einige kurze Ausführungen über eine relativ häufig in der « Storia » erwähnte gewisse Gewaltmethode im Laufe der Konversionen folgen.

Eine etwas heikle, unter Umständen nicht ungefährliche Sache war die an sich notwendige Entfernung der Götzenbilder aus den Häusern der Christen. Wir lesen oft und oft davon und es ist begreiflich, daß sich hier ein nicht leichtes Problem zeigt. Wie empört sich das Innere eines treuen Christenherzens, wenn es erfährt, daß aus Kirchen und Heiligtümern, aus Versammlungsräu-

---

[59] II Nr. 651.
[60] Cat. Ru. Cap. XVI.
[61] Cat. Ri. Cap. VIII.
[62] II Nr. 699, 756.
[63] II p. 343 n. 3.

men und Schulen religiöse Bilder, Kruzifixe oder gar das allerheiligste Sakrament entfernt werden, oft, vielleicht meistens in gotteslästerlicher Absicht. Wenn wir annehmen, daß sich gleiche oder mindestens ähnliche Gefühle in den Heiden der Zeit Riccis regten, wenn sie vernahmen, daß sich Mitbürger, oft recht angesehene, an den Götzenbildern in ihren Wohnungen vergriffen, sie zerstörten oder mindestens sie entfernten, oder wenn gar bekannt wurde, daß Christen Götzenbilder öffentlicher Art zerstört hatten, so können wir wohl die Problematik solchen Vorgehens und die Überlegung um die rechte Methode auch in diesem Punkte verstehen. Für manche Christen, besonders jugendliche, mag ein solches Unternehmen ein « Heidenspaß » gewesen sein, für die Heiden bedeutete es aber in vielen Fällen eine Verletzung tiefster religiöser Gefühle und, sagen wir es ruhig, persönlicher Überzeugung.

In Shiuchow

> « hatten alle allgemein großen Abscheu vor den Götzen und darum gingen sie in die Tempel und brachen heimlich deren (der Götzen) Hände und Füße ab, soviel sie nur konnten. Und weil dieses Tun den Unsrigen übel mitspielen konnte, wenn man es in der Stadt wüßte, verbot P. Matteo allen, dieses zu tun, er drohte ihnen, daß er sie strafen werde, wenn sie es noch weiter täten » [64].

Worin bestand diese Gefahr? Ganz einfach in der Vertreibung aus dem Lande, wie Ricci klar ausspricht [65].

Aus der gleichen Stadt erfahren wir, daß die Bonzen der Stadt die Missionare solange unbehelligt ließen, als sie sich nicht an den Götzen vergriffen. Als aber P. Longobardo daran ging, sehr viele von diesen zu zerstören, konnten sie ihren Zorn, (der schon früher gereizt worden war,) nicht mehr zurückhalten und inszenierten eine hartnäckige Intrige gegen die Mission [66]. Wegen derselben Sache wurden die Christen späterhin in der gleichen Stadt angeklagt. Die Bezirksältesten sind die Ankläger. Sie sehen, daß die Christen die Götzen und deren Bilder zerbrechen und verbrennen. Sie entrüsten sich darüber, weil es ihnen als eine üble Tat vorkam, Dinge, die die Vorfahren ihnen zurückgelassen hatten, so schändlich zu behandeln. In der Beantwortung dieser Anschuldigung, die man de facto ja nicht von sich weisen konnte, ist Longobardo sehr klug. Er macht dem Stadtmandarin klar, daß dieses Zerbrechen der Götzen durchaus nicht gegen die Religion der Li-

---

[64] I Nr. 403.
[65] TV p. 122, Brief Riccis vom 12. Okt. 1594 an P. Costa.
[66] II Nr. 670.

teraten, also der Konfuzianer sei, die in China doch die vorherrschende sei [67]. Er spielt also gewissermaßen Konfuzianer und Buddhisten gegeneinander aus.

Im Zuge solcher Vernichtungsaktionen liegt die Vernichtung zahlreicher literarischer Werke. Als Riccis Freund Ch'ü T'ai-su sich bekehrt, schickt er alle seine Götzen zum Verbrennen in das Haus der Patres. Desgleichen auch die in seinem Besitze befindlichen Bilder aus Metall oder Papier. Drei oder vier Gepäckträger mußten die Bücher bringen, zum Teil gedruckte, zum Teil ungedruckte Werke von großem Werte [68].

Von Paul Li in Peking wird uns berichtet, daß er drei Tage benötigte, um alle seine Bücher durchzusehen, um dann die zu verbrennen, die den Christen verboten waren. Drei Kästen voll Bücher wurden im Hofe seines Hauses und in der Mission selbst verbrannt [69].

Der alte Fabio in Peking schickt vor seiner Taufe « eine Masse von Götzen aus Metall und vergoldet, die 40 Scudi wert waren, ferner alle Bücher der buddhistischen Lehre, die er im Hause hatte » [70].

Man könnte über diese Methode verschiedener Meinung sein. Zu bedauern ist es sicher, daß künstlerisch hochwertige Sachen einfachhin der Vernichtung überantwortet wurden. Ricci wußte aber sehr gut, was er tat. Er sagt ja selber, daß Handschriften von großem Werte verbrannt wurden. Andererseits dürfen wir nicht vergessen, daß diesen jungen Christen auch das äußere Mittel einer energischen Abstandnahme vom Alten und Verkehrten gewährt werden mußte. Sowohl im Inneren wie im Äußeren mußte die vollkommene Möglichkeit der restlosen Trennung vom früheren Leben hergestellt werden. Man könnte sich aber fragen: Warum hat man diese Sachen nicht aufbewahrt und sie nach Europa geschickt? Fürs erste fehlte für solche Überlegungen noch bei weitem in der damaligen Zeit das Verständnis. Und dann scheint der Gedanke Beachtung zu verdienen, daß die Christen ein solches Tun möglicherweise übel deuten konnten. Sie konnten auf Profitgier der Missionare denken, ja sie konnten möglicherweise, befangen in heidnischem Denken, auf den Gedanken kommen, daß man sich

---

[67] II Nr. 734.
[68] II Nr. 755.
[69] II Nr. 694; cfr. TV p. 269, Brief Riccis vom 10. Mai 1605.
[70] II Nr. 764; cfr. II p. 349 n. 10; TV p. 288, Brief Riccis vom 26. Juli 1605; cfr. II Nr. 569: Bei der Bekehrung der Familie Ch'in erfahren wir, daß manche Götzen (un cesto pieno — ein ganzer Korb voll) nach Makao geschickt wurden.

die altbewährten Mittel Chinas für den eigenen Nutzen brauchbar machen wolle. Wir brauchen aber den Verlust dieser Sachen nicht allzusehr zu bedauern, da es sich sicher nicht um Unica handeln dürfte.

Da die Menschen, und nicht zum wenigsten der asiatische Mensch, aber auf das Sinnfällige auch in der Religion angewiesen sind, mußte ein Ersatz für das Fehlende geschaffen werden. Das Christentum war in dieser Hinsicht mit seiner reichen Liturgie, vor allem aber mit seiner Bilderverehrung und dem Gebrauch heiliger Zeichen und Symbole sehr entgegenkommend. Die « Storia » schreibt in dieser Hinsicht:

> « Und weil die Chinesen an ihre Türen, speziell an Neujahr, Papierbilder ihrer Götzen und anderer Geister zu heften pflegen, um auf diese Weise von ihnen vor irgendwelchem Übel verteidigt zu werden, schnitzten sie auch zwei Tafeln des heiligsten Namens Jesu und seiner gebenedeiten Mutter. Mittels derselben druckten die Christen Papier in verschiedenen Farben, soviel sie davon wollten, um das an ihre Häuser und Türen zu heften, wodurch sie gegenüber den Heiden nicht rückständig erschienen. Und es schien ihnen zugleich mit der Neuheit auch besser zu sein als das, was die alten abergläubischen Gebräuche der anderen meinten » [71].

Diese aus Nanchang berichtete Tatsache wird später aus der gleichen Stadt bestätigt, und es wird gesagt, daß man die Charaktere für die heiligsten Namen Jesu und Mariä in den Häusern angebracht habe gegen die bösen Geister [72].

An die Stelle der Götzenbilder trat ganz allgemein in allen Stationen das Bild des Erlösers, der mit der rechten Hand segnet und mit der linken Hand eine Erdkugel hält, die vom Kreuze überragt wird. Dieses Bild war in den ersten Jahren der Chinamission sehr volkstümlich. An zahlreichen Stellen der « Storia », die wir aber nicht alle untersuchen können [73], wird darauf hingewiesen. Dieses Bild ist auch heute noch in der chinesischen Mission sehr verbreitet [74].

---

[71] II Nr. 751.
[72] II Nr. 878.
[73] II p. 339 n. 2.
[74] Nach privaten Mitteilungen eines Missionars.

2. KAPITEL

DIE PRAXIS RICCIS UND SEINER MITARBEITER BEZÜGLICH BUSSE, EUCHARISTIE UND HL. ÖLUNG

Die schon bei Spendung der hl. Taufe nicht geringe Vorsicht der Jesuiten erfuhr eine bedeutende Steigerung, wo es sich darum handelte, die Neuchristen zuzulassen zu den Sakramenten der Buße, des Altares und der hl. Ölung.

Es ist nicht leicht, sich nach so langer Zeit ein Urteil über diese Sakramentenpraxis zu erlauben. Von unserm heutigen Standpunkt aus versteht man kaum diese geradezu übertriebene Vorsicht. Man würde heute sagen: Schafft die notwendigen Voraussetzungen und dann laßt die Leute zu den Sakramenten gehen. Diese werden ihre aus sich heiligende Wirkung nicht verfehlen und werden die Menschen mehr und mehr bessern. So dachte man damals nicht. Das Moment der Vorbereitung, ohne daß wir hier an Jansenismus zu denken haben, stand stark im Vordergrund. Man wollte den Christen von vorneherein einen möglichst hohen und erhabenen Begriff von den Sakramenten einimpfen. Die Hinführung zu den Sakramenten sollte ein Höhepunkt sein. Besonders beim Sakrament der Eucharistie scheint das Moment maßgebend gewesen zu sein, seinen Empfang nur denen zu gestatten, die sich wirklich als Christen auszeichneten, die inneres, selbständig arbeitendes und sich in jeder Lage bewährendes Christentum der Tat zeigten, die also zu einer gewissen Vollkommenheit innerhalb der Gemeinde gelangt waren. So sehr diese Auffassung unserer Praxis widerspricht, so sehr müssen wir uns hüten, etwa von da aus ein Werturteil über den Stand der Gemeinden fällen zu wollen, indem wir sagen: Weil nur wenige die Sakramente empfangen, besonders das Sakrament des Altares, können wir schließen, daß das Gemeindeleben nicht besonders hoch stand. Das wäre sicher falsch und entspräche nicht den Gegebenheiten. Wir müssen eben den Standpunkt Riccis und seiner Missionare zu verstehen suchen und können dann begreifen, daß trotz der sehr vorsichtigen Sakramentenpraxis ein gutes Gemeindeleben da sein konnte. Die Methode hat sich damals zugunsten des Momentes der Vorbereitung auf die nach der Taufe weiter zu empfangenden Sakramente verschoben. Daraus erklärt sich alles. Das wird noch deutlicher, wenn wir bedenken, daß nicht eigentlich die Christen es gewesen sind, welche in der Sakramentenpraxis Schwierigkeiten machten. Im

Gegenteil. Wir können es mehrmals feststellen, daß gerade von ihrer Seite aus der Wunsch nach öfterem Sakramentenempfang laut wurde. Die Missionare selber hielten in dieser Beziehung die Zügel ziemlich stramm, wohl etwas zu stramm.

Soweit sichtbar, ist der alte Paul Ch'in in Nanking der erste, nicht nur als erster Christ dieser Stadt, sondern aller anderen damals bestehenden Gemeinden, der das Sakrament der Buße empfängt. Jedenfalls ist nicht zu sehen, daß während des Aufenthaltes Riccis in Shiuhing, Shiuchow, Nanchang das Sakrament der Buße den Christen gespendet worden wäre. Paul Ch'in erkrankte kurz nach der Abreise Riccis nach Peking, Ende 1600 — Anfang 1601, schwer. Er beichtete während dieser seiner letzten Krankheit mehrmals. Der zeitliche Abstand von Taufe und hl. Beichte ist hier wegen der Umstände der Krankheit verhältnismäßig gering. Die Bekehrung fand Okt-Dez. 1599 statt, es läge also ein Abstand von gut einem Jahr zwischen Taufe und Bußsakrament. Ob Paul während seiner Krankheit die hl. Eucharistie empfangen hat, ist nicht ganz sicher festzustellen. Es scheint aber eher nicht der Fall gewesen zu sein, wenn man analoge Stellen zu Rate zieht, in denen unter gleichen Umständen ausdrücklich vom Empfang der hl. Kommunion die Rede ist [1]. Etwa ein Jahr später haben wir wieder einen Krankheitsfall in Nanking. Der Christ Chu ist das Opfer. Bei ihm erfahren wir schon, daß er, der ähnlich wie Paul Ch'in kurz nach der Taufe (7.4.1602) [2] schwer erkrankte, zu Beginn seiner Krankheit die Sakramente der Beichte und Kommunion empfing, « als wenn er ein alter Christ aus Europa gewesen wäre ». Er beichtete dann noch mehrmals während seiner letzten Krankheit [3].

Es ist dankenswert, die Methode Riccis und seiner Gefährten in Hinsicht auf die Einführung der Sakramentenpraxis am vorliegenden schriftlichen Material genauer zu prüfen. Es ist sicher, daß man nicht sofort nach Spendung des Taufsakramentes an die Einführung in die Bußpraxis der Kirche dachte. « Aus Gründen der Klugheit ließ man die Neuchristen nicht sofort zu den Sakramenten der Buße und des Altares zu » [4]. In einigen Fällen ist die Praxis klar sichtbar. Man ließ es gewissermaßen darauf ankommen,

---

[1] II Nr. 675; II Nr. 569: Wir müssen und dürfen aber nicht allzuviel Gewicht auf diese Dokumente legen, da sicher viel Material verlorengegangen ist, das uns möglicherweise noch mehr über die Frage des Sakramentenempfanges berichtet hätte.

[2] II p. 249 n. 1.

[3] II Nr. 678; II p. 249 n. 3; BARTOLI, II c. 190.

[4] So P. D'ELIA (II p. 249 n. 3).

man drängte nicht. Erst wenn die Christen bei der Lektüre der schon veröffentlichten christlichen Druckwerke fragten, führte man sie weiter ein. Auf diese Weise kommt Paul Hsü zur Erkenntnis des Bußsakramentes. Während seines Aufenthaltes in Nanking, wenige Monate nach Empfang der hl. Taufe, währenddem er sich auf seine Examina in Peking vorbereitete — im Frühjahr 1604 — [5], fragte er,

> « welches Heilmittel einer anwenden müsse, der, nachdem er schon Christ geworden, gesündigt habe. Man antwortete ihm, daß dieses die Beichte sei. Zu diesem Zwecke erklärte man ihm das Sakrament der Buße. Nachdem er die Art und Weise der Beichte gut gelernt hatte, empfing er auch dieses Sakrament und empfing es weiterhin ein zweites Mal, als er dorthin kam, um aufzubrechen und nach Peking zum Doktoratsexamen zu gehen » [6].

Der Jahresbericht von 1602 bemerkt im Sinne der klugen, bedächtigen und abwartenden Methode der Jesuiten, die sich ergab aus dem Charakter und der Eigenart des Volkes, daß

> « eine der Sachen, in der die Neuchristen größere Schwierigkeiten fanden, die Pflicht war, die eigenen Sünden dem Beichtvater zu offenbaren » [7].

Ähnlich, wie Paul Hsü in Nanking, kommt Paul Li in Peking zur ersten Beichte. Seine Taufe fand bereits am 21. Sept. 1602 statt. Die « Storia » schreibt:

> « Er sah, daß in der neugedruckten « Dottrina cristiana » (Frühjahr 1605) die sieben Sakramente standen und wollte unverzüglich das Sakrament der Buße empfangen. Er tat es mit bewundernswertem Geist, bereute und beweinte seine Sünden während der Beichte. Dank seines Beispiels begannen auch viele andere, dasselbe Sakrament zu empfangen. Besonders sein Sohn und andere seines Hauses bis zu seiner Gattin, was sehr schwierig erschien wegen der großen Eingezogenheit der Frauen in diesem Lande. Aber dieser gute Christ *öffnete* auch den Weg zu diesem heiligen Werk »,

der Frauenbeichte.

---

[5] II p. 225 n. 4.

[6] II Nr. 683: Paul Hsü und Martin Ch'in gaben in Peking, wohin sie im Frühjahr 1604 zum Doktoratsexamen kamen, der dortigen Gemeinde das beste Beispiel. Beide pflegten das Bußsakrament zu empfangen. Von Paul Hsü erfahren wir, daß er « kurz danach die hl. Kommunion unter vielen Tränen und mit Andacht empfing » (II Nr. 712).

[7] II p. 255 n. 3.

In der gerade erwähnten « Dottrina cristiana » findet sich folgende Ausführung über das Bußsakrament:

> « Nach dem Gebrauch der Katholiken erforschen sich sowohl Männer wie Frauen häufig. Solche, welche die Gebote verletzt haben, empfinden darüber herzliche Reue und machen den festen Entschluß, sich zu bessern. Dann knien sie vor dem Pater Priester nieder, klagen sich in ehrlicher Gesinnung der begangenen Sünden an, bitten um Verzeihung und hören die Ratschläge. Der Priester spricht die Formel (der Absolution) und absolviert sie im Namen des Herrn des Himmels » [8].

Paul

> « wollte auch zugleich das Sakrament der Eucharistie empfangen, aber die Patres wollten, um ihn zu größerer Hochschätzung desselben zu bringen, dieses für die Neuchristen auf eine spätere Zeit verschieben. Und so sagte ihm sein Beichtvater (Ricci), daß man erst oftmals gebeichtet haben müsse. Darum begann er öfter zu beichten, nicht nur an den Sonntagen, sondern auch innerhalb der Woche, bis der Beichtvater daraufkam, daß er dieses tue, um schneller kommunizieren zu können. Darum wurde es ihm gestattet und er begann sie am Ostertage (1605) [9] unter vielen Tränen der Andacht zu empfangen, sodaß er alle staunen machte. Dieses setzte er dann viele andere Male an den *Hauptfesten* fort. Er machte an diesen Tagen viele und sehr schöne Andachtsübungen, fastete am Tage vor der Kommunion zu guter Vorbereitung sowie am Tage nachher, um dem Herrn zu danken, daß er diese Gnade geschenkt habe ».

Auch über die hl. Eucharistie wird Paul Li die erste Anregung aus der « Dottrina cristiana » empfangen haben. Diese schreibt:

> « Die erwachsenen Gläubigen müssen zu bestimmten Zeiten immer beichten, um den Frieden des Gewissens zu haben. Danach werden sie den heiligen Leib Jesu empfangen, der unter den Gestalten des Brotes und des Weines (gegenwärtig) ist, um auf diese Weise teilzunehmen an den unendlichen Gnaden Gottes » [10].

Soeben war die Rede von Hauptfesten. Wir haben hier, wenn wir diese Praxis mit der in Japan zur gleichen Zeit geübten ver-

---

[8] II Nr. 693-695; II Nr. 716; II p. 309 n. 8; TV p. 256, Brief Riccis vom Mai 1605 an P. Maselli.
[9] II p. 310 n. 5.
[10] II Nr. 716; II p. 310 n. 4.

gleichen [11], wohl auch das in China normale Maß des jährlichen Kommunionempfanges für die besonders eifrigen Christen vor uns: An den Hauptfesten.

Die obige Darstellung Riccis vom Eifer Paul Li's enthält auch die Notiz, daß auch seine Frau das Bußsakrament empfing. Es ist das die erste Nachricht von einer Frauenbeichte überhaupt, die wir aus damaliger Zeit kennen [12]. Sollte es sich wirklich um die erste Frauenbeichte hier handeln, so hätten wir nach 22 Missionsjahren diese Beichte. Einen Beweis für diese Vermutung haben wir nicht.

Diese Heraushebung der Familie Li darf uns aber nicht dazu verleiten, anzunehmen, daß sie überhaupt die erste Familie ist, aus der ein Mitglied in Peking in die sakramentale Praxis eingeführt wurde. Im Briefe Riccis an P. Maselli von Mai 1605 wird vom Weihnachtsfest 1604 berichtet. Wir erfahren, daß

> « einige Neuchristen (nur Männer?) zu unserem wie ihrem großen Trost kommunizierten, sodaß wir uns freuten zu sehen, mit wieviel Glut diese Neuchristen die hl. Sakramente empfangen » [13].

Diese Stelle zeigt deutlich, daß die sakramentale Praxis auch schon vor Paul Li's erwachendem Eifer da war. Man fragt sich allerdings etwas erstaunt: Warum wußten diese anderen Christen um die hl. Sakramente, und Li nicht? Denn die « Dottrina cristiana » kam ja erst nach dem Weihnachtsfest 1604 heraus. Es wäre möglich, daß man bei den einfachen Leuten der Gemeinde schneller vorging mit der Einführung in die Sakramente als bei den Vornehmen, zu denen Li zählte. Offenbar steht er hier nur als Beispiel, was sich auch aus anderen Texten deutlich ergibt.

So heißt es von einem im Frühjahr 1605 erkrankten Christen [14], daß der Pater (Ricci selber) [15] ihn aufsuchte, um ihm die Beichte abzunehmen. Es war « der Pater, der ihm die Beichte zu hören pflegte ». Der Kranke war also eingeführt in den häufigen Empfang des Sakramentes. Aber auch hier stellen wir wieder eine mehr abwartende Praxis fest. Man hatte nämlich dem Kranken niemals von einer Generalbeichte gesprochen. Eines Tages bat dieser selbst darum, eine solche ablegen zu dürfen, und machte sie sehr gut [16]. Leider können wir wegen der ungenauen Angaben keine

---

[11] Nach Besprechungen mit dem Japanfachmann P. Schütte S. J.
[12] II p. 310 n. 3.
[13] TV p. 254.
[14] II p. 349 n. 6; TV p. 276, Brief Riccis vom 10. Mai 1605 an P. Costa.
[15] II p. 349 n. 1.

exakten Feststellungen machen über Beginn und Frequenz der Sakramentenpraxis in Peking. Nur zwei Bemerkungen Riccis aus dieser Zeit geben ein wenig Aufschluß: Am 10. Mai 1605 schreibt er: « Einige beginnen auch, die hl. Sakramente der Beichte und der Kommunion zu empfangen » [17]. Wenige Wochen später erfahren wir, daß « viele beichten und einige die hl. Kommunion mit, großer Andacht empfingen » [18].

Zeitlich in etwa gleich (1603-1605) liegt der Beginn der sakramentalen Praxis durch Longobardo in Shiuchow. Wir greifen aus einem besonderen Grunde auf den von Ricci selber darüber geschriebenen Bericht zurück. Er schreibt:

> « Er (Longobardo) führte täglich mehr das Sakrament der Buße ein, worin er nicht eine solche Schwierigkeit fand, als man im Anfang dachte. Und so wurde er schon zu den Kranken gerufen, um ihre Beichten zu hören. Und er ging im Angesichte aller zur Spendung dieses Sakramentes zu großer Verwunderung der Heiden, die sagten, daß dieses etwas sei, was menschliche Kräfte übersteige, einem anderen seine geheimen Sünden zu offenbaren » [19].

Eine Bemerkung dieses Passus scheint mir der Beachtung wert zu sein: Trotz der Verwunderung der Heiden heißt es aber doch von den Christen, daß der Pater in der Entgegennahme der Beichte nicht solche Schwierigkeiten fand, wie er im Anfang dachte. Der Missionar dachte also im Anfang, daß es zu schwer sei für die Chinesen, sich dem Bußgerichte zu unterwerfen, mußte aber später feststellen, daß das allgemeine Schuldbewußtsein der Menschen, was auch den Chinesen eigen ist, diese mit einer gewissen Leichtigkeit zu diesem Mittel der Sündenvergebung greifen ließ. Immerhin dürfte den Chinesen die hl. Beichte schwerer gefallen sein als anderen, denn man verlor doch, wenigstens dem äußeren Anschein nach, dem Missionar gegenüber durch das Bekenntnis seiner Sünden das « Gesicht ».

Was die Frauenbeichte bei Longobardo betrifft, so beschreibt Bartoli dessen Methode darin:

> « Was die Entgegennahme der Beichte derselben angeht, ein weiterer und sehr viel beschwerlicherer Schritt, der zu tun übrig blieb, so hoffte er, daß die Zeit und die tägliche bessere Erkenntnis,

---

[16] II Nr. 763.
[17] TV p. 275, an P. Costa.
[18] TV p. 288, Brief Riccis vom 27. Juli 1605 an P. Aquaviva.
[19] II Nr. 731.

sowie das Wachstum in der Frömmigkeit und im Glauben von sich selber aus diesen ebnen würden ».

Es ging damit besser, als man dachte, sodaß Longobardo, und das wird im Zusammenhang mit dem Bußsakrament berichtet, sogar Frauen in seiner Gemeinde hat, welche sich Gott geweiht hatten und in ihrem Hause ein frommes Leben führten [20].

Noch später als in Shiuchow datieren die ersten Zeugnisse über den Beginn der Bußpraxis in Nanchang. Erst bei der Eröffnung der beiden Kapellen (Weihnachten 1609) erfahren wir davon. Wir lesen darüber: « Und das, was uns mehr als alles tröstete, war, daß viele von ihnen das heilige Sakrament der Buße zu frequentieren begannen ... » [21], womit aber nicht bewiesen werden kann, daß vorher keine Beichte eingeführt war. Man kann und muß den Text vielmehr so verstehen, daß mit diesem Datum ein besonderer Eifer im Empfang des Bußsakramentes einsetzte.

Kehren wir nach Peking zurück, und verfolgen wir, soweit möglich, das Wachsen des sakramentalen Lebens in der Hauptstadt bis zum Tode Riccis. Es ging damit mehr und mehr voran. « Viele kommen zu den Messen und beichten und kommunizieren an den Hauptfesten » [22]. Die Beichte begann eine praktische Rolle im Leben der Christen zu spielen. Aus der 2. Hälfte des Jahres 1608 erfahren wir vom Empfang des Bußsakramentes bei Gelegenheit der Amtsübernahme einiger vornehmer Christen [23]. Von dem Christen Andreas lesen wir, daß er es im geistlichen Fortschritte bald soweit brachte, daß er mit dem Gebrauch der Sakramente der Beichte und Kommunion beginnen konnte [24]. In beiden Fällen liegt nur ein sehr kurzer Zwischenraum zwischen Taufe und erster Beichte. Im Briefe Riccis an Aquaviva vom 8. März 1608 lesen wir, daß

« (die Christen) uns an den Sonn- und noch mehr an den Festtagen zum großen Troste gereichen, wenn sie die Kirche füllen und mit großer Andacht anwesend sind. Viele beichten und einige empfangen das allerheiligste Sakrament » [25].

Noch die letzten Zeilen des riccianischen Autogramms der « Storia » sprechen vom Sakramentenempfang bei Gelegenheit des Weihnachtsfestes 1609 in Peking [26]. Ricci schreibt:

---

[20] BARTOLI, II c. 169.
[21] II Nr. 886. n. 470
[22] TV p. 375, Brief Riccis an seinen Bruder vom 24. Aug. 1608.
[23] II p. 482 n. 8; II Nr. 896.
[24] II Nr. 901.
[25] TV p. 341; cfr. TV p. 332, Brief Riccis vom 6.3.1608 an P. Costa.
[26] II p. 483 n. 1.

« Es beichteten viele, das allerheiligste Sakrament des Altares empfingen 14 Personen, was eine schöne Zahl war in diesen Anfängen » [27].

Wenn wir allerdings bedenken, daß Ende 1609 schon mehr als 400 Christen in Peking und den umliegenden Ortschaften [28] waren, so will uns die Zahl dieser Kommunikanten doch nicht so hoch vorkommen, aber man wird sie der Methode zuschreiben müssen.
Etwas eigenartig erscheint das Verhalten Riccis bei der schweren Erkrankung des alten Fabio in Peking (Ende 1607 - Anfang 1608). Fabio beichtete, wie er es bisher zu tun pflegte und « erbat das allerheiligste Sakrament. Aber es erschien den Patres, daß man weder in seinem Hause die hl. Messe gebührend feiern könne, noch daß man das allerheiligste Sakrament mit der gebührenden Ehrerbietung durch die Straßen tragen könne. Sie antworteten ihm, daß es nicht nötig sei, es zu empfangen, und daß die Beichte genügte » [29]. Bartoli schreibt näher darüber: « Aber ihm dasselbe halb Peking hindurch durch drei Meilen Straßen mit der gebührenden Feierlichkeit zu bringen, war eine Neuheit, die man in jenen Anfängen nicht versuchen konnte, noch konnte man es aus jenem so hohen und würdigen Respekt heraus, in den das göttliche Sakrament in jener jungen Christenheit gebracht werden mußte, gestatten, es ihm ohne Begleitung von Lichtern zu bringen, fast verstohlenerweise » [30]. Schließlich aber wurde der Wunsch Fabios doch erfüllt. Er ließ sich nämlich zum Haus der Patres tragen und bat dort inständig um die hl. Kommunion, die ihm nach rascher Feier einer hl. Messe auch gereicht wurde [31]. Hier haben wir übrigens ein klares Zeichen dafür, daß man in der Mission das allerheiligste Sakrament nicht aufbewahrte, da man erst eine hl. Messe feiern mußte, um dem Kranken das Viatikum reichen zu können. Während der hl. Handlung hatte man den Greis in Riccis eigenes Bett gelegt. Er wurde später wieder heimgetragen und empfing nach einigen Tagen die *hl. Ölung*.

Hier haben wir den ersten und einzigen Bericht Riccis über die Spendung dieses Sakramentes an Neuchristen. Ob tatsächlich die hl. Ölung nicht öfter gespendet wurde, kann damit nicht ent-

---

[27] II Nr. 907.
[28] II p. 482 n. 9.
[29] II Nr. 764.
[30] BARTOLI, II c. 208.
[31] II Nr. 764.

schieden werden. Sie war wohl bekannt und wird in der « Dottrina cristiana » so beschrieben:

> « Die Extrema unctio bedeutet die letzte Salbung mit hl. Öl. Wenn die kranken Christen an der Schwelle des Todes stehen, laden sie den Priester ein zu kommen, um über sie die rituellen Gebete zu sprechen, wobei sie ihre Glieder mit hl. Öl salben. So empfangen sie unmittelbare Hilfe von Seiten Gottes » [32].

3. KAPITEL
SONN- UND FEIERTAGE, FASTEN UND BRUDERSCHAFTEN

Die in das wirtschaftliche und soziale Leben einer noch ganz heidnischen Nation wie China tief einschneidende Fragestellung nach der Einführung der kirchlich gebotenen Sonn- und Feiertage mußte eine Reihe praktisch schwerwiegender Probleme heraufbeschwören: Können wir Missionare die Kirchengebote von Anfang an in ihrer ganzen Strenge urgieren? Und wenn nicht: Wie stellen wir es an, daß die Christen sie doch möglichst zahlreich erfüllen? Wie vermeiden wir, besonders bei ärmeren Christen, die durch Besuch von Kirche und Gottesdienst und durch Einhaltung des Arbeitsverbotes an Sonn- und Feiertagen fast immer eintretenden wirtschaftlichen Verluste? — Es kommt uns darauf an, die Tatsachen und ihre Ursachen soweit möglich ins Licht zu stellen.

Gleich am Beginn der Mission in Shiuhing, noch bevor eine Station im Besitz der Missionare war, ist von Sonn- und Feiertagen die Rede. Man mietete ein Häuschen in der Nähe der zukünftigen Station und ging dorthin, um an Sonn- und Feiertagen die hl. Messe zu lesen [1]. Diese Notiz ist für uns aber nicht bedeutend, da es damals noch keine Christen in der Stadt gab, für welche diese hl. Messe Verpflichtung bedeutet hätte. Immerhin zeigt sie uns, daß man darauf bedacht war, denen, die guten Willens waren, die Möglichkeit der Mitfeier des christlichen Gottesdienstes an den hierfür vorgeschriebenen Tagen zu geben. Aber bereits am 20. Okt. 1585 berichtet Ricci von seinen Christen, daß « alle diese (12 Leute) mit einigen Katechumenen am Sonntag bei Anbruch des Tages und früher zur Messe an unserer Türe erschienen, obwohl einige eine Meile und mehr entfernt oder von der andern Seite des Flusses sind,

---

[32] II p. 351 n. 2.
[1] I Nr. 240.

der drei- oder viermal so breit ist wie der Tiber »[2]. Wenn wir die Meile für eine Strecke von 2 Km[3] nehmen, dann müssen wir sagen, daß Riccis Freude am Opfergeiste seiner Christen sich noch in recht bescheidenem Maße halten mußte. Das tut aber nichts, er kann jedenfalls von ihnen berichten, daß sie wenige sind und gut[4]. — Bis zum 10. Nov. 1586 gab es in Shiuhing 36 Christen »[5]. Wie erfüllten sie das Gebot der Sonntagsheiligung? Ricci kann uns berichten, daß seine Christen an den Sonn- und Festtagen mit großer Andacht zu den Messen und heiligen Offizien kommen[6]. Daraus geht hervor, daß die Christen tatsächlich die religiösen Pflichten erfüllten. Das taten sie aber nur deshalb, weil man ihnen offenbar davon gesprochen hatte. Ob es sich um die Urgierung einer Gewissenspflicht handelt, oder ob man die Christen nur zum Besuch der Gottesdienste an den betreffenden Tagen ermunterte, kann von dieser Stelle aus nicht geklärt werden. Vorläufig genügt es uns zu se-

---

[2] TV p. 55, Brief an Aquaviva.

[3] Ricci hat nicht immer ein einheitliches Längenmaß für die Meile. Auch gibt er die Entfernungen naturgemäß nicht immer mit dem Zentimetermaß an. Die vorgelegten Kombinationen haben daher auch mehr hypothetischen Charakter. Er sagt einmal (II Nr. 521), daß « 5 Stadien (Li) Chinas eine Meile Weges zu Wasser ausmachen ». Wenn wir nun die Stadie (Li) zu rund 400 m berechnen, wie es wahrscheinlich gegen Ende des 16. Jh. und Anfang des 17. Jh. war, so kämen wir auf eine Strecke von 2 km für die Meile. Das würde passen (II p. 22 n. 19 - p. 23 n. a). Damit würden auch andere Angaben übereinstimmen. Später in Peking erfahren wir nämlich, daß der alte Fabio an « Festtagen » 3-4 Meilen zu Fuß zu machen pflegte, um in die Kirche zu kommen (TV p. 269, Brief Riccis vom 10. Mai 1605 an seinen Vater). Diese Angabe wird in der « Storia » genauer auf 2-3 Meilen reduziert (II Nr. 764; cfr. II p. 349 n. 9). Damit stimmt die Schilderung Bartolis über die Erkrankung des alten Mannes sehr gut überein. Er sagt nämlich, daß man das Viatikum nicht gut « per mezzo a Pechin tre miglia di strada » tragen könne (BARTOLI, II c. 208). Nehmen wir die Meile zu 2 km, so hätten wir für den Kirchweg des alten Fabio 4-6 km, also auch für den Weg, den die Missionare mit dem Viatikum hätten zurücklegen müssen. Fabio wohnte in Peking. Bedenken wir nun, daß der Diagonalschnitt durch Peking etwa eine Strecke von 11½ km ergibt, so ist die Angabe von 4-6 km unter Berücksichtigung der Lage der Missionsstation in etwa richtig. Das Haus lag, wenn man den Stadtplan von Süden aus (Chinesenstadt) betrachtet (cfr. Brockhaus 1920, « Peking »), am 1. Tore links vom Zentraltor innerhalb der späteren Mandschustadt. Von der linken äußersten Ecke der Mauer der Chinesenstadt war das Haus in der Luftlinie etwa 4 km entfernt, sodaß die gute Lage des Hauses damit klar ist. Es ist nicht gesagt, in welchem Teil der Stadt Fabio wohnte, aber viel mehr als 4-6 km kann er unmöglich von der Missionsstation aus entfernt gewesen sein, womit sich die Annahme von 2 km für die Meile bestätigt.

[4] TV p. 71, Brief Riccis vom 24. Nov. 1585 an P. Fuligatti.

[5] I p. 233 n. 1.

[6] I Nr. 288.

hen, daß sie kamen. Wer aber von den Christen des Lesens kundig war, konnte sich im Katechismus des Ruggieri über die Pflicht des Besuches des Gottesdienstes an Sonn- und Festtagen orientieren. Wir lesen dort bei der Behandlung des dritten Gebotes:

> « Das 3. Gebot: An Festtagen nicht arbeiten, besuche die Kirche, verrichte die Gebete und bete Gott an ... Wenn zum Beispiel alle jeden ersten und 15. Tag jedes Monats die Mandarinen ehren, wieviel mehr die Majestät Gottes. Könnte man je unterlassen, ihn allwöchentlich zu ehren » [7]?

So klar der Text an sich ist, so schön die Motive sind, die er bringt, er spricht nicht eindeutig von einer Gewissenspflicht im Sinne des Kirchengebotes. Wohl sagt der Katechismus am Schlusse der ersten drei Gebote, daß sie sehr wichtig seien. Dieses Zeugnis verliert aber die in ihm liegende Kraft, weil der Katechismus ja später praktisch ganz außer Gebrauch gesetzt wurde, und der Katechismus des P. Ricci diesen Passus nicht übernommen hat.

Ein sicherer Beweis für die tatsächliche Einhaltung der Sonn- und Feiertage liegt in der Handlungsweise Riccis beim Abschied von Shiuhing. Er läßt den Christen ein Bild des Erlösers zurück. Es soll im Hause eines Christen aufgestellt werden. Dort sollen sich die Christen an Sonn- und Feiertagen versammeln. Damit man nun die Tage besser finden konnte, was nach dem chinesischen Kalender nicht möglich war, schrieb Ricci ihnen einen Kalender, der, in Verbindung mit dem chinesischen Kalender, die Auffindung der Sonn- und Feiertage genau möglich machte [8].

Aus der Residenz in Shiuchow können wir über die Praxis Riccis in dieser Frage nichts berichten. In der « Storia » sowohl wie in den Briefen fehlen diesbezügliche Notizen. Aber auch aus der Zeit nach ihm ist weniges zu sagen. Die Schwierigkeiten der Missionare dort nehmen einen breiten Raum in der « Storia » ein und so tritt die Schilderung des gemeindechristlichen Lebens stark zurück, obwohl diese Residenz zahlenmäßig die stärkste war. Einige spärliche Andeutungen von einer Privatkapelle der Chung und dem dort von Zeit zu Zeit stattfindenden hl. Meßopfer [9], von der Kirche im Dorfe Tsingtsun, wo das hl. Opfer gefeiert wurde und wo Longobardo ein Kalendarium für die Feste und eine Glocke zurückließ, die der Versammlung der Gläubigen dienen sollte [10], zeigen, daß

---

[7] Cat. Ru. Cap. XIII.
[8] I Nr. 328.
[9] II Nr. 651.
[10] II Nr. 655.

in Shiuchow wohl die gleiche Praxis verfolgt wurde wie in anderen Residenzen auch.

Aus Nanchang haben wir einige wenige, aber klare Zeugnisse über die dortige Praxis. Über Riccis eigene Methode dort ist nichts zu sagen, da er ja nicht lange hier weilte. Aus der Zeit des Alleinseins des P. Soeiro hören wir (die Zeit von Mai 1600 — März 1604) [11], daß die Christen viel guten Eifer zeigten. Sie kamen an den Festtagen zur hl. Messe, obwohl einige eine Meile und mehr entfernt waren [12]. Hier haben wir diesen unklaren riccianischen Ausdruck « Festtag ». Er könnte leicht irreführend wirken und zu der Ansicht verleiten, daß Soeiro also nur an den Festtagen im strengen Sinne die Gläubigen zum Gottesdienste versammelte. Daß aber nicht nur von Festtagen im strengen Sinne die Rede ist, ergibt sich aus einem Briefe Riccis an Aquaviva vom 19. Okt. 1607. Wir haben folgende Situation zu beachten: Soeiro war in den Jahren seines Alleinseins schwer an der Lunge erkrankt und konnte daher oft nicht zelebrieren. Er mußte also den Gottesdienst an Sonn- und Festtagen oft ausfallen lassen. Trotzdem kann Ricci schreiben: « Sie hatten niemanden, der ihnen die Messe las, weil der Obere (Diaz der Ältere, Oberer der Südresidenzen) sich in Nanking befand und weil die beiden anderen Priester erst seit neuestem da waren. (Die beiden Neumissionare Hieronymus Rodriguez und Kaspar Ferreira). Nichtsdestoweniger kamen sie an den Sonntagen und Festen zur Kapelle, wo er zu zelebrieren pflegte, um eine ganze Zeit lang zu beten » [13]. Es wäre nun eine äußerst eigenartige Sache, wenn die Christen an den Sonntagen, an denen keine hl. Messe stattfand, kamen; an denen aber, an denen der Pater dazu imstande war, diese ausfallen ließen. Wir haben daher die volle Berechtigung, immer dann, wenn Ricci von « Festtagen » spricht, sofort anzunehmen, daß er « Sonn- und Feiertage » meint. Das ergibt sich vielleicht am einfachsten aus dem italienischen Sprachgebrauch. Man kann in italienischen Gebetbüchern im Beichtspiegel manchmal beim dritten Gebot die Frage nach der Erfüllung des Gebotes der « giorni festivi » lesen. In diesem Ausdruck sind natürlich auch die Sonntage einbegriffen.

Die Zeit des Alleinseins für Soeiro ging aber auch vorüber. Im März 1604 kam Diaz d. Ält. hinzu [14], die Christenzahl wuchs, und wir hören, daß die Kapelle zu klein wurde. Daher konnten nicht

---

[11] II p. 333 n. 1.
[12] II Nr. 745.
[13] TV p. 311.
[14] II p. 336 n. 1.

alle zusammen zur hl. Messe kommen. Diaz trifft eine eigenartige Maßnahme, die seine Sorge zeigt, den Christen das Gebot der allwöchentlichen Gottesverehrung durch Besuch der hl. Messe klar in die Seele zu schreiben. Sie zeigt rückblickend, daß die Christen an den sonntäglichen Gottesdienst gewöhnt waren. Man verteilte die Zahl der Christen auf drei Tage in der *Woche*. Aber an den großen Festen kamen sie alle zusammen [15]. Der Text dürfte klar genug über das unbedingte Streben nach der Erfüllung der Sonntagspflicht sprechen. Diese Ordnung wurde auch später aus einem anderen Grunde beibehalten. Wegen der Verfolgung durch die Baccalaurei der Stadt war es nicht ratsam, soviele Christen auf einmal zu versammeln. Auf ein gegen die Missionare gerichtetes Edikt nahm man von Seiten der Christen auf diese Weise Rücksicht, daß man wieder mit der Verteilung der Christen auf die Woche begann. Die Wirkung dieser Maßnahme war aber eine verblüffende. Die Christen « kamen so zahlreich an einem von diesen Tagen, wie sie vorher an den Sonntagen zu kommen pflegten, ohne irgendwie Furcht zeigen zu wollen » [16]. Man sieht: Sie *kamen* an den Sonntagen. Und während der Verfolgung kamen sie auch während der Woche, was sie an sich nicht hätten tun müssen. Daß soviele an einem Wochentage kamen wie sonst an Sonntagen, zeigt, daß die meisten wohl mehrmals in der Woche diese Gelegenheit ausnützten zu öfterem Besuche der hl. Messe [17].

Wie war die Praxis in Nanking? Wir lesen, daß die Missionare bisweilen in der Privatkapelle der Familie Ch'in « für die Frauen und für die Leute des Hauses die Messe lasen » [18]. Haben wir hier eine Einschränkung des Sonntagsgebotes für die Frauen und für die christlichen Bediensteten des Hauses der Ch'in vor uns? Vielleicht, aber der Text zwingt nicht zu dieser Annahme!

Eine ähnliche Praxis wie in Nanchang und Shiuchow finden wir in einem Vororte Nankings, in dem Dorfe, in dem die Christin Martha wohnte. Es heißt: « Wenn der Pater an den *Sonntagen* nicht dorthin geht, um die Messe zu lesen, trägt sie (Martha) dafür Sorge, alle anderen Christen zur Kirche zu rufen zur gemeinsamen Verrichtung der Gebete der « Dottrina » » [19]. Dieser Eifer wäre grundlos, wenn die Patres nicht über die Sonntagsheiligung gesprochen hätten. Daß trotz der Abwesenheit des Missionars darauf gesehen wur-

---

[15] II Nr. 751.
[16] II Nr. 869.
[17] Cfr. II Nr. 873.
[18] II Nr. 569.
[19] II Nr. 679.

de, daß alle kommen, ist doch ein klares Zeichen dafür, daß sich die Leute ihrer Pflicht bewußt waren [20].

Für uns ist immer wieder wichtig und entscheidend zu sehen, wie Ricci es in Peking in dieser Hinsicht gehalten hat. Versuchen wir auch hier, aus einigen Mosaiksteinchen ein möglichst klares Bild zu schaffen.

Von den für die Gemeinde Peking an sich fremden Dr. Paul Hsü und Martin Ch'in berichtet Ricci, daß « sie den Neubekehrten jener Hauptstadt ein gutes Beispiel geben, indem sie unsere Kirche an den Festtagen besuchen » [21]. Auch hier könnte wieder der Zweifel mit den « Festtagen » aufsteigen. Aber auch hier können wir eine vollständige Klärung der Frage aus den besonderen Umständen heraus geben. Es kann nicht anders sein, als daß es sich um eine Redeweise Riccis handelt, die immer dort, wo sie auftritt, sowohl Sonn- wie Festtage meint, wenn nicht im Einzelfalle eine andere Lösung verlangt wird.

Dr. Paul hat Ricci nämlich immer und immer wieder zu neuen literarischen Produkten angeregt. Schließlich will er auch, daß die Predigten, die Ricci an den *Sonntagen* hält, von ihm aufgeschrieben und dann veröffentlicht werden. Ricci schreibt darüber:

> « Endlich bat er mich, daß ich die Predigten, die ich den Christen an den Sonntagen und Heiligentagen halte, wörtlich in chinesischen Charakteren aufschreibe. Dieses konnte ich aber nicht [22]. Daher entschloß er sich zu schreiben, wenn ich am Predigen war » [23].

---

[20] TV p. 320, im Bericht Riccis an P. Aquaviva vom 18. Okt. 1607 ist die Rede von einem Tischler in Nanking, der wegen der Entfernung nicht zum Gottesdienst kommen kann. Er hilft sich, indem er an Sonn- und Feiertagen mit einigen seines Handwerkes bald im Hause dieses, bald jenes zusammenkommt, um die Gebete zu sprechen, die « Dottrina » zu rezitieren und den Rosenkranz zu beten.

[21] II Nr. 712.

[22] Es ist nicht gesagt, in welcher Art Ricci diese Predigten verfaßte. Ob er sie in Transliteration schrieb oder sie nur mental verfaßte. Dieses « das konnte ich nicht » ist aber nicht so zu deuten, als wenn er unfähig der Komposition gewesen wäre (cfr. Abschn. II). Tatsächlich haben wir einen Beleg dafür, daß es sich nur um ein Nichtkönnen aus Zeitmangel handelt. Wenige Wochen nach der Abfassung der gerade zitierten Stelle schreibt Ricci über die gleiche Sache ausführlicher:

« Wir predigen *jeden Tag* den Heiden, die kommen, aber an den Hauptfesten (feste principali) zu den Christen in der Kapelle mehr im strengen Sinne ».

Offenbar sind die gewöhnlichen Predigten an den Sonntagen meist keine

Daraus folgt doch klar, daß nicht nur die Festtage gemeint sind, wenn Ricci von solchen spricht, sondern auch die Sonntage, und daß Dr. Paul an Sonn- und Festtagen den Gottesdienst besuchte, der an eben diesen Tagen mit Predigt für die Gemeinde gehalten wurde [24]. Man muß demnach bezüglich der Sonntagsmeßfeier an ein normales Gemeindeleben denken. Das ergibt sich auch aus der Schilderung des Eifers der Neubekehrten:

> « Groß ist die Wertschätzung (divotione), welche die Neuchristen gegenüber den hl. Messen, den Predigten und anderen Feierlichkeiten der Kirche haben, zu welchen sie in großer Zahl von vielen Meilen weit her zusammenströmen » [25].

Und weiter: « Diese Christen besuchen gut die Messe, die Predigten und andere Feierlichkeiten der Kirche » [26]. Die obige Bemerkung über die sonntäglichen Predigten wiederholt sich in einem späteren Briefe Riccis:

> « Die Christen kommen in großer Zahl an den Sonntagen und noch mehr an den Festtagen und besonderen Heiligen, was wir ihnen gedruckt jedes Jahr auf ein Blatt mitgeben, damit sie kommen können » [27].

Es wurde also überall an der Einbürgerung dieser christlichen Sitte gearbeitet. Sogar in Gesprächen mit den Literaten bildet die Feiertagsheiligung eines der Objekte derselben. Ricci berichtet ihnen von den Sitten und Gebräuchen Europas. Unter anderem erzählt er ihnen auch

---

Predigten im strengen Sinne, etwa im Sinne einer Festpredigt, sondern mehr Exhorten, wie Ricci auch hin und wieder sagt. Er fährt dann fort:
« In der vergangenen Fastenzeit war ein Christ aus Nanking gekommen (Dr. Paul Hsü)... Als er ein- oder zweimal die Predigt gehört hatte, schien es ihm eine nützliche Sache zu sein, diese an alle zu verbreiten. Und er bat mich, daß ich sie in chinesischen Charakteren schreibe. Aber ich war so beschäftigt, daß ich ihm nicht willfahren konnte ».
(TV p. 297, Brief Riccis vom 26. Juli 1605 an P. Alaleoni).
Über die tägliche Heidenpredigt cfr. TV p. 225, Brief Riccis vom 13. Okt. 1596 an P. Aquaviva. Daß man den Heiden täglich gepredigt hätte, ist vielleicht nicht ganz wörtlich zu nehmen.

[23] TV p. 276, Brief Riccis vom 10. Mai 1605 an P. Costa.
[24] Cfr. TV p. 285, Brief von Mai 1605 an P. Maselli.
[25] TV p. 269, Brief Riccis vom 10. Mai 1605 an seinen Vater.
[26] TV p. 275, Brief Riccis vom 10. Mai 1605 an P. Costa.
[27] TV p. 359, Brief Riccis vom 22. Aug. 1608 an P. Aquaviva.

« von den Festtagen, an denen alle zum Opfer der Messe und zum Anhören des Wortes Gottes in die Kirchen gehen, um sich in den Dingen der Religion zu bewahren und zu vervollkommnen » [28].

Ricci hat mithin auch vor den Heiden über die Kirchengebote gesprochen. In Anbetracht der dem Texte zugrunde liegenden Lage, möglichst viel Eindruck bei den Literaten zu machen, ist, neben obigen Gründen, auch hier anzunehmen, daß es sich nicht nur um Festtage im strengen Sinne des Wortes handelt, von denen er spricht, sondern auch um die Sonntage. Daraus ergibt sich die legitime Folgerung: Wenn Ricci schon vor Heiden unbefangen und klar über diese zu innerst christlichen Forderungen sprach, wievielmehr dann vor Christen, bei denen die Denk- und Gesinnungsgemeinschaft mit dem Missionar auf Grund des gemeinsamen Glaubens vorlag! Riccis Katechismus bietet uns aber auch ein direktes Zeugnis seines Sprechens über die Beobachtung des Sonntagsgebotes:

« In diesen verschiedenen Reichen (des Westens) unterbricht man jede Woche die Märkte und verbietet alle Arbeiten; Männer und Frauen, Vornehme und gewöhnliches Volk vereinigen sich in den Kirchen, um dem liturgischen Opfer beizuwohnen und den ganzen Tag Predigt und Erklärung des Evangeliums zu hören » [29].

Die bisher versuchte Darstellung erfährt eine Einschränkung durch folgenden Text Riccis:

« Und wenn auch die Unsrigen für damals (Ricci schreibt rückblickend über die Zeit um 1605) nicht alle Vigiltage mit Fasten mitteilten (scoprivano), noch die Fastenzeit und die vier Zeiten (Quatember), noch alle gebotenen Tage, um nur allmählich dieses Joch aufzubürden, so hatte er (es ist die Rede von Paul Li) mit all dem, mittels der jungen Leute aus Makao (Brüder u. Novizen), mit denen er sehr freundschaftlich verkehrte, alles erfahren und wollte alles beobachten, als wenn er schon ein alter Christ wäre » [30].

---

[28] II Nr. 570, p. 95.
[29] CAT. RI. Cap. VIII.
[30] II Nr. 716, p. 310. Was das Fastengebot betrifft, so können wir wenigstens einen Fall aus der Praxis der Missionare anführen, in dem das christliche Fasten in seiner ganzen Strenge empfohlen wurde. In Nanchang bekehrte sich die Mutter des « don Gioseppe » (cfr. II Nr. 749), die zu Ehren der Götter schon mehr als 10 Jahre fastete, indem sie sich dauernd des Fleisches und der Fische, der Eier und anderer lebender Dinge (nach buddhistischer Anschauung wegen des Glaubens an die Seelenwanderung) enthielt und sich nur mit Gemüsen und Vegetabilien, mit Brot und Reis erhielt. Diese Frau ließ mit dem Entschluß zur Bekehrung sofort das abergäubische Fasten sein. Sie

Dieser Text ist sehr wichtig. Hier spricht Ricci ziemlich klar: Er will nicht auf einmal alle positiven Lasten der Kirchengebote den Neuchristen aufladen. Er hat daher manche Einzelheiten derselben noch nicht promulgiert. Er erwähnt insbesondere manche Vigiltage mit Fasten, die Fastenzeit selber, die Quatembertage und gebotene Tage. Hierfür dürfte der methodische Grund maßgebend gewesen sein, die Christen nur langsam an ihre Pflichten zu gewöhnen. Was meint aber Ricci hier mit den « gebotenen Tagen »? Er braucht einen Ausdruck, den er sonst nie braucht, ein Zeichen, daß er von seiner sonstigen Rede- und Denkweise abweicht. Er nennt diese Tage « giorni di guardia ». P. D'Elia leitet diese Worte ab von dem portugiesischen « dias de guardia » [31]. Bedenken wir, wieviel mehr Festtage es in der damaligen Zeit noch gab als heute. Bedenken wir ferner, welch ein Verlust in wirtschaftlicher Hinsicht der Ausfall der Arbeit für arme Chinesen auch nur stundenweise bedeutete. Es bedeutete einfach für diesen Tag weniger oder gar kein Brot. Daraus verstehen wir ohne weiteres diese Einschränkung. Und wieweit ging diese? Hier sagt Ricci « giorni di guardia », womit er Festtage im strengen Sinne meint. Er schließt also die Sonntage aus. Diese sind somit den Christen als verpflichtend für den Besuch des Gottesdienstes vorgestellt worden. Sicher wurden auch die Hauptfeste in diese Verpflichtung einbezogen, aber man hat nicht alle gebotenen Feiertage den Christen bekanntgemacht, eine Praxis, die man sehr gut verstehen und billigen kann.

Ein glücklicher Griff der Missionare der jungen Chinamission war die Einführung christlicher Bruderschaften im Reiche der Mitte. Solche oder ähnliche Vereinigungen waren den Chinesen nicht unbekannt. Die heidnischen Religionen, vor allem der Buddhismus, hatten verschiedenartige Vereinigungen dieser Art. Es nimmt darum nicht wunder, wenn sie auch bald im Christentum auftauchen, und zwar kam wiederum, wie wir das schon öfter bemerkten, die Anregung dazu nicht von den Missionaren zu den Christen, sondern von den Christen zu den Missionaren.

Der Christ Lukas in Peking « war Führer vieler Bruderschaften der Götzen (Buddhismus) gewesen, die er alle im Stich ließ ». Seit vielen Jahren war er in diesen Vereinigungen tätig

---

mochte aber das Aufgeben dieser Gewohnheit nicht leicht empfinden. Und so trösteten sie die Patres, daß sie auch auf christliche Weise fasten könne (II Nr. 750). Danach erklärte man ihr wohl die christliche Fastenpraxis, die sie sicher in ihrer ganzen Strenge einhielt.

[31] II p. 310 n. 6.

gewesen, die ihm daher sicher ans Herz gewachsen waren. Sie waren ihm liebgewordene Gewohnheiten geworden, die aufzugeben ihm nicht leicht fallen mochte [32]. Es liegt nahe, daß der gute Lukas von den durch P. Ferreira in den Außenbezirken der Stadt bereits gegründeten bruderschaftsartigen Vereinigungen oder sonstwie gehört hatte, worauf er sich an Ricci wandte, um sich von ihm die Genehmigung zur Gründung einer ähnlichen Vereinigung zu erbitten.

« Er hatte über diese Sache viele Tage vorher (die Gründung der Bruderschaft fand am 8. Sept. 1608 statt) mit anderen seiner Freunde verhandelt und Regeln nach ihrer Gewohnheit gemacht, die sie dem P. Matteo zeigten, damit sie von ihm verbessert und dem christlichen Zweck angepaßt würden, wie dieser auch tat, indem er einiges bezüglich der Beichte, der Verrichtung der Gebete, der Neuaufnahme von Mitgliedern in die Kongregation hinzufügte mit Billigung der anderen. Eine der Hauptaufgaben der Bruderschaft ist das Begraben der christlichen Toten mit Pomp und Apparat, worüber man in China soviel Wesens macht; und weil die Armen kein Geld haben, macht die Bruderschaft aus dem, was die Mitglieder jeden Monat als Almosen geben, die Auslagen. An bestimmten Festen des Jahres geben sie Wachs, Räucherwerk und Blumen für unsere Kirche, und am ersten Sonntag jedes Monats kommen sie im Hause des Rektors (des Präfekten, zu welchem mit allgemeiner Zustimmung genannter Lukas gewählt wurde,) zusammen. Ein Pater geht hin, um ihnen eine Ansprache zu halten und gibt ihnen Antwort auf die Schwierigkeiten, die die Brüder vorlegen bezüglich der Dinge, die ihnen auffallen in der Weise der Betätigung unserer Religion. Es wurde der Name der Bruderschaft gegeben: 'Bruderschaft der Mutter Gottes'. Und sofort traten an 40 Christen ein, die täglich vom Guten zum Besseren fortschreiten » [33].

P. A. Alves S. I. [34] weiß zu berichten, daß sich nach dieser Gründung innerhalb eines Jahres 100 Personen bekehrten und er meint, daß dieses zum großen Teil auf den Einfluß dieser Kongregation zurückzuführen sei.

Ähnlich war die Gründung der Kongregation in Nanking sehr segensreich für die Missionierung. Sie war « eine Nachahmung der von Peking mit fast demselben Statut und derselben Art und Wei-

---

[32] II Nr. 904. 907.
[33] II Nr. 906.
[34] ALVES = ALVES S. I. P. A. M. - *Congregações Marianas na China e en Macau, Notizia historica,* Macau 1904, p. 8.

se », die wenig später, aber noch im gleichen Jahre wie die von
Peking gegründet wurde [35].

> « Diese Kongregation war die Ursache vieler Bekehrungen und
> vieler Liebeswerke, der Häufigkeit des Sakramentenempfanges und
> anderer Übungen der Frömmigkeit. Zu allem diesem sind unsere
> Christen mehr geneigt, als man im Anfang glaubte » [36].

In dieser Nankinger Kongregation arbeitete auch Dr. Paul
Hsü. Der Eifer mancher Mitglieder war groß. Einer derselben kam
eines Tages mit 20 Heiden, die er zum Christentum bekehrt hatte [37].
Die Pekinger Kongregation war die erste streng als solche aufgebaute. Aber in der Landmission des P. Ferreira begegnen wir
schon früher einer Spur derartiger Einrichtungen. Er schreibt darüber selber:

> « Es wurde auch (es handelt sich um das Jahr 1607) eine Art
> Konfraternität errichtet, welche die Aufgabe haben sollte, neben
> anderen frommen Werken, fremden Christen verpflichtend Gastfreundschaft zu gewähren. Zwecks größerer Einheit vereinigten sich
> alle Gläubigen der anderen Dörfer in der Kirche aller Heiligen
> achtmal im Jahre, besonders am hl. Karfreitag. Und als man am
> Tage der Verkündigung den Anfang machte, war es eine Freude,
> die Liebe zu sehen, mit welcher die Eingesessenen ihre fremden
> Gäste behandelten » [38].

Man sieht, daß die Einrichtung einen bestimmten, klaren
Zweck verfolgt. Ferreira will seinen Schäflein ein größeres Gefühl
der Zusammengehörigkeit vermitteln. Sie sind aber in verschiedene Dörfer aufgeteilt und können unmöglich jeden Sonntag an
einem bestimmten Orte zusammenkommen. Aber wenigstens einige Male im Jahre soll das möglich sein. Das an diesen Tagen entstehende Problem der Unterbringung soll von den Christen durch
die Anwendung christlicher Liebestätigkeit gelöst werden. Das geschah dann unter der Form einer Art Bruderschaft. Hier ist nur
die Kirche von allen Heiligen aufgezählt. Offenbar soll das nur
ein Beispiel sein. Denn die Frage mußte auch in anderen Dörfern
gelöst werden, in denen sicher auch bei Abhaltung des Gottesdienstes viele Christen zusammenströmten, die aus anderen Dörfern

---

[35] II p. 492 n. 3.
[36] II Nr. 916.
[37] ALVES, p. 10.
[38] TV p. 325, nach dem Brief des P. Ferreira im Briefe Riccis an Aquaviva vom 10. Okt. 1607.

kamen. Es sollte überhaupt so sein, daß Christen, wenn sie auf Reisen sind, sich an Christen halten könnten bezüglich des Unterkommens und der Verpflegung und daß ihnen das nichts kosten sollte.

4. KAPITEL

DAS KREUZ IN DER JESUITENMISSION DER ZEIT RICCIS IN CHINA

Nachdem Ricci in der « Storia » die Schilderung der Religionen Chinas beendet hat, beginnt er, die Geschichte der chinesischen Mission zu beschreiben. Wie alle apostolischen Männer weiß auch er, daß nur im Kreuze Heil ist, daß vom Kreuze her dem Missionar die Kraft kommt, derartig starke Gegner zu überwinden:

« Denn dem Zeichen und den Waffen des hl. Kreuzes kann keine Macht der Welt noch der Hölle widerstehen »[1].

Wenn wir in die alten Zeiten des Christentums zurückdenken, so bemerken wir, daß das Zeichen des hl. Kreuzes nicht von Anfang an die selbstverständliche Hochachtung genießt, die ihm heute von vielen Millionen Menschen, Gläubigen und Nichtgläubigen, entgegengebracht wird. Das Kreuz war nicht von Anfang an ein Zeichen, bei dem man Eide ablegte, anerkannt tiefstes Symbol für letzte religiöse Wirklichkeiten der Erlösung. Darum schmückten die Christen das Kreuz, das den Heiden größte Schmach dünkte, « den Juden ein Scandalum, den Heiden aber Torheit »[2]. Ein Paulus wagte es nicht, vor dem Areopag in Athen die Lehre vom Gekreuzigten vorzutragen[3], wenn er auch später bei seinem Kommen nach Korinth sich vornahm, vor den Korinthern nichts zu wissen als Christus, und zwar als Gekreuzigten[4].

Und Ricci? Konnte er es wagen, gleich von Anfang an diesen nicht sehr nach Erlösung dürstenden, im Irdischen verhafteten Menschen Chinas die Wahrheit des Kreuzes schonungslos vor die Seele zu stellen? Ganz abgesehen davon, daß die Darstellung eines nackten Menschen für die Kunst Chinas etwas Unerhörtes war,

---

[1] I Nr. 200.
[2] I Cor. 1, 23.
[3] Apg. 17, 16-24.
[4] I Cor. 2, 2.

mußte die Lehre von der Selbstentäußerung und dem Tod eines Gottes durch Menschenhand bei jenen, die nichts davon wußten und gehört hatten und die plötzlich vor diese Tatsache gestellt wurden, das höchste Befremden erregen. Bei der klugen und vorsichtigen Arbeitsmethode Riccis ist a priori zu erwarten, daß er auch in diesem Punkte ein allmähliches Vorwärtsgehen dem plötzlichen Aufdrängen entschieden vorzog. Und doch können wir unter keinen Umständen und nirgendwo feststellen, daß Ricci das Kreuz vor solchen verborgen gehalten hätte, die es in allmählicher Einführung kennengelernt hatten und bereits verstanden. Diese Einschränkung ist methodisch durchaus zu billigen. Von hier aus löst sich auch eine anscheinend unlösliche Schwierigkeit. Wir wollen diese vorwegnehmen, um uns dann der positiven Darstellung widmen zu können. Es fällt auf, daß Ricci bei Besuchen heidnischer Mandarinen in den Kapellen der damaligen Missionen immer, und zwar ausschließlich folgenden Sachverhalt hervorhebt: Die hohen Herren treten ein und sind auf das Höchste verwundert über die Majestät des Erlöserbildes, das ihnen vom Altar aus entgegenblickt. Ricci berichtet kein einziges Mal über den Eindruck, den das Kreuz auf diese Besucher machte. Nur einmal ist direkt von einem Kruzifix die Rede, und zwar in dem Zusammentreffen mit dem Eunuchen Ma-T'ang. Darüber werden wir noch zu handeln haben. Es erhebt sich aus diesem auffälligen Sachverhalt die Frage: Warum wird bei Ricci niemals vom Eindruck des Kreuzes berichtet? Darf man dann weiterfragen: Haben die Jesuitenmissionare den Christen die Wahrheit vom Kreuze oder das Kreuz selber vorenthalten? Auf die erste Frage werden wir im Lauf der Abhandlung zurückkommen. Die zweite Frage können wir aber jetzt schon mit einem glatten: Nein, beantworten. Wie war also ihre Praxis? Den Christen und den Katechumenen gegenüber gilt: Sie haben allmählich zum Verständnis des Kreuzes hingeführt. Die Christen und Katechumenen kannten von Anfang an das Kreuz, wenn auch nicht gleich die letzten Mysterien um das Kreuz. Gehen wir den Spuren nach.

Wir erwähnten bereits an anderer Stelle, daß das « Credo », d. h. das apostolische Glaubensbekenntnis, zusammen mit dem « Vater unser », dem « Ave Maria » sowie den « 10 Geboten » bereits 1584 ins Chinesische übersetzt und gedruckt wurden. Die Grundlage dafür finden wir neben der « Storia » [5] in den Briefen

---

[5] I p. 194 n. 3; I Nr. 248.

Riccis an Johann Baptist Roman vom 13. Sept. 1584 [6], an Aquaviva vom 30. Nov. 1584 [7], an Aquaviva vom 20. Okt. 1585 [8]. In diesen Briefen ist aber nur die Rede vom « Vater unser », dem « Ave Maria » und den « 10 Geboten » und vom Katechismus des Ruggieri. Daß das « Credo » in diesen Briefen nicht erwähnt wird, ist offensichtlich ein Lapsus Riccis. Im Briefe vom 25. Nov. 1585 an P. Fuligatti [9] taucht auf einmal neben dem Katechismus Ruggieris wie selbstverständlich das « Credo » auf, ferner das « Vater unser » und die « 10 Gebote ». Das « Ave Maria » fehlt in dieser Aufzählung. Man kann nicht daran zweifeln, daß auch das Credo bereits 1584 gedruckt war, zumal Ricci in diesem Briefe an P. Fuligatti dieses eigens sagt. Er bemerkt, daß « Credo », « Pater noster » und « Gebote » *etc.* (« Ave Maria ») in ihrer Sprache gedruckt seien. Wir legen einen solchen Wert auf die Feststellung des Druckes auch des « Credo », weil damit erwiesen ist, daß das Leiden Christi Gegenstand der Belehrung, wenigstens der Christen, von Anfang an gewesen ist. Mag sein, daß man in der Erklärung anfänglich nicht sehr über die Worte des « Credo » hinausging, das ändert jedoch nichts an der grundsätzlich wichtigen Tatsache, daß das Wissen um das Leiden Christi zur religiösen Ausrüstung des Christen gehörte, und nicht nur des Christen, sondern auch des Katechumenen.

Nach dem Schluß der katechetischen Konversationen Riccis zu urteilen, wo er expresse die Mandarinen und höheren Klassen Chinas anspricht, bildeten die spezifisch katholischen Wahrheiten sogar den Gesprächstoff mit den Literaten und Mandarinen von Shiuhing. Die katechetischen Konversationen sind der Niederschlag dieser Gespräche. Sie behandeln unter anderem auch die Menschwerdung Christi aus dem jungfräulichen Schoße Mariens, die Wunder Jesu, sein Leiden und seinen Tod am Kreuze. Wenn wir auch nicht annehmen müssen, daß die eigentlich christlichen Mysterien im Vordergrunde dieser Gespräche standen, so läßt sich nach diesen Texten doch unmöglich daran zweifeln, daß sie auch behandelt wurden [10]. Über das Leiden Jesu sagen sie:

> « Dieser Jesus, der allgemeine Erlöser der Menschen der Welt, hatte in sich keine Sünde. Aber wehe! Böse Menschen eines be-

---

[6] TV p. 49.
[7] TV p. 51.
[8] TV p. 54.
[9] TV pp. 71-72.
[10] IL DOMMA CATTOLICO, p. 44: Dort der ganze Text der katechetischen Unterhaltungen.

stimmten Ortes, die ihn nicht hören noch (an ihn) glauben wollten, nahmen zwei Hölzer und machten davon ein Gerüst wie das Zeichen ' 10 ' (das chinesische Zeichen für 10 ist ein gleichschenkliges Kreuz). Sie nagelten seine Hände und Füße daran und ließen ihn an dem Gerüst sterben. Seine Jünger nahmen seinen Körper und begruben ihn in einem Grabe aus Stein » [11].

Dieser Text spricht klar genug. Wenn wir indessen spätere Texte Riccis mit diesem vergleichen, müssen wir wohl von einer Entwicklung der Methode auch in diesem Punkte sprechen. Einige Tatsachen beweisen das.

Versuchen wir in kurzen Strichen diese Entwicklung darzutun, um dann wieder zu unserem eigentlichen Thema zurückzukehren.

Der Schluß der katechetischen Konversationen [12] ist ein prächtiges Zeugnis für die Methode Riccis im Umgang mit den Literaten. Ricci schreibt in ihnen:

« Ich, Priester, ahme in Demut (meine) Vorgänger (die Apostel) nach. Oft erlitt ich Kälte und Hitze, kostete Gefahren aus und kam hierher. Ich habe oft ihre Besuche, gelehrte Mandarinen, hohe Herren, bedeutende Männer von Intelligenz, Talent und Geist empfangen. Aus den Unterhaltungen mit ihnen schöpfte ich zahlreiche Belehrungen und reichen Gewinn, wofür ich sehr dankbar bin. Indessen, trotz des erlauchten Geschlechtes, der vornehmen Herkunft, der erhabenen Berühmtheit ihrer Exzellenzen, fürchte ich, daß, in Unkenntnis des hl. Evangeliums des Herrn des Himmels, sie an einem kommenden Tage nicht bereit sein werden, gerettet zu werden und ihre Seelen hinaufsteigen zu lassen (in den Himmel ...). Dieses Evangelium besteht nicht aus buddhistischen Worten vom Nirvana, die von Siam oder ähnlichen Ländern erfunden wurden, noch wurde es von mir kleinem Priester geheimgehalten, sondern es wurde vom Herrn des Himmels zurückgelassen und ist von Anfang bis heute nicht in China eingedrungen ».

Dieses prächtige Zeugnis, das ganz klar wird, wenn man das ganze Dokument liest, worin von *allen* Offenbarungswahrheiten, die wesentlich sind für die Erlösung, auch vom Leiden, gesprochen wird, ist kennzeichnend für Riccis Methode im Umgang mit den Literaten in der ersten Zeit. Er hat also auch mit diesen hohen Herren über das Leiden Christi gesprochen. Der Eifer um die Literaten blieb bis zum Lebensende die Hauptarbeit Riccis, die Methode aber änderte sich.

---

[11] L. c. p. 51.
[12] L. c. p. 52.

Diese Änderung der Methode ist mit dem Kommen Riccis nach Nanchang anzusetzen [13]. *Nach außen und innen fand jetzt eine Änderung statt. Während man bisher eine Trennung von natürlichen und übernatürlichen Wahrheiten in der Lehrunterweisung noch nicht so klar feststellen kann, obwohl die Spuren schon da sind, wie wir sehen werden, tritt diese Trennung jetzt klar in die Erscheinung, womit eine doppelte Kategorie von Schülern entsteht, die aber beide auf das eine Ziel, die christliche Religion, hin erzogen wurden, nur daß der Weg der einen weiter war, während die anderen dieses Vorstadium entweder schon durchlaufen hatten oder direkt an die übernatürlichen Wahrheiten herangeführt wurden.*

Wir stellen fest, daß der Katechismus des Ruggieri, des typischen Vertreters der Frühmethode, ab 1596 aufgegeben ist. Ruggieri hatte natürliche Wahrheiten, apologetische Tendenzen und die Wahrheiten der Offenbarung in seinem Werk vereinigt. Dieselbe Methode finden wir in den « Katechetischen Unterweisungen ». Jetzt aber entsteht Riccis eigener Katechismus, der ausschließlich, abgesehen von einigen Schlußteilen, natürlich religiöse Wahrheiten bringt und apologetische Tendenzen verfolgt. Während wir vorher nur Spuren von einer gewissen Vorsicht in der Weitergabe des Offenbarungsgutes an Heiden, die noch keine Miene zeigen, Christ zu werden, aufweisen können, können wir jetzt klar beweisen, daß Ricci trennte zwischen denen, die keine Absicht hatten, Christ zu werden oder doch noch sehr weit vom Christentume entfernt waren, und jenen, die sich in der Vorbereitung auf das Christentum befanden. Während er die letzteren in alle Wahrheit einführte, beschränkte er sich ersteren gegenüber auf die natürlichen Wahrheiten.

Ricci schreibt in diesem Sinne am 13. Okt. 1596 an Aquaviva:

> « Das, was ich Euer Paternität sagen kann, ist, daß man unendlichen Gewinn unter diesen Personen (den Vornehmen) auch mit der Methode hat, mit der wir vorgehen. Denn ich kann sagen, daß ich ihnen täglich, wenn sie kommen, mich zu besuchen, predige. Und wenn wir auch bis jetzt nicht alle Geheimnisse unseres Glaubens erklären, so gehen wir mit all dem doch so vor, daß wir die *wichtigsten Fundamente* legen, als da sind: Gott der Schöpfer des Himmels und der Erde, daß die Seele unsterblich ist, daß es einen Lohn der Guten und Bösen gibt: Alles Dinge, die ihnen unbekannt sind und bis jetzt nicht von ihnen geglaubt wurden. Und sie hören mit viel Zufriedenheit zu und alle mit soviel Tränen, daß sie oftmals in viel echten Lobpreis ausbrechen, als wenn alle diese Reden

---

[13] 28. Juni 1595 (I Nr. 464) Ankunft dort.

nur von uns wiedergefunden wären, und es scheint uns, an diesem Anfang mit Dingen zu beginnen, die wir mit Gründen beweisen können » [14].

Für die gleiche Tatsache spricht auch die oftmals wiederkehrende Feststellung, daß Ricci gerne die alten Bücher der Chinesen braucht, um seiner eigenen Lehre bei ihnen mehr Autorität zu geben. In diesen Fällen konnte er aber unmöglich Offenbarungswahrheiten aus diesen Büchern beweisen wollen. Es kann sich nur um Wahrheiten handeln, die dem Menschen schon natürlich eingehen oder, die er erahnt [15].

Ein definitives klares Wort über diese Methode bietet die Einführung des Katechismus Riccis in der « Storia » durch ihn. Er schreibt:

> « Dieser (der Katechismus) handelt nicht von allen Mysterien unsers hl. Glaubens, die man *nur* den *Katechumenen* und *Christen* zu erklären hat, sondern nur von einigen hauptsächlichsten, besonders solchen, die man auf irgendeine Weise mit natürlichen Gründen beweisen kann und mit demselben natürlichen Lichte verstehen kann, damit er Christen und Heiden dienlich sei und auch in anderen sehr entfernten Gegenden verstanden werden kann, wohin die Unsrigen nicht so schnell kommen konnten, um so den Weg für die anderen Mysterien, die unabhängig sind vom Glauben und dem geoffenbarten Wissen, zu eröffnen » [16].

Aber wie gesagt, schon in der Frühzeit der Mission in Shiuhing lassen sich Spuren dieser Vorsicht aufzeigen. Ricci schreibt am 20. Okt. 1585 an P. Aquaviva:

> « Dieses Haus in Shiuhing, wie schon erwähnt, liegt an einem sehr günstigen Orte, um uns binnen kurzem in ganz China bekannt zu machen. Mit einigen für sie neuen Sachen aus Glas, mit Bildern etc., die wir hier haben, sowie einem schönen, wenn auch kleinen Häuschen, ziehen wir von weither die Menschen an, uns zu sehen. Darum, wenn Euer Paternität uns etwas von dort schicken könnten, wie kleine Uhren, die man am Halse tragen kann, ferner

---

[14] TV p. 225.

[15] I Nr. 484; TV pp. 156-157, Brief Riccis vom 29. Aug. 1595 an de Sande. In ihm ist die Rede von Himmel und Hölle-Themen, die in China nicht unbekannt waren. Ähnlich TV p. 207: Ricci sucht nach Spuren für die Lehre von der Einheit Gottes, von der Unsterblichkeit der Seele, von der Glorie der Seligen.

[16] II Nr. 709, pp. 292-293; TV p. 277, Brief Riccis vom 10. Mai 1605 an seinen Vater.

Bilder, aber *es sollen nicht Gegenstände von der Passion sein, die
sie noch nicht verstehen*, scheint mir, daß dem Herrn damit sehr
gedient wäre » [17].

Kann diese Stelle eine Schwierigkeit machen? Mir scheint nicht.
Einmal spricht Ricci an dieser Stelle nicht von seinen Christen und
Katechumenen, sondern von seinen Besuchern, unter denen aber
die Literaten und Mandarinen auch der Zahl nach eine bedeutende
Stelle einnehmen, denen er mit europäischen Sachen als Geschenken Freude machen will, um sich so Freunde zu gewinnen — Uhren, Glassachen wurden nicht an Christen verschenkt [18]. Aber selbst
wenn die Christen und Katechumenen hier eingeschlossen wären,
wäre die Stelle nur eine Bestätigung für seine vorsichtige Methode
bezüglich der Einführung in das Leiden des Herrn [19].
Eine sehr brauchbare Bestätigung für die Predigt vom Leiden Christi und vom Kreuze, wenigstens was die ersten Jahre angeht, finden wir im Katechismus des Ruggieri. Im 9. Kapitel werden die Glaubensartikel erklärt. Es heißt dort bei der Behandlung
des Leidens Christi:

« Weil die Menschen der ganzen Welt dem Gesetze Gottes nicht
gehorchten und Böses getan haben, und weil niemand da war, der
sie von diesen Sünden erlösen konnte, nahm Gott Fleisch an und
litt, um die Sünden der Menschen von der ganzen Welt hinwegzunehmen und die Seelen aller zu erlösen ».

Es heißt bald darauf weiter:

« Man muß glauben, daß Jesus selber leiden und Schmerz ertragen wollte am Kreuze, um die Seelen der ganzen Welt zu retten.
Jemand fragt: Wenn Jesus im Fleische Gott war, dann ist er doch
wirklich Gott. Ich verstehe daher nicht, wieso die Menschen ihn
kreuzigen und töten konnten? Antwort: Wenn Jesus auch Gott ist,
so hatte er doch, nachdem er Mensch geworden und in diese Welt
gekommen ist, einen Leib. Der Leib wurde gekreuzigt und starb
dann, aber Gott starb natürlich nicht » [20].

---

[17] TV p. 60.
[18] Cfr. I. Abschn., 4. Kap.
[19] Cfr. TV p. 60 n. 1.
[20] CAT. RU. Cap. IX-XI; IL DOMMA CATTOLICO, p. 39.
Cfr. BIERMANN O. P. P. BENNO - *Chinesische Sprachstudien in Manila*, in
« Neue Zeitschrift für Missionswissenschaft », 1951, dort über die Verbreitung
dieses Katechismus, p. 19.

Dieses Zeugnis hat bedeutenden Wert trotz der zeitlich beschränkten Drucklegung des Buches. Der Katechismus war in Tausenden von Exemplaren verbreitet, also nicht nur bei den Christen. Er wurde bis zum Jahre 1596 oftmals neu aufgelegt [21]. Dann wurden allerdings seine Drucktafeln zerstört. Das Zeugnis Riccis über diesen Katechismus, daß nämlich die Missionare ihn nicht mehr brauchten und auch nicht mehr verschenkten [22], kann nicht allzulange von der Zerstörung der Tafeln an zurückdatiert werden. Riccis eigener Katechismus enthält, mit Rücksicht auf die ganz anders geartete Zielsetzung desselben, kein Wort über das Leiden Christi. Wo von Christi Leben die Rede ist, heißt es:

> « Er nahm Fleisch an und wählte den Namen Jesus, was Erlöser bedeutet. Er selber lehrte und wirkte viele Bekehrungen im Okzident. Nach 33 Jahren stieg er auf und kehrte zum Himmel zurück. Das ist das Leben des (menschgewordenen) Gottes » [23].

Das Fehlen des Leidens in diesem Schema des Lebens Jesu ist einfach aus der Tatsache zu erklären, daß der Katechismus eben für die Literaten geschrieben war, apologetischen Charakter hatte und daß er die Offenbarungslehre nur berührte.

Nicht so sehr von allgemeiner Bedeutung, als vielmehr von episodenhaftem Charakter ist die Begegnung des Kruzifixes mit dem Eunuchen Ma-T'ang in Lintsing auf der Reise Riccis nach Peking. Der furchtbare Mensch ließ alle Sachen der Missionare durchstöbern. Dazu schreibt Ricci:

> « Das, was bei allen höchste Verwunderung erregte und den Unsrigen größte Schwierigkeit bereitete, war ein unter unsern Sachen aufgefundenes sehr schönes Kruzifix. Es war aus Holz geschnitzt, blutfarben bemalt, sodaß es lebendig erschien. Da begann der grausame Eunuch zu schreien und zu rufen: 'Das ist der Fetisch, den ihr gemacht habt, um unsern König zu töten. Dieses Volk taugt nichts, das mit solchen Künsten umgeht'. Und in der Tat dachte er, daß dieses etwas sehr Schlechtes sei. P. Matteo wollte einerseits nicht sagen, daß das unser Gott sei, da es ihm schwierig erschien, dieses hohe Mysterium unter diesem unwissenden Volke und zu dieser Zeit zu erklären, besonders, wenn er bedachte, daß dem Eunuchen alles, was er sagte, als Entschuldigung vor dem Bösen, das er getan hatte, vorkommen würde. Und andererseits sah er alle gegen sich aufgebracht, voller Entrüstung über solche Grau-

---

[21] I p. 379 n. 4.
[22] I Nr. 493.
[23] Cat. Ri. Cap. VIII.

samkeiten, die er nach ihrer Meinung an jenem Menschen getan hatte
(Ricci also als Mörder). Darum begann er langsam dem Militärsachverständigen (dem Begleiter des Eunuchen) und den anderen zu
erklären, daß sie nicht verstehen könnten, was dieses sei. Es sei
ein großer Heiliger unseres Landes, der für uns jene Qualen am
Kreuze leiden wollte. Darum malten und bildeten wir ihn auf diese
Weise, um ihn immer vor Augen zu haben und ihm zu danken
für solche Wohltat. Trotz allem, sagte der Militärsachverständige,
möchte es doch nicht gut erscheinen, diesen Menschen in solcher
Weise zu halten. Der Eunuch wollte sich mit nichts beruhigen.
Er verurteilte dieses Faktum und sagte, daß jene Männer verdient
hätten, gezüchtigt zu werden. Das, woraufhin er von seinem bösen
Verdachte (des Kaisermordes) abließ, war die Tatsache, daß er andere Kruzifixe sah, die in den Kästen waren, die von jenen entdeckt wurden, welche die Kästen durchsuchten und zwar sowohl
geschnitzte wie gemalte (Kruzifixe). Es kam ihnen doch vor, daß
diese nicht alle Fetische sein konnten. Als man nun das Durchwühlen alles dessen, was da war, beendet hatte, schickten sich der
Militärsachverständige und der Eunuch an, sich zu setzen und
ließen auch die beiden Patres bei sich sitzen. Was den Patres besonderen Schmerz machte, war, daß zwei Reliquiare voller Reliquien, eines in einem Kreuze von schönem Elfenbein und das andere nach Art eines Buches, sowie der Kelch aus Silber für die Feier
der hl. Messe weggenommen wurden, um (alles) dem König zu
geben »[24].

Der Passus ist in mehrerer Hinsicht aufschlußreich. Er zeigt
uns, daß Ricci mehrere Kruzifixe bei sich hatte, offenbar um sie
in den neu zu errichtenden Kapellen in Peking zu benützen. Er
zeigt ferner, welchen Eindruck ein Kreuz auf Menschen machte,
die kein Verständnis dafür hatten. Allerdings ist zu beachten, daß
diese Menschen Ricci von vorneherein feindlich gegenübertraten,
daß sie also nicht die Absicht hatten, zu begreifen und zu verstehen [25].

Ein anderes Zeugnis in derselben Situation macht aber großen
Eindruck durch seine Kraft. Riccis Freund Chung Wan-lu (der im
Text erwähnte Militärsachverständige) [26] rief in der verzweifelten
Lage der Patres einen Diener Riccis zu sich und gab ihm seine Rat-

---

[24] II Nr. 588.

[25] Wir können hier nicht dem folgen, was Pantoja über dieses Faktum
schreibt, dem dann auch BARTOLI (II c. 129) nachschreibt: Als wenn Ricci hier
ein glänzendes Zeugnis abgelegt hätte (cfr. II p. 116 n. 3). Pantoja konnte
nur sehr wenig von der Unterhaltung verstehen, weil er die Sprache nicht beherrschte. Darum berichtet er falsch, wir müssen Riccis Text hier folgen.

[26] II p. 108 n. 2.

schläge. Unter anderem sagte er ihm, man solle doch alle Kruzifixe zu Staub machen [27]. Dem antwortete aber der Diener:

> « Mein Herr, jenes Kruzifix, das die Patres tragen, stellt den wahren Gott dar, der freiwillig für das Heil des menschlichen Geschlechtes starb. Eure Herrlichkeit mögen wissen, daß nicht nur meine Herren, sondern auch wir, die dem folgen, was jene uns lehren, lieber sterben wollten, als eine so schlechte Handlung zu setzen wie die ist, seinem Bilde abtrünnig zu werden und es nicht mit uns zu nehmen » [28].

Ein herrliches Zeugnis dieses chinesischen Dieners.
Im übrigen finden wir aus der Tätigkeit Riccis und um Ricci nicht viele Dokumente über das Kreuz und seine Verwendung. Man spricht nur nebenbei vom Kreuze. Es lag ja kein besonderer Grund vor, ausdrücklich vom Kreuze zu sprechen, gewissermaßen mit Blickrichtung auf kommende Vorwürfe. Daraus folgt nicht, daß dieses Schweigen auf ein Verbergen des Kreuzes hindeutet. Unter diesem Schweigen lesen wir von der « Protestatio Fidei » des Paul Li. Ricci erwähnt mit keinem Wort das Kreuz. Er sagt nur, daß der feierliche Akt vor dem Altare stattfand [29]. Und doch wissen wir, daß die Formel von den Neubekehrten vor einem Kruzifix abgelegt wurde [30]. Damit ist für diesen Fall der Gebrauch des Kreuzes im Gottesdienst sichergestellt, was aber ohne weiteres den Schluß gültig macht, daß für alle ähnlichen Feierlichkeiten, Messe, Offizien etc. innerhalb des Rahmens der Christengemeinde das Kreuz gebraucht wurde, womit für Ricci der Gebrauch des Kreuzes einwandfrei erwiesen ist. Damit aber nicht genug. Es scheint sogar, daß in Peking das Kreuz von den Christen nach außen getragen wurde, so daß man sie als Christen erkennen konnte. So erfahren wir vom Christen Lukas aus Peking, daß er sich und seine Familie zusammen mit dem Bilde des Erlösers malen ließ. Alle wurden dabei dargestellt mit Rosenkränzen in den Händen und mit einem Kreuzchen und einem Reliquiar am Hals [31].

Als Zeichen des Vertrauens auf den Gebrauch des Kruzifixes soll dieser rührende Zug dienen: Als Ricci schwer erkrankte und die Ärzte unter drei Medizinen nicht einig werden konnten über die anzuwendende, eilten die Christen zahlreich herbei, legten die

---

[27] II Nr. 589.
[28] II p. 118 n. 4: Nach dem Jahresbericht des P. Carvalho von 1601.
[29] II Nr. 695.
[30] II p. 263 n. 2.
[31] II Nr. 905.

Vorschriften (die Rezepte) vor das Kruzifix und flehten auf den Knien, daß der Gekreuzigte sie erkennen lasse, welche von den dreien dem Pater zur Gesundheit gereiche [32].

Ganz deutlich ist die Rede vom Kreuze bei der Übertragung der Leiche Riccis nach Shala. Der zu diesem Zwecke gebildeten Prozession ging das Kreuz voraus. Bei Bartoli lesen wir einfach: « La croce in asta avanti » [33]. Diese allgemeine Formulierung findet sich bei Trigault klarer: « Delatum est (feretrum) inquam, matutinis horis, magno neophytorum comitatu, qui cereos manu gestantes, Crucem gestatorio conopaeio insignem sequebantur » [34]. Was bedeutet dieses: « Conopaieum »? Ich schließe mich in der Erklärung P. D'Elia an. Wie schon bei der Behandlung der Totenriten erwähnt, scheint es sich hier um eine « splendida cortina » gehandelt zu haben, die von einer Art Dach oberhalb des Kreuzes herniederhing.

Wir glauben hiermit dargetan zu haben, daß das Kreuz im missionarischen Leben Riccis zwar mit Vorsicht den Christen nahegebracht wurde, daß sie es aber tatsächlich unter entsprechender Belehrung kennenlernten. Den Heiden gegenüber zog man damit nicht zu Markte, weil sie nichts davon verstanden.

Diese bisher gemachten Feststellungen sollen erhärtet werden durch Tatsachen aus dem Wirken der Mitbrüder Riccis.

Der Mandarin Chung aus Shiuchow hatte auf seinem Wege nach Peking von dem Mißgeschick Riccis wegen des Kreuzes erfahren.

« Er tadelte daher die Patres von Schiuchow wegen des *Tragens* des Kruzifixes ... Wenngleich er und die anderen dieser Stadt keine solche Meinung von den Patres hatten, hörte er doch nicht auf, sie zu tadeln wegen des Gebrauches eines so grausamen Bildes, das denjenigen erbeben mache, der es sehe. Was er dabei aber besonders merkwürdig fand, war, daß man sagte, daß die Patres bereit wären, eher zu sterben als es aufzugeben, und daß alle anderen Patres die gleiche Absicht hatten. Von ihrer Seite aus baten die Einwohner durch Freunde, daß man es nicht mehr in Schiuchow trage. Von da aus hatte der Pater oft Gelegenheit, von diesem so verborgenen Geheimnis zu den *Heiden* zu sprechen, und zwar mit solchem Gewinn, daß sie selbst, obwohl Heiden, das Kruzifix sahen und es anbeteten » [35].

---

[32] II Nr. 959; II p. 538 n. 1.
[33] BARTOLI, II c. 282; cfr. DE URSIS, p. 54.
[34] II Nr. 994.
[35] II Nr. 662.

Zu dieser Tatsache ist nichts hinzuzufügen. Immerhin wird man dieses Faktum allein schwerlich als Pars pro toto gelten lassen können, da Longobardo, wie bekannt, ja nicht in allen Punkten der Methode mit Ricci harmonierte. Setzen wir die Stelle aber in den Gesamtrahmen hinein, so hat sie ihre Beweiskraft.

In den Jahren 1603-1605 führte man in Shiuchow auch « einige Zeremonien der Karwoche ein, wie die Anbetung des Kreuzes und des Gekreuzigten (und zwar) nach der Predigt vom Leiden Christi unseres Herrn zu großem Troste der Neuchristen » [36]. Dieser Text stammt von Ricci selber, und wir können und müssen annehmen, daß in diesem wichtigen Punkte eine gegenseitige Verständigung darüber zwischen Ricci, dem Oberen, und Longobardo, dem Untergebenen, vor sich ging. Zwar könnte man sagen, daß die Einführung dieser Zeremonien ziemlich spät liegt. Die Antwort darauf ergibt sich im allgemeinen aus der Methode der Jesuiten an sich, und im besonderen aus den reichlich komplizierten Verhältnissen dieser Residenz.

Zum Überfluß weisen wir noch hin auf die Bemerkung, die kurz nach dieser Schilderung über den alten Paul in Hsiaping gemacht wird. Er hatte nämlich verschiedene Schwierigkeiten, die er sich notiert hat, um den Pater (Longobardo) danach zu fragen. Diese gingen um das Geheimnis der Menschwerdung, des Leidens Christi und um die Predigt des Evangeliums. Mit der Lösung dieser Schwierigkeiten war der alte Mann sehr zufrieden [37]. Worin diese Lösung bestand, wird nicht gesagt.

Auf das Zeugnis Bartolis sei nur kurz verwiesen. Er sagt, daß das Bild der Passion unseres Herrn in den Christengemeinden von den ersten Zeiten an verbreitet sei. Er hat dieses Werk selber gesehen, für europäische Augen grob, aber in der Wiedergabe der schmerzhaften Geheimnisse entsprechend. Er spricht dann auch von Kreuzen, von denen alle Häuser der Christen voll waren, nicht geheim und nur drinnen, sondern über den Türen offen sichtbar [38]. Er spricht an der gleichen Stelle auch von Betrachtungen und Ansprachen, die über das Leben Christi gehalten wurden, von der Geburt bis zur Himmelfahrt, die durch den Druck von den Patres veröffentlicht wurden. Was waren das für Druckwerke? Wir müssen da hinweisen auf das Büchlein Longobardos: « Sammlung katholischer Gebete für alle Tage ». Die erste Ausgabe dieses Büch-

---

[36] II Nr. 732.
[37] II Nr. 736.
[38] BARTOLI, II c. 216.

leins muß etwa 1603 stattgefunden haben. Von ihr ist kein Exemplar bekannt. Was bekannt ist, gehört zur zweiten Ausgabe, die von P. Buglio und P. Verbiest gegen 1670 besorgt wurde.

Im ersten Teil B haben wir an dritter Stelle ein Gebet zu den fünf Wunden. Dieser Teil ist von Longobardo übersetzt. Im ersten Teil C haben wir, wieder von Longobardo übersetzt, Regeln für die Betrachtung des Rosenkranzes unseres Herrn und der allerseligsten Jungfrau. Im dritten Teil haben wir Übersetzungen Pantojas und Diaz d. Ält. An erster Stelle stehen Erzählungen über das Leiden Christi. Es folgen dann verschiedene Gebete, unter denen sich auch eines zu den fünf Wunden befindet [39].

Von besonderer Wichtigkeit für unsere Frage ist « Die posthume Sammlung der Schriften des Dr. Pantoja » in vier Büchern. Pantoja starb im Januar 1618 in Makao. Die ersten drei Bücher der Sammlung enthalten eine Erklärung des Glaubensbekenntnisses, und das vierte enthält einen Traktat über Engel und Dämonen sowie einen über den Ursprung des menschlichen Geschlechtes. Trotz des Fehlens einer Vorrede oder eines Epilogs kann man aus verschiedenen Gründen dennoch mit genügender Sicherheit beweisen, daß das Werk wahrscheinlich um 1610, und zwar vor dem Tode Riccis (11.5.1610) zusammengestellt sein muß, denn Pantoja hätte Ricci schwerlich unerwähnt gelassen, wenn er schon gestorben gewesen wäre. Während das vierte Buch leicht zu datieren ist, macht die Festlegung des Symbolums in dieser Hinsicht Schwierigkeiten. Der Verfasser spricht da von der Menschwerdung des Sohnes Gottes vor 1600 Jahren. Daraus kann aber nicht geschlossen werden, daß Pantoja den Traktat bereits 1600 verfaßte, da er damals erst nach China kam. Es kann sich in dieser Angabe also nur um eine annähernde Zahl handeln. Vor 1608 kann das Werk aber auch nur schwerlich verfaßt worden sein, weil Pantoja bis dahin die Sprache noch nicht so beherrscht haben kann, daß er als Literat auftreten konnte. Andererseits ist die Sprache in ihren Termini technici ganz und gar aus der Zeit Riccis. Gottesnamen wie T'ien Chu und Shang-Ti und ähnliche kommen vor. Einmal findet sich allerdings schon das später von Longobardo gebrauchte « Deus » in Phonetisierung. Ähnlich werden andere Ausdrücke der Riccizeit gebraucht für Symbolum, Pater, Filius, Spiritus Sanctus etc. Sicher ist das Werk andererseits aber auch vor 1612 verfaßt, da Longobardo als neuer Oberer der Mission begann, ausschließlich die Phonetisierung von « Deus » für den

---

[39] II p. 230 n. 3 - p. 231 n. b.

Gottesbegriff einzuführen. Dafür spricht auch, daß sich der Verfasser nie auf sein 1614 erschienenes Werk « Die sieben Siege » bezieht, ein Werk, welches außerdem im Stile viel eleganter ist als das erstere. Ferner ist der Verfasser bereits 1618 gestorben. Aus alldem geht hervor, daß « Die Erklärung des Symbolums » des Pantoja in den letzten Jahren Riccis verfaßt sein muß, also um 1608-1610 [40].

Schon im 1. Buch seiner Arbeit spricht der Verfasser verschiedentlich vom Kreuz und seinem Sinn. Er erklärt das Kreuzzeichen und sagt, daß (neben anderem) ein Sinn des Kreuzzeichens sei: « Gott ist in diese Welt gekommen, hat einen Leib angenommen, ist geboren, hat in der Welt gelitten und ist gestorben ».

Ebenfalls im 1. Buch spricht der Verfasser vom Leiden Christi. Er weist hin auf das Opfer des Lebens des Erlösers. Um die Sünde der Welt zu tilgen, übergab er seinen Leib den Übeltätern, indem er an das Kreuz genagelt wurde. — Und wiederum ist die Rede vom Zeichen des Kreuzes:

> « Indem man das Zeichen des Kreuzes macht, erkennt man an, daß der Sohn gelitten hat und daß er, angenagelt am Kreuze, gestorben ist ».

Weiter sagt der Verfasser über den Gebrauch des Kreuzzeichens:

> « Darum machen alle diejenigen, die an die hl. Religion glauben, wenn sie am Morgen an die Arbeit gehen oder am Abend schlafengehen, wenn sie ausgehen oder eintreten, wenn sie sich erheben oder sich setzen, wenn sie essen oder sich ausruhen, am Anfang und am Ende der Arbeit, immer das Zeichen des Kreuzes, um die Hilfe Gottes zu erflehen ».

Man könnte noch auf viele andere Anspielungen auf das Kreuz und Leiden verweisen. Der wichtigste Text aber, der zugleich von den Jesuitenmissionaren alle falschen Verdächtigungen in dieser Hinsicht entfernt, ist derjenige, der sich an die Erklärung der Worte des Symbolums anschließt: « Gelitten unter Pontius Pilatus, gekreuzigt, gestorben und begraben ».

Es wird im Anschluß an diese Worte das gesamte Leiden des Herrn erklärt, wie es in der Hl. Schrift steht. Bis zum Begräbnis

---

[40] AHSI — D'ELIA S. I. P. PASQUALE - *La passione di Gesù Cristo in un'opera cinese del 1608-1610*, in « Arch. Hist. Soc. Jesu », vol. XXII, 1953, pp. 278-280; p. 306.

Jesu ist die ganze Erzählung eine getreue Wiedergabe der 4 Evangelien über das Leiden Christi. Darauf beginnt der Verfasser die Theologie über diese Fragen darzulegen. Warum hat Christus das Leiden nicht vermieden, da er doch Gott war? Und die Antwort lautet: Christus hat das Leiden freiwillig nach dem Willen Gottes auf sich genommen. Schon im Alten Testamente wurde in diesem Sinne das Leiden vorausverkündigt. Ebenfalls hat Christus selber zeit seines Lebens öfter auf sein zukünftiges Leiden hingewiesen. Er übergab sich also freiwillig den Händen seiner Feinde. Es werden dann die komplizierten Fragen nach der Sünde der Mörder Jesu und nach dem Sinn und Zweck des Leidens und Sterbens Christi gestellt. Desgleichen taucht die Frage auf, warum nicht jeder einzelne Mensch bestraft wird wegen seiner Sünde? Warum also mußte Christus leiden und sterben? Die Antwort ist ebenso tief wie schön: Die Schwere der Sünde und die hohe Würde des Beleidigten bedingen diesen Weg, ferner das Mitleid Gottes mit den Menschen und die Güte Gottes. Hier liegt auch die Antwort auf die Frage: Warum hat Gott gelitten, da er andere Wege hatte für die Erlösung? Einmal können wir die Pläne Gottes nicht durchschauen, und außerdem zeigt der von Gott beschrittene Weg am besten die Größe der Barmherzigkeit Gottes. Den Menschen wird auf diese Weise am besten geholfen im Kampfe gegen die drei Feinde des Geistes: Habsucht, Ehrsucht und Genußsucht, im Ringen um die Übung der Tugend, besonders der Geduld, der Demut, der Gottesliebe und Güte, die in so herrlichem Glanz vom Kreuze her erstrahlen. Endlich wird hingewiesen auf die Verdienste des Leidens, die den Menschen durch die Sakramente zuteil werden.

In alldem merkt man gar nicht, daß der Autor etwa zu unwissenden Menschen spricht. Er entschuldigt sich nicht wegen der von ihm dargelegten Probleme, sondern legt sie einfach und natürlich vor. Er mußte also auch verstanden werden [41].

Dieses Zeugnis mag genügen. Bedenken wir, daß das Werk unter den Augen Riccis entstanden ist, daß es sicher in der katechetischen Unterweisung benützt wurde. Bedenken wir auch, daß Pantoja jahrelang in unmittelbarer Nähe Riccis lebte und arbeitete, so fällt von hier aus ein klares Licht auch auf Ricci selber.

Hierhin gehört dann auch ein Werkchen des P. Vagnoni, das aus vier Traktaten besteht, die aber wohl nie gedruckt wurden [42]. Sie hatten folgenden für uns wichtigen Inhalt: Sie behandelten

---

[41] AHSI pp. 280-307.
[42] II p. 496 n. 1.

die Gotteslehre, die Lehre von der Seele, von der Erbsünde und das Leben unseres Herrn Jesus Christus [43]. Möglicherweise sind der 1., 3. und 4. Traktat in seiner « Erklärung der Dottrina cristiana » die Erläuterungen Vagnonis zu diesen Themen. In dieser « Erklärung » wird die « Dottrina » Wort für Wort erklärt. Bei der Erklärung des Symbolums wird klar gesprochen von der Geißelung, der Dornenkrönung und der Kreuzigung.

Es ist anzunehmen, daß Vagnoni die Erklärung der « Dottrina » Riccis, die schon seit 1602 bestand, wenn auch nur handschriftlich, und die Ricci beim Druck der « Dottrina » im Jahre 1605 sich neu zu bearbeiten vornahm [44], ferner die von Pantoja 1610 druckreif vorliegende « Erklärung der Dottrina » zu Ende führte. Damit hätten wir wiederum ein sehr klares Zeugnis über die Tatsache der Lehrverkündigung über das Leiden Christi.

Endlich sei noch hingewiesen auf « Die Methode des Rosenkranzes » des P. da Rocha von 1620, in welcher fünf von den 15 Abbildungen dem Leiden Christi gewidmet sind [45].

Einige Züge aus dem praktischen Leben der Christengemeinden sollen das Gesagte vervollständigen. In Nanchang wird ein Christ eines Tages zu einem Heiden eingeladen. Er soll sich so setzen, daß er den Götzen im Raume nicht den Rücken zukehrt. Der Christ sagt dazu: « Ich bete Gott an und habe keine Furcht vor den Götzen ». « Und er machte das Zeichen des hl. Kreuzes gegen die Götzen, wie um sie zu bannen ... ». Derselbe Christ lehnt es ab, von den Speisen des Gastgebers zu genießen, wenn dieser zuerst davon den Götzen vorsetzt [46]. Einige Zeilen weiter hören wir von der Kraft des Kreuzes bei einer Besessenheit. Das zeigt deutlich, daß die Christen über das Kreuz gut unterrichtet waren und daß sie seine überwindende Macht zu schätzen wußten [47].

Ähnlich ist es in Shanghai. Wir lesen:

> « Unser Herr half dieser neuen Christengemeinde in besonderer Weise durch außerordentliche Tatsachen, vor allem durch das Mittel des hl. Kreuzes. Ein christlicher Vater war mit seinem Sohne an Terzianafieber erkrankt. Er schickte, um vom Pater (Cattaneo) das Bild des hl. Kreuzes zu erbitten. Und nachdem er

---

[43] II Nr. 919.
[44] II p. 291 n. 1 - p. 292 n. a; TV p. 258, Brief Riccis vom Mai 1605 an P. Maselli.
[45] II p. 225 n. 2.
[46] II Nr. 746.
[47] II Nr. 747.

es mit großer Andacht empfangen hatte, wurden er und sein Sohn plötzlich geheilt »[48].

Auch für die Heiden wirkte Gott auf ähnliche Weise Wunder. Eine junge Heidin wurde vom Teufel belästigt, sodaß sie weder schlafen noch essen konnte. Ein Neugetaufter mahnte sie, den Glauben anzunehmen und Christin zu werden, was auch geschah. Sie lernte das Kreuzzeichen, empfing ein Bild des hl. Kreuzes, das ihr vom Pater geschickt wurde, und war geheilt. Ähnlich ging es einem Christen, der Götzenbilder verbrannt hatte. Der Teufel belästigte ihn, nahm ihm den Reis für die Ernährung fort und machte das Wasser so schwarz wie Kohle. Ein Bild des hl. Kreuzes, das an dem betreffenden Orte aufgestellt wurde, ließ die Belästigung aufhören [49].

Zum Schluß wollen wir uns noch ein schönes Zeugnis vorführen, das Bartoli bringt, was in mehrfacher Hinsicht recht aufschlußreich ist. Dr. Michael Yang T'ing-yün lernte Ricci, wie bekannt, schon in den Jahren 1602-1608 kennen, wußte also sicher manches vom Christentum, und doch hatte er, als er sich 1611 bekehrte, in einigen Punkten bedeutende Schwierigkeiten zu überwinden [50].

Die erste geht um die Nationalhelden Chinas, ihre Ehrung und ihr ewiges Los. Weiter konnte er sich die leibliche Auferstehung nicht recht denken. Besonders groß waren die Schwierigkeiten aber um die Menschwerdung und das Leiden Christi. Er hatte sich einen hohen Gottesbegriff geformt und sah sich nun auf einmal der Tatsache des menschgewordenen und leidenden und sterbenden Gottes gegenüber. Gott nahm ein Schicksal auf sich, das nur einem Verbrecher zuteil wurde. Sein ganzes Inneres empörte sich gegen einen solch unwürdigen Gedanken. P. Cattaneo, sein Lehrer, mußte weit ausholen, um ihm alles recht zu erklären. Er begann mit dem Ziele des Menschen, der ewigen Seligkeit, ging dann über auf die übernatürliche Ordnung, in die Gott den Menschen hineingestellt hat, aus der der Mensch aber durch die Schuld Adams herausgefallen ist. Von sich aus kann der Mensch Gott nicht mehr versöhnen. Dazu ist ein Wesen mit unendlichem Verdienst nötig, das zugleich auch ein Sohn Adams ist. Daher wollte der ewige Vater, daß der göttliche Sohn auch Sohn Adams würde, um auf diese Wei-

---

[48] II Nr. 937.
[49] II Nr. 938, 939.
[50] III p. 13 n. 3 - p. 14 n. a.

se die Menschen wieder mit Gott zu versöhnen. Dazu mußte er aber für die Sünden der Menschen leiden, stand dann glorreich von den Toten auf und fuhr in den Himmel auf, um dereinst wieder zu kommen zum Gerichte [51].

Wir dürften damit genügend klar dargetan haben, daß zur Zeit Riccis bezüglich der Lehre vom Kreuze sich nichts Unkorrektes im Vorgehen der Jesuiten, speziell Riccis selber nachweisen läßt. Man war vorsichtig und klug, ja, aber durchaus auf der Ebene eines festen orthodoxen Lehrsystems.

---

[51] BARTOLI, III c. 18.

ZUSAMMENFASSUNG

Wir haben versucht, der Missionsmethode Riccis durch die Aufweisung und Verständlichmachung von Tatsachen und Ursachen, Verhältnissen und Zusammenhängen aus der in den Texten niedergelegten Lehre und Geschichte die nötige und gebührende Beleuchtung zu geben. Fassen wir nun kurz die wichtigsten Ergebnisse zusammen. Wir haben einen Missionar kennengelernt, der als eine in seinem Beruf aufgehende und sich in ihm erschöpfende Persönlichkeit vor unsern Augen stand. Die Grundidee des Lebens und der Aufgabe dieses Mannes war die Arbeit am Heile der Seelen. Er liebte die ihm anvertrauten Menschen. Weil er sie liebte, sah er mit Sicherheit den Weg vor sich, den er einzuschlagen hatte, sie zu gewinnen. Nicht nur die eine oder andere aus ihnen, nicht nur die Seelen dieser oder jener Stadt, dieses oder jenes Bezirkes, nein, alle Seelen Chinas. Unter dieser Sicht schafft er eine Missionsmethode, die mit kleinen Maßstäben nicht gemessen werden kann. Er geht ein auf die Eigenheiten des Volkes. Die Liebe seines missionarischen Herzens läßt ihn nicht mit Kleinem zufrieden sein: Das ganze Volk ist Gegenstand seines Denkens und Trachtens.

Darum drängt es ihn von Beginn an, zum Kaiserhofe zu kommen. Er ruht nicht, bis er dieses Ziel erreicht hat. Sein großer Wunsch ist die Bekehrung des « Sohnes des Himmels ». Als er bemerkt, daß die Zeit dafür wohl noch nicht reif ist, müht er sich doch nach Kräften, die Erkenntnis und damit die Hochschätzung des Christentums dem Monarchen irgendwie nahezubringen. Der Weg zum Kaiser ging über die Mandarinen und damit letztlich über die Literaten. Wie in verschiedenen Kapiteln deutlich gezeigt wurde, ist in diesem Bestreben Riccis eine Entwicklung festzustellen. Hier liegen die Gründe, warum Ricci die äußere Metamorphose vom Bonzen zum Literaten vollzog. Aus dem gleichen Grunde paßte er sich in Kleidung, Höflichkeitsformen, Hausbau, Geschenkmethode mehr und mehr der Gesellschaftsschicht der Literaten an. Klar läßt sich auch die Entwicklung in der Methode hinsichtlich der Behandlung der zwei Gruppen von Interessenten für die neuen Lehren aus diesem Grunde feststellen. Während die einen, die Christen werden wollten, langsam in alle Wahrheit eingeführt wurden, wurden die anderen, die noch nicht an Bekehrung dachten, vorerst in die natürlichen religiösen Wahrheiten eingeführt. Von hieraus erklären sich ferner die eindrucksvollen Bemühungen um die Freilegung des alten, unverfälschten Gedankengutes der Chinesen. Wir sahen, daß es Ricci gelang, die einzelnen brauchbaren Elemente des Konfuzianismus hinsichtlich des Gottesbegriffes, der Totenverehrung, des Ahnenkultes, der kindlichen Pietät ungezwungen in das christliche System einzubauen, ohne daß er allerdings den Versuch gemacht hätte, die gesamte konfuzianische Philosophie zum Ausdrucksmittel der christlichen Wahrheiten zu machen, eine Sache, über die auch heute die Akten noch lange nicht geschlossen sind.

So versteht er es, klug auf die Art und Weise dieser Menschen einzugehen. Es gelingt ihm, in ihren Kreisen heimisch zu werden. Er begnügt sich nicht damit, diesen oder jenen von ihnen zum Freunde zu haben. Alle sollen seine Freunde sein. Er steht auf hoher Warte in Peking. Sein Name und seine Lehre soll in die ganze Weite des chinesischen Reiches hinausstrahlen. In den Kreisen der Literaten soll der « seltsame Mensch », der so paradoxe Lehren verfaßt, keine unbekannte Größe mehr sein. Seine Ideen und Lehren sollen in den Salons der Literaten und Mandarinen zur Debatte stehen.

Konnte er aber Menschen, die nie etwas vom Christentum gehört hatten, die voraussichtlich auch in den nächsten Jahrzehnten aus Mangel an Hilfskräften nicht durch direkten Unterricht vom Christentum hören würden, Menschen, die in einem Wust von Götzendienst, Aberglauben und Materialismus lebten, ohne jede Vorbereitung die spezifischen Wahrheiten des Christentums vor die Seele stellen? Nein! Darum mußten die Boten, die er zu ihnen sandte, seine Bücher und Traktate, erst einmal den Urwald falscher Anschauungen auf den verschiedensten Gebieten roden.

Was sollte er aber diesen Menschen sagen? Wo waren sie ansprechbar? Wie konnte er sich selber legitimieren als Verkünder neuer religiöser Gedanken?

Die Wissenschaften wurden die Visitenkarte Riccis. Ihre überzeugende Kraft sollte ihm Eingang verschaffen in Denken und Sinnen der Literaten.

Auf diese Weise begann er, vorerst gründlich kehraus zu machen mit dem Berg falscher Anschauungen innerhalb der rein natürlichen Ordnung, in den einsichtigen, rational beweisbaren

Dingen des Lebens. Das Ziel lag höher. Er wollte mehr. Er wollte die Seelen seiner Leser!

Aber wie? Wie sollte und konnte er den letzten und entferntesten Literaten die Mysterien des Christentums klarmachen? Ricci war hier und dort und am längsten in Peking, aber er verlor nie den Blick auf und über das ganze Reich, er sprach in seinen Schriften immer zum ganzen Volk. Wie aber konnte einem Literaten, der nie etwas vom Erlösergott gehört hatte, die Lehre vom gekreuzigten Gottmenschen als Zentralwahrheit einer alleinseligmachenden Lehre ohne jede Vorbereitung zugemutet werden?

Man mußte also ein Fundament finden, vielleicht ganz in der Tiefe der Seele, vielleicht an der Oberfläche, je nach der Güte des Charakters der Menschen, das in der Seele dieser Menschen und in der katholischen Lehre zugleich sich fand oder das sich in den Seelen doch mindestens finden ließ. Dieses Fundament war die Wirklichkeit der Anima naturaliter christiana. Hatten die Menschen der Urzeit nicht solche Animae naturaliter christianae besessen? Hatten sich nicht in manchen Völkern noch Spuren davon erhalten? Gehörten die Chinesen nicht in hervorragender Weise zu diesen Völkern? Ja, es war so: Die alten Schriftsteller, die Könige und die Kaiser, Yao und Shun, der Herzog von Chou und Konfuzius waren im Besitze dieser natürlich christlichen Seelen gewesen. Die Lehren, die sie in sich trugen, hatten sie, wenn auch oft nur bruchstückweise und nicht mehr ganz vollständig, ihren Nachkommen übergeben. Leider hatte man von diesem an sich schon nicht mehr reichen Erbe manches im Laufe der Jahrhunderte und Jahrtausende am Wege liegengelassen, und zuletzt waren nur mehr sehr dunkle Spuren, fast nur Schutt und Trümmer und falschverstandene Lehren und Gewohnheiten übriggeblieben.

War es mit der menschlichen Seele in sich nicht ebenso? Hatte Gott nicht jede Seele gut erschaffen? Hatte daher nicht jede Seele im innersten, geheimsten Winkel das Sehnen nach Gott? Leider war es in der Einzelseele so wie in der Geschichte. Alles war im Laufe der Zeit unter Schutt und Schmutz begraben, und nur wenige Menschen fand man, die noch etwas vom alten reinen Glauben bewahrt hatten. Das Zurückgehen auf die Geschichte konnte, so gesehen, eine wunderbar diskret gemachte Gewissenserforschung der einzelnen Menschenseele werden. Geschichte, Umwelt und eigenes Versagen hatten bei den meisten Menschen der Zeit eine dicke Schicht über das natürlich religiöse Wesen der Seele gelegt, die sich bei sehr vielen aus Götzendienst, bei den meisten

25 J. Bettray, S. V. D.

aus Aberglauben und bei fast allen aus einem stark materialistischirdisch und diesseitig gerichteten Denken zusammensetzte.

Es galt also, die verschüttete Unterschicht freizulegen. Dafür aber mußte ein Nenner gesucht werden, etwas, an dem sich die Geister scheiden konnten und mußten, etwas, von dem alles andere seinen Sinn bekam: Das war der Gottesgedanke, die überragende Wirklichkeit des einen, persönlichen, allmächtigen und gütigen Schöpfergottes — sie mußte mit allen Mitteln in die Herzen dieser Menschen hineingehämmert werden, oder besser gesagt: Es mußte das in Spuren vorhandene Ahnen darum endlich im Christentume seine letzte Verfestigung finden. Von hier aus, von hier aus allein, konnten alle anderen Fragen gelöst werden. Die Praxis mochte nicht immer so einfach sein, aber die Lösungen, die sie verlangte, würden bei immer mehr sich steigerndem Einfluß auch mehr und mehr erleichtert werden.

Was konnte es für eine Schwierigkeit sein, Konfuzius zu ehren, wenn er ein Geschöpf Gottes war, wenn man wußte, daß Gott diesen Menschen geschickt hatte, um dem chinesischen Volke auf dem Wege durch die Jahrhunderte sittlichen Halt zu geben?

Was konnten die übrigen Zeremonien im Grunde genommen für Schwierigkeiten machen, wenn man grundsätzlich dieses große und starke Fundament festhielt? Vielleicht würde der Prozeß bis zu seiner endgültigen Klärung Jahrhunderte brauchen, vielleicht würde man immer wieder mit Schwierigkeiten und Mißbräuchen zu kämpfen haben — wo aber gab es solche Mißbräuche nicht? War etwa das christliche Europa frei davon? Konnte man aber andererseits mit einer auf ihr altes Kulturgut mit Recht so stolzen Nation, wie der chinesischen, nicht Geduld haben, wenn es für sie galt, sich in einen neuen religiösen Gedankenkreis einzuleben?

Riccis Methode war geformt von der Weite des chinesischen Reiches in Geschichte und Gegenwart. Daraus ist alles zu verstehen. Er war sich bewußt, daß die Erfolge in Hinsicht auf die direkte Bekehrung des Volkes zu seiner Zeit nur gleichsam nebenbei zu ernten waren. Worauf es ihm ankam, war, die Basis zu schaffen für eine alles und alle umfassende Bekehrungsarbeit nach Legung oder Freilegung der Fundamente. Sein großes Verdienst ist es, das Tor weit aufgetan zu haben. Es stand weit auf, als er aus dem Leben schied. Leider hat man in der Folge den großen Geist und die weitgehende und doch auf so nüchternen Tatsachen aufgebaute Missionsmethode Riccis nicht mehr zu würdigen gewußt. Ob die heutige Situation die Folge und das Ergebnis auch unseres Versagens ist? Eine Antwort kann nur Gott geben.

PERSONEN-ORTS-UND SACHREGISTER

Adel der Geburt, Einfluß 79
Ahnenbilderverehrung 300. 324-325
Ahnenkult bei Konfuzius, Unsterblichkeit der Seele 323
Ahnenopfer, Umwandlung in Almosen 322
Ahnentäfelchen, keine Erwähnung bei Ricci 300
Ahnenverehrung u. Polygamie 146; Erklärung der Zeremonien 291. 292; Gegensatz von Christen u. Heiden 299; Stellung Riccis 320-323, Pantojas 325-326; v. Ritenfragen, Totenehrung
AHSI = D'Elia - La passione di Gesù Cristo in un'opera cinese del 1608-1610, 378. 379
Akademie der Vornehmen in Nanking, Freunde Riccis 93
Alàhà, nestor. Gottesname 278
Alaleoni G., zitierte Briefe an ihn 40. 120. 185. 359
Alchimie 154; der Taoisten 270
Aleni Giulio 165. 250
Alfaro, v. da Alfaro
Almeida, v. de Almeida
Almosen für die Mission aus Makao 107; an Stelle der Ahnenopfer 322; innerhalb von Bruderschaften 363
Altare portatile 123. 274. 329
Alvarez Giovanni Assistent Portugals beim General, Briefe an ihn 52. 72. 176. 177. 179. 219
Alves S.I. P.A.M. - Congregações Marianas na China e en Macau, 363. 364
Amicizia = D'Elia S.I. Pasquale - Il Trattato sull'Amicizia, primo libro scritto in cinese da Matteo Ricci S. I. (1595), Entstehung und Verbreitung 196-197; Wirkung 98. 100. 197; Gottesname darin 288-289; über Totengedächtnis 322; dem Kaiser überreicht 119; 89. 128. 171. 200

Amitabha 260
Andreas von Evora O.P. liefert Ricci das Material für sein Werk über die Freundschaft 197
Anhwei, Norden, Geburtsort des Laotse 268
Anton Leitam, chines. Bruder 226
Apost. Glaubensbekenntnis 187
Aquaviva Claudio, Ansicht über Gesandtschaft an den Kaiser von China 116; Beförderung von Chinesen zu den hl. Weihen 221; Stellung zum cinh. Klerus in China 229. 233; zitierte Briefe an ihn XX. XXI.XXIII. XXV. XXVI. XXXI. 2. 9. 23. 31. 36. 52. 55. 73. 85. 107. 109. 114. 115. 124. 142. 143. 164. 166. 182. 185. 186. 191. 192. 199. 226. 252. 291. 302. 303. 329. 330. 338. 339. 340. 351. 355. 357. 359. 360. 367. 369
Arbor porphyriana 193
Architektur, der Kapelle in Canton 44; der 1. Residenz in Shiuhing 44; der Kapellen in Shiuchow und Nanchang 47; der Privatoratorien 47; der Kirche in Nanking 48; der Kirche in Peking 50. 51; Einführung in europ. Architektur durch Ricci 173-174
Arhat, Götze, Ursache für Sonnen-und Mondfinsternis nach Meinung des Volkes 178
Astrolab u. Sphära mit Figuren und Erklärung 210-211; 171. 174. 176. 257
Astronomie, chinesische A. 176; Bedeutung der europäischen A. in der Missionsarbeit 177-178; astronomische Arbeiten Riccis 210-211.
Atheismus in China 237
Aufenthaltsbewilligung, Begründung 76; in Shiuhing 77-78; in Shiuchow 84; in Nanchang 89; in Nanking 87. 96; in Peking 119

A

Augustinus 321; seine Werke in China 182
Augustinus, Führer der japanischen Friedensdelegation 116
Ave Maria 187

B

Baccalaureus, unterster Grad der Literaten Chinas, auch in der Soldatenkarriere 131
Barreto Melchior Nunes, Plan einer Chinareise 112-113
Bartoli = Bartoli S.I. Daniele - Dell'istoria della Compagnia di Gesù - La Cina, XXI; über chines. Malerei 56; über den ersten Christen Pekings 134; über Ehe und Familie 142-147; Pietät 158; Weltkarten Riccis 204; über Br. Pasquale Mendes 229; Totenfeier des Vaters des Dr. Paul Hsü 310; Frauentaufe 336. 338; Viatikum 353; Gebrauch des Kreuzes 373. 375. 376; Bekehrung des Dr. Michael 381; 6. 14. 22. 37. 39. 48. 74. 75. 90. 91. 129. 134. 142. 144. 147. 158. 205. 227. 281. 282. 296. 301. 302. 314. 332. 347. 352. 355. 382
Beamte, Verhältnis zu ihnen 79-109; Echtheit der Freundschaft der Beamten 93. 103. 105. 107
Beamtenstaat - China, Wirkung auf die Mission 75. 76. 79. 80. 83
Beckmann Johannes - Die katholische Missionsmethode in China in neuester Zeit (1842-1912) 250
Begräbnissitten, Schilderung Riccis 297-298
Beichte, v. Sakramentenpraxis
Bekehrungen, v. Milieu
Benci G. 8. 291. 299
Bencivegni Niccolò, Lehrer Riccis XVII
Bernard S.J. Henri - L'apport scientifique du Père Matthieu Ricci à la Chine, 163; - Die ersten Missionare in China im XVI. Jahrhundert, das verschlossene Tor; - Die Morgenröte der katholischen Mission in China im XVI. Jahrhundert, das Tor öffnet sich 70; Ricci angeblich Ritengegner 322
Bhaisajya 260
Biermann = Biermann O.P. Benno -

Die Ehrung des Konfuzius und der Ahnen in China, 322. 327; - Chinesische Sprachstudien in Manila, 371
Bilderverehrung, Motive, 52-54
Bildung Riccis XVIII-XXIII
Blume der Mitte, Name für China 244
Blutsverwandtschaft, kein Ehehindernis in China 147
Bonzen, Missionare als fremde B. 4. 84. 125; Eindruck derselben auf Ricci 256
Bonzenkleidung und Bonzenzeremoniell für die Missionare, v. Zeremonien
Borgias Franz, Madonna von S. M. Maggiore 60
Bourgeois Franz über die Bildung Riccis und dessen Katechismus XXII
Brahmanen 258
Breve Sixtus' V. an den Kaiser von China - Plan, Abfassung und Zweck 114; Stellung zu anderen Religionen 249; Gottesnamen im Breve 284. 287. 288; 72. 213
Briefwechsel = Ricci S.I. Matteo - Briefwechsel mit dem Bonzen Shen Lien-chih 195. 242. 245. 248. 257. 258. 260. 261. 262. 264. 277. 289; v. Buddhismus
Briefwechsel¹ = Ricci S.I. Matteo - Briefwechsel mit dem Bonzen Yü Têyüan 27. 195. 247-248. 251. 256-257. 290; v. Buddhismus
Brucker S.J. Josef - La Compagnie de Jésus, XXIII
Brüder, einheimische, kirchenrechtliche Stellung 223-224
Bruderschaften 362-364
Buchwesen in China 156-157
Buddha, Stellung Riccis zu ihm 195. 256 f.
Buddhismus, Sekte der Götzen 256; Ursprung des B. auch in europäischen philosophischen Quellen, v. Seelenwanderung, Pythagoras; Bücher als Mittel der Verbreitung des B. 260; christliche Schriften gegenüber buddhistischen nicht konkurrenzfähig 184; lehrt ein Paradies, die Hölle und Trinität 261, Lehre von der Wiedergeburt ebd.; T'ien Chu 274; «Höchster Gebieter» 277; B. nicht

Nationalreligion 258. 259; B. hat vieles aus dem Konfuzianismus übernommen 245; kennt nicht die alten Weisen 248; Riccis Kampf gegen B. 194. 200; keine Verständigung 256; B. hat vieles aus dem Christentum übernommen 261. 266; Auswirkung der Lehre von der Seelenwanderung 262; Pantheismus des B. 264; Riccis Autorität im Kampf gegen den B. 242; Buddhisten klagen Christen der Pietätlosigkeit an 326; Verfolgung des B. 120
Buglio Ludwig 377
Bußpraxis der Jesuiten in den einzelnen Stationen; v. Sakramentenpraxis; die einzelnen Residenzen

C

Cabral Francesco, nimmt erste feierliche Taufe in China vor 123. 329; berichtet über die erste Residenz in Shiuhing 45; gibt Ratschläge für die Missionsmethode in China XXV; Arbeitsmethode in Japan 230. 232; 72
Canarino 150
8 Canzoni = Ricci S.I. Matteo - Otto Canzoni per clavicembalo occidentale, Entstehen und Geschichte 199; Anpassung an chinesisches Denken 167-168; Gottesnamen in ihnen 289. 290
Carvalho Valentin 313. 374
Catay, Gleichheit von Catay-China 224
Cattaneo Lazzaro XXXV. 46; Sprachstudien 38; arbeitet in Shiuchow 91. 224; in Nanking 117. 131. 340; in Shanghai 105. 340; gibt sich als Literat in Makao 10; arbeitet in Hangchow 132; Begräbnisritus beim Tode des Vaters von Dr. Paul Hsü 310; über Polygamie 144; als Rebell verdächtigt 71. 102; seelsorgliche Verwendung des Kreuzes 380. 381; über einheim. Klerus 221
Catechismo, v. Katechismus
Cerqueira Luigi, Bischof von Japan 225
Chang Keng 54
Chang Meng-nan, Finanzminister 92
Chang Tao-ling, Propagator des Taoismus 268
Changteh 135

Chang Tê-ming, Provinzialzensor 102
Chang Tou-chin, Führer der Literaten von Nanchang 90; druckt die erste Weltkarte Riccis ab 203; besorgt die 6. (?) Ausgabe derselben 207; lobt Ricci XXXI
Chang Wen-tao, Minister, sympathisiert mit dem Christentum 137
Chang Yang-mo, Literat, studiert die Elemente des Euklid 209
Chang-Yin, Dynastie, Gottesbegriff dieser Epoche 278
Chang Yün-tu, Eunuch, Behandlung durch Ricci 20
Chao Hsin-t'ang 92
Chao K'o-huai, Vizekönig von Nanking, Bekanntschaft mit Ricci durch Weltkarte 91. 203; bewundert europäische Malerei 54
Chavannes 279
Chekiang 131. 136. 195. 208
Ch'eng Ta-yo, Fabrikant für Blocktusche 62
Ch'eng Wang, alter Kaiser 77
Ch'en Johannes, hütet das altare portatile der ersten Missionare und braucht erstmalig den Begriff T'ien Chu für den christl. Gottesbegriff 274. 286
Chen-Jui, Herzog 137
Ch'en Tzu-cheng, Vizekönig von Fukien 295
Chiao I-yüan, Literat 95
Chieh 255
Ch'ien-ch'ai, sog. « König » von Kienan, Freund Riccis 89; Geschenke an ihn 31; soll Reise nach Peking vermitteln 96; soll in Sachen der Gesandtschaft helfen 116; veranlaßt das Büchlein über die Freundschaft 196; will sich taufen lassen 138
Ch'ien Lung, Riccis Werke zählen zu den besten seiner Zeit 195. 199
Chih Hung-chi, v. Franziskus Lagea
Ch'in, erste Christen aus Nanking aus dieser Soldatenfamilie 130; Wegschaffen der Götzen 344; Taufen 131. 334. 339; Sakramentenempfang 347. 348; Besuch der hl. Messe 358. 359; Tod des Paul Ch'in, Zeremonien 300. 310
Ch'in, Dynastie 244

Ch'ing, Dynastie 147
Ch'iu Liang-hou, v. Pasquale Mendes
Ch'iu Liang-yen, v. Dominikus Ch'iu Liang-yen
Ch'i-yüan, Sohn des Herzogs Chen-Jui, stirbt im Verlangen nach der Taufe 137
Chou 255
Chou, Herzog von Chou 247. 248; dient dem « Höchsten Gebieter » 265. 286; ehrt die Ahnen 323; Dynastie, Aufkommen des Gottesnamens T'ien 277, Ursprung des Namens T'ien 278; Rituale der Chou 279. 280; Könige der Chou im Himmel 254; Taoismus in Chou-Dynastie 268
Chou, Mandarinenfamilie aus Nanking, Bekehrung 131
Chou Ping-mu, Akademiker, verfaßt Prooemium für die 10 Paradoxa 199; spricht über Konfuzianismus und Christentum 247; erklärt Worte des Konfuzius für dessen Jenseitsglauben 254
Christen, Gesamtzahl in China 138
Chu, Mandarin in Peking, Sakramentenempfang 347; Zeremonien beim Begräbnis 301
Chu Hsi, Philosoph, Stellung zum Gottesbegriff 281; über das Begriffspaar « Himmel-Erde » 284. 286
Chu-ko Liang, chines. Held, Ehrung 294
Chung, Mandarin aus Shiuchow, nimmt Longobardo zum Lehrer 24; beruhigt seine Landsleute über die Absichten der Missionare 127; Bekehrung der Familie 24. 334-335; ihre Privatkapelle 47. 356; Georg Chung will den Katechismus Riccis drucken lassen 192, belehrt über den Zwischenfall mit Ma T'ang 375
Chung Ming-jen, v. Sebastian
Chung Ming-li, v. Ferdinand
Chung Wan-lu, Militärintendant in Lintsing 97; Ehrung als « Heiliger » 295; steht Ricci bei in der Episode mit Ma T'ang 373
Chu Shih-lin (lu), Zensor, 93; hilft zur Reise nach Peking 96; lernt Ricci durch die « Amicizia » kennen 197
Ch'ü T'ai-su, Schüler Riccis in profanen und religiösen Gegenständen 22. 28. 174. 194. 209; regt Ricci an, die Methode zu ändern 4; stellt mathematische Instrumente her 175; vermittelt Bekanntschaften mit den Literaten und Vornehmen 84-85. 89. 90. 92. 93. 96; hilft zur 2. Herausgabe der « Amicizia » 197. 288; übersetzt den ersten Teil der « Elemente des Euklid » 208; muß Hindernisse überwinden, um getauft zu werden 143-144. 154; bekehrt sich auf Drängen des Br. Francesco 225; reinigt sein Haus von Götzen 344; legt ein besonderes Glaubensbekenntnis vor der Taufe ab 342; wird auf den Namen Ignatius getauft 132; Bedeutung seiner Bekehrung 109; erhält einen Sohn durch Riccis Gebet 132; sein Sohn soll erster Seminarist in Nanking werden 223
Chu Ting-han, gibt Ricci « Mnemotechnische Methode (der westlichen Länder) » heraus 212-213
Cinnico 123
Clavio, Christophorus Klau S.J., Lehrer Riccis und Freund von Päpsten XVIII; seine mathematischen und astronomischen Arbeiten von Ricci in China eingeführt und bekanntgemacht 174. 175. 209-211
Clero indigeno = D'Elia S.I. Pasquale - E' proprio vero che non vi sono tracce di clero indigeno nei primi cinquanta anni delle missioni cinesi? 218-233
Coelibat des Buddhismus 261
Coimbra, Ricci dort zum Erlernen der portugiesischen Sprache XIX
Collegiali, Vorstufe für Seminarerziehung der Chinesen 228-229
Conopaieum, Gebrauch für das Kreuz 309. 375
Costa Girolamo, Freund Riccis, zitierte Briefe an ihn XXV. XXVII. XXVIII. XXX. XXXVI. 8. 38. 52. 72. 88. 90. 116. 117. 120. 125. 180. 192. 197. 226. 229. 256. 303. 331. 343. 350. 352. 360
Credo, Übersetzung 187; Lehre vom Kreuz 367
Cruz, v. da Cruz

D

da Alfaro Pietro, Plan einer Gesandtschaft nach China 113
da Cruz Gaspar 113
Dalgado, Glossario 80
da Rocha Giovanni, Missionar in Nanchang 128, berichtet über dortige Taufen 130; in Nanking 102, dortige Taufen 131; führt Dr. Paul Hsü ins Christentum ein 333; schafft eine Übersetzung vom Katechismus des P. M. Jorge S.J.; verfaßt eine Methode des Rosenkranzgebetes und läßt sie durch die Schule des Tung Ch'i-Ch'ang oder durch den Meister selber illustrieren 62-65. 380; pflegt die Beziehungen zu den Mandarinen 102
de Almeida Antonio, Missionar in Shaohing und Shiuchow 13. 124; Aufenthaltsbewilligung 30; Sprachstudien 27; chinesischer Name 14; Tod und Zeremonien beim Tode 303-304; Übertragung der Leiche nach Makao 311
de Fabii Fabio, Novizenmeister Riccis, zitierte Briefe an ihn XXXIV. 37. 120. 123. 180. 186. 189
De Figuris isoperimetris 210
de Goes S.J. Benedikt 228
Dekalog 187
D'Elia S.I. Pasquale - La recente istruzione della S. C. di Propaganda Fide sui riti cinesi 327; - Importanti scoperte archeologiche in Cina 324; - Galileo in Cina 171; - Missionari artisti in Cina 51. 65; - L'arte missionaria nelle missioni 65; über Schwierigkeiten der Übersetzung christl. Begriffe ins Chinesische 187; Herausgeber des großen Mappamondo Riccis 205; über das Begriffspaar « Himmel-Erde », « Vater-Mutter » 285; über die Ehrung lebender Menschen 294; über die Ehrung großer Männer 295; über den Ursprung der « Responsorien » in China 311; erklärt Conopaieum 375; v. Storia dell'introduzione ...; AHSI; Amicizia; 8 Canzoni; Clero indigeno; D'Elia; Il domma cattolico; Lettera inedita; Mappamondo; Metodi; Origini; Roma presentata; Stud. Or.-Stud. Or.[3]

D'Elia = D'Elia S.I. Pasquale - La lingua cinese nella liturgia cinese del sec. XVII, 225. 229. 233
Demokrit und Buddhismus nach Ricci 260
de Petris Franz, Missionar in Shiuchow, Sprachunterricht 37, auch durch Ricci selbst 201; berichtet über Taufen in Shiuchow 125; über das Hindernis der Polygamie 143; Tod und Zeremonien 304-305; Übertragung der Leiche nach Makao 311
de Sande Eduardo, chinesischer Name 14; Plan zu einem Seminar in Makao 219-220; über zukünftige chinesische Priester 223; zit. Briefe an ihn 8. 38. 247. 304. 370.
de Ursis = de Ursis S.I. Sabatino — P. Matthäus Ricci S.J., Relação escripta pelo seu companheiro P. Sabatino de Ursis S.J. XXI. XXIX. 375; berichtet über Riccis Sprachstudien 40; über den Plan wissenschaftlicher Tätigkeit in Shala 183; über den Tod Riccis 307. 308. 312; ist Architekt der Kirche in Peking 50
Deus in Phonetisierung in einem Werke des Pantoja aus der Zeit Riccis 377
de Witte O.S.B. D. Charles Martial - Polémiques autour de la « Vierge chinoise » 65
Dharma 260
Diaz Emanuel (der Ältere), Missionar in Nanchang 128; lehnt Lehrer-Schüler Zeremonien ab 24; Verhältnis zu den Vornehmen 104; verteidigt sich geschickt 74; über Hindernis der Polygamie 145; Taufpraxis in Nanchang 337-338; Leiden Christi als Lehrgegenstand 377; Oberer der Südresidenzen 357; berichtet über erwiesene Prostrationen 305; visitiert im Süden und findet Schwierigkeiten, reist nach Peking zu Ricci 313; bringt Antworten Valignanos auf Anfragen Riccis nach China 315. 318-319; tritt für einh. Klerus in China ein 219
Diaz Emanuel (der Jüngere) 57
Die Elemente des Euklid, v. Euklid
Dio, nicht brauchbar als Gottesname

in chines. Sprache 286
Doctrina media 286
Dogico = Katechist 226
Dojuku (Japan), Behandlung derselben durch die Missionare 232
Doktorat, höchste Stufe der akademische Grade Chinas, auch für Soldaten 131
Dominikus Ch'iu Liang-pin, chinesischer Bruder 226
don Gioseppe, vornehmer Christ aus königlichem Blut aus Nanchang, Taufe und die seiner Frau 129; Frauentaufe in seinem Hause 337; Fasten seiner Mutter 361
don Pietro, Taufe seiner Frau 338
Dottrina cristiana, Kompendium der christlichen Lehre, Entstehung, Gebrauch, Eigenart, Inhalt 187-189; setzt Riccis Katechismus fort 194; dient zur Taufvorbereitung im Katechumenat 330. 332; Prüfung daraus vor der Taufe 336; dient als Gebetbuch 358; hat als Gottesnamen T'ien Chu 275. 286; spricht über Buße, Eucharistie und hl. Ölung 348. 349. 354; von Vagnoni erklärt 380; braucht, soweit sichtbar, erstmalig das Wort Shen-fu für Priester 15; wird dem Kaiser überreicht 119

E

Ehe, Verhältnisse in China, mit denen man zu rechnen hatte 146-149; über katholische Eheschließungen wird nicht berichtet 149
Ehreninschrift für den verst. Ricci durch den Präfekten von Peking 108
Elementenlehre, vier Elemente, Entstehen, Geschichte und Verbreitung 207-208. 100; Ablehnung der fünf chines. Elemente 171
Emanuel, Fürstensohn aus Nanchang 129
Emanuel Pereira, chines. Bruder, Yu Wen-hui, kurze Lebensgeschichte 226; mit Ricci nach Peking 118; Fähigkeit und Tätigkeit als Maler 56-57; malt das Bild Riccis 57. 307
Enshoff = Enshoff OSB P. D. - P. Riccis Uhren, 27. 31
Episkopat, Notwendigkeit desselben nach dem Urteil Valignanos in Japan 230
Epitome Arithmeticae practicae, Werk des Clavio, von Ricci und Dr. Li Chih-tsao übersetzt 209-210
Erfolge, äußere, fast immer mit Hilfe einer hohen Persönlichkeit 79
« Erklärung » zur Dottrina cristiana 189-190
Erklärungen zu den 4 Büchern 196; v. Sprache
Erlöserbild, meist verbreitetes christliches Motiv, Geschenk an den Kaiser 52; Gebrauch bei der Taufhandlung 336; tritt für frühere Götzenbilder ein 345; Wirkung desselben 366
Euklid, die « Elemente des Euklid », Werk des Clavio 174; Geschichte, Verbreitung und Bedeutung 208-209; von Ricci und Dr. Paul Hsü übersetzt 175. 180. 208; Dr. P. Hsü schreibt den Prolog dazu 165
Eunuchen, Verhältnis Riccis zu ihnen 20. 107; v. Ma T'ang
Europa, Sinisierung dieses Wortes 171; Gleichstellung mit Indien, Umschreibung « die großen Länder des Westens » 288; steigt in der Achtung der Chinesen 181
Evangelii praecones 215
Examensjahre, Bedeutung für die Mission 106

F

Fabio, Christ aus Peking, entfernt vor der Taufe die Götzen aus dem Hause 344; erhält Viatikum im Hause der Missionare 355; gibt Anweisungen für sein christliches Begräbnis 303
Fabio de Fabii S. I., v. de Fabii Fabio
Fasten, teilweise Einschränkung für die Christen 361; Riccis persönliches Verhalten, literarischer Niederschlag 19-20; mit Ursache für den Tod Riccis XXXVII
Feng Ch'i, Minister, Geschenke Riccis für ihn 31; unterstützt die Patres in Peking 99; bittet um die Dottrina cristiana 189; stirbt ohne die hl. Taufe 138
Feng Pao, Oberster der Eunuchen von

Nanking 95; Verhalten Riccis ihm gegenüber 20

Feng Ying-ching, angesehener und beliebter Mandarin, erste Bekanntschaft mit Ricci durch literarisches Schaffen des Missionars 99. 100; Schüler Riccis 24; gibt Werke Riccis heraus, in denen er ihn Doktor und Literat nennt 184; gibt « Amicizia » ohne Wissen Riccis heraus 197; besorgt Neudruck der 2. Ausgabe des Mappamondo 205; bearbeitet Riccis Katechismus, verfaßt ein Prooemium und finanziert den Druck 40. 192; schreibt Prooemium und finanziert den Druck der « 25 Paragraphen » 200; läßt den Traktat über die vier Elemente neu drucken 208; wird vom Volk als « Heiliger » geehrt 294. 296; stirbt ohne Taufe 100. 138

Fenollosa Ernest F. - Ursprung und Entwicklung der chinesischen und japanischen Kunst 58

Ferdinand Chung Ming-li, chines. Bruder, kurzes Leben 227-228. 37; Fähigkeit zum Priestertum 223; Plan zu seiner Weihe 221

Ferreira Kaspar, Reise nach Peking 316 über Nanchang 357; arbeitet in der Umgebung Pekings 136; bekehrt viele Frauen 339; richtet bruderschaftsartige Vereinigungen außerhalb Pekings ein 363. 364

Festtage, Beobachtung, Gesamtdarstellung 354-362

Forke 279

Formosa, v. Ryukyu

Fou-ch'u, großer Name (Hao) für Ruggieri 14

Francesco Martinez, chines. Bruder, Huang Ming-sha, Leben 225; berichtet über den Tod de Almeidas 304; hat Fähigkeiten zum Priestertum 223; Plan, ihn zu weihen 221; empfängt Tonsur und niedere Weihen 230; gestorben als Martyrer 102

Franke Otto - Geschichte des chinesischen Reiches 239

Franke = Franke Otto - Aus Kultur und Geschichte Chinas 67. 207. 250

Franziskus Lagea, chines. Bruder, Shih Hung-chi 227

Fratelli, die ersten chinesischen Mitglieder der Gesellschaft Jesu; v. Brüder; Klerus

Frauen, geringschätzige Wertung in China 146-147

Frauentaufen, v. Taufpraxis

Fremdenamt in Peking, Ricci unter seiner Autorität 98

Fremdenhaß in China XXXII; Stellung fremder Völker 67; Furcht vor Fremden 69. 70; Religion Fremder 72; Gründe für Fremde, nach China zu kommen 77; unsichere Lage der Mission 78; Ricci als Fremder in China begraben 78

Fu Hsi 255

Fuligatti G., zitierte Briefe an ihn 8. 46. 115. 171. 173. 355. 367

G

Gabiani G. D., kurze Zusammenstellung der Dokumente über die Ritenfrage 316-318

Galilei Galileo, v. D'Elia; Galileis Entdeckungen durch die Jesuiten in China verbreitet 170-171

Gastmähler, chinesische 18-19; vielfach in Kulträumen abgehalten 46

Geisteraustreibung aus der Residenz in Nanking 96

Geisterverehrung in China, Geister Diener des Königs des Himmels 236

Generalbeichte 350

Geographie, Einführung europäischer Erkenntnisse 170-171; v. Mappamondo

Gesandtschaft, Behandlung von Gesandten durch Chinesen 69; auch Ricci zuerst in Peking so behandelt 70; Präfekt von Shiuhing regt Plan einer G. an, Vorbereitung durch Ricci 115-116; formale Begründung der G. 119; Verwirklichung der G. 118; Ansicht Aquavivas über eine feierliche G. Riccis als Gesandter des Papstes 116

Geschenke, Zeremonie der Überreichung 25-26; Stellungnahme zur G.-methode 26; Zweck der G. 31. 82; Gegenstände als G. 26. 30. 31. 32. 87. 118. Instanzenweg für Überreichung von G. an den Kaiser 98

Gewaltmethode, Zerstörung von Götzenbildern und ähnlichem durch Christen 342-345
Giles 279
Gioseppe, v. don Gioseppe
Gnomonica, Werk des P. Clavio 175
Goa, Ankunft Riccis dort und Weiterstudium XIX; Sitz der Inquisition für den Fernen Osten 187
Goes, v. de Goes
Gottesbegriff, der Chinesen, Reinheit des G. 236; Übereinstimmung zwischen altem chinesischen und christlichen G. 277; Verdunkelung des G. im Laufe der Jahrhunderte 279-281 durch Materialismus 282 und falsche Erklärung von Himmel und Erde 283-286; Interpretation als Prinzip der Wahl des Gottesnamens 276; Riccis Zurückgreifen auf alte Texte, Begründung dieser Methode 281-282; T'ien Chu 286-288; Gottesnamen der Juden, Mohammedaner und Protestanten 279; andere Gottesnamen Riccis T'ien, Shang-Ti, T'ien-Ti, Hou Ti, T'ien Chu-Shang-Ti 285. 288-290; von Ricci verschiedene Auffassung bei Jesuiten 281-286; v. Deus, Dio
Gottgeweihte Frauen in Shiuchow 352
Götzendienst unter den Christen strenggemieden 291-292.
Gregor XIII., Freund P. Clavios XVIII
Güte der menschlichen Natur, Auseinandersetzung Riccis darüber mit den Gelehrten 266-267

H

Hainan 86
Han, Vergleich mit Ricci 165
Handynastie, Kaiser Wu Ti 239; Verbrennen der Bücher des Taoismus 244; Verdunkelung des Gottesbegriffes 279; Kaiser Ming aus den späteren Han soll vom Christentum gehört haben, hat aber irrtümlich den Buddhismus eingeführt 259
Hangchow, Residenz von Cattaneo gegründet 132; Taufe des Dr. Michael 144; 3. Auflage des Katechismus 195; Arbeitsfeld von Franziskus Lagea 227
Han-lin-yüan, kaiserliche Akademie 93; Dr. Paul Hsü ihr Mitglied 175
Hao = großer Name 12
Heilige, Konfuzius als « Heiliger » 141. 240; chinesischer Heiliger und christlicher Heiliger 240-241; Sinn der Ehrung dieser Heiligen 295. 324
Herr des Himmels, v. T'ien Chu
Himmel-Erde = König des Himmels oder T'ien-Ti 236. 280
Hindernisse der Mission, Mißtrauen 71; Stolz 73. 74; Notwendigkeit der Beseitigung 75; H. in Peking 98; Verleumdung 102; Hetzereien der Literaten 103. 104. 129; vornehme Welt 139-146; v. Fremdenhaß
Höchster Gebieter, v. Shang-Ti
Höflichkeit, Besuche 16; Empfänge 18; Lehrer-Schülerverhältnis, Methode der Jesuiten 20-25
Holohan, Götze, verursacht angeblich Sonnen- und Mondfinsternis 178
Holywood, Johannes de Sacro Bosco, Mathematiker 174. 210
Honan 135
Ho Shan = Bonze 15
Ho Shih-chin, Vizekönig von Kwangtung, schätzt die Missionare 102
Hou Ti = Souveräner Gebieter, Gottesname in den « 25 Paragraphen » 290
Hsiao Ta-heng, Justizminister 134; Geschenke für ihn 31
Hsiao Yo-feng, Kriegs- und Justizminister 99
Hsiaping, Dorf in der Umgebung von Shiuchow, Arbeit Longobardos dort 126. 333; Fragen eines Christen über das Leiden Christi 376
Hsien, « Heilige » des Taoismus, zeitweiliger Gebrauch für den christlichen Heiligenbegriff 270
Hsih Hsing (Sciclou), Unterstaatssekretär im Kriegsministerium, Führer der Chinesen im Krieg gegen Japan in Korea 73-74; 88
Hsing = Familienname 11
Hsi-t'ai = Hao, großer Name Riccis 14
Hsü Hsü-ch'en Johannes, hat Schwierigkeiten, Christ zu werden wegen der Alchimie 154 und wegen der Ahnenbilderverehrung 324; Missionare lehnen Schüler-Lehrer Zeremonie ab, die er vornehmen will 25;

Bekehrung 132. 334; wendet sich von heidnischen Bräuchen ab 301; spendet für die Kirche in Nanking 48
Hsü Hung-chi, Herzog von Wei 95
Hsü Jakob, Sohn des Dr. Paul Hsü 133
Hsü Kuang-ch'i Dr. Paul, spricht lobend über Riccis Charakter XXXVIII; über Riccis wissenschaftliches Apostolat 165; stößt durch die erste Weltkarte Riccis auf diesen 204; Feuereifer im Studium der Mathematik 175; arbeitet an den Elementen des Euklid und gibt das Werk heraus 175. 180. 208; liefert drei Beweise für die Kugelgestalt der Erde 212; bearbeitet den Traktat über das rechtwinklige Dreieck 210; hilft an der Herausgabe einer Weltkarte für den Kaiser 207; schreibt einen Epilog für die « 25 Paragraphen » 200; gibt wichtigen Briefen Riccis den letzten Schliff 195; fast durch Polygamie am Christwerden gehindert 145; sein Katechumenat kurz, aber gründlich 333-334; Bekehrung 131; gibt gutes Beispiel 103; Mitglied der Bruderschaft in Nanking 364; empfängt Buße und Eucharistie 348; besucht regelmäßig den Gottesdienst 359; Bekehrung der Familie 334; Initiator der Mission in Shanghai 105. 133; wagt dort nicht die Taufformel anzuwenden 340; Zeremonien beim Tode seines Vaters 302. 310; vermittelt vielleicht die Verbindung mit dem Maler Tung Ch'i-ch'ang 58
Hsü Ta-jen, Unterstaatssekretär, Freund und Widersacher 87
Huang Hui, Akademiker, Dispute Riccis mit ihm niedergelegt im 4. Kapitel des Katechismus 192; kämpft gegen die Lehre vom persönlichen Gott 264-265
Huang Ming-sha, v. Francesco Martinez
Huang San-hui, berühmter buddhistischer Bonze, disputiert mit Ricci 19. 256
Huang Ti, Name für den Kaiser von China 111
Hukwang 198

Hung-lu-sze = Hof des Protokolls 87
Hung Wu, Mingkaiser, chinesisches Recht 148
Huo, Vergleich mit Ricci 165
Huonder S.J. Anton - Der heilige Ignatius von Loyola und der Missionsberuf der Gesellschaft Jesu, XXV
Huonder [1] = ders. - Der chinesische Ritenstreit, XXIII. XXV
Huonder [2] = ders. - Der einheimische Klerus in den Heidenländern, 215

I

Idoli, Götzen des Buddhismus 256
Ignatius Ch'ü T'ai-su, v. ibid., nimmt Namen des Stifters der Gesellschaft Jesu an 132
Ignatius, Neuchrist aus Shiuchow, lehnt Götzendienst und heidnische Zeremonien ab 291
Ignatius von Loyola gibt die geistige Grundlage für Riccis Methode XXIV
Ignàtius, v. Sun Yüan-hua 137
Il domma cattolico = D'Elia S.I. Pasquale - Il domma cattolico integralmente presentato da Matteo Ricci ai letterati della Cina 191. 287. 288. 367. 371
Indien, einheimischer Klerus, Urteil Riccis darüber 216-217; Bedeutung Indiens für China, darum gehört Europa zu Indien 288; v. T'ien-chu-kuo
Intorcetta, Confucius, Sinarum philosophus 201

J

Jakob Niva, chinesischer Malerbruder, Ni Yi-ch'eng, Schüler des P. Nicolao 57. 227
Jambudwipa, südlicher Kontinent nach buddhist. Auffassung, in dem China liegt 258
Jansenismus, Jesuiten nicht Jansenisten 346
Japan, japanisch-chinesischer Krieg in Korea, Folgen für die Mission 86-87; Hoffnungen um den Friedensvertrag 116; chinesische Literatur in J. 186; Katechismus Riccis dort verbreitet 194; japanisch-einheimischer Klerus 230-232; Malschule der Jesuiten in

Japan 56; Lokalfürsten und Christentum in Japan 75
Jenhwa 126
Jone, Gesetzbuch des kanonischen Rechtes, 1
Jorge S.J. Marco, Übersetzung seines Katechismus durch da Rocha 62
Juden, chinesische Gottesnamen 278-279

K

Kaifeng, Nestorianerchristen dort 226
Kaiser von China, Macht und Stellung 79. 80. 110. 111; Verkehr mit der Außenwelt 70. 111-112; Ricci zum Kaiserhof 110-121; v. Breve, Gesandtschaft; vom K. nach Peking gerufen 97; Geschenke für den K. 31-32. 118; Weltkarte Riccis für ihn 206-207; Notwendigkeit der kaiserlichen Genehmigung der Mission 115; nicht gutes Beispiel des K. 143
Kalender, Bedeutung für das politisch-religiöse Leben Chinas, aber Fehlerhaftigkeit des chines. Kalenders 179; Aberglauben damit verbunden 174; Plan einer Verbesserung durch Ricci 86; gregorianischer Kalender angepaßt eingeführt 195-196; nicht ohne Gefahr geschieht dieses 179; Kalender als Beweis für die Einhaltung der Sonn-und Feiertage durch die Christen 196. 356
Kamalu-'d-Din 257
Kambalik = Peking 224
Kang 224
Kao Tsu, Verdunkelung des Gottesbegriffes unter diesem Kaiser (fünf Ti) 279
Kaoyu 295
Karlgren 279
Karwoche, in Shiuchow gefeiert 376
Katechetische Unterredungen Riccis 190-191; über das Leiden Christi 367-368; v. Il domma cattolico, Kreuz
Katechismus Riccis, Solido Trattato su Dio - T'ien Chu Shih I, 24. 191. 192; in Makao begutachtet 192; Entstehung 191-192; Eigenart: Anpassung an chinesisches Denken 169; Inhalt und Stil 192-193; Betonung natürlich-religiöser Wahrheiten 238. 250. 369; daher nur Andeutung der Offenbarung 239. 342. 372; spricht klar über das Sonntagsgebot 361; Gottesnamen im K. 238. 289; über den Gebrauch des Begriffes « Heiliger » 241; Auseinandersetzung mit dem Konfuzianismus 252. 253-255. 283-284. 286; mit dem Buddhismus 259. 262-263. 265. 266-267; mit dem Taoismus 269. 272-273; Verbreitung und Einfluß des K. 100. 194. 195; Beurteilung des K. XXII. 195; 141, 142, 169. 178. 237. 276. 277. 288
Katechismus Ruggieris - Vero testo della solida esposizione su Dio, 45; von einem Baccalaureus in Shiuhing in literarische Formen gebracht 123. 328; chinesische Druckerlaubnis 81; Verbreitung 191. 371; merkwürdige astronomische Lehren 178; über Naturgesetz und Erlösung 237; Gottesname 287; über die Taufe 342; über Kirchengebote 356; über das Leiden Christi 371. 369; Aufgeben des Katechismus 191. 369
Katechumenat 328-339
Katechumenen, feierliche Aufnahme unter die K. durch Überreichung der Dottrina cristiana 189
Katholizismus, so alt wie das Bestehen des Menschengeschlechtes, notwendig für China 243-245
Keng Tzu = das Jahr 1600-1601, 199
Kiangchow 213
Kiangsi 268
Kiangsu 196. 199
Kiating 227
Kienan 138. 196; v. Ch'ien-Ch'ai
Kilger O.S.B. Laurenz 51
Kinderverkauf, eine Ursache der Sklaverei 150
Kirchengebote 354-362
Kircher - China illustrata 328
Klassiker und Gottesbegriff 238; v. Gottesbegriff
Klau, v. Clavio
Kleidung, Anpassung, zuerst an die Bonzenkleidung 1-4, dann an die Literatenkleidung 5-10
Klerus, einheimischer K. in China, Ver-

suche und Ergebnisse von Seiten der Jesuiten 214-233
Kniebeugen, verschiedener Sinn 290
Ko, christl. Baccalaureus in Peking 134
Ko, christliche Familie in Namyung 334
Ko Lao, Kanzler des Reiches 99
Kolonialmächte, kein fördernder Einfluß auf die Chinamission 73. 76; Furcht der Chinesen vor den Portugiesen und Spaniern 68; v. Cattaneo, Francesco, Fremdenhaß, Makao
Kommunion, Vorsicht in der Spendung 346; 348. 349-353
Konfuzius (Konfuzianismus) 235-256; Einschätzung durch die Chinesen 173; Lob von Seiten Riccis, dennoch gewisse Schwierigkeiten 193-194; Aufgabe des Konfuzius im Plane der Vorsehung, Stellung in China 239-240; gewisse Gleichheit des Konfuzianismus und der natürlich-christlichen Lehre 214. 246; daher Ehrung des Konfuzius möglich, Charakter der Riten dieser Ehrung 326-328; Schwierigkeiten in der Lehre und im Fehlen von Lehren, aber wohlwollende Stellungnahme Riccis über Ursprung der Welt, Lohn und Strafe, Unsterblichkeit der Seele, Pantheismus, Fehlen des Kultes des Himmels 248-255; Konfuzius und Ahnenkult 323; kann nicht für Polygamie Zeuge sein 141; lehrt nicht die Vergötterung der « Herrin Erde » wie Chu Hsi 286; Fehlen dialektischer Schulung im Konfuzianismus 166; diesseitige Weltanschauung mitverursacht durch Konfuzianismus 151
Konversationen, v. Katechetische Unterredungen
Koreakrieg 74; Folgen für die Mission 86-87. 91. 92
Kosmogonie der buddhistischen Sūtra Indiens 258
Kösters S.V.D. Dr. J. - Das chinesische Schulwesen 166
K'o-t'ou, Ehrenbezeugung Chinas 18
Kreuz in der Jesuitenmission 365-382; v. Katechetische Unterredungen; Kreuz in der Dottrina cristiana 188

Kronprinz in China, Einfluß 79
Kuang-lu-sze = Hof der kaiserlichen Gastmähler 87
Kuan Yü 294
Kubilai 257
Kugelgestalt der Erde, Kenntnis davon durch Ricci nach China gebracht 170
Kung = Konfuzius 327
K'ung Chi, Urenkel des Konfuzius 323
Kuo, Kaufmann aus Namyung, Schüler Riccis 22
Kuo Ch'ing-luo, Vizekönig von Kweichow, Freund Riccis, reproduziert dessen Weltkarte 74. 94; wird vom dankbaren Volk durch den Bau von 7 Pagoden schon vor dem Tode geehrt 294
Kuo Ming-lung, Präsident der Akademie der Vornehmen von Nanking, Unterstaatssekretär, stellvertretender Innenminister 93
Küyung 92

L

Lagea, v. Franziskus Lagea
Laotse, Ricci und der Taoismus 267-273
Latourette Kenneth Scott - The Chinese, their History and Culture, 148
Laufer Berthold, entdeckt altchinesische Reproduktion des Bildes « Salus populi Romani » und veröffentlicht weitere altchinesische-christliche Bilder 60-62
Legge 251. 279
Leichow 101
Leiden Christi, v. Kreuz
Leitam, v. Anton Leitam
Lettera inedita = D'Elia S.I. Pasquale - I primordi delle missioni cattoliche in Cina secondo una lettera inedita del P. Matteo Ricci S.I. 26. 70
Lexikon, Ricci S.I. Matteo - Portugiesisch-chinesisches Lexikon 38. 212
Li, Teil des Gesetzbuches der Ch'ing Dynastie 147-148
Libationen, Ritus in den Ahnenopfern 326
Li Chih-tsao, Dr. Leo, lernt Ricci in Peking kennen 99-100. 144; lädt ihn zu einem Gastmahl in den Quatembertagen ein, was Grund ist zu einem

Disput über das Fasten 19-20; spricht über Riccis Suchen nach der richtigen Methode im Anfang 4; äußert sich lobend über Ricci XXXVII und ist dankbar, indem er Ricci einen kostbaren Sarg verschafft, instruiert die Missionare über die Zeremonien nach dem Tode Riccis 307; Polygamie als Hindernis seiner Taufe 144; lange Wartezeit auf die Taufe 334; seine Bekehrung die letzte geistliche Frucht Riccis 136; katholischer Eheabschluß? 149; Bekehrungen auch in seiner Familie 136. 334; Pate des Dr. Michael Yang T'ing-yün 137; wird vom Volke besonders geehrt 295; setzt Shang-Ti mit « Vater-Mutter » gleich 285; maßgeblich beteiligt an Riccis literarischem Schaffen: gibt « Amicizia » heraus 197; arbeitet mit am Katechismus Riccis 40, verbessert den Stil 192, und gibt die 3. Auflage heraus 195; nimmt den Briefwechsel Riccis mit den Bonzen Shen und Yü in die « Erste Sammlung christlicher Bücher » auf 195; arbeitet intensiv am Kalender 196; wird von Ricci in europäische Mathematik eingeführt 175; studiert mathematisch-astronomische Werke Clavios, von denen manche gedruckt werden 210-211; stellt selber eine Chinakarte her 202 und besorgt die erste Auflage des großen Mappamondo Riccis 205-206; schreibt zu manchen Werken Riccis Prologe und Epiloge XXXVII. 199. 205. 245

Li Cho-wu, Bonzenliterat, ehrt Ricci durch zwei Sonette 95; vermittelt in Tsining die Bekanntschaft Riccis mit dem Vizekönig Liu Hsin-t'ung 97; schätzt die « Amicizia » außerordentlich 197-198

Li Hsin-chai, Literat und Freund Riccis aus Nanking 93; hilft im Pekingunternehmen 96. 97

Li Huan, Oberkommandierender der Truppen in Nanking 95

Li Je-hua, verfaßt ein Preislied auf Ricci 166

Li Ma-tou Hsi-t'ai, chinesischer Name Riccis 13. 14

Ling Shih-sheng, Lizentiat, Mittelsmann zu dem Maler Tung Ch'i-ch'ang? 58

Ling-si-tao, Sachverständiger für die westlichen Gebiete 81. 82

Lintsing 97. 372

Li Tai, Minister für die zivilen Ämter in Peking, lädt Ricci ein 99

Literaten, Stellung und Bedeutung in China 5. 6; aus ihnen die Beamten 80; Prinzipien Riccis zu ihrer Gewinnung 108-109; Ricci kennt die Schwächen dieser Gesellschaftsschicht 152 (v. Polygamie); geistiger Hochstand dieser Schicht günstig für die Missionsarbeit 214. 237; entscheidender Einfluß christlicher Literaten, daher Notwendigkeit eines einheimischen Klerus 222

Literatenmalerei 58

Literatur, Studium derselben durch Ricci und die jungen Missionare 196. 201; Bedeutung für die Missionsarbeit 164-165

Liu, fünfter Sohn des Vizekönigs von Kwangtung, vermittelt die Freundschaft mit Persönlichkeiten von Nanking 85. 86. 87

Liu Chieh-chai, Vizekönig von Kwangtung, vertreibt die Missionare aus Shiuhing 46; bedrückt das Volk, trotzdem Ehrentempel 294

Liu Hsin-t'ung, Vizekönig 97

Liu Tou-hsu, ermöglicht den Kauf eines Hauses in Nanking 96

Liu Tung-hsing, Bildgeschenk an die Gattin dieses Vizekönigs 54

Li Ying-chih (Li Paolo), verbrennt heidnische Bücher vor der Taufe 344; legt Professio Fidei ab 342; Taufe 134; Bedeutung dieser Bekehrung 135; wird mit seiner Familie in die Bußpraxis eingeführt 348 und findet zum Empfang der hl. Kommunion 349; Bekehrung der Familie 334. 339; veranstaltet eine 4. Ausgabe des Mappamondo 206

Li Yu-cheng, Bonzenliterat, 95

Lizentiat, 2. akademischer Grad in China, auch für Soldaten 131

Li Zz'u-ch'eng, Revolutionär vom Ende der Mingzeit 137
Lo Ignatius, Baccalaureus aus Peking, 134
Longobardo, Kommen nach Shiuchow 27, fordert die Übersetzung der europäischen Namen der Missionare dem Sinne nach 14; Missionsmethode auf dem Lande 332; Ritus der Aufnahme in das Katechumenat 189; Dauer der Taufvorbereitung 333; über Taufe von Frauen 335. 336. 338; Übersetzung der Taufformel 341; Zerstörung von Götzen durch Christen 343; Beginn der Spendung der Sakramente 351; Meßfeier auch in Privatkapellen 47; Stellung zum Problem des Gottesnamens 281. 377; Leiden Christi und Kreuz 375-376. 377; warum kein chinesischer Klerus? 229; regelt die kirchenrechtliche Stellung der Brüder in China durch Trigault in Rom 224; Pressetätigkeit 184; über Notwendigkeit der Wissenschaften im Missionsbetrieb 163; über Kalenderverbesserung Riccis 179; Verhältnis zu den Vornehmen 100. 101; Entwicklung der Residenz in Shiuchow gehemmt, daher Aufhebung 72. 127
Lü, Teil des Gesetzbuches der Ch'ingdynastie 147
Ludwig von Granada 184
Lukas, reicher Christ aus Peking, muß Hindernis der Polygamie überwinden 145; ist durch die Taufe in seinem Lebenswandel ganz geändert 136; regt die Gründung einer Bruderschaft in Peking an 362-363
Lu Ming-chien Fou-ch'u, chines. Name Ruggieris 13. 14
Lu T'ing-hsüan, Präfekt von Nanchang 103
Lu Wan-kai, Vizekönig von Kiangsi, regt die Übersetzung des Traktates über das Ortsgedächtnis an 212

M

Maas O.F.M. Otto - Die Wiedereinführung der Franziskanermission in China in der Neuzeit, XXI. 51. 52. 215
Macerata, Geburtsstadt Riccis XVII

Mädchenkauf 148. 150; zum Zwecke späterer polygamer Heirat 145
Madonna dell'O 129
Madonna von S. Maria Maggiore, Verbreitung und Geschichte des Bildes in China 32. 53. 56. 57. 340; Eindruck auf die Chinesen 54 und den Kaiser 118; Anpassung an chinesische Stilart 60-61. 65
Maffei Gian Pietro XX
Makao, Unverständnis mancher dortiger Patres für die Chinamission XXIII; Schwierigkeit des Verkehrs der Missionare mit M. 73; aber doch wirtschaftliche Abhängigkeit 154; angebliche Rebellion des P. Cattaneo 102 von M. aus, Wirkung 127; Sklaven aus M. fliehen ins Innere Chinas und haben dort ein noch härteres Los 149-150; Plan eines Seminars in M. 219-220; Verwirklichung des Planes 221; Herkunftsort praktisch aller Brüder 224-228
Malerei, christlich-chinesische M. zur Zeit Riccis 51-65; Motiv des Gekreuzigten schwer darstellbar 365
Mandarin, Beamtensprache, allgemeines Verständigungsmittel in China XXIII. 34
Mandarinen, Ethymologie des Wortes 80
Mappamondo = D'Elia S.I. Pasquale - Il mappamondo cinese del P. Matteo Ricci S.I., Weltbild Chinas 67-68. 111; Nationalstolz der Chinesen 74; 128; Ricci in der Präfatio des M. über Wissenschaft und Religion 164; Weltbild des M. 170-171; Angriff auf buddhistisches Weltbild im M. 258; Ausgaben des M. 100. 202-207; Gottesnamen im M. 287. 289; Wirkung des M. 100
Marignolli Johannes von 52
Martin, Sohn des Paul Ch'in, Bekehrung 131; lehnt heidnische Riten beim Tode des Vaters ab 300; gibt gutes Beispiel im Besuch der Sonntagsmesse 359
Martinez, v. Francesco Martinez
Maselli Ludovico, Riccis Briefe an ihn zitiert XXXV. XXXVI. 31. 61. 70. 189. 228. 331. 349. 350. 360. 380

Ma T'ang, Eunuch, seine Stellung bei den Mandarinen 70; Begegnung Riccis mit ihm wird Gelegenheit eines Rufes des Kaisers nach Peking 97; macht die größten Schwierigkeiten XXXVI. 118; die Rolle, die das Kreuz dabei spielt 366. 372-373; Nachspiel dieser Sache in Shiuchow 101

Mathematik, Bedeutung für die Missionsarbeit 174-176

Ma-tou = Matteo, Vorname Riccis in chinesischen Umlauten 13

Maximum illud 215

Mei An-tung Lihsiu = voller chinesischer Name de Almeidas 14

Meile, das Längenmaß der M. bei Ricci 355

Mendes, v. Pasquale M.

Mengtze, verlangt Kinder als Beweis der Pietät 141. 142; würde den Katholizismus annehmen, wenn er noch leben würde 243. 245

Merkurian S. I. Everard, zitierte Briefe an ihn 31. 32. 44. 52. 159

Messe, Mitfeier derselben durch die Katechumenen 333; v. Sonn.-u. Feiertage

Methoden und Theorien der Maße 209

Meti, Vergleich Riccis mit ihm 165

Metodi = D'Elia S. I. Pasquale - I metodi dei grandi missionari della Compagnia di Gesù alla luce dei recenti documenti pontifici, XXV. 44. 45

Mexia Lorenzo 123; Rektor der Residenz von Makao, über einheimischen Klerus und seine Begründung 218

Miao, Name der katholischen Kirchen in Makao gebraucht von Chinesen 45

Michael, Christ aus Peking, hoher Beamter im Justizministerium 134

Michael, Dr. Yang T'ing-yün, v. ibd.

Michael, Literat aus Peking 136

Milchname, erster Name eines Kindes 12

Milieu, aus welchem M. stammen die Christen in Shiuhing 124, Shiuchow 126-127, Nanchang 128-130, Nanking und Shanghai 130-133, Peking 134-137

Ming, Eigenname 11-12

Ming, Kaiser aus der späteren Handynastie, führt den Buddhismus in China ein und muß deswegen früh sterben 259

Mingdynastie, Gesetzbücher 147-148; religiöse Reform unter den Ming 280-281; Eunuchenwirtschaft 95; Hauptstädte der Dynastie 87; 294

Mitgift, Notwendigkeit der Regelung dieser Frage 147

Mnemotechnische Methode 212

Mohammedaner, Stellung in China 71; Gottesbegriff mit T'ien oder Shang-Ti wiedergegeben 279; kaufen Riccis Katechismus 195

Mondfinsternis, chinesische Auffassung und richtige Erklärung 178

Monismus in der Lehre vom Summum Extremum verworfen 193. 252-253

Monte Corvino Johannes von 51-52

Monumenta Serica 148

Münsterberg Oskar - Chinesische Kunstgeschichte 58

N

Nadal - Adnotationes et meditationes in Evangelia, quae in Sacrosanctae Missae sacrificio toto anno leguntur, 63

Namen, Anpassung an chinesisches Namenswesen 10-16

Namyung 125

Nanchang, Beginn der Mission dort 88. 90; zugleich eigentlicher Beginn der Anpassung an die Welt der Literaten 7; Abfassung der «Amicizia» dort 196; Ricci bereitet sich hier auf Nanking und Peking vor 127; Missionare der Station Soeiro, da Rocha, Diaz der Ä.; Schwierigkeiten der dortigen Mission 74. 103. 104; Zahl der Christen und Milieu derselben 128-130; Frauentaufe 337-339; Schutz gegen böse Geister durch Gebrauch der Namen Jesu und Mariä 345; Bußpraxis 352; Sonn-und Feiertage 357-358; Gebrauch des Kreuzes 380; Druck der 10 Paradoxa dort 199; geplantes Seminar 222; Noviziat für chinesische Brüder 227

Nanhwa, buddhistisches Heiligtum vor Shiuchow, in dem Ricci nicht bleiben will, als man es ihm anweist 84

PERSONEN-ORTS-UND SACHREGISTER 401

Nanking, « Hauptstadt des Südens », Reisen Riccis nach N.: 1. Reise vergeblich 86-87; 2. Reise Vorstoß über N. nach Peking 117; 3. Reise und endgültige Festsetzung 92-96; Methode Riccis als Literat 6. 8. 9; Bekanntschaft mit den Großen von N. 86-88. 91. 93-97; Ricci nimmt dort an Gastmählern teil 19, disputiert über die Güte der menschlichen Natur 266, behandelt den Eunuchen Feng Pao kalt 20; zeigt Geschenke für den Kaiser, die Verwunderung erregen 153; dortige Missionare neben Ricci: Cattaneo; da Rocha; Vagnoni; Seelsorgsarbeit in N.: Milieu der Christen 130-133; Bekehrungen von Frauen und ihre Taufe 335. 338. 339; Sakramentenpraxis 347. 348; Praxis der Sonn-und Feiertage 358; Bruderschaft von N. 363-364; Privatkapellen 49, in chinesischem Stil 47. 48; Kirche in europäischem Stil 48; Madonna von S. M. Maggiore bekannt 53; Plan eines Seminars 222; Herausgabe der 2. Weltkarte 204, der 10 Paradoxa 199

Nestorianer, chinesische Gottesnamen 278; sollen von Anton Leitam aufgesucht werden in Kaifeng 226

Nicolao Johannes, malt für chinesische und japanische Mission 54. 56; führt E. Pereira 56. 226 und Jakob Niva 57. 227 in europäische Malerei ein

Nikolaus, Christ aus Shiuhing 329-330

Ningtu, dort 1. Druck der « Amicizia » 196; dort wohnt der Vater des Unterpräfekten von Yingtak, der in der Begierdetaufe stirbt 330-331

Nirvana 261. 368

Niva, v. Jakob Niva

Ni Yi-ch'eng, v. Jakob Niva

Noviziat für chinesische Brüder in Shiuchow 224, Peking 226, Nanchang 227

O

Offizium, Totenoffizium, transkribiert von Longobardo 184

Ölung, hl. 353-354

Organtino S. I. S. G. 116

Origini = D'Elia S.I. Pasquale - Le origini dell'arte cristiana cinese, zitiert 36. 51-65

Ossa Divinatoria, Gottesnamen 277

P

Pagoda, Pagode, buddhistische weibliche und männliche Gottheiten 256. 276

Panela Matthias, Uditore am Gericht von Makao 29

Pantheismus, von Riccí dem Buddhismus zugeschrieben 264; v. Monismus, Summum Extremum

Pantoja Diego, kommt mit Ricci nach Peking 118; berichtet nicht richtig über die Episode mit Ma T'ang 373; arbeitet mit Ricci unter der vornehmen Welt der Hauptstadt 105; arbeitet auch in der Umgebung Pekings 136; berichtet über die Christenzahl in Shiuchow 125. 335; verhilft dem verst. Ricci durch Bittschrift an den Kaiser 77 zu einem würdigen Begräbnis in Peking 108; schreibt eine « Erklärung der Lehre » 190; erklärt den Sinn der Ahnenopfer und ist gegen die Erlaubtheit der Verbrennung von Papiergeld für die Seelen im Jenseits 325-326; ist der Verfasser der « postumen Sammlung der Schriften des Dr. Pantoja » - wichtiges Dokument hinsichtlich der Lehre über das Leiden Christi 377-379

Papiergeld, buddhistische Praktik, Verbrennung verboten 326

Papst, Sprechen Riccis vor den Chinesen über den P. 172-173

10 Paradoxa, v. Stud. Or.[3]; XXXVII-XXXVIII

25 Paragraphen = Ricci S.I. Matteo - I venticinque paragrafi, Probe daraus 167-168; Entstehung, Geschichte und Inhalt 200-201; Gottesnamen darin 289. 290; Teil des Epilogs von Dr. Paul Hsü XXXVIII-XXXIX

Pasio Francesco, Kommen nach China 2. 274; Vizeprovinzial für Japan und China 73; zit. Korrespondenz Pasios mit Ricci und umgekehrt 73. 75. 78. 108. 116. 247. 249. 332

Pasquale Mendes, chinesischer Bruder,

Ch'iu Liang-hou, kurzes Leben 227; hervorragende Begabung 229

Passionei L. 23

Paterfamilias, Bedeutung für die Bekehrung einer Familie 330. 334-335; v. Milieu

Paulus, Apostel, Lehre vom Kreuz 365

Peking, «Hauptstadt des Nordens», Größe 355; Mängel 152; Sitz des Taoistenoberhauptes 268; die Opfer in den Vorstädten 281; P. als Examensstadt 106. 108; Streben nach P. zu gelangen 113-115; 1. Reise Riccis nach P. 91-92; 2. Reise nach P. und Festsetzen dortselbst 96-100; Rente durch den Kaiser 119; Beziehungen zu den Vornehmen von P. 98-100. 105-109; Ricci lehnt Schüler-Lehrer Zeremonien in P. ab 24; Missionare und ihre Beziehungen zum Kaiserhof in P. 118-121; Geschenke für den Kaiser 31-32. 39; Begräbnisplatz Riccis in P. 77. 108; festes Auftreten nach dem Tode Riccis vor dem «Ersten Eunuchen» 20; Pflege der Wissenschaften in Peking: Ricci selber die Mathematik, aber es muß ein Astronom kommen 176-178; Arbeit an den Werken Riccis in Peking 192. 195. 196. 198. 199-200. 205-207. 208-213; Einfluß und Bedeutung der Residenz in P. für die übrigen Residenzen 99. 101. 104-105; Missionare in P. (neben Ricci) Ferreira; Pantoja; de Ursis; Benedikt erster Christ von P. 134; Milieu der Christen in P. 134-137; Praxis der Frauentaufe 338-339; Sakramentenpraxis 349-353; Sonn-und Feiertage 359-362; Gründung der ersten Bruderschaft 362-363; Gründung von bruderschaftsartigen Vereinigungen 364; Stil der Privatkapellen in P. 49. 59, der Kirche 50; christliche Malerei in P. 52. 53. 54. 59. 60; Gebrauch des Kreuzes 374-375; Lehre über Kreuz und Leiden Christi 377-380; Noviziat für Brüder 226

P'eng Tsung Wang, Literat, verachtet zuerst die fremden Bonzen 4; braucht nicht die Schüler-Lehrer Zeremonie vor Longobardo zu machen 24; Nutzen seiner Bekehrung 101; ist Mandarin und wird von den Missionaren der «Cato» von Shiuchow genannt 126

Pereira, v. Emanuel Pereira

Petris, v. de Petris

Philosophie, Fehlen der wahren Philosophie in China und Nützlichkeit der wahren Philosophie für die Chinesen 166-167; Anpassung Riccis an chinesische Beweisführung 168-169

Pietät, verursacht Polygamie 140-142. 146; erstreckt sich über das Grab hinaus 295 und äußert sich in den Ahnenopfern 323-324; Vorwurf der Pietätlosigkeit der Christen 299-300 und Zurückweisung durch feierliche Totenoffizien 301.302; 325-326

Pi Kung-ch'en, Sekretär des Dr. Li Chih-tsao, veröffentlicht «De Figuris isoperimetris» 210

Polygamie als Missionshindernis, Gründe dafür und Verbreitung besonders bei den Vornehmen 139-146

Portugiesen, v. Makao

Praeambula fidei, besonders im Katechismus Riccis behandelt 191-194; auch in den Briefen Riccis an Bonzen 195 (v. Buddhismus); in den Werken Riccis 198. 200. 200-201; seit Nanchang sprechen über dieselben vor denen, die nicht direkt vorhaben, Christ zu werden 369-370

Praetaoisten 268

Predigerliteraten — Tao Jen 8

Predigt, bei jeder Gelegenheit durch Ricci in Peking 106; tägliche? Predigt in Peking 359; Aufschreiben der Predigten Riccis durch Dr. Paul Hsü 360; wichtiger noch als Predigt die Presse, wie aus dem Beispiel der Religionen Chinas und ihrer Ausbreitung hervorgeht, die sich besonders durch Bücher ausbreiteten 183; Methode Longobardos auf dem Lande 332; v. Katechumenat

Presseapostolat, Bedeutung und Alter der Presse in China 181-182; Wichtigkeit wegen der hohen Bildung vieler Chinesen, daher noch wichtiger als Predigt 183; Ricci als Testamentsvollstrecker Xavers 186; P.

eine Prestigefrage 185; Einfluß durch die Presse 106; Grundlage gediegene Wissenschaft 182; die einzelnen Veröffentlichungen sind vielfach Übersetzungen 187-213. 172, und zwar in chinesischer Art gedruckt 182; Verbreitung der Bücher Riccis 75; v. da Rocha, Longobardo, Pantoja, Soeiro, Vagnoni

Priesterseminar, v. Klerus

Prinzen in Nanchang, Beziehungen Riccis zu ihnen 89-90; v. Ch'ien-ch'ai, To Keng, don Gioseppe, don Pietro

Privatoratorien, in Shiuchow 47. 356; in Nanking 49. 358; in Peking 49. 59; meist in chinesischem Stil 47

Prologe und Epiloge = Verschiedene Verfasser von Prologen und Epilogen zu den Werken Riccis, zitiert XXXVIII. 164. 165. 199. 201. 204. 206. 209. 245. 286

Proskription der Güter der Mission in Shiuhing 82

Prostitution in Peking 152

Protestanten, chinesischer Gottesname 278. 279

Protestatio = professio Fidei vor der Taufe Neubekehrter, ihre Form 342; Ritus vor einem Kreuz 374

(Pseudo) Thomas - Histoire de la Mission de Pékin, 327

Ptolemäisches Weltsystem 170-171. 178

Ptolemäus, Ricci ist ein zweiter P. XXVIII. 165

Pythagoras, soll nach Ricci die Seelenwanderung im Buddhismus mitverursacht haben 260

Q

Quadratur der Erde, diese Auffassung von Ricci erschüttert 170

R

Reismethode, bei den ersten Jesuiten in China nicht in Gebrauch 28

Relationen, fünf, Anknüpfungsmöglichkeiten für christl. Ethik 158

Religion, fremde a priori schlecht 72; Predigt einer neuen Religion gefährlich, Begegnung dieser Gefahr 73; Reinheit der Religion im alten China 235-239

« Reliquien », beim Scheiden eines Mandarins hält die Bevölkerung seine Schuhe als R. zurück 292-293

Rente des Kaisers für die Pekingmission 119

Rerum Ecclesiae 215

Responsorien, Totenofficium, erstes Aufscheinen? 311

Rho S.J. Jakob - « Art und Weise, die 5 Planeten zu berechnen », darin Ansicht Galileis 171

Ricci A. M., Bruder des Matteo Ricci - XXXV. 352

Ricci Johann Baptist, Vater des Matteo Ricci, Briefe an ihn XXXV. 55. 106. 143. 340. 360. 370

Ricci S.I. Matteo, Begründer der Mission und der Akkommodationsmethode der Jesuiten in China

Ritenfrage, sekundäre Bedeutung 109. 140; Entscheidungen erst nach 20 Jahren Mission XXII; Werden der Entscheidungen, dargestellt an den Todesfällen von Zivilpersonen und Missionaren 296-312; Entscheidungen Riccis und Valignanos 312-319; Stellung zur Ahnenverehrung 320-326, besonders wichtig Riccis Grundargument 321; Stellung zum Konfuziuskult 326-328; Gefahr des Synkretismus ausgeschlossen 296. 300. 301. 302. 303; v. Stichworte mit Ahnen

Rocha, v. da Rocha

Rodrigues Anton 40

Rodriguez Hieronymus 357

Rom, Hauptstadt des « Reiches des Himmels » - T'ien-chu-kuo 288; über Sinisierung von Rom 171

Roman, Bürger aus Makao, zitierte Briefe an ihn 177. 367

Romano Antoniazzo, kopiert privat das Bild von S. Maria Maggiore 65

Roma presentata = D'Elia S.I. Pasquale - Roma presentata ai letterati cinesi da Matteo Ricci S.I., zitiert 65. 171. 249. 288

Rosenkranz, von Dr. Paul Hsü einem Kranken gegeben 340; Erklärung des Rosenkranzes von da Rocha 62-65. 380; Darstellung von Christen mit Rosenkränzen 374

Ruggieri Michele, Sprachstudien in Makao XXIII. 35-36; mehrfache Versuche, nach China zu kommen 2-3; läßt altare portatile in Shiuhing zurück 123, dadurch Entstehung des katholischen chinesischen Gottesnamens 274; Begründung der Einreise 76. 77, daher Missionare chinesische Bürger 78; chinesischer Name 13-14; Anpassung an Bonzenkleidung 2; Arbeit in Shiuhing 3 und in Shaohing 13. 124; Notwendigkeit der Billigung der Mission durch den Kaiser, Pläne einer Gesandtschaft 113-114; gibt Katechismus in Chinesisch heraus (v. Katechismus Ruggieris); arbeitet am portugiesisch-chinesischen Lexikon 212; bittet um katechetische und andere Bilder 52; urteilt günstig über das chin. Volk 158-159; geht als Gesandter nach Rom in Sachen der Gesandtschaft an den Kaiser 114-115

Ryukyu, Riccis Bezeichnung für Formosa 33

S

Sakramentenpraxis 346-354; Beichtbehelf 185
Sakyamuni 260
Sambiasi Francesco, bearbeitet Riccis « Mnemotechnische Methode » 212
San Andrea auf dem Quirinal in Rom Noviziat Riccis XVIII
Sanchez Alfonso, lobt Riccis Charakter und spricht über seine Fähigkeiten XXII. XXX
Sande, v. de Sande
Sangha 260
San-hui, Bonze, Disput mit Ricci 96; Disput niedergelegt im Katechismus Riccis 192; Inhalt des Disputes 266
Sarazenen, v. Mohammedaner
Sarpetri O.P.D.M., Urteil über Riccis theologisches Wissen XXIII
Schall S.J.J.A. 101. 110
Schmidlin = Schmidlin D. Dr. Josef - Katholische Missionslehre im Grundriß XXVIII. 162
Schmidlin [1] = Schmidlin D. Dr. J. - Katholische Missionsgeschichte, 310. 333
Schmidt S. V. D. Wilhelm 277-278

Schmitt Dr. Erich - Die Grundlagen der chinesischen Ehe 147
Schrift, chinesische, Eigenarten 34
Schüller Sepp - Die Geschichte der christlichen Kunst in China; - Christliche Kunst aus fernen Ländern; - Marienbilder aus aller Welt; - P. Matteo Ricci und die christliche Kunst in China 61. 65
Schütte S.J. Joseph Franz - Valignanos Missionsgrundsätze für Japan, 107. 230. 231. 232; 350
Scielou, v. Shih Hsing
Sebastian Chung Ming-jen, erster chinesischer Bruder S.J., arbeitet als Dolmetscher 37; hilft bei Sprachstudien Riccis 38; arbeitet in Nanking und reist mit nach Peking 117. 118; soll in der Episode mit Ma T'ang helfen 97; Arbeit in anderen Städten u. Leben 224-225
Seelenwanderung im Buddhismus muß nach Ricci mit Pythagoras zusammenhängen 260; v. Briefwechsel; Buddhismus
Sfera, mathematischer Kommentar Clavios zur « Sphära » des Johannes de Sacro Bosco (Holywood) 174. 210
Shala, Villa bei Peking, gedacht als Studienort 182; Begräbnisplatz Riccis 309; erhalten nach Bittschrift Pantojas 77. 108; Kapelle dort ausgemalt durch Jakob Niva 227
Shanghai, Gründer der Mission Cattaneo, aber Dr. Paul Hsü ihr Initiator 105. 133; Verhältnis zu den Vornehmen ebd.; Arbeitsstätte des Br. Franziskus Lagea 227; Heimat des Malers Tung Ch'i-ch'ang und des Dr. Paul Hsü 58. 133; christliche Begräbnisszeremonien 310; Frauentaufe 339; Gebrauch des Kreuzes 380; Milleu der Christen 133
Shang-Ti, Gottesname auf den Ossa Divinatoria 277; die alten Weisen dienten S.T. 248; der Herzog von Chou tugendhaft, weil er S.T. diente 265; Buddhismus vernichtet die Einheit des S.T. 256; Kaiser Shen Tsung aus der Sungdynastie duldet nur mehr Opfer zu Ehren des S.T. beim Opfer für seinen verstorbenen Vater

280; das Summum Extremum kann nicht mit S.T. gleichgesetzt werden, wäre gegen die Lehre der Alten 251; der Sinn der Opfer für « Himmel und Erde » ist die Ehrung des S.T. 324; S.T. in den Werken Riccis XXXVIII. 168. 193. 288-290; in einem Werke des Pantoja aus der Zeit Riccis 377; der wahre Gott wird S.T. genannt von Heiden, Mohammedanern und Protestanten 279; Chinesen raten zur Wahl dieses Gottesnamens 282; S.T. wird durch Übertretung des Naturgesetzes beleidigt 238; überträgt dem Kaiser von China seine Macht 111; Nachkommenschaft unter allen Umständen stimmt nicht mit dem Dienst des S. T. überein 142; S.T. = T'ien Chu, aber verschieden vom « Geheimnisvollen Herrn » der Taoisten 277; S.T. = T'ien, damit Ablehnung der Vermaterialisierung des Himmels 282

Shansi 213

Shantung 137. 199; Ricci passiert S. auf dem Wege nach Peking 97. 372

Shaohing, Arbeitsfeld der Patres Ruggieri und de Almeida 13; Getaufte dort 124

Shen Chiao-men, Ko Lao-Kanzler, 99

Shen-fu, Ursprung dieser Benennung für katholische Priester 15

Sheng, konfuzianisches Wort für den katholischen Begriff « Heiliger » 270

Sheng-jen, Ricci als solcher, XXVIII. 91

Shen Ju-nan, Freund aus Nanking, leitet Gesuche in Peking weiter 99

Shen Lien-chih, v. Briefwechsel

Shen Nung 255

Shensi 137

Shen Tsung, Kaiser, Dekret gegen Taoismus und Buddhismus 269; reinigt Gottesbegriff 280

Shih, postumer Name berühmter Männer 12

Shih Chung-han, Christ aus Peking, hilft Ricci bei der Herausgabe der zwei Hemisphären 207

Shih Hsing (Scielou), Unterstaatssekretär im Kriegsministerium und Führer gegen Japan in Korea, über Wissen Riccis 73-74; vermittelt wahrscheinlich als Kriegsminister Riccis Kommen nach Nanking und Nanchang 86; lebt in Polygamie 145

Shih Huang-ti, Kaiser, seit ihm absolute Stellung des Kaisers 110; einer der « 8 Herren », denen er opferte, hieß T'ien Chu 274

Shiki, Malschule der Jesuiten in Japan 227

Shimo, Vorberatung über Aufbau eines japanischen Klerus 231

Shiuchow, 2. Residenz in China, Beginn der Mission 4. 84. 124; Aussehen der Residenz 46; Privatkapellen 47. 356; Beziehungen zu den Vornehmen durch Ricci gepflegt und von Ch'ü T'ai-su gefördert 84-85, auch von Longobardo 100-102 und Cattaneo 91; weitere Missionare dort de Almeida; de Petris; Tedeschi; Zahl und Milieu der Christen 124-127; Heimat des polygamen « Vaigino » 145; Schwierigkeiten der Mission 4. 7. 101-102; Beginn des Auftretens als Baccalaureus 5; Taufpraxis, Frauentaufe 335-337. 351-352; Zerstörung von Götzenbildern gefährlich 343; Sakramentenpraxis 351-352; Sonn- und Feiertage 356; Gebrauch des Kreuzes, Zeremonien der Karwoche 375-376; in S. die ersten Chinesen in die S.J. aufgenommen 223; erstes Noviziat unter Leitung Riccis 224; Pressetätigkeit Longobardos 184-185; Gebrauch des gregorianischen Kalenders, angepaßt 196

Shiuhing, erste Residenz in China, Beginn der Mission XXIV. 2. 3; Stil und Aussehen der Residenz 44-45; geschmückt durch eine Sonnenuhr 171 und die Inschrift des Präfekten der Stadt 81; Missionare 2. 3; Beziehungen zu den Vornehmen gehemmt, weil Missionare als Bonzen auftreten 3; dennoch Versuche, gute Beziehungen zu den Mandarinen und Literaten zu haben 81-84; Missionare werden zu chinesischen Bürgern 78; die Verbindungen mit den Vornehmen bleiben nach der Vertreibung 85; Notwendigkeit der

Schaffung größerer Autorität der Missionare durch den Kaiser 113-115; Hindernisse der Mission: Furcht vor Fremden 70, Missionare als Bonzen 3, Aufhebung der Mission 82; Publikationen: 187. 190; Beginn der Arbeiten am Kalender 195-196; Arbeiten an der Weltkarte 202-204; Herausgabe des Katechismus Ruggieris 45. 123; Taufen, Zahl und Milieu der Christen 122-124. 328; Praxis der Sonn- und Feiertage 354-356; Vorsicht in der Lehre vom Kreuz 370-371

Shu King 77

Shun, alter Kaiser, über Behandlung von Fremden 77; S. und Polygamie 141; würde Christ werden 243. 245; Ricci nicht gegen die Lehren der Alten 247; S. lehrt den Dienst des Shang-Ti 248

Sixtus V., Freund Clavios XVIII; v. Breve

Sklaverei 149-151

Soeiro S.J. Giovanni, Missionar in Nanchang 127-128; von Ricci in die chines. Sprache eingeführt 37; schreibt ein Büchlein « Instruktion » für solche, die Christ werden wollen 185; Sonn-und Feiertage 357; sehr kränklich 128, stirbt nach wenigen Jahren, Zeremonien nach seinem Tode 305-306. 311

Sohn des Himmels = Kaiser von China 111

Soldaten, Stellung im Volke 155

Sonnenuhr, Verbesserung und Anpassung 171

Sonn-und Feiertage, ihre Beobachtung, 354-362

Soziale Herkunft der ersten Christen in China 121-139; v. Milieu

Spionenfurcht während des chinesisch-japanischen Krieges als Missionshindernis 86. 87. 91. 92

Sprache, Anpassung 33-41; erzieherischer Wert des Sprachstudiums 34; Ordnung des Sprachstudiums durch Ricci 38-39; Portugiesisch-chinesisches Lexikon 38. 212; « Erklärung zu den 4 Büchern » 196. 201

Staat, Gliederung, Folgerung für die Missionsmethode 79. 80; beruht auf religiösen Vorstellungen 110-111

Steuerfreiheit der Mission in Peking 107

Storia dell'introduzione del Cristianesimo in Cina ... da Matteo Ricci S.I. ... Pasquale M. D'Elia S.I., Entstehung und Bedeutung 213

Straelen, v. van Straelen

Studenti, Priestertumskandidaten? 228-229

Stud. Or. = D'Elia S.I. Pasquale - Cina politeista o Cina monoteista? zitiert 277. 281. 285

Stud. Or.[1] = D'Elia S.I. Pasquale - Le generalità sulle Scienze Occidentali di Giulio Aleni, zitiert 165. 175

Stud. Or.[2] = D'Elia S.I. Pasquale - Contributo alla storia del Monoteismo dell'antica Cina, zitiert 236. 278. 279

Stud. Or.[3] = Sunto poetico ritmico di I Dieci Paradossi di Matteo Ricci S.I., zitiert 199. 247. 254

Suchow, Bruder Sebastian dorthin zu Benedikt de Goes 228

Sumeru, heiliger Berg und Achse der Welt 258; Göttersitz und Zentrum der Welt 269

Summum Extremum - T'ai Chi, Erklärung Riccis 251-253

Sungdynastie, v. Shen Tsung

Sun Yüan-hua Ignatius, christlicher General vom Ende der Mingzeit 137

Su Ta-yung, Unterpräfekt von Yingtak 85; hat wahrscheinlich den Traktat über die Freundschaft drucken lassen 196

Sūtra, buddhistische Indiens, Weltbild 258; Verbreitung der S. in China Folge eines tragischen Irrtums 259; 25 Paragraphen Riccis als Gegengewicht gegen die Sūtra der 42 Paragraphen 200

Synkretismus, Ausschluß von den Anpassungsbestrebungen der Jesuiten bei Totenbräuchen 296-297. 310

Szu, buddhistische Bezeichnung christlicher Kirchen in Makao durch die Heiden 45

Szu-to = sacerdos 15

T

Tacchi Venturi S.I. Pietro - Opere storiche del P. Matteo Ricci S.I.

Ta-ch'ing, Gesetzbuch der Mandschudynastie 147

T'ai Chi - Summum Extremum 251-252

T'ang, konfuzianischer Kultraum, davon Ableitung des Namens für Kirche 45; v. T'ien Chu T'ang

T'ang Yin, chines. Maler, Zeitgenosse Dürers, soll nach bestimmter Auffassung das Bild von S. M. Maggiore kopiert haben 65

Tao, von den Juden als Gottesname gebraucht 278

Taoismus, Stellungnahme Riccis zu ihm 267-273; Angriffe der Taoisten gegen die Christen 326

Tao Jen (Taugini), von Ricci wiedergegeben mit Predigerliterat 8

Tao Shih, taoistische Mönche 268

Tao Tê king, Laotse als Verfasser 268; Principien des Werkes 271

Taufpraxis, Taufformel 340-341; Zeremonien der Taufe 337-338; Auslassung der Zeremonien (bei Frauen) auf Grund eines Privilegs 336; Privattaufen 341; Nottaufen 340-341; Umschreibung des Begriffes der Taufe 342; Taufen in Shiuhing 122-123; in Shaohing 124; in Shiuchow und Hsiaping 124-127. 332-333. 335; in Namyung 125; in Nanchang 128. 337-338; in Nanking u. Shanghai 130-133. 333-334; in Peking 133-137. 339-340; v. die einzelnen Residenzen

Taugini 26; v. Tao Jen

Tausu = Tao Shih 268

Tedeschi Bartolomeo, Missionar in Shiuchow, Feierlichkeiten bei seinem Begräbnis 306

Tempel für lebende Menschen, Sinn 293-296

Tengeri (Tengerä), Gottesname der Turkvölker, davon abgeleitet T'ien 278

Thauren S.V.D. Johannes - Die Akkommodationsmethode im katholischen Heidenapostolat, zitiert 1. 43. 46. 163. 215

Thomas, v. (Pseudo) Thomas

Thomas der Apostel, predigte nach Ricci in Indien, tragisches Mißverständnis: Statt des Christentums Buddhismus nach China 259. 261

Thomas von Aquin für Asien, diese Forderung von Ricci nicht gestellt 167

Ti, Gottesname der Ossa Divinatoria 277; auch von den Juden gebraucht 278

T'ien, abgeleitet von Tengeri, festigt und stärkt die Idee des Ti und Shang-Ti 278; kommt auf den Ossa Divinatoria vor 277; Verdunkelung und erneute Reinigung 280-281; Materialismus des Chu Hsi 281; T. - Himmel im Weltbild Chinas 111; T. nach der Lehre der Alten Gott 99; T. von den Juden, Mohammedanern und heidnischen Chinesen (für christlichen Gottesbegriff) als Gottesname gebraucht 278-279; T. von Ricci auf die gleiche Stufe mit Shang-Ti und T'ien Chu gestellt 282. 289; wichtigster Dienst Riccis Dienst des Himmels 165

T'ien Chu, katholischer chinesischer Gottesname, buddhistische Wurzel 257; viele andere T. 258; Klarstellung des Gottesbegriffes durch Ricci im Gespräch mit einem Bonzen 256; auch von Taoisten und Kaiser Shih Huang-ti gebraucht 274; die alten Weisen und Kaiser würden der Religion des T. (Katholizismus) folgen 243; Entstehung des katholischen T. 274. 286; Rechtfertigung dieses Vorgehens und Ablehnung europäischer Namen 286-287; T. ist persönlicher Gott, Schöpfer der Welt 258; Gottesname der Katechesen Longobardos 332; Vorkommen in den Werken der Missionare, besonders Riccis 169. 249. 286-290. 377; auch in Verbindung mit Shang-Ti 288-289

T'ien Chu Chiao = Die katholische Kirche 287

T'ien Chu Ching = Die Heilige Schrift 288

T'ien-chu-kuo, von den Missionaren für Europa gebrauchter Name Indiens 288

T'ien Chu Shang-Ti, kombinierter, von Ricci gebrauchter Gottesname 288. 289

T'ien Chu Sheng Mu = Muttergottes 287

T'ien Chu Shih I, v. Katechismus Riccis

T'ien Chu T'ang, Name für eine katholische Kirche (v. T'ang) 45. 287

T'ien Hsia, Bezeichnung für China 111

Tien Tchéu-Kang - L'idée de Dieu dans les huit premiers classiques chinois 278

T'ien-Ti, Gottesname der klassischen Bücher Chinas 236; auch der Taoisten 269; in Verbindung gebraucht mit dem Begriffspaar « Himmel-Erde » 280; T'ien-Ti und Himmel-Erde nicht zwei Wesen, sondern ein Wesen-Gott, zur weiteren Erklärung das Begriffspaar « Vater-Mutter » 27. 284. 285-286; Ricci braucht im Briefwechsel mit dem Bonzen Yü diesen Namen 290

T'ien Tzu - Sohn des Himmels 111

To Keng, « König » von Loan 89

Tolome, angebliche buddhistische Wendung des Namens Thomas 261

Totenehrung, der Heiden 297-298; Quellen zur Frage 296; Prinzip Riccis 298; am Anfang andere Methode als später, schließlich neues angepaßtes Zeremoniell 306, bringt Härten mit sich, also kein Synkretismus 310; zugelassene Trauerzeremonien 311-312; offizielle Entscheidungen 312-319; Nachweis der T. in Einzelfällen: in Shiuchow 299; in Nanchang 299-300; in Nanking 300-302; in Peking 302-303; in Shanghai 302; beim Tode von Missionaren: de Almeida 303-304; de Petris 304-305; Soeiro 305; Tedeschi 306; Ricci 307-309

Traktat der Sternenbilder 211

Traktat über das Ortsgedächtnis 212

Traktat über das rechtwinklige Dreieck 210

Traktat über die 4 Elemente, v. Elementenlehre

Transkribierung, der Taufformel 341; in der Dottrina cristiana 188-189; des lateinischen Totenoffiziums 184

Trauerzeit 298. 301

Trayastrimsas, vom Bonzen Shen mit T'ien Chu gleichgesetzt 257

Trigault Nikolaus, berichtet über Ablehnung der Schüler-Lehrer Zeremonie durch die Jesuiten 21; arbeitet als Missionar in Shensi 137; besorgt den Druck des gregorianischen Kalenders 196; berichtet über das Begräbnis des Vaters von Dr. Paul Hsü 302; über das Tragen des Kreuzes beim Begräbnis Riccis 375; Übersetzung der Taufformel 341; bringt Riccis « Storia ... » nach Rom 213 und publiziert das Werk 328; regelt im Auftrage Longobardos die kirchenrechtliche Stellung der chines. Brüder in Rom 224

Trinität, im Buddhismus 260; im Taoismus 270

Tripitaka 258

Ts'ai Hsien-ch'en, Abteilungschef für Fremde im Innenministerium 98

Ts'ao Cheng-yü, Zensor 98. 99

Tsao Yü-pien, Staatssekretär im Ministerium für die zivilen Ämter 197

Tsientang, Heimat des Hsü Hsü-ch'en 132

Tsingtsum 356

Tsou Yen, Gelehrter des 3. Jh. vor Christus 258. 279-280

Tsu, « Charakter », Name, der gegeben wird bei Großjährigkeit und Heirat 12

Tsui, Dr. Anton, Präfekt von Changteh 135

Tung Ch'i-ch'ang, Maler, malt vielleicht christliche Motive 58. 61. 63

Tung Yü, Justizminister, 134

Turkvölker, Einfluß auf den Gottesbegriff Chinas zur Zeit der Chou 278

U

Uhren, in der Missionsmethode Riccis 26. 27. 30. 31. 32. 107. 114. 118. 120. 171

Unsterblichkeit der Seele, im Katechismus Riccis 193; in etwa auch im Briefwechsel mit den Bonzen 195, in den 10 Paradoxa 198, in den 8 Canzoni und 25 Paragraphen 200-201;

gewisse Beweise aus dem Ahnenkult 323. 325
Unterhalt der Mission 107. 154; v. Almosen
Upadhyaya, Ursprung des Wortes Ho Shan 15
Upanishad, indischer Ursprung des Taoismus? 268
Urchristentum und Kreuz 365

V

Vagnoni Alfonso, berichtet über Erfolge in Shanghai 133; Baumeister der Kirche in Nanking 48; berichtet über Gebrauch des Katechismus in Nanking 194; schreibt über das Leiden Christi 380; gibt eine « Erklärung der christlichen Lehre » heraus 190. 380; bearbeitet Riccis mnemotechnische Methode 212; instruiert Hsü Hsü-ch'en über Ahnenbilder 324-325 und über die Zeremonien beim Begräbnis seiner Mutter 301
« Vaigino », durch Polygamie am Christentum gehindert 145
Valignano Alessandro, Reise nach Japan, spricht über Notwendigkeit der Anpassung und des Aufbaues eines einheimischen Klerus in Japan, günstiges Urteil über japanischen Volkscharakter 230-232; erster Aufenthalt in Makao, Erkenntnis der Notwendigkeit der Chinamission und Ernennung zweier Missionare für China XXI. 35; läßt Ricci die Profeß der 4 Gelübde ablegen XXI und ernennt ihn zum Oberen der Chinamission 116; schätzt die Chinesen hoch 233; gibt Weisungen für die Missionsmethode XXIV; gestattet die Änderung der Methode, als Bonzen aufzutreten 4 und genehmigt die Anpassung an die Klasse der Literaten 5. 125; schützt seine Untergebenen vor dem Verdacht, heidnische Namen angenommen zu haben 14; ist sich klar über die Notwendigkeit der Gunst des Kaisers für die Mission und schickt daher Ruggieri nach Rom, um eine Gesandtschaft vorzubereiten 114; gibt Ricci mit der Ernennung zum Oberen zugleich den Auftrag, nach Peking zu reisen 116; schickt das Bild von S. Maria Maggiore nach Nanchang 54 und Jakob Niva als Maler in die Chinamission 57; berichtet über Gleichsetzung T'ien-chu-kuo = Indien = Europa 288; ist sich über einheimischen Klerus in China und dessen Notwendigkeit klar und will ein Seminar für Japaner und Chinesen in Makao 218-219; Studienhaus in Makao für Japaner und Chinesen 220-221; steht Riccis Plänen bzl. eines Seminars im Lande selber wohlwollend gegenüber 222; de Sande berichtet über die positive Einstellung V. zum einh. Klerus in China, dieser selber lobt die beiden ersten chinesischen Brüder sehr 223; handelt aber in den Satzungen für die Missionare ein wenig rauh und hart von den Brüdern 229; Erklärung dieses Zeugnisses, Begründung, warum es nicht zum einh. Klerus in China kam 230-233; ordnet die endgültige Redaktion der Dottrina cristiana an 187-188; regt Ricci zur Herausgabe des Katechismus an 191 und lobt diesen 192; entscheidet missionspraktische Fragen 315 und ist grundsätzlich zur Anpassung bereit 319; trifft Entscheidungen in der Ritenfrage nach langer Zeit XXII; steht mit Ricci in diesen Fragen in Korrespondenz, will selber deswegen nach China reisen, wird aber durch den Tod daran gehindert 314; einzelne Entscheidungen 317-319; Weisungen wegen des Konfuziuskultes 328; Brief Cabrals an Valignano zitiert 2. 45. 72. 329
Van den Valk Marc - An Outline of modern Chinese Family Law 148
Van Straelen S.V.D. Henri - Levate capita vestra; - New Diplomacy in the Far East; - Through Eastern eyes 167
Vater-Mutter, v. T'ien-Ti; Gott von Ricci so benannt im Briefwechsel mit Yü 27; im Breve 284-285

Vater unser 187
Väth S.J. Alfons - Johann Adam Schall von Bell S.J. 101
Vatikanische Bibliothek - Mappamondo Riccis 205
Verbeugungen, verschiedener Sinn 290
Verbiest Ferdinand 110. 377
Verfolgungen, von V. zur Zeit Riccis eigentlich nicht zu sprechen 103; kleinere Stöße in Shiuchow und Nanchang 100-105; 356. 358
Verkehr zu Wasser im Lande, Furcht vor Seeräubern 155-156
Verlöbnisse, Zeitpunkt 147
Viatikum 353. 355
Vicente Rodrigo, Provinzial Indiens, ruft Ricci zur Vollendung seiner Studien von Cochin nach Goa XX, erhält von Valignano den Auftrag, einen Pater zum Studium der chines. Sprache nach Makao zu schikken 35, auch Ricci nach Macao XXI
Visitenbüchlein für Besuchszeremoniell 13. 17
Volkscharakter der Chinesen, negativ: 68. 152-154. 173; positiv: 77. 154-159

W

Waffen, kaum getragen 155
Wang Chia-chih, Mitglied der königlichen Akademie, Unterstaatssekretär, verfaßt ein Prooemium zu Riccis 10 Paradoxa 199; über Riccis Stellung gegenüber den alten Weisen Chinas 247
Wang Chung-ming, Minister, besucht Ricci in Shiuchow 86 und in Nanchang, hilft Ricci nach Nanking und Peking, kann ihn aber in Peking nicht unterstützen 91-92. 117; freut sich über einen Sieg Riccis über den Bonzen San-hui 96; ist gehindert (Polygamie?) Christ zu werden 144; findet in Nanking ein Exemplar der Weltkarte Riccis vor 203
Wang Fang-lu, Unterstaatssekretär 92
Wang Ju-shun, Christ, verfaßt Epilog zu den 10 Paradoxa 199 und besorgt Neudruck der 25 Paragraphen 200
Wang K'eng-t'ang, Arzt und Literat, beeinflußt von Riccis literarischer Tätigkeit 186; druckt einen Teil der 25 Paragraphen 200
Wang K'ui-hsin Philippus, hoher Beamter und Sekretär des Generals Sun Yüan-hua 137
Wang Meng-P'o, regt 3. Auflage des Katechismus Riccis an 195
Wang P'an, Präfekt in Shiuhing, Missionare müssen Bonzenzeremonien vor ihm machen 16; gibt Erlaubnis zum Hausbau 17; Gesuch an ihn um Aufenthaltsbewilligung 76; nimmt Missionare als Bürger auf 78 und hilft ihnen 81; setzt seinen Namen in die erste Weltkarte Riccis 203; wird vom Volke beim Abschied geehrt 293 und wird als «Heiliger» angesehen 296
Wang Shun-an, Mitglied der Akademie 94
Wang Tso, Zivilgouverneur von Nanchang 103. 104
Wang Yi-T'ung, Präfekt von Shiuchow, Freund Longobardos, 101
Wang Yü-sha, Unterpräfekt von Namyung, Freund Riccis 85; errichtet als Präfekt von Peking eine Grabinschrift zu Ehren Riccis 78
Wan Li, Kaiser der Zeit Riccis 199
Weig S.V.D. Johann - Die chinesischen Familiennamen, zitiert 11. 12. 15
Weltachse, der hl. Berg Sumeru 258
Weltbild der Chinesen 110-112
Weltkarte der Chinesen 67. 202; v. Mappamondo
Wen, alter König, Text aus dem Buch der Oden über ihn als Beweis für den alten Paradiesesglauben der Chinesen 254. 255
Wiedergeburt, v. Seelenwanderung, Buddhismus
Wieger 279
Wissenschaften, Bedeutung der W. in China 161-164. 184. 214; Weg zu den Gebildeten und zum Glauben 105-106
Wu, alter König, Kult des «Höchsten Gebieters» 286; Ahnenkult 323
Wuchang 192
Wurzelrechnung, europäische, 175
Wusih 199
Wu T'ang, Berg, Wohnsitz des T'ien-Ti der Taoisten 269. 277

Wu Ti, Kaiser, Durchbruch des konfuzianischen Systems 239-240
Wu Tso-hai, Staatssekretär, regt Neuausgabe des 1. Mappamondo an 94. 204

X

Xaver Franziskus, stirbt am 3. 12. 1552, Ricci am 6. 10. 1552 geboren XVII; will eine Gesandtschaft zum Kaiser von China durchführen 112; Methode der Transkription 188

Y

Yang Ching-yen, königlicher Literat, Verteidiger der kath. Religion 93
Yang Tao-hui, Vizeprovinzialrichter 137
Yang T'ing-yün Dr. Michael, Lebensdaten 137; Polygamie Hindernis der Taufe 144; Meisterung von Schwierigkeiten in der christlichen Lehre 381-382; schreibt ein Werk « Worte der Erinnerung der Kongregation des heiligen Wassers » 285
Yang-Yin, die beiden Formen des pantheistischen Prinzips T'ai Chi 251; Beziehung zur Alchimie 270; zum Begriffpaar « Himmel-Erde », zu den Sonnenwendopfern 280-281

Yao, alter Kaiser, in der Argumentation Riccis 243. 245. 247. 248; Inhalt dieser Argumentation; v. Shun
Yeh T'ai-shan, Unterstaatssekretär 92; über die « Elemente des Euklid » 209; hilft als Kanzler in Peking Ricci zu einem Begräbnisplatz 108. 209; hält Ricci eines Tempels und einer Statue für würdig 295; verfaßt ein Gedicht auf Julius Aleni 250
Yen Yi-t'ang, besorgt den Druck von Riccis Katechismus 40. 192
Yi, Ricci mit ihm verglichen 165
Yin, Dynastie 141. 254
Ying = Ying Prof. Ignatius - A proposed new Translation of christian names, zitiert 11. 13. 15
Yingtak 84. 138. 330
Yüan, Dynastie, 67. 257
Yü Tê-yüan, v. Briefwechsel [1]
Yu Wen-hui, v. Emanuel Pereira

Z

Zeremonien, als Bonzen müssen die Missionare andere Z. machen denn als Literaten 16-17. 2-5. 8. 9-10. 17-25; bei der Überreichung von Geschenken 25. 29; Anpassung Riccis 83. 88. 118. 120; Zeremoniell für Sklaven 151; v. Kniebeugen, Verbeugungen, Ritenfrage, Totenehrung

BERICHTIGUNGEN

VIII: 2.Z.v.o.: nicht Kaisenhofe, sondern Kaiserhofe
IX: ergänzen: Personen-Orts-und Sachregister 387
XXXVI: Ma statt M'a-
12: 19.Z.v.o. postumen statt posthumen; dass. 377, 12.Z.v.o.
101: n.100, Wäth = streichen
171: n.22,3.Z.: i.J.1600, sicher nicht i.J.
193: 9.Z.v.u. porphyriana statt porfyriana
236: 2.Z.v.o. Ti statt ti
239: n.10,3.Z.v.o. Wu ti statt Wuti
257: 2.Z.v.o. 7 statt 72; n.8 Briefwechsel statt Briefwechsel [1]
258: n.a,10.Z.v.o. dasselbe; 16.Z.v.o. Achse statt Axe
316: 1.Z.v.o. Kaspar statt Gaspar

" ANALECTA GREGORIANA "

cura Pontificiae Universitatis Gregorianae edita

I. - Schwamm, H.: Magistri Ioannis de Ripa doctrina de praescientia divina. — 1930, in-8°, p. XII-228.

II. - Adamczyk, Stanislaus: De obiecto formali intellectus nostri secundum doctrinam S. Thomae Aquinatis. — editio altera correcta, 1955, in-8°, p. XVI-152.

III. - Druwé, Eugenius S. J.: Prima forma inedita operis S. Anselmi « Cur Deus homo ». — Textus, cum Introductione et notis criticis — 1933, in-8°, p. XII-150.

IV. - Bidagor Ramon, S. I.: La « Iglesia Propria » en España. Estudio historico-canonico. — 1933, in-8°, p. XXII-176.

V. - Madoz, José S. I.: El concepto de la Tradición en S. Vincente de Lerins. — 1933, in-8°, p. 214.

VI. - Keeler Leo W. S. I., The Problem of Error from Plato to Kant. — 1934, in-8°, p. 284.

VII. - De Aldama J. A., S. J.: El Simbolo Toledano. — 1934, in-8°, pag. 167.

VIII. - Miscellanea iuridica Iustiniani et Gregorii IX legibus commemorandis, cura Pont. Univ. Gregorianae edita. — 1935, in-8°, p. 185.

IX et X. - Miscellanea Vermeersch — Scritti pubblicati in onore del R. P. Arturo Vermeersch, S. I. — 2 vol., 1935, in-8° — I vol. p. XXIX-454; II vol. p. 406.

XI. - Bévenot M., S. J.: St. Cyprian's de Unitate. Chap. IV. — 1938, in-8°, p. LXXXV-79 et 6 tab.

XII. - Gómez Helin, L.: Praedestinatio apud Ioannem Cardinalem de Lugo. — 1938, in-8°, p. XII-191.

XIII. - Daniele, Ireneo: I documenti Costantiniani della « Vita Constantini » di Eusebio di Cesarea. — 1938, in-8°, p. 219.

XIV. - Villoslada, Riccardo G., S. I., Dr. Hist. Eccl.: La Universidad de París durante los estudios de Francisco de Vitoria O. P. (1507-1522). — 1938, in-8°, p. XXVIII-468.

XV. - Villiger, Iohann, Dr. Hist. Eccl., Prof. in Fac. Theol. ad Lucernam: Das Bistum Basel zur Zeit Iohanns XXII., Benedikts XII, und Klemens VI. (1316-1352). — 1939, in-8°, pag. XXVIII-370.

XVI. - Schnitzler Th.: Im Kampfe um Chalcedon. Geschichte und Inhalt des Codex Encyclius von 458. — 1938, p. IX-132, in 8°.

XVII. - Sheridan Ioannes Antonius.: **Expositio plenior hylemorphismi Fr. Rogeri Baconis, O. F. M.** — 1938, in-8°, pag. XVIII-176.

XVIII. - Boularand Ephrem S. I.: **La venue de l'Homme à la foi d'après Saint Jean Chrysostome.** — 1939, in-8°, p. 192.

XIX. - De Letter Prudentius S. I.: **De ratione meriti secundum Sanctum Thomam.** — 1939, in-8°, p. XVIII-152.

XX. - Haacke Gualterus: **Die Glaubensformel des Papstes Hormisdas im Acacianischen Schisma.** — 1939, in-8°, p. 150.

XXI. - González Severino, S. I., Prof. de Dogma en la Fac. Teol. de Comillas: **La fórmula** Μία οὐσία τρεῖς ὑποστάσεις **en San Gregorio de Nisa.** — 1939, p. XX-146, in 8°.

XXII. - Gosso Francesco, Dr. Hist. Eccl.: **Vita economica delle Abbazie Piemontesi.** (Sec. X-XIV). — 1940, in-8°, p. 216.

XXIII. - De Mañaricua Andrés E.: **El matrimonio de los esclavos.** — 1940, in-8°, p. 286.

XXIV. - Mazon Cándido S. I., Prof. de Derecho en la Pont. Universidad Gregoriana y en el Pont. Inst. Oriental: **Las reglas de los religiosos,** su obligacion y naturaleza juridica. — 1940, in-8°, p. XVI-360.

XXV. - Aguirre Elorriaga Manuel S. I.: **El Abate de Pradt en la emancipación hispanoamericana** (1800-1830). — 1941, in-8°, p. VII-377.

XXVI. - Ghiron M.: **Il matrimonio canonico degli italiani all'estero.** 1941, in-8°, p. 164.

XXVII. - Reuter A., O. M. I.: **Sancti Aurelii Augustini doctrina de Bonis Matrimonii.** — 1942, in-8°, p. XII-276.

XXVIII. - Orbàn L.: **Theologica Güntheriana et Concilium Vaticanum.** — Vol. I, 1942, in-8°, p. 208 (Hoc volumen non venit separatim sed cum tota collectione).

XXIX. - **La Compagnia di Gesù e le Scienze Sacre.** — Conferenze commemorative del IV Centenario della fondazione della Compagnia di Gesù, tenute all'Università Gregoriana: 5-11 novembre 1941. — 1942, in-8°, p. 270.

XXX. - Bertrams W. S. I.: **Der neuzeitliche Staatsgedanke und die Konkordate des ausgehenden Mittelalters.** — Zweite verbesserte Auflage, 1950, in-8°, p. XVII-192.

XXXI. - D'Izzalini Luigi, O. F. M.: **Il principio intellettivo della ragione umana nelle opere di S. Tommaso d'Aquino.** pag. XVI-184, 1943, in-8°.

XXXII. - Smulders Pierre. S. I.: **La doctrine trinitaire de S. Hilaire de Poitiers.** — 1944, in-8° p. 300.

XXXIII. - Rambaldi Giuseppe, S. I.: **L'oggetto dell'intenzione sacramentale, nei Teologi dei secoli XVI e XVII.** — 1944, in-8°, p. 192.

XXXIV. - Muñoz P., S. I.: Introducción a la síntesis de San Augustín. 1945, in-8°, p. 351.

XXXV. - Galtier P., S. I.: Le Saint Esprit en nous d'après les Pères Grecs. 1945, p. 290, in-8°.

XXXVI. - Faller O., S. I.: De Priorum saeculorum silentio circa Assumptionem B. Mariae Virginis. p. XII-135, 1946, in-8°.

XXXVII. - D'Elia P. M., S. I.: Galileo in Cina. Relazioni attraverso il Collegio Romano tra Galileo e i gesuiti scienziati missionari in Cina (1612-1640) — p. XII-127; 1947, in-8°.

XXXVIII. - Alszeghy Z., S. I.: Grundformen der Liebe. Die Theorie der Gottesliebe bei dem hl. Bonaventura. — 1946, p. 300, in-8°.

XXXIX. - Hoenen P., S. I.: La théorie du jugement d'après St. Thomas d'Aquin. — Editio altera, recognita et aucta, 1953, p. XII-384, in-8°.

XL. - Flick M., S. I.: L'attimo della giustificazione secondo San Tommaso. — 1947, p. 206, in-8°.

XLI. - Monachino V., S. I.: La cura pastorale a Milano, Cartagine e Roma nel sec. IV. — 1947, in-8°, p. XX-442.

XLII. - Vollert C., S. I.: The Doctrine of Hervaeus Natalis on Primitive Justice and Original Sin. — 1947, 335, in-8°.

XLIII. - Hoenen P., S. I.: Recherches de logique formelle. La structure du système des syllogismes et de celui des sorites. La logique des notions « au moins » et « tout au plus ». — p. 384, 1947, in-8°.

XLIV. - Selvaggi Fil., S. I.: Dalla filosofia alla Tecnica. — La logica del potenziamento. — 1947, p. XII-278, in-8°.

XLV. - Klotzner Josef., Dr. Hist. Eccl.: Kardinal Dominikus Jacobazzi und sein Konzilswerk. — 1948, p. 300, in-8°.

XLVI. - Federici Giul. Ces., S. I.: Il principio animatore della Filosofia Vichiana. — 1948, in-8°, pag. 220.

XLVII. - Nanni Luigi: La Parrocchia studiata nei documenti lucchesi dei secoli VIII-XIII 1048, pp. XVI-234, ln-8°.

XLVIII. - Asensio Felix, S. I.: « Misericordia et Veritas » — El hesed y'émet divinos: su influjo religioso-social en la historia de Israel. — 1948, pp. 344.

XLIX. - Ogiermann Helm. Aloysius, S. I.: Hegels Gottesbeweise. — 1948, pp. 230.

L. - Orban Ladislas: Theologia Güntheriana et Concilium Vaticanum. — Vol. II, 1949, in-8°, pag. 218.

LI. - Beck, G. J. Henry: The Pastoral Care of Souls in South-East France, during the Sixth Century. - 1950, in-8°, pag. LXXII-415.

LII. - Quadrio, Giuseppe, S. D. B.: Il Trattato « De Assumptione B. Mariae Virginis » dello pseudo Agostino, e il suo influsso nella teologia Assunzionistica latina. - 1951, in-8°, p. XVI-432.

LIII. - Schmidt, Herman A. P., S. I.: Liturgie et Langue vulgaire. Le problème de la langue liturgique chez les premiers Réformateurs et au Concile de Trente. - 1950, p. 212, in-8°.

LIV. - Galtier, Paul, S. I.: Aux origines du Sacrement de Pénitence. - 1951, p. XII-228, in-8°.

LV. - Broderick, John F., S. I.: The Holy See and the Irish Movement for the Repeal of the Union with England (1829-1847). - 1951, p. XXVIII-240, in-8°.

LVI. - Williams, Michael E.: The Teaching of Gilbert Porreta on the Trinity, as found in his Commentaries on Boethius. - 1951, p. XVI-134.

LVII. - Hanssens Ioannes M., S. I.: Aux origines de la Prière Liturgique - Nature et Genèse de l'office des Matines - 1952, p. VIII-180, in-8°.

LVIII. - Asensio, Felix, S. I.: Yahveh y su Pueblo - Contenido teológico en la historia bíblica de la elección. - 1953, p. 260 in-8°.

LIX. - De Haes, Paul: La Résurrection de Jésus, dans l'Apologétique des cinquante dernières années. - 1953, in-8°, p. XVI-320.

LX. - Mori, Elios Giuseppe (R. D.): Il motivo della Fede, da Gaetano a Suarez, con Appendice di Fonti Manoscritte. - 1953, in-8°, p. XVI-280.

LXI. - Laurin Joseph-Rhéal, O. M. I.: Orientations Maîtresses des Apologistes Chrétiens de 270 à 361. - 1954, in-8°, pp. VIII-500.

LXII. - Bernini Giuseppe, S. I.: Le Preghiere Penitenziali del Salterio. - 1953, in-8°, p. XXIV-324.

LXIII. - Hoenen Petrus, S. I.: De Noetica geometriae origine theoriae cognitionis - 1954; in-8°, pp. 300.

LXIV. - Courtney Francis, S. I.: Cardinal Robert Pullen († 1146) - An English Theologian of the twelfth Century - 1954, in-8°, p. XXIV-296.

LXV. - Orbe Antonio, S. I.: En aurora de la exegesis del IV Evangelio (Ioh. I. 3) (Estudios Valentinianos vol. II). - 1955, in-8°, p. XXIV-400.

LXVI. - Villoslada Riccardo Garcia, S. I.: Storia del Collegio Romano dal suo inizio (1551), alla soppressione della Compagnia di Gesù (1773) - 1954, in-8°, p. 360.

LXVII. - **Studi Filosofici intorno all'Esistenza, all'Essere, al Trascendente.** (Relazioni lette nella Sezione di Filosofia del Congresso Internazionale per il IV° Centenario della Pont. Università Gregoriana). - 1954, pp. VIII-352, in-8°.

LXVIII. - **Problemi scelti di Teologia contemporanea.** (Relazioni lette nella Sezione di Teologia del Congresso Internazionale per il IV° Centenario della Pont. Università Gregoriana). - 1954, pp. 468, in-8°.

LXIX. - **Questioni attuali di Diritto Canonico.** (Relazioni lette nella Sezione di Diritto Canonico del Congresso Internazionale per il IV° Centenario della Pont. Università Gregoriana). - 1954, pp. VIII-500, in-8°

LXX. - **Studi sulla Chiesa antica e sull'Umanesimo.** - (Studi presentati nella Sezione di Storia Ecclesiastica del Congresso Internazionale per il IV° Centenario della Pontificia Università Gregoriana). - 1954, pp. XII-354, in-8°.

LXXI. - **Nuove Ricerche storiche sul Giansenismo.** - Studi presentati nella Sezione di Storia Ecclesiastica del Congresso Internazionale per il IV° Centenario della Pontificia Università Gregoriana). - 1954, pp. VIII-314, in-8°.

LXXII. - **La Preghiera e il lavoro apostolico nelle Missioni.** - Relazioni e comunicazioni lette nella Sezione di Missiologia del Congresso Internazionale per il IV° Centenario della Pontificia Università Gregoriana. - 1954, pp. 160, in-8°.

LXXIII. - Da Veiga Coutinho, Lucio: **Tradition et Histoire dans la Controverse Moderniste (1898-1910).** - 1954, pp. XXIV-276.

LXXIV. - Coathalem, Hervé, S. I.: **Le Parallélisme entre la Sainte Vierge et l'Eglise dans la tradition latine jusqu'à la fin du XII° siècle.** - 1954, pp. VIII-140, in-8°.

LXXV. - Van Roo, William A., S. I.: **Grace and Original Justice according to St. Thomas.** - 1955, pp. VIII-220, in-8°.

LXXVI. - Bettray, Giov., S. V. D. - **Die Akkommodationsmethode des P. Matteo Ricci S. I. in Cina.** - 1955, pp. VIII-300, in-8°.